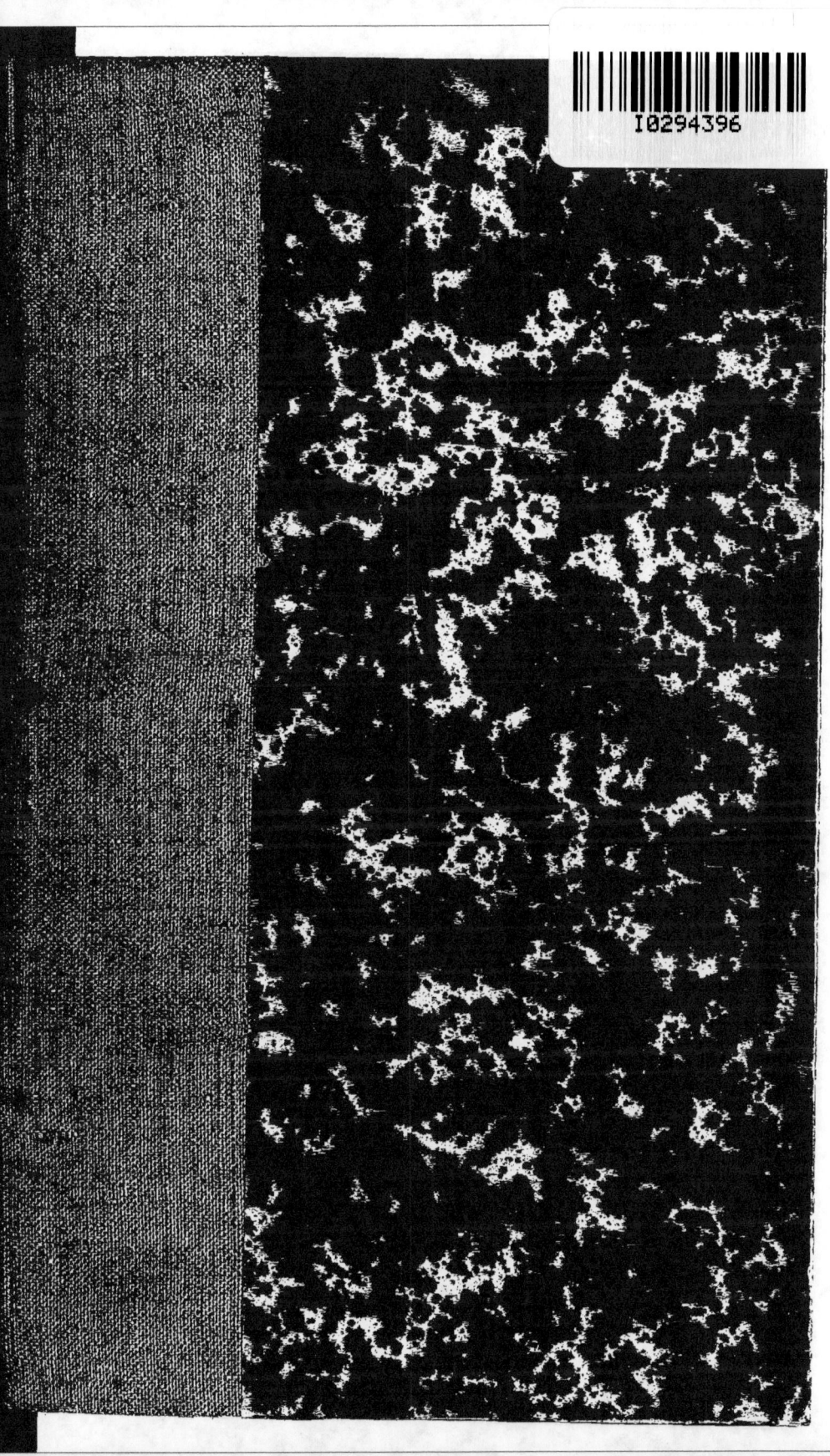

VIE

DE

M. THOMAS DAZINCOURT

PRÊTRE

DE LA CONGRÉGATION DE LA MISSION

D'APRÈS SES MANUSCRITS

ET SA CORRESPONDANCE

PAR

UN DE SES CONFRÈRES

PARIS

IMPRIMÉ PAR D. DUMOULIN ET Cie

5, RUE DES GRANDS-AUGUSTINS, 5

1892

VIE

DE

M. THOMAS DAZINCOURT

PRÊTRE

DE LA CONGRÉGATION DE LA MISSION

M. DAZINCOURT
DURANT SON SÉJOUR EN ALGÉRIE

VIE

DE

M. THOMAS DAZINCOURT

PRÊTRE

DE LA CONGRÉGATION DE LA MISSION

D'APRÈS SES MANUSCRITS

ET SA CORRESPONDANCE

PAR

UN DE SES CONFRÈRES

PARIS

IMPRIMÉ PAR D. DUMOULIN ET Cie

5, RUE DES GRANDS-AUGUSTINS, 5

1892

Le jour même de la mort de M. Dazincourt, voulant rendre hommage au Supérieur de son grand séminaire, Mgr Robert, évêque de Marseille, dans une touchante lettre circulaire à son clergé, après avoir résumé la vie du vénérable défunt, exprimait le regret de n'avoir pu le conserver plus longtemps « dans le difficile et important ministère pour lequel il était si bien fait par la préparation de toute sa vie... ».

Quelques jours après, une personne qui a longtemps et intimement connu le digne Supérieur, écrivait : « ... La vie de M. Dazincourt n'est point riche en faits ; c'est plutôt un ensemble de vertus qui, depuis sa plus tendre enfance, va progressant et se manifestant tous les jours, pour s'épanouir en quelque sorte sur son lit de mort, où on l'a vu, comme durant sa vie, toujours *humble* et *simple*, mais *grand* et *beau !* — C'est le mot d'un témoin de sa vie et de sa mort !... »

Ces deux paroles, si autorisées l'une et l'autre, ont été comme le programme du modeste travail que nous avons entrepris pour obéir à des désirs qui pour nous sont des ordres. Nous nous sommes efforcé de l'avoir sans cesse sous les yeux ; trop heureux si nous avons pu, Dieu aidant, le réaliser de manière à faire revivre, pour nous instruire et nous édifier encore, celui qui nous a été enlevé! Dans ce but, nous avons essayé de montrer que, sous l'action merveilleuse de la Providence et par la correspondance d'une volonté toujours énergique, la vie surnaturelle, chez notre regretté confrère, n'a cessé de grandir et de progresser toujours, et qu'ainsi toût a concouru à faire de lui un modèle remarquable et un maître éminent de la vie sacerdotale. Puissions-nous avoir répondu aux vœux de tous ceux qui désirent profiter encore, après sa mort, des leçons de son expérience et de l'édification de ses vertus.

Le 3 février 1892, jour anniversaire de sa mort.

VIE
DE
M. THOMAS DAZINCOURT

CHAPITRE PREMIER

Naissance. — Enfance. — Première communion.

1821-1833

M. Dazincourt naquit le 25 août, jour de la fête de saint Louis, roi de France, en l'année 1821, à Chazelles-sur-l'Avieu, arrondissement de Montbrison, dans ce beau et si chrétien diocèse de Lyon dont il se montra toujours si fier, et non sans raison. Par une disposition particulière de la Providence, cet humble enfant, dont on admirera plus tard le grand air et la distinction unis à une inaltérable simplicité, est venu au monde dans un château dont son père était régisseur pour le compte de M. d'Allard. Le château de la Pierre, c'est son nom, situé à trois cents mètres de Chazelles, est adossé aux montagnes du Forez et fait face à la plaine de Montbrison ; on a de là un de ces grandioses spectacles, tels qu'en offre la nature dans les pays de montagnes, qui élèvent l'âme et la portent spontanément à Dieu ; c'est dans cette solitude délicieuse en même temps qu'imposante que va grandir jusqu'à sa quinzième année cet enfant qui, destiné à vivre dans les grandes villes, ne perdra jamais l'empreinte première et le souvenir de ses chères montagnes.

Par une attention plus merveilleuse encore de la même Providence [1], il arrive au jour avant terme, comme si cette

---

[1]. Témoignage des cousins Rochigneux.

âme avait hâte, au détriment de ce frêle corps qui en sera longtemps souffreteux, de se régénérer dans les eaux du baptême et de gagner ainsi sur le cours ordinaire deux mois de cette vie surnaturelle qu'il estimera si haut plus tard et qu'il saura si bien faire connaître et aimer! Et ce n'est pas tout; d'après le témoignage bien souvent répété d'une digne parente qui assistait la mère à ce moment critique, en paraissant à la lumière l'enfant prédestiné étendait ses petits bras en forme de croix parfaite, si bien que les quelques personnes présentes, sous l'œil ravi de la pauvre mère, s'écrièrent tout d'une voix : « Il sera prêtre! Voilà qu'il dit déjà la messe! » Que d'autres sourient du pressentiment de ces âmes à la foi naïve; Dieu n'a-t-il pas souvent marqué le berceau de ses prédestinés de signes plus merveilleux encore?

La famille à qui Dieu confiait le soin d'un tel enfant était bien, selon la remarque de Mgr Robert, « une famille patriarcale » dans laquelle il allait trouver l'impulsion des saints exemples, si importante au jeune âge, et le bienfait inappréciable d'une éducation foncièrement chrétienne [1]. Sa mère, Marie Chaudy, sous un extérieur réservé et même timide, cachait une inépuisable tendresse pour ses enfants et un grand fonds de piété envers Dieu. Quant au père, Mathieu Dazincourt, tous ceux qui l'ont connu s'accordent à nous le montrer sous les traits d'un homme en même temps énergique et bon; il était noble de sentiments dans son humble position, très généreux, grand ami des pauvres dont il prenait la défense et plaidait la cause auprès de ses maîtres. Un jour, M. d'Allard, arrivant au château de la Pierre, aperçut une pauvre chèvre broutant indûment ses pelouses; outré de colère, il appelle son régisseur, et lui montrant l'animal surpris en flagrant délit : « Que faites-vous donc? lui dit-il. Vite, tirez-moi dessus sans

---

[1]. Témoignage des cousins Rochigneux.

pitié ! » Force fut au serviteur de s'exécuter, bien qu'à son cœur défendant ; mais le soir même il trouvait moyen d'adoucir la peine de toute une pauvre famille, et de ses économies il lui envoyait largement le prix de la bête immolée. Simple domestique d'abord, jardinier, dit un des actes de l'état civil, grâce à son intelligence et à la confiance qu'il avait su inspirer à son maître, il était devenu son homme d'affaires et régisseur du château ; mais il restait encore, semble-t-il, bien au-dessus de son humble position ; il était fort intelligent et avait quelque instruction ; ce qui est mieux encore, il était bon chrétien, et, au rapport d'un respectable vieillard de quatre-vingt-quatorze ans qui l'a bien connu, « un saint ! » — « Ah ! pour celui-là, disait avec conviction le brave homme, c'est un saint ! en voilà un qui est en paradis ! » Tel était le chef de cette pieuse famille.

Bien que contractée sur le tard, après la trentaine, l'union qu'avaient formée ces deux époux chrétiens fut bénie de Dieu ; six enfants en naquirent, dont trois moururent en bas âge ; des trois autres, deux seront religieuses, le troisième est notre confrère.

Selon la coutume des âges de foi conservée dans les familles chrétiennes, l'enfant fut baptisé dès le lendemain de sa naissance, dans l'église de Chazelles, et reçut le nom de Thomas qui était celui de son parrain ; Thomas Rochigneux, qui tint sur les fonts cet enfant prédestiné, était le cousin germain de sa mère ; sa vie chrétienne et ses sentiments religieux le rendaient digne d'avoir un tel filleul, lequel du reste se montra toujours affectueux et reconnaissant. En apprenant sa mort, trente-cinq ans plus tard, il écrivait de Kouba à sa famille en deuil : « Je me suis rappelé quel goût avait ce cher parrain pour lire la Vie des saints, et je me suis dit que ces bienheureux patrons lui auront fait un accueil amical ; il était si exact à assister à la sainte messe tous les jours ; Notre-Seigneur n'aura donc eu à lui montrer qu'un visage riant... J'ai déjà célébré pour lui la sainte messe, et je me propose de le faire pendant tout le mois de juin. »

Comment s'écoulèrent les premières années de l'enfant dont la Providence avait si bien préparé et entouré le berceau ? Quelles impressions reçut-il au sein de cette patriarcale famille, dans cette demeure seigneuriale aux formes graves et imposantes, en face de cette belle et grandiose nature, témoin de ses premiers ébats ? Nous eussions désiré l'apprendre de lui, et ce n'eût pas été sans charme ; mais lui qui a tant écrit, qui plus tard prendra l'habitude de consigner tous les soirs les moindres faits de la journée, et en vrai moine d'autrefois remplira ainsi, sous le titre de *Chronique*, six grands volumes in-4, sans compter ses innombrables et légendaires petits carnets, nulle part il ne fait la moindre mention de ses sentiments personnels, et il s'en faut que nous ayons trouvé là un journal intime, comme ce n'est que trop la mode aujourd'hui ; aussi, nulle part nous n'avons découvert la plus petite allusion à ses impressions d'enfance, qui pourtant furent bien profondes, si nous en jugeons par quelques mots échappés, comme à la dérobée, dans de rares épanchements de l'intimité. Nous trouvons cependant, dans les lettres à sa sœur aînée, quelques retours sur ce lointain passé. Il est rare que, sous le moindre prétexte, il ne réveille le souvenir de ses chères montagnes, des lieux qu'ils ont si souvent parcourus ensemble tout enfants et la main dans la main : Soleymieux, Gumières, Fontolagnier, Maupertuis, etc., etc..... Dans l'une il lui rappelle le plaisir qu'ils avaient, durant les hivers si rigoureux à ces hauteurs, d'aller courir sur la neige pour inspecter les lacets posés à l'effet de prendre des grives. En novembre 1887 il lui écrit : « A Vizille comme à Marseille, je le vois bien, le succès dans les affaires du bon Dieu est lent et difficile, et les apôtres du diable ne réussissent que trop! C'est toujours l'histoire de la *voie large* et du *sentier étroit* qui étaient représentés sur l'image d'Épinal que la chère mère avait placée à côté de mon petit lit; en bas, la foule va en enfer au son du violon ; en haut, quelques rares voyageurs gravissent péniblement un chemin escarpé... » Cette grossière image l'avait vivement frappé, et soixante ans après, il la voyait encore! Que d'autres impressions il dut recevoir alors! du reste, ce qu'il ne nous dit pas lui-même, nous pouvons facilement le deviner; car c'est, comme on l'a si bien remarqué, dans les premières années de la vie et sur les genoux de sa mère que l'enfant reçoit au plus profond de son être moral ces germes vivaces qui, se développant en leur temps, feront de lui, avec la grâce de Dieu, un homme, un chrétien, un prêtre! Et nous ne tarderons pas à voir que M. Dazincourt fut éminemment tout cela !

Remarquons encore que dès sa plus tendre enfance et par suite de sa naissance avant le terme ordinaire, il connut la souffrance, cette mystérieuse compagne de l'homme ici-bas, et fut sujet jusque vers sa dixième année à des malaises, à des faiblesses fréquentes. « Il était chétif, nous dit un de ses cousins, son contemporain, qui l'a bien connu ; maintes fois on faillit le perdre. » On le voit, il commençait de bonne heure le rude apprentissage de la douleur; Dieu le voulait ainsi, et par cette trempe vigoureuse il le façonnait à cette longue vie de souffrance que nous le verrons gaiement mener durant ses vingt dernières années.

C'était aussi un bel enfant, « un ange! » au témoignage d'un vénérable vieillard de Gumières qui, à ce doux souvenir, ne peut s'empêcher de verser une larme d'attendrissement. « Oh! il était bien plus sage que nous! » rapportent plusieurs de ses camarades d'alors. Et, bien qu'à cause de son état maladif, de l'éloignement du château, ou pour d'autres motifs, il ne fréquentât pas beaucoup les enfants du pays, se contentant de la compagnie de ses deux sœurs, ses contemporains s'accordent néanmoins à reconnaître qu'il était bon camarade. Nous en avons la preuve dans une lettre qu'il écrivait, plus de vingt ans après, à un de ses amis d'enfance qui lui avait rendu quelque petit service. « Mon cher Charles, lui mandait-il de Lyon en lui envoyant une belle montre, tu me feras grand plaisir d'accepter ce petit souvenir que je t'offre avec bonheur, en témoignage de notre vieille amitié. Il ne s'agit pas de te payer de tes peines ; à ce titre je me serais bien gardé de rien t'offrir, je te connais trop généreux ; il s'agit tout simplement de te donner une marque de mon affection, et à ce point de vue tu ne peux me refuser... Ainsi voilà qui est bien entendu. »

Où et de qui reçut-il ses premières leçons d'instruction élémentaire ? nous l'ignorons ; à l'école de Chazelles probablement ; mais ce qui ne fait pas l'ombre d'un doute, c'est que, quel que fût son premier maître, il dut trouver, dans cet enfant grave et souffreteux, un élève intelligent et toujours attentif, car bientôt on nous le dépeindra ayant sans cesse un livre à la main, et charmant ses promenades solitaires des plaisirs d'une agréable lecture. Nous avons été plus heureux quant à son premier maître de catéchisme, et nous connaissons le nom du vénérable prêtre qui eut l'honneur et le bonheur, comme il le reconnaissait lui-même plus tard, de lui donner ses premières leçons d'instruction religieuse et de le préparer à sa première communion ; il fit plus encore, car il découvrit et cultiva dans cet humble enfant une vocation à l'état ecclésiastique, et, comme nous le verrons, rien ne lui coûta pour la faire réussir. M. l'abbé Emonet, c'était son nom, venait d'être nommé, jeune encore, curé de Chazelles, où il mourut quarante ans après, en 1872. Le peu que nous savons sur ce digne prêtre, nous le trouvons dans quelques lettres de son ancien et cher élève. On nous saura gré, croyons-nous, d'en citer ici quelques passages qui honorent également le maître et le disciple et nous font connaître l'homme dont la Providence se servit pour mettre et lancer dans sa voie le jeune enfant du château de la Pierre.

En 1869, M. Dazincourt lui écrivait de Kouba, grand séminaire d'Alger, où il était professeur de morale : « Mon bien cher et vénéré curé, voilà enfin le *Bédouin* qui vient, à la suite de tous vos enfants et nombreux amis, vous offrir ses vœux de bonne année et ses souhaits d'heureuse fête. Si vous étiez moins charitable, vous diriez souvent : On voit bien que les absents ont tort et que les vieux sont oubliés; le petit Thomas de la Pierre ne pense plus à moi ! — Ce ne serait pas, je l'avoue à ma honte, un jugement complètement téméraire, car mon silence vous autoriserait presque à le formuler; mais il serait entièrement contraire à la vérité. Il y a dans ma mémoire, qui commence à se rouiller, quelques cases toujours luisantes et polies où sont gravés certains noms que je lis avec plaisir et reconnaissance. Inutile d'ajouter que le vôtre, mon cher curé, est le plus en relief ! et c'est bien le moins que je puisse faire de conserver un constant et filial souvenir pour celui qui fut toujours pour moi un père et dont la main charitable m'a conduit où je suis. Je n'en dirai pas plus long, car vous m'accuseriez de faire des compliments, alors que je ne dirais pas même toute la vérité. Non, je n'ai perdu aucun des souvenirs de ces temps heureux que j'ai passés auprès de vous. Je me vois encore au coin du feu, expliquant l'*Epitome*, tout en suivant de l'œil *lous grillous;* j'entre dans cette église où vos enseignements et vos exemples m'ont fait comprendre la vocation à l'état ecclésiastique; je parcours encore ces chemins où nous voyagions ensemble pour aller à Verrières, à Gumières, à Fortunières... et je me dis : Heureux temps ! Si au moins, par un échange qui me semblerait si juste, je pouvais maintenant être à vos côtés ! Mais, hélas ! le bon Dieu ne le veut pas ! et tout en me conformant à sa sainte volonté, je dois me contenter d'y être par l'affection et par la prière ! Croyez bien que je n'y manquerai pas ; je me trouverai là en bonne compagnie, car ils sont nombreux les cœurs amis qui aiment à venir partager les joies et les tristesses de votre solitude ; je parle de la tristesse, parce que je sais que le divin Maître donne toujours aux grandes âmes une bonne part de sa croix. En retour, n'oubliez pas votre paroissien, votre élève et votre enfant. En apparence, il semble que je n'ai pas été trop indigne de vos soins ; mais *ille probatus est quem Deus commendat*[1]*!* Continuez encore à me diriger par vos prières, puisque je ne jouis plus de vos conseils... » L'année suivante, dans une lettre à la Supérieure des Sœurs de la Sainte-Famille de Chazelles, il écrivait : « Je vous remercie de tous les détails que vous me donnez sur le P. Emonet ; veuillez lui dire que je pense souvent à lui et qu'il a de droit la première place au *memento* ; j'ai l'espérance qu'il en réserve une spéciale à son filleul ! Combien je suis heureux d'avoir arrangé le *petit couvent*[2], de manière à ce qu'il pût y trouver une retraite agréable. » Six mois après, dans une lettre à la même personne, il ajoutait : « Dites bien au P. Emonet qu'il a toujours dans mon cœur sa place inamovible et que je le prie de continuer son œuvre en n'oubliant pas le *petit Thomas de la Pierre.* » Et enfin, en 1872, lorsqu'il apprend la mort du vénérable vieillard : « Je m'attendais, hélas ! à la triste nouvelle, et cependant elle a renouvelé la douleur d'autres séparations auxquelles il a fallu se résigner dans ce cher *petit couvent.* Vous savez tout ce qu'a été pour moi le bon P. Emonet ! Le bon Dieu l'aura, j'espère, récompensé de tout le bien qu'il m'a fait et du peu qu'il veut bien faire par

---

1. II Cor., x, 18.
2. Il appelait ainsi, à cause de son voisinage du couvent des Sœurs, une petite maison qu'il avait achetée, meublée et disposée avec goût pour y loger sa mère lorsqu'elle cessa d'habiter le château de la Pierre.

mon ministère; car enfin, si je suis à la place que j'occupe, c'est à ce digne pasteur, après Dieu, que je le dois! Sans lui, je labourerais la terre je ne sais où ! Peut-être que cela vaudrait mieux pour moi et pour les autres ! Mais enfin, je n'en dois pas moins bénir la main qui m'a conduit avec tant de sollicitude. J'ai célébré une neuvaine de messes pour ce cher père, et je lui conserverai la première place au *memento* jusqu'à ce que j'aille le rejoindre dans une meilleure vie ! » Après avoir témoigné son bonheur des belles obsèques que ses compatriotes lui avaient faites, il émettait le vœu qu'on lui élevât un modeste monument et il priait qu'on n'oubliât pas « de demander l'obole des absents qui sont pourtant présents de cœur ! » C'est ce qui fut réalisé à sa grande satisfaction.

De la reconnaissance et des beaux sentiments qu'il sut inspirer à son élève, comme nous venons de le voir, on peut conclure sans témérité que le digne curé de Chazelles, comprenant vite quel enfant d'avenir la Providence lui jetait dans les bras, ne négligea rien pour l'instruire et le préparer de son mieux à sa première communion.

Voici ce que rapporte un de ses compagnons d'alors : « Au catéchisme le petit Thomas se faisait déjà remarquer par sa sagesse, son maintien modeste et son savoir; il était enfant de chœur et on admirait sa piété quand il servait la messe. »

De sa première communion, de cet acte si important pour la vie tout entière, nous n'avons pu malheureusement retrouver que fort peu de traces. Tout ce que nous savons, en effet, c'est qu'elle eut lieu le troisième dimanche après Pâques, 28 avril 1833; l'enfant avait par conséquent un peu moins de douze ans; il s'y était préparé par une retraite où il avait éprouvé de beaux sentiments; il les attribuait plus tard en partie à l'édification qu'il avait reçue d'une bonne sœur de la Sainte-Famille qui présidait aux exercices, comme il l'écrivait dans une lettre du 20 décembre 1875. Ce que nous savons enfin de sa première communion et ce qui nous fait légitimement affirmer qu'il en avait reçu une impression ineffaçable et conservé un souvenir toujours vivant, c'est qu'il n'a jamais consenti à se séparer d'une modeste petite lithographie, signée *Emonet*, qui lui en perpétuait la mémoire dans son petit cadre de bien pauvre apparence; comme un vrai trésor ou comme un précieux talisman, il n'avait eu garde de l'oublier, quand il quittait sa belle petite chambre de professeur à Saint-Jean de Lyon, pour entrer à Paris au séminaire interne des Prêtres de la Mission; c'était, croyons-nous, son unique défroque du monde et comme une épave du passé; il l'avait jugée digne de traverser la mer et il l'avait emportée au grand séminaire d'Alger, à Kouba; nommé Supérieur du grand séminaire de Marseille, il l'avait appendue au mur de sa très modeste cellule, dont elle constituait le principal ornement; et quand il a rendu le dernier soupir, cinquante-huit ans après le jour béni de sa première communion, la modeste et précieuse image était encore là, sous ses yeux, au pied de son lit; et, de son dernier regard, son œil qui allait sitôt contempler au ciel le Dieu qui béatifie les élus, a pu et a dû, avant de se fermer à la lumière d'ici-bas, s'arrêter une dernière fois sur l'image qui lui rappelait le Dieu de sa première communion!...

Qu'on nous permette ici un souvenir qui vient éloquemment confirmer ce que nous avons avancé. Dans le temps qu'il était à Marseille, le Supérieur du petit séminaire de la rue d'Alger, son confrère et son ami, était venu un jour le prier de vouloir bien présider une cérémonie de première communion, en disant la sainte messe et en adressant quelques mots aux jeunes communiants; c'était du temps où on recevait encore dans cette maison de tout jeunes enfants. A cette proposition, le condescendant Supérieur, qui très volontiers et de la meilleure grâce se prêtait à rendre de semblables services, prenant un air grave, au lieu de l'aimable sourire qu'il avait en pareille circonstance : « Je me garderai bien d'accepter une telle invitation, s'écria-t-il vivement, et ce serait vraiment un vol, une mauvaise action, un crime ! Comment ! vous qui avez du nez, ajouta-t-il malicieusement et en se radoucissant, vous n'avez pas compris qu'une première communion est une fonction essentiellement curiale, une cérémonie qu'un vrai curé ne cède jamais à personne, même à son meilleur ami, même à plus digne et plus grand que lui? C'est leur père, et lui seul, que les enfants doivent voir et entendre à pareil jour et dans une telle fête ! Lui seul peut trouver dans son cœur des accents qui leur rendront ce jour inoubliable et en feront vraiment le plus beau jour de leur vie ! Vous êtes le curé et le pasteur de vos enfants, et je sais que vous avez pour eux un cœur de père; allez ! ne cédez à personne l'honneur de présider une telle fête et ne réduisez pas ces chers enfants à se considérer comme orphelins en pareil jour ! et je compte bien, ajouta-t-il en souriant, que vous prendrez, pour leur parler, votre grande voix des dimanches ! » La leçon était juste et bonne; inutile d'ajouter qu'elle fut suivie avec reconnaissance et qu'elle n'a jamais été oubliée.

CHAPITRE II

Vocation ecclésiastique. — Séminaire de Verrières. — Alix.
1833-1843

Le plus grand œuvre à la réalisation duquel Dieu appelle une créature ici-bas, c'est sans doute la formation d'un homme, de tout point digne de ce nom, et surtout d'un chrétien. Mais au-dessus de l'un et de l'autre, si grands soient-ils, il est sur la terre un être dont le nom seul a toujours inspiré le respect, dont la puissance étonne, dont la grandeur épouvante, car il y a en lui, quelque humbles que soient ses dehors, plus que de l'homme, plus que du chrétien, il y a du divin; cet être privilégié c'est le prêtre : *le Dieu d'ici-bas* ou *l'homme tout à fait divin*, suivant le langage étonnant des saints Pères : *Terrenus Deus — Virum prorsus divinum !* Ce chef-d'œuvre, cette merveille des merveilles, non seulement Dieu s'est réservé l'honneur d'en tracer le sublime idéal, mais encore à lui seul appartient le pouvoir d'en poser de sa main divine et les bases et le couronnement; c'est ce qu'il commence par l'élection de toute éternité, ce qu'il continue par l'appel et la vocation dans le temps, ce qu'il achève enfin par ses dons merveilleux et ses grâces de choix : *Ego elegi vos et posui vos*[1]. Néanmoins un tel honneur, Dieu n'a pas voulu se le réserver exclusivement; il daigne le partager, à des titres et à des degrés divers, avec les instruments qu'il appelle à collaborer avec lui à cette œuvre divine entre toutes. Dans l'ordre ordinaire de la Providence, ces coopérateurs c'est d'abord le père et la mère, la mère surtout; c'est ensuite habituellement un humble curé de campagne; ce sont enfin,

---

1. Jean, xv, 16.

et comme coopérateurs principaux, ordinairement indispensables, ces bataillons de prêtres d'élite voués à l'obscur et si rude labeur des petits et des grands séminaires, que dans chaque diocèse l'évêque choisit avec tant de sollicitude et qui tiennent sa place avec tout le dévouement que l'on sait. Voilà en résumé, avec le concours que doit donner la volonté de l'enfant, tout ce qu'exige, du ciel et de la terre, la formation d'un prêtre, le complet développement d'une vocation ecclésiastique; et encore nous ne tenons pas compte ici des facteurs secondaires dont Dieu se sert aussi et qu'il fait concourir à son œuvre, tels que le patrimoine moral des familles, le milieu dans lequel l'enfant passe ses premiers ans, le sol qu'il foule et jusqu'à l'air même qu'il respire. Et qu'on ne s'étonne pas de tout ce déploiement de moyens mis en branle autour d'un pauvre enfant; ah! c'est que l'œuvre est grande! En effet c'est à Dieu lui-même qu'il s'agit de préparer un ministre qui devra être son homme et son représentant, œuvre si importante qu'elle mérite d'attirer les regards de la terre et du ciel.

Nous voudrions pouvoir le faire comprendre en suivant pas à pas le développement progressif de la vocation à laquelle Dieu appelait le jeune enfant du régisseur du château de la Pierre; malheureusement, soixante années se sont écoulées depuis; très rares sont les survivants de ce temps; et force nous est, faute de documents précis, de laisser dans l'ombre bien des détails instructifs autant qu'intéressants.

Nous ignorons à quel âge précis et dans quelles circonstances la voix de Dieu fit entendre son appel à notre jeune privilégié; fut-ce avant ou après sa première communion; ou peut-être, comme il arrive souvent, à l'heure même où Notre-Seigneur descendait pour la première fois dans ce cœur et en prenait possession?... Toujours est-il que ce cœur était bien préparé pour recevoir la semence divine; et tout porte à croire qu'elle fut bien reçue, quelle que soit l'heure où elle y est tombée. L'enfant avait douze ans;

l'œuvre principale de la mère et du père touchait à sa fin, — et nous avons pu entrevoir qu'ils y avaient fructueusement travaillé, peut-être sans le savoir, malgré le cri que nous avons recueilli à sa naissance; — l'œuvre du jeune et pieux curé de Chazelles allait donc commencer, et nous savons aussi qu'il était digne de la comprendre et capable de la mener à bonne fin. A cette époque, la santé de l'enfant, jusqu'alors chancelante, s'était fortifiée; son petit corps souffreteux prenant enfin le dessus, montrait de la vigueur, et un des rares survivants de ces temps, ancien domestique du château, nous le représente, dans ces années, sous les traits d'un enfant déjà grand, fort, et comme cela arrive d'ordinaire à cet âge où la vie déborde et s'épanche au dehors, aimant à rire, à folâtrer et même, selon son expression un peu vulgaire, « à faire gentiment des niches aux gens du pays ». Son intelligence très vive de bonne heure, aidée du reste par une application toujours soutenue et une attention dont cet âge n'est pas d'habitude capable, avait dû lui faire réaliser des progrès notables dans ses premières études élémentaires; de sorte que le terrain était prêt à recevoir une culture spéciale devenue nécessaire, lorsque, au moment de sa première communion, le digne curé de Chazelles, témoin de sa piété, frappé sans nul doute de son intelligence par ses réponses au catéchisme, et surtout convaincu qu'il avait en mains les germes d'une bonne vocation ecclésiastique, dut se demander ce qu'il convenait de faire pour cet enfant ainsi privilégié. Malheureusement, son digne et vaillant père était déjà mort à la fleur de l'âge, laissant quelque bien, fruit de ses économies, et surtout un riche héritage de vertus et de bons exemples; la pauvre mère, devenue veuve et chargée de trois enfants qui avaient survécu, continuait d'habiter le château de la Pierre; mais timide et réservée, comme on nous l'a dépeinte, que pouvait-elle pour l'avenir de son fils et surtout pour mener à bonne fin cette vocation dont elle fut du reste si heureuse et si fière, comme toute mère chrétienne? Il dut y avoir à ce moment quelques inquiétudes, des hésitations, des projets et des entretiens entre la mère et le curé de la paroisse, sous les yeux probablement du pauvre enfant attentif et anxieux, car il comprenait que son avenir était en jeu. Mais le bon prêtre leur vint en aide, et inspiré par le Dieu qui n'abandonne pas la veuve et l'orphelin, il rassura la mère et l'enfant, et se confiant en la Providence, il reprit son rudiment et se mit à donner lui-même au petit Thomas les premières leçons de latin. Il faut croire que le brave curé prit goût à ce rude labeur, car il dura trois années entières, et il s'ajoutait au travail du ministère, qui même dans une petite paroisse, n'est pas une sinécure en ces pays de foi où les populations étaient alors si chrétiennes. Nous avons cité une lettre dans laquelle, près de quarante ans après, l'élève rappelait à son cher maître devenu vieux le bonheur qu'il avait goûté à cette lointaine époque où il recevait ses leçons au presbytère de Chazelles; il faut croire que le bonheur avait été réciproque et que le maître avait trouvé dans la docilité, la piété et les progrès de son jeune élève, sans même tenir compte du devoir accompli, une compensation au surcroît de travail qu'il avait dû s'imposer; ce qui n'étonnera personne, car comment pourrait-il en être autrement? Est-il pour un bon prêtre joie comparable à celle qu'il éprouve lorsque, au milieu de ce petit troupeau de tendres âmes confiées à ses soins, il lui est donné de saisir sur un front plus pur, à travers un œil plus limpide, dans une conscience plus délicate, les premiers signes d'une spéciale prédilection de la Providence et comme un rayon céleste qui marque à l'avance et désigne à sa vigilance un élu du sacerdoce? Oh! avec quelle sollicitude vraiment maternelle il va désormais suivre cet enfant privilégié du Ciel, avec quelle jalousie toujours en éveil il va protéger ces germes si délicats et si exposés à avorter dans cette atmosphère glacée et meurtrière du monde! Avec quel dévoue-

ment surtout et quelle sublime abnégation il se met à
l'œuvre, au moment venu, surtout si, comme cela arrive
d'ordinaire, l'élu de Dieu est aussi pauvre des dons de la
terre qu'il est riche de ceux du ciel! Surcroît de travail, sai-
gnées profondes à son maigre traitement, rien ne lui coûte,
et il en viendra même à tendre la main, et on le verra solliciter aide et secours auprès des riches, appui et protection
auprès de ses supérieurs, afin de pouvoir mener son entreprise à bonne fin, et faire perfectionner dans un séminaire
l'œuvre commencée au presbytère! Oh! c'est qu'il voit que
si la moisson est copieuse, bien peu nombreux sont les bras
chargés de la recueillir! il sent peut-être que les siens commencent à se lasser, et il veut que demain, quand il tom-
bera sur son sillon pour ne plus se relever, un autre ouvrier
soit là, préparé de sa main, prêt à prendre sa place, et plein
de jeunesse pour la garder longtemps! Un tel dévouement
peut bien passer obscur et inconnu aux yeux indifférents
du monde, il attire assurément l'œil attendri de Dieu, et
les anges l'inscrivent au livre d'or de l'éternité! Telle fut
l'œuvre de dévouement et d'abnégation que durant trois
ans le curé de Chazelles accomplit auprès du petit Thomas
de la Pierre, avec quel succès, nous le comprendrons plus
tard; en attendant, faut-il s'étonner que bien longtemps
après, son élève devenu maître à son tour, l'appelle son
ami et son père, lui parle avec une reconnaissance toujours
jeune de ces temps heureux passés ensemble au presbytère
de Chazelles, au coin de ce feu où il se voit encore expliquant l'*Epitome*, dans cette église où ses exemples et ses
enseignements lui ont fait comprendre la vocation ecclésiastique, et lui demande de continuer encore de le diriger par
ses prières, puisqu'il ne jouit plus de ses conseils! Le petit
Thomas a pu vieillir, sa mémoire se rouiller, il y garde
toujours fidèlement quelques cases luisantes et polies ou
sont gravés des noms qu'il lit avec plaisir et reconnaissance;
et parmi ces noms bénis et toujours vivants, le plus en relief

c'est celui de son premier maître, de son cher ami, du vénéré curé de Chazelles!

Cependant l'élève atteignait sa quinzième année; et pour si douces que fussent les heures de leçon au presbytère, les cérémonies saintes dans la maison de Dieu, les courses elles-mêmes à travers la montagne, le moment était venu pour le maître de se séparer de son cher petit compagnon; il fallait songer sans retard à l'envoyer dans un des petits séminaires, si nombreux dans le diocèse de Lyon où les vocations abondent; l'avenir de l'enfant l'exigeait ainsi; pour être complète, son instruction demandait et des maîtres multiples ayant chacun sa spécialité d'enseignement, et aussi des condisciples nombreux et capables de faire naître l'émulation, ce stimulant toujours si puissant pour l'enfant; son éducation morale et surtout sa formation cléricale le réclamaient encore davantage, car ce n'était pas sans raison que l'Église, au concile de Trente, avait fait aux évêques une obligation d'établir, dans leurs diocèses, des séminaires qui fussent, le nom seul le dit, comme les pépinières où, plantés de bonne heure, entourés de soins dévoués, arrosés loin des périls du monde par les eaux fécondantes de la grâce, les enfants d'élite devinssent successivement des clercs instruits et pieux, des prêtres zélés, des ministres de Dieu irréprochables.

Le bon M. Emonet le comprenait bien, et ne cherchant, avec le profit de l'Église, que l'intérêt de son cher enfant, il fit des démarches pour le faire recevoir au petit séminaire de Verrières et se mit en mesure de tout préparer pour la rentrée des classes de 1836; la mère, veuve et sans grandes ressources, bien que résolue à tous les sacrifices, ne pouvait suffire à toutes les dépenses qui allaient être nécessaires; dépouillée de ses biens par la Révolution, l'Église en France ne peut guère plus offrir une éducation gratuite, même à ses futurs ministres; et par suite, dans les petits séminaires, on est obligé d'exiger une modique pension des parents qui présentent leurs enfants; c'est d'ordinaire au pauvre curé qu'incombe le souci de trouver ces ressources; heureux s'il peut rencontrer quelque bonne âme qui lui vienne en aide! Ce fut le cas du curé de Chazelles, et nous savons que M. d'Allart, le maître du château de la Pierre, voulut bien s'intéresser à l'éducation du fils de son ancien régisseur; rien ne s'opposait donc désormais aux desseins de Dieu sur cette chère âme, et le petit séminaire lui était ouvert, avec ses admirables ressources.

Par sa position dans les montagnes du Forez, au grand air et dans la solitude, le petit séminaire de Verrières est un site admirablement choisi pour une maison d'éducation; qu'on y ajoute des maîtres habiles, pieux, dévoués, aimant à conserver dans la maison les vieilles traditions de la vie de famille; des bâtiments spacieux, de vastes cours aérées, et on s'expliquera aisément sa renommée et l'affluence d'élèves qui y accourent de tous les points de ce pays si chrétien encore aujourd'hui, et qui l'était bien davantage à cette époque.

Ce fut en octobre 1836 que ses portes s'ouvrirent pour le jeune élève du curé de Chazelles; quelles y furent ses premières impressions? nous l'ignorons; il est cependant aisé de les deviner, quand on est soi-même passé par une pareille épreuve. Ce ne dut pas être sans serrement de cœur que l'enfant dit d'abord adieu à sa chère mère, tout en larmes de s'en séparer pour la première fois; à ses jeunes sœurs, uniques compagnes de ses jeux d'enfance; au château qui l'avait vu naître, à la pittoresque campagne dont il aimait depuis si longtemps le calme et la solitude; cet amour pour sa famille, cette attache au pays natal, ce goût de la solitude et du calme, il les aura toute sa vie à un degré peu commun; nous ne sommes donc pas téméraire en supposant qu'il les avait, à quinze ans, dans toute leur fraîcheur; aussi leur privation fut alors pour lui une cause de souffrance intime et de longs regrets. Il dut pourtant se rassurer, croyons-nous, et faire bonne contenance tant qu'il sentit à ses côtés son cher curé, devenu son second père et qui avait voulu le conduire et le présenter à ses nouveaux maîtres; mais quand celui-ci dut enfin se séparer de son pauvre enfant, et qu'après l'avoir tendrement embrassé, il reprit triste le chemin de Chazelles, oh! que le pauvre petit Thomas de la Pierre dut se sentir seul et éprouver un vif et long serrement de cœur! Des murs froids et qui ne lui disaient rien; des maîtres dévoués sans doute, mais inconnus; des camarades nombreux, bruyants et la plupart heureux de se retrouver, mais sans sympathie pour ce nouveau venu qui, triste et solitaire, dérobait péniblement ses larmes dans un coin écarté; — très rares sont les enfants qui échappent aux angoisses de ces premiers jours d'isolement; beaucoup en souffrent des mois entiers; on en a même vu dont la nature délicate et sensible s'est affaissée, incapable de porter un tel poids! S'il n'en fut pas ainsi pour lui, il dut cependant garder longtemps cette blessure intime qui l'absorbait et paralysait ses forces intellectuelles; car bien qu'exceptionnellement doué, âgé de quinze ans, et consciencieusement préparé pour la classe de cinquième, où il venait d'être admis après examen, il ne fut pas, cette première année, ce qu'il sera toujours désormais, un élève hors ligne; et à la distribution des prix qui la clôtura, il vit aller à d'autres ces couronnes qui à l'avenir viendront orner son jeune front, toujours plus nombreuses et plus brillantes. La Providence avait ses desseins sur lui; et il était bon que celui qui devait consacrer plusieurs années de sa vie à former la jeunesse cléricale dans les petits séminaires, connût par une expérience personnelle la souffrance qui dès les premiers pas s'impose à ceux qui entrent dans cette noble, mais difficile carrière; mieux encore: amené par Dieu à Verrières pour se préparer déjà à être un jour prêtre et missionnaire, directeur et supérieur de grand séminaire, ne fallait-il pas que, dans ces angoisses des premières séparations, il entrevît d'avance et comprît peu à peu, afin de le faire mieux accepter un jour, cet idéal sublime du prêtre, selon saint Paul : *Sine patre, sine matre, sine genealogia*[1] !

Le premier pas fait, — et nous venons de l'indiquer, il avait coûté, — le jeune élève prit son élan, et durant les quatre années qui suivirent il fournit, sans secousse ni ralentissement, une course qui ne fut pas sans gloire et sans succès, surtout sans grand profit pour sa formation morale et son développement intellectuel. Nous n'avons qu'à écouter quelques survivants de ces temps lointains, qui furent ses maîtres ou ses condisciples à Verrières. L'un[2] nous dit « qu'il a fait ses études avec de très grands succès, et qu'il était très aimé de ses condisciples et de ses maîtres »; ce qui ne doit pas étonner, ajoute-t-il, car il était déjà « un modèle de piété et d'amabilité ». Un vénérable vieillard qui, étant professeur dans l'établissement[3], l'y a connu en troisième, seconde et rhétorique, nous fait part de ses impressions en ces termes : « C'était un élève accompli ; mais ce qui brillait surtout en lui, c'était une *distinction de prince.* » Ce dernier trait est à remarquer; car loin d'être isolée, cette impression est commune à beaucoup de témoins de cet âge; tous ont été frappés par ce grand air, par cette distinction qui devait s'accentuer encore avec les ans; et quelqu'un qui l'a souvent vu, quelque temps après, au petit séminaire de Saint-Jean à Lyon, un homme qui s'y connaît, M. de Meaux, ancien ministre, a toujours remarqué en lui « une distinction peu commune, un grand air qui l'eût fait prendre pour un homme de haute lignée ».

Ce qui ne veut pas dire qu'il fut dès lors d'une gravité

---

[1]. Hæbr., vii, 3.
[2]. M. l'abbé Paret, curé de Saint-Denys, de la Croix-Rousse.
[3]. M. l'abbé Déroire, curé de Gumières (Loire).

très peu ordinaire à cet âge, encore moins compassé et gourmé, ce qu'il n'a jamais été ; ce grand air lui était naturel et il s'alliait fort bien en lui, au dire de ceux qui l'ont connu alors, à la gaieté naturelle à un écolier de quinze et dix-huit ans, à une belle humeur qu'il a gardée même dans sa charge de Supérieur et jusqu'à sa soixante-dixième année; osons même le dire (et nous en verrons bien d'autres quand il sera professeur à Saint-Jean), à des saillies et même à des espiègleries qu'on peut condamner, si on en a le courage, mais qui accentuent fort bien cette riche nature dans tous ses éléments divers, et que pour cette raison nous nous ferions scrupule de ne pas rapporter.

Dès son enfance, et bien que d'une santé peu affermie, souvent même malade et souffrant, tous les témoins s'accordent à nous le montrer, en même temps que sérieux dans l'étude et recueilli quand il priait, aimant à jouer avec ses sœurs, expansif et gai sans turbulence, espiègle même au besoin et ne reculant pas devant de gentils petits tours qu'il agrémentait d'une bonne grâce parfaite, d'une fine malice, mais où ne se mêla jamais la moindre méchanceté. Un de ses cousins, qui était de son âge et qui vit encore, nous dit avoir été fréquemment l'objet de ses innocentes et aimables taquineries, surtout à cause de sa petite taille, moins avantagée que celle de son malicieux cousin; or, un jour qu'à la plaisanterie s'était ajoutée une légère voie de fait, comme il arrive entre enfants, le petit Rochigneux (c'est son nom), perdant patience : « Attends, s'écria-t-il, je vais te le rendre, va ! » et comme il s'avance, la main levée : « Minute, lui riposte son cousin en lui avançant une chaise, monte dessus !... t'arriveras comme ça peut-être !... »

Tel il était au village, tel il se montra à Verrières, si l'on en excepte les premiers temps ; sa bonne humeur, sa gaieté étaient proverbiales, et il s'y mêlait déjà une pointe d'esprit qui aurait pu devenir, s'il eût été méchant, une arme redoutable. Qu'il sût dès lors et toujours maîtriser sa nature, que la règle n'ait eu jamais à souffrir d'un entraînement irréfléchi, d'un élan de belle humeur spontané, nous n'en jurerions pas, bien que sa conduite ait toujours été régulière, exemplaire même, comme en témoignent encore ses notes que nous avons lues sur les registres de la maison ; mais quel est l'élève qui n'ait eu, un jour ou l'autre, un moment d'oubli, qui ne trouve dans sa mémoire le souvenir d'une peccadille ? S'il en est qui aient eu dès lors une telle perfection, ceux-là peuvent jeter une pierre après notre jeune séminariste, car, crime inoubliable, il se laissa entraîner un jour à boire un punch — évidemment délicieux — dans la boutique de la maison, avec quelques condisciples aussi heureux et aussi espiègles que lui.

Rentré au château de la Pierre, durant ses vacances, il retrouvait les domestiques de la maison, anciens compagnons et subordonnés de son père, vieilles connaissances de ses premières et chères années ; avec son grand air il ne songeait guère à faire le grand seigneur à leur égard, et comme toujours il était, au contraire, aimable, gentil et familier, malin même et espiègle au besoin. L'un d'eux, vieillard de soixante-quinze ans aujourd'hui[1], nous résume ainsi sa vie des vacances : « Il les passait à faire trois choses et il les faisait également bien : réciter des prières, lire des livres et faire des niches aux gens. » Voici en particulier un trait que le brave homme est tout fier de raconter, car il y a joué un rôle ; nous le notons ici, bien qu'il n'ait eu lieu qu'un peu plus tard. Notre jeune étudiant, ses humanités terminées, allait entrer au grand séminaire et avait déjà pris la soutane ; en l'apercevant dans son nouveau costume, une vieille domestique, gardeuse de vaches et un peu simple, crut devoir, pour le mieux complimenter, prendre sa langue des dimanches, et dans un français de son invention et tout prétentieux dans une telle bouche :

---

1. Mathieu Boisset.

« Oh ! oh ! maintenant faudra pus dire : le petit Dazin, mais Monsieur l'abbé Dazincourt ! vous voilà un grand savant ! vous avez les gros livres, et vous pourriez ben nous montrer le diable ! » (Il y a un demi-siècle, bien des paysans de certaines campagnes attribuaient ce pouvoir d'évocation à un grand livre rouge dont étaient munis tous les curés.)
— « Sans doute, répond le malin abbé avec tout son sérieux et dans son plus beau patois, sans doute ! ce soir même je vous le montrerai, si vous voulez ! » La vieille fille, déjà tremblant de peur, n'ose pas reculer à cause des témoins de la scène, et rendez-vous est donné pour la soirée. On devine le reste. Le vieux domestique qui raconte le fait, et qui était jeune alors, voulut bien servir de compère, sans que personne s'en doutât ; l'abbé le fait coucher, couvert d'une ample peau de boule-dogue, sous le lit même de la vieille domestique, puis conduisant dans sa chambre la pauvre femme suivie de tous les domestiques en joie, il ouvre un grand livre, et d'un ton magistral il se met à lancer quelques grands mots latins dans la direction des quatre points cardinaux, et, adjurant le diable de Chazelles, il lui ordonne de frapper trois grands coups et de se montrer ; aussi docile que les génies des *Mille et une Nuits* et aussi bon diable, le compère obéit, et sortant avec fracas de sa cachette, montre sa tête hideuse et ses crocs acérés de boule-dogue !... On comprend la frayeur et le sauve-qui-peut général... En racontant le fait, après tant d'années, le brave domestique en pleurait encore de rire !

Mais si les vacances étaient joyeuses pour le jeune séminariste, rentré à Verrières il savait redevenir appliqué pendant les longues études, et surtout attentif en classe où, en élève intelligent et consciencieux, il ne perdait pas un mot ; aussi ses maîtres s'accordent à dire que rarement ils ont rencontré un disciple qui leur ait donné plus de satisfaction. Dans ces temps déjà bien lointains on suivait encore les bonnes vieilles méthodes de formation intellectuelle qui,

durant le dix-septième et le dix-huitième siècle, ont donné
à la France tant d'esprits solides et distingués, tant de
robustes intelligences, et même tant de vrais et fins connaisseurs en littérature, soit dans les carrières libérales, soit
surtout dans le clergé ; on n'avait pas alors la risible prétention de faire de chaque écolier de seize ou dix-huit ans,
à la fin de ses humanités, un Pic de la Mirandole, en char-
geant sa mémoire, au détriment des autres facultés, d'une
véritable encyclopédie de toutes les connaissances: *de omni
re scibili et de quibusdam aliis;* le bon sens pratique de nos
pères répugnait à ces tours de force vraiment homicides,
et on se tenait pour satisfait quand on parvenait à développer pleinement toutes les facultés du jeune homme :
intelligence, jugement, goût, mémoire, etc. ; et d'ordinaire
on y réussissait au moyen des chefs-d'œuvre immortels
des littératures grecque, latine et nationale, expliqués avec
goût, intelligence et un amour qui allait jusqu'à l'enthousiasme chez bien des maîtres, et qui, il faut le dire au risque
de n'être plus compris, était partagé par bon nombre de
leurs élèves. Tels étaient encore, à Verrières, maîtres et
élèves dans la première moitié de ce siècle ; maintes fois
nous avons entendu notre cher confrère le proclamer hautement, et avec une certaine fierté bien légitime, jusque dans
ses vieux jours ; il faisait mieux encore, il le prouvait par
son goût si classique et si sûr, par ses connaissances littéraires toujours fraîches, par ses réminiscences et ses citations de textes toujours faites avec exactitude et un à-propos
remarquable... Il aimait surtout Horace pour son goût si
délicat, son bon sens et sa simplicité attique, et bien qu'il
feuilletât plus habituellement la sainte Écriture et les Pères,
nous lui avons vu cependant dans les mains une belle
petite édition elzévir du satirique latin, qui avait place
sur son bureau de travail... Aussi, devenu vicaire général
honoraire et membre du conseil épiscopal du diocèse de
Marseille, quand Mgr Robert, affranchissant son petit

séminaire du joug si lourd et si encombrant des programmes universitaires, lui permit de revenir aux bonnes vieilles méthodes d'enseignement, nous savons que M. Dazincourt ne fut pas étranger à cette intelligente réforme ; il avait conservé, à l'encontre du courant général qui entraînait tout, les saines traditions qu'il avait reçues à Verrières, et il était heureux de les maintenir et de les faire prévaloir.

Après ce que nous venons de rappeler, on ne sera pas surpris d'apprendre, comme nous l'avons déjà insinué, qu'à partir de la classe de quatrième il eut, à la fin de chaque année scolaire, une riche moisson de prix et de couronnes qui alla en progressant toujours jusqu'à la rhétorique, — et cela, inutile de l'ajouter, à la grande joie de sa pauvre mère, surtout à la satisfaction et au triomphe de son cher premier maître, le curé de Chazelles; et même, ce qui est plus rare, à la satisfaction générale de ses condisciples et de ses compétiteurs moins heureux, par qui il sut se faire pardonner des triomphes si enviés, grâce à son bon cœur et surtout à une modestie admirable. Nous avons, nous aussi, un moment espéré jouir de ces triomphes, et mêler, après plus de cinquante ans, nos applaudissements émus à ceux qui accueillaient son nom dans ces lointaines solennités de Verrières, car dans ses papiers nous avons eu la bonne fortune de mettre la main sur un palmarès de 1841, année de sa rhétorique; malheureusement notre espoir a été tristement déçu, ou plutôt il s'est changé en admiration émue : les pages qui retraçaient ses succès ont été arrachées, et nous n'avons pu y lire que les noms de ses condisciples ! Une compensation nous a été donnée pourtant; avec le pauvre palmarès lacéré se trouvait, intact lui, — sans doute par un oubli que nous ne regrettons pas, — l'*Exercice littéraire* qui avait accompagné cette même distribution des prix ; inutile de dire que nous y avons vu figurer avec le plus grand honneur le nom de Thomas Dazincourt, et dans la classe de rhétorique, et dans la *Société littéraire*, et dans la *Société d'histoire,* avec mention des travaux couronnés, parmi lesquels nous avons remarqué une dissertation historique sur l'*Origine des biens du clergé.* Une autre relique de ce lointain passé nous a été offerte; c'est un petit cahier de 1840-41, renfermant une fort belle analyse littéraire de l'Ode 1re du 3e livre d'Horace, plus un plaidoyer devant l'Aréopage, qui ne manque pas d'éloquence et de mouvement; enfin trois pièces de vers latins, en strophes très réussies, qui dénotent une très grande facilité, un goût déjà sûr et une main exercée. Sans nul doute nous n'avons retrouvé là aucun chef-d'œuvre; mais ces travaux témoignent de très sérieuses études, dénotent une culture littéraire très développée et font, croyons-nous, grand honneur au jeune rhétoricien, et à ses maîtres aussi; — nous doutons fort qu'avec la méthode qu'on suit de nos jours on eût obtenu un pareil résultat !

Au point de vue moral et religieux, les résultats n'avaient pas été moins grands ni moins beaux, et ils répondaient parfaitement au but que l'Église s'est proposé en établissant les petits séminaires. Le développement intellectuel est sans doute important, car le prêtre, sous peine de trahir sa noble et délicate mission, doit être capable d'acquérir et de conserver la science nécessaire à son état; mais combien plus importantes et nécessaires sont pour lui la sainteté, l'intégrité de vie, l'acquisition des vertus de l'état ! Or, on n'y arrive que lentement, progressivement, et à la condition que cette formation morale et religieuse qui doit commencer au sein même de la famille et dès la première enfance, se continue, se développe et aille toujours progressant, grâce aux moyens moraux et aux secours religieux que l'adolescent et le jeune homme trouvent successivement dans les petits, puis dans les grands séminaires. Nous avons vu avec quelle docilité et aussi avec quels résultats consolants le petit Thomas de la Pierre avait reçu les premières leçons de vertu au sein de sa patriarcale famille ; le saint curé de Chazelles avait continué la formation de cette chère et belle âme en la préparant de son mieux à la première communion d'abord, et, de douze à quinze ans, en le gardant auprès de lui et en lui prodiguant « ces enseignements et ces exemples qui lui avaient fait comprendre la vocation à l'état ecclésiastique ». Aussi, quand il arriva à Verrières, la grâce trouva en lui un terrain préparé à recevoir la bonne semence, et nous savons que durant les cinq années qui suivirent, elle y tomba abondamment, et n'y tomba pas en vain ; ce fut le principe d'une abondante récolte, prémices et présage d'une moisson plus riche encore pour l'avenir. Ses notes en rendent un éloquent témoignage, et, sur les registres de Verrières on peut lire encore que sa conduite, « régulière et satisfaisante » dès le début, était devenue « très bonne » en rhétorique ; quant à sa piété, « satisfaisante » les premières années, elle méritait à la fin la note la plus élevée, et en somme, selon une remarque importante et qui ressort de la simple inspection des registres, nul de ses condisciples n'est arrivé à une moyenne aussi élevée. A ce témoignage muet, il convient d'ajouter celui de ses anciens maîtres et condisciples qui vivent encore ; tous ceux qu'il nous a été donné d'interroger sont unanimes ici ; et plus encore que son intelligence et ses succès, plus que « sa distinction » et « son grand air », ce qu'ils ont surtout remarqué en lui, ce qui les a frappés, c'est sa foi vive, sa constance et ses progrès dans la vertu, sa piété et sa ferveur. « Il était un modèle de piété et d'amabilité, » nous dit un de ses anciens confesseurs [1] ; « un ange », au témoignage d'un autre contemporain [2]. Du reste, le degré de vertu et de sainteté auquel nous le verrons s'élever progressivement et atteindre sur la fin de sa vie nous autorise à conclure que les fondements de son édi-

---

1. M. l'abbé Paret, curé de Saint-Denys, à la Croix-Rousse.
2. M. Charles Damon, vénérable vieillard de quatre-vngt-quinze ans.

fice spirituel avaient été solidement posés à Chazelles et à Verrières, et partant, que les témoignages que nous venons de rapporter sont de la plus scrupuleuse exactitude. Pour expliquer ces beaux résultats, il faut ajouter que dès son entrée au séminaire, il avait, sans la moindre résistance, livré son âme à l'action de la grâce, et comme une cire molle, s'était prêté aux diverses influences salutaires qui l'avaient sollicité de tous côtés à la fois et de tant de manières merveilleuses. En effet, si pour le développement intellectuel, comme nous l'avons constaté, nos maisons d'éducation cléricale sont organisées de façon à produire de merveilleux résultats, elles le sont bien mieux encore, on le comprend aisément, au point de vue de la formation morale et religieuse des futurs ministres de Dieu ; et ici, pas la moindre innovation ou désir de nouveauté, pas le plus léger entraînement de mode n'a tenté de s'introduire ; ç'a été et c'est toujours la vieille, mais sûre méthode de nos pères qui, à travers les siècles, a formé à la vertu et à la sainteté sacerdotale tant de générations de prêtres pieux et zélés. Et ici, certes, nous ne sentons pas le besoin d'entrer dans des détails et d'énumérer les moyens merveilleux de sagesse, de bon sens pratique et d'efficacité que l'Église a toujours employés et emploie encore aujourd'hui pour s'emparer de ces jeunes cœurs que Dieu s'est choisis et, loin du monde et de sa pernicieuse influence, après les avoir lentement et maternellement transformés, y verser, avec l'arome des vertus chrétiennes, la piété qui en fait de saints prêtres, le zèle et la charité qui les transforment en apôtres, en sauveurs d'âmes ! Exercices de piété suivis avec la plus religieuse attention, confessions et communions préparées avec esprit de foi et faites avec régularité et ferveur, influence quotidienne bien que discrète et prudente des maîtres, entraînement contagieux des pieux condisciples, rien ne fut perdu ou négligé par notre jeune séminariste ; les fruits obtenus, ainsi que le témoignage des contemporains, nous autorisent à conclure qu'il s'adonna à la piété avec non moins d'ardeur qu'à l'étude; car malheureusement nous n'avons pu retrouver sur ces divers points des détails particuliers qui eussent été si intéressants; voici en deux mots ce que nous avons pu recueillir.

Il se fit remarquer par une spéciale dévotion à Marie; en effet, comme pour remplacer au plus tôt sa chère mère absente, il se hâtait dès les premiers jours de demander instamment son admission dans la congrégation érigée en l'honneur de la sainte Vierge; agréé comme postulant quelques mois après son entrée, le 8 décembre 1836, quand il quittait le séminaire, il en était président, après en avoir rempli tour à tour les autres charges. Son amour pour la Reine du clergé, que nous constaterons plus tard, datait donc de loin et avait de profondes racines dans son cœur.

Il ne s'était pas moins hâté de remplacer son cher premier père spirituel, le bon curé de Chazelles; et son confesseur une fois choisi, il eut toujours pour ce remplaçant de Dieu auprès de son âme la plus grande ouverture, la plus parfaite docilité; il n'en parlait plus tard qu'avec la plus vive reconnaissance, car voici ce qu'il écrivait à sa sœur aînée, quelques années avant de mourir : « Il faut savoir tirer la conclusion de tous ces avertissements que nous donne la bonne Providence, et en profiter pour se préparer à aller rejoindre ceux qui nous ont précédés dans une meilleure vie; car assurément nous ne pouvons avoir la prétention de pousser, comme le cher P. Forest, jusqu'à la quatre-vingt-unième année ! C'est la *Revue* de Lyon qui m'a apporté cette triste nouvelle, et dès le lendemain, j'ai célébré pour lui la sainte messe; je lui dois personnellement une spéciale reconnaissance, puisqu'il fut à Verrières mon second confesseur, après la mort de M. Favrichon. »

Les humanités terminées et l'œuvre de formation première ayant reçu son brillant couronnement à Verrières, l'élève du petit séminaire, avant d'aller étudier la théologie au grand séminaire Saint-Irénée, de Lyon, et d'y recevoir pendant quatre années, avec les saints ordres, la culture particulière qui devait le préparer au sacerdoce, dut venir pendant deux années dans une maison spéciale qui, au diocèse de Lyon, tient le milieu entre le grand et les divers petits séminaires : c'est le séminaire de la philosophie, qui est établi à Alix ; à cette époque, il était encore dirigé par les prêtres du diocèse.

Il est gracieusement assis sur le versant d'une petite colline, moitié en bois, moitié cultivée, à quelques kilomètres de la petite ville d'Anse, et à deux heures et demie de Villefranche-sur-Saône ; la campagne est délicieuse et mérite vraiment l'éloge qu'en fait le proverbe suivant qui a cours dans le pays :

De Villefranche à Anse
Est la plus belle lieue de France.

Aussi que d'agréables promenades on fait à Alix les jours de congé ! On va jusqu'aux portes du Beaujolais, à Villefranche, ou à Châtillon-d'Azergues, visiter les ruines du vieux château chanté par les poètes, quand le but n'en est pas simplement Liesse, qui est la délicieuse maison de campagne du séminaire où tout est enchanteur pour de jeunes étudiants en liberté et vraiment en liesse : son bois, ses bosquets, ses allées et en particulier l'allée des Soupirs... A soixante-dix ans, il se souvient encore de ces riantes campagnes, et écrivant à une de ses cousines qui venait de faire le pèlerinage d'Ars, il lui dit : «...Tout ce que tu m'écris de Pommiers, Lima, etc., m'a rappelé mon jeune temps : ces localités ne sont pas éloignées d'Alix, et je me souviens que nous les avons visitées dans nos promenades ; ce sont, il faut en convenir, des paysages ravissants et l'air y est de première qualité. » Et quand viennent les Rogations, le supérieur du séminaire étant curé de la paroisse, quelles ravissantes processions, aux premières heures du jour, à travers bois et champs émaillés des mille fleurs du printemps !...

Comme tout cela a dû parler à l'âme poétique et religieuse de notre jeune philosophe! et nous n'aurons pas à nous étonner plus tard quand nous le verrons suivre avec bonheur ces processions à Kouba et à Montolivet, ou que nous l'entendrons en expliquer le sens à ses séminaristes en termes émus et touchants, avec une âme sensible aux beautés de la nature. Alix continua, sous ce rapport, les bonnes et ravissantes impressions de Verrières, qui ne furent jamais oubliées; mais c'était un tout autre enseignement qu'il était venu chercher au séminaire de la philosophie, et il est temps d'y arriver.

Comme son titre l'indique, on réunit là, de tous les petits séminaires de ce vaste et religieux diocèse, les élèves qui ont terminé leurs études classiques, et, pendant deux ans, tout en continuant leur formation morale et religieuse, on les applique, à peu près exclusivement, à l'étude de la philosophie et des mathématiques; le but qu'on se propose est de les préparer à l'étude des diverses branches de la science ecclésiastique, spécialement réservée au grand séminaire Saint-Irénée, de Lyon. Il est aisé de saisir la raison de cet ordre successif et hiérarchique d'études; après avoir donné aux jeunes intelligences, comme base de l'édifice scientifique, l'enseignement des langues et des littératures classiques, et avant d'aborder de face la science des vérités révélées qui, avec toutes les questions si importantes et si ardues de la théologie, doivent en former l'élément essentiel et aussi le couronnement, préalablement il convient d'en étudier les abords, il faut en livrer la clef; il est surtout indispensable de donner au jeune homme de la précision dans l'esprit, de l'étendue et de l'acuité dans le coup d'œil, enfin de développer et de fortifier par un exercice logique et précis cette faculté qui va lui être si nécessaire et qui d'ordinaire ne brille guère dans un jeune humaniste de dix-huit ans : le jugement. C'est à quoi l'on arrive naturellement par l'étude combinée de la philosophie et des mathématiques, poursuivie avec soin et méthode durant deux années; l'expérience et la saine tradition en font foi, et ce ne serait pas impunément qu'on affaiblirait ou qu'on supprimerait un tel enseignement. Un de ses premiers avantages est d'exiger du jeune homme de sérieux efforts de volonté et une attention soutenue; passant brusquement des études littéraires, dont le fond est facile à saisir et les formes si attrayantes pour une imagination de vingt ans, et tombant sans transition dans les spéculations arides des sciences exactes, dans la contemplation sévère des idées abstraites et des vérités philosophiques, le jeune humaniste se trouve comme dépaysé dès l'abord, et ce n'est pas sans intérêt qu'on voit sa volonté aux prises avec des difficultés inconnues jusqu'alors, et sa bouillante ardeur arrêtée, réduite aux abois. Spectacle intéressant pour le maître, mais surtout rude labeur pour l'élève, exercice capital d'où il retirera, s'il s'y livre avec persévérance, les fruits les plus abondants.

C'est ce qui eut lieu pour notre cher rhétoricien, devenu élève de philosophie à Alix, durant les deux années scolaires 1841-1843; bien que nos renseignements soient ici fort restreints et que nous soyons privés du plaisir de le suivre pas à pas dans cette nouvelle carrière, nous avons retrouvé dans ses papiers des témoins muets, mais incontestables, de son travail et de son application, nous pourrions dire de ses succès en philosophie et en mathématiques. C'est d'abord un cahier de notes qui nous paraissent remarquables sur diverses questions de logique, de psychologie et de métaphysique; une analyse, faite sur La Luzerne, des preuves de l'existence de Dieu; enfin un résumé succinct mais complet de l'histoire de la philosophie. Tous ces travaux, écrits d'une main déjà sûre et ferme, ne trahissent plus l'écolier et dénotent, outre un grand soin, une intelligence qui se sent sur son terrain. Comme preuve que les mathématiques n'ont pas été négligées ou incomprises, nous avons, avec des solutions raisonnées de problèmes d'algèbre, de trigonométrie et de physique, deux travaux plus importants, tous deux très soignés et fort bien faits : l'un sur le calendrier, l'autre sur la construction des cadrans solaires. Enfin nous avons sous les yeux, imprimé avec luxe et dédié à Sa Grandeur Mgr de Bonald, archevêque de Lyon et primat des Gaules, un programme très complet des conclusions philosophiques qui furent soutenues, à la fin de l'année scolaire 1841-42, dans une séance publique, par neuf des élèves les plus distingués d'Alix ; on le comprendra bien, nous avons été heureux de lire, en tête de la liste de ces jeunes lauréats, le nom de Thomas Dazincourt, immédiatement suivi de celui de son ami et condisciple François-Xavier Gouthe-Soulard. A ces preuves non équivoques du développement progressif et soutenu de notre cher confrère à cette époque de sa vie, on nous saura gré d'ajouter le très remarquable témoignage d'un des principaux et des plus distingués curés de la ville de Lyon, élève de philosophie à Alix, dans ces mêmes années ; le voici, textuellement recueilli des lèvres du vénérable vieillard [1] :

« M. Dazincourt a laissé de très attachants souvenirs partout où il a passé... C'était une belle intelligence, et son nom retentissait dans les concours généraux organisés entre les diverses maisons d'éducation diocésaines... A Alix, où les élèves ont encore, comme dans les petits séminaires, salle d'étude et dortoir communs, on lui avait confié l'honneur et la charge délicate de les surveiller ; il était grand censeur en même temps que Mgr Gouthe-Soulard. Il avait dès lors une magnifique physionomie, comme un grand air de famille et un cachet spécial de distinction qui, malgré sa jeunesse, commandaient le respect à tous... Du reste, pas de changement d'humeur en lui, jamais de brusquerie ni

---

1. M. l'abbé Routiez, curé de Saint-Nizier, Lyon.

d'altération dans son calme; il était, pour ainsi dire, la paix incarnée! Et cela, autant par celle dont il jouissait lui-même que par celle qu'il savait inspirer autour de lui. » Pour peu qu'on l'ait connu à une époque quelconque de sa vie, on sent instinctivement que ce portrait, à vingt ans, pour être brillant, n'en est pas moins véridique et ressemblant.

Nous avons le bonheur de pouvoir apporter ici un témoignage plus précieux encore, c'est celui de Mgr Gouthe-Soulard lui-même. Interrogé sur son condisciple et ami : « M. Dazincourt! a-t-il répondu, oh! oui, je l'ai bien connu à Alix et à Saint-Irénée; nous étions du même cours ; nous avons été en même temps *grands censeurs* à Alix et *maîtres de conférences* à Saint-Irénée. Le grand censeur, à Alix, avait à présider une étude d'une centaine de ses condisciples, à donner les permissions, et, ce qui était plus ennuyeux, à expliquer la leçon à vingt, trente élèves qui venaient à chaque instant le trouver à sa chaire; deux années durant, M. Dazincourt s'est acquitté de ce rôle avec une amabilité, une humilité, une douceur qui ne se démentirent jamais ; une seule fois on l'a entendu dire à un de ses condisciples qui vraiment abusait de la permission : « Mais, mon cher, tu me fais perdre mon « temps ! »

« Il était spontanément choisi par ses condisciples comme *moniteur* de leur conduite ; et telle était la confiance qu'il inspirait que presque tous s'adressaient à lui; ses récréations se passaient à remplir ce charitable office! Aussi, dès sa première année, nous ne l'appelions plus que le *Père Thomas !*

« Arrivé à Saint-Irénée, il fut choisi comme *maître* de conférences ; c'était une sorte de répétiteur, chargé chaque jour d'une véritable classe de trois quarts d'heure; il donnait des explications, résolvait les objections, répondait à toutes les difficultés, etc. M. Dazincourt se montrait d'une douceur et d'une patience vraiment angéliques; son humilité était encore plus admirable, et je n'y puis songer encore aujourd'hui sans me sentir tout ému! Il répondait à toutes les questions d'une manière claire, précise et en peu de mots, sans faire jamais étalage de science; et quand il avait terminé son explication, il ajoutait invariablement : « Voilà ce qui me semble être la solution... Mais je le de-« manderai au professeur, il rectifiera ce qui ne serait pas « exact!... » Et jamais le maître n'eut rien à modifier !

« Fort recherché de ses condisciples, estimé et aimé de tous, il se regardait comme le dernier; et je crois bien que l'humilité est sa vertu capitale; je la regarde comme la note caractéristique de toute sa vie... » On l'avouera, un tel témoignage, tombé de telles lèvres, a bien sa valeur !

CHAPITRE III

Grand séminaire Saint-Irénée. — Sacerdoce.
1843-1847

« Il reçut la prêtrise en 1847, après y avoir été disposé par les directeurs du grand séminaire de Saint-Irénée, prêtres de la Compagnie de Saint-Sulpice, ces grands formateurs de la vie cléricale. » Ainsi s'exprime Mgr Robert dans la lettre circulaire sur la mort de M. Dazincourt. Bien que cela ne soit pas nécessaire, nous sommes heureux de pouvoir faire ressortir l'exactitude parfaite de ces paroles, soit touchant le soin que notre cher confrère apporta à se préparer au sacerdoce, soit touchant la part qu'y eurent ses vénérables maîtres et l'honneur qui leur en revient.

Ces quatre années de grand séminaire sont de la dernière importance pour celui que la Providence devait appliquer plus tard à l'éducation de tant de prêtres, et qui allait devenir lui-même à son tour un si « grand formateur de la vie cléricale ». Nous regrettons de n'avoir sur ces années capitales aucun témoignage bien précis de ses contemporains; un seul [1] nous rapporte un trait, bien précieux, à la vérité, car il prouve que dès cette époque le jeune séminariste était déjà, comme il le recommandera plus tard, un homme de cœur et un homme de caractère. Le fait eut lieu pendant les vacances, à Montbrison, car l'abbé Dazincourt les y passait en partie chez son bienfaiteur, M. d'Allart; il était très lié dès lors avec un honorable chef de division de la sous-préfecture, M. Dubois, dont le fils devint plus tard son élève. M. d'Allart, croyant avoir à se plaindre de cet employé, prétendit exiger de son protégé qu'il cessât

---

[1]. M. l'abbé Paret, curé de Saint-Denys, de la Croix-Rousse, Lyon.

désormais de le voir et n'eût plus de relations avec lui. Le cas était embarrassant ; les droits de la reconnaissance, les ménagements à l'égard d'un bienfaiteur encore nécessaire, tout semblait conseiller une condescendance aveugle, si dure que pût être l'exigence. Le jeune abbé, bien que résolu à n'oublier jamais les droits de son bienfaiteur, ne crut pas pourtant devoir sacrifier ainsi les droits de l'amitié et ceux d'une légitime indépendance; en conséquence, très poliment mais très fermement, il pria M. d'Allart de vouloir bien lui permettre de rester étranger à ses querelles personnelles, l'assurant du reste qu'à l'avenir, comme par le passé, il saurait ne manquer à aucun des devoirs de la reconnaissance ! — et il continua ses relations avec M. Dubois, tout en y mettant quelque discrétion. Le cas n'était pas mal résolu pour un jeune homme de vingt ans, et M. d'Allart eut le courage et le bon goût de ne pas s'en fâcher.

Constatons encore que durant ses vacances il se montrait toujours l'homme du devoir. Une de ses cousines[1], alors enfant, se souvient fort bien que, si d'habitude le grand séminariste, comme autrefois l'élève de Verrières, ne dédaignait pas de rire et de plaisanter avec tout un monde de petits cousins, se faisant volontiers le boute-en-train de leurs jeux, à certaines heures, néanmoins, il s'enfermait soigneusement dans sa chambre et laissait impitoyablement le petit bataillon tapageur s'agiter et l'appeler à grands cris... Quand on l'importunait trop longtemps, il se bornait à montrer à la fenêtre sa physionomie grave et recueillie, et d'un geste rétablissait le calme en disant: « Soyez sages; laissez-moi prier le bon Dieu ! »

Quant aux jours de solitude et de travail qui s'écoulèrent, durant quatre années consécutives, de 1843 à 1847, dans la cellule austère du séminaire Saint-Irénée, sur cette colline que baigne la Saône, à deux pas du sanctuaire de

---

1. Mlle Marie Rochigneux, de Montbrison.

Notre-Dame de Fourvières, sur un sol qui a bu le sang de tant de héros, gloire de l'antique Église de Lyon, — tout nous porte à croire que notre élève du sanctuaire, mieux encore qu'à Verrières et à Alix, les passa heureusement et fructueusement, sans cesse occupé à acquérir la science et à s'exercer aux vertus de son saint état. A défaut de témoignages vivants, ses notes, consignées annuellement dans les registres de la maison, en font foi; et en les communiquant, M. le Supérieur actuel de Saint-Irénée faisait bien remarquer qu'elles sont excellentes, et même *uniques* sous le rapport du talent. Comme preuve de son travail intellectuel, ses papiers contiennent quelques cahiers de cette époque; ce sont des résumés de théologie, des notes assez importantes prises au cours d'histoire ecclésiastique professé par M. Pavy, trois sermons fort soignés qui ont dû être prêchés au séminaire en guise d'exercice, plusieurs résumés d'instructions données probablement aux élèves par MM. les directeurs, enfin des thèses de théologie soutenues à la fin des années 1845 et 1846 par des séminaristes, parmi lesquels figure le nom de Thomas Dazincourt; ce qui a surtout attiré notre attention, c'est une dissertation sur la prophétie de l'Emmanuel, qui eut l'honneur d'être lue par son auteur en séance publique, le 7 mars 1845, devant le P. Lacordaire; elle est vraiment remarquable et porte cette note du professeur: « *Très bien;* sauf quelques légères incorrections, le style convient parfaitement au sujet; l'ordre, la méthode, l'élégance même règnent partout. » Nous croyons donc pouvoir conclure de ce qui précède qu'au grand séminaire, comme au petit et à celui de la philosophie, M. Dazincourt, ne comptant nullement sur son intelligence et sa facilité, ne négligea rien pour profiter de l'enseignement de ses maîtres si distingués, et sut, par un travail personnel et persévérant, acquérir cette science ecclésiastique qui lui sera plus tard si nécessaire.

En fut-il de même pour l'acquisition, bien plus importante, des vertus de l'état? Jugea-t-il la sainteté plus nécessaire encore que la science? Comment se prépara-t-il au sacerdoce, et dans quels sentiments reçut-il chacun des ordres inférieurs qui devaient peu à peu l'y faire parvenir? Bien que convaincu, par ce que nous avions vu jusqu'ici de son esprit de foi, de sa piété et de sa ferveur à Chazelles et à Verrières, qu'il sut goûter et apprécier les grâces nouvelles qui le sollicitèrent au grand séminaire, et y correspondre avec une générosité toujours croissante, nous avions longtemps perdu l'espoir, à notre grand regret, d'en trouver et d'en donner des preuves positives; heureusement, en feuilletant ses nombreux papiers qu'en homme d'ordre il gardait méthodiquement rangés dans ses tiroirs, comme autant de reliques d'un passé bien doux, nous avons eu la bonne fortune de mettre la main sur un tout petit cahier, d'apparence bien modeste, dont le titre attira notre attention : *Recueil de réflexions pieuses!* et au-dessous, à moitié effacés par le temps et l'usure des mains, ces mots de saint Paul : *Hæc meditare, in his esto, ut profectus notus sit omnibus*[1]. *Amen!* L. J. C. — C'était assez pour nous intriguer; nous l'ouvrîmes donc et nous reconnûmes vite ses notes intimes du grand séminaire. Nous avions donc là sous les yeux, en une quarantaine de petites pages d'une écriture très fine, le témoignage précieux du travail intérieur de la grâce, durant ces quatre années décisives, sur cette âme d'élite, et en même temps une preuve incontestable, non seulement de la parfaite correspondance de sa volonté, mais aussi des progrès remarquables et incessants qui furent réalisés dans ce pieux asile. C'est un vrai petit trésor; et nous sommes heureux de le transcrire ici, car ces quelques pages vont nous montrer une belle âme; on ne les lira pas sans plaisir ni sans profit.

---

1. I Tim., IV, 15.

De sa première année de séminaire, nous n'y trouvons que bien peu de traces, presque rien n'a été consigné. Que d'impressions nouvelles et profondes il a dû pourtant ressentir dès les premiers jours dans la solitude de sa cellule, avec un genre de vie si nouveau et qui toujours saisit si fortement les derniers venus! Il nous faut arriver à la fin de cette même année 1843-1844, et nous aurons sous ce titre : *Souvenir de mon entrée dans la cléricature*, sa première impression qui a dû être écrite pendant les vacances ou à la rentrée suivante, ou même un peu plus tard.

« Ce fut le 1er juin que j'eus le bonheur de prononcer, aux pieds du pontife, ces paroles de ma consécration : *Dominus pars hæreditatis meæ et calicis mei* [1]... Comme j'étais rempli de contentement durant cette sainte cérémonie!... Comme j'étais envieux du sort de ceux de mes condisciples qui s'approchaient de plus près de ce sublime héritage!... Je pris bien la résolution de me rendre digne de le partager un jour et de m'entendre adresser cette douce parole: *Jam non dicam vos servos, vos autem dixi amicos* [2]!... Qu'ai-je fait pour répondre à ces résolutions?... Lorsque l'évêque m'appela à venir me ranger dans le sanctuaire, confiant en la miséricorde de mon Dieu, je pus dire : *Adsum!*... Pourrai-je répéter maintenant cette parole avec vérité?... En entrant dans cet héritage où mon Dieu m'introduisait malgré mes nombreux péchés, le pontife m'a donné la robe nuptiale qu'il faut avoir pour se présenter devant le trône de Dieu : *Circumamicti vestimentis albis* [3]... Un vêtement lugubre m'a été donné pour faire le deuil des vanités du siècle... La tonsure m'a averti que je devais bannir de mon cœur tout ce qui n'y battrait pas pour Dieu!... Ne serai-je point tenté de revenir sur ma parole et de rendre à la vanité et au monde ce que j'ai voué à

---

1. Ps. xv, 5.
2. Joan., xv, 15.
3. Apoc., iv, 4.

mon divin Maître?... N'oserai-je point rougir de ce que j'ai choisi, estimer ce que j'ai quitté?... — J'ai mis ma tonsure sous la protection de ma bonne Mère ; je me suis revêtu de ma soutane et de mon surplis sous les auspices de mon bon ange, de saint Stanislas et de saint Louis de Gonzague... Me suis-je conduit de manière à attirer la bienveillance de tels patrons ?... »

Les vacances sont passées ; et la seconde année de séminaire s'ouvre pour notre jeune clerc par les exercices de la retraite de rentrée. En voici l'impression qui n'en est que sommaire ; nous en aurons de plus détaillées.

« Que suis-je?... Par ma nature je suis homme, par la grâce je suis chrétien, par une faveur toute spéciale je suis clerc... bientôt, peut-être, le suprême pilote me dira : Jette ton filet en pleine mer et deviens pêcheur d'hommes !... Alors je serai prêtre !... — D'où viens-je et où vais-je ?... Je viens de Dieu et j'y retourne, comme les eaux à l'océan ! Quels devoirs m'imposent ces conditions de mon existence ? La raison, d'accord en cela avec les enseignements de l'Évangile, réclame pour ce Dieu le tribut de toutes mes actions, et de plus, l'aveu de ma parfaite inutilité... Mais quelle n'est pas la bonté de mon Maître ! Il veut bien me récompenser de ce qu'il a droit d'exiger de moi ;... bien plus, il me donne son Fils pour me servir de modèle : *Inspice et fac secundum exemplar* [1]... C'est donc mon Jésus que je ne dois jamais perdre de vue, sous peine d'être un cadavre de chrétien, plus tard un fantôme de prêtre ! car : *Sacerdos alter Christus !... Si quis vult post me venire... sequatur me* [2] ! — *Ego sum via, veritas et vita* [3] !... — Si je ne le suivais que de loin, je serais bien exposé à le renier, et non pas seulement trois fois, comme saint Pierre, mais pour toujours !... Je lui ai déjà assez dit : Je ne vous con-

---

1. Ex., xxv, 40.
2. Math., xvi, 24.
3. Joan., xiv, 6.

nais pas ! il serait bien temps de l'assurer de mon amour, encore plus par mes actions que par mes paroles : *Tu scis quia amo te* [1] *!*

« Pour imiter Jésus-Christ, je n'ai qu'une seule voie au séminaire : c'est l'accomplissement inviolable de ma règle : *Si vis ad vitam ingredi, serva mandata* [2]... Je sais qu'il vient des temps où le goût de la piété se refroidit, où une triste routine paralyse toutes les bonnes résolutions ; que faudra-t-il faire alors ? Lire ces lignes et se rappeler cette parole : *Qui perseveraverit usque in finem hic salvus erit* [3] ! Surtout je prendrai conseil de la mort dans les moments de tiédeur ; car selon saint Bernard, ses enseignements sont salutaires : *Si modo moriturus esses, hoc faceres ?... Memorare novissima tua, et in æternum non peccabis* [4] !... Ce moment qui doit décider de tout n'est peut-être pas fort éloigné !... Si j'ai été tiède, lâche, tandis que des ignorants et des sauvages ravissent le ciel, qu'aurai-je à répondre ?... O mon Dieu, que je ne vous perde jamais de vue, pas même un seul jour de ma vie ! Ce jour pourrait être celui où vous viendriez me surprendre !... »

Deux mois après, il était appelé par ses directeurs à prendre part à l'ordination des Quatre-Temps de l'Avent, et à y recevoir les quatre ordres moindres. Voici ce qu'il écrivait à cette occasion à M. d'Allart, son bienfaiteur :

« La Providence vient de me faire une nouvelle faveur en m'invitant, par la bouche de ses ministres, à recevoir les ordres mineurs. Après de mûres réflexions, j'ai dû me prononcer pour l'affirmative, et je suis heureux de vous annoncer cette résolution ; elle vous sera un garant de la constance de mes désirs, et j'espère aussi de leur conformité à la volonté de Dieu. La retraite préparatoire commence ce

---

1. Joan., XXI, 15.
2. Math., XIX, 17.
3. *Id.*, X, 22.
4. Eccli., VII, 40.

soir ; veuillez demander pour moi l'esprit d'une si sainte, mais si redoutable vocation ; cette ordination, il est vrai, ne fixe pas mon sort d'une manière irrévocable ; mais le pas décisif la suit de si près !... »

Nous n'avons pas les impressions de cette retraite, qui n'ont pas été consignées par écrit sur le précieux petit cahier ; mais nous y trouvons un souvenir de l'ordination, écrit quelques jours après, sous ce titre : *Quatre Moindres.*

« Le 21 décembre, fête de mon saint patron, il m'a été dit : *Duc in altum* [1]. La joie de ce jour surpassait encore celle qui embellit mon entrée dans l'état clérical. O jour d'heureuse mémoire où nous fûmes en spectacle à toute la cour céleste, où je reçus le droit de partager les fonctions des esprits angéliques ! que ton souvenir reste dans mon cœur comme un baume précieux pour le temps de l'épreuve ! Apparais-moi, toujours environné de tes chastes délices, lorsque le monde me pressera de boire à la coupe empoisonnée de ses vains plaisirs !... J'ai consacré mon ordination à Marie, parce qu'elle m'associe aux soins qu'elle prenait de Jésus enfant ; et aussi à mon bienheureux patron, afin qu'il m'obtienne le zèle apostolique... Pour pratiquer les vertus nécessaires à mon ordre, les quatre points suivants seront l'objet de mon attention : 1° Comme *portier*, je m'acquitterai avec joie des petits offices qui me seront confiés à la chapelle ; — 2° Comme *lecteur*, je lirai et j'étudierai la Sainte Écriture avec un respect et un zèle particuliers ; — 3° Pour chasser le démon de mon cœur et rejeter ses infernales suggestions, je me rappellerai mon ordination d'*exorciste* ; — 4° En qualité d'*acolyte*, je donnerai le bon exemple en remplissant fidèlement tous mes devoirs : *Sic luceat lux vextra coram hominibus ut videant opera vestra bona* [2]... Ce sont là des résolutions dont l'accomplissement doit durer autant que ma vie. *Amen !...* »

---

1. Luc, v, 4.
2. Math., v, 16.

Moins de cinq mois après avoir écrit les lignes qu'on vient de lire, notre minoré recevait communication de son appel au sous-diaconat. Assurément, s'il est un moment solennel et décisif de la vie et de l'éternité pour un séminariste, c'est celui où, après avoir successivement entendu la voix unanime de ses maîtres, de son confesseur et de Dieu lui parlant au cœur, il se rend à ce triple appel, et, faisant sur un signe du pontife le pas irrévocable, il s'engage à être pour la vie l'homme de la prière, le gardien incorruptible de la chasteté. Nous n'avons pas trouvé trace des sentiments qu'il dut éprouver durant la retraite préparatoire à cette ordination capitale ; mais nous avons vu, dans la lettre écrite à M. d'Allart, quelques mois auparavant, que dès lors il s'en préoccupait ; le pas décisif était proche, il y songeait bien ; et sans présomption on peut affirmer que l'appel solennel ne l'a pas pris à l'improviste et que sa résolution était déjà arrêtée devant Dieu et dans sa conscience. Voici ce qu'il écrivait dans son petit *recueil de réflexions pieuses*, quelques heures seulement après son ordination :

« 17 mai. *Sous-Diacre!* — Maintenant je ne suis plus à moi, j'appartiens à Dieu !... Je ne puis sans injustice jeter sur le monde un regard d'envie !... Pendant que j'étais étendu sur le pavé du sanctuaire, le ministre saint a demandé au Seigneur de me recevoir au nombre de ses serviteurs, de me *bénir*, de me *consacrer*, de me *sanctifier !*... J'ai été admis, mais à deux conditions : la première, de mener une *vie crucifiée* ; la seconde, de prier... Ce serait prévariquer maintenant que de chercher les joies du monde, l'estime,... les honneurs,... la bonne chère,... les airs libres et mondains !... La croix, voilà mon étendard, le sceptre de mon Roi ! A ceux qui la portent, et à ceux-là seulement il a été dit : *Sequere me*[1] *!*... — La prière sera mes délices ; je me souviendrai que l'Eglise me députe vers son divin

---

1. Math., VIII, 22.

Époux, afin de lui adresser de très humbles supplications pour tous ses enfants ; c'est par là que je dois travailler maintenant au salut des âmes...

« J'ai pris la résolution : 1º de renouveler ma consécration toutes les fois que je ferai ma retraite du mois, — et cela en union avec Marie s'offrant dans le temple ; 2º dans l'office, je me proposerai toujours une intention particulière, comme la conversion des pécheurs, des infidèles, etc., et je m'unirai surtout à Jésus priant son Père, par ces paroles : *In unione illius divinæ*..., etc...

« *Videte quale ministerium vobis traditur* !... »

Encore une fois les vacances surviennent, se passent, et à la rentrée de novembre s'ouvre sa troisième année de séminaire, 1845-1846, que nous allons voir fructueuse et bien remplie. Elle commence par une retraite dont voici les impressions notées avec soin et jour par jour :

« 1845, 8 novembre. — 1er *jour*. J'ai vu mon directeur et lui ai communiqué certaines peines de conscience.... Ses avis m'ont soulagé, et j'ai éprouvé un vif désir de bien faire cette retraite qui peut être la dernière de ma vie.... L'instruction du matin, sur les motifs qui doivent guider le séminariste, m'a fait prendre la résolution de travailler à l'acquisition du zèle apostolique.... Combien n'y a-t-il pas d'âmes qui se perdent faute de trouver une main secourable pour les arracher au danger !... — Dans l'instruction du soir, la comparaison d'une âme en état de péché avec un mort qu'on porte en terre, était frappante et terrible.... J'ai pourtant porté la mienne dans ce lugubre appareil.... Mais, ô mon Dieu, vous m'avez arrêté, et vous l'avez ressuscitée !... »

« 2º *jour*. Dans ma méditation de neuf heures et demie, le peu de temps que j'ai pu consacrer à Dieu dans ma vie m'a paru un tout petit point, comparé à celui que j'ai donné à d'inutiles attentions ;... et il me faudra pourtant rendre compte de tout !... Ces réflexions ont été secondées par le sermon, qui a été sur la *certitude de la mort et l'incertitude de son heure*.... C'est une triste pensée que celle-là ! mais il sera encore plus triste de ne l'avoir jamais eue ! Il viendra un moment où tout mon être physique sera détruit.... Ces mains ne pourront plus presser la croix ;... ces pieds ne supporteront plus mon corps ;... mes yeux se fermeront à la lumière ;... mes oreilles n'entendront point les gémissements de mes amis ;... ma bouche livide ne pourra plus proférer une parole !... bientôt des milliers d'insectes se disputeront ce corps !... — *Post hoc autem judicium*[1] !... Il sera terrible par le juge qui l'exercera ; alors ce ne sera plus un maître débonnaire, mais un juge sévère... Je serai seul devant lui avec mon accusateur. Mes amis de la terre m'accompagneront jusqu'au seuil de l'éternité et m'y laisseront pénétrer seul !... Pourquoi leur sacrifierais-je tout à présent ?... Mon ange gardien..., les saints.... ah ! qu'il m'importe de me les rendre favorables !... — De quoi me faudra-t-il rendre compte ? de tout ! de mes mauvaises actions, et de mes bonnes aussi... Je serai confronté avec Jésus-Christ, avec les saints ; et je ne pourrai rien dire pour me justifier ; ou si je parle, ce sera pour fournir des motifs de condamnation : *Narra si quid habes ut justificeris.* — *Ex ore tuo te judico, serve nequam* [2] !... O Dieu, quel malheur ! Jésus, sauvez-moi ! »

« 3ᵉ *jour*. En méditant sur l'enfer, j'ai vu combien il est facile à un prêtre d'y tomber. Saint Jean Chrysostome croit que les prêtres y seront en grand nombre ; et cela me semble certain si je songe aux vertus qu'il faut pour être un saint, alors qu'on est porté à ne rien faire de plus que le commun des hommes... Et qu'il sera terrible l'enfer du prêtre ! Dieu exercera sur lui une vengeance particulière ; les démons lui voueront aussi une haine implacable ; les

---

1. Hæbr., IX, 27.
2. Luc, XIX, 22.

âmes perdues par sa faute s'élèveront contre lui.... Mes méditations ont roulé tout le jour sur ce sujet terrible.... Le soir je me suis présenté à Dieu comme le prodigue à son père, le priant de faire de moi ce qu'il voudrait ! »

« 4ᵉ *jour*. Oraison peu réussie... Sainte messe bien entendue.... Le sermon de dix heures était sur le ciel. Ah ! qu'il doit être beau, puisque nous admirons tant le plan de la création et de la rédemption qui ne tend qu'à nous fournir les moyens d'y parvenir !... Que toutes les choses d'ici-bas sont petites en face de cette réalité ! Je veux désormais y monter souvent en esprit, et de cette hauteur considérer la terre....— A trois heures, j'ai continué ces réflexions.... Puis est venue l'instruction sur l'imitation de Notre-Seigneur-Jésus-Christ... Déjà une forte conviction était dans mon esprit sur ce point important, mais combien cette entreprise m'a paru plus facile, puisque pour nous élever jusqu'à lui, ce bon Maître s'abaisse jusqu'à nous : *altitudo adæquata ;* il nous environne de ses grâces : *plenitudo effusa ;* il s'approprie nos misères : *singularitas associata !* — Pour réussir, je dois imiter le peintre : il a son modèle sous les yeux, il l'étudie, le grave dans son esprit, et après cela, il se met à l'œuvre... Je dois prendre les sentiments de ce divin modèle : *Hoc enim sentite in vobis quod et in Christo Jesu* [1]. Or, celui qui a dominé en lui, c'est l'humilité : *Discite a me quia sum... humilis corde* [2] !— J'ai bien reconnu que c'est la vanité qui m'a jusqu'ici empêché de lui ressembler.... Aussi j'ai senti un vif désir de la combattre cette année.... Ce soir j'ai fait le chemin de la croix, et ma journée s'est terminée dans le recueillement. »

« 5ᵉ *jour.* Dans mon oraison j'ai continué mes réflexions sur l'imitation de Notre-Seigneur ; j'ai été surtout frappé de cette considération : Notre-Seigneur est notre frère, nous devons donc avoir avec lui la ressem-

---

1. Phili., ii, 5.
2. Math., xi, 29.

blance qui existe entre tous les membres de la même famille.... J'ai fait la sainte communion pour obtenir cette grâce. — A dix heures, instruction sur l'observation de la règle. Ce qui m'y a plu, c'est que je trouve là un moyen sûr de satisfaire à la justice de Dieu pour mes nombreux péchés... — Le soir, on nous a parlé de la vie intérieure ; l'impression qui est restée au fond de mon âme est que, sans cet esprit, un prêtre ne saurait éviter la tiédeur, ainsi que bien des fautes qui l'épouvanteront au moment de la mort.... — Dans ma méditation du soir, mon esprit s'est porté, *comme malgré moi*, sur la pensée des *Missions*, et j'ai songé au malheur de tant de peuplades qui vivent dans les ténèbres de la mort.... »

« *Clôture*. Puisque je dois mourir, et mourir bientôt ; puisque je dois être jugé sur toutes mes actions ; du moment que, pour éviter l'enfer, je dois mener une vie différente de celle de la plupart des hommes, il importe que dès aujourd'hui je ne perde plus mon temps à des soins inutiles. D'ailleurs, si je veux être prêtre, il faut que j'imite le modèle qui m'a été donné, il faut que je me sanctifie, vu que la perfection est de précepte pour le prêtre.... En conséquence, je prends, aux pieds de Notre-Seigneur, en présence de Marie et de mon ange gardien, les résolutions suivantes :

« *Exercices de piété*. 1° J'aurai soin d'offrir toutes mes actions à Dieu dans ma visite du matin, et je l'adorerai pour les infidèles qui ne le connaissent pas. A dix heures je ferai un quart d'heure d'adoration.

« 2° A la fin de mon oraison, je prendrai une résolution bien précise pour le jour même ; je me la rappellerai à ma visite, à l'examen particulier et au chapelet.

« 3° J'entendrai toujours la sainte messe en suivant une méthode, et je me proposerai une intention particulière en me rendant à la chapelle ; *item* pour mon office.

« 4° Je ferai tous les mois un jour de retraite ; la communion de ce jour sera pour me préparer à la mort. J'en ferai trois autres dans le mois pour demander l'humilité et la chasteté, pour les âmes du purgatoire, enfin pour *connaître ma vocation*.

« 5° Tous les soirs je ferai mon examen de conscience, au moins pendant cinq minutes.

« *Travail*. L'étude du matin sera partagée entre la sainte Écriture et l'histoire ecclésiastique ; celle d'après le déjeuner à la théologie morale ; à dix heures je m'occuperai de l'étude du grec ou de quelque lecture ; à deux heures et à cinq heures, la théologie.

« Pour l'observation du règlement, je me ferai un devoir de demander toutes les permissions, et de ne jamais parler dans les passages ou dans ma chambre sans nécessité.

« Je travaillerai surtout à acquérir l'humilité, et j'en ferai des actes toutes les fois que je me disposerai à faire quelque chose en public ; partout où les places sont libres, je prendrai toujours la dernière.

« Pour montrer ma dévotion à Marie, chaque matin, après la messe, je lui ferai une visite pour m'unir à son divin cœur ; et je ne manquerai pas de la saluer en entrant dans ma chambre.

« Je ferai aussi, soir et matin, une prière à mon ange gardien. »

Nous avons tenu à reproduire, bien qu'un peu longues, ces impressions de la retraite de 1845, car elles nous ont paru avoir une valeur spéciale : elles nous donnent la note caractéristique, croyons-nous, non seulement du séminariste, mais encore du futur prêtre, du missionnaire même et du futur directeur et supérieur du grand séminaire ; la suite nous le montrera. Qu'on veuille bien remarquer pour le moment la mesure parfaite, la sagesse pratique, en un mot le bon sens qui inspirent chacune de ces lignes ; pas la moindre exagération, pas de trace d'enthousiasme ; et pourtant c'est un jeune sous-diacre d'un peu plus de vingt ans qui tient la plume, et qui écrit sous le feu d'une retraite de cinq ou six jours, et, bien que dans la solitude de son austère cellule, soumis à l'entraînement inconscient de la parole de ses maîtres et de l'exemple de ses nombreux et fervents condisciples... et il est impossible d'y saisir la moindre trace de jeunesse! L'enfant, le jeune homme a disparu : c'est déjà l'homme, et l'homme mûr, qui fait son apparition au moral! *Quis putas puer iste erit* [1] ?

On aura remarqué aussi que son esprit s'est plusieurs fois tourné vers ces peuplades infidèles qui ne connaissent pas encore Dieu,... et qu'une de ses résolutions est de communier chaque mois pour obtenir de connaître sa vocation. Ce n'est pas impunément qu'on habite Lyon, ce berceau glorieux de l'Œuvre de la Propagation de la foi! Et pourtant pas de phrases ni d'enthousiasme; c'est un appel particulier de Dieu qui commence à se faire entendre; c'est la question si grave de la vocation qui se pose!...

La voici, quelques mois après, qui s'accentue encore et s'affirme plus ostensiblement à la faveur d'un événement qui n'est pas rare dans un séminaire, mais qui n'en est pas moins fait pour remuer de jeunes cœurs;— et du reste, Dieu ne se sert-il pas de tout pour atteindre à ses fins? C'est le départ pour l'Amérique, en qualité de missionnaires, de quelques condisciples, et en particulier d'un de ses compatriotes et ami d'enfance. Qu'on écoute les accents que lui arrache cette séparation; ici on trouvera peut-être un peu d'enthousiasme, et même, convenons-en, quelques grandes phrases; mais on a ses vingt ans, et la rhétorique n'est pas si loin qu'elle ait pu déjà être oubliée à jamais.

« *19 février 1846.* Il y a bientôt onze ans, un soir de rentrée, nous fixions dans l'avenir, mon ami et moi, une

---

1. Luc, i, 66.

époque qui nous semblait bien éloignée. Tout tristes et sous l'impression d'une séparation de dix mois, nous laissions errer notre imagination à travers les incertitudes de l'avenir, et nous nous promettions, lorsque dans douze ans ce doux moment serait arrivé, de nous écrire pour nous rappeler cette triste soirée et nous dire les événements survenus dans l'intervalle. Hélas ! les douze années ne sont pas encore écoulées, et voici qu'un vaisseau t'emporte, ô l'ami de mon jeune âge, vers les déserts de l'Amérique !... Te souviens-tu de nos jeux d'enfance, de nos entretiens si doux, de notre ennui quand nous étions séparés ? Joies et tristesses, tout nous était commun !... Ne partagions-nous pas la bienveillance du même maître, ne recevions-nous pas fraternellement ses leçons et ses pieux exemples ?... Il n'est plus, ce passé plein de charmes !... C'est vous, ô mon Dieu, qui faites succéder l'épreuve et les combats à ces douces joies goûtées à l'ombre de votre sanctuaire !... Vous êtes venu choisir parmi nous, à mes côtés, ceux que vous appeliez à porter au loin le pain de vie aux peuples affamés... Les voilà déjà partis !... Oh ! qu'ils sont beaux les pieds de ces messagers de la bonne nouvelle ! Vents, prenez-les sur vos ailes !... Peuples d'un autre monde, tendez-leur vos bras ; c'est le salut qu'ils vous apportent !... Pourquoi donc, chers amis, partir ainsi sans moi pour aller combattre les combats du Seigneur ? Pourquoi notre sort a-t-il été ainsi séparé ? Ne devons-nous pas un jour partager la même couronne ? ou seriez-vous destinés à passer à la droite du souverain Juge, tandis que je serais à sa gauche ?... O mon Dieu, que votre bonté éloigne de moi ce présage !... Hélas ! et moi aussi j'étais peut-être appelé au combat ;... mais vous avez dû laisser de côté ceux qui se sont étendus à terre pour boire de l'eau du torrent... et n'ai-je pas été ce lâche soldat, laissant ainsi effacer mon nom du livre des guerriers, pour avoir bu à longs traits aux eaux trompeuses des jouissances d'ici-bas !...

« O mon Dieu, que je ne perde jamais de vue les enseignements que vous me donnez dans le départ de mes amis ! Que l'exemple de tant de générosité ranime ma conduite si lâche; que ce zèle ardent pour le salut des âmes excite mon ardeur si lente et si craintive !... Quand un sacrifice se présentera, je songerai à mes amis du Texas !... Ils sont exposés aux injures de l'air, à la dent des bêtes sauvages, aux rigueurs de la faim, et ils sont contents; et moi qui ai tout à souhait, et suis peut-être porté à me plaindre !... Quand j'aurai à paraître devant mon Juge, ne voudrai-je pas pouvoir, comme mes amis, lui présenter des âmes sauvées par moi ? En ce jour, je leur serai confronté ; puissent-ils ne pas me confondre et achever ma condamnation !... O Marie, j'espère en vous !... « Seigneur, que voulez-vous que je « fasse[1] ? »

Ce cri de saint Paul terrassé sur le chemin de Damas nous fait deviner les inquiétudes de son âme à cette époque; il enviait le sort de ses amis et brûlait de les suivre; et il ne se sentait pas la force de quitter sa pauvre mère veuve, d'abandonner ses deux sœurs, en les rendant une seconde fois orphelines... Ce ne sera que huit ans après, quand sa mère sera morte et ses sœurs entrées en communauté, qu'il pourra s'écrier, en répondant enfin à l'appel divin : *Laqueus contritus est et nos liberati sumus*[2] ! Mais en attendant, la lutte va continuer, car Dieu veut lui faire mériter sa délivrance. En effet, moins de deux mois après, le 27 avril, c'est le passage au séminaire d'un évêque de Chine qui vient rouvrir la plaie...

« La Providence, écrit-il dans son recueil, ne se lasse pas de nous offrir le beau spectacle du zèle apostolique... Nous venons d'entendre Mgr Vérolle, évêque de Mandchourie, et nous avons reçu sa bénédiction. Quel air de sainteté sur

---

1. Act., IX, 6.
2. Ps., CXXIII, 7.

toute sa personne ! surtout quelle abnégation !... Quel touchant récit de son genre de vie ! Un petit réduit où s'agitent pêle-mêle femmes, enfants, animaux domestiques, voilà le palais épiscopal et la cathédrale de ce pontife ! et pour entretenir sa vie, qui m'a paru un souffle prêt à s'éteindre, il doit, de ses mains qui répandent tant de grâces, se livrer aux soins les plus vulgaires, aux travaux même les plus pénibles... et au milieu de tant de souffrances, un apôtre est content !... Quitter sa famille, son pays, ce n'est rien ! Ne faudra-t-il pas tôt ou tard que cette séparation s'opère ? Et avec la plus sublime indifférence il ajoutait : « Voilà quel-
« ques jours seulement que je viens de perdre ma pauvre
« mère, que j'avais eu le bonheur de revoir après quinze ans
« d'absence ; eh bien ! si je n'étais point parti à cause d'elle,
« serais-je plus avancé maintenant ?... Si donc, Messieurs, vous
« sentez en vous ce beau talent de l'apostolat, ne l'enfouis-
« sez pas lâchement ! Si Dieu vous dit comme à Abraham :
« *Egredere, et veni in terram quam monstrabo tibi*[1], suivez
« sa voix, vous éprouverez la vérité de ce qui est dit dans
« l'Évangile : « Quiconque aura quitté sa maison, ou ses
« frères, ou ses sœurs, ou son père, ou sa mère, ou ses
« champs à cause de mon nom, celui-là recevra le centuple
« et possédera la vie éternelle[2]. » Il nous a laissé pour dernière parole ce mot qui peint admirablement cette vie morte au monde et cachée en Dieu : « Le rien dans le tout,
« et le tout dans le rien !... »

Et quelques jours après, il écrit encore dans son recueil, à l'occasion « du départ de M. P.... pour l'Algérie », et nous livre ainsi les désirs, les inquiétudes de son âme :

« .... Les apprêts de ce départ pour un pays lointain ont été paisibles, joyeux même ;... l'âme qui ne voit que Dieu sur la terre ne change pas de patrie, ne quitte point ses amis....

---

[1]. Gen., XII, 1.
[2]. Math., XIX, 29.

Heureux si je n'oublie pas les leçons qui viennent de m'être données !... Que d'ardents apôtres j'ai déjà vus voler devant moi à la conquête des âmes ! O mon Dieu, n'avez-vous pas encore une bénédiction pour moi ?... Ah ! que tout est vain ici-bas, excepté de vous servir, Seigneur !... »

Cette bénédiction qu'il demande si instamment et avec une sorte d'impatience, elle ne lui sera donnée que plus tard ; il va, en attendant, en recevoir une autre dans son ordination au diaconat, qui de plus en plus l'attachera, le vouera exclusivement au service de Dieu et de ses autels. Il nous a laissé, jour par jour, les impressions de la retraite qui devait l'y préparer ; elles n'occupent pas moins de huit pages. Nous en détachons quelques passages :

« 1ᵉʳ *jour*. A l'explication du *Pontifical*, j'ai fait un retour sur la manière dont je me suis acquitté de mes devoirs de tonsuré ; — c'est justement le jour anniversaire de mon entrée dans la cléricature. J'y ai été bien peu fidèle, et je vois combien peu je dois compter sur ma générosité.... Je me suis tenu dans l'humiliation aux pieds de Notre-Seigneur.... — Au chapelet et à vêpres, je me suis associé à la prière des apôtres et de Marie dans le cénacle. — L'instruction sur le *Bréviaire* m'a laissé plus de remords que de contentement. J'ai pris la résolution de ne jamais le commencer sans m'être recueilli un instant.... — Chemin de croix, et vifs sentiments de contrition.... »

« 2ᵉ *jour*. A la messe, je me suis tenu devant Dieu dans le sentiment de ma bassesse, et j'ai remis ma communion au lendemain, me sentant troublé... En lisant le psaume XLIX, j'ai vu combien Dieu se montre jaloux des offrandes du cœur, et quelles menaces il foudroie contre ceux qui profanent sa parole et ses mystères.... A mon adoration, j'ai prié le Sacré Cœur de vouloir bien prendre mon pauvre cœur avec toutes ses misères et d'en faire tout ce qu'il voudrait.... — A l'explication du *Pontifical*, j'ai vu que pour faire un bon lecteur il faut aimer la Sainte Écriture ; un seul texte bien médité suffit pour faire un saint, et il n'en fallut pas davantage à saint Antoine et à saint François Xavier ! J'ai pris en outre la résolution de lire souvent et de méditer le *Pontifical*....— Le soir, je me suis arrêté à cette pensée que Dieu trouve en moi un instrument bien faible, mais qu'il peut s'en servir utilement pour sa gloire.... — Toute la journée, j'ai été fatigué par un violent mal de tête; j'en ai pris plusieurs fois occasion de penser à Jésus-Christ couronné d'épines.... »

« 3ᵉ *jour*. J'ai fait la sainte communion pour demander à Dieu d'être dans les mêmes dispositions que les apôtres et la sainte Vierge au cénacle, et je me suis uni à eux dans mon action de grâces. L'idée de ma faiblesse m'est encore venue, mais je me suis rassuré en pensant que Dieu tire sa gloire du plus vil instrument. — En lisant la Sainte Écriture, j'ai été touché et consolé par le verset : *Delectare in Domino; et ipse dabit tibi petitiones cordis tui*[1]. Si je n'avais jamais cherché mon plaisir qu'en Dieu, combien les vœux de mon cœur auraient été plus exaucés ! J'ai adoré le Sacré Cœur de Jésus comme la source où sont cachés tous les trésors de la grâce, et je l'ai prié de me communiquer une étincelle de ce feu divin qui le consume d'amour pour son Père et pour les hommes....— De l'instruction de dix heures, j'ai rapporté la résolution de veiller encore avec plus de soin à la garde de la chasteté que j'ai vouée à mon sous-diaconat, et de travailler avec plus d'ardeur au salut du prochain, afin de montrer que je n'ai pas reçu en vain le manipule, symbole des bonnes œuvres. — A l'instruction sur le devoir de faire le catéchisme, j'ai goûté cette réflexion que la fonction du catéchiste a été exercée par de grands docteurs et qu'elle met à l'abri du découragement et de l'orgueil, inséparables presque des prédications d'éclat, selon qu'on réussit ou non. — Dans ma méditation du soir, je me suis

---

1. Ps. XXXVI, 4.

surtout occupé de mon indignité; j'ai offert à Dieu les prières de son Église pour moi, les bonnes œuvres de tous mes frères, et je me suis jeté dans les bras de Marie.... »

« 4ᵉ *jour* (après le *Pontifical*). L'Église se montre pleine de sollicitude pour l'ordination des diacres, elle demande humblement leur ordination... Si elle me connaissait, formerait-elle cette prière pour moi ?... et aura-t-elle à s'applaudir quand elle l'aura faite ?... et que répondre à cette question de l'évêque : *Scis illum dignum esse?* Il a tellement peur d'imposer les mains à des indignes qu'il interpelle tour à tour l'archidiacre, le peuple et Dieu lui-même !... La vertu qu'il exige toujours, c'est la pureté; il demande aussi la charité, le zèle des âmes.... Il me semble que je comprenais alors ces instances de l'Église.... J'ai passé le reste du jour à implorer les grâces de l'Esprit-Saint.... »

« 5ᵉ *jour*. Dans mes exercices du matin je me suis occupé à implorer la grâce divine et à me remettre entièrement entre les mains de Dieu.... Je me suis jeté aussi dans les bras de Marie.... J'ai offert au Sacré Cœur le cœur de toutes les âmes ferventes et celui de sa sainte Mère;... et j'ai produit quelques désirs suggérés par la prose *Veni, Sancte Spiritus*.... J'ai bien demandé les sept dons du Saint-Esprit, et en particulier le don de force, car j'ai compris que c'est celui qui m'est le plus nécessaire.... »

Il le reçut le lendemain, à son ordination du diaconat; et, nous le verrons toute sa vie, ce ne fut pas en vain que le pontife lui dit : *Accipe Spiritum Sanctum ad robur !...* Par une attention providentielle, ce pontife de son diaconat se trouvait être, au lieu de Mgr de Bonald, empêché, nous ignorons comment, Mgr Pavy, évêque d'Alger, qui bientôt le verra arriver avec bonheur dans son grand séminaire de Kouba, en qualité de professeur de dogme, et le traitera toujours en compatriote, en véritable ami.

Il nous faut maintenant attendre près de neuf mois avant de trouver trace, dans notre *Recueil*, de nouvelles impressions. Les vacances finies, la dernière année du grand séminaire commence; elle est bien importante, car elle doit se terminer par l'ordination sacerdotale. Nulle confidence sur la retraite de rentrée; plus de la moitié de l'année s'écoule sans qu'il écrive un mot... Voici ce que nous lisons à la date du 21 avril 1847 :

« Le travail de la théologie doit être constant, et venir de l'estime et non de la nécessité.... Embrasser non seulement les applications morales, mais l'ensemble des principes. Se baser sur la prière et la méditation.... Le silence est le moyen de se mûrir, de donner à ses pensées de la consistance, de la fixité. C'est la voie la plus sûre pour réussir dans l'oraison.... D'où vient notre grand mal? de la légèreté! le silence est un remède efficace.... Cette maturité, fruit du silence, rien ne saurait la remplacer. Si je ne l'ai pas, je pourrai être ce qu'on appelle *un bon enfant*, mais est-ce entre les mains d'un enfant que l'on remet de si graves intérêts? Si mon sacerdoce est si précoce, il faut que la maturité soit en rapport....

« La piété, à mon âge, doit prendre un caractère particulier et conduire à des résultats positifs. Je ne dois pas courir après une piété qui se traduit par de tendres sentiments; il faut qu'elle s'allie avec la vertu, c'est-à-dire qu'elle ne marche qu'au milieu des combats et des victoires. S'endormir dans une certaine sécurité extérieure, c'est être près de sa ruine....

« .... La grande dévotion du prêtre doit avoir pour objet Notre-Seigneur au Saint Sacrement; car c'est là qu'il me communique la vie de prêtre! Il est là pour être le centre de mes pensées, de mes affections.... Ce mystère doit être tout pour moi!.... Le second objet de ma piété, ce doit être la très sainte Vierge, car elle est le modèle du prêtre par ses actions, par ses sentiments, etc.

« L'ordination, quelle époque précieuse!... Je dois me demander : qu'as-tu fait de la grâce reçue?... que vas-tu faire de celle que tu recevras?... Celui qui, à son entrée dans la cléricature, ne comprend pas ce qu'est un prêtre, ne le comprendra jamais!...

« L'ennemi que j'ai le plus à combattre, c'est l'indolence!...

« Un bon pasteur marche devant ses brebis, les nourrit, les protège.... »

On voit par ces lignes que sa grande préoccupation, cette année, c'est moins ses idées de vocation que la pensée du saderdoce qui approche; il en est tout absorbé. La mort d'un ami vient faire un moment diversion; car, à la date du 15 mai 1847, nous lisons :

« Il est donc bien vrai que c'est pour la dernière fois qu'un ami sincère vient de me serrer la main!... Voilà que tout tombe autour de moi, et l'image de la mort s'est présentée jusqu'à trois fois dans le cours de cette année! A quoi m'attacher désormais?... A vous seul, ô mon Dieu; il n'y a que vous, en effet, qui puissiez descendre avec moi dans ma tombe et m'y consoler!... — O aimable P...! que vous avez été toujours bon pour moi, et que votre vertu était aimable!... Pourquoi donc nous avez-vous été sitôt ravi?... Ah! c'est qu'il est écrit : « Je viendrai a vous comme « un voleur [1]! » Du fond de votre tombe vous me criez : *Hodie mihi, cras tibi!...* Je n'oublierai pas cette voix! Je serai surtout sensible à celle de l'exemple : *Consummatus in brevi explevit tempora multa*[2]!... Que les vues de la foi sont consolantes : on ne se voit plus, et pourtant on est toujours unis.... O Marie, soyez mon unique refuge! »

Enfin, à la date du 27 mai et quelques jours seulement avant la retraite finale, il consigne la belle pensée qui suit :

« Heureux celui qui, s'occupant de la parole de Dieu, en découvre la lettre par l'étude, l'esprit par la méditation, la

---

1. Apoc., III, 3.
2. Sap., IV, 13.

profondeur par la retraite et le silence, l'efficacité par la pratique, la fin par la charité!... »

Dès cette époque, il comprenait et appréciait à sa juste valeur l'importance d'une étude que nous le verrons toute sa vie poursuivre sans nulle interruption et recommander avec les plus vives instances.

Cependant le moment solennel était là ; voici venir le couronnement de son séminaire, le sacerdoce ! Recueillons une dernière fois quelques-unes des impressions de la retraite qui doit l'y préparer.

« *Retraite de la Trinité*, 1847. — En lisant ce matin le deuxième chapitre de l'Apocalypse, j'ai été frappé de ce qui est dit à l'ange d'une des églises d'Asie : le Fils de l'homme le loue de plusieurs vertus, et il ajoute qu'il a cependant une chose contre lui : c'est qu'il a dégénéré de sa charité première.... — Il ne me suffira donc pas d'avoir une vie exempte de blâme, si je ne conserve entière la ferveur que j'ai eue à certaines époques de ma vie ; et, en effet, n'ai-je pas toujours les mêmes motifs d'être aussi fervent?...

« Que de motifs m'invitent à bien faire cette retraite ! Le souvenir de la mort de deux de mes condisciples, que peut-être je suivrai bientôt ;... la pensée de la visite que me fait Notre-Seigneur durant ces jours : *time Jesum transeuntem!*... les suites de mon peu de préparation aux ordres... C'était sous peine de mort que, dans l'ancienne loi, les prêtres devaient se préparer à une cérémonie moins sainte !... Enfin les merveilles qui suivaient cette préparation : la gloire de Dieu descendant et le feu dévorant l'holocauste !... Il faut me préparer surtout par la prière, car rien ne peut en tenir lieu ; par le support des incommodités de la saison ;... il faut m'aider de l'exemple de Jésus-Christ, de Marie, des apôtres, de mes pieux condisciples.... Ce qu'on nous demande est si peu de chose !... Le cardinal de Bérulle se prépara bien à son sacerdoce pendant quarante jours, dans le jeûne et la prière, demandant à Dieu de vouloir bien l'absorber tout entier !... A sa première messe, il ne voulut pas même admettre ses parents, afin d'être seul avec Dieu seul et de pouvoir s'abandonner à tous les élans de son amour !...

« .... Semblables à une pièce d'artillerie qui n'a pas son boulet, les prédicateurs sans vertu font du bruit, mais d'effet, point. Combien différents de saint François de Borgia qui, parlant une langue à peine comprise, par sa seule vue faisait fondre son auditoire en larmes !...

« A la récréation, un de mes amis m'ayant confié certaines misères qu'il vient d'éprouver, je me suis senti le besoin de me tenir bien attaché à Dieu et de mépriser la créature.... J'ai bien prié pour lui....

« L'instruction du soir a été sur l'oraison. Elle est à notre âme ce que la nourriture est au corps; nous devons donc la faire régulièrement, comme nous mangeons à des heures réglées; nous devons la reprendre le plus tôt possible, quand nous l'avons omise, comme nous suppléons à un repas omis; nous devons la faire plus longue dans les grandes fatigues, de même que nous prenons plus de nourriture lorsque nous devons nous livrer à un exercice long et pénible.... Ce qui nous y nuit le plus, c'est l'habitude du péché véniel, l'immortification des passions, la trop grande liberté accordée à nos sens....

« 4ᵉ *jour*. Le zèle pour le salut des âmes est un moyen de témoigner à Dieu notre reconnaissance pour tant de bienfaits reçus.... Par là aussi nous couvrons la multitude de nos péchés.... Et puis, quoi de plus magnifique que cette couronne promise à ceux *qui ad justitiam erudiunt multos*[1] ? Cette pensée a fortifié en moi le désir des missions...

« Instruction sur le saint sacrifice de la messe. Cette action seule suffit pour élever la dignité du prêtre au-des-

---

1. Dan., xii, 3.

sus de celle de tous les hommes et des anges même! Le prêtre n'a qu'à dire quatre paroles, et les cieux s'inclinant laissent descendre Jésus-Christ sur l'autel! Il est tout charité, et il vient *ut vitam habeant et abundantius habeant*[1]. Et moi, quels sont mes sentiments?... Oh! qu'il est vrai que la préparation véritable est la sainteté de la vie!... Quel maintien doit être celui du prêtre qui dit la sainte messe! et l'action de grâces!... Si les fidèles ne respectent pas le prêtre, c'est parce que lui-même ne s'estime pas à sa juste valeur, et ne se respecte pas!...

« 5ᵉ *jour*. Je vais renoncer à tout et me faire religieux! Est-ce là perdre ma liberté? C'est au contraire la conquérir plus parfaite! La liberté véritable ne consiste pas dans une souveraine indépendance que Dieu seul peut posséder; il était juste qu'il nous donnât des lois; et le premier degré de liberté, après celle de Dieu, est donc de n'être soumis qu'à lui seul.... A vrai dire, il y a dans la religion mille règles qui me gênent; mais loin de détruire ma liberté, elles sont plutôt des digues qui la retiennent dans de justes bornes et l'empêchent de s'égarer.... Je vais limiter ma liberté, mais c'est pour la diriger plus sûrement vers son but qui est Dieu; et mes vœux de religion, loin d'enlever à ma volonté son activité naturelle, la doubleront en la rapprochant de cette liberté de la patrie céleste, toute renfermée dans les limites invariables de l'amour!

« D'ailleurs, je ne veux pas de la prétendue indépendance qu'on a dans le monde! Je ne veux pas de la liberté de mes passions qui ne serait qu'une honteuse servitude!... Oh! qui me donnera de fuir dans la solitude, véritable asile de la liberté!... *Amen!*... »

Telle est la dernière page du précieux recueil, tel le dernier cri du séminariste à la fin de son séminaire, au moment de dire adieu à jamais à ce pieux asile, au jour même

---

[1]. Joan., x, 10.

où ses condisciples venaient de recevoir l'onction sacerdotale; car lui-même ne prit point part à cette ordination! Le fait est incontestable, bien qu'on nous ait dit le contraire et que nous l'ayons longtemps cru nous-même; en effet, ce ne fut que le 18 décembre de cette même année qu'il fut ordonné prêtre; les registres de l'archevêché en font foi. Pourquoi donc un tel délai? Comment expliquer ce retard qui ne fut certainement pas imposé d'autorité? Nous avons vainement demandé cette explication, personne n'a pu nous la donner; nous n'en voyons qu'une seule qui nous paraisse raisonnable, et c'est la dernière page de son recueil, citée ci-dessus, qui nous la suggère : « Je vais renoncer à tout et me faire religieux!... Oh! qui me donnera de fuir dans la solitude! » C'est pour arriver plus aisément à correspondre à sa vocation, croyons-nous, qu'il s'est décidé à retarder son ordination sacerdotale. En effet, le sacerdoce qui longtemps, à Chazelles, à Verrières, à Alix, a été pour lui un but, le noble et unique but vers lequel il n'a cessé de soupirer de tous les élans de son cœur, de tendre par l'effort et l'énergie de toutes ses facultés, le sacerdoce, à mesure qu'il s'est rapproché, tout en faisant battre son cœur, ne lui a plus donné la solution complète de son avenir! Et dès demain, s'il se laisse ordonner prêtre, il n'en entendra pas moins sa conscience lui crier : Et après?... Et encore il sera obligé de pousser vers Dieu le cri de saint Paul que nous avons déjà surpris sur ses lèvres : *Domine, quid me vis facere*[1]? Il a donc cru devoir, avant tout, décider sa vocation; il a pensé qu'une fois décidée, il lui serait plus facile de la réaliser, s'il n'est que diacre; et alors en son âme et conscience, de l'avis de son directeur sans doute, il se sera dit : Je n'avancerai pas avant d'avoir une réponse claire de Dieu sur mon avenir!...

Mais cette réponse, Dieu ne la lui donnera pas encore,

---

1. Act., ix, 6.

car il ne l'a pas suffisamment préparé à la mission délicate et sublime qu'il lui réserve ; sept années vont être encore nécessaires, nous allons le voir ; et ce ne sera qu'après lui avoir fait ainsi compléter sa formation et mériter, comme Jacob mérita Rachel, par sept années de labeurs, l'honneur auquel il aspire, que Dieu, rompant les derniers liens qui le retiennent, lui dira enfin clairement et irrévocablement : *Veni, sequere me* [1] *!*

En attendant, son séminaire fini, Dieu va l'appliquer à l'œuvre si belle de l'éducation des enfants ; Mgr Gouthe-Soulard nous apprend qu'il fut demandé, pour être professeur de huitième, par le supérieur du petit séminaire Saint-Jean, de Lyon. Quant à son ordination sacerdotale, nous n'avons pu nous procurer le moindre détail à ce sujet ; le *Recueil* de notes intimes ne nous dit plus rien ; muets sont aussi sur un fait si important les contemporains qui survivent ; nous n'avons pas même retrouvé sa lettre d'ordination, bien que les quatre précédentes aient été religieusement conservées. Nous savons seulement, par les registres de l'archevêché que nous avons fait consulter, qu'elle eut lieu le samedi des Quatre-Temps de l'Avent, 18 décembre 1847, quelques mois après qu'il fut entré comme professeur au petit séminaire de Saint-Jean ; elle se fit dans l'église primatiale, et le prélat consécrateur fut Mgr de Bonald, son archevêque. Nous apprenons d'un de ses parents qu'il dit sa première messe dans le sanctuaire de Notre-Dame de Fourvières, à l'archiconfrérie de laquelle il était affilié depuis 1843.

---

1. Math., XIX, 21.

CHAPITRE IV

Le petit séminaire Saint-Jean de Lyon. — Mort de sa mère.
1847-1854

Qui ad justitiam erudiunt multos, quasi stellæ in perpetuas æternitates[1], a dit l'Esprit-Saint; nous l'avons vu, la perspective de cette belle couronne avait vivement frappé notre séminariste durant la retraite qui devait le préparer à son ordination sacerdotale; faut-il voir là un secret pressentiment de l'avenir? Toujours est-il que, répondant à un désir plus ou moins explicite de son cœur, la Providence va sans tarder l'appeler à la belle mission d'instruire la jeunesse; et tandis que ses confrères de la dernière ordination s'empressent de prendre possession du poste de vicaire, il reçoit sa nomination de professeur au petit séminaire de Saint-Jean, à Lyon. Nous sommes porté à croire que, dans l'état d'incertitude où il était alors relativement à sa vocation, dans la volonté de ses supérieurs il ne dut voir que la main maternelle de la Providence qui lui montrait sa route, et empressé, sans enthousiasme comme sans regret, il se hâta de gagner l'humble poste que lui assignait l'obéissance; du reste, par son intelligence et son esprit de foi, il était homme à comprendre la belle mission qui lui était confiée.

Une ère nouvelle commence en effet pour lui : la veille encore, élève, recevant l'impulsion et la direction d'autrui, sans initiative et responsabilité; le voici, sans transition ni préparation spéciale, devenu maître, obligé partant, non seulement de penser et d'agir par lui-même, mais de communiquer et de transmettre à d'autres — à des âmes d'en-

---

1. Dan., XII, 3.

fants dont il doit comprendre le prix — cette impulsion, cette direction qu'il ne recevra plus. Quelle responsabilité ! Mais aussi quelle noble et grande mission ! non seulement développer des facultés inertes, redresser des volontés portées au mal, réveiller le sens moral à la place des instincts, en un mot pétrir des âmes et former des hommes, c'est déjà grand et beau ! Mais ce n'est pas tout ; et l'œuvre du maître dans les petits séminaires est plus sublime encore, car dans l'enfant c'est le prêtre futur qu'il doit déjà voir, préparer et former de loin ; l'enfant en effet a déjà entendu l'appel de Dieu, et ce n'est jamais trop tôt qu'il apprendra à apprécier et à suivre dignement une telle vocation ! Le maître a beau être jeune, sans expérience et sans autorité d'abord, s'il a l'esprit de foi et l'intelligence de l'œuvre qui lui est confiée, il saura se mettre vite à la hauteur de sa mission, et bientôt il sera à même de faire un très grand bien à son jeune et intéressant troupeau, car il va mettre à sa disposition tout un riche trésor d'ardeur, d'entrain, de fraîcheur et de générosité. Tel était assurément notre professeur novice lorsque, à la rentrée des classes de 1847-1848, il se présenta chez M. le supérieur de Saint-Jean et se mit à sa disposition. Sur cette nouvelle phase de sa vie, Mgr Robert s'exprime ainsi dans sa lettre circulaire que nous aimons à prendre pour guide : « Il fut dès lors appliqué aux fonctions délicates de l'enseignement, pendant quelques années, au petit séminaire de Saint-Jean, de Lyon. La droiture de son jugement, la distinction de son esprit, sa maturité précoce, sa fermeté sage et douce l'avaient signalé à ce saint et savant directeur de l'établissement, qui entra plus tard à la Trappe sous le nom de Père Jean-Baptiste. »

Il n'allait pas trouver dans sa nouvelle maison les charmes extérieurs dont il avait joui à Verrières et à Alix, ni les horizons étendus au loin et la superbe vue des Alpes qu'il avait, durant quatre ans, pu contempler à Saint-

Irénée, du haut de la colline de Fourvières ; c'est au pied même de cette sainte colline et sur la rive droite de la Saône qu'est situé le petit séminaire Saint-Jean, dont les murs s'élèvent en face de la primatiale et n'offrent rien de remarquable à l'œil. Simple maîtrise primitivement, comme semble l'indiquer sa position, Saint-Jean dut vite devenir une importante maison d'éducation qui, avant la liberté d'enseignement, et pour répondre au besoin des familles de cette si catholique cité, dut admettre dans son sein, à côté des élèves ecclésiastiques, ou plutôt mêlés parmi eux, bon nombre d'enfants qui n'y venaient chercher qu'une solide instruction et une bonne éducation chrétienne. A l'époque où nous sommes, l'une et l'autre y étaient florissantes, le nombre des élèves relativement élevé, et le corps professoral, de tout point digne de la confiance dont jouissait la maison et de la renommée qu'elle avait déjà.

Notre cher confrère va y couler agréablement, comme il l'a bien souvent répété plus tard, sept des plus belles années de sa vie, et nous pouvons l'ajouter, bien qu'il se soit gardé de le dire, des plus fructueuses aussi, nous allons le voir. Du reste, et pour qu'il en fût ainsi, outre qu'il était et merveilleusement doué de la nature et parfaitement préparé par ses précédents succès dans ses propres études, il sut, sans la plus petite hésitation et sans la moindre recherche de ses aises, s'imposer dès le principe, et toujours dans la suite, cet ensemble de moyens énergiques et proportionnés sans lesquels un jeune maître est exposé à perdre son temps et à le faire perdre aux autres. Pour le prouver, voici d'abord le règlement qu'il se traça et auquel, nous le verrons, il se montra toujours fidèle ; nous le copions textuellement à la fin de son précieux petit *Recueil* ; remarquons seulement que, s'il songe seulement à sa classe et à ses élèves, il n'a garde, comme il arrive souvent aux jeunes professeurs, de s'oublier lui-même avec les besoins de son âme.

RÈGLEMENT

« 1º A 5 heures, lever. — Pendant que les élèves s'habillent, repasser le sujet d'oraison et le continuer avec la communauté. — Ensuite : sainte messe, — petites heures, — préparation de la classe.

« 2º A 10 heures un quart : adoration du Saint Sacrement. — Lecture de l'Écriture Sainte. — Étude (répétition ou littérature).

« 3º A 11 heures trois quarts : Lecture du *Novum Testamentum*.

« 4º A 2 heures : Vêpres et complies. — Préparation de la classe.

« 5º A 5 heures : répétition. — Étude. — Lecture spirituelle.

« 6º Au dortoir : chapelet. — Matines et Laudes. — Sujet d'oraison.

« Lorsque des raisons d'obéissance me feront manquer à ces résolutions, je l'offrirai à Dieu qui voit la bonne volonté ; lorsque ce sera par ma faute, je lui en demanderai pardon. »

On le voit, rien ne manque à ce règlement, tout y est prévu, jusqu'à la sanction. Et pour qu'on ne croie pas qu'il ne fut pour lui que lettre morte, voici, sur l'un des articles les plus exposés à être négligés, le témoignage d'un vénérable curé, son ancien collègue ; il était alors professeur de rhétorique, et dans son amour de la littérature classique il admirait, nous dit-il, « comment son jeune confrère, après avoir consciencieusement préparé sa classe, trouvait le temps et le courage d'employer des heures entières à étudier l'Écriture Sainte dans les savants commentaires de Corneille de la Pierre ». — Ce fait parle éloquemment et n'a nul besoin de commentaire ; ceux-là surtout le comprendront qui, à pareil âge, ont occupé une semblable position. Nous savons aussi qu'il garda toujours scrupuleusement les autres articles de son petit règlement qui concernaient les exercices de piété ; en devenant professeur, il n'eut garde d'oublier qu'il avait l'honneur d'être prêtre et que Dieu avait sur lui des desseins plus miséricordieux encore. Du reste, tous les survivants de Saint-Jean, que nous avons vus, sont unanimes sur « sa régularité, sa ferveur, sa piété ;... » et nous allons transcrire plus bas quelques lignes qui nous permettront de deviner combien il était prêtre et quel bien il fit à ce titre.

Et qu'on se garde bien de croire qu'en songeant ainsi à lui-même, le jeune maître fût exposé à négliger sa classe et ses élèves. Nous venons d'abord d'apprendre d'un véritable témoin oculaire [1] qu'avant tout « sa classe était consciencieusement préparée » ; d'ailleurs ce même témoin a soin d'ajouter : « Il conduisait ses élèves avec fermeté, exigeant d'eux une forte somme de travail ; aussi les paresseux redoutaient sa classe ; du reste, il était merveilleusement estimé et aimé de tous. » Un autre de ses collègues de Saint-Jean, aujourd'hui chanoine honoraire et retiré du ministère [2], nous écrit : « Oui, je suis un vieil ami de M. Dazincourt, et je garde de lui dans le cœur les plus affectueux souvenirs ; je remercie la Providence d'avoir pu jouir pendant sept ans des qualités de son esprit et de son cœur.... Professeur excellent, il avait le don et le talent d'encourager ses élèves faibles, de stimuler les indifférents, de faire avancer toujours les premiers par le talent et le travail, se donnant tout à tous sans en négliger aucun. Aussi a-t-il laissé à tous ses élèves le souvenir impérissable de son dévouement et de son habileté à enseigner ; et tous lui gardent une affection et une reconnaissance profondes. »

Un troisième, son collègue et son ami aussi [3], résume

---

1. M. l'abbé Coupat, curé de Saint-Genis-Laval.
2. Lettre de M. le chanoine Durieux.
3. M. l'abbé Paret.

ainsi ses impressions à ce sujet : « Comme professeur, M. Dazincourt était parfait sous tous les rapports. »

Nous avons mieux encore pour nous faire comprendre et le soin qu'il prenait de ses élèves et le souvenir impérissable qu'il leur a laissé ; c'est le témoignage d'un de ces élèves mêmes, et pas des premiers venus ; il est aujourd'hui prédicateur renommé et vicaire général d'un diocèse voisin de Lyon [1] ; il écrivait dernièrement : « M. Dazincourt a été pour mes douze ou treize ans la première vision saisissante et bienfaisante du sacerdoce. Son savoir, sa bonté, son dévouement m'impressionnaient beaucoup, mais rien tant que le reflet de son âme de prêtre à travers son attitude accoutumée et sa physionomie : *virtus de illo exibat* [2] *!* Sans y prétendre, sans y penser même, par la seule habitude prise d'une dignité toute mêlée de douceur, il attirait aux pensées graves, il inspirait le goût et le désir de la piété... »

Après cela, faut-il trouver étonnant que quelques-uns de ses anciens élèves de Saint-Jean aient fait plus tard de longs voyages pour retrouver leur ancien maître et jouir encore de ses agréments et de ses conseils?

Comme explication de cette influence nous avons retrouvé, parmi ses papiers, deux de ses cahiers de professeur de Saint-Jean que nous avons parcourus avec le plus vif intérêt. Nous y avons appris tout d'abord qu'il a débuté par la classe de huitième, année 1847-1848 ; l'année suivante, il fut appelé à faire la quatrième ; et à partir de la rentrée de 1849 et jusqu'à la fin, il professa la troisième ; ce que nous n'y avons pas lu, mais ce qu'un de ses anciens collègues nous apprend [3], c'est que, invité plusieurs fois à monter encore plus haut, il s'y refusa toujours modestement, mais fermement. « Simple et modeste, malgré tous ses talents, il refusait ce qui pouvait l'élever et le faire

---

[1]. M. l'abbé Planus, vicaire général d'Autun.
[2]. Luc, VI, 19.
[3]. M. le chanoine Durieux.

paraître ; c'est ainsi qu'il refusa la classe de rhétorique pour garder sa chère classe de troisième. »

Mais revenons un moment à ses cahiers de professeur et en particulier à celui du professeur de troisième ; le titre en est : *Journal, classe de troisième* (1849-1854); et par-dessous, ce texte latin : *Non quæ nobis placent, sed quæ ipsis expediunt.* Puis encore cette parole de l'*Imitation* : *Nunquam ad hoc legas verbum ut doctior aut sapientior possis videri.* On en conviendra, c'est là en deux mots un beau programme de maître chrétien ! Voici maintenant le professeur : un premier tableau nous offre l'*ordre* des *Leçons* et des *Explications*, traçant méthodiquement pour chaque classe de la semaine ce qui doit y être récité et expliqué ; deux autres en font autant pour les *auteurs* et pour les *devoirs*. Puis vient successivement et année par année la nomenclature, mieux que cela, la matière composée par le maître, et souvent même la rédaction et le corrigé des devoirs et compositions donnés aux élèves : versions et thèmes dictés, analyses d'auteurs français, latins et grecs, vers latins, résumés ou développements de questions d'histoire et de géographie, et jusqu'à des solutions raisonnées de problèmes d'algèbre et de géométrie.... Car dans ces temps lointains, qu'on pourrait fort bien nommer *l'âge héroïque* du professorat, le maître dans chaque classe ne se bornait pas, comme aujourd'hui, à enseigner les grammaires, ou la littérature, ou la rhétorique avec les auteurs français, latins et grecs correspondants ; il devait y ajouter encore l'enseignement de l'histoire et de la géographie, plus celui des mathématiques.... et le tout très consciencieusement ; et il trouvait encore le temps de donner chaque jour une heure entière à l'étude de la Sainte Écriture dans les doctes commentaires de Corneille de la Pierre. Oui vraiment, âge héroïque !

Et maintenant, avant de mettre de côté ces deux cahiers, témoins vénérables et éloquents, bien que muets, des travaux, des soins et des inquiétudes subies et voulues quotidiennement et durant sept années, en faveur de pauvres enfants, par celui qui va bientôt être appelé de Dieu à former, et qui de fait, durant près de quarante ans, forma tant de saints prêtres pour son Église, qu'on nous permette de transcrire ici — ce ne sera pas sans émotion — une simple page ; c'est la première de l'un de ces cahiers ; elle a pour titre : *Quelques notes pour la bonne direction de la classe ;* elle nous montrera que, aux yeux d'un maître chrétien, rien n'est petit dans l'œuvre capitale de l'éducation ! Nous la recommandons aux hommes du métier.

« I. *Piété.* Réciter le *Veni, Sancte Spiritus* et le *Sub tuum* sans précipitation, sans s'occuper des livres....

« Ne pas omettre chaque matin l'invocation à saint François Xavier, afin de gagner l'indulgence de la Propagation de la foi. — Recueillir le sou de la semaine tous les samedis soir.

« II. *Discipline.* La tenue en classe doit être digne ; point de pose molle, de coudes sur la table ;... en répondant, on se tiendra très droit, l'intérêt de la santé l'exige ; les bonnes manières doivent passer dans les habitudes de la vie, si l'on veut qu'elles soient naturelles. On se tiendra découvert en sortant de classe et en y entrant ; on sortira deux à deux, les chefs de camp en tête.

« III. *Travail.* Il y aura deux camps, choisis tous les quinze jours par les premiers en diligence et en excellence. Une grande ardeur devra les animer, car la lutte des intelligences, c'est la lutte des véritables forces ; ici la victoire l'emporte sur celle d'Olympie et des tournois du moyen âge, de toute la hauteur dont l'esprit surpasse le corps. — Tous les samedis, l'étude de dix heures sera laissée libre et exempte de devoirs pour le camp victorieux.... Il est bien entendu que les émules peuvent s'attaquer pour les leçons, les devoirs et les explications,... etc., etc. »

De peur d'abuser, nous nous arrêtons, supprimant les détails techniques sur les leçons et les devoirs; nous croyons en avoir transcrit assez pour l'édification du lecteur.

Mais si, dans une maison d'éducation, le maître a des relations fréquentes et fort importantes avec les élèves, il doit nécessairement en avoir aussi de très fréquentes, et qui même sont très importantes, avec ses confrères; il y a entre eux vie commune, ce qui doit être une source de paix et de bonheur, mais, hélas! ce qui peut aussi devenir une cause de multiples misères, quand les divers membres de la communauté ne sont pas entre eux des frères et ne forment pas famille. L'expérience de tous les jours nous dispense d'insister. Nous venons de voir que notre jeune professeur réussit fort bien auprès des élèves; en fut-il de même de ses rapports avec ses confrères ? Appelé de Dieu à passer désormais sa vie entière en communauté, la question devient très importante à son égard, et on ne s'étonnera pas que nous insistions.

Constatons d'abord ici l'unanimité de ses anciens confrères qui ont pu être entendus; tous sans exception, comme ses anciens condisciples de Verrières, d'Alix et de Saint-Irénée, l'ont proclamé excellent camarade, tous reconnaissent que, professeur à Saint-Jean, M. Dazincourt fut toujours un excellent confrère; telle a été à tous leur première remarque sur son compte : « Il était universellement estimé et aimé de tous. » — « Il inspirait à ses confrères une profonde estime, » nous dit un autre[1]; et il ajoute : « Aussi le consultaient-ils volontiers dans leurs difficultés; » et il rapporte le fait suivant : « Je reçus un jour une lettre qui m'offrait une position aussi brillante qu'avantageuse : il s'agissait d'un préceptorat dans une famille princière, pour lequel on me proposait six mille francs d'appointements, et, en outre,

---

1. M. l'abbé Coupat.

de magnifiques espérances pour l'avenir ; hésitant, bien que séduit, je cours prendre conseil chez mon confrère, l'abbé Dazincourt, et, lui tendant la lettre : « Lisez, lui dis-je, et dites-moi ce que j'ai à faire ! » Il la prend, la lit et me la rendant : « Oh ! bien, me dit-il, ce n'est là qu'une affaire « d'argent ! » et son ton, et son air, et son geste m'en dirent bien davantage ! Je refusai sans la moindre hésitation. »

Nous devons même ajouter que, de la part de ses confrères, comme, nous l'avons vu, de la part des élèves, c'était plus que de l'amour et de l'estime : c'était vraiment de l'admiration, et une admiration peu commune. Et ce sentiment est facile à expliquer ; de très bonne heure, dès son enfance même, et surtout à Verrières, tous étaient déjà frappés par sa distinction, ses manières et son grand air ; or, loin de diminuer avec l'âge, cette noblesse, naturelle en lui, s'était encore accentuée et comme embellie chaque jour des progrès remarquables et successifs qu'amenait le développement incessant de sa belle nature : son corps, d'abord souffreteux, avait peu à peu repris force et vigueur, et, dès ses vingt ans, on nous le représente sous les traits d'un beau jeune homme, d'une taille au-dessus de la moyenne; son intelligence, après les développements d'Alix et de Saint-Irénée, était plus qu'ordinaire, et ses talents, au rapport de ses maîtres, *uniques* ; au point de vue moral et religieux, la progression avait été plus remarquable encore : on a pu en juger par les notes et impressions intimes de son *Recueil ;* et sa belle âme rayonnant au dehors devait encore ajouter à tant de dons naturels comme un reflet qui les couronnait admirablement.... Ne nous étonnons donc pas si, en voyant tant de talent et de vertu unis à une si rare modestie, ses confrères, comme ses élèves, ont ressenti de l'admiration pour lui, et se le montrant de loin, se sont surpris un jour à dire, comme le rapporte un d'entre eux [1] : « Une mitre ne

---

1. M. l'abbé Paret.

serait vraiment pas déplacée sur cette belle tête ! » Nous verrons plus tard qu'ils ont failli être prophètes ! Aussi, lorsqu'après sept années de séjour il quitta Saint-Jean et Lyon pour suivre sa vocation, comme nous le verrons plus tard, les regrets furent unanimes parmi ses confrères. « Son départ fut une douleur pour tous, nous dit l'un d'entre eux [1] ; il laissait un si grand vide après lui !... » Un autre [2] nous fait part de la peine qu'en ressentit son supérieur : « Ils étaient compatriotes et amis ; c'étaient vraiment deux belles âmes faites pour se comprendre ! Aussi, à son départ, M. le supérieur fut désolé ; il disait : « Jamais je n'aurais supporté « cette séparation s'il ne me l'avait imposée pour se donner « plus intimement à Dieu !...» Du reste, quelque temps après ce départ, le supérieur de Saint-Jean entrait à la Trappe. » — Enfin un troisième [3] ajoute : « Plus tard les très rares passages de M. Dazincourt à Lyon étaient des jours de fête pour ses anciens confrères de Saint-Jean ; nous nous le disputions !... »

Comme explication de ces sentiments d'estime et d'admiration, nous devons ajouter que son caractère ne déparait nullement ses talents et sa vertu. Son amabilité était proverbiale à Saint-Jean, et sa charité vraiment admirable ; l'ayant connu intimement, nous en croyons aisément le rapport d'un de ses anciens confrères [4]. « Esprit conciliant, il savait adroitement dissiper les malentendus, et un mot de lui ramenait vite la paix et l'harmonie entre nous. Il était du reste toujours disposé à rendre service à ses confrères, même aux dépens de sa santé ; et je connais tel de ses confrères malade qu'il a plusieurs fois remplacé dans la correction de ses devoirs, pour lui donner quelque soulagement ; tel autre à qui, durant une maladie de plusieurs semaines,

---

1. M. le chanoine Durieux.
2. M. l'abbé Paret.
3. M. l'abbé Coupat.
4. M. le chanoine Durieux.

il a fréquemment porté la sainte communion à minuit, se constituant garde-malade, se privant d'un repos qui lui était nécessaire, car à cinq heures du matin, il était toujours debout, devant aller dire sa messe au loin à six heures, et n'y manquant jamais, quelque temps qu'il fît. » Ces mêmes faits nous ont été rapportés par plusieurs témoins, tous en avaient été frappés. Et qu'on ne s'y méprenne pas, sa vertu, pour avoir laissé une telle impression, n'avait jamais eu à revêtir ces airs, nous ne dirons pas farouches, mais simplement graves et compassés que nous voyons comme naturels dans certains tempéraments ; en lui, comme nous l'avons déjà remarqué dans son enfance, la vertu était naturellement aimable, toujours avenante et le sourire aux lèvres, gaie même d'habitude, et souvent pétillante d'esprit ; il était par nature et par tempérament de la famille de tant d'aimables saints qui aisément faisaient aimer la vertu et la sainteté : tel saint François de Sales. Et ici ses confrères survivants sont encore une fois unanimes, et tous ont gardé un impérissable souvenir de son amabilité constante, de sa gaieté, de son esprit pétillant. Écoutons-les[1] : « Caractère gracieux et enjoué, c'est lui qui donnait la note joyeuse à nos réunions, et sa présence y ajoutait un charme particulier. Du reste, esprit vif et piquant, il avait le mot heureux, à l'*emporte-pièce ;* sans blesser personne, il savait mettre les rieurs de son côté, et finalement nous étions tous avec lui dans les petites discussions qui s'élèvent parfois entre collègues au temps des récréations. » — « M. Dazincourt était foncièrement pieux, écrit un autre, et avec cela, chose peu commune, très gai, très spirituel, plein de verve et de malice ; entre lui et M. l'abbé L..., professeur à Saint-Jean, c'était un feu roulant d'esprit ; M. Dazincourt emportait parfois le morceau, mais il ne le gardait pas longtemps ;

---

1. Ses anciens confrères déjà cités, — M. l'abbé Delorme, ancien curé de Brindas.

avec une amabilité pleine de tact, il radoucissait bien vite son adversaire et lui versait du baume sur la blessure. » — « Très spirituel, nous dit un troisième, M. Dazincourt amusa longtemps ses collègues, au petit déjeuner, par une lutte d'esprit, demeurée célèbre, avec un de ses confrères, M. J...; celui-ci était très marqué de la petite vérole, et, comme chacun sait, M. Dazincourt était doué d'un nez fortement aquilin et d'un menton non moins proéminent; il est incroyable combien, sur cet unique sujet, ont été brodées de plaisanteries, de pointes d'une variété et d'un esprit inouïs !... » Qu'on nous permette un dernier témoignage sur le même sujet, — on a plaisir à voir les hommes voués aux fonctions les plus sérieuses, aux œuvres les plus graves, se dérider parfois et avoir le sourire aux lèvres, comme le commun des mortels. « M. Dazincourt était très aimé, adoré de tous ses confrères; très gai, très spirituel, lançant des pointes à pleines mains, il était vraiment l'âme de toutes nos réunions, le boute-en-train de toutes nos fêtes ! Chansonnier même, au besoin, et on chante encore des chansons de sa composition.... On lui souhaitait sa fête toutes les Saint-Thomas, et on sait qu'il n'en manque pas au calendrier ! Il laissait faire en riant et acceptait tout de bonne grâce.... » Nous étonnerons peut-être quelques lecteurs en ajoutant que, dans le dépouillement de ses papiers, à côté du *Recueil de réflexions pieuses*, non loin des graves résumés de théologie et des lourds volumes de *Chroniques*, nous avons eu la chance de retrouver, soigneusement conservées sous une enveloppe, quelques-unes de ces gaies et innocentes chansons de Saint-Jean. Quelques pièces de poésie s'y trouvent aussi, à lui dédiées jadis par quelques amis intimes de cette heureuse époque. Nous nous permettrons d'ajouter que ce ne sont point là des chefs-d'œuvre, bien que talent et facilité n'y manquent pas; mais il y a mieux : l'amitié, la cordialité et une gaieté de bon aloi y coulent à pleins bords, signes non équivoques que la vie était bonne et heureuse à Saint-Jean ; et nous comprenons fort bien que le grave supérieur de grand séminaire ait eu plaisir à retrouver parfois sous sa main ces douces reliques d'un passé qui lui restait toujours cher, et qu'il ait répété jusque dans ses vieux jours le délicieux vers de Virgile qu'il avait lui-même tracé de sa main sur une de ces feuilles légères :

... Forsan et hæc olim meminisse juvabit !

Mais, en attendant, où en étaient ses idées d'avenir et que devenait la question si capitale de sa vocation? Dans cette vie agréable du petit séminaire, au sein de l'amitié et au milieu de ces témoignages si unanimes d'estime et d'admiration, notre jeune et brillant professeur ne va-t-il pas trouver des délices auxquelles il n'aura pas la force de s'arracher, et pour lui, comme cela est arrivé pour tant d'autres, Saint-Jean ne va-t-il pas devenir une nouvelle Capoue?... Le danger existait évidemment, et combien y eussent doucement et lâchement succombé! Nous croyons pouvoir affirmer que si la tentation s'est offerte à lui, — et elle ne manquait certes pas de séduction, — il n'a jamais cédé à son attrait; jamais, durant ces sept années de calme et de succès, il n'a perdu de vue ses chers projets d'avenir, l'appel de Dieu n'a cessé de retentir à son oreille attentive, et son œil n'a cessé d'apercevoir au loin, comme il les voyait dans sa chère cellule de Saint-Irénée, « ces peuples malheureux qui gémissent dans les fers du démon », et lui tendent des bras suppliants! Nous en trouvons la preuve dans ces quelques lignes qui sont évidemment de cette époque de Saint-Jean, car elles font suite immédiatement, sur la dernière page de son petit *Recueil*, au règlement que nous l'avons vu se tracer dès les débuts de son professorat :

« Que la vie de l'homme est peu de chose! et cependant c'est par elle qu'il se détermine un avenir éternel!... La vie d'un prêtre doit être consacrée évidemment à bien régler celle de ses frères.... En conséquence, si je passe encore quelques années dans une position indéterminée, c'est un temps perdu pour le salut des âmes!... Si je consume mes instants à de vains loisirs, à de *prétendus devoirs de piété filiale* et de reconnaissance, ces peuples malheureux qui gémissent dans les fers du démon me diront un jour : Prêtre cruel! tandis que tu nageais au sein des plaisirs, nos âmes défaillantes réclamaient en vain les secours d'une main charitable pour nous rompre le pain de la parole de vie! Un Dieu était mort pour nous, son sang intercédait pour notre pardon.... et nous n'en savions rien!... Tu le faisais descendre tous les jours du ciel, et tant de sacrifices ne te disaient rien pour nous!... » On le voit, la vision subsiste; l'idée est toujours là, dominant de son ascendant, parfois intermittent, mais bien réel, ces jours en apparence si paisibles; la vocation n'a pas sombré! Pourquoi donc ces délais? La trentaine a sonné déjà, qui donc retient ainsi captive cette âme d'apôtre que tant d'élans intimes poussent au loin? La réponse est aisée, un seul mot explique tout : sa mère!

Après la mort de son époux, survenue vers 1828 et à la fleur de l'âge, Mme Dazincourt, restée veuve et chargée du soin de ses trois enfants, continua d'habiter le château de la Pierre, grâce à la bienveillance de M. d'Allart ; aussi longtemps que dura l'éducation de son fils, rien ne fut changé à cet état de choses, et la mère continua de surveiller l'éducation de ses deux filles qui, pendant que leur frère était élève de Verrières et d'Alix, durent recevoir de leur côté les leçons des Sœurs de la Sainte-Famille établies à Chazelles. Mais lorsque, devenu professeur à Saint-Jean, M. l'abbé Dazincourt se vit désormais maître de lui et dans une position indépendante, il n'eut rien de plus pressé que d'assurer l'avenir de sa mère et de ses sœurs, et son premier soin fut de leur procurer un foyer de famille et un domicile indépendant. Le père, en mourant, avait laissé quelque bien qui pouvait suffire à une honnête subsistance; l'aînée des deux jeunes filles, Marguerite, venait d'entrer, à l'âge de vingt-sept ans, dans la communauté des Sœurs de la Sainte-Famille, de Lyon; la mère et sa plus jeune fille, Marie, dirent donc adieu définitivement au château de la Pierre, vers 1849 ou 1850, et vinrent s'établir au village de Chazelles, dans une petite maison bien convenable, quoique de modeste apparence, que l'abbé avait acquise — en partie sans doute du fruit de ses économies — et qu'il avait fait aménager avec soin et surtout avec son grand amour filial. Elle comprenait trois ou quatre pièces fort convenablement tapissées et meublées, et était précédée d'un petit jardin en parterre, dont les fleurs étaient soigneusement entretenues; c'était un vrai petit nid, construit par l'amour filial, ou plutôt, car c'est le nom qu'on lui donna désormais, à cause du voisinage du couvent des Sœurs de la Sainte-Famille, un gentil *Petit Couvent* où l'abbé venait passer ses vacances, car il s'y était ménagé une belle petite chambre; sa mère et sa sœur Marie commencèrent à y mener une vie paisible et heureuse, se comportant un peu en recluses, ou selon l'expression de leurs cousins qui vivent encore, en véritables religieuses. Mais rien ne dure ici-bas, le bonheur surtout; l'année suivante, c'est-à-dire vers la fin de 1851, séduite par l'exemple de sa sœur aînée, ou plutôt appelée de Dieu, Mlle Marie, qui avait pris goût à cette vie de religieuse, voulut l'être tout à fait et, à la grande désolation de la pauvre mère, elle venait postuler à Lyon, dans une maison des Filles de la Charité. Restée seule dans le *Petit Couvent,* avec une humble servante pour lui donner des soins, on comprend sans peine la douleur et les plaintes de la mère; on a beau avoir des sentiments chrétiens, accepter le sacrifice et faire des efforts pour se résigner, la nature a ses droits et il est pénible, à plus de soixante ans, après être restée veuve depuis si longtemps, de voir s'éloigner ses chers enfants l'un après l'autre et de finir la vie dans une triste solitude. Il est touchant de voir, en pareille circonstance, à quels sentiments un bon fils, un prêtre, a recours pour offrir quelque adoucissement à la douleur de sa pauvre mère désolée. Voici ce qu'il lui écrivait; cette lettre nous paraît si touchante que nous ne résistons pas au plaisir de la citer tout entière; — combien en pareille situation ont dû avoir recours à de semblables arguments !

« Ma chère mère, vous devez dire là-haut, dans votre coin : Ah! ils m'oublient!... (ils étaient tous les trois à Lyon). — Eh bien! non, on ne vous oublie pas!... Nous aurions bien voulu vous avoir aujourd'hui avec nous à déjeuner et à dîner; la réunion aurait été complète. Pour vous dédommager, je vous envoie en image votre abbé et vos deux religieuses; vous les aurez toujours avec vous. Quand vous aurez envie de vous ennuyer, vous les regarderez; et loin de murmurer, vous serez forcée de bénir le bon Dieu! Je puis le dire sans vanité, car ce n'est pas à moi que reviendrait la meilleure part du compliment, peu de mères voient leurs enfants sous des costumes si saints; et il y en a bien peu qui puissent, comme vous, se flatter de les avoir rendus heureux! Regardez donc bien votre Marie! A-t-elle l'air d'être heureuse! Comme l'habit de servante des pauvres lui va bien !... Pourriez-vous regretter encore d'avoir favorisé une si belle vocation.... Sans doute, si vous l'aviez gardée, vous seriez plus contente, vous seriez peut-être mieux servie; à cela je n'ai rien à dire. Et moi aussi je jouirais beaucoup de la savoir auprès de vous. Mais, dites-moi, n'est-ce pas à Dieu que vous l'avez donnée? et Lui, n'y a-t-il pas droit tout le premier? S'il avait fallu l'envoyer à Paris pour la marier à un homme riche de cent mille francs, sans doute le monde ne trouverait pas la chose mauvaise; peut-être même l'idée de son bonheur vous ferait-elle sourire! Eh bien! moi, je vous assure que pour cela je ne lui aurais pas permis de vous quitter, et je suis sûr qu'elle aurait préféré sa mère à tout l'or du monde ; je le crois bien ! Mais quand le bon Dieu parle, c'est un peu différent ! Or, je regarde sa vocation comme certaine ; autrement elle ne se plairait pas dans son nouvel état, elle n'aurait pas supporté tant et de si grands sacrifices ! L'arracher à la vie religieuse maintenant, ce serait l'arracher au bon Dieu, ce serait aller manifestement contre sa volonté. Ne vous l'a-t-il pas laissée bien longtemps ? Ne pouvait-il pas vous l'enlever par la mort ? S'il veut maintenant vous l'ôter pour la donner aux pauvres, aux malades, aux orphelins, avez-vous lieu de vous plaindre ? Tant que vous avez eu un plus grand besoin de son secours, après notre sortie de la Pierre, la Providence vous l'a laissée ; et maintenant que vous voilà tranquille et sans dettes, pouvez-vous trouver mauvais que le bon Dieu la prenne ? Sans doute, si vous le vouliez, vous la feriez revenir ; elle sacrifierait son avenir au désir de sa mère.... Mais le ciel vous bénirait-il, et en serions-nous plus avancés ? Nous aurions de plus le regret d'avoir détourné une belle vocation, et nous perdrions le centuple promis à ceux qui font le sacrifice de se séparer en ce monde !...

« D'ailleurs vous m'avez dit souvent, pendant les vacances, non seulement que vous consentiez à ce projet, mais que vous en étiez contente ; j'ai souvent béni Dieu de tant de générosité ; tous ceux à qui j'en parlais en étaient édifiés ; conviendrait-il maintenant de revenir sur ses pas et de perdre le mérite de tant de sacrifices ? Montrons-nous donc un peu généreux envers Dieu ! Que de faveurs faites à notre famille ! Nous avons été élevés, instruits sous l'œil de la Providence, par les mains de la charité.... C'est donc un bonheur que de payer notre dette envers Dieu et de faire du bien à notre prochain, comme on nous en a fait à nous-mêmes !... Vous devriez être heureuse, non pas de donner un de vos enfants, mais de les donner tous trois !... Tous ces enfants orphelins, à qui Marie va servir de mère, sont comme nous étions après la mort de notre pauvre père ; ne devez-vous pas vous intéresser à eux ? Laissez donc votre fille leur donner les tendres soins que nous avons reçus nous-mêmes ?... Nous vous avons tourmentée quand nous étions petits, et maintenant nous vous quittons ! Cette plainte n'est pas juste ; quand vous éleviez notre jeunesse, vous pensiez qu'un jour nous travaillerions à vous enrichir ; eh bien ! c'est ce que nous faisons ! Seulement nous ne tenons pas à l'or, nous courons après les bonnes œuvres, et c'est pour vous en donner une large part ! Croyez-vous que tous les malheureux soulagés par votre sœur de charité, que toutes les âmes remises dans le bon chemin par elle ne vous seront pas un jour reconnaissantes ? Voilà les trésors que nous courons vous ramasser ;... et certes, ce n'est pas là ce qu'on peut appeler abandonner sa mère ! — D'ailleurs on ne vous abandonne pas, vous avez une de vos filles auprès de vous ; vous avez largement de quoi vivre ; tout le monde à Chazelles vous aime.... il faut se résigner ! Je sais bien qu'il doit vous en coûter, mais c'est ce qui fait le mérite. Ne dites pas surtout qu'elle ne vous aime plus ; je sais bien que vous ne le pensez pas, mais si elle venait à le savoir, ce serait son plus cruel tourment ! Quand vous serez tentée de vous ennuyer, pensez donc que la sainte Vierge n'avait qu'un fils, et qu'elle le donna de bon cœur !... Adieu, j'espère avoir de vous des nouvelles de jour en jour meilleures ; et nous n'aurons tous finalement qu'à nous réjouir !... Je vous embrasse ainsi que Marie. »

Nous venons de le voir, la pauvre mère n'était pas seule, car en perdant sa plus jeune fille, Marie, la Providence lui rendait son aînée, religieuse, comme on sait, de la Sainte-Famille ; ses supérieurs, en effet, venaient très délicatement de la placer au couvent de Chazelles ; or, on ne l'a pas oublié, le grand couvent était voisin du *Petit Couvent* où résidait Mme Dazincourt, en sorte que les relations étaient fréquentes entre la mère et la fille; les douleurs de la séparation finirent par se calmer, et la vie reprit son train habituel. L'abbé, du reste, ne manquait pas d'apparaître, dès que son travail lui en laissait la faculté, sans parler du long séjour des vacances; sa correspondance surtout était fréquente, et chacune de ses lettres venait apporter la joie et faire luire un rayon de bonheur au *Petit Couvent*. Il entrait dans les détails du petit ménage, s'occupant de tout, s'intéressant à tout, dirigeant tout de loin avec une sollicitude vraiment filiale. Qu'on en juge plutôt : «... Je présume que vos travaux du jardin sont finis, écrivait-il en juin 1852; si vous n'avez pas assez d'argent pour payer, vous n'avez qu'à me dire un mot; quoique je ne sois pas très bien fourni, j'en aurai toujours pour vous. Vraiment vous voilà maintenant avec un enclos superbe! Rien ne vous empêchera de planter un treillage, de semer des melons, etc... Quand je serai riche, il faudra que je fasse faire une serre chaude.... A propos, si votre vache n'a plus de lait, il faudra vous en défaire; mais avant d'en acheter une autre, ayez bien soin d'en prendre la mesure, autrement elle pourrait bien ne pas entrer dans l'écurie.... Vous voyez bien que le bon Dieu vous bénit de lui avoir donné votre fille! il vous donne la santé, la résignation.... Ne serez-vous pas heureuse maintenant de savoir que vous avez fait le bonheur de tous vos enfants!... » Il donne ensuite des nouvelles de sa sœur Marie, qui depuis peu était partie pour Paris, où elle faisait son noviciat à la maison-mère des Filles de la Charité.

« J'ai souvent des nouvelles de Marie par des sœurs qui passent à Lyon : elle est très contente à Paris; elle s'affectionne toujours de plus en plus à sa nouvelle vocation; elle ne m'écrit pas bien souvent, car sa règle ne le permet pas; et puis je pense qu'elle vous écrit aussi. Je viens de faire partir une lettre pour elle en même temps que celle-ci; j'en aurai probablement une réponse.... Si son absence nous coûte, nous pouvons bien dire qu'elle est la plus heureuse de la famille; c'est elle qui aidera à tous les autres à aller au ciel!... car dans cinquante ans, où serons-nous tous les quatre? en paradis, j'espère. Eh bien! ne serons-nous pas contents alors de tous ces sacrifices?... Adieu, et qu'on se ménage! Dans peu je vous verrai; priez pour moi; je le fais pour vous au moins cinq ou six fois par jour!... »

Les vacances arrivaient en effet, et à peine libre, il n'eut rien de plus pressé que de gagner à la hâte ses chères montagnes et de venir s'enfermer au *Petit Couvent*, en compagnie de sa mère et de sa sœur aînée. Tous trois ne tardèrent pas néanmoins à s'apercevoir que Marie leur manquait; — en qualité de plus jeune, elle était la plus aimée, comme cela arrive, — et ne pouvant ni ne voulant la faire revenir, l'abbé fut député — à son grand plaisir évidemment — pour aller prendre de ses nouvelles et la voir à Paris; les professeurs, en vacances, aiment à voyager; ici le but du voyage s'imposait, et quelques jours après, on recevait la lettre suivante, datée de Paris, 19 août 1852 :

« Eh bien! oui, j'ai vu la capitale! J'y suis arrivé sans accident aujourd'hui, jeudi, à neuf heures du matin. Vous pensez bien que ma première visite a été rue du Bac; j'ai trouvé notre chère novice en bon état de santé; jamais je ne lui ai vu si bonne mine, ce qui prouve le calme de son âme. Sa surprise a été grande, car elle ne m'attendait pas sitôt. Nous avons de suite parlé de Chazelles, et j'ai vu en passant que l'air de la capitale ne lui a pas fait oublier son patois. Nous sommes restés ensemble environ vingt minutes; mais j'espère, en qualité de frère, avoir l'avantage de la voir tous les jours. Bien entendu que je prierai aussi saint Vincent de nous obtenir un peu des vertus de cette chère petite. Comme elle est bien dans sa vocation! Elle se préoccupe toujours du bonheur de sa mère, mais avec un calme et une confiance en Dieu qui édifient. Elle ne prendra pas l'habit cette fois, comme je le présumais; son tour n'arrivera que vers la Toussaint; elle est enchantée de rester encore deux mois au séminaire, tant elle y est contente!... Je ne vous dis rien de Paris, je ne l'ai pas encore visité; je vous en parlerai plus au long de vive voix, et cela bientôt, je l'espère... En attendant, priez pour nous deux; Marie vous embrasse de concert avec moi. »

Comme il l'annonçait dans cette lettre, la jeune novice prenait l'habit trois mois après, à la retraite de novembre, et recevait immédiatement son placement. Laissons son frère en porter la nouvelle au *Petit Couvent*, par une lettre datée de Saint-Jean, 24 novembre :

« Vite, deux mots seulement pour vous apprendre la nouvelle que je viens de recevoir. Marie.... je me trompe, *sœur Thérèse* a pris l'habit le jour qu'elle avait annoncé; elle en est transportée de joie. Vous allez dire : Tu l'as donc vue? — Patience! ce serait un peu difficile; mais elle a écrit.... et je vous assure que sa lettre m'a fait rire de bonheur.... — Mais, allons donc, où est-elle? — Vous le savez peut-être mieux que moi, car elle a déjà dû vous écrire! — Que tu es désagréable de nous tenir en suspens!—Eh bien! ma sœur, prends ton atlas, et va voir dans le nord de la France; pose le doigt sur Arras, dans le Pas-de-Calais; et tu n'y seras pas tout à fait, mais peu s'en faudra. Elle est dans une paroisse appelée Le Cauroy; c'est un charmant petit village; elles sont trois sœurs seulement; elles s'occupent à visiter les pauvres et à faire la classe à de petites filles... Elles sont à une demi-heure de l'église, mais elles vont pour le moment à la sainte messe dans la chapelle d'un château.... C'est vraiment la Pierre! Elle a une excellente supérieure qui est venue l'attendre à Arras.... En un mot, elle paraît on ne peut plus contente! C'est tout ce que nous voulons pour elle, n'est-ce pas? Peu importe donc d'être à cent cinquante lieues ou à vingt! Remercions Dieu qui a conduit tout cela avec sagesse, résignons-nous de bonne grâce à sa sainte volonté.... On va en paradis de Chazelles, de Cauroy, de Lyon.... Vous aurez de plus longs détails sous peu. »

« On va en paradis de Chazelles. » Cette parole allait se réaliser plutôt que le pauvre abbé ne le pensait en l'écrivant! et c'est sa chère mère qui, la première, allait partir pour ce rendez-vous de l'éternité! Nous n'avons trouvé nul détail sur sa mort, qui eut lieu le 17 janvier 1853 ; la maladie qui l'enleva à l'âge de soixante-neuf ans dut être fort courte, et son pauvre fils, désolé, ne put pas avoir la consolation de lui fermer les yeux; car en janvier 1880, écrivant de Marseille à sa sœur aînée, il lui disait: « Voilà vingt-sept ans que je faisais le voyage de Montbrison à Chazelles, par un terrible temps de neige, pour rendre les derniers devoirs à cette si chère et si bonne mère.... J'entends encore de l'*Essentuaire* le glas de cette cloche si connue!... » Sa désolation fut profonde, et il disait à une religieuse de la Sainte-Famille de Chazelles cette parole qui nous a été rapportée : « Si je n'avais pas la foi, je ne me consolerais jamais d'une telle perte! »

Par le fait, si, grâce aux pensées et à la force que donne la foi, il put se consoler, comme nous ne pouvons en douter, il ne perdit jamais de vue cette perte et la garda, devant Dieu surtout, dans son plus fidèle souvenir; chaque année, et jusqu'à sa mort, quand le mois de janvier ramenait ce lugubre anniversaire, en répondant aux vœux de sa sœur aînée, il ne manquait pas de lui rappeler ce triste souvenir en termes émus; il fit mieux encore, car jusqu'à sa mort, comme il l'écrivait encore à sa sœur, il conserva la pieuse habitude d'offrir chaque mois dix messes à l'intention de ses chers défunts et spécialement de sa bonne et chère mère; « Et je compte bien, ajoutait-il, ne perdre jamais cette douce habitude. »

Du reste voici en quels termes, moins d'un mois après cette mort, il en écrivait à sa sœur, de Saint-Jean, où il avait dû rentrer à la hâte : « Grâce à Dieu, je vais très bien; sans doute le bon Dieu le veut ainsi pour qu'il y ait compensation entre le physique et le moral. Chaque fois que je pense à cette pauvre mère, et j'y pense souvent, mon cœur se gonfle.... Quel désert pour moi à Chazelles!... Sans doute, tant que tu y seras, mes affections y resteront; je sais bien aussi que nos amis nous sont dévoués;... mais rien ne comble le vide que laisse une mère!... J'ai là, devant moi, un petit tableau où j'ai fait disposer ses cheveux avec ceux de ses trois enfants; c'est pour moi une fortune! Les siens forment une branche avec les tiens, les miens sont joints à ceux de la pauvre exilée; cet arrangement n'a pas été prémédité, mais je le trouve bien significatif; en effet, tu as été, toi, le bâton de sa vieillesse, la mort seule vous a séparées; nous deux nous semblions croître comme deux rameaux séparés!... » Et après avoir parlé de certains détails nécessités par la circonstance, il ajoute : « Tu feras bien de demander une autre messe solennelle; c'est un témoignage public que nous devons à celle qui a tant fait pour nous. La pierre tumulaire est commandée; je pense qu'elle arrivera avant la quinzaine, et, de concert avec M. le curé, tu la feras placer de suite. Tu as bien fait de donner encore de l'argent pour des messes, bien que je dise maintenant toutes les miennes pour celle qui comptait tant sur son cher abbé!... J'ai reçu des nouvelles de Cauroy, la semaine passée; cette chère sœur est admirable de résignation; elle me dit, entre autres choses : « Non, je ne suis pas fâchée d'être partie; quel sacrifice n'aurais-je pas à faire maintenant! » C'est le langage d'une vertu peu commune, et je crois bien qu'elle en remontrerait à ses deux aînés ! Cette chère enfant grandit d'une manière étonnante; *elle est à sa place*, ou il n'y en a point!... » Oui, sans doute, la sœur était bien à sa place; et le frère, le grand obstacle ayant disparu, allait prendre désormais ses mesures pour se rendre à la sienne, à celle où la Providence l'appelle depuis si longtemps.

CHAPITRE V

Sa vocation. — Son entrée dans la Congrégation de la Mission. — Séminaire interne.

1854-1855

« Mais le cœur de notre jeune prêtre aspirait à une vertu plus haute, et il voulait un champ plus vaste à son zèle; il lui fallait la vie religieuse et l'œuvre des Missions : il entra à Saint-Lazare. » Ainsi s'exprime Mgr Robert.

De son côté, un de ses vénérables amis et confrères de Saint-Jean, dont nous avons eu déjà à invoquer le témoignage [1], nous écrit : « Dieu l'appelait à un autre ministère auquel il pensait depuis plusieurs années, et la Providence lui en prépara les voies en lui redemandant sa bonne vieille mère, car c'est son affection filiale pour elle qui l'avait retenu encore parmi nous. Il entra alors dans votre Compagnie, et il a dû incontestablement faire le bien partout où il a été envoyé. »

Ce double témoignage est d'une exactitude rigoureuse; mais nous devons entrer dans quelques détails et montrer comment deux années vont être encore nécessaires pour préciser cette vocation et faire disparaître les derniers obstacles.

Nous l'avons indiqué déjà bien des fois, l'appel de Dieu à une vie plus sainte n'était pas douteux; dès le grand séminaire et durant les années passées à Saint-Jean, l'œuvre des Missions n'avait cessé d'être l'idéal, un peu vague peut-être, mais bien réel, vers lequel soupirait son âme généreuse. Avait-il dès lors arrêté dans son esprit et bien fixé dans son libre choix la famille religieuse à laquelle il irait demander la réalisation de ses vœux les plus chers? On ne

---

1. M. le chanoine Durieux.

saurait, croyons-nous, répondre avec une certitude complète à cette question.

Un de ses pénitents de Montolivet nous écrit bien : « ... Il a raconté à plusieurs comment la Providence le fit entrer dans la Congrégation de la Mission, alors qu'il avait le projet d'aller chez les Maristes... » Nous doutons que ce projet fût bien arrêté.

Une fille de la Charité, vénérable supérieure, qui l'a connu dès cette époque, nous dit bien aussi que « M. Dazincourt voulait tout d'abord se faire mariste et qu'il eut à ce sujet d'aimables querelles avec la Mère Marchand, supérieure de la maison dite la Marmite » ; mais nous savons que notre cher confrère s'est toujours entendu à la bonne plaisanterie, et ceux qui ont connu la sœur Marchand n'ignorent pas qu'elle aimait à rire et y réussissait fort bien ; tout donc nous porte à croire qu'entre la fille de la Charité et le professeur de Saint-Jean, sur un pareil sujet, s'il y a eu parfois aimable plaisanterie, nulle querelle, nulle discussion sérieuse ne dut jamais avoir lieu. Une question plus intéressante est de savoir quand et comment il apprit à connaître la Congrégation de la Mission, à laquelle la Providence le destinait. Nous allons essayer de répondre par le simple récit des événements.

Dès l'année 1848, la deuxième de son séjour à Saint-Jean, M. l'abbé Dazincourt voulut bien accepter de venir tous les matins dire la sainte messe dans la maison de secours dite la Marmite, dirigée par les Filles de la Charité ; et nous avons appris d'un vénérable contemporain[1] qu'il n'y manquait jamais ; « car à cinq heures du matin il était toujours debout, devant aller dire sa messe au loin à six heures ; c'était, ajoute-t-il, à l'orphelinat de la Marmite, rue Sainte-Hélène, chez la Mère Marchand ; il serait difficile de dire de quelle estime et de quelle vénération il était entouré dans

---

1. M. le chanoine Durieux.

cette maison, et aussi quel bien inoubliable il y a fait.... » On peut conclure de là qu'il ne borna pas son humble ministère à dire la sainte messe ; mais il dut aussi, à l'occasion, et cédant aimablement à la prière des bonnes sœurs, adresser quelques paroles pieuses à son intéressant auditoire d'orphelines ; de là à devenir en quelque sorte l'aumônier de la maison, il n'y avait qu'un bien petit pas à faire, et nous croyons que, la charité et l'amabilité aidant de part et d'autre, le pas fut fait, et assurément à la satisfaction générale ; en effet, une sœur qui était dans la maison à cette époque nous dit que « M. Dazincourt était très gracieux, très aimable et très gai, tout en montrant une certaine timidité » qui assurément n'était qu'une réserve qui ne nous surprend pas.

Ayant de telles relations quotidiennes avec les Filles de la Charité, il fut bientôt à même de les connaître ; or, connaître les Filles de la Charité, n'est-ce pas en quelque sorte et au moins indirectement connaître leur père, saint Vincent de Paul ? et put-il ainsi connaître les Sœurs sans entendre parler de leurs frères, les Missionnaires ? Il dut même avoir de fréquentes occasions d'en rencontrer, et il put faire connaissance avec plusieurs, car la Mère Marchand était très hospitalière, et à cette époque, où la Congrégation de la Mission n'avait pas encore rouvert à Lyon la résidence que la grande Révolution avait fermée, la maison de la Mère Marchand était la maison des Missionnaires de passage dans cette ville.

Ceux de Valfleury, dans la Loire, avaient occasion d'y faire de fréquentes apparitions ; nous savons en outre, et de sa propre bouche, que M. Dazincourt vint alors à plusieurs reprises visiter ce pieux pèlerinage et y fit même plusieurs fois sa retraite : « C'est là, a-t-il dit souvent, que j'ai appris à connaître les enfants de saint Vincent, et que ma vocation de missionnaire a été arrêtée... »

Du reste, les relations de M. Dazincourt avec la double

famille de saint Vincent ne tardèrent pas à devenir plus intimes et plus naturelles. Nous l'avons vu, dès 1851, sa plus jeune sœur, Marie, sa sœur de prédilection, manifesta le désir d'entrer dans la Communauté des Filles de la Charité ; ce fut naturellement la sœur Marchand qui fut consultée, — et nous avons lu d'elle deux ou trois fort belles lettres adressées à la jeune fille à ce sujet ; — et ce fut encore chez la sœur Marchand que Mlle Marie vint postuler ; évidemment, durant les deux ou trois mois de son séjour dans la maison, les visites du frère devinrent plus fréquentes, et ses relations avec la petite communauté plus intimes ; un lien plus étroit s'établit naturellement ; il ne fit que se resserrer durant le noviciat que sa sœur vint faire à la rue du Bac, à Paris ; car, comme nous l'avons raconté, son frère fit, à cette occasion, un voyage et séjourna quelque temps dans la capitale pendant ses vacances de 1852 ; or, peut-on supposer qu'en sortant de voir sa chère sœur, rue du Bac, il ne soit venu plusieurs fois, rue de Sèvres, à deux pas, prier auprès des reliques de saint Vincent, visiter la maison-mère de la Congrégation de la Mission, et même s'entretenir avec quelques-uns de ses membres ?...

Nous sommes donc autorisé à conclure que, lorsque, au commencement de l'année 1853, la mort inattendue de sa vénérable mère le rendit désormais libre de son avenir, M. Dazincourt avait au moins une connaissance suffisante de la famille de saint Vincent. Nous savons en outre qu'en ce moment, loin de perdre de vue ses projets d'avenir, la question de la vocation continuait de le préoccuper et lui semblait capitale. Voici en effet ce que nous lisons, à la date du 15 juin 1853, dans une lettre à sa sœur aînée ; il lui donne des nouvelles de leur sœur Marie, dès lors placée, comme on l'a vu, dans une maison des Filles de la Charité, au Cauroy : « ... J'ai eu une lettre du Cauroy.... Les nouvelles sont excellentes.... Cette chère sœur me dit que nous avons bien à bénir la Providence de tout ce qu'elle a fait pour nous. Elle a cent mille fois raison. Je suis persuadé que son contentement est très réel; et cela vient de ce *qu'elle est parfaitement dans sa vocation*. C'est, je crois, une faveur de plus d'avoir été placée *parmi les pauvres de la campagne*.... Maintenant que le bon Dieu nous a enlevé l'unique jouissance que nous avions sur la terre, nous n'avons rien à lui demander pour cette vie; qu'il nous guide tous trois dans la voie qu'il nous a destinée, et cela nous suffit!... » S'il ne s'ouvre pas dès lors à sa sœur plus clairement sur cette voie que Dieu lui a destinée à lui-même, c'est que le moment n'était pas encore venu d'y entrer définitivement; en effet, le grand obstacle disparu par la mort de sa mère, au moment où il se croyait libre, un autre s'offrait, d'un genre tout différent et auquel il n'avait peut-être pas songé: ses supérieurs ecclésiastiques, son archevêque en particulier, refusaient de le laisser partir! Voici ce que nous tenons textuellement de son cousin Rochigneux: « M. Dazincourt eut à faire de très longues instances auprès du cardinal de Bonald pour obtenir l'autorisation d'entrer en communauté; le prélat essaya longtemps de le dissuader par le raisonnement; puis il changea subitement de tactique, voyant que la persuasion ne réussissait pas au gré de ses désirs; et un jour que le professeur de Saint-Jean se présentait à l'archevêché pour renouveler sa demande, Sa Grandeur, l'apercevant, lui cria: « Allez-« vous-en! Je ne veux pas, je ne veux pas! » sans lui donner seulement le temps d'ouvrir la bouche et d'exposer son humble supplique. »

A quelle époque précise eut lieu cette démarche infructueuse, nous ne savons; mais il dut paraître bien pénible au pauvre solliciteur de n'obtenir de son archevêque qu'une aussi péremptoire réponse à une demande qui lui semblait si légitime; avoir si longtemps et si patiemment différé la réalisation du plus cher de ses vœux, afin de payer à l'égard de sa chère mère la dette sacrée de l'amour filial, et maintenant qu'il se sent libéré, rien n'est fini, une nouvelle dette est réclamée au nom des besoins d'un diocèse qui compte tant de prêtres, qui chaque année laisse s'échapper de son sein toujours fécond, comme d'une ruche sans cesse renouvelée, tout un essaim de jeunes et empressées vocations d'apôtres !... Que faire cependant en face d'un tel refus ? Se cabrer résolument, mettre en avant les droits imprescriptibles de la conscience, et partir en invoquant l'appel de Dieu ? Ou bien se résigner, en se soumettant aveuglément, et renoncer à jamais à la poursuite d'un si noble et si cher idéal ? Ni l'un ni l'autre de ces partis extrêmes, nous en répondons, n'était dans le caractère du jeune professeur, et nous doutons même que la pensée lui en soit jamais venue à l'esprit; il était bien trop respectueux et obéissant pour rompre ainsi en visière avec son archevêque, mais surtout il avait trop à cœur les droits de Dieu et de sa conscience pour les faire capituler en face d'une difficulté quelconque. Aussi son plan dut être vite formé et son siège commença : prier avec ferveur et attendre encore avec patience le moment de la Providence; c'est toujours le parti le plus sage, si ce n'est pas toujours le plus agréable à la nature.

Cependant, les vacances de 1853 étaient arrivées; nous ignorons si, à ce moment, il avait déjà reçu le refus catégorique de son archevêque, ou s'il ne lui fut signifié que dans le courant de l'année suivante, comme tout nous porte à le croire; quoi qu'il en soit, il crut devoir alors faire une tentative, et un moment il se crut même définitivement arrivé au terme de ses vœux. Nous allons l'entendre avec plaisir lui-même raconter sa petite expédition; car nous avons trouvé, dans les papiers laissés par sa sœur aînée, un assez fort cahier d'une soixantaine de pages écrites de sa main et portant ce titre: *Journal de mon Voyage dans le Nord* (septembre 1853). Il est intéressant à plus d'un titre, et nous allons en donner quelques extraits.

Il débute ainsi : « Ce n'est pas simplement pour obéir à

la mode que j'entreprends ce voyage; mes goûts pacifiques m'attiraient de préférence sous les frais ombrages de Chazelles. Mais le doux sentiment de l'amitié m'appelait auprès d'une sœur chérie; et surtout la voix de la conscience, fidèle à celle de Dieu que je croyais avoir entendue, me poussait à dire un dernier adieu à Lyon pour aller vivre auprès des restes de saint Vincent et respirer l'odeur de ses vertus. Mon premier but a été atteint avec surabondance de joie; la Providence a voulu que je n'aie point atteint le second. Qu'il en soit comme elle l'a ordonné! Cette résignation m'est nécessaire sous peine de perdre la liberté de l'âme; car, dit l'auteur de l'*Imitation* : *Hi* (ceux qui murmurent) *libertatem animi non acquirent, nisi ex toto corde propter Deum se subjiciant.* »

Après ce préambule, le journal commence: « J'ai passé à Lyon les premiers jours du mois de septembre, en apparence pour attendre MM. S.... et H...., mes compagnons de voyage, en réalité pour mettre ordre à mes affaires et préparer mon départ. Une chose m'inquiétait, c'est que Son Éminence n'avait rien répondu à deux lettres que je lui avais envoyées à Millau; je lui en ai donc envoyé une troisième pour lui faire poliment ce petit syllogisme : « Qui « ne dit rien consent; or, vous ne me répondez pas; donc... » En conséquence, je pars le 12 septembre pour Paris, bien résolu d'y rester!... Je jouais en attendant un bien singulier rôle : il me fallait afficher la gaieté d'un amateur qui débute dans une longue partie de plaisir, et au dedans je refoulais de mon mieux un gros chagrin; car comment n'être pas triste au moment de quitter ses amis et de s'éloigner d'un séjour où je coulais des jours si heureux! »

Partis de Lyon le 12, voici nos voyageurs arrivés à Paris le 14, après avoir passé un jour à Dijon. Nous ne les suivrons pas dans leurs excursions à travers les rues de la capitale; arrivons vite rue de Sèvres : « Dès que j'ai pu quitter mes compagnons, j'ai couru à Saint-Lazare; j'y ai vu M. le

Supérieur général, qui veut bien me recevoir au nombre de ses enfants; j'ai présenté ensuite mes devoirs à M. Salvayre et à M. Chinchon. Rentré à l'hôtel, quel n'a pas été mon étonnement d'y trouver une lettre de Son Éminence.... Elle portait en substance qu'il faut attendre son retour à Lyon pour avoir une réponse qui sera motivée d'après l'avis du conseil.... Me voilà bien avancé! Pour faire diversion à toutes les idées qui se croisaient dans ma tête, je suis allé faire une promenade sur les quais...

« 15 septembre. — Pendant que mes deux compagnons étaient à Saint-Séverin, j'ai couru en secret à Saint-Lazare, faire part de ma lettre à M. le Supérieur. Il était à la chapelle où on faisait les obsèques d'un lazariste. J'ai été singulièrement touché de voir ce long cortège de prêtres et de sœurs pieusement recueillis, accompagnant le défunt à sa dernière demeure. Comme la religion sait bien substituer aux liens de la famille, qu'on a généreusement rompus, des liens plus forts encore qui enchaînent des âmes jusque-là inconnues les unes aux autres ! Enfin j'ai pu voir M. Étienne ; après avoir lu la lettre de Son Éminence, il m'a dit : « Eh bien ! il faudra attendre... » Ce délai ne m'a pas fort tourmenté, car j'avais la confiance d'obtenir ma permission ; et en attendant, la perspective du voyage de Cauroy, vers ma chère sœur, jetait sur mes idées une teinte agréable... » Le soir même il se met en wagon pour Arras, à la gare du Nord, après avoir dit adieu à ses compagnons de Lyon, sous le parvis de l'église Saint-Vincent-de-Paul. « J'avais intérieurement le cœur gros, écrit-il ; car cet adieu devait être long !... au moins dans ma pensée. Et puis la circonstance du lieu.... Ne semblait-il pas que M. S.... remît son cher professeur entre les mains de son nouveau Père !... Pourquoi donc cet échange ne s'est-il pas réalisé !... » Cependant la Picardie est rapidement traversée ; nous voici non loin d'Arras : « J'ai examiné les plaines de l'Artois avec un intérêt tout particulier, car cette province n'est pas une province comme une autre ; c'est une seconde patrie, puisque ici habite ce que j'ai de plus cher au monde, et le nom d'Arras retentit à mon oreille aussi doux que celui de Montbrison !...

« Quatre heures et demie. — Arras ! Arras ! Je m'empresse de descendre, ouvrant de grands yeux et me disant : C'est ici qu'*elle* a mis pied à terre, il y a huit mois !... et je croyais que tout allait m'en donner des nouvelles !... » Ce ne fut que dans la journée du lendemain qu'il put l'embrasser, car il fallut prendre une voiture particulière pour se rendre au Cauroy. Laissons-lui raconter la première entrevue. « Nous avions traversé Avesne-le-Comte, quand le conducteur me dit : « Voici les bois de M. le baron ; le « Cauroy se trouve derrière. » J'ouvrais de grands yeux, ne soufflant mot, mais jouissant de voir ce ciel, ces champs, ces arbres.... Nous entrons bientôt dans une longue avenue de platanes, à l'extrémité de laquelle je vois s'avancer deux cornettes. C'est elle, sans doute, me disais-je ;... et je m'élance pour aller à sa rencontre ! Elle avait deviné son frère, et l'émotion paralysant ses forces, elle pouvait à peine marcher, et sa compagne était obligée de la soutenir;... elle pleurait et riait en même temps !... » On devine aisément le reste.... Le journal énumère en détail les divers petits incidents de ces quelques jours de bonheur, qui semblèrent bien courts pour le frère et la chère sœur réunis. Nous en détachons une page :

« Nous voici sous une allée formant berceau, jouissant de la plus douce intimité ; ces heures-là valent des années.... Il manquait bien là quelqu'un, mais son souvenir était assez présent ! Notre pensée s'est reportée sur la famille, sur le pays.... Il est un nom pourtant que nous n'avons guère prononcé : la conversation aurait fait place aux larmes.... Oui, cette chère sœur est heureuse, car elle est entrée de tout cœur dans l'esprit de sa vocation. Elle parle de tout ce qu'elle aimait autrefois, avec une sainte indifférence qui n'est point de l'ingratitude, mais de la vertu ; elle a demandé des nouvelles de tous ses amis, mais avec ce calme qui n'indique pas de retour trop naturel. Les choses aimables que j'étais chargé de lui transmettre lui ont épanoui le cœur : sa sensibilité est si exquise ! mais pas un mot de regret, pas un désir formulé, j'entends de ces désirs si naturels et si innocents de revoir le pays où on est né, où on est aimé ! et tout cela sans contrainte, sans gêne. Cette sérénité si pure est le fruit, je n'en doute pas, d'un grand sacrifice accompli avec générosité. Oui, Dieu seul a vu tout l'héroïsme de cet adieu à une mère âgée qui aimait tant sa fille !... Mon premier besoin a été de remercier Dieu de tant de faveurs.... Revoir cette chère sœur, la revoir heureuse, et heureuse par la pratique d'une vertu sublime, n'est-ce pas le comble de la joie pour un frère, et un frère prêtre !... Nous avons dit un mot de mon entrée à Saint-Lazare ; eh bien ! sur une question qui l'intéresse si vivement, elle s'est exprimée avec la plus parfaite résignation aux volontés du Ciel !... »

Voici comment il parlait de ces doux moments à sa sœur aînée : « J'ai donc quitté ce cher Cauroy, et ce qui t'étonnera, c'est que je l'ai quitté sans pleurer, et la chère sœur en a presque fait de même. Cela ne veut pas dire que j'ai eu plaisir à partir, tant s'en faut ! J'y pense toujours avec regret, j'étais si heureux ! Cette supérieure est vraiment d'une bonté sans égale, et sa compagne d'une simplicité et d'une amabilité ravissantes ; ne crois pas que notre chère sœur soit malheureuse. Au temporel, il y a plus que le nécessaire ; et au moral, c'est un accord, une union parfaite. Les gens du pays sont simples, mais bons ; j'ai visité quelques maisons qui avaient l'air enchantées de recevoir le frère de sœur Thérèse. On m'a fort bien reçu au château ; naturellement c'était un peu plus en cérémonie. Mais c'est à la cure que j'étais à mon aise, tout comme chez moi ; ce bon curé se serait mis en quatre pour me faire plaisir ! Tant de bonté a fait que je n'ai pu me défendre de prêcher, et à sa sollicitation je l'ai fait il y a aujourd'hui huit jours. Le bon Dieu s'est mis ce jour-là de la partie pour jouer un joli tour aux sœurs ; dès le matin, la pluie tombait à torrents, et dans ce cas, je te prie de croire que les chemins sont propres !...

« Nos deux jeunes cornettes se sont mises en route, montées sur leurs patins, — le frère allait prêcher !... Après la messe, elles ont voulu reprendre le chemin du Cauroy ; mais à la sortie du bourg, l'orage les a tellement entortillées qu'elles ont été obligées de fermer leur parapluie et de mettre leur cornette comme un chapeau à claque.... Il n'y avait certes rien de mieux à faire que de rentrer à la cure, et c'est ce qu'elles ont fait. Juge si nous avons ri en les voyant venir dans cet accoutrement !... et cependant nous étions enchantés ; M. le curé avait bien invité Marie à dîner, mais la règle avait dit non ! Évidemment la bonne Providence donnait dispense et en amenait deux au lieu d'une. Nous nous sommes donc mis à table pendant qu'il continuait de pleuvoir à verse.... Je n'ai pas besoin de te dire que le repas a été gai ! et voilà comment j'ai pu dîner avec les sœurs ; il est vrai que la bonne supérieure manquait.... C'est le mardi 27 que je suis parti ;... il a fallu se dire adieu ; j'affectais une gaieté qui n'était pas au fond de mon cœur ; j'ai admiré le calme et le courage de la pauvre Marie : quelques larmes furtives ont à peine trahi son émotion....— Je vais partir pour Paris, où je compte trouver une lettre du cardinal qui me donnera enfin ma permission ; comme il m'a fait attendre ! Cette incertitude a bien troublé la joie de mon voyage.... Je ne te dis rien pour te faire applaudir à ma décision, je suppose qu'il ne te vient pas dans l'idée de la trouver mauvaise ; à Paris ou à Lyon, n'est-ce pas la même chose ? Il y aura sans doute pour toi un petit sacrifice à faire ; mais il y en aura bien un pour moi aussi ! La Providence nous a fait assez de grâces pour que nous lui offrions tout cela de bon cœur !... N'en parle encore à personne ; je t'écrirai de suite que je serai fixé. »

Il ne devait pas l'être de sitôt ! Après avoir visité Lille et Amiens, il rentre à Paris le 4 octobre, espérant trouver à son hôtel la lettre de Son Éminence et surtout l'autorisation si désirée ; mais rien n'est encore venu de Lyon, et jusqu'au 9, force lui est de battre mélancoliquement le pavé de la grande ville, traînant son ennui de monument en monument, sans réussir, nous avoue-t-il, à prendre le moindre intérêt à leur beauté pourtant si vantée. Enfin, le dimanche 9, n'y tenant plus, il vient rue de Sèvres, s'informer si on n'aurait pas reçu quelque nouvelle de Lyon ; laissons-le nous raconter lui-même sa déconvenue : « En m'abordant, M. Étienne me dit : « J'ai su de vos nouvelles hier, par ma « sœur Marchand ; Son Éminence est inexorable ! » et là-dessus il se mit à me lire la lettre.... Je fus littéralement atterré ! ce refus me paraissait si singulier ! « Que faut-il « donc faire ? demandai-je à M. le Supérieur.— Il est délicat « et malaisé, me répondit-il, dans une telle affaire, de vous « donner un conseil.... Je vous dirai pourtant que le mieux « est d'obéir ! » Je me soumis à cette décision et le quittai, le cœur bien gros.... Toute la soirée, je ressentis un étourdissement profond qui me rendit extrêmement mélancolique. Ah ! qu'il est pénible de n'avoir pas alors un ami à ses côtés pour lui ouvrir son cœur !... Je me trompe, j'avais une confidente à qui j'avais déjà confié bien des peines : Notre-Dame des Victoires ! Je courus à ses pieds et j'assistai au salut.... Les larmes que j'y versai secrètement me firent du bien ; cependant la nuit fut loin d'amener pour moi le sommeil et le repos.... Sans doute à cette tristesse se mêlaient quelques sentiments d'amour-propre : le naturel est si habile à se glisser dans les actes qui nous semblent les plus droits ! Une tranquille résignation eût été plus parfaite ; il faut cependant se prendre tel qu'on est, et il est des mouvements dont on ne peut guère se rendre maître, quelque bonne volonté qu'on y apporte. Avoir fait son petit sacrifice, et reprendre ce qu'on avait quitté pour Dieu, c'est peut-être la plus grande des peines ! car il semble qu'on voie son offrande dédaignée comme trop imparfaite.... Dans mon chagrin, je résolus cependant d'écrire une lettre à Monseigneur ; et j'avoue que j'y mis tout mon savoir-faire ! Je priai, je suppliai, je menaçai même tout doucement de passer outre.... Je ne comptais guère réussir, mais on aime toujours à se rattacher à un dernier fil d'espérance, si fragile soit-il !... »

Il fallut bien encore une fois attendre la réponse ; plusieurs jours furent nécessaires, et notre pauvre postulant, fatigué de la capitale, ne vit rien de mieux, pour tuer le temps et tromper son ennui, que d'aller contempler la belle nature et visiter en touriste les environs de Paris, Saint-Germain, Versailles, etc. Enfin, cinq jours s'écoulent lentement et péniblement ; il rentre à Paris : « Et je trouvai une lettre de Monseigneur qui m'*ordonnait* très positivement de revenir !... Je suis donc parti, joyeux comme un pauvre galérien qui revient au bagne... » Pas d'autre réflexion ; mais comme pour en finir avec ses mésaventures, une dernière lui survient, qu'il se donne le luxe de raconter assez gaiement, et qui met fin à son odyssée : « Je pars donc en courant, chargé de mon parapluie, de ma petite valise, et de six chemises que je portais sur le corps, n'ayant plus de place libre dans ma malle.... et ma douillette sur le tout ! Je cours donc au débarcadère de Sceaux, croyant bien m'y embarquer sur la ligne d'Orléans et faire route vers Lyon par le Bourbonnais, après avoir visité Orléans. J'arrive : la gare est déserte ! Tout étonné, j'interroge un employé : « Il « vous faut aller boulevard de l'Hôpital ! » Bon ! j'en ai pour trois bons quarts d'heure, en trottant bien ! Et me voilà parti de nouveau, courant de mon mieux, toujours mes six chemises sur le dos !... Heureusement, je rencontre enfin un fiacre vide et m'y enfile... Mais, hélas ! ma peine et mon argent sont perdus : le train était parti !... En attendant le train suivant, je me réfugiai au Jardin des plantes, jouir de la belle nature et sécher au soleil la sueur qui m'inondait le corps.... Inutile d'ajouter qu'elle n'avait pas pourtant traversé tous les doubles !... »

Le voyage et le Journal se terminent par quelques réflexions mélancoliquement philosophiques ; les voici : « Je suis rentré à Lyon le 17 au soir, et m'y voilà confiné jusqu'à nouvel ordre !... Je n'ai pas été peu embarrassé du titre de *revenant* par lequel tout le monde m'a salué ! Les uns m'ont félicité, — je leur tiens compte de leur bienveillance ; les autres m'ont plaint, — ceux-là pensaient mieux ; d'autres ont ri à mes dépens, — ils en avaient le droit jusqu'à un certain point !... Il faut un peu de bonne volonté, si l'on n'est pas au courant, pour s'imaginer qu'un pauvre professeur de troisième a pu céder à une *autre* influence qu'à celle de sa propre inconstance !... *Deus autem intuetur cor !* — 1er novembre 1853. »

Telles furent ces vacances de 1853 ; commencées sous de si heureux auspices, nous venons de voir à travers quelles mortelles incertitudes, souvent — après une rapide éclaircie de joie pure — dans quelles angoisses elles se sont péniblement traînées, pour aboutir à un résultat négatif, pis encore, à la pénible alternative de renoncer à tout ou de tout recommencer sans grand espoir de réussir.... Dures vacances, assurément ! mais l'année qui les suit va être plus dure et plus pénible encore, croyons-nous. Nous n'avons malheureusement en main nul document pour l'établir ; tout est muet sur ces longs mois de patience, d'incertitude et probablement de luttes intérieures et extérieures. Mais il est facile de le deviner : cris de la nature et appels de la grâce ; subites alternatives d'abattement et d'espoir ; combats incessants dans ce pauvre cœur pour résister aux tentatives qui, du dehors et du dedans, viennent naturellement le solliciter ;... la trente-troisième année a sonné ; l'autorité se prononce et maintient inexorablement son refus.... Faut-il passer sa vie à rêver inutilement après un idéal irréalisable, alors qu'on a si près, à sa portée, une mission si facile et si consolante à remplir ?... Le piège se dressait naturellement, et le démon jaloux n'a pas dû négliger de s'en servir ! Mais Dieu était là, lui aussi, et s'il a pu voiler parfois sa présence pour aguerrir son serviteur et lui faire mériter la victoire, il dut souvent lui laisser sentir son assistance, répéter doucement son appel à l'oreille de son cœur et lui redire : *Veni, sequere me !*... On sait ce que la fable nous raconte de l'alternative solennelle qui fut offerte à Hercule au début de sa vie merveilleuse, et comment, entre les séductions d'une vie facile et l'effrayante perspective d'une vie de travaux et de labeurs, le jeune héros, un moment hésitant, embrassa généreusement ces derniers et parvint ainsi aux sommets de la gloire et de l'immortalité ! Cette fiction est une réalité quotidienne; et un jour ou l'autre, l'alternative se pose obscurément pour tout homme *au for* de sa conscience; heureux celui qui, à ce moment décisif, faisant taire au fond de son cœur tant de voix intéressées, peut-être tant de cris de révolte, détourne sa vue des sentiers fleuris mais glissants, d'une vie facile, et par le choix de sa libre volonté, s'élance généreux vers les régions du devoir et de la vertu !

Nous ignorons à quel moment précis et dans quelles circonstances particulières la lutte critique se dénoua dans la conscience du professeur de Saint-Jean ; ce que nous savons, c'est que le dénouement fut digne de tout son passé et qu'il fut le principe fécond d'un avenir riche de services, de vertus et de mérites. En effet, à la fin de cette laborieuse année, quand revinrent les vacances, l'autorité diocésaine, levant son *veto*, avait accordé la permission si désirée, et après quelques jours passés dans ses chères montagnes et son *Petit Couvent* de Chazelles, notre postulant disait un adieu, définitif cette fois, à Saint-Jean, ainsi qu'à son cher diocèse de Lyon, et prenant joyeux la route de Paris, se rendait au séminaire interne de la Congrégation de la Mission ! Le jour de son arrivée, en disant ses vêpres dans son bréviaire lyonnais, ce ne dut pas être sans un sentiment profond de reconnaissance pour Dieu qu'il lut ces versets du ps. CXXIII : *Anima nostra sicut passer erepta est de laqueo venentium; laqueus contritus est et nos liberati sumus! Adjutorium nostrum in nomine Domini qui fecit cœlum et terram !*

Toutefois, avant de commencer son noviciat, quelque pressant désir qu'il en eût, l'amour fraternel le poussant, il ne résista pas au plaisir de venir au Cauroy embrasser sa sœur; nous n'ajoutons pas : et lui faire ses derniers adieux; il venait au contraire la rejoindre, et désormais, comme ils n'ont eu toujours qu'un même cœur, ils n'auront aussi qu'un même esprit, un même père spirituel, une même famille ! Inutile de le dire, si l'entrevue ne fut pas aussi longue, elle fut moins troublée et plus heureuse que celle de l'année précédente; voici en quels termes il en parle dans une lettre du 29 septembre, adressée du Cauroy à sa sœur aînée : « Il y a donc quinze jours que j'ai dit adieu à Chazelles ; il est temps de te mettre au courant; — respect aux aînés toujours !... Je suis donc dans ce cher Cauroy, au sein d'une famille qui me dédommage de la perte de celle que j'ai quittée à Chazelles.... » Il décrit ensuite en détail comment il passe sa journée avec sa chère sœur Marie,... et il ajoute : « Je ne t'en dis rien, de cette bien chère sœur, sinon qu'il suffit d'avoir passé une heure ici pour voir qu'elle y est aussi heureuse qu'on peut l'être; tout ce que je désire pour elle, c'est qu'elle y reste longtemps dans les mêmes conditions....Depuis mon départ de Montbrison, le temps s'est passé rapidement et d'une manière très variée.... A Lyon, j'ai vu sœur Marchand; ce n'a pas été sans un serrement de cœur que j'ai quitté cette pauvre maison de la *Marmite*, et surtout Saint-Jean.... Mais les œuvres de

Dieu doivent reposer sur le sacrifice! J'ai passé le dimanche à Rive-de-Gier, je suis parti de Lyon le lundi, à sept heures du soir, et le lendemain, à cinq heures du matin, j'étais à Paris. Je me suis arrêté à Saint-Lazare quelques instants, et y ai trouvé un accueil tout fraternel; le soir même j'étais à Arras.... Je pars d'ici jeudi pour Paris; je vais entrer en retraite et en finir de cette vie dissipée que je mène; ce ne sera pas finir la vie joyeuse, car j'espère être plus heureux que jamais dans ma solitude, auprès des restes de saint Vincent.... » Ce bonheur, il va de fait le trouver dans sa solitude, grâce à la docilité et à la générosité qu'il va montrer durant tout son séminaire interne.

Quel but spécial saint Vincent s'est-il proposé en établissant, à l'entrée de sa congrégation, deux années de noviciat ou de séminaire interne, et quels moyens a-t-il choisis et employait-il pour l'atteindre sûrement? Il nous semble qu'Abelly a parfaitement répondu à cette double question : « Alors (après que les postulants avaient fait une retraite pour consulter la volonté de Dieu), ils étaient reçus au séminaire pour y faire une épreuve de deux ans, dans les exercices de l'humilité, de la mortification, de la dévotion, de la récollection, de l'exactitude et autres semblables pratiques nécessaires pour faire un fonds de vertu et pour honorer l'état d'enfance de Notre-Seigneur; il voulait qu'ils se rendissent fort intérieurs et qu'ils fissent bonne provision de cette onction de l'esprit de Dieu, qui pût après conserver le feu de la charité dans leurs cœurs parmi tous les emplois et tous les travaux des missions [1]. » Le but à atteindre et les moyens employés n'ayant point changé depuis saint Vincent, nous allons montrer notre postulant à l'œuvre, autant du moins que nos renseignements nous le permettront; il commença par les exercices de la retraite, qu'il fit avec la

---

1. Abelly, *Vie de saint Vincent de Paul*, t. I, p. 241.

communauté tout entière, du 9 au 18 octobre, selon l'usage. Il en sortit tout heureux et de plus en plus affermi dans sa vocation, comme le prouve la lettre suivante écrite à sa sœur aînée, le jour même de la clôture : « Il te tarde probablement beaucoup de savoir comment je vais, ce que je fais, si je suis content, etc... et mille autres choses qui excitent ton intérêt encore plus qu'elles ne piquent ta curiosité. J'ai, à ces trois questions, d'excellentes réponses à te donner. 1° Ma santé va à merveille, et si je continue à avoir aussi bon appétit, facilement je garderai cette bonne mine dont, soit dit en passant, tu étais un peu fière à mon départ de Chazelles. Je commence à croire que se lever à quatre heures du matin, se donner beaucoup de mouvement pour faire son petit ménage, est une excellente mesure hygiénique ; 2° Ce que je fais : jusqu'ici j'ai fait ma retraite, c'est-à-dire que j'ai tâché de prévoir les moyens de me sanctifier ; c'est faire précisément l'unique chose pour laquelle je suis en ce monde, pour laquelle je suis prêtre ; c'est faire ce que font chaque jour mes très chères sœurs ! Cette conformité de vie entre nous trois m'est souvent venue en esprit pendant ma retraite... Quel grand avantage de marcher tous trois dans la même voie pour arriver au même but ! La distance qui nous sépare est un petit sacrifice, sans doute ; mais le plaisir d'être unis en ce monde, combien de temps dure-t-il ?... C'est te dire assez, pour répondre à la troisième question, combien je suis heureux et satisfait. Il doit en être ainsi dès qu'on est sûr de faire la volonté de Dieu ; or, pour moi, la chose n'est pas douteuse ; et si tu veux bien examiner toutes les circonstances qui m'ont amené ici, tu le comprendras sans peine ! Ce n'est pas à dire qu'il n'y ait par-ci par-là quelques petits sacrifices : le changement de vie, la nouveauté des lieux exigent bien qu'on se surmonte un peu ; mais qu'est-ce que cela, comparé au calme de la paix intérieure ?... La vie du noviciat est à peu de chose près la vie du grand séminaire, et je n'en suis pas tellement éloigné que je n'en puisse reprendre aisément les habitudes. D'ailleurs les exemples ne me manquent pas, et j'ai des confrères, d'un autre mérite que le mien, qui se prêtent de si bonne grâce à la vie commune !... En voilà assez pour répondre au désir que tu m'as exprimé de savoir ce que je fais; on peut tout résumer d'un mot, notre journée se passe en exercices spirituels.... »

La retraite terminée, la vie du séminaire interne commence, et dans ces longues journées de dix-sept heures qui vont se succéder, invariables et monotones, tout va concourir au but voulu : « Imiter l'enfance de Notre-Seigneur et faire ainsi un fonds de vertu et une bonne provision de cette onction de l'esprit de Dieu qui conserve longtemps le feu de la charité dans les cœurs. » Ce n'est pas tout, un but plus spécial s'impose en outre : on n'est entré au séminaire interne que pour mériter un jour d'être admis au sein de la Congrégation, en qualité d'enfant de la famille; il s'agit donc avant tout d'en prendre l'esprit, si on veut en avoir la vraie physionomie et vivre de sa vie : or, cinq vertus le résument et le constituent, qui sont comme l'âme et les facultés du corps tout entier : simplicité, humilité, douceur, mortification, zèle pour le salut des âmes. A ce prix, et à ce prix seulement, on pourra être un vrai missionnaire, un légitime enfant de saint Vincent Le but est noble et grand; mais, il faut le reconnaître, les moyens de l'atteindre tout entier sont difficiles, car ils ne plaisent guère à notre pauvre nature et ils supposent dans le novice une dose peu commune de docilité et de générosité; surtout si, comme c'est le cas pour notre séminariste, il a depuis longtemps dépassé l'âge de la formation première, s'il a contracté des habitudes d'indépendance et de bien-être, s'il s'est enfin comme imprégné d'un autre esprit. Sans doute, comme il l'écrivait ci-dessus à sa sœur, « la vie du noviciat est à peu de chose près la vie du grand séminaire; » mais il existe néanmoins entre les deux des différences sensibles et même très sensibles à la pauvre nature : ne serait-ce que la monotonie des exercices de piété que rien ne vient interrompre, la servitude, très gênante toujours, mais surtout à un certain âge, d'une vie toujours en commun, et même l'assujettissement, pour un homme fait, de ne prendre ses rares récréations qu'avec des jeunes gens dont il n'a plus ni l'entrain, ni l'esprit, ni les goûts.... Ici et ici surtout est la lutte, car c'est ici le point ardu et difficile à la nature, bien plus que de se mettre humblement à genoux pour demander la charité à des adolescents dont on pourrait être le maître et le guide; bien plus que de gravir péniblement les durs escaliers des trois étages qui mènent au séminaire, ayant au bout de chaque bras un lourd seau d'eau destiné à alimenter le réservoir commun !... Ceux-là le peuvent savoir qui ont abordé le séminaire interne à trente ans !... M. Dazincourt en avait trente-trois, et nous allons apprendre de lui-même avec quel entrain il se tire de toutes ces difficultés ; à la fin de novembre, c'est-à-dire un mois et demi après son admission, il écrivait à sa sœur aînée :

« Tu dois bien attendre que le facteur t'apporte une lettre de la capitale, eh bien ! en voici une ! Je commence par répondre de suite à un paragraphe de la lettre de notre bon curé, ainsi conçu : « Avez-vous une chambre, du feu, « vous manque-t-il quelque chose ?... » — Car je présume bien que cette question-là, c'est sœur Saint-Ephrem qui l'a suggérée, sinon entièrement dictée ; — les hommes n'entrent pas dans des détails si microscopiques !... Eh bien ! oui, j'ai une chambre, et même fort grande, car nous y logeons plus de trente ! En d'autres termes cela s'appelle un dortoir ; à côté de mon lit se trouve une petite table sur laquelle je travaille ; en face sont deux petits rayons qui contiennent quelques livres ; le tout est décoré d'un crucifix et d'une image de saint Vincent ; une chaise compose tout mon ameublement ; comme je fais mon lit je me couche ; lorsque mes souliers sont couverts de boue, je les décrotte ; c'est la manière d'être bien servi, et jamais, je crois, je ne l'ai mieux été ! Nous sommes dispensés de perdre du temps à construire l'élégant édifice de notre feu, mais nous n'avons pas froid pour cela, car un vaste calorifère se charge de distribuer la chaleur à tout l'appartement.... Tu en sais maintenant autant que moi. Nos journées commencent à quatre heures et finissent à neuf; par conséquent, peu nous importe que le soleil se couche plus tôt ou plus tard; elles sont occupées par des exercices de piété et par l'étude; le mercredi, nous avons congé et nous passons l'après-midi à la maison de campagne, s'il fait beau... Tu dois dire : Je voudrais bien voir la mine allongée que fait l'ancien professeur de Saint-Jean ! — Si tu la voyais, tu ne verrais pas une triste figure.... Cette vie qui peut paraître pénible à la nature m'est devenue aujourd'hui facile; je la trouve même agréable; car, tu le comprends bien, ce n'est pas d'avoir plus ou moins ses aises qui rend heureux; la paix vient du dedans, et je t'assure que j'ai rarement en ma vie éprouvé plus de calme et de contentement; tous les jours je me convaincs que je suis enfin à la place où Dieu me veut !... Je trouve que jamais nous n'avons été plus unis; en effet, combien de fois pendant le jour nous sommes ensemble ! Si tu te levais un peu plus matin, nous ferions oraison tous les trois ensemble; à midi, nous avons examen à la même heure; le soir, le moment de la prière est presque le même; je dis la sainte messe à cinq heures et demie ou à six heures, il nous est facile d'être au rendez-vous; et ainsi tu vois que nous marchons ensemble mieux que jamais; la pensée a vite fait le voyage de Chazelles, de Paris, du Cauroy.... Rien donc ne me manque, sinon un peu plus d'amour de Dieu; si tu peux m'en envoyer une bonne provision, tu seras une bonne fille ! Ta dernière lettre a confirmé la bonne opinion que j'avais déjà de ton courage; tu verras de plus en plus, j'espère, l'effet de cette parole de l'Évangile, qu'on reçoit, dès ce monde même, le centuple des sacrifices qu'on a faits généreusement; d'ailleurs, il ne faut pas nous laisser dépasser par notre *cadette*, et nous n'aurons pas l'occasion de déployer le courage qu'elle a montré ; en ce point elle est notre aînée.... Adieu, sois aussi heureuse que moi, et tu n'auras rien à souhaiter ! Je te quitte pour aller confesser un petit pensionnat de jeunes gens dont on m'a chargé. »

On le voit, c'est de la meilleure grâce du monde, ou plutôt avec une admirable générosité que notre ex-professeur de trente-trois ans, redevenu volontairement écolier, s'accommode aux exigences de sa nouvelle position ; ah ! c'est qu'il veut fortement la fin, comme il a su toujours vouloir ; et, dès lors, quoi d'étonnant s'il ne recule point devant les moyens nécessaires, pour si pénibles qu'ils soient. Du reste, qu'on se garde bien d'attribuer cette ardeur juvénile à un enthousiasme passager et aux élans naturels d'un début ; six mois après son entrée au noviciat, c'est-à-dire au mois de mars, il écrit ainsi à sa sœur aînée : « Tu t'es noblement vengée de ton négligent de frère ; en conséquence, tu mérites des compliments, et c'est pour ne pas trop rester en retard avec toi que me voici avant la fin du carême. Tu as l'air de dire que je ne te fais pas une grande grâce et que cela ne payera pas les dettes du premier de l'an.... Baste ! le monsieur n'est pas trop sensible au reproche.... Mais voyons, ne perdons pas notre temps, parlons peu et parlons bien. — La vie que je mène ici n'a rien perdu de ses charmes, et je n'ai pas eu encore l'idée de m'ennuyer. Tu te figures peut-être voir une face austère et passablement allongée, à force d'être méditative ; — tu n'y es pas du tout ! en faisant ma barbe, je m'aperçois que mon menton s'arrondit, et je n'ai pas perdu la bonne habitude de rire beaucoup ; je puis même me rendre ce témoignage, que les récréations sont l'exercice que je remplis le mieux ! Aussi le temps marche avec une rapidité incroyable. Tu comprends que je ne vais pas souvent courir les rues pour apprendre des nouvelles ; par conséquent, je n'en sais pas plus que toi, — beaucoup moins peut-être, car les religieuses ont le talent de tout savoir ! Ce qui est incontestable, c'est que nous venons de passer deux mois d'un hiver aussi rigoureux que celui de vos montagnes ; — et pourtant je n'ai pas eu froid, tranquillise-toi ! quelques petites engelures m'ont rappelé l'heureux temps de Verrières, et, quoiqu'on ne m'aie pas chauffé le lit, j'ai dormi mes sept heures sans en perdre une seule minute. Tous les samedis, je vais confesser ma petite paroisse ; je crois t'avoir dit déjà que je suis chargé d'une Providence ; je prêche tous les mois à mes Enfants de Marie ; tout cela ne me donne pas trop de peine, comme tu vois ; j'ai cinq minutes de chemin à faire, — c'est comme un souvenir de la *Marmite*. Cette vie tranquille durera-t-elle longtemps ? Je n'y compte pas beaucoup ; si l'on me demandait conseil, je conclurais pour passer l'année entière ; mais il pourra bien se faire que, sans prendre mon avis, on m'expédie un de ces quatre matins.... Je ne pense pas néanmoins que ce soit pour la Chine, et, à vrai dire, cela m'est bien égal ! pour aller en paradis, le chemin est le même partout. On envoie toujours des Filles de la Charité en Orient (on était en pleine guerre de Crimée), il y en aura bientôt un régiment ;... gare à ces pauvres Russes ! Les Lazaristes ne restent pas en retard, car ils sont de droit les colonels de ces recrues d'un nouveau genre. J'avoue que je ne serais pas trop fâché d'aller combattre un peu, à ma manière, devant Sébastopol ; cela ne s'appelle pas maintenant aller en pays étranger ! Mais il est peu probable qu'on me juge digne de cette expédition ! Si l'on te consultait, je devine facilement de quel côté tu m'enverrais.... Patience, il n'y a que six mois que j'ai quitté le coin du feu !... »

Bien que déterminé à quitter la vie paisible du séminaire et à voler en Chine et jusqu'au bout du monde, sur un simple signe ; bien qu'au fond de l'âme il fût dans l'indifférence la plus absolue sur le moment de la Providence, nous venons de le voir, il eût préféré compléter sa forma-

tion auprès des restes de saint Vincent et terminer son année au séminaire; son désir secret fut exaucé, et, quoique le besoin des œuvres oblige parfois les supérieurs à abréger le temps de probation pour les séminaristes-prêtres, il n'en fut pas ainsi pour lui, et il put jouir jusqu'à la fin du bonheur qu'il avait à se laisser pénétrer insensiblement de l'esprit et des vertus de son nouvel état. Comme il nous l'a appris lui-même, on commença dès lors à l'appliquer petit à petit aux œuvres, et on lui confia d'abord la confession de quelques jeunes gens dans un pensionnat, puis le soin de quelques orphelines à la Providence de la rue Oudinot. Dans les derniers mois de son séjour au séminaire, comme pour mettre la dernière main à sa formation et poser le couronnement de son édifice spirituel, le bon Dieu permit une petite épreuve qui, au sein du calme dont il jouissait alors, ne lui fut que plus sensible; laissons-le raconter lui-même l'événement à sa sœur aînée, dans une lettre du 4 juillet :
« Je suis bien en retard avec toi, et cependant je ne veux te dire que deux mots : J'ai été sur le point de te faire bien pleurer ! C'est que pendant un mois j'ai été sous le poids d'un chagrin que tu aurais bien partagé. M. le Supérieur général m'apprit un beau jour que notre chère Marie avait été choisie pour faire partie d'une troupe de filles de la Charité qui partent pour le Brésil.... Je l'ai même écrit à M. D..., et j'ai là, tout écrite, une lettre pour toi, que fort heureusement je n'ai pas mise à la poste.... J'arrive de la Communauté des Sœurs, où l'on a été bien surpris de cette nouvelle; c'est, je pense, une méprise de M. le Supérieur, et j'y vois un dessein de la Providence pour me ménager quelques jours de grandes souffrances. Tu peux penser ce qui s'est passé en moi, durant plusieurs semaines, quand je songeais à ce départ et à toi !... Mon sacrifice était fait, j'en aurai vraiment le mérite. Profitons-en pour nous préparer à un sacrifice réel, si jamais Dieu nous le demandait.... — Je continue à aller très bien et je touche à la fin de mon novi-

ciat; j'ignore quelle sera ma destinée, mais je suis prêt à tout!... Je t'écrirai sous peu. » Oui, il est prêt à tout; mais la générosité n'enlève point la sensibilité; elle reste tout entière, et sa fibre est si délicate dans certaines natures d'élite! Sous un extérieur en apparence froid et impassible, M. Dazincourt en était là, et, pour comprendre combien il a dû souffrir à la seule pensée d'une telle séparation, il faut savoir que sa sœur Marie a toujours été sa sœur de prédilection : on a pu s'en apercevoir déjà, et on le comprendra mieux plus tard. Il savait aussi quel coup ce départ allait porter au cœur de son aînée, à peine remise de l'éloignement de son frère; aussi, quelques jours après, il sent le besoin de reprendre la plume et, répondant sans doute à des craintes qui subsistaient toujours, il lui écrit : « Allons, j'ai là maintenant à faire pour calmer toutes ces têtes! Je le vois bien, j'aurais bien fait de garder le tout dans *mon sac*. Je ne vois pas ce qui peut t'inquiéter dans ce moment; si nous étions sur l'océan, à la bonne heure! il est bien clair qu'à présent il n'est plus question de départ; quant à l'avenir, laissons-lui ses secrets : à chaque jour suffit sa peine. Il faut avant tout éviter de tracer d'avance à la bonne Providence la marche qu'elle doit suivre à notre égard. S'il est permis de sentir les épines d'un sacrifice lorsqu'il est présent, il est peu généreux de crier d'avance et de se soustraire à la croix avec industrie. Ainsi, dors bien sur tes deux oreilles, il n'est aucunement question du Brésil! et pour l'avenir travaille à acquérir avec nous une sainte indifférence au bon plaisir de Dieu; tu es, comme nous, sous la douce loi de l'obéissance, et tu sais qu'elle sera toujours un chemin facile pour aller au ciel!... — Je reçois à l'instant une lettre du Cauroy; on s'est égayé beaucoup là-bas à mes dépens. Notre *missionnaire* manquée a trouvé l'aventure assez piquante pour en rire de bon cœur! Tu croyais peut-être qu'elle en avait été bouleversée? Ah! tu ne sais pas qu'on devient guerrier comme un caporal une fois qu'on a coiffé la cornette? Elle se serait embarquée comme un grenadier, et peu s'en faut qu'elle ne regrette d'avoir manqué son coup! — Oui, c'est bon à dire; mais moi qui connais mon monde, je n'en persiste pas moins à penser que l'embarquement ne se serait point fait sans *grignoter* un peu!... — Plaisanterie à part, sa lettre est charmante; elle me révèle, dans cette âme douce et pourtant bien forte, les plus saintes dispositions à obéir en tout avec joie. Tout en avouant que son sort aurait été des plus heureux, elle ajoute : « Mon « ambition ne va pas jusqu'à demander cette grâce, je croi-« rais avoir trop de présomption!... — C'est bien aussi ma manière de voir; le mieux, à mon avis, c'est de ne rien demander et de ne reculer devant rien ;... et, à te parler franchement, c'est ma disposition présente! Je ne prierai pas pour qu'on m'envoie en Chine, ou au Brésil, ou en Orient; mais si l'on me dit de partir, je tâcherai de partir de très bonne grâce! et si cela ne te rassure pas, je n'y comprends rien; il faudra que je me mette à te raconter des histoires!... » Et comme sa sœur, voyant arriver la fin du noviciat, lui faisait part, peut-être avec une indiscrétion féminine et un égoïsme trop naturel, de ses désirs et de ses vœux touchant cet avenir si prochain, le frère ajoute, avec une fermeté tempérée d'une juste condescendance : « Pour moi, j'irai dans quelque coin de la France former des séminaristes, — c'est ce qu'il y a de presque sûr; et, quand on me le permettra, j'irai voir mes sœurs; en attendant, elles jeûneront! Je vais commencer par m'en montrer un peu moins soucieux, et c'est le conseil que m'insinue mâlicieusement notre *Brésilienne* manquée, qui va prier, me dit-elle, « pour que le bon « Dieu me donne un cœur moins tendre pour mes sœurs ». Je profiterai de l'avis, car il est sage. Elle compte néanmoins sur ma visite, mais elle est très problématique; Chazelles m'attire aussi fortement; mais il n'y a pas encore un an que j'ai perdu le clocher! patience!... Il vient d'arriver ici de la Syrie un confrère de Saint-Bonnet, et qui se nomme

M. Guillot.... Or, il y a seulement dix-neuf ans qu'il n'a pas revu le pays ! Je ne sais s'il se propose d'y aller ; dans tous les cas, une fois tous les dix-neuf ans, c'est permis ! Voilà qui doit t'encourager !... Je ne pense pas que je sois si longtemps sans revoir nos montagnes ; tu comprends cependant que je n'oserai pas demander à faire ce voyage cette année ; il n'y aurait que dans le cas où je passerais par Lyon et où j'aurais plusieurs jours devant moi ; alors je t'arriverais comme un revenant;... — il vaut mieux, tu le comprends, ne pas y compter. » Et, après lui avoir donné quelques commissions pour les amis et connaissances, il termine ainsi : « Nous allons célébrer, jeudi, la Saint-Vincent ; ce sera grande fête ; toute la famille y est, car les Filles de la Charité viennent dans notre chapelle. Vous la célébrerez dimanche ; demandons de bien marcher tous dans l'esprit de ce bon père ! Le soir, il part trois missionnaires et huit sœurs pour la Chine.... — Je regrette bien de ne t'avoir pas envoyé cette *certaine lettre*.... Je l'ai là toujours ; elle est bien jolie, vraiment, et c'est dommage qu'elle ne serve de rien !... J'ai bien envie de la garder pour plus tard ; en changeant la date, j'en serai quitte.... — Allons, j'espère que te voilà tranquille !... »

On le voit, malgré sa belle humeur et sa gaieté habituelle, qui n'a nullement subi d'éclipse dans la solitude, ce qui domine dans notre novice, c'est un ton de fermeté et de calme énergie qui ne peut provenir que d'une vertu formée et déjà mûre ; ce n'est pas en vain que, depuis une année, il se livre tout entier et exclusivement « aux exercices de l'humilité, de la mortification, de la dévotion, de la récollection, de l'exactitude et autres semblables pratiques », comme l'a voulu saint Vincent ; il a pleinement atteint le but et s'est fait « ce fonds de vertu,... cette bonne provision d'onction de l'esprit de Dieu », qui va pendant de longues années et toute sa vie conserver le feu de la charité dans son cœur, quels que soient les emplois qu'on va lui confier, les travaux auxquels on va l'appeler. Il peut être envoyé, son séminaire est fait, et, nous croyons pouvoir ajouter, bien fait.

« Ses supérieurs purent apprécier, pendant le temps du noviciat, le trésor que la Providence leur avait donné ; — c'est Mgr Robert qui parle ; — aussi ils s'empressèrent de le placer dans la direction des grands séminaires. Il y a passé sa vie religieuse tout entière ; il en a consacré quinze ans au séminaire de Kouba, à Alger, et vingt et un ans à celui de Montolivet, à Marseille. »

Nous ignorons complètement l'époque précise de sa nomination et de son départ de Paris ; ce dut être probablement après la fête de l'Assomption, au moment où commencent les vacances à la Maison-Mère. Ce que nous savons, c'est qu'il put repasser par Lyon et avoir quelques jours pour revoir ses amis et visiter encore une fois son pays natal et ses chères montagnes. Quels étaient ses sentiments à ce moment? La lettre suivante va nous les faire deviner ; il l'écrivait de Marseille à sa sœur ainée, le 5 septembre, veille de son embarquement pour Alger. « Tu ne m'accuseras pas d'être en retard ; tu n'attends de lettre que d'Alger, et en voici une de Marseille ! Voilà une attention qui me vaudra un bon point de plus. Je suis donc arrivé ici très heureusement le mardi, vers sept heures du matin. Je n'ai pu jouir, il est vrai, de la vue du paysage du Midi ; mais en revanche j'ai dormi comme un bienheureux, et le proverbe a bien raison de le dire : On dort comme on est ; — et, en effet, je suis sans préoccupation et sans chagrin ! Ce voyage lointain ne me sépare pas de mes amis, il me semble ; il ne me faudra pas plus d'efforts maintenant que par le passé pour me trouver avec vous deux; d'Alger à Chazelles, de Chazelles au Cauroy, le voyage est tout par la pensée ; et, lorsqu'on a le même point de départ, l'œil fixé vers le même but, le même vent pour vous pousser, on marche sans se séparer, fût-on à des centaines de lieues loin les uns des autres! Ces idées-là, le monde ne les comprend pas; aussi, pour lui, la consolation est difficile; — nous, nous n'avons pas besoin de nous consoler, car nous ignorons cette tristesse païenne qui, au résumé, n'est que de l'égoïsme! Dès que ceux qui nous sont chers font la volonté de Dieu, nous devons croire qu'ils sont dans la paix, partant dans la joie; alors il ne reste qu'à les féliciter. Ce n'est pas à dire que la sensibilité naturelle perde tous ses droits, non! elle intervient juste ce qu'il faut pour donner le mérite au sacrifice.... — Je suis descendu chez nos sœurs (la Congrégation de la Mission, à cette époque, n'avait repris à Marseille aucune de ses œuvres d'avant la Révolution); j'y ai reçu cette gracieuse hospitalité qui fait qu'un Lazariste se trouve partout en famille. Hier, j'ai visité un peu la ville.... » (Ici un détail que nous supprimons, attendu qu'un Lyonnais ne saurait être impartial, par rapport à Marseille et aux Marseillais!) « Ce matin, je suis allé dire la sainte messe à la chapelle de Notre-Dame de la Garde; c'est le Fourvières de Marseille, et, en ce point, les Marseillais luttent, non sans avantage, avec les Lyonnais! Il va sans dire que j'ai parlé à la *Bonne Mère* — ici on ne donne pas un autre nom à la sainte Vierge — de Chazelles, de Lyon, de Montbrison. En descendant, j'avais du plaisir à considérer la mer calme comme un beau lac; cela promet pour la traversée; dans tous les cas, s'il faut payer le tribut, je tâcherai de le faire de la meilleure grâce du monde.... Ce sera un moyen comme un autre de prendre un purgatif. Je m'embarque à onze heures, et je pense arriver vendredi. J'écris à Marie en même temps qu'à toi, et je lui envoie des médailles de Notre-Dame de la Garde; je t'en mets une aussi dans la lettre.... Si tu vas à Saint-Jean, tu donneras de mes nouvelles à M. le Supérieur; j'ai eu tant de plaisir à demeurer ces deux ou trois jours dans ce cher séminaire!... »

CHAPITRE VI

Grand séminaire de Kouba.

(1855-1870)

« L'établissement de Kouba était alors fort important. L'Algérie formait un seul diocèse, et n'avait qu'un grand séminaire, d'où sortaient les prêtres destinés aux trois provinces d'Alger, de Constantine et d'Oran. M. Dazincourt, grâce aux heureuses qualités dont il était doué, conquit bientôt la confiance absolue, et du vénérable supérieur, le P. Girard, et des séminaristes. Aussi put-il donner une vigoureuse impulsion aux études, mais surtout s'appliquer à former les prêtres admirables qui aujourd'hui, dans les positions élevées qu'ils occupent, sont l'honneur de la nouvelle Église d'Afrique. J'ai connu, j'ai pratiqué ces prêtres, et j'ai vu, par la solidité de leurs vertus sacerdotales, la grandeur de l'œuvre que M. Dazincourt a accomplie pendant son séjour en Algérie. La reconnaissance qu'ils ont vouée à leur ancien maître n'a pas été altérée par le temps, et chaque fois que l'un d'eux venait en France, son premier soin, en débarquant, était de se rendre à Montolivet pour voir et saluer son directeur d'autrefois. »

Tel est le témoignage de Mgr Robert sur l'œuvre accomplie en Algérie par M. Dazincourt; on comprendra aisément que nous nous empressions de transcrire à cette place des paroles aussi autorisées[1]; nous n'avons qu'à suivre un tel guide et à montrer dans le détail combien juste est cette vue d'ensemble, et combien méritée une telle appréciation.

---

1. On sait qu'avant d'être transféré à Marseille, Mgr Robert était évêque de Constantine.

Pour nous faire une idée du théâtre où va, durant quinze ans, se déployer le zèle du nouveau missionnaire, recueillons d'abord les premières impressions qu'il y éprouva; nous les tirons d'une lettre à sa sœur aînée, écrite dès le lendemain de son débarquement à Alger. « Voici donc ma première lettre africaine! elle te prouvera que je n'ai pas fait naufrage pendant la traversée; sans compter qu'elle te sera une preuve qu'en m'éloignant, je mets plus d'activité à ma correspondance.... Tu veux des détails sur beaucoup de choses; je vais donc satisfaire ta curiosité. Et d'abord la traversée, comment s'est-elle passée? — Fort apostoliquement! Grâce à une foule de chefs arabes qui revenaient de Paris, et pour lesquels le gouvernement a réclamé presque toutes les places, on nous a refusé le passage pour ce départ. Attendre quinze jours dans un pays inconnu ne me souriait pas beaucoup; si c'eût été à Lyon ou à Montbrison, la consolation eût été prompte! Enfin, faute de mieux, nous avons accepté d'être sur le pont, c'est-à-dire sur des planches assez dures, et abrités par la voûte du ciel;... pour deux jours, on n'en meurt pas! on en est quitte pour quelques meurtrissures quand on a les os trop saillants. Je puis me rendre cette justice, que j'ai dormi comme dans un lit, ces deux nuits, où je n'avais pour matelas que des planches. La première nuit, j'ai même été rafraîchi par une pluie battante; mais, bravement enveloppé dans mon manteau, j'ai fait.... comme l'on fait à Paris, et le lendemain j'ai eu un beau soleil pour sécher les averses de la nuit. Tu gémis sans doute de cette manière de voyager; eh bien! elle n'est pas aussi désagréable que tu pourrais croire. Du reste, sur mer, on a l'avantage d'être distrait de tous les accidents un peu fâcheux par les pénibles révolutions intérieures auxquelles on est sujet. J'ai été malade, comme tout le monde, bien entendu, et beaucoup moins cependant qu'une foule de personnes; les deux jours j'ai pris, pour toute nourriture, un bouillon,... et encore il a fallu me forcer! il n'y a pas de danger que je demande à être aumônier de vaisseau!... Vive, comme on dit chez nous, le plancher des vaches! Le plus amusant de l'affaire, c'est qu'à notre arrivée à Alger, on nous a déclaré que, le choléra étant à Marseille, — ce que nous ignorions, — il fallait faire quarantaine, c'est-à-dire demeurer encore vingt-quatre heures sur le vaisseau avant de débarquer! Adieu donc la douce perspective de se débarrasser du mal de mer, de se débarbouiller, de faire un bon souper et de bien dormir dans un bon lit!... Nous en prenions tant bien que mal notre parti, lorsque, sur la prière du capitaine, on nous a soudain mis en liberté!... Nous ne ressemblions pas mal à des écoliers qui vont en vacances! en un clin d'œil nous étions sur le rivage, et de là chez nos confrères, où nous avons été reçus comme des frères. Je me suis largement dédommagé de l'abstinence forcée du bateau, et j'ai dormi un peu plus paisiblement que sur le pont!... Les jours suivants se sont passés à faire des visites : à Monseigneur d'abord [1], qui m'a accueilli avec une grande bonté, en qualité de Lyonnais; aux Filles de la Charité, qui sont en très grand nombre; enfin, à plusieurs de mes amis qui sont ici curés.... J'avais besoin de réfléchir pour me croire à plusieurs centaines de lieues de Lyon. Il est vrai, par conséquent, de dire que je n'ai pas songé à prendre le *mal du pays*, — c'est bien assez du *mal de mer!* Je suis déjà accoutumé, comme si j'étais Africain depuis des années; la chaleur ne me paraît pas insupportable, et cependant j'ai été accueilli par un vent du désert tel qu'on n'en avait pas vu depuis dix ans.... C'était absolument comme si on se fût tenu à la bouche d'un four! mais cela n'a duré qu'un jour. J'ai trouvé au séminaire un supérieur dont la bonté est connue au loin; il est si vénérable qu'on l'appelle le *Père Éternel;* — et c'est vraiment bien trouvé; avec sa longue

---

1. Mgr Pavy, originaire du diocèse de Lyon.

barbe blanche, il ne ressemble pas mal au Père Éternel, tel qu'on le représente dans les images.... Mes confrères sont admirables de complaisance, et nous n'avons pas laissé en France le secret de nous dérider franchement! — Et le pays, fait-il *tomber les dents?* — Il n'y en a pas de plus beau ni de plus salubre au monde! Le séminaire est à une heure d'Alger, au bout d'une belle route sans cesse parcourue par une foule d'omnibus; il est placé sur une colline qui domine la mer et la ville d'Alger. Je ne trouve rien qui puisse mieux t'en donner une idée que le plateau de Prassourou; aplanis les montagnes de Verrières, remplace les sapins par des orangers, des figuiers, des jujubiers, etc.; suppose que la plaine, à partir d'Ecotay jusqu'au mont d'Uzore, est la Méditerranée; ajoute quelques maisons à Montverdun, — ce sera Alger; le reste de la plaine, du côté de Saint-Romain, ressemble à la plaine de la Mitidja; appelle la chaîne du mont Pelat, l'Atlas, et tu auras une idée exacte de notre position. Tout y est ravissant sous le rapport géographique : air frais le soir et le matin, promenades agréables, vue délicieuse sur la mer, sur la ville, sur la campagne environnante, sur les montagnes de l'Atlas qui bornent l'horizon au midi, etc.,. Seulement, nous habitons dans des cabanes qui formaient un ancien camp; elles sont disposées en grand carré; au milieu se trouve un petit bâtiment, comme le petit Château (bien que ce ne soit qu'une baraque), — c'est là ma chambre! J'en suis fier, car c'était le logement d'un officier!... On dit bien qu'en hiver il faut avoir des patins, à cause de la boue.... — Voilà qui fera rire notre *Cauroysienne!* — Ce calme de la solitude et de la campagne me va à merveille, — j'ai retrouvé Chazelles ! Il m'y faudrait, il est vrai, ma chère sœur et mon bon curé; mais cette privation n'est pas sans charme quand on peut l'adoucir par la pensée qu'on fait la volonté de Dieu! Je te laisse entre les bras de cette sainte volonté!... »

Il est aisé de le voir, l'impression première fut bonne;

l'œuvre, le site et le pays, les personnes et les choses, tout lui paraît, sinon parfait, du moins, semble-t-il, en meilleur état qu'on ne pouvait espérer en arrivant de France dans ce pays de vraie barbarie, selon une opinion assez répandue à cette époque. Sans doute, ce séminaire qu'il va habiter durant quinze ans n'est qu'un amas très peu architectural de baraques à moitié délabrées et qui menacent de s'écrouler sous l'effort redoublé des bourrasques d'hiver, si violentes sur cette côte; mais ce n'est là qu'un provisoire qui va vite faire place à un magnifique édifice dont le plan est déjà approuvé par le gouvernement et commence à s'exécuter; en effet, à son arrivée, les murs de la chapelle centrale étaient déjà à une certaine hauteur, et on songeait à creuser les fondations de l'aile de l'ouest, où sous peu allaient habiter une partie des séminaristes. Mais en attendant ces splendides corridors et ces cellules confortables, qui pour le moment n'existaient que sur le papier de l'architecte, on avait sous les yeux, pour prendre patience, un des plus ravissants spectacles qui soient au monde! Des connaisseurs l'ont fréquemment comparé à la vue du golfe de Naples ou de la Corne-d'Or et du Bosphore à Constantinople, sans savoir auquel donner la préférence. Camp permanent où venaient se reposer nos premiers soldats d'Afrique, dévorés par la fièvre, ce site, il faut en convenir, avait été merveilleusement choisi; et quand il fut abandonné en 1848, le bon Père Girard avait été bien inspiré d'en faire la demande au général Cavaignac, et plus heureux encore quand il en avait obtenu la concession. Placé en avant de l'Atlas, dont il est séparé par la belle plaine de la Mitidja, et planté sur un des derniers mamelons des collines du Sahel, à une centaine de mètres d'élévation, il occupe le centre du golfe, ayant à sa droite le cap Matifou, et à sa gauche, à égale distance, la ville d'Alger et la pointe Saint-Eugène; avant d'embrasser la vaste étendue de mer bleue qui se prolonge à l'horizon indéfiniment, et que sillonnent sans cesse de nombreux vapeurs, l'œil se repose d'abord délicieusement sur les pentes douces qui descendent vers le rivage, et sont parsemées de blanches villas et d'une vraie forêt d'arbres toujours verts, quand tout, en arrière, dans la plaine de la Mitidja, a été brûlé par un soleil de feu. Durant l'hiver, si triste dans nos monotones campagnes de France, le coup d'œil change, mais n'est pas moins beau; volontiers nous cédons la plume à notre confrère lui-même, écrivant plus tard à ses amis ou à ses sœurs : « Vous en êtes probablement à tenir le coin du feu (28 décembre), et pour de bonnes raisons ; à Kouba, nous avons encore dix à douze degrés de chaleur, un soleil de printemps, une végétation de mai ;... les amandiers sont en fleurs, et les feuilles commencent à se montrer; nous ne voyons jamais la neige que de loin, sur les sommets du Jurjura, et nous ne connaissons pas la gelée; c'est le moment de la récolte des orangers, et les orangers en plein champ sont chargés de fruits.... Si tout dans ce pays valait le climat, ce serait le paradis terrestre!... »

Et l'œuvre à laquelle il vient de donner son concours est aussi séduisante, aussi riche en promesses que ce sol fécond, que ce merveilleux climat : former des prêtres, et pour ces pauvres colons arrivant de France, et pour ces populations depuis si longtemps déshéritées; travailler à la résurrection de ces églises d'Afrique, jadis si riches en saints et en docteurs; et dans ce noble but, avoir sous la main et sentir frémir sous sa parole toute une légion de jeunes hommes accourus de tous les points de la métropole, venus de tous les diocèses de France et impatients de suivre leurs frères de l'armée, pour porter la civilisation de l'Évangile dans ces postes avancés, conquis par leur vaillance sur les fanatiques sectateurs de Mahomet.... Quel idéal, quelle noble mission ! Et pour la remplir, il se sent guidé par un supérieur tel que le Père Girard, qui, à l'expérience d'un vieil Africain joint encore et toujours l'ardeur et l'entrain de la jeunesse, tempérés par la sagesse du vieillard ! Il voit à ses côtés, comme frères d'armes, dévoués au même but et animés de la même vaillance, une succession ininterrompue de confrères, les uns déjà mûris par l'âge et l'expérience, les autres à leur début, comme lui, mais ne demandant qu'à dépenser généreusement leurs forces et leur santé, tous heureux et fiers d'une telle mission ! et à la tête d'une telle œuvre, lui donnant l'impulsion et la direction à travers des difficultés toujours renaissantes, des évêques, évidemment choisis par la Providence, aux vues élevées, au cœur vaste comme ces contrées qu'il s'agit de christianiser, à la volonté énergique, ne se décourageant devant aucun obstacle, infatigables, prodigues d'eux-mêmes et heureux de consacrer à un labeur, obscur et ingrat dès le principe, des dons rares et des talents éminents...

On avouera que la Providence se montrait prodigue envers le nouveau directeur de Kouba et le traitait vraiment en enfant gâté pour ses débuts. Il convient d'ajouter qu'il sut apprécier son bonheur et surtout qu'il était digne de la mission qui lui était confiée. Bien différent de tant d'esprits superficiels qui ne jugent d'une œuvre que par les résultats immédiats, prompts à la critique, toujours prêts à céder devant les difficultés et incapables d'attendre l'heure de Dieu, parfois tardive, M. Dazincourt a toujours regardé ses quinze années d'Afrique comme les plus heureuses et les plus fécondes de sa longue vie; et, rappelé en France par l'obéissance, il ne perdra jamais de vue sa chère Algérie, et il aura toujours, à l'occasion, un mot d'encouragement, bien senti et parti du cœur, soit pour ses confrères appelés à l'honneur d'y continuer son œuvre, soit surtout pour ses anciens élèves, ces chers Africains, comme il aimait à les appeler, et qui sont toujours restés ses amis ! C'est simple justice d'ajouter qu'il fut toujours payé de retour, car, comme le remarque fort bien Mgr Robert, « Chaque fois que l'un d'eux revenait en France, son premier soin, en débarquant, était de se rendre à Montolivet pour voir et saluer son directeur d'autrefois. » — Qu'il fut digne de la mission à laquelle la Providence venait de l'appeler, c'est ce que nous essayerons de montrer en détail après avoir rapidement raconté les rares événements qui signalèrent ces quinze années, de 1855 à 1870. Constatons avant tout qu'il y avait été merveilleusement préparé : dons de l'intelligence, qualités du cœur, entrain et gaieté du caractère, et jusqu'à ce grand air si remarqué et sa belle physionomie qui va encore s'embellir d'une barbe majestueuse, — il avait tout reçu d'une nature vraiment prodigue ; qu'on y ajoute le développement rare de tous ces dons pendant les années laborieuses de Verrières, d'Alix et de Saint-Irénée ; l'expérience plus précieuse encore des sept années de professorat à Saint-Jean ; enfin, le feu sacré de l'amour de Dieu et le zèle des âmes qu'il apporte de son séminaire interne, et on sera forcé d'avouer que l'ouvrier n'est pas au-dessous de l'œuvre, si grande soit-elle.

Selon la remarque qui en a été faite dès la première page, « la vie de M. Dazincourt n'est point riche en faits ; » cela se comprend, elle va se passer désormais dans la cellule d'un grand séminaire et sera absorbée par l'éducation de la jeunesse cléricale, n'ayant que fort peu de rapports avec l'extérieur ; de cette vie, ainsi que de celle de la fille du roi, on peut dire avec le Psalmiste que sa gloire, comme son intérêt, vient toute de l'intérieur : *Omnis gloria ejus ab intus*. (Ps. XLIV.) Nous allons cependant essayer de recueillir les quelques événements de cette période capables d'intéresser le lecteur, sans négliger les impressions et les sentiments intérieurs, bien plus intéressants encore ; sa correspondance va nous être d'une grande utilité pour cela ; quant aux faits, nous les trouverons fidèlement consignés dans la *Chronique de Kouba*. Sous ce titre, M. Dazincourt eut la patience d'écrire, jour par jour, les événements, grands ou petits, intéressant le séminaire, à quelque point de vue que ce fût; ce très curieux journal, qu'il continuera plus tard pour Montolivet, n'a pas moins de six volumes in-4°; malheureusement, il ne nous sera pas d'un grand secours, vu que l'auteur ne parle jamais de lui-même que brièvement et d'une manière toute impersonnelle; c'est, comme l'indique son titre, la chronique du séminaire plutôt que le journal intime du directeur.

Son arrivée y est ainsi rapportée : « 7 septembre 1855. M. Dazincourt arrive en compagnie de M. Corgé et d'un frère ; il vient remplacer au dogme M. Bénit. » Voici l'éloge qu'il fait de ce confrère : « Il a quitté Kouba le 27 juin pour se rendre à Paris, et de là au Brésil, où il doit prendre la direction du grand séminaire de Bahia. Les regrets unanimes des séminaristes l'ont accompagné, car il avait réussi à s'attirer leur confiance et leur affection par sa simplicité, sa régularité et sa piété.... Preuve de plus que le bon sens, la vertu, la bonté sont des éléments de succès plus sûrs qu'un talent supérieur, s'il est dépourvu de ces puissants moyens d'action. » Nous avons tenu à rapporter ces lignes qui nous montrent bien les sentiments qui l'animent dès le début et qu'il va désormais prendre lui-même pour guides dans sa délicate et difficile mission.

Un mois après son arrivée, à la suite de la retraite pastorale, eut lieu la bénédiction, par Mgr Pavy, de la première pierre du futur sanctuaire de Notre-Dame d'Afrique. « La cérémonie, quoique simple, écrit-il, ne fut pas sans solennité ; le clergé des trois provinces formait à l'évêque une couronne d'honneur et de joie ; de nombreux fidèles l'environnaient et lui avaient fait cortège depuis la cathédrale jusqu'au sommet de la colline ; le prédicateur de la retraite, du haut d'une chaire improvisée, salua de quelques paroles émues la nouvelle *Étoile de la Mer* qui se lève de ce côté-ci du rivage.... » Nous ne doutons pas que le nouveau directeur n'ait profité de l'occasion pour mettre sa personne sous l'égide de la nouvelle patronne de l'Algérie.

Cependant la rentrée avait lieu et la vie du directeur de séminaire commençait ; on sait avec quelle monotone fidélité les jours y succèdent aux jours, les mois aux mois, les années aux années ; à peine, de loin en loin, un fait qui tranche sur les faits quotidiens, très rarement un événement digne d'attirer l'attention ; ainsi en était-il à Kouba, et, bien que nous ayons pour guide notre fidèle chroniqueur, nous aurons à glaner à peine ici et là de quoi composer une mince gerbe ; il est vrai que nous pourrons nous consoler en appliquant à notre cher confrère ce que Fénelon a dit des nations : « Heureuses celles dont l'histoire n'est pas intéressante ! » A ce titre, M. Dazincourt fut heureux à Kouba, et à bien d'autres aussi ; il avait fait une excellente impression sur les élèves, comme prédicateur, comme professeur, comme directeur. Nous en indiquerons les causes plus loin et nous entrerons dans quelques détails ; sauf un petit ministère à remplir auprès de quelques orphelines, non loin du séminaire, et quelques prédications à la paroisse de Kouba, confiée à la Congrégation, ses journées se passaient dans la solitude et les charmes de l'étude, entrecoupées régulièrement par les divers exercices de la Communauté. Le fait le plus intéressant pour lui, durant cette première année, fut l'arrivée en Algérie de sa sœur Marie que nous avons laissée fille de la Charité au Cauroy, dans le Pas-de-Calais ; c'était sa sœur de prédilection, et nous pouvons dire sans témérité qu'ils durent être tous deux bien heureux de se retrouver ; elle fut placée dans la maison que les Filles de la Charité avaient fondée à Ténez, et, bien que les communications ne fussent point faciles à cette époque, on put se voir pendant les vacances, et, en tout cas, on se savait voisins et sur le même sol.

Cependant une année s'était déjà écoulée ; le nouveau directeur avait facilement pris l'habitude d'un genre de vie si conforme à ses goûts, il s'était fortifié de jour en jour dans sa vocation, et, lorsque les deux années de probation se trouvèrent complètes, dans les premiers jours d'octobre 1856, il fut admis à faire ses vœux. Nous n'avons retrouvé aucune trace de cet acte important; nous n'hésitons pas néanmoins à penser et à dire qu'il le fit dans la ferveur et dans la joie aussi de son âme, et nous le verrons, sur son lit de mort, en faire la rénovation avec la même ferveur; nous savons, du reste, qu'il avait pris dès lors l'habitude de commencer chacune de ses journées en s'offrant de nouveau à Dieu et en lui vouant la pauvreté, la chasteté et l'obéissance dans les œuvres de sa chère vocation. Il y était venu, non comme cela arrive d'ordinaire, dans les années enthousiastes de la première jeunesse, mais un peu tard et après bien des obstacles surmontés; sa vocation n'en fut que plus solide, il en prit vite l'esprit et nous l'y verrons marcher de progrès en progrès, abondant en œuvres, riche en fruits, toujours animé du même amour pour saint Vincent et sa chère Compagnie.

Il avait professé deux années le dogme, quand on lui confia la chaire de morale, au départ de M. Louis Girard, qu'on venait d'appeler en France en juillet 1857; voici en quels termes il parle de ce confrère dans sa *Chronique* : « ...Il est juste que le séminaire de Kouba lui conserve un long souvenir de reconnaissance, puisqu'il est peut-être celui de tous les directeurs qui a le plus contribué à y mettre la régularité en vigueur.... » Cet éloge était mérité, M. Louis Girard lui-même l'a prouvé dans les postes éminents qui lui furent confiés dans la suite. En prenant sa place, M. Dazincourt hérita de son esprit et eut vite acquis une influence égale et même bientôt supérieure; nous ne tarderons pas à le voir. Chargé déjà, et dès sa première année, du cours de prédication, il dut y ajouter cette année la classe de Diaconales, preuve de la confiance qu'il méritait dès lors; les cérémonies et le cours de rituel vinrent plus tard.

Sur ces entrefaites, à la date du 5 novembre 1857, il

répondait en ces termes à une cousine : « ...Ta petite image m'a fait grand plaisir; tu as bien su la choisir. Je suis en effet pasteur d'un petit troupeau : il y a à côté du séminaire une maison qu'on appelle la Sainte-Enfance, qui est tenue par les Filles de la Charité, et où se trouvent environ cinquante ou soixante petites filles, orphelines ou pauvres ; je suis leur aumônier, je vais leur dire la sainte messe tous les jours, j'y prêche quelquefois, je réunis les congréganistes, je leur apprends des cantiques, je leur distribue des bonbons et des images.... Si tu n'étais pas si loin, je t'inviterais souvent à y assister. C'est là que Marie prend son logement quand elle vient à Alger, ce qui arrive une fois tous les ans. J'ai vu ses compagnes au mois de septembre, qui m'ont dit qu'elle est toujours très contente.... » C'est de sa sœur de Ténez qu'il parle ainsi. Elle vivait en effet très heureuse dans son nouveau poste, mais un petit nuage allait survenir dans son ciel; en effet, à son regret, et même au grand regret de son frère, elle allait être nommée supérieure ; voici comment ce dernier l'annonçait à sa sœur de France : « J'ai aujourd'hui une grave nouvelle à t'annoncer ; te fera-t-elle plus de peine que de plaisir? Je n'en sais rien ! — Qu'est-ce donc? — Je te le donne en cent! et je suis sûr que tu ne devineras pas, malgré la longueur bien connue de ton nez ! Il ne s'agit ni de Kouba ni de *Monsieur ton frère !*... — De quoi s'agit-il donc?—De Ténez. — Marie est donc changée ? —De maison, non !... de place, oui ! Je t'ai dit que sa supérieure a été nommée en Espagne; devine qui la remplace dans la supériorité à Ténez?... — Notre pauvre petite cornette !—Oui, elle vient d'être installée supérieure, la semaine dernière; je ne sais pas encore comment tout cela s'est passé, ni quel effet aura produit sur elle cet *avancement* si peu attendu; je présume qu'elle en aura été étourdie !... Pour ma part, j'en ai été autant tourmenté que du fameux départ pour le Brésil.... Elle a bien des qualités qui la rendent propre à ce poste, mais aussi il lui manque beaucoup

de choses; et puis la supériorité est une si charge si pesante !
Je suis donc loin d'en être joyeux; cependant, en cela comme
dans tout le reste, la Providence a tout fait; les supérieurs
ont eu sans doute de bonnes raisons, et dès qu'on est dans
une position par la seule obéissance, on est dans l'ordre,
on a droit à un grand nombre de grâces... Je vais lui écrire
pour la *féliciter* et pour l'encourager. Si j'avais pu lui épargner ce fardeau, je l'aurais fait; mais c'était inutile. Confions-nous donc en Dieu et laissons le tout à sa conduite... »

A la date d'avril 1859, nous lisons dans la *Chronique* :
« M. le professeur de morale, constamment attaqué par la
fièvre, a dû céder les classes de cérémonies à M. Moriet. »
Depuis quand en avait-il ressenti les premières atteintes ?
le chroniqueur, toujours fort discret pour ce qui le concerne, ne nous le dit pas; il se borne à remarquer, au mois
de juillet suivant, qu'il lui dut de pouvoir passer un bon
mois de vacances en France : 5 juillet. — « Départ pour la
France du professeur de morale. Ce voyage a été entrepris,
par ordre de M. Étienne, comme remède efficace contre la
fièvre dont ce professeur a été tourmenté toute l'année. »
Bien que fort agréable, ce genre de remède n'est que très
rarement efficace, surtout quand il faut retourner si vite
dans ce climat fiévreux ; c'est ce qui eut lieu pour M. Dazincourt, qui fut jusqu'à sa mort sujet à ses retours périodiques.
En attendant, il fut heureux, après quatre années d'absence,
de revoir le pays natal et les amis qu'il y avait laissés en
grand nombre. A son retour, sa sœur de Ténez était en
train de se préparer à un voyage dans le désert algérien;
elle venait d'être chargée par ses supérieurs de fonder une
maison de Filles de la Charité dans la belle oasis de
Laghouat, dont la cure avait été confiée à la Congrégation
peu de temps auparavant. Voici ce que son frère en écrivait
à sa sœur de France, à la date du 1er novembre : « Je suis
bien un peu en retard, mais tu jouis du privilège des amis :
être servie après tous les autres. Marie est donc partie d'ici

le jeudi 6 octobre, et de Médéah le lundi 10. Je t'envoie le journal de sœur Louise, qui te fera assister à ce fameux voyage dans le désert; tu verras que tout s'est fait avec une sainte gaieté; elle est partie d'ici sans verser une larme, mais le frère *grignotait* presque; personne n'y a cependant rien vu. Le moment le plus pénible a été le séjour à Alger, parce que les cœurs étaient entre le souvenir de Ténez et l'incertitude du voyage; maintenant que les voilà installées, je n'en ai pas grand'pitié, car on est bien toujours là où Dieu veut que l'on soit! Du reste, avec son caractère, Marie sera heureuse partout.... Bien entendu que je n'ai plus la fièvre et que ma mine continue à faire l'éloge de l'air du pays natal. Je suis toujours aumônier à la Sainte-Enfance, où se trouve un ouvroir de jeunes personnes, ce qui me procure l'avantage de faire un petit quart d'heure de chemin chaque matin. Nous avons, du reste, un très beau temps; je ne sors presque jamais de Kouba, si ce n'est pour aller en promenade avec les séminaristes. Les fondations de notre séminaire sortent déjà de terre.... »

Quelques mois après, 9 mai 1861, il écrit encore à sa sœur de France : « Rien de bien nouveau dans le monde algérien, sinon que je me croirais au Pin et sur le sommet de nos montagnes du Forez, par le temps qu'il fait. Ainsi hier, 8 mai, sous le ciel brûlant de l'Afrique, je portais chaussons, sabots, manteau, et, si j'avais osé, j'aurais fait du feu! le fait est que notre climat devient fort français et presque auvergnat!... Plus de nouvelles de la fièvre, il paraît qu'elle n'aime pas les vieux; en tout cas, je n'irai pas lui courir après. Notre séminaire se construit lentement; il n'y a qu'à Chazelles qu'on fait les choses rapidement; nous espérons pourtant quitter les baraques au mois d'octobre et habiter notre nouveau palais. Du reste, je suis toujours assez content à Kouba; une *vieille religieuse* doit savoir qu'en ce monde le contentement ne consiste pas précisément à faire ses quatre volontés, mais à porter volontiers la croix qui se trouve sur notre route; de sorte qu'il n'y a véritablement qu'à bénir Dieu de tout!... S'il fallait tout dire aujourd'hui sur Laghouat, j'aurais besoin de dix pages. Vous croyez que ces pauvres solitaires ne voient personne dans leur oasis! Ah! oui, jamais vous n'en ferez tant vous-mêmes! Le 20 du mois dernier, tout Laghouat était sur pied et en *fantasia* pour recevoir Mgr Pavy, notre évêque, qui n'a pas reculé devant ces cent vingt lieues de désert! il a traité les Sœurs en véritables enfants gâtées. A son retour, il en parlait avec éloge; il m'a raconté lui-même que, le soir de son arrivée, la petite supérieure, sans se troubler, est allée lui rendre sa visite, et qu'en sa présence même elle a démontré à Mme de Sonis, femme du commandant supérieur, qu'elle ne pouvait en conscience garder tout le jour Sa Grandeur, et que les sœurs avaient droit au moins à la moitié, car si Monseigneur était leur évêque comme pour tout le monde, il était de plus, pour elles, leur Père! « Mais vous n'avez rien à lui donner! — Vous verrez!... » Elle a donc gagné son procès, et Monseigneur a déjeuné tous les jours au petit monastère, en famille, et tout le monde était à l'aise, comme si c'eût été le frère lui-même! C'est Monseigneur lui-même qui m'a conté cela et m'a du reste apporté une lettre. Il paraît que ces *pauvres misérables* avaient sur leur table, pour recevoir Sa Grandeur, un dindon gros comme un *bourricot!*... En un mot, ç'a été un événement des plus agréables pour l'oasis. Mais dans toutes les joies de ce monde il y a un revers de la médaille; le jour même du départ de Monseigneur, elles ont perdu leur bon et saint commandant, M. de Sonis, qui vient d'être rappelé à Alger. Certainement ce départ les affligera beaucoup, car il est impossible qu'on leur donne mieux.... »

Cependant, comme il en exprime l'espoir ci-dessus, au mois d'octobre de cette même année 1861, on quittait les baraques et on s'installait dans l'aile ouest du nouveau séminaire; à cet effet, on lit dans la *Chronique* : « Prise de possession des nouvelles chambres : c'est M. Soulié, professeur de dogme, qui s'est installé le premier, du côté de la mer. Il a été gardé toute la nuit, avec une vigilance digne de l'admiration de la postérité, par Sultan (le chien du séminaire), qui a fait sentinelle à sa porte. » Quelques jours après, les séminaristes rentraient et l'aile était occupée.

Nouvelle lettre du frère à sa sœur de France, le 25 mars 1862; elle va nous tenir au courant des nouvelles et surtout des sentiments intimes : « En vérité, je n'ose pas compter les jours qui se sont écoulés depuis ma dernière lettre à Chazelles; j'aime mieux admirer ta patience à ne pas te fâcher; on voit bien que la vieillesse produit des fruits de paix et de support! Je ne voudrais pas cependant assurer que tu n'as pas un peu *marronné!* Baste! me voilà avant Pâques et, à plus forte raison, avant la Trinité! Donc il n'y a rien à objecter. — Je continue à me porter à merveille, et mes jours continuent à rouler dans le même cercle d'occupations. Hélas! l'œuvre d'un directeur de grand séminaire a parfois de dures épines; cependant je n'ignore pas que c'est la condition de toutes les œuvres de Dieu en ce bas monde, et je suis loin de conclure qu'il faut jeter le manche après la cognée! la patience est bien de toutes les vertus celle qu'il faut se prêcher le plus souvent; néanmoins, je suis d'avis que les vénérables religieuses de Chazelles, aussi bien que toutes les autres, doivent prier beaucoup pour les séminaires, non seulement aux Quatre-Temps, comme les simples fidèles, mais chaque jour de l'année. Notre séminaire s'élève de jour en jour; on bâtit en ce moment une aile semblable à celle que nous habitons; ici l'hiver n'empêche pas les constructions; cependant, nous avons eu de la neige, comme on en a à Fortunières; il est vrai qu'elle n'est restée que deux ou trois jours. Si tu lisais le journal, tu saurais que, tout Bédouins que nous sommes, nous fournissons des évêques à la France; ainsi le curé de la cathédrale d'Alger (Mgr Bernadou) vient d'être nommé évêque de Gap, et M. David, ancien chartreux (de Lyon) et grand vicaire honoraire d'Alger, devient évêque de Saint-Brieuc. Il est probable que Mgr Pavy ira assister au sacre de ces nouveaux seigneurs et qu'il profitera de ce voyage pour faire une quête en faveur de Notre-Dame d'Afrique. La nouvelle chapelle de ce pèlerinage s'achève, elle sera magnifique; il est clair maintenant que cette œuvre plaît à la sainte Vierge, car elle attire la foule dans la petite chapelle provisoire et y multiplie les faveurs. On rencontre sur cette montagne presque autant de pèlerins qu'à Fourvières! — J'écris à Laghouat plus souvent qu'à Chazelles, parce qu'il faut charmer l'exil des solitaires; je crois que tout va passablement dans ce pays du désert. Il paraît que tes fleurs font merveille auprès des Arabes, et que la tisane sert de prétexte pour donner le baptême aux petits enfants qui sont sur le point de mourir; Marie a dû te dire qu'elle en a déjà envoyé plus de trente au ciel! quand elle n'y serait allée que pour cela, ce serait bien assez!... »

« L'œuvre d'un directeur de séminaire a de dures épines, » venons-nous de lire; sans doute, et, selon sa propre remarque, toutes les œuvres de Dieu ici-bas ne sont-elles pas providentiellement soumises aux difficultés, aux traverses, aux contradictions? Il en est ainsi, à plus forte raison, dans les grands séminaires, où se traite l'œuvre de Dieu par excellence; faut-il s'étonner dès lors si la Providence permet l'épreuve, qui, bien supportée, cause un très grand bien? Nous avons cherché inutilement quelle fut à cette époque l'épine à laquelle notre cher directeur fait allusion; toujours est-il que, s'il a eu alors quelque peine intérieure ou venant du dehors, il a su en profiter pour son perfectionnement, sans cesse armé de cette vertu de patience qu'il se prêche, dit-il, si souvent à lui-même et qu'il recommandera tant aux autres. Du reste, il ne manquait pas de consolations : les murs du séminaire s'élevaient insensiblement; la discipline y gagnait, car l'ordre devenait plus facile; le travail et la piété progressaient en proportion; en un mot, l'œuvre marchait. Une de ses plus douces consolations lui venait de Laghouat pour le moment, car sa sœur chérie y faisait grand bien, grâce aux conseils de son frère; il vient de l'avouer à sa sœur aînée : « J'écris à Laghouat plus souvent qu'à Chazelles; » et ce n'était pas seulement, comme il ajoute, « pour charmer l'exil des solitaires », c'était surtout pour leur édification et afin de soutenir les courages parmi tant de difficultés. Un de nos chers confrères, alors curé de l'oasis, nous écrit à ce sujet : « Pendant les huit années que sa sœur a été supérieure à Laghouat, son frère lui écrivait régulièrement tous les mois; l'adresse portait le nom de la supérieure, mais ces admirables lettres étaient évidemment destinées à tous les membres de la double famille de saint Vincent à Laghouat; aussi sa bonne sœur ne manquait jamais de nous avertir à l'arrivée d'une *épître aux Laghouattais*, comme nous aimions à les appeler, et on se hâtait de se réunir au petit parloir pour en écouter la lecture. Chacune avait au moins quatre pages bien remplies et sans rature jamais; toutes étaient fort édifiantes, car il n'écrivait pas pour écrire; il y avait toujours trois parties bien distinctes : c'étaient d'abord les réponses aux questions qu'on lui avait faites et les nouvelles à communiquer, puis insensiblement commençait le petit sermon épistolaire;... il était toujours si bien approprié à nos besoins actuels que chacun de nous y trouvait sa nourriture spirituelle, et, en sortant de cette fortifiante lecture, nous nous sentions tous animés du désir de mieux faire. Dans sa charité prévoyante, cet aimable confrère le comprenait bien, c'était là comme un rafraîchissement bien nécessaire à nos âmes desséchées dans notre isolement par les vents du désert. Que le bon Dieu le récompense de tout le bien qu'il nous a fait, durant tant d'années, par cette sorte de prédication mensuelle !... La dernière page enfin — ou le supplément, quand le sermon dépassait les limites, sans jamais nous paraître long — renfermait d'ordinaire quelques mots agréables, des plaisanteries de bon ton, etc. Parfois, il nous envoyait des images ; j'ai toujours remarqué qu'elles rappelaient une de ses dévotions favorites, qu'il aimait à répandre, par exemple, l'affection pour les croix journalières. A ce sujet, laissez-moi ajouter qu'à Kouba, sur son bureau de travail, j'ai toujours remarqué un petit cadre portant ces mots : *Ma croix d'aujourd'hui!...* » Ces belles « épîtres aux Laghouattais », comme on les appelait au désert, hélas ! nous les avons cherchées, demandées, réclamées ; mais en vain ! que sont-elles devenues ? elles n'eussent pas manqué de nous intéresser et même de nous édifier. Nous avons un faible dédommagement dans celles qui sont adressées à la sœur de France, nous allons y recourir encore ; ce ne sera pas sans quelque intérêt. Du 23 mai 1863 :

« Je reconnais humblement, ma chère et vénérable aînée, que tu as le droit de me gronder cette fois ; aussi tu vois que je fais comme tes écolières prises en flagrant délit : je passe, tête baissée,... et je ne mets pas un instant de retard, puisque j'ai reçu ta lettre seulement ce matin !... Il paraît, d'après ce que tu me dis du printemps de Chazelles, que le climat d'Afrique va se faire auvergnat ; nous n'avons pas froid, bien entendu, mais cependant nous attendons encore les grandes chaleurs ; nous avons la pluie au moins chaque semaine, et les brouillards presque comme à Lyon, ce qui était inconnu ; cette variété va aux récoltes ; aussi la moisson est magnifique, et vos pauvres guérets pâliraient à côté de nos froments qui ressemblent à des forêts. Nous avons planté, sur notre colline, une vigne qui vaut à elle seule tout Boutonnière, sans faire fantasia d'Arabe ;... et vous dites en France que l'Algérie est un pays de barbarie ! — C'est un pays si agréable que tous les attraits de la capitale du

Lyonnais, et même du Forez, ne seront pas capables de m'attirer de l'autre côté de l'eau, cette année ; c'est une chose assez probable.... Ce qui est sûr, c'est que je ne demanderai pas à faire ce voyage, pour une foule de raisons qu'une religieuse à moitié cloîtrée doit comprendre ; — et surtout parce que, M. le Supérieur devant s'absenter, il faut bien que je savoure le plaisir de le remplacer pendant ce temps-là. Une autre raison, c'est que je ne veux pas donner à la Supérieure de l'oasis occasion de crier ; or, elle serait dans le cas de m'excommunier si je tournais de l'autre côté ! J'attends donc dans un mois les vacances, mais je suis dans la disposition de les prendre sur notre poétique colline.... Les nouvelles de Laghouat sont excellentes ; j'ai eu dernièrement la visite d'un colonel qui en arrivait avec sa dame, et qui avait souvent rendu visite à nos solitaires ; il en disait beaucoup de bien.... »

Ces bonnes vacances dont il parle à sa sœur, de fait il les passa fort agréablement au séminaire, comme il le lui écrit dans une belle et longue lettre du 20 juillet.

« Je suis donc en vacances depuis le commencement du mois, et tu as l'air de dire que je ne m'emporte pas pour t'en donner quelques instants. Que veux-tu ? il faut prendre les Bédouins comme ils sont, et ne pas vouloir les convertir en un clin d'œil ! — Et comment donc passes-tu ton temps ? — En allant de ma chambre au réfectoire, du réfectoire à la chapelle, de la chapelle dans le jardin, du jardin jusqu'à la Sainte-Enfance, et quelquefois — le moins souvent possible — à Alger. — Comme cela doit être récréatif ! vas-tu dire, d'un air qui semble signifier que M. ton frère commence à radoter ! — C'est plus récréatif que tu ne penses, car il ne faut pas se figurer Kouba comme Maupertuis ; c'est bien à peu près le plus magnifique pays du monde !... Et je voudrais même parier qu'en ce moment nous avons moins chaud que les Chazelards, ou au moins certainement que les Montbrisonnais et les Lyonnais ! et cependant on croit que nous sommes à moitié rôtis! C'est qu'on ne connaît pas cette bonne brise de mer qui s'élève sur les huit heures du matin et nous donne de la fraîcheur, tout le jour, dans notre palais. Ainsi, quand tu auras du temps de reste, tu pourras me plaindre de passer aussi tristement mes vacances! Sans compter que les raisins sont en train de mûrir, et des raisins comme ceux que Josué rapporta de la Terre Promise! un seul en ferait presque un quarteron de ceux de *Boutonnière!...* Cela doit te faire venir l'eau à la bouche!... et tu comprends que ce sera là un motif de rendre mes promenades dans la propriété plus fréquentes, et un attrait qui aura bien sa valeur pour me retenir ici. Tu pourras objecter que je me laisse aller aux soucis temporels un peu trop complaisamment; mais qu'y faire? Il paraît que c'est le défaut des vieux, et il faut bien s'y résigner! J'oubliais d'ajouter que je suis supérieur postiche depuis le 1er juillet, et c'est un point qui n'est pas à dédaigner! — Et le Père Girard est donc en France? — Non! — Et où est-il donc?... — A Laghouat! Oui, malgré ses soixante-dix ans, il a entrepris ce voyage, malgré la chaleur, malgré tous les embarras;... et il en part aujourd'hui même après y être demeuré huit jours, y avoir célébré la Saint-Vincent et fait des fantasias comme un jeune homme! Je me suis presque fâché pour le détourner de cette entreprise, que je croyais dangereuse; mais j'ai perdu mon temps et mes paroles! Il est parti le 1er juillet sur un petit char-à-bancs du séminaire, traîné par notre pauvre cheval qui risque d'y laisser la peau; il avait, pour l'accompagner, un frère, le vicaire de Laghouat et une jeune sœur qui va être la quatrième dans ce joli pays. C'est un voyage comme ceux des anciens patriarches; jusqu'à Médéah on avait des logements convenables; mais une fois au désert, il fallait se contenter d'espèces de baraques semblables à celles qu'on rencontre à *Pierre-sur-Haute!* Ils ont mis dix jours pour ce voyage; enfin, le 11, ils ont atteint l'oasis! Tu peux te figurer quelle joie et quelle fête ç'a été pour les solitaires ! J'avais des nouvelles presque tous les jours par le télégraphe ; hier encore, la Supérieure du désert m'envoyait une dépêche pour me dire, avec son petit air malin, qu'elle m'invitait à dîner chez elle avec le P. Girard. — D'Alger à Laghouat on peut se parler très facilement, comme de votre cour au Petit Couvent, par le moyen du télégraphe. Il me semble t'entendre dire : A la bonne heure, cette fois on te fait honte ! — Il est possible, mais il est très sûr que je n'ai pas eu encore envie d'en faire autant ; j'attends l'arrivée du Père supérieur pour avoir son avis sur cette course, et je crois bien qu'il n'aura pas envie d'y revenir ! Toutefois je me réjouis de la joie que cette visite inattendue a causée dans l'oasis.... Il ne faut pas te figurer qu'ici nous vivions en ermites ; dimanche dernier, nous avons célébré la Saint-Vincent comme vous ne fêterez jamais la Saint-Michel à Chazelles ! Monseigneur a assisté à la grand'messe chantée par un chanoine ; il a donné la confirmation et dîné au séminaire avec une quinzaine d'invités. Il fallait s'en tirer avec honneur ; M. le Supérieur étant absent, je crois que je me suis comporté comme celui qui revenait des galères !... Mgr Pavy travaille activement à élever Notre-Dame d'Afrique ;... et nous aurons terminé notre chapelle avant qu'on ait commencé à Fourvières !... »

Malgré sa fière contenance à l'égard de sa sœur de France, notre cher Directeur n'en était guère plus fier en lui-même ; les fièvres l'avaient ressaisi, et parfois on le voyait grelotter et trembler sous ce brûlant soleil de juillet ; un petit changement d'air semblait s'imposer ; mais il s'était bien promis de ne rien demander, et il se tenait tranquille.... Il fallut sans doute un charitable confrère pour le dénoncer à ses Supérieurs majeurs, car, dès les premiers jours d'août, un ordre arrivait de Paris, envoyant le professeur de morale passer une partie de ses vacances en France. Sa sœur aînée dut être heureuse de le revoir, car elle ne cessait de le réclamer, et nous ne doutons pas que l'Algérien n'ait eu rien de plus pressé, pour chasser ses accès de fièvre, que de redevenir pour quelque temps Forézien et d'aspirer à pleins poumons l'air pur de ses chères montagnes. Du reste, nous ne savons rien de particulier sur ces jours de vacances, sinon que, parti de Kouba dans les premiers jours d'août, il y était de retour à la mi-septembre, tout ragaillardi. — C'était nécessaire après dix années d'Algérie, et avant de prendre un réengagement qui allait être plus laborieux et semé de plus de difficultés.

Notre cher confrère, en effet, avait beau se faire petit, se cacher par crainte des positions en vue, par peur des responsabilités; peu à peu son mérite se trahissait, et la seule force des choses le portait en haut, car l'estime pour lui était devenue générale, non seulement au séminaire, où il l'avait conquise entière dès sa première année, mais au dehors, parmi le clergé, chez ses Supérieurs et jusque dans les hautes sphères de l'administration. Un de nos confrères qui était alors en Algérie, et fort bien placé pour savoir les choses qu'il avance, nous écrit : « M. Dazincourt est resté longtemps à Kouba, comme pierre d'attente auprès du P. Girard, qui vieillissait; en attendant il brillait au second rang, bien digne d'occuper le premier, pour lequel rien ne lui manquait. Il a toujours cherché à s'effacer, sans se démentir jamais; grâce à lui, le P. Girard a pu conserver toute son influence et parcourir tranquillement sa carrière. Cependant tout le monde connaissait sa valeur et rendait justice à son mérite, et nous savons que, lors de la création des nouveaux évêchés en Algérie, l'autorité gouvernementale le proposa pour le siège d'Oran... » L'âge d'or est passé pour lui; adieu la tranquillité et l'ombre; il aura beau désirer le *Noctem quietam et finem perfectum* que l'Église nous fait redire tous les jours à complies et dont il avait fait son refrain de prédilection, il va se sentir poussé comme malgré lui; et, sous ce rapport, ses dernières années d'Algérie seront loin d'être aussi heureuses que les dix précédentes.

Ses premiers ennuis vont lui venir d'où lui venaient, depuis quelque temps déjà, ses plus douces consolations : de Laghouat, où sa chère sœur Marie rencontrait quelques difficultés qui avaient rendu nécessaire son voyage à Paris. Voici en quels termes il s'en ouvre à sa sœur aînée, à la date du 28 juillet 1864 : « Je vois sur ta dernière lettre la date du 26 juin; vraiment je croyais être encore plus en retard, et loin de crier, selon ta bonne habitude, tu dois me dire merci. — Les voyageuses du désert sont dans leur oasis depuis le commencement du mois; elles ont traîné près de quinze jours en route dans cet agréable pays! C'est, il faut l'avouer, être religieuse tout de bon et payer de sa personne aussi bien que ceux et celles qui vont en Chine! il est vrai aussi que la grâce de l'obéissance a une merveilleuse efficacité pour adoucir les choses qui paraissent fortes à ceux qui ne les voient que de loin. Marie riait de très bon cœur de ce courage extraordinaire qu'on lui prêtait, et elle trouvait tout aussi naturel de faire ses cent vingt lieues de désert, que d'aller à Montbrison dans l'ancien temps. Il faut dire aussi qu'elle a plus de générosité que ses aînés! Dans une lettre que j'ai reçue ces jours derniers, elle me dit que le voyage les a bien un peu fatiguées, mais que maintenant elles se remettent, grâce au soleil de l'oasis qui chauffe seulement à 45 degrés! Il paraît que les sauterelles y ont tout mangé absolument en fait de fruits, ce que je crois facilement après avoir vu ici en quel nombre elles arrivent!...

« Il paraît qu'elle t'a mis au courant de ses petites tribulations, ce que je n'aurais pas fait, car c'est toujours une charité, surtout lorsqu'on est loin, d'épargner à ceux qu'on aime des souffrances de cœur que l'amitié exagère toujours. En deux mots, ces difficultés sont venues, d'une part, de sa grande bonté à ne pas se prévaloir du titre de supérieure, et, de l'autre, du peu de jugement d'une pauvre compagne.... » Et, après l'avoir rapidement mise au courant, il termine ainsi : « A vrai dire, je crois que cette épreuve lui sera utile, et j'avoue que, cette fois, je lui ai trouvé un air de supérieure comme je les aime. Il ne faudra donc pas te tracasser de cet incident; c'est tout simplement une épine comme il y en a tant dans la vie, et il faut voir en tout cela la conduite de la Providence. Elle aurait pu obtenir son changement; mais elle n'a pas cru devoir insister, en voyant le désir et la confiance de ses Supérieurs; et je crois qu'elle a bien fait... Marie a passé ici quelques jours très agréables, et nous avons souvent dit que tu nous accuserais de t'avoir joué un tour. Cependant, sans la guerre des Arabes dans le Sud, nous n'aurions pas tant prolongé la fantasia; cette guerre est à peu près terminée; mais c'est le cas de dire avec l'autre : jusqu'à la prochaine fois ! Car ces chers Arabes sont de tristes paroissiens... Mais sois tranquille, nous aurons soin de faire notre testament en ta faveur avant qu'on nous coupe la tête ! »

Rétablie pour quelque temps, la tranquillité avait été encore sourdement troublée dans la petite famille de Laghouat; le malaise y persistait, et, diverses autres considérations aidant, les Supérieurs se décidèrent à supprimer cette maison et à rappeler les Sœurs; inutile d'ajouter que notre cher confrère avait partagé largement tous les ennuis de sa chère sœur, bien qu'il n'en laisse rien paraître dans ses lettres à sa sœur aînée. Voici la lettre où il lui fait part de la décision finale; elle est du 15 septembre 1865 : « Cette lettre arrivera peut-être pendant ta retraite, ce sera tant mieux pour moi, car tu seras plus portée à la patience, et tu ne me gronderas pas de mon retard. Si tu es allée faire ta retraite à Lyon, tu auras vu la Mère Marchand, et probablement tu auras appris la grande nouvelle; si par hasard tu l'ignorais encore, la voici : Marie quitte l'oasis. — Et comment ? pour aller en Chine ? — Doucement ! cela pourra venir, mais ce n'est pas encore venu. Le Père Étienne supprime la maison de Laghouat ! par conséquent toutes les saintes filles déménageront ; la nouvelle leur en a été signifiée, mais l'époque du retour n'a pas été fixée. Les autorités feront sans doute des démarches pour les conserver ; je crois que tout sera inutile, et, par un beau matin, nous les verrons arriver avec leurs paquets. — Et où les mettra-t-on ? — Je n'en sais pas plus que toi ; seulement, je sais très bien qu'on ne serait pas embarrassé pour leur trouver une place, quand même elles seraient cinquante ! Si on les envoie en France, et surtout à Lyon, tu n'en seras pas bien fâchée ; si elles restent à Alger, je ne me croirai pas obligé de pleurer ! par conséquent c'est le cas de dire : Point de perte sans profit.... — Et pourquoi supprimer cet établissement ? — D'abord, les religieuses qui viennent de retraite ne devraient pas être curieuses ; mais, en supposant qu'elles font simplement cette question pour s'édifier, voici ce que je puis répondre : Premièrement, je n'ai pas assisté au conseil de Paris, il est donc difficile de connaître au juste les motifs ; secondement, il y a pourtant quelques raisons qui paraissent probables : ainsi le grand éloignement, le petit nombre d'enfants, la difficulté des communications, etc.... Mais je vois bien que tu as envie d'ajouter avec malice : Et autre chose aussi ! — Allons, comme tu es une respectable personne de quarante-six ans sonnés, on ne doit pas jouer à cache-cache avec toi ! Oui, les petites mésintelligences intérieures ont contribué à amener ce résultat ; tu étais au courant ; les choses avaient été un peu calmées ; mais, le malaise persévérant, pour couper court, les Supérieurs ont cassé l'établissement. Ce coup a donné à réfléchir, mais il n'était plus temps ! Je ne crois pas en effet qu'on revienne sur cette décision, vu que la raison d'éloignement a aussi sa valeur. On parle même de céder ce pays aux Arabes et d'en retirer les Européens. Voilà au juste l'état des choses ; tu voudras bien le garder pour toi.... Marie dans tout cela n'a pas perdu l'estime de ses Supérieurs ; au contraire, elle a été constamment soutenue, et

« suis heureuse et il me semble que j'entre dans le para-
« dis ! » C'est là une preuve de son bon jugement et de sa
vertu, et je suis sûr qu'en ce point elle parle sans arrière-
pensée. Quand je l'ai vue si à l'aise, je l'ai un peu plaisantée
sur sa démolition et j'ai même proposé à la Mère Delarbre
de fonder un ordre de *vieilles supérieures*…. Mon Dieu,
qu'il faut avoir du temps de reste pour tenir à ces hochets
en communauté ! Elle s'est conduite ici avec beaucoup de
tact et de prudence ; je suis ravi de voir son bon esprit et je
suis convaincu que partout elle fera le bien…. Elle est partie
pour Marengo le lundi 14 mai ; on lui a fait un accueil
tout cordial et on l'a reçue comme un ange ; la preuve en
est qu'on l'appelle Sœur Angèle. Je suis déjà invité avec
instance, et je crois que je me laisserai aller à la tentation
de faire quelquefois ce voyage ; il ne faut pourtant pas
s'abandonner au plaisir d'être rapprochés, car souvent la
Providence se plaît à contrarier ces jouissances trop naturelles…. Dans sa dernière lettre, elle a dû te parler des
sauterelles qui désolent notre Algérie ; c'est un fléau dont
vous ne vous faites pas une idée à Chazelles. Figure-toi la
neige tombant à gros flocons serrés un jour d'hiver, et tu te
représenteras un peu l'effet produit dans l'air par ces nuées
d'insectes ; à la lettre, ce sont des nuages qui obscurcissent
le soleil ! Quand elles s'abattent sur la verdure, si on n'est
là avec toute sorte d'instruments pour faire du bruit, elles
rongent les plantes jusqu'aux racines. Pendant près de trois
semaines nos séminaristes les ont chassées de la vigne ; on
a envoyé dans tous les villages des détachements de soldats
pour venir en aide aux colons. On redoute surtout celles
qui vont venir, car les premières ont déposé leurs œufs, et
déjà ils commencent à éclore ; or, toutes ces petites sauterelles, n'ayant pas encore d'ailes, dévorent sur place tout
ce qu'elles rencontrent. Un jour que j'allais à la Maison-
Carrée, j'ai trouvé la terre exactement couverte de ces
insectes sur un espace de plus de deux lieues ; je ne pouvais

pas marcher sans en écraser des douzaines ! Monseigneur vient de faire une circulaire pour ordonner une quête en faveur des victimes de ce terrible fléau. Au moment où je t'écris, l'air en est rempli.... Les Arabes auront de quoi se régaler cette année, car il te faut savoir qu'ils les font saler, puis les mangent comme un mets exquis; bon appétit !...
— Nous aurons jeudi, pour la Fête-Dieu, une cérémonie à Notre-Dame d'Afrique ; Monseigneur place la croix sur le dôme de la nouvelle chapelle ; c'est maintenant un pèlerinage aussi fréquenté que Fourvières.... On ne parle plus des évêchés, mais on compte pourtant que ce projet sera réalisé avant peu ; ici l'œuvre des hommes n'avance guère, celle de Dieu a des progrès très consolants. »

Cependant, les vacances étaient arrivées; nous lisons dans la *Chronique :* « M. le professeur de morale s'est embarqué le 3 juillet et a passé ses vacances en France; il s'est rendu directement à Vichy pour parler à M. le Supérieur général, qui le réclamait; il a passé un mois et demi à Paris, et, au retour, il s'est arrêté dans la Loire et à Lyon, où il a donné une retraite aux Filles de la Charité. La rumeur publique, quoique très peu fondée, l'a nommé plusieurs fois Supérieur du grand séminaire d'Amiens. » Nous ne devons pas nous étonner du bruit auquel le chroniqueur fait ici allusion ; la réputation du professeur de morale de Kouba était passée d'Algérie en France; aussi, en le voyant venir à Vichy auprès du Supérieur général, on en concluait qu'il allait recevoir la patente;... il en fut quitte pour la peur, cette année; et il put jouir en toute tranquillité du long séjour qu'il fit à la maison-mère. Voici en quels termes il en écrivait de Paris même à sa sœur aînée : « 21 juillet 1866. Tu deviens, il faut en convenir, une fille patiente ! et j'avoue que ta lettre m'a édifié. Je m'attendais à un orage et au tonnerre, et tu n'as confié ta parole qu'à un agréable vent du midi ! Aussi je laisse mon âme s'épanouir à l'espérance sous l'influence d'un souffle si amical. — Qu'est-ce que tu veux dire par là ?

Voyons, je ne me contente pas de mots nuageux et qui ne veulent dire ni oui ni non ! Viendras-tu à Chazelles en corps et en âme ? — Allons, ne va pas perdre d'un coup le mérite de ta patience et m'obliger à retirer mon compliment ! Laisse-moi donc respirer à l'aise l'air de la capitale ; nous avons encore du temps, et, Dieu merci, il ne faut pas une semaine de dimanches pour voir Chazelles ! En ce moment je ne suis pas libre de mes mouvements, et une religieuse comme il faut doit comprendre cela ; en sorte que si je te donnais une parole et que je vinsse à faire banqueroute, je ne serais bon qu'à être donné aux sauterelles ! Confions-nous donc l'un et l'autre à la bonne Providence qui nous mesure avec largesse et au temps voulu les joies et les peines ; j'aime bien mieux t'arriver un beau jour à l'improviste, par n'importe quel chemin, sans fantasia, que de te voir tout en mouvement pour râcler les casseroles, assassiner les poules, etc.... Si je n'écoutais que la voix du cœur, je serais déjà là ; mais il y a souvent des obstacles à son élan ; quand on a fait vœu de pauvreté et d'obéissance, on s'est exposé volontairement à faire souvent le contraire de ce qui est agréable ! Je crois que cette maxime est connue à la Sainte-Famille !... Je viens de terminer ma retraite, et nous avons célébré jeudi en grande pompe la fête de saint Vincent ; la chapelle était presque remplie par les Missionnaires et par les Sœurs de la Charité ; et cette réunion de famille, présidée par le P. Étienne, en présence du corps de saint Vincent, ne contribue pas peu à ranimer l'esprit de la vocation ! on puise dans ces pieuses émotions de nouvelles forces ; et quand le voyage de Paris n'aurait que ce résultat, ce serait bien la peine de l'entreprendre. Pendant toute l'octave, c'est une affluence extraordinaire de pèlerins de Paris et des environs ; ordinairement, la semaine ne se passe pas sans quelque miracle public. Je l'ai prié beaucoup, il me semble, pour toutes les personnes qui me sont chères ; et je me dispose à le faire encore, car je ne compte pas quitter Paris de sitôt. »

Nous savons qu'il y prolongea son séjour durant un mois et demi; il n'en partit qu'après le 15 août, pour regagner lentement son poste, après quelques temps d'arrêt à Lyon et dans ses chères montagnes du Forez. Il y était à peine rentré qu'une lettre désolée de sa sœur aînée lui apprenait son changement et sa nomination de Supérieure dans une petite maison de la Sainte-Famille; et voici que le Supérieur manqué d'Amiens reprend sa plume et va tracer à sa sœur les vertus d'une bonne Supérieure : « J'ignore si cette lettre te trouvera encore à Beauséjour (la maison-mère de la Sainte-Famille); dans tous les cas, elle ira te rejoindre dans ta modeste maison d'Écotay, où désormais il faudra aller te chercher, puisque tel est l'ordre de la divine Providence. Je comprends tout ce qu'il a dû t'en coûter pour quitter la communauté de Chazelles et rompre des habitudes de plus de vingt années; tout cela ajoute au mérite de l'obéissance, et prouve que le bon Dieu veut encore te sanctifier par le sacrifice. Au fond, l'âme est tranquille dans tous ses déchirements, quand elle peut se rendre le témoignage consolant qu'elle ne fait qu'exécuter la sainte volonté de Dieu. Sans doute, la conduite d'une maison, si petite soit-elle, a de nombreuses épines; mais là encore on a force et courage lorsqu'on ne fait qu'obéir. Si tu me demandes les qualités d'une bonne Supérieure, je te dirai, sans faire un long sermon, que tout se réduit à s'oublier soi-même, à donner l'exemple de la régularité et surtout à *aimer beaucoup* ses compagnes. Les femmes doivent principalement gouverner par le cœur, et se fâcher le moins souvent possible; ce sont là les maximes de saint Vincent et, je pense, aussi celles de la Sainte-Famille. Il ne faut pas oublier, par conséquent, de faire une provision considérable de patience. A l'égard du public et des enfants, il faut aussi la douceur, l'affabilité, le dévouement. Il y a vingt ans, j'aurais craint que ces chers marmots fussent bousculés d'importance; aujourd'hui, je suis sûr que tu seras plutôt exposée à les gâter par une bonté toute maternelle. Ils vont t'appeler *mère*, je pense ; il sera donc nécessaire de justifier ce beau titre.... Mais je m'oublie, et bientôt je manquerai de respect à une *autorité !*... Certainement, j'ai payé large tribut à la mer ; mais cela, loin de me faire mal, m'a valu une bonne purgation, en sorte que je me porte à merveille. Notre rentrée a été peu nombreuse, nous ne dépassons pas quarante. Les travaux pour l'achèvement du séminaire se continuent activement, et nous allons passer l'année au milieu des maçons ; mais aussi nous serons logés dans un palais. Marie a déjà sonné la cloche pour m'attirer à Marengo, mais j'ai fait la sourde oreille, car en arrivant de prendre de longues vacances je ne pouvais convenablement me remettre à courir ; elle va très bien, on dit même qu'elle devient toute ronde. Nous n'avons plus ni sauterelles ni choléra ; et pourtant ce dernier fléau a fait une terrible apparition, quelques jours avant mon arrivée, dans un faubourg d'Alger, la cité Bugeaud, où se trouve l'hôpital militaire, et ce sont nos Sœurs qui ont payé ; il en est mort trois à l'hôpital et une à la paroisse, et plus de dix ont été atteintes. C'était juste pendant leur retraite ; tu peux t'imaginer si un tel coup était de nature à faire trembler !... Il n'est plus question de maladie contagieuse, ce qui n'empêche pas que la mort ne choisisse quelques victimes regrettables ; ainsi nous avons enterré dernièrement M. le curé de la cathédrale, un Lyonnais, grand ami de Monseigneur ; Sa Grandeur elle-même souffre beaucoup depuis un certain temps, et le mauvais état de sa santé nous inspire des craintes. La croix partout !... Les nouveaux évêques ne sont pas encore nommés ; le P. Guigou fera bien cependant de ne pas compter sur ma bénédiction ; il attendrait longtemps !... »

Le bruit avait donc couru, jusqu'au pays, qu'il allait être nommé à un des nouveaux évêchés d'Algérie, et nous savons que, quoi qu'en dise l'intéressé, ce n'était pas sans quelque fondement ; on se souvient du reste que ses confrères de Saint-Jean, à Lyon, se disaient dès lors : « Une mitre ne messiérait pas sur une telle tête !... » Il a dû lui-même, tout en plaisantant à l'extérieur, avoir alors plus d'une appréhension ! D'autres soucis allaient s'y joindre : la mort de son cher évêque, Mgr Pavy ; un terrible tremblement de terre, la famine, le choléra, etc.; l'année s'achevait mal. Le 4 novembre, il écrivait : « Nous allons ici notre train habituel. Le jour de la Toussaint, nous avons quitté les dernières baraques pour prendre possession d'un vaste réfectoire. Monseigneur est toujours très fatigué ; il fait encore quelques courses en voiture, mais l'enflure, qui gagne tout le corps, fait craindre que le mal ne devienne très sérieux ; il faut prier pour que le bon Dieu nous conserve encore un si excellent évêque... »

Ces prières ne devaient pas être exaucées : Mgr Pavy rendait le dernier soupir, le vendredi 16 novembre ; la *Chronique* rapporte en détail sa maladie, sa mort et ses obsèques ; nous nous bornons à transcrire les lignes qui suivent : Vendredi 16 novembre. — « Mort de Monseigneur, à deux heures du matin. Sa Grandeur a entendu encore la sainte messe, célébrée dans son appartement à minuit, et s'est ensuite paisiblement endormie dans la paix du Seigneur ! M. le Supérieur, qui s'est rendu dès le matin à Saint-Eugène, n'a plus retrouvé que la dépouille mortelle de celui qui fut toujours plutôt son ami que son supérieur !... A son retour à Kouba, il annonce la triste nouvelle ; les séminaristes étaient à la classe de chant ; ils n'ont plus eu de voix pour continuer.... Dans la soirée, l'office des morts a remplacé la classe. Le lendemain, service funèbre pour le repos de son âme ; M. le Supérieur a chanté la messe ; tous les directeurs ont célébré en particulier pour le défunt.... Une douleur profonde se trouve au fond de tous les cœurs, tant la bonté paternelle de l'excellent évêque avait su les attirer et les gagner !... »

Quoique nous n'ayons retrouvé nulle trace explicite de la douleur de M. Dazincourt à ce coup qui frappait si rudement tout le clergé d'Algérie et le séminaire en particulier, nous savons qu'elle fut très grande, et il y avait bien des raisons pour qu'il en fût ainsi ; elle perce et se fait sentir à chacune des pages de la *Chronique* relatives à cette triste circonstance et à ses pénibles et longues conséquences, bien que le chroniqueur fasse tous ses efforts, on le devine aisément, pour être impersonnel et rester dans son rôle de narrateur impartial des faits. Nous n'avons pas à entrer dans le détail d'événements qui sont en dehors de notre sujet, vu que notre confrère n'y fut mêlé que très indirectement ; il en a, du reste, dit lui-même l'essentiel dans sa notice de M. Girard ; nous y renvoyons très volontiers le lecteur.

Au milieu de ce deuil, et comme pour faire un moment diversion aux multiples ennuis qui suivirent la mort de Mgr Pavy, survint l'épouvantable tremblement de terre du 2 janvier 1867. Voici le récit que M. Dazincourt en faisait, dès le surlendemain, à une de ses cousines de Montbrison :

« Le grand événement du jour, à Alger, c'est le terrible tremblement de terre qui est venu nous épouvanter le mercredi matin 2 janvier. Je te prie de communiquer ma lettre à la Révérende Mère d'Écotay, afin qu'elle ne soit pas dans l'inquiétude si elle venait à apprendre cet événement par les journaux. La secousse s'est prolongée dans toute la province d'Alger ; il y a eu trois mouvements bien marqués : à sept heures et quart du matin, à neuf heures et demie et à dix heures. Le premier surtout a été formidable ! les maisons, les arbres se balançaient comme sous le souffle d'un grand vent ; dans les appartements, les meubles étaient renversés ; tout le monde sortait des maisons en criant, on sautait par les fenêtres !... Pour mon compte, je me trouvais à la chapelle à faire mon action de grâces après la messe, lorsque le premier bruit, semblable à celui du tonnerre, s'est fait entendre ; je suis resté en place, sans frayeur ; mais quand j'ai vu le dôme, qui est presque aussi élevé que votre clocher de Notre-Dame, se balancer comme un arbre, commencer à craquer, j'ai pris la course et je n'ai pas été long à franchir la porte ! Heureusement le mouvement s'est arrêté, et ceux qui ont suivi n'ont pas été aussi violents, en sorte que nous en avons été quittes pour quelques fentes, quelques crevasses, qui, j'espère, seront sans importance. A Alger, quelques maisons sont endommagées, mais point d'accident. Il n'en est pas de même à Blidah : presque toutes les maisons sont hors de service; il n'y a pas eu de victimes; cependant toute la population est logée sous des tentes, à la campagne. Quelques villages, sur la route de Blidah à Marengo, ont été complètement ruinés; je me hâte d'ajouter que Marengo n'a point de mal. A Mouzaïaville, il n'est resté debout que l'église ! il y a eu 48 morts et 100 blessés. A El-Afroun, 18 morts et grand nombre de blessés ! Dans deux ou trois autres villages, il y a eu aussi des morts et des blessés, et toutes les maisons sont démolies.... On ne peut pas se faire une idée de l'épouvante que produit une telle catastrophe ! A Alger, les juifs se sauvent par bandes et vont chercher un asile dans la campagne.... Nous espérons que tout se terminera là, et que ce sera seulement un avertissement pour se tenir prêt ! il y a bien longtemps qu'Alger n'avait pas senti un pareil tremblement de terre. Vraiment, puisque le bon Dieu aime ceux qu'il châtie, nous pouvons dire que nous sommes ses enfants privilégiés : cette année dernière nous avons eu à supporter les sauterelles, le choléra, la perte de Monseigneur,... et voilà la nouvelle année qui s'ouvre encore par un tel malheur !... A coup sûr l'hôpital de Marengo va être encombré de tous ces pauvres blessés; et tous ces orphelins vont-ils avoir un abri ? Voilà une belle occasion pour une fille de la Charité.... Voilà bien des nouvelles peu gaies ! Tu prieras la Mère de toute consolation de secourir tant d'infortunes et de soutenir le courage des Sœurs qui sont témoins de ces désastres.... Tu prieras aussi pour moi, bien que je n'aie pas eu une très grande frayeur; à la deuxième secousse, j'étais en classe; je me suis mis à crier : « Sauve qui peut ! » Aussitôt, les séminaristes se sont précipités par la porte ; quelques-uns ont pris le chemin le plus direct et ont sauté par les fenêtres ; je suis resté seul, campé sur ma chaire ! puis j'ai plié mes livres et je suis sorti tranquillement !... Vous allez rire de tout ce manège. A la bonne heure ! mais s'il vous en arrivait autant, vous verriez que les plus hardis deviennent pâles comme des morts ! et l'on a beau dire, quand on voit danser les arbres et les maisons, qu'on entend les cloches sonner d'elles-mêmes, on pense malgré soi au jugement dernier ! Bon nombre de personnes ont commencé à faire leur acte de contrition, et véritablement c'était le cas !... Au moment où je t'écris, nous avons un soleil magnifique et un temps du mois de mai !... »

Et quelques jours après, écrivant à sa sœur aînée, il ajoutait : « La petite cousine a dû, ma chère Mère, te donner les dernières nouvelles d'Alger et te dire comme nous avons dansé le lendemain du jour de l'an. Ainsi tu n'auras eu qu'à remercier Dieu, car nous aurions bien pu tous les deux être ensevelis sous des ruines, comme tant d'infortunés ! Tu aurais *hérité*, et ç'aurait été le bon côté de la chose, maintenant que tu es dans ton château !... C'est vraiment une providence que Marengo, si rapproché des villages détruits, ait été épargné. J'ai reçu une lettre dernièrement de notre chère Angèle ; elle était à la chapelle au moment du tremblement, en qualité de sacristine ; elle n'a eu que la pensée de se cramponner à un banc ; elle ne songeait pas même à fuir ; c'est M. le curé qui est venu bien charitablement l'engager à se sauver : tu peux juger si elle a eu peur. Tous les blessés d'El-Afroun ont été transportés à l'hôpital de Marengo. En ce moment, on ne ressent plus de secousses ; mais jusqu'ici il ne se passait presque pas de journée sans qu'on ressentît quelque mouvement ; à Kouba, nous en avons senti un bien caractérisé le lundi 7, à cinq heures trois quarts du soir ; tous les séminaristes sont sortis en courant de leur chambre, et le soir, à neuf heures, ils étaient encore dans le jardin, en bonnet de nuit! il a presque fallu se fâcher pour les faire coucher dans leurs chambres. J'avoue que je n'ai pas eu peur; mais je conviens volontiers qu'on était excusable de trembler, car ce n'est pas du tout récréatif de se dire : « Dans l'espace de quelques secondes, je puis être écrasé sous les voûtes de ma « chambre!... » A Mouzaïaville, il y a eu une fille de la Charité que sa supérieure a dû tirer de dessous les décombres; elle venait d'y arriver depuis trois jours! Heureusement, elle n'a eu que quelques égratignures. A El-Afroun, il y en a une qui était au lit, retenue par la fièvre; on dit que la peur l'a guérie. Voilà un remède qui n'est pas comme un autre!... »

Il ajoute, en terminant sa lettre, car le fléau n'est pas sa seule préoccupation : « Nous attendons notre archevêque, qui est, dit-on, déjà nommé : c'est Mgr Lavigerie, évêque de Nancy. Pour les deux autres évêques, on ne les connaît pas encore.... Vraiment, est-il possible qu'on te dise sérieusement que je vais enfiler une mitre.... Il y a de quoi rire dans sa barbe, tout de bon! Si je n'avais pas un bon caractère, je croirais qu'on se moque de moi.... et de toi! Il faut, pour être évêque, tant de choses que je n'ai pas et que je n'aurai jamais! Tu peux être bien sûre que personne n'y a songé ou n'y songera. Du reste, est-ce qu'on offre la crosse à des Lazaristes?... Ainsi, tu peux dormir bien tranquille dans tes *masures*, et ne pas te préoccuper de la manière dont tu recevras Ma Grandeur! Je te prie même de ne parler de cette question que pour en rire. Cela ne m'empêche pas de t'envoyer une bénédiction fraternelle qui sera, je l'espère, aussi efficace qu'une bénédiction *épiscopale!...* En ce moment, le P. Girard est à Paris pour des affaires pressantes; je suis donc supérieur postiche : c'est là tout l'avancement dont je puis me bercer!... »

Évidemment, il a peur! Il n'y a que les hommes tremblant de frayeur qui parlent si haut et si fort, pour se donner une assurance qu'ils n'ont pas!... Revenu bientôt de celle-ci par la nomination de Mgr Callot, d'autres sujets de crainte s'offriront, car il a beau dire et protester, il n'est pas à bout d'avancement, et nous le verrons trembler plus d'une fois encore.

Cependant, Mgr l'archevêque était arrivé le mercredi 15 mai, et, nous dit la *Chronique*, il avait fait une excellente impression à son clergé, accouru en grand nombre. Le 15 juin, il repartait pour aller assister aux fêtes du 29, à Rome, après avoir fait l'ordination et séjourné plus de trois semaines à Kouba. Les vacances avaient commencé agréablement pour M. Dazincourt par un voyage à Marengo ; il en rend compte avec entrain à sa sœur aînée, lui donnant d'excellentes nouvelles de leur sœur Marie, très heureuse dans son nouveau poste. Il termine ainsi : « A Kouba, je suis pour le moment supérieur, directeur, économe, et le reste ; le P. Girard est en France pour quelques jours encore ; Monseigneur y est aussi, il doit sacrer Mgr Callot à Saint-Jean... » Mais ces vacances, commencées par lui dans la joie et qui se continuaient doucement dans le calme de la solitude, allaient se terminer dans de nouveaux ennuis : un orage se préparait. La *Chronique* enregistre le premier grondement du tonnerre par cette rubrique laconique : « Vendredi 16 août. — Lettre du P. Étienne !!! » Les trois énormes points d'exclamation échappés au chroniqueur trahissent son émoi. Quatre jours après, l'orage se déclare : « Lettre de M. Étienne, qui explique celle du 16 et demande, comme un service, l'acceptation de la supériorité du petit séminaire... » Et, dès le lendemain, la foudre éclate : « M. Suchet, vicaire général, notifie au professeur de morale, de la part de Mgr l'archevêque, sa nomination.... » De Paris, pas la moindre instruction, silence absolu du visiteur. Le professeur de morale demande un sursis pour l'installation et témoigne le désir bien légitime d'attendre l'arrivée de M. Girard. Le soir, il fait une simple visite au petit séminaire ; M. Suchet publie partout la nouvelle ; le public

ecclésiastique accepte volontiers le nouveau Supérieur....
Deux jours après, 22 : « Le professeur de morale écrit une troisième lettre au Père Étienne; il rend compte de l'entrevue avec M. Suchet et de la lettre de Monseigneur; il exprime encore et motive fortement ses répugnances à accepter une telle supériorité.... Le silence de M. Girard continue.... État de souffrance morale accablant ! Les félicitations lui arrivent et l'importunent!... — Vendredi 23. Point de nouvelles; même silence... » Enfin, ce n'est que le 27, après plus de dix jours de tortures morales et d'angoisses, que soudain il voit son ciel se rasséréner et l'orage se fondre. « Quatrième lettre de M. Étienne au professeur de morale ; il l'assure qu'il restera à son poste, parce qu'il juge ses motifs suffisants... » Deux jours après, retour de M. Girard, qui tente un dernier assaut pour emporter l'assentiment du pauvre professeur de morale : tout est inutile, celui-ci déclare vouloir s'en tenir à la décision de son Supérieur général, et dès lors le calme finit par se rétablir, et le petit séminaire reste sous la direction des prêtres du diocèse.

Deux mois après, écrivant à sa sœur de France, il lui fait part de son bonheur : 22 octobre. — « J'admire comme vous savez bien les nouvelles algériennes. En effet, j'ai été nommé Supérieur du petit séminaire au mois d'août; mais, sans perdre de temps, j'ai présenté mes observations respectueuses au Père Étienne; il les a agréées et je suis resté tranquille à ma place. Monseigneur a été un peu fâché; on a dit, par-ci par-là, que j'avais mauvaise tête.... J'ai fait le sourd, et j'ai esquivé l'immense avantage de la supériorité, pour laquelle je ne me sens pas la moindre vocation.... » Ceci ne va pas le gêner pour conseiller à sa sœur de rester à son poste. « Ce que tu me dis des douceurs de la première place n'est pas beaucoup fait pour m'encourager; cependant voici ma manière de voir au sujet du désir que tu aurais de battre en retraite : il faut tenir bon et t'armer de patience !

Avant tout événement, lorsqu'on peut éviter d'être mis à la première place, il est permis d'employer tous les moyens que l'obéissance autorise et que la conscience propose ; mais lorsqu'on y est établi, je crois qu'il vaut mieux attendre que la Providence nous en délivre. On tâche de faire le moins mal possible, on supporte les faibles et les imparfaits ; et en cela on réussit au moins à pratiquer la vertu. Il est bon de tenir à la règle avec fermeté, et d'être très large pour ce qui regarde les rapports personnels ; Notre-Seigneur s'est montré toujours très patient à l'égard des apôtres, et cependant tous n'avaient pas bon caractère ! En suivant ce modèle, on ne s'égare pas... » Quels précis et solides principes de gouvernement ! et quel dommage qu'il se dérobe lui-même et refuse de les appliquer !... Dans cette même lettre, il donnait quelques nouvelles, d'abord sur le choléra, qui achevait de sévir après beaucoup de ravages, puis sur la vie au séminaire. « Notre rentrée a eu lieu le 5 octobre. Dimanche dernier, nous avions à Kouba Mgr notre archevêque et l'évêque de Constantine ; Mgr Callot n'a pas encore paru ; probablement, nous le verrons à Alger avant peu. Jusqu'à nouvel ordre, le grand séminaire d'Alger doit fournir des prêtres aux trois diocèses... Sois en paix, le choléra est bien à sa fin, et nous n'aurons plus à lutter que contre la misère, qui sera grande d'ici à la moisson !... »

La famine approchait, en effet, à grands pas, et l'on allait voir les Arabes mourir de faim par centaines ! En attendant que Mgr l'archevêque organise des secours avec une intelligence et un dévouement admirables, écoutons notre cher confrère donner à sa sœur les premiers détails du nouveau fléau. Sa lettre est du 22 décembre ; il commence par la remercier de ses vœux de bonne année :

« ... J'espère que tant de souhaits me porteront bonheur ; et véritablement je ne suis pas déjà trop à plaindre : plus de fièvre, pas beaucoup de soucis, point de cheveux blancs, aucun regret de ne pas savourer les jouissances si grandes de la supériorité... En vérité, on peut presque dire qu'il ne me manque que la misère! Et cependant elle ne manque pas ici autour de nous; après les sauterelles, le tremblement de terre et le choléra : il est facile de comprendre que l'Algérie ne doit pas nager dans l'abondance. Les Arabes surtout meurent en masse, et je crois véritablement qu'il n'en restera bientôt plus! ce dont les Européens se consoleront facilement. Et pourtant il est pénible de ne pouvoir au moins leur procurer les consolations de la religion. Quand donc pourrons-nous travailler à leur apprendre à vivre en hommes et en chrétiens?... Dieu seul le sait et tient en ses mains l'heure de la miséricorde! Mgr notre archevêque est arrivé avec la généreuse résolution de travailler à cette œuvre si désirable; mais les Arabes le comprendront-ils, et trouvera-t-il la liberté nécessaire pour mettre son désir en exécution?... L'avenir seul le dira. Dernièrement, nous sommes tous allés à la Maison-Carrée pour assister à la bénédiction des charrues à vapeur, données par Monseigneur; les Arabes y étaient en grand nombre; ils ouvraient de grands yeux à la vue de cette terrible machine qui soulevait la terre comme par enchantement.... Mais tout cela ne leur donne pas grande envie de travailler; le septième péché capital fait comme le fond de leur nature! il n'est pas rare de leur entendre dire qu'ils aiment mieux ne rien manger que de travailler pour vivre!... Mais laissons là ces chers concitoyens et contentons-nous de prier pour leur conversion!... »

Deux mois après, en février, écoutons-le encore sur ce même sujet, de plus en plus navrant : « A Alger, on ne parle en ce moment que des Arabes, et je crois qu'en France on en parle autant qu'ici; peut-être même en avez-vous plus grande pitié que nous. Les pauvres malheureux sont véritablement dignes de compassion; mais, quand on les voit de près, quand on est témoin de leur paresse, de leur indifférence, de leur ingratitude systématique, de leur profonde dégradation, on ne peut s'empêcher de les comparer au peuple maudit de Chanaan, et l'on sent comme malgré soi l'indignation prendre la place de la compassion! En ce moment, ils sont loin de songer à la révolte; mais que l'abondance revienne, et ils seront tout prêts à recommencer leurs dévastations. Il est vrai que le moyen de les changer serait de travailler à les rendre chrétiens; mais c'est là un point hérissé de difficultés, et les plus grandes ne viennent peut-être pas des Arabes! Toutefois, c'est le but que se propose Mgr l'archevêque. Il réunit en ce moment, dans un vaste établissement cédé par les Pères Jésuites, tous les orphelins qu'on veut bien lui envoyer; il en a déjà près de quatre cents, et tous les jours il lui en arrive de nouvelles bandes! La première opération à faire, c'est de laver ces pauvres créatures dévorées par la vermine, de brûler leurs haillons et de leur donner un vêtement propre; leur toilette n'est pas compliquée : ils s'enveloppent dans une moitié de couverture grise,... et tout est dit! La nourriture la plus simple est un régal pour ces pauvres affamés. Les Sœurs de la Doctrine chrétienne sont chargées de cette œuvre de charité. Les fonds que la France envoie si généreusement sont employés à soulager les premières nécessités; l'organisation viendra en son temps. Le clergé ne manquera pas à sa tâche; mais, le besoin passé, toutes ces âmes avides de liberté, pour qui la vie nomade est un besoin impérieux, se plieront-elles à une vie régulière? Surtout, si on travaille à les convertir, ne soulèvera-t-on pas toutes les tracasseries du pouvoir et de l'opinion?... Voilà le problème dont la solution n'est pas sans difficultés. Les bonnes âmes qui versent leur or font bien; celles qui offriront leurs prières pour qu'on nous donne pleine et entière liberté de convertir ces infidèles feront mieux encore!... En voilà assez sur ce pauvre pays... Rien de nouveau à Marengo; Marie continue d'être heureuse à soigner ses malades... »

Encore un mot sur les Arabes dans une lettre du 18 mars : « ... En général, la population européenne n'a pas à souffrir ; c'est tout simple ; elle a travaillé, elle travaille encore et elle gagne de quoi vivre. Mais pour *nos chers Arabes*, c'est une autre affaire ! Comme ils font profession de ne rien faire, et même de défaire ce que les colons peuvent faire pour eux, il est naturel qu'ils n'aient rien recueilli. Pour gagner de quoi vivre, il faudrait manier la pioche ; or, ces messieurs ont fait vœu de pratiquer à la perfection le septième péché capital... Aussi, pas de travail, pas d'argent ; pas d'argent, pas de pain ; pas de pain, *morto*, comme ils disent ! Là-dessus est arrivée une maladie dont on ne se rend pas bien compte, et qui n'est pas autre chose que la corruption du sang dans une race vicieuse jusqu'à la moelle des os ! Quoi qu'il en soit, ils continuent de mourir en grand nombre ! Ils mangent l'herbe le long des chemins, comme des animaux ! Tout près d'Oran, une femme a tué sa fille, âgée de seize ans, à fait rôtir une partie qu'elle a servie à sa famille, et se disposait à saler le reste... quand la police est arrivée !... Cette province souffre beaucoup... Pauvre Mgr Callot ! il est arrivé au beau moment !... Ici nous voyons souvent des bandes d'Arabes arrivant de la montagne et n'ayant que les os et la peau ! Dernièrement, un père en guenilles est venu à l'orphelinat de Benaknoun pour réclamer son fils qu'on venait de recueillir et d'habiller ; il l'a conduit à Alger, lui a enlevé ses habits neufs, les a vendus, et puis il a renvoyé *son cher enfant* dans le costume du père Adam, avec un coup de pied quelque part !... Voilà les beaux sentiments de ces chers citoyens qui ont toutes les bonnes grâces du pouvoir !... Quelle sera leur reconnaissance pour le bien que leur font les Français ? de les jeter à la mer, s'ils peuvent ! et de se moquer de leur simplicité... et ce sera à recommencer tant qu'on ne les rendra pas hommes et chrétiens ! Monseigneur travaille à ce but... Lui permettra-t-on de le faire ? C'est ce qu'on ne sait pas bien encore, et c'est pour obtenir cette grâce qu'il faut prier ; triste chose ! on est réduit à demander la conversion de ceux qui gouvernent les Arabes, pour arriver jusqu'à l'âme de cette triste population !... »

Après les sauterelles, le choléra, le tremblement de terre, la famine, — comme si ce n'était pas assez, — le typhus faisait son apparition, emportait les Arabes, et, avec eux, plusieurs Filles de la Charité qui les avaient soignés. « Six Sœurs de la Charité ont déjà reçu leur couronne, écrivait-il le 19 avril; et la preuve que cette maladie vient bien des Arabes, c'est que toutes les Sœurs qui ont été dans la salle qui leur est destinée ont été atteintes, et pas d'autres. Naturellement, tu vas dire : Ah ! c'est fini ! se sera le tour de Marengo ! Sans doute, si le ciel vient à tomber,... etc ;... tu sais le proverbe ! mais, pour le moment, on se porte très bien à Marengo, et l'on ne reçoit presque aucun Arabe à l'hôpital. D'ailleurs, ces bonnes filles prennent le chemin du ciel avec une gaieté qui donne presque envie. La dernière qui est morte à Alger a voulu qu'on chantât le *Magnificat* quand on l'a administrée ! Tant s'en faut que les autres compagnes tremblent; elles se présentent, au contraire, en foule pour remplacer celle qui tombe;... et il faut presque les consoler de ce qu'on leur refuse cette grâce ! Au fait, une telle mort est une sorte de martyre, et n'est-ce pas une belle occasion de quitter ce triste monde où nous sommes depuis assez longtemps !... » Puis il donnait des nouvelles des orphelins arabes recueillis par Mgr Lavigerie : « Où en sommes-nous donc avec les Arabes, les disputes, les assassinats, la famine, etc., etc... ? A la tour de Babel, ou, si tu aimes mieux, à l'arche de Noé !... Véritablement, les Algériens n'y comprennent plus rien ; comment pouvez-vous y voir clair en France? Vous autres, là-bas, vous pleurez de tendresse et vous dites : Pauvres Arabes !... Le bon Dieu vous tiendra compte de votre charité, mais lui seul peut savoir ce que ce triste peuple deviendra ! L'heure de leur conversion est-elle venue ? Monseigneur travaille à la préparer. Tu as dû voir par les journaux qu'il est en lutte avec le gouvernement sur cette question ; dernièrement il a eu une entrevue avec l'empereur, car il est à Paris; nous attendons ici avec inquiétude le résultat de cette lutte... »

Cependant, les vacances de cette triste année arrivaient, et dès le premier jour il écrivait à sa sœur : « J'entre aujourd'hui même en vacances, et tu conviendras que je suis passablement aimable en te consacrant les premières heures de ma liberté ! — Et que vas-tu faire ces trois longs mois? me dis-tu avec un certain air. — C'est bien simple ! Je me lèverai à quatre heures, je me coucherai à neuf, je parlerai à mes livres, je garderai la maison, j'écrirai quelquefois à mes deux vieilles sœurs et à mes amis;... que veux-tu de mieux?... — Et tu ne traverseras pas la mer? — Si, mais pas pour aller à Ecotay ! — Ah ! c'est un peu sans façon ! — Non; c'est très apostolique ! Depuis longtemps, je passe mes vacances comme un rentier ; or, cette année, le Père Étienne a pensé que cette tranquillité n'est pas utile à mon salut, et c'est pour me procurer l'avantage de me sanctifier qu'il m'a chargé de prêcher deux retraites ecclésiastiques : l'une à Nice, le 11 septembre; l'autre à Pamiers, le 21 du même mois. Tu vois donc que j'ai bien autre chose à faire que d'aller promener mes loisirs au pays ! Tu es dès ce moment dans l'obligation de prier pour le succès de cette mission si importante et si difficile. J'avais bien envie de faire des représentations, mais j'ai déjà tant de fois tourmenté ce pauvre Père, que pour ce coup je m'exécute bonnement et bravement.... On dit même que cette année il faudra se laisser poser sur la tête un *gros bonnet* !... Je me résigne à ce que l'on voudra; mais il n'y a encore rien de certain, tout cela est dans l'air.... Bien entendu qu'il ne faudra pas encore proclamer mes titres, car si je revenais *Gros Jean* comme devant?... »

Il lui écrit encore de Pamiers après avoir donné sa retraite : « J'ai terminé hier soir ma retraite; elle s'est passée, je crois, de manière à procurer la gloire de Dieu ; tu diras donc un bon *Te Deum* pour l'en remercier. Non seulement je ne suis pas fatigué, mais je me porte mieux qu'avant ; il faut dire aussi qu'on a soin de moi comme si j'étais à Écotay ; Mgr de Pamiers est un digne et saint évêque, il a eu toutes sortes de bontés pour le prédicateur. Je ne sais pas au juste ce qu'on aura pensé de ce dernier ; mais, pour lui, il emportera un bon souvenir du clergé de l'Ariège…. Me voilà devenu presque un personnage ! »

Et encore quelques jours après, et avant de quitter Pamiers, où il venait en outre de donner la retraite aux Filles de la Charité de l'hospice : « J'ai terminé la retraite ecclésiastique le vendredi soir, 24 ; et je puis dire, entre nous deux, que le bon Dieu a béni ma bonne volonté ; ces exercices n'auront pas été sans profit pour le vénérable clergé qui m'a témoigné assurément plus d'affection et plus d'estime que je n'en mérite, soit dit sans un pouce d'humilité *à crochet !* Monseigneur a été très bon ; il a voulu m'avoir à dîner le dimanche après mon arrivée et le dimanche qui a suivi la retraite. C'est un prélat très vénérable et d'une régularité édifiante. Pendant tout le temps du travail, je n'ai pas éprouvé la moindre fatigue, et cependant je parlais quatre fois par jour, sans compter les confessions ; pour une religieuse, parler si souvent serait une bonne fortune ; mais pour un Lazariste, je trouve que c'est excessif ; on n'a pas le temps de respirer…. Bref, je m'en suis tiré passablement ; tu diras un *sub tuum* d'action de grâces…. Je ne sais pas si je t'ai dit que je viens encore cette année de manquer une supériorité ; Mgr Callot m'avait demandé pour son séminaire d'Oran ; mais le Père Étienne a tenu bon pour me laisser à Alger. Je n'en suis pas bien fâché ; et cependant j'aurais eu plaisir, non pas à porter le *gros bonnet*, mais à vivre avec l'excellent évêque d'Oran… »

C'est encore une supériorité éludée, mais il n'y échappera plus longtemps ; la rumeur publique, durant ces mêmes vacances, le désignait comme Supérieur du grand séminaire de Nice; deux années auparavant, c'était au grand séminaire d'Amiens; lui-même semble en avoir pris son parti et se résigner; sa mission à Kouba et en Algérie peut être considérée comme finie, et le but que la Providence se proposait est certainement atteint : il s'est formé insensiblement dans la solitude et sous l'œil de Dieu; il s'est complété en développant les dons naturels si rares qu'il avait reçus; il a répondu à l'action merveilleuse de la grâce par une coopération toujours généreuse : il est prêt! et la Providence va le prendre et le placer au poste de confiance et d'honneur qui lui est destiné. Mais nous devons auparavant entrer dans quelques détails pour montrer de quelle manière il s'est acquitté de sa mission en Algérie et quels fruits de bénédiction y a produits son ministère de quinze années.

Les témoignages sont unanimes : les fruits obtenus furent merveilleux. Quelqu'un qui, par sa position, est bien à même de connaître le clergé d'Algérie, nous écrit :

« En beaucoup de presbytères d'Alger, d'Oran et de Constantine où j'ai eu occasion de revoir mes anciens condisciples de Kouba, j'ai partout entendu louer la mémoire de M. Dazincourt; on se souvient surtout de son affabilité, de son ouverture de bras et de cœur, de sa manière de recevoir, car personne n'est jamais sorti de chez lui mécontent; on parle encore de son habileté à résoudre les cas de conscience, à exposer une question, à répondre aux difficultés. Que de fois surtout j'ai entendu rappeler sa piété et cette admirable vertu à la façon de celle de l'aimable saint François de Sales! Comme dernièrement j'annonçais sa mort à un de ses anciens élèves, je le vis tout ému à cette triste nouvelle : « M. Dazincourt est mort! me dit-il. « Quelle perte! Quel modèle le bon Dieu m'avait donné en « lui! Quel saint prêtre!... »

Pas un confrère, pour si peu qu'il ait habité l'Algérie, qui n'ait recueilli mille fois son éloge. On a lu plus haut le témoignage que lui rend Mgr Robert; il n'est ici sans doute qu'un écho, mais l'écho du cri unanime qu'il a surpris sur les lèvres de tous ses anciens élèves ; mieux que cela, car, des effets merveilleux qui le frappent remontant aux causes, il constate directement l'habileté de l'ouvrier et l'efficacité de son action : « J'ai connu, j'ai pratiqué ces prêtres, et j'ai vu, par la solidité de leurs vertus sacerdotales, la grandeur de l'œuvre que M. Dazincourt a accomplie pendant son séjour en Algérie. » En voici de plus directs et de plus péremptoires encore : M. Girard, son supérieur, qui l'a vu à l'œuvre pendant quinze ans, et a tous les jours suivi son action sur la communauté, cherchant à expliquer le bien opéré malgré ce qu'il appelait son insuffisance, écrivait sur la fin de sa vie : « Une autre pensée qui me gouvernait, c'est que je devais écouter avec respect tout ce que mes confrères me diraient dans l'intérêt du séminaire, les croyant plus éclairés que moi sur ce sujet ; et j'ai beaucoup à me féliciter d'avoir cru à mes confrères, qui peu à peu ont mis de l'ordre à tous les offices et dans toutes les branches de l'enseignement. Comme sur un navire, je tenais le timon pendant que les professeurs, qui étaient tous jeunes, mettaient la main à tout, distribuaient les emplois et commandaient la manœuvre. Quand un professeur avait fait le bien pour lequel Dieu l'avait appelé, la Providence le déplaçait et en amenait un autre qui apportait une nouvelle amélioration. Les uns, en arrivant, mettaient la réforme dans l'ensemble du séminaire, dans la lettre ou l'esprit qui aurait dû nous animer ; les autres se prononçaient pour une plus grande sévérité dans les appels aux ordinations. Tous ont fait beaucoup de bien ; pas un dont on ne puisse dire : *Pertransiit benefaciendo*. Mais il y en a plusieurs qui ont fait un bien incalculable. » Nous sommes intimement convaincus qu'en écrivant ces dernières lignes, le vieux Père Girard a pensé d'une manière particulière à M. Dazincourt, et qu'il a voulu lui rendre un hommage bien mérité; et nous savons n'être pas les seuls à avoir cette conviction! Du reste, M. Girard, d'accord en ceci avec les séminaristes, n'avait pas tardé à apprécier le confrère qu'il venait de recevoir; voici, en effet, ce que nous écrit un des élèves de cette époque : « A peine M. Dazincourt était parmi nous, et dès la première conférence qu'il nous donna, nous fûmes tellement saisis, que nous sortîmes tout ravis d'admiration. Quelques jours après, j'eus la simplicité de dire au Père Girard : « Monsieur le Supérieur, il me semble « que M. Dazincourt est déjà bien estimé des séminaristes ! — « C'est vrai, me répondit-il; le Père Etienne nous a très bien « servis, M. Dazincourt fera du bien à Kouba; d'ailleurs, on « me l'avait bien fait espérer à Paris ! » Pour compléter et couronner ce concert d'éloges, qu'il nous soit permis d'y ajouter le témoignage d'une voix plus compétente encore et plus autorisée. En janvier 1877, la sœur de M. Dazincourt étant morte supérieure de la maison des Filles de la Charité, à Hussein-Dey, Mgr Lavigerie, qui avait vu le directeur de Kouba à l'œuvre et l'avait apprécié, voulut honorer ces funérailles de sa présence, et, daignant prendre la parole, il fit l'éloge de la vénérable défunte; puis, avec une émotion visible, il ajouta : « Elle n'est pas la seule de son sang qui ait travaillé au développement de cette Église naissante d'Afrique! Là-haut, sur la colline en face de nous, le séminaire de Kouba a possédé durant plusieurs années son frère, l'un des directeurs les plus distingués, les plus éminents, les plus regrettés... Et aujourd'hui, retenu au loin, il n'a pu être là pour accompagner sa chère sœur à sa dernière demeure! Et j'ai tenu à honneur de le remplacer et de lui donner ce témoignage public de ma reconnaissance!... » Et, comme M. Dazincourt s'était hâté de remercier Sa Grandeur, il en recevait cette réponse : « Ce que j'ai fait est bien peu de chose; mais vous y avez vu du moins ma reconnaissance pour les services éminents du frère et le dévouement constant de la sœur.... Adieu, mon cher Supérieur; de loin comme de près, croyez à mes sentiments les plus affectueusement dévoués en Notre-Seigneur. » Ces lignes se passent de commentaires!

Quelqu'un, qui est à même d'avoir bien connu les sentiments de Mgr Pavy, nous écrit qu'il faisait un très grand cas de M. Dazincourt; il ajoute : « Aux conférences ecclésiastiques qui avaient lieu à l'évêché, et auxquelles assistait toujours le professeur de morale de Kouba, Mgr Pavy ne manquait jamais de demander son avis à M. Dazincourt sur toutes les questions qui étaient traitées, et on voyait bien que c'était cet avis qui faisait pencher la balance et inspirait au prélat la décision à prendre. »

Un vicaire général d'un des diocèses d'Algérie, ancien élève de M. Dazincourt écrit qu' « il est heureux et fier de rendre témoignage à la mémoire du maître, envers lequel les Algériens n'auront jamais assez de reconnaissance et d'admiration ». Un autre dignitaire très haut placé se déclare heureux de pouvoir s'entretenir de celui qui fut son professeur durant son séminaire et son directeur depuis; et, après avoir donné des renseignements très intéressants que nous avons le bonheur de mettre à contribution, il termine ainsi : « Il ne lui manqua qu'un peu de santé pour faire produire à tant de talents et de vertus les œuvres que sa Congrégation et l'Église seraient heureuses de posséder et de conserver précieusement. Mais son historien y suppléera en nous le montrant toujours vivant dans sa manière de former et de diriger les générations sacerdotales qui, ayant eu le bonheur de le connaître, en conservent un impérissable souvenir et tâcheront de suivre toujours la ligne de conduite qu'il leur a tracée. »

CHAPITRE VII

M. Dazincourt, professeur et directeur.

Mgr Robert signale avec raison deux points spéciaux sur lesquels se fit surtout sentir l'influence de M. Dazincourt à Kouba : impulsion vigoureuse aux études, formation de prêtres admirables. Pour donner la raison de cette double action, nous n'avons qu'à étudier en lui successivement le professeur et le directeur.

Dans une notice très soignée et faite par M. Dazincourt sur son ancien supérieur, M. Girard, nous lisons par rapport au sujet qui nous occupe : « Lorsqu'on était encore à Alger, dans l'impasse Sainte-Philomène, les études laissaient beaucoup à désirer; mais l'installation à Kouba amena sur ce point des réformes importantes. » Il faut remarquer que ces réformes ne s'introduisirent que lentement et qu'elles n'agirent efficacement, du moins en grande partie, que sous l'influence persévérante de M. Dazincourt; nous avons sur ce point le témoignage direct de plusieurs des séminaristes de cette époque, sans compter le témoignage indirect du Père Girard lui-même, cité dans le chapitre précédent, et même celui de M. Dazincourt dans le premier volume de sa *Chronique de Kouba*. Il continue ainsi : « En même temps que l'heureux état des santés et le calme de la solitude favorisaient le travail, un souffle énergique soulevait les esprits. Les séminaristes prenaient goût aux questions théologiques, historiques, liturgiques; ils s'en préoccupaient.... Un auteur unique, Thomas de Charmes, fut substitué à Bouvier et à Gury, suivis jusqu'en 1861. Le soin donné à l'étude de la théologie ne faisait pas oublier les autres branches de la science sacrée ; il y eut plus d'exactitude et de perfection pour le chant aussi bien que dans les cérémonies... Par ce simple exposé, d'une rigoureuse exactitude, on peut conclure que les études n'avaient rien à envier à ce qui se pratique dans nos séminaires de France[1]. » La part qui revient à M. Dazincourt, nous allons essayer de la montrer en indiquant son influence comme professeur.

Durant les quinze années qu'il passa à Kouba, il y enseigna la théologie; il fut professeur de dogme, de 1855 à 1857, et de morale, depuis le départ de M. Louis Girard, à cette dernière date et jusqu'en 1870. Mais en même temps il fut chargé successivement de plusieurs cours dits secondaires; et de la sorte son action se fit sentir sur la plupart des points de l'enseignement; ainsi, prédication, chant, liturgie et cérémonies et jusqu'à des leçons de lecture et de prononciation, des classes de politesse ;... rien ne lui sembla petit; il eut à s'occuper de tout et, d'après des témoignages unanimes, en tout il réussit merveilleusement.

La raison de ce succès, nous croyons la trouver, moins dans son aptitude presque universelle et dans son très remarquable talent, que dans l'admirable esprit de foi qui l'animait et dans son incessante application à l'étude. Rien ne lui paraissait petit ou indifférent de tout ce qui touche de près ou de loin au culte de Dieu : chant, rubriques, cérémonies, etc., et il attachait une grande importance à ces mille petits détails qui de prime abord paraissent bien secondaires dans un prêtre, tels que tenue, démarche, prononciation, manières, etc.; tous ces points, il les avait à cœur et il les traitait avec une conviction et une foi admirables. Cela provenait de la haute idée qu'il avait de Dieu et de son culte, du prêtre et de son ministère. Il avait été formé à bonne école sous ce rapport, et jamais il ne perdit ce premier pli qu'il avait reçu de ses pieux maîtres, à Verrières, à Alix et surtout à Saint-Irénée. Il avait coutume de

---

1. *Notice sur M. Joseph Girard*, p. 76-78.

dire à ce sujet : *De minimis non curat prætor*, au témoignage des anciens ; cela n'est pas vrai du prêtre ! de lui surtout il faut dire avec l'Esprit-Saint : *Qui in modico iniquus est, et in majori iniquus erit*[1] !

Jamais, croyons-nous, il n'ambitionna un cours, un enseignement, fût-il dans son aptitude et ses goûts ; mais, dès que l'obéissance l'y avait appelé, rien ne lui coûtait pour s'acquitter de son emploi, si humble fût-il, non seulement d'une manière convenable, mais encore supérieurement et en conscience, ce qui pour lui était tout dire ! Un exemple entre autres : il avait été chargé durant plusieurs années de donner chaque dimanche une petite instruction à trois ou quatre Frères de la mission, puis à un égal nombre de domestiques, tous faisant partie du séminaire ; il ne s'y préparait pas moins soigneusement que s'il avait dû faire une conférence aux séminaristes ou un sermon à la paroisse ! et de fait, dans ses cahiers de Kouba, nous avons retrouvé, et non sans bonheur, les canevas complets et soignés de ces instructions adressées à trois ou quatre auditeurs ! Saint François de Sales ne faisait pas mieux ! On peut juger par là du soin qu'il apportait à la préparation de ses moindres classes. Il avait le travail très facile, et de tout temps il avait eu l'habitude de ne pas perdre une minute. Nous lui avons souvent entendu dire : « Cinq minutes par jour, c'est cinq minutes ; mais par semaine, mais par mois, mais par année, cinq minutes ce sont des journées entières !... et si ces cinq minutes perdues étaient chaque jour employées à apprendre deux versets de saint Paul, à la fin de son séminaire chaque séminariste aurait meublé sa mémoire d'un trésor inappréciable ! » Nous savons qu'il pratiquait lui-même ce qu'il enseignait là. Aussi, sans exagération aucune, on peut le dire, incalculables sont les pages qu'il a écrites durant son séjour à

---

1. Luc, XVI, 10.

Kouba, car il ne travaillait guère que la plume à la main, ce qui est le seul moyen de travailler fructueusement... Vastes répertoires de notes, cahiers de dogme et de morale, cas de conscience, questions contemporaines, traités de liturgie, de cérémonies, de prédication, de lecture même et de prononciation, plus de cent conférences aux séminaristes, de très nombreux sermons pour la paroisse de Kouba, des instructions pour retraites aux Filles de la Charité, des allocutions en canevas très soigné pour une congrégation d'Enfants de Marie, pour les Frères, etc., sans compter une assez vaste correspondance... Qu'on calcule ce que, par son intelligence et cette activité, il a remué d'idées durant quinze années !...

Aussi plus tard, à Montolivet, quand la charge de supérieur et ses autres occupations du dehors vinrent absorber à peu près tout son temps, il avait l'habitude de dire en soupirant : « C'est fini, je ne fais plus rien ! Je suis obligé de vivre sur mon passé !... » Et pourtant, on ne le voyait jamais à son bureau de travail sans une plume à la main et quelque docte livre sous les yeux !

En tête de son premier cahier de notes, — ce sont des notes dogmatiques, — nous lisons les extraits ou pensées qui suivent, placés en vedette, comme un phare lumineux ou comme un programme :

O Sacerdos, o Tractator... pretiosas divi Dogmatis gemmas exculpe, fideliter coapta, adorna sapienter, adjice splendorem, gratiam, venustatem!... Eadem quæ didicisti doce, ut cum dicas « nove » non dicas « nova »...
Vincent de Lérins.

« La vie du vénérable Bède se résume ainsi : Prier, étudier, enseigner, écrire.... Beau règlement pour un directeur de séminaire ! »
de Montrond.

« Un jour, un religieux demanda à saint Thomas ce qu'il

avait à faire pour devenir savant : « Ne lire qu'un seul « livre, » répondit celui-ci. »   S. Franç. de Sales.

« Il n'y a rien qui favorise plus une objection hardie qu'une réponse molle. »   Bossuet.

Prenant à la lettre ces sages conseils, suivant pas à pas de si beaux exemples, M. Dazincourt passa vraiment ses quinze années de Kouba à prier, à étudier, à enseigner, à écrire. Le livre qu'il étudia le plus, et qu'il ne cessa de méditer toute sa vie, fut la sainte Écriture; et dès lors il se fit une loi de commencer chacune de ses journées, même pendant ses vacances, par la lecture de trois ou quatre chapitres de l'Ancien Testament, de façon à le relire en entier chaque année. Pour ne jamais laisser du louche dans l'esprit de ses élèves et ne point favoriser la hardiesse des objections, il visait avant tout, dans la préparation de ses classes de théologie, non seulement à comprendre, mais à posséder à fond l'auteur classique, car, s'en tenant autant que possible à ses sages règles, il évitait de dicter à ses élèves des traités composés par lui, mais se bornait à leur inculquer fortement l'auteur qu'ils avaient entre les mains; dans ce but, il s'appliquait d'abord lui-même à en saisir le fort et le faible, embrassant d'avance l'ensemble et la synthèse; puis, descendant dans les détails par une analyse minutieuse, il en découvrait la méthode, l'ordre, l'enchaînement, et il ne le quittait qu'il n'en fût vraiment maître et ne le dominât absolument. Là surtout consistait pour lui, que de fois il l'a proclamé! le principal travail de préparation d'un cours de théologie dans un grand séminaire, car le but n'est pas de faire des savants et des érudits, mais de donner la clef et le goût de la science à ceux qui seront aptes à l'acquérir un jour, et à tous la connaissance lumineuse des vérités dogmatiques qu'ils seront obligés d'enseigner, et des principes de morale avec leurs conclusions pratiques nécessaires à la conduite des âmes. En conséquence, il n'employait pas d'habitude son temps à compulser un grand nombre d'auteurs : ce qui lui eût été difficile à Kouba, où la bibliothèque était rudimentaire[1]; il se contentait de saint Thomas et de Billuart pour le dogme, de saint Liguori pour la morale; du reste, toutes ses lectures étaient mises à contribution et servaient à son but, jusqu'à la lecture du journal et de quelques revues spéciales; les notes multiples de ses cahiers en font foi. Il n'éludait jamais à l'occasion les actualités, ne craignant pas de s'attaquer aux erreurs contemporaines, que nos auteurs classiques négligent trop souvent; ainsi nous avons trouvé, non seulement des notes rapides, mais de vraies études très justes et fort complètes sur le naturalisme, la tolérance et la liberté, l'égalité civile, le libéralisme, la question italienne, le principe dit de non-intervention, celui des nationalités, la séparation des pouvoirs, le *Syllabus*, etc., et plusieurs autres questions actuelles, alors si vivement et si contradictoirement agitées; inutile d'ajouter que sa doctrine est irréprochable sur chacun de ces points, et son orthodoxie parfaite; il s'inspirait toujours des plus saines traditions et ne se ressentait nullement des influences gallicanes ou des systèmes de morale rigide. C'est conformément à cette doctrine, dans cet esprit et selon cette méthode que nous avons trouvé, rédigés, des cahiers de notes sur les traités de la religion, de la foi, de la trinité, de l'incarnation, de la grâce, pour le dogme; et, quant à la morale, de nombreuses et difficiles questions de justice, des solutions raisonnées de très multiples cas de conscience, et même un traité complet de conférences diaconales. Nous avons plus remarqué encore deux cahiers contenant des notes et des leçons entièrement rédigées pour un cours de *Prédication* et pour un cours de *Liturgie* et de *Cérémonies*; quant à la pré-

---

1. Le Père Girard employait les ressources disponibles à planter de beaux vignobles, plutôt qu'à acheter des livres, ce qui faisait jeter les hauts cris aux professeurs.

dication, bien que convaincu que M. Dazincourt fut plus utile à ses élèves par son exemple même que par ses préceptes, nous n'avons pu qu'admirer la sûreté, l'élévation, la précision, en même temps que la simplicité et le bon sens pratique de ses leçons; et, en particulier, les conseils qu'il donne pour tirer profit de ce qu'on lit ou de ce qu'on entend, et se former ainsi petit à petit de riches et abondants matériaux pour l'avenir : lecture, la plume à la main, recueils et répertoires, etc. Ces leçons de prédication sont complétées par des principes de prononciation et de lecture. Le cours de liturgie est fait pour trois ans et comprend : le Rituel, les Fabriques, la Politesse; la matière en est fournie par les *Statuts diocésains;* les cérémonies et le chant s'y rattachent naturellement. Chaque leçon commence par la critique des diverses cérémonies qui ont été exécutées depuis la dernière classe; les éloges sont rares, car le maître est exigeant; viennent ensuite des avis, toujours clairs et précis, sur les points qui laissent à désirer; enfin, le professeur aborde et traite largement le sujet de la présente leçon.

Par cette rapide analyse, on peut se faire une idée du travail que s'imposait le professeur pour acquérir la science, et du soin qu'il apportait à la préparation de ses classes. Mais, comme on le sait, ce qui constitue le maître, c'est moins la science que le don de la communiquer, car ce n'est point dans son cabinet, mais dans sa chaire que se montre le vrai professeur. Or, d'après des témoignages non équivoques, M. Dazincourt était professeur; il avait reçu ce don de la nature, il était né maître. Il en avait d'instinct toutes les qualités essentielles : l'autorité, l'intelligence, la sagesse et la mesure, le bon sens pratique et la méthode, et par-dessus tout, l'amour de ses élèves et l'estime de cette si noble et si sublime fonction : on sentait qu'en chaire il avait charge d'âmes!

Il avait d'ailleurs fait ses preuves comme professeur

quand il arriva à Kouba, et on doit se souvenir de ses succès au petit séminaire Saint-Jean de Lyon, et de l'estime dont il jouissait soit auprès des élèves, soit auprès de ses confrères. Il fut plus remarquable encore dans la chaire de théologie ; sa réputation s'établit vite et dure encore. Avec lui, on n'avait jamais à craindre que l'intérêt vînt à languir ou que l'attention se perdît ; jamais de vague, rien de terne ou de monotone ; nul entraînement hors du sujet, jamais de ces digressions qui font perdre le temps. Toujours fidèle à ses règles et aux sages conseils de son directoire, il ne manquait jamais, avant de commencer sa classe, d'attirer sur le maître et sur les élèves les bénédictions célestes et les lumières de l'Esprit-Saint ; il ne se contentait pas pour cela de la courte prière accoutumée, il avait soin d'entrer auparavant à la chapelle, et, durant plusieurs minutes, on pouvait le voir tout absorbé au pied du tabernacle ; il inspirait cette pratique à ses pénitents, et il la suivait lui-même, leur donnant fidèlement l'exemple. La première partie de la classe était employée à faire rendre compte de la leçon expliquée dans la classe précédente ; les élèves interrogés devaient répondre d'une manière précise, en forme rigoureuse ; il y tenait, convaincu qu'on ne saurait autrement que divaguer sans nul profit ; et toujours en latin. Il leur donnait encore l'exemple en ceci, car il avait une très grande facilité et parlait cette langue avec élégance. Nous avons retrouvé dans ses cahiers son discours d'ouverture à ses débuts de professeur de dogme ; voici l'exorde, qui roule précisément sur la langue latine : *Forsitan, ut arbitror, miramini, ornatissimi atque dilectissimi Juvenes, quod ea quæ primo dicenda suscepi, latino dicam sermone, et sic aliqua afficiam injuria illam nostram præclarissimam linguam quæ meritos sibi undique vindicat honores ; sed ita fert, veneranda mihi, et vobis non injucunda, consuetudo. Etenim latina lingua jam exercitatos recreat, quum in mentem reducat studii memoriam per longiores otii menses interrupti; tirones admonet omnia in theologicis exercitationibus sapere majestatem; aliunde litteratos juvenes non tædet linguam audire qua scientiæ et humaniores litteræ uti gloriantur; imo clericorum aures juvare debet illa lingua quam majestate primam, integritate immortalem, usu pio sanctissimam, diffusione catholicam facile dixerim!...* Qui ne le sent, s'il y a là encore un arrière-goût de rhétorique, une grande aisance s'y montre aussi pour la langue que l'Église s'est appropriée et dans laquelle ont écrit tous les maîtres de la théologie. Après la récitation, venait naturellement la solution des difficultés qui avaient surgi dans l'esprit des élèves, ou des objections que le maître proposait et qu'il fallait discuter selon les formes consacrées; en morale, il n'avait garde d'oublier les cas de conscience, qui achèvent de préciser les principes et en enseignent l'application dans la pratique. Les élèves ne manquaient pas de prendre des notes, et se formaient ainsi de précieux recueils pour l'avenir. « Voyez-vous ce tout petit cahier, disait un jour un prêtre d'Algérie, il m'est plus utile et plus précieux que tous ces livres de ma bibliothèque! » C'était un recueil des notes et bons conseils de M. Dazincourt. Enfin, la dernière demi-heure était réservée à l'explication de la leçon suivante; prenant en main le texte même de l'auteur suivi, en deux ou trois questions lucides il en précisait la doctrine, en montrait l'enchaînement avec les matières déjà étudiées, expliquait le sens et la portée des termes et des propositions, indiquait le fort et le faible de chaque preuve, faisait ressortir le poids et l'autorité de l'ensemble des arguments ou de la démonstration totale, et toujours avec une telle lucidité et une telle suite que, en quittant la classe, les élèves les plus intelligents possédaient en partie leur matière, ceux de force moyenne avaient de quoi l'apprendre, et les plus faibles eux-mêmes, ravis d'avoir compris, se mettaient à l'œuvre sans nul découragement. Aussi ne sommes-nous pas surpris de l'élan qui s'empara de la communauté au point de vue des études ; M. Dazincourt lui-même le constate dans sa notice sur M. Girard[1] : « Un souffle énergique soulevait les esprits, les séminaristes prenaient goût aux questions théologiques, historiques, liturgiques ; ils s'en préoccupaient. Quelques caractères ardents se passionnaient même outre mesure, surtout quand il s'agissait de controverses vivement débattues ; alors il en résultait des disputes animées jusque dans le temps des récréations ; mais, si une telle ardeur servait à développer l'intelligence, elle n'allait jamais jusqu'à altérer la charité. La présence de Mgr Pavy à quelques thèses publiques, et l'habileté du docte prélat à poser des objections aux répondants encourageaient cet élan ; on désirait plus qu'on ne redoutait de le voir, deux fois chaque année et à l'époque des ordinations, présider les examens... » Nous ajoutons à ce témoignage public celui de la *Chronique* de Kouba, qui pour être intime n'en a que plus de valeur, car le rédacteur ne s'y gêne guère pour y écrire la vérité toute crue. Nous y lisons, pour 1860, examens de la mi-année : « En général, les réponses ont été satisfaisantes. » En 1861 : « Chaque séminariste a subi l'examen pendant une demi-heure sur le dogme, la morale et l'histoire ; les réponses ont été en général sûres et intelligentes ; Sa Grandeur a témoigné à plusieurs reprises toute sa satisfaction. » En 1862 : « Réponses satisfaisantes. » En 1863 : « Sauf quelques exceptions, bien prévues, les réponses ont été satisfaisantes ; elles indiquaient du travail. » Et ainsi, à peu de chose près, pour les années qui suivent. Nous avons cependant trouvé, exceptionnellement, il est vrai, et circonstance atténuante, pour l'examen d'ordination de la fin de l'année, la note qui suit : « Les réponses ont été très faibles, et M. le Président n'a pas dû emporter une idée favorable. » C'est là un aveu qui garantit l'exactitude des notes précédentes.

---

1. *Notice sur M. Girard*, p. 77.

On peut donc en juger par tout ce qui précède, les témoignages que nous avons recueillis sur l'influence du professeur relativement aux études ne sont pas exagérés ; son action fut réelle, puissante et durable. Mais plus profonde encore et surtout plus bienfaisante fut celle du directeur.

Quand le professeur, dans les grands séminaires, réussit à communiquer aux élèves la science qui va leur être indispensable dans leur prochain ministère, il a sans doute atteint un but important et difficile ; et cependant le plus important et aussi le plus difficile reste à faire ; et ici surtout le secours d'en haut va être indispensable, car il s'agit de communiquer au jeune aspirant la sainteté avec toutes les vertus sacerdotales, il s'agit de faire un bon, un saint prêtre ! C'est, après Dieu, l'œuvre du maître considéré, non plus comme professeur, mais comme directeur.

Si saint Grégoire le Grand a pu dire sans exagération de la conduite des âmes en général, que c'est l'art des arts : *ars artium regimen animarum*, que penser de la conduite et de la formation des âmes sacerdotales ! Écoutons un des maîtres, reconnu de tout point admirable en cette sublime science, saint Vincent de Paul : « S'employer à faire de bons prêtres, disait-il, c'est faire l'office de Jésus-Christ, qui, pendant sa vie mortelle, semble avoir pris à tâche de faire douze bons prêtres, qui sont les Apôtres ; ayant voulu, pour cet effet, demeurer plusieurs années avec eux pour les instruire et les former à ce divin ministère. Former des prêtres, rendre meilleurs les ecclésiastiques, ah ! que voilà une grande parole ! Qui pourra comprendre la hauteur de cet emploi ? C'est le plus relevé qui soit !... Qu'y a-t-il de si grand dans le monde que l'état ecclésiastique ?... Or, dans la plénitude des temps, Dieu nous a appelés pour contribuer à faire de bons prêtres, à donner de bons pasteurs aux paroisses et à leur montrer ce qu'ils doivent savoir et pratiquer. Oh ! que cet emploi est haut ! qu'il est sublime ! oh ! qu'il est au-dessus de nous ! Qui est-ce d'entre nous qui avait jamais pensé à pareille entreprise, jusqu'à ce que Dieu nous eût signifié que son plaisir était de nous y employer... Et que sommes-nous pour ce ministère ? De pauvres et chétives gens ! et quelle proportion y a-t-il de nous, misérables, à un emploi si saint, si éminent et si céleste ?... Dieu ne s'est pas adressé pour cela aux docteurs, ni à tant de compagnies pleines de science et de sainteté ; mais il s'est adressé à cette chétive, pauvre et misérable Compagnie, la dernière de toutes et la plus indigne... Et il demande de nous cette application sérieuse, humble, dévote, constante, et qui réponde à l'excellence de l'œuvre... » Et alors, en face d'une telle œuvre, le saint prêtre entrait dans le détail des moyens à prendre pour être et se tenir à une telle hauteur : humilité et confusion d'abord ; sainteté et prière continuelle pour demander l'esprit du sacerdoce ; charité, cordialité et respect envers ces messieurs; zèle, empressement, dévouement, etc., etc. [1].

Nous savons que M. Dazincourt n'a jamais perdu de vue les grands enseignements de celui qu'il aimait à appeler son Père et qui fut, après Notre-Seigneur, le modèle sur lequel il voulut constamment fixer son regard. Aussi quelle idée il s'était formée du prêtre, avec un tel modèle, à la suite d'un tel guide ! et, partant, quelle haute estime il avait conçue pour cette redoutable fonction de former des prêtres ! Nous essayerons de le faire comprendre plus tard, lorsque la Providence, après avoir achevé de le préparer, l'appellera à diriger en chef un séminaire et à présider directement à une telle formation. Notre but est ici plus simple, nous nous bornerons à montrer l'influence de M. Dazincourt à Kouba comme directeur.

Bien des moyens, après la grâce, doivent être mis en œuvre

---

[1]. *Conférences de saint Vincent de Paul*, passim ; *Vie de saint Vincent de Paul*, par Abelly, t. II, chap. II et suiv., *passim*.

et concourent à la formation d'un prêtre selon le cœur de Dieu ; il ne s'agit, en effet, de rien moins que de distinguer d'abord la vérité de la vocation et l'appel divin au milieu de tant de motifs humains qui, naturellement, peuvent pousser une volonté même loyale et sincère ; puis, et surtout, de verser petit à petit dans des cœurs de vingt ans, sujets à tous les sentiments, à toutes les passions de cet âge, cette sainteté, cet ensemble de vertus sublimes dont la simple vue a effrayé et fait reculer des saints, tels qu'Ambroise, Jérôme et Chrysostome !... On ne s'étonnera pas si l'Église, jugeant l'atmosphère du monde incompatible avec une telle œuvre, appelle les aspirants au sacerdoce dans la solitude des séminaires, et durant plusieurs années les confie à la direction de maîtres saints et expérimentés. Là, outre le recueillement et le travail, ils seront soumis à une forte discipline qui va plier leur volonté volage ; ils auront sans cesse sous les yeux les exemples, les vertus sacerdotales de leurs directeurs ; leur âme sera comme inondée des grâces que des exercices de piété fréquents, des offices multipliés, des prières incessantes attireront du ciel ; tous les jours à la lecture spirituelle, plusieurs fois par semaine à l'oraison et aux diverses prédications, ils recevront la divine semence d'un enseignement spécial jeté à pleines mains dans le terrain bien préparé de leur cœur ; à cette direction générale, et partant insuffisante et trop vague, viendra s'ajouter une formation individuelle, et chaque semaine en confession, tous les mois et plus souvent en direction, chaque séminariste viendra spontanément aux pieds d'un de ses maîtres, librement choisi, demander une bénédiction particulière, confier les secrets inviolables de sa conscience et recevoir du représentant de Dieu, et selon ses besoins, le pardon qui purifie, la lumière qui éclaire, l'onction qui console, le conseil et le doux reproche qui redressent, l'impulsion enfin et la direction, qui, peu à peu, l'amèneront, après l'appel de Dieu, manifesté par celui de ses maîtres, à présenter sans témérité ses mains à l'onction du pontife et à entendre sans trembler cette redoutable parole : *Tu es sacerdos in æternum!*

Nous avons des témoignages unanimes qui nous prouvent que M. Dazincourt, à Kouba, contribua pour une très large part à mettre efficacement en œuvre chacun de ces puissants moyens de formation; nous allons les parcourir rapidement, on en restera convaincu.

Et d'abord, la *Discipline*, sans laquelle rien n'est possible, ni travail, ni recueillement, ni piété, ni bon ordre et bon esprit. Le bon P. Girard avoue, dans les notes qu'il a laissées, que, dès les premières années, chacun vivait à peu près à sa guise : on était si peu nombreux et l'installation si insuffisante! on tâtonna quelque temps. En 1850 parut le *Directoire* des grands séminaires; ce fut une grande ressource. En 1856 vint à Kouba un visiteur extraordinaire, et on élabora enfin un règlement définitif; M. Dazincourt, arrivé dès l'année précédente, ne fut pas le dernier à s'en réjouir, et nous savons que dès lors il tint d'une main ferme à son exécution; on n'a qu'à parcourir la *Chronique* de Kouba pour s'en convaincre. Non pas qu'il ait apporté, à surveiller de grands jeunes gens raisonnables qu'il convient d'habituer à se conduire par eux-mêmes, les procédés et les détails minutieux qui sont de mise à l'égard des enfants des petits séminaires; ce n'est point là l'esprit de la Congrégation, qui craint de faire des hypocrites par une telle surveillance; et il n'était guère dans les goûts et les aptitudes personnelles du sage et noble directeur d'abaisser son ministère à un rôle de vulgaire policier! Mais il est tant d'autres moyens d'assurer le maintien du bon ordre, du règlement, et par suite de la discipline, quand le maître est habile, prudent et dévoué! son exemple, son air et sa tenue, sa vue seule en imposent;... le poète latin l'a fort bien remarqué : *Si forte virum quem conspexere, silent....* Sa présence n'est pas même nécessaire, la seule pensée qu'on a d'un tel maître suffit, quand il a su se placer et rester toujours à sa hauteur : *Vir bonus cogitatus emendat*, a dit Sénèque ! Or, M. Dazincourt était éminemment cet homme-là, et, d'instinct, tout le monde le comprit dès son arrivée; pour s'en convaincre pleinement, on n'aurait qu'à lire certaines remarques de la *Chronique* de Kouba, où, après la constatation de tels et tels abus encore existants, on sent vibrer, à mots couverts, la tristesse, la douleur, nous pourrions dire la sainte indignation du zélé directeur.... Aussi les heureux résultats de sa présence et de son action ne tardèrent pas à se montrer; qu'on lise ce qu'il en dit lui-même dans sa notice sur M. Girard; comme le contentement et la satisfaction percent dans chacune de ces lignes : « Les années, en se succédant, ne faisaient qu'affermir l'ordre et la régularité : plus de courses de fantaisie à Alger, plus de sortie à Pâques et à la Pentecôte, sous prétexte d'aller respirer l'air pur du printemps; plus de ces congés extraordinaires que le *bon Père* accordait facilement au temps de *l'âge d'or*, soit pour combattre les sauterelles, soit pour sauver les baraques envahies par les fourmis, soit simplement pour goûter le charme d'une belle soirée ! Les nouveaux venus s'étonnaient de trouver de ce côté de la mer toutes les traditions sévères de la France.... Quelques anciens, trop attachés aux souvenirs du passé, regrettaient ce qu'ils appelaient les privilèges de la liberté[1]... » Mais, en somme, on était heureux, et, grâce à la discipline, l'ordre régnait, on travaillait sérieusement, le recueillement existait et la piété n'y perdait pas !

Au contraire, la piété y gagna beaucoup, et dès cette époque on remarqua de très sérieux progrès sous ce rapport capital; avec l'influence de l'ordre et de la discipline, nous devons les attribuer d'abord, et pour une large part, aux exemples de vertu, à la sainteté et aux prières ferventes des

---

1. *Notice sur M. Girard*, p. 79.

maîtres. On connaît l'adage si juste : *Exempla trahunt;* cela est vrai surtout dans une communauté, car les membres sont toujours ensemble, dans un séminaire où les directeurs, sans cesse mêlés aux élèves, ne peuvent guère leur rien dérober, même de leur vie intime, qui finit toujours par se trahir et percer au dehors; en sorte que, bon gré malgré, par la force des choses, les élèves se modèlent sur leurs maîtres et se façonnent à leur image : *Similis similem generat.* A ce point de vue, l'action du vénérable M. Girard fut immense dans le séminaire; son esprit de foi et de prière, ses vertus et sa sainteté sont bien connus; mais cela n'empêche nullement qu'une grande partie des heureux résultats ne revienne à ses confrères, car ils avaient avec les élèves un contact plus fréquent et plus intime, et surtout, disons-le hardiment, à M. Dazincourt; les témoignages sont unanimes, et Mgr Robert, en le constatant d'une manière si explicite, n'a été que l'écho du clergé algérien tout entier, l'organe de la vérité.

Du reste, après ce qu'on a vu jusqu'ici, on n'aura pas de peine à se figurer l'impression profonde que dut produire le nouveau directeur, non seulement par son grand air de distinction, par sa rare intelligence et ses aptitudes naturelles, par sa bonté, son affabilité de bon aloi et ses manières si avenantes, mais surtout par sa régularité, sa piété, son esprit de foi, ses vertus enfin et la sainteté de sa vie. D'autant plus que, profondément convaincu de son insuffisance en face de l'œuvre sublime à laquelle Dieu l'appelait, il commença par s'appliquer plus que jamais à sa propre sanctification, selon la parole du divin Maître : *Ego sanctifico meipsum ut sint et ipsi sanctificati.* Et ne devait-il pas être pour ses élèves *la bonne odeur de Jésus-Christ,* la lumière du monde, le sel de la terre? Aussi on le vit, en tout et toujours, scrupuleux observateur de ses règles et des moindres prescriptions du règlement; il étudia à fond le *Directoire des séminaires,* fruit de l'expérience et de la sagesse des anciens, en sut saisir vite l'esprit et eut à cœur de s'y conformer toujours. Considérant la solitude et le recueillement comme des éléments essentiels à sa nouvelle vie, il se cloîtra, pour ainsi parler, dans la chère baraque qui lui servait de cellule, et bien rarement on le rencontrait au dehors, si un devoir rigoureux ne l'y appelait; jamais dans le monde, qu'il n'avait du reste à aucune époque fréquenté ni aimé. Tout entier à ses chères études et aux choses de son emploi, il ne les quittait qu'à regret, à moins qu'il ne s'agît d'un exercice de piété; et, dans ce cas, il laissait tout de grand cœur, car il était bien convaincu que les exercices de piété, l'oraison en particulier, sont les moyens indispensables d'acquérir, d'entretenir et de développer cet esprit intérieur si nécessaire au prêtre, et surtout au directeur de séminaire. Voici les remarques d'un confrère qui a vécu avec lui à Kouba : « J'ai toujours regardé M. Dazincourt comme le type du vrai missionnaire; scrupuleux observateur des règles et du *Directoire*, il cherchait à les réaliser dans le détail de sa conduite et de son emploi. Tout entier à son office, il lui consacrait tout son temps, toute son activité. Je n'ai jamais connu de missionnaire aimant plus que lui la solitude de sa maison et de sa chambre. C'était vraiment le digne disciple et le vrai fils de saint Vincent!... » Aussi ses progrès furent rapides, devinrent sensibles à tous et répandirent l'édification dans la communauté. Mais où son action bienfaisante se manifesta d'une manière plus remarquable encore et produisit des fruits abondants de sanctification, ce fut, avec l'impulsion donnée aux cérémonies du culte divin, dans la prédication de la parole sainte et dans la direction des consciences; en ces divers points, de l'aveu de tous, il se surpassa et fit un bien immense.

On sait quelle édification résulte de la seule vue d'un saint prêtre à l'autel, offrant avec piété la sainte Victime ou accomplissant avec gravité et esprit de foi les augustes cérémonies du culte; l'édification augmente encore et l'impression devient plus saisissante quand c'est toute une légion d'officiers et de ministres qui se meuvent avec ensemble dans le sanctuaire, et, lors des grandes solennités, forment comme un cortège angélique à l'Agneau sans tache résidant sur son trône d'amour! Non seulement M. Dazincourt prêcha d'exemple à l'autel et dans le lieu saint; mais en outre, chargé du cours de liturgie, et par suite des cérémonies et du chant, il sut vite communiquer le feu sacré autour de lui; on comprit l'importance de fonctions réputées communes et presque vulgaires; l'esprit de foi se réveilla, le goût vint, le zèle s'en mêla, une sainte émulation s'empara de la communauté; et, au lieu d'un plain-chant monotone et traînant, on put entendre et goûter les graves et belles mélodies grégoriennes fidèlement rendues; on put surtout voir se dérouler avec pompe et majesté, sous la coupole de Kouba ou dans le beau sanctuaire de la cathédrale d'Alger, ces imposantes cérémonies que l'Église catholique aime à prodiguer aux jours de ses fêtes; et cela, à la grande édification des fidèles évidemment, et aussi au très grand profit spirituel des séminaristes eux-mêmes. Ces beaux résultats sont dus au zèle de M. Dazincourt, qui, dans ses classes de liturgie avait pris à cœur d'inspirer aux élèves le soin de la maison de Dieu et l'honneur de son culte; et rien ne lui coûta pour y parvenir. Aussi avec quel bonheur il constate l'amélioration obtenue, avec quelle satisfaction, dans sa *Chronique*, il parle des belles fêtes du séminaire! Ainsi nous lisons, à l'occasion de la fête de Noël 1862 : « Au séminaire, la fête a été d'une splendeur peu ordinaire; la chapelle, décorée avec goût de draperies et de feuillages, éclairée par seize girandoles, présentait un air de fête qui portait au recueillement; le chant des psaumes, des leçons et de la messe a été aussi régulier que soutenu... » Et, dans une autre circonstance : « Le chant a été régulier, les cérémonies ont été faites avec précision et gravité... » Et un dimanche où on avait dû improviser un office pontifical : « La cérémonie s'est faite très convenablement, malgré la surprise. » On le voit, l'impulsion avait été vivement donnée, le pli était pris et ne fut plus perdu.

Nous avons hâte d'arriver aux prédications de M. Dazincourt, car il semble, d'après ce que nous avons pu savoir ou conjecturer, que c'est par ce moyen que se manifesta son action principale; c'est ici, du moins, qu'il a laissé chez ses anciens élèves les impressions les plus vives, les souvenirs les plus impérissables; ce qui est loin de nous surprendre, et ce qui n'étonnera pas quiconque l'a entendu. Nous avons eu occasion de l'indiquer, dès sa première instruction, en 1855, il fit une profonde impression sur les séminaristes, et ils se disaient entre eux, ravis d'admiration, au rapport d'un élève de cette époque : « Quel directeur nous avons là! C'est vraiment un homme d'un grand avenir!... » Il convient d'ajouter que l'impression première fut loin de diminuer par la suite et que l'admiration alla toujours grandissant, car de très réels et de très rapides progrès furent faits par le prédicateur durant les quinze années de son séjour à Kouba. Le bien opéré sur les élèves fut en proportion et se traduisit par une remarquable augmentation chez tous de piété, de zèle pour leur sanctification, et surtout d'esprit de foi, car aujourd'hui, comme du temps de saint Paul, *Fides ex auditu*[1]; avant tout, les apôtres et leurs successeurs ont été envoyés pour prêcher; après la grâce, c'est là le principal moyen d'action, et M. Dazincourt n'était pas pour rien missionnaire!

Dans une de ses premières leçons du cours de prédication, il a lui-même défini l'éloquence sacrée : la facilité de sentir les choses de l'ordre surnaturel et de communiquer ce sentiment aux autres. La définition est fort juste, et surtout elle lui convient fort bien, car nous croyons qu'il a eu à

---

1. Rom., x, 17.

un degré très rare cette double facilité. De tout temps, dès sa première enfance et jusqu'à ses dernières années, ceux qui l'ont vu de près, ceux-là surtout à qui il a été donné de pénétrer dans l'intime de son âme, ne sauraient oublier de quel cœur il était doué, avec quel accent il parlait de tout ce qui se rapporte au monde surnaturel ; autant les choses d'ici-bas le laissaient froid et indifférent, autant il s'intéressait aux moindres choses, aux plus petits faits, du moment qu'ils se rapportaient à Dieu ou à la religion ; il s'animait à l'instant, et, à son regard, à l'accent de sa voix, on sentait vibrer son être tout entier, comme quelqu'un qu'on touche au côté sensible. N'avait-il pas, du reste, tout ce qu'il exigeait lui-même dans le prédicateur pour ressentir fortement l'impression des choses surnaturelles ? Sensibilité vive, intelligence pénétrante, raison droite et bon sens, imagination prompte, volonté ferme... et, par-dessus tout, ardent amour de Dieu, zèle de la religion, dévouement inaltérable à l'Église ! La nature et la grâce semblent avoir lutté à l'envi pour l'enrichir ; et le libre concours de sa volonté n'avait jamais fait défaut à leur action ; tout avait donc contribué à développer son exquise sensibilité. Quant à ce monde surnaturel qui doit toucher l'âme du prédicateur, nous ne dirons rien d'exagéré en affirmant qu'il était le milieu et comme l'élément dans lequel son âme vivait habituellement, le centre d'attraction vers lequel se portaient d'instinct et de préférence toutes ses facultés. Nous savons déjà quelles habitudes il a su dès longtemps contracter relativement à l'étude de la sainte Écriture, et on n'a pas oublié que, professeur de belles-lettres à saint Jean, il trouvait du temps, au grand étonnement de ses confrères, pour lire et méditer les doctes commentaires de Cornelius à Lapide ; son goût pour la parole de Dieu n'avait fait que grandir avec son nouvel emploi et se traduisit dès lors par une étude plus constante et plus approfondie du texte sacré ; nous en avons la preuve évidente dans ses volumineux répertoires qui datent de cette époque, et surtout dans ses moindres instructions et jusque dans ses nombreuses lettres de direction, dont la trame est pour ainsi dire formée par la sainte Écriture, comme on l'a dit de saint Bernard. Il faisait mieux encore que l'étudier, il aimait à la méditer dans le secret de son cœur; et non seulement durant l'heure entière d'oraison prescrite par ses règles, et à laquelle on l'a vu s'appliquer toute sa vie avec une fidélité exemplaire, mais aussi durant ses longues journées de solitude, dans le calme de sa cellule et jusque dans les courses que le zèle, la charité ou un légitime délassement lui imposaient dans les environs du séminaire; son air recueilli le proclamait assez : *Conservabat omnia verba hæc conferens in corde suo*. Mieux encore, car il ne se contentait pas de se nourrir de cette manne divine qui, pour le prédicateur, est vraiment la moelle des lions; il tenait à se mettre en relation intime avec l'Auteur lui-même de cette parole, avec Dieu, en la présence duquel il avait contracté l'habitude de marcher sans cesse; avec Notre-Seigneur Jésus-Christ, devant lequel il venait journellement à la chapelle passer de bien doux moments; avec l'Esprit-Saint, enfin, qu'il invoquait fréquemment en sa qualité d'inspirateur des prophètes et des hommes qui ont l'honneur de parler au nom de Dieu! Après tout cela, avec de telles habitudes, comment ne pas admettre qu'il ait eu dès lors une très rare facilité pour ressentir les choses de ce monde surnaturel, dans lequel il vivait plongé et comme enseveli? Or, les sentant, les aimant, les possédant et en étant possédé à ce degré, est-il possible, à moins de supposer un cas exceptionnel et une incapacité ou une infirmité qui certes n'existèrent jamais en lui, qu'il n'ait pas eu, à un degré égal, la facilité de communiquer au dehors ce qu'il sentait si fortement lui-même en son âme et dans son être tout entier? et nous savons pertinemment qu'il a eu cette émotion communicative à un degré peu commun! Sans fracas ni grands éclats de voix, n'ayant jamais recours à ces moyens factices d'une rhétorique de convention; ayant en horreur le faste des superbes et dédaignant les grands mots et les périodes cadencées des diseurs de riens; mais avec l'adorable simplicité des vrais orateurs et dans cet ordre si juste, si logique et si naturel que saint Vincent a tant recommandé à ses missionnaires, sous le nom de *Petite méthode*, une fois en chaire et parlant au nom de Dieu, il s'oubliait lui-même et tirait du trésor de sa mémoire et de son cœur les belles choses, anciennes et nouvelles, qu'il y avait patiemment accumulées et rangées; — car nous devons le dire, au risque de surprendre quelques-uns de ses auditeurs, il écrivait avec soin et totalement chacun de ses discours publics et les confiait à sa mémoire; mais il en restait tellement le maître, et malgré le fini de la forme et la logique rigoureuse et enchaînée du raisonnement, il avait une telle aisance, un tel naturel qu'on eût cru à une improvisation; beaucoup s'y sont trompés. Du reste, tout en lui prêtait à cette illusion et aidait à l'éloquence : son maintien si noble, son grand air de distinction, son geste toujours sobre, mais si juste et si expressif, sa voix, qui rendait si bien ses divers sentiments par des intonations toujours simples et naturelles, enfin et surtout cette émotion qui, pour être contenue et latente, ne se faisait pas moins sentir et savait au besoin se trahir, vibrer même et éclater parfois en accents qu'il est impossible d'oublier quand on les a entendus!... Oui, vraiment, il avait la véritable éloquence sacrée, car il avait la facilité de sentir les choses surnaturelles et d'en communiquer l'impression; il était éloquent, même au sens complet des anciens, car il avait le *Pectus quod disertos facit*, car il était, selon leur fameuse définition, *vir bonus dicendi peritus!*

Ce qui, après ce don de la parole, contribua le plus à l'impression produite sur les séminaristes et au bien qu'il lui fut donné de réaliser à Kouba, ce dut être, croyons-nous, le choix même des sujets prêchés et aussi la manière toute actuelle, frappante et personnelle de les développer. Toutes les vérités religieuses sont sans doute matière naturelle à prédication dans un séminaire; mais on conviendra facilement que, s'il est des questions spéciales, et comme des matières réservées à de tels auditoires, c'est à traiter de pareils sujets que doit s'astreindre le prédicateur, s'il veut exciter un plus vif intérêt et en même temps obtenir une plus grande somme de bons résultats. Telle fut la marche suivie par M. Dazincourt; les sujets vagues et généraux ne le tentèrent guère, et du premier coup il visa, qu'on nous passe le mot, à saisir le taureau par les cornes. Nous avons sous les yeux plus de quatre-vingts instructions composées par lui, pour les séminaristes, durant les quinze années de Kouba; qu'on nous permette d'indiquer seulement quelques titres, quelques plans, et on se rendra compte plus aisément de l'impression produite, du bien réalisé.

Nous remarquons d'abord cinq instructions, qu'on peut dire capitales, sur le séminaire; dans la première, on apprend l'estime qu'on lui doit en considérant : *a)* sa nature; on y est dans un état de renouvellement intérieur, de sainte activité et de préparation aux plus grandes choses; *b)* l'origine du séminaire, qui remonte jusqu'à Notre-Seigneur à travers de multiples transformations; enfin, *c)* les *fruits* qu'il produit : prospérité partout où il est établi, stérilité dans les temps et les pays où il est inconnu. L'ensemble est frappant. La deuxième nous enseigne l'*esprit* du séminaire : c'est un esprit de tendre piété envers Dieu, de douce charité les uns à l'égard des autres, de générosité à se surmonter soi-même. Viennent ensuite, dans deux autres instructions, les conditions pour entrer au séminaire : la première, être *homme;* la seconde, être *chrétien;* d'admirables développements indiquent, par des détails très précis, les éléments constitutifs de l'homme et du chrétien; après quoi, le prédicateur donne les motifs et les moyens de devenir l'un et l'autre. Enfin, une cinquième instruction montre le but qu'on doit se proposer en entrant au séminaire, qui est de se préparer à être un jour l'*Homme de Dieu* ou *Prêtre*, et nous y voyons que le prêtre, en effet, est l'homme de Dieu par son origine, sa consécration, ses fonctions....

Non moins remarquables sont quatre conférences sur la vocation; cette question, si importante et si délicate, y est largement et complètement traitée; nous y voyons successivement : sa nécessité, qui repose sur la conduite ordinaire de la Providence, le sens commun et la loi divine, si formelle et si rigoureuse; elle nous est en outre démontrée par les funestes conséquences du manque de vocation. Viennent après les marques ou les signes de la vocation : pureté d'intention, inclination, aptitude, innocence de vie. L'observation du règlement nous est ensuite très ingénieusement donnée comme un sûr moyen de reconnaître et d'affermir la vocation. Enfin, trois écueils sont signalés : l'intérêt humain, l'amour déréglé des parents, une légèreté téméraire; ils sont personnifiés dans les trois aspirants à l'apostolat dont saint Luc nous raconte la démarche auprès de Notre-Seigneur, aux derniers versets du chapitre IX de son Évangile.

C'est encore l'Évangile, dans la parabole de la semence, qui fournit le thème et la division d'une instruction fort pratique et palpitante d'intérêt; elle a pour titre : *Trois classes de séminaristes;* ce sont les esprits chimériques, les hommes à réserves, enfin les âmes livrées à la grâce, selon que la parole de Dieu : tombe *secus viam, supra petram* ou *inter spinas*, enfin *in terram bonam*. Qu'on nous permette de transcrire ici une page qui va montrer avec quelle précision le prédicateur trace ses tableaux. « Les *esprits chimériques*. Qui sont-ils donc? Ceux qui marchent au hasard, sans but déterminé, à l'aventure; ou qui, s'étant attachés à un but spécial, s'en sont fait une idée fausse; « nuées sans eau, astres errants, flots sans consistance et sans mouvement régulier... » Le nombre en est grand dans le siècle! et au séminaire!... Qui sont-ils encore? Ceux qui veulent une fin précise, mais qui négligent tous les moyens proportionnés; qui croient, mais ne font pas; qui ont des convictions, même profondes, mais point d'action. Voici un séminariste qui a des idées justes sur la vocation, sur la dignité du sacerdoce, sur la nécessité de l'oraison, sur l'importance du travail, etc., en un mot sur tout l'ensemble des devoirs ecclésiastiques; au besoin, il parle de tout cela avec une piété qui édifie, avec une éloquence qui entraîne... mais c'est tout! Si vous examinez de près, vous le verrez reculer devant tous les moyens : il veut être humble, et il fuit l'humiliation; chaste, et il ne refuse rien à ses sens; tempérant, et il se plaint de tout; patient, et il s'emporte pour un rien; savant, et il a horreur des livres; pieux, et il ne pense pas à Dieu; obéissant, et il murmure; grave, et il rit de tout!... Et parce que, de temps en temps, il convient que ces vertus sont nécessaires à un séminariste, il vit en parfaite sécurité, et il s'étonnera même des rigueurs dont il se croit l'objet fort gratuitement. Mais, de bonne foi, est-ce que ce n'est pas là l'histoire du paresseux qui, au dire de l'Esprit-Saint, veut et ne veut pas; des vierges folles, qui veulent accompagner l'Époux, sans huile dans leurs lampes; de cet insensé dont parle l'Évangile, qui a commencé à jeter les fondements et ne continue pas l'édifice; de ce serviteur négligent, qui veut contenter son maître et ne prend pas les précautions voulues?... Si une telle conduite ne constitue pas un état de chimère, d'illusion, de mirage spirituel, comment la caractériser?... Quelle différence mettez-vous entre ce séminariste qui répète sans cesse : *Dixi!* sans jamais ajouter : *Nunc cœpi!* et ces soldats, dont parle Rodriguez, qu'on voit, sur les tapisseries, tenir l'épée levée sans frapper jamais? Si ce n'est pas une vertu en peinture, une chimère, qu'est-ce donc?... »

Les dangers d'une telle conduite sont ensuite énumérés et vivement présentés, etc... On comprend qu'une telle prédication fît impression sur les âmes, et qu'après l'avoir entendue chacun ait dû conclure : *Dixi, nunc cœpi!*

Mais nous n'en sommes encore qu'aux préliminaires; il faut pénétrer au cœur de la vie propre au séminariste, au prêtre; et voici une série d'instructions plus profondes : *la Vie de la grâce,* — *l'Esprit sacerdotal*, — *l'Obligation de suivre Jésus-Christ,* — *l'Énergie qui est nécessaire pour cela,* — *l'Esprit du sacrifice,* — *la Souffrance et sa nécessité à tout point de vue,* — *la Chasteté sacerdotale,* — *le Péché mortel dans le prêtre, etc., etc.* — On le voit, les grands sujets, les points essentiels, sont franchement abordés à leur tour, et les grosses questions s'y posent carrément et sans déguisement ou adoucissement aucun; c'est à la lumière de la sainte Écriture et d'après l'enseignement traditionnel de l'Église, des Pères et des Conciles qu'elles y sont résolues, après avoir été discutées avec une logique et un bon sens pratique très rares.

Et qu'on n'aille pas croire que sa parole dédaigne les sujets les plus humbles; du moment qu'ils sont pratiques, il ne craindra pas de les aborder, et, sans leur rien faire perdre de leur simplicité il saura les relever par l'importance du but et la noblesse des détails. Tels sont ses entretiens sur l'observance des *Règles,* — *le Silence,* — *la Température dans les repas,* — *l'Étude,* — et surtout deux instructions vraiment remarquables sur les *Cérémonies;* dans l'une, il démontre que négliger les cérémonies, c'est manquer de religion et renoncer à un très grand moyen de succès; dans l'autre, au nom du bon sens et de la foi, il détruit les objections et les prétextes dont on peut se couvrir pour les négliger : *Questions secondaires!* — *Je n'ai pas d'aptitude!* — *Le peuple n'y regarde pas de si près!* — Nous regrettons de ne pouvoir reproduire la réfutation péremptoire qui en est faite avec un bon sens et un entrain merveilleux ; bornons-nous, en terminant ces trop longues considérations, à donner la conclusion de cette instruction ; on verra comment le prédicateur s'applique à tout ramener à la pratique : « Nous emporterons de cet entretien quelques conclusions pratiques, et nous prendrons la résolution : 1° de nous faire, sur cette importante obligation du ministère sacerdotal, des convictions profondes, basées sur les autorités les plus sacrées, autorisées par les exemples les plus entraînants, car, d'ordinaire, on ne néglige pas ce qu'on estime ; 2° d'accoutumer notre corps et nos sens, par une discipline sévère, à être les dignes interprètes des mouvements de l'âme, et d'incliner celle-ci vers la beauté de la maison de Dieu, puisque c'est le gage assuré d'une vocation sainte ; 3° enfin, de nous animer, dans ces pieux efforts, par la pensée que nous sommes donnés « en spectacle au monde, aux anges et aux hommes[1] » , et que dans les cérémonies, plus encore que dans le reste de notre vie, l'Église a le droit de nous dire : *Luceat lux vestra coram hominibus!* et avec le pontife, à l'ordination de l'acolyte : *Lucete sicut luminaria in mundo!*...

Nous espérons que cette rapide analyse des dons oratoires et des principales instructions du directeur de Kouba suffira amplement, sinon pour faire apprécier son éloquence, du moins pour donner une idée suffisante de l'impression qu'elle produisit et surtout du bien durable qu'elle opéra. Il nous reste, pour achever de saisir le directeur en M. Dazincourt, à étudier son action au tribunal de la péninitence et dans la direction des âmes. Mais, outre que cette étude est délicate et malaisée en elle-même, attendu qu'une telle action ne peut être atteinte que dans ses effets, nous avons ici bien moins de renseignements ; les éléments d'une étude complète et approfondie nous manquent pour cette période de Kouba ; ils nous feront moins défaut plus

---

1. I Cor., IV, 9.

tard, sur la fin de sa vie, où son activité tendra à se concentrer dans la direction des âmes, et nous comptons compléter cette si importante matière alors que nous aurons à apprécier l'action du Supérieur du grand séminaire de Marseille. En attendant, constatons qu'à en croire quelques témoignages, qui, pour être un peu vagues, n'en sont pas moins précieux, M. Dazincourt a fait, au séminaire de Kouba, encore plus de bien par la direction que par la prédication. D'ailleurs, cela se comprend aisément; dans ce ministère, en effet, l'âme du séminariste est mise dans un contact bien plus immédiat et plus intime avec celle du représentant de Dieu; tandis que le prédicateur, pour si pratique qu'il soit, est obligé forcément de se tenir dans des généralités toujours plus ou moins vagues pour chacun de ses auditeurs, le confesseur et le directeur, au contraire, saisissant corps à corps les besoins et les défauts particuliers de son pénitent, peut plus efficacement et plus directement travailler à satisfaire aux uns et à corriger les autres; par ce contact immédiat et suivi des deux âmes, celle qui donne la direction et celle qui la reçoit fidèlement, la tendance vers la vertu, l'impulsion vers le bien sont décuplées, car on ne va pas en aveugle, et nul effort n'est perdu. La direction alors, comme la confession, devient une vraie paternité spirituelle, et, dans les secrets mystères de cet enfantement des âmes, si l'union est entière et la réaction égale à l'action, on voit se réaliser quelque chose de semblable à ce qui a lieu dans la gestation de l'enfant au sein de sa mère : le père spirituel nourrit vraiment l'âme docile de sa propre substance, lui infuse goutte à goutte sa vie, sa sainteté, ses vertus, et, comme on l'a si bien dit, il la crée à son image : *similis similem generat;* un bon prêtre fait un bon prêtre, un saint fait un saint !...

M. Dazincourt, dès Kouba, a été ce directeur, ce père spirituel, ce générateur de saintes âmes, ce formateur de bons prêtres, car, dès lors, il possédait, avec l'intelligence de ces grandes choses, avec la conscience de sa sublime mission, toutes les vertus, toutes les aptitudes nécessaires pour réaliser de telles merveilles : prudence consommée, douceur et fermeté, science des voies de Dieu et connaissance du cœur de l'homme, zèle ardent autant qu'éclairé, sainteté enfin et vif désir de se sanctifier toujours, rien ne lui manqua de ce qu'il faut à un directeur digne de ce nom. Plus tard, nous verrons ces vertus et ces dons dans tout leur éclat, car, comme les saints, il ne cessa de monter ces degrés mystérieux qui mènent insensiblement jusqu'à Dieu, de mieux en mieux connu, aimé et possédé ; mais, dès lors, il les avait à un degré suffisant pour faire un très grand bien.

Nous avons déjà indiqué de quelle ardeur il était animé pour son avancement spirituel, et comment, dès son arrivée à Kouba, rien ne lui coûta pour se mettre à la hauteur de sa sublime mission en acquérant les vertus qui font les saints. A mesure qu'il vit augmenter le nombre de ses pénitents, ce zèle pour sa propre sanctification alla en augmentant aussi ; animé des intentions les plus droites et les plus pures, ne voyant dans sa popularité croissante tous les jours qu'un moyen de travailler plus efficacement à la gloire de Dieu et à la formation des âmes, il se tenait de plus en plus uni à Notre-Seigneur, source de toutes les grâces, et avait recours à de ferventes prières pour les attirer sur son âme d'abord, sur l'âme de ses pénitents ensuite. Bien que la responsabilité de tant de décisions capitales fît souvent naître en lui des craintes et même des frayeurs si naturelles, surtout au moment des appels et des ordinations, ce ne fut jamais pour lui un motif suffisant de se dérober aux séminaristes qui venaient recourir à son ministère et demander ses décisions ; le zèle l'emportait sur toute autre considération, et volontiers, comme saint Paul, il se faisait tout à tous pour les gagner tous à Dieu et en faire de saints prêtres pour cette chère Église naissante d'Algérie. Il faut croire d'ailleurs que, dans cette affluence de pénitents, la mode ou l'entraînement n'étaient pour rien, le doigt de Dieu se montrait là, et le travail du zélé directeur portait des fruits abondants. Il est vrai de dire qu'au zèle et aux moyens surnaturels venait s'ajouter l'action énergique et incessante des plus admirables dons de la nature : science, fermeté, prudence. A la connaissance des principes de la morale et des données de la théologie mystique qu'il étudiait tous les jours, il unissait une grande expérience des cœurs, commencée à Saint-Jean de Lyon parmi les enfants, continuée à Kouba par son remarquable esprit d'observation ; nous en trouvons la preuve dans les nombreuses et admirables peintures et descriptions morales, si fréquentes dans toutes ses conférences aux séminaristes; on voit qu'il s'était appliqué, par une étude suivie, à connaître et à discerner les divers esprits, les caractères, les passions, afin d'être plus utile à ses pénitents en les conduisant chacun selon leur nature intime et leurs besoins particuliers. Sa prudence était à la hauteur d'une mission si délicate, et si plus tard elle se montra dans tout son éclat, quand la Providence l'eut amené sur un théâtre plus en vue, dès lors elle servit à modérer un zèle qui, chez un directeur à ses débuts, peut facilement entraîner à des exagérations de plus d'une sorte, et l'aida à sortir, à son avantage et au profit de ses pénitents, de tous les embarras de la position et des mille petites difficultés inhérentes à un tel ministère ; la *Chronique de Kouba* nous en offre discrètement plus d'un exemple. Si quelque séminariste se sentit parfois attiré vers lui par son affabilité, son humeur inaltérablement gaie et ses grâces prévenantes, dans l'espoir, comme il arrive parfois, de diriger son directeur plutôt que de se laisser imposer sa direction, celui-là ne dut pas tarder à être détrompé ; car, sous un gant de velours, M. Dazincourt cachait une main très ferme ; toute sa vie, il recommanda la douceur et la suavité des moyens, comme il les pratiquait lui-même ; mais jamais il ne les sépara de l'énergie et de la fermeté dans la fin : *Suaviter et fortiter*, ce fut sa devise et sa ligne de conduite en tout temps.

Si donc, au rapport de Mgr Robert, M. Dazincourt, sut « donner une vive impulsion aux études », comme directeur il réussit aussi à « former des prêtres admirables » ; et il commença ainsi à Kouba, et dès sa trente-quatrième année, ce sublime et fructueux ministère que nous le verrons poursuivre sans ralentissement, et même sans fatigue, au milieu des infirmités, jusqu'à sa soixante-dixième année, c'est-à-dire jusqu'à extinction ! Et cependant, ce ne fut jamais d'un cœur léger qu'il entreprit la conduite des âmes, et surtout des âmes sacerdotales ; bien des fois, sous le poids écrasant de la responsabilité qui durant trente-cinq ans pesa sur ses épaules, ses amis intimes l'entendirent, sinon se plaindre ou regimber, du moins gémir et trembler ; et, nous croyons pouvoir le dire sans exagérer, parfois, lorsque des mécomptes, hélas ! possibles et qui arrivent trop souvent, bien que rares, venaient attrister son cœur si sensible et affliger sa foi toujours si vive, il s'est surpris à soupirer vers une plus complète solitude où il pût songer uniquement à sa propre sanctification, après tant d'années passées à procurer la sanctification des autres ! Mais ce n'était là qu'une surprise d'un moment, plutôt qu'une faiblesse, encore moins une capitulation ! et il secouait vite ce frisson de lâcheté pour reprendre son harnais, comme il aimait à dire, se contentant alors de demander secours aux chères âmes qui lui étaient dévouées : « Puisse Notre-Seigneur entendre vos vœux et donner à ceux que j'ai la grave mission de former la sainte énergie de la vertu, qui en fera véritablement *le sel de la terre !* Nous vivons, hélas ! dans le siècle de tous les adoucissements... Que la grâce divine m'inspire l'amour de ces éléments réparateurs plutôt que celui des douceurs spirituelles dont les âmes généreuses ont seules le droit d'être gratifiées ! » Et encore :

« Hélas ! ce qui me préoccupe, ce n'est pas de quitter ce pauvre monde, c'est de me présenter dans l'autre avec un passif compromettant !... Heureusement, les richesses de la miséricorde divine sont là pour rétablir l'équilibre ! Sans cela, il y aurait lieu de se soustraire par la fuite à toutes les effrayantes responsabilités qui pèsent sur ceux qui ont la rude charge de former des prêtres !... » Voilà l'homme en son intime.

CHAPITRE VIII

**Ministère extérieur : Paroisse. — Sainte-Enfance.
Retraites.**

Dans quelques notes précieuses que nous adresse un confrère qui a longtemps et intimement connu M. Dazincourt à Kouba, nous lisons : « Il avait pour principe de s'abstenir de toute fonction autre que celles qui lui étaient assignées par l'obéissance. » Évidemment, c'était pour se conformer aux sages prescriptions du directoire, qui vise à concentrer à l'intérieur et sur le nécessaire toute l'activité des directeurs, trop souvent sollicités de se dépenser au dehors et au profit d'œuvres secondaires. Mais, on le sait, toute règle souffre des exceptions ; il y a des nécessités de position ; souvent la charité, parfois même une force majeure viennent faire violence aux supérieurs et les obligent à faire appel au zèle de leurs confrères en faveur d'œuvres extérieures. Du reste, dans les séminaires, on a de longs mois de repos, et, tout en prenant un délassement bien légitime, quel est le maître qui ne soit heureux, après avoir été chartreux toute l'année, de pouvoir être missionnaire pendant les vacances? Ainsi dut faire notre cher confrère, à l'exemple des autres, et même beaucoup plus que tant d'autres, car il ne tarda pas à être connu, et partant à être souvent et vivement sollicité ; et, cela ne suffisant pas toujours, car il craignait de s'ingérer de luimême et d'enjamber sur la Providence, on avait recours à l'autorité, et celle-ci, pour un plus grand bien, se laissait faire une douce violence. Pour toutes ces raisons, et malgré ses principes de vie sédentaire et toute d'intérieur, M. Dazincourt fut amené, durant son séjour de Kouba, à consacrer une partie de son zèle à quelques œuvres extérieures, dans lesquelles il opéra un bien considérable ; nous croyons devoir en dire rapidement quelque chose ici ; la physionomie de notre cher confrère en sera plus ressemblante et sa vie plus complète.

La première œuvre à laquelle M. Dazincourt dut coopérer fut l'évangélisation de la paroisse de Kouba. Dans sa notice sur M. Girard, il a pris soin lui-même de nous dire comment fut créée cette paroisse[1] : « Autour du camp de Kouba, devenu le nouveau grand séminaire, se trouvait une population assez nombreuse, attirée là précédemment par la présence des militaires ; c'est dire que la foi, la morale et même la probité, si on en excepte quelques familles de Mahonnais, n'y étaient pas beaucoup en honneur. Elle se divisait en deux groupes distincts : le vieux et le nouveau Kouba. Au centre du premier s'élevait une modeste église, presque toujours déserte ; les habitants du second vivaient à peu près étrangers à la pratique de tout culte religieux. Cependant, les plus voisins du nouvel établissement commencèrent à assister aux offices dans la baraque transformée en chapelle. M. Girard les accueillit cordialement, et, leur nombre augmentant peu à peu, il conçut la pensée de travailler à la régénération morale de ces âmes abandonnées. Le moyen pratique d'arriver à ce but était de se charger de la direction de la paroisse... Les Supérieurs approuvèrent ce projet, et un confrère fut chargé de diriger la paroisse, avec le titre de curé, sous les ordres du Supérieur. En 1851, on loua dans le village nouveau une maison, qui fut disposée en église, surmontée d'un modeste clocher. Dès lors, la vie chrétienne sembla refleurir dans ces lieux désolés ; la parole des missionnaires s'y fit entendre régulièrement les dimanches, les jours de fête et aux retraites annuelles... Ce résultat consolant, M. Girard l'attribuait, après Dieu, au zèle des confrères. « Tous ont

---

1. P. 116.

fait le bien, écrivait-il ; leurs œuvres sont devant Dieu, mais, sous leur direction, la paroisse a changé de face... »
— Bien que M. Dazincourt n'ait jamais été chargé de l'œuvre à titre de curé, nous croyons qu'une bonne partie de ce bien revient à son zèle, car le confrère à titre n'eut pas de plus fréquent, de plus zélé et surtout de plus goûté collaborateur que lui. La *Chronique de Kouba*, avec une très grande réserve, nous en fournit de très amples preuves, et les témoignages sont unanimes ; qu'on nous permette d'en citer ici quelques-uns :

Un confrère, témoin de ce qu'il rapporte, nous écrit : « A la paroisse, quand c'était lui qui devait donner la retraite pascale, les habitants, Mahonnais pour la plupart, se disaient entre eux : C'est le Père Dazincourt qui va prêcher, quel bonheur ! quoiqu'il ne parle pas notre langue, il prêche si bien que nous le comprenons quand même !... et ils accouraient en foule. » Une fille de la Charité, employée aux œuvres de la paroisse, rend le même témoignage : « Où il a beaucoup travaillé à la gloire de Dieu et au salut des âmes, c'est quand il venait prêcher à la paroisse, où il a donné plusieurs retraites. Quand on disait : « C'est M. Dazincourt qui va prêcher, » il y avait comme un élan général. C'était touchant alors de voir tous ces bons pères de famille se diriger vers l'église, après les travaux de la journée, accompagnés de leurs femmes et de leurs enfants, et tout fiers de se dire et de se montrer chrétiens ! Mais c'était plus beau encore quand, aux jours de communion générale, ils se levaient en masse et venaient pieusement à la table sainte ! Ah ! que de bien ce saint prêtre a fait là !... » Écoutons, enfin, un des anciens curés de Kouba qui souvent a eu recours à son zèle : « A la paroisse, les bons paysans appréciaient M. Dazincourt comme les séminaristes le goûtaient au séminaire ; il suffisait qu'on sût qu'il devait prêcher pour qu'il y eût foule pressée à l'église. Dans ses instructions au peuple, comme il mettait en pratique les admirables recommandations de saint Vincent! quelle solidité dans tout ce qu'il disait, et en même temps quelle clarté et quelle simplicité! il se mettait si bien à leur portée, qu'il se faisait comprendre des Mahonnais eux-mêmes. Un de ces braves gens, jardinier de son état, se trouvant un jour au marché d'Alger, et, entendant un de ses camarades et compatriote de la ville lui vanter l'éloquence d'un prédicateur de la cathédrale : « Oh! lui riposta-t-il, en fait de prédicateur, c'est à « Kouba qu'il faut venir ; là nous avons *lous majors*, les plus « grands !... » et assurément en parlant ainsi le bon Mahonnais pensait à M. Dazincourt. » — Et c'était justice.

Bien que les témoins que nous venons d'entendre ne nous aient guère parlé que des retraites, il est certain que M. Dazincourt a prêché, à l'église de Kouba, plusieurs sermons de circonstance, la Passion en particulier, deux ou trois fois, et surtout et plus fréquemment des prônes à la messe de paroisse ; car, durant quelques années, chaque directeur du séminaire le faisait à son tour ; la *Chronique* en fait mention plusieurs fois, et nous avons trouvé dans les cahiers de cette époque le canevas de ces prédications, et même, le plus souvent, la rédaction entière. Plus de vingt sujets divers y sont traités, entre autres : le Sacrement de pénitence (cinq instructions), la Bénédiction du Saint Sacrement, l'Espérance chrétienne, l'explication des Évangiles de l'Économe infidèle, des Invités aux noces, de la parabole du Paralytique, etc. ; des instructions pour les fêtes de la Toussaint (trois), de la Nativité de la sainte Vierge, des Saints Innocents, de l'Épiphanie, de la mort de saint Vincent, etc., etc. Dans toutes ces prédications nous trouvons, avec ses qualités ordinaires déjà signalées, une admirable simplicité qui met la parole de Dieu à la portée des intelligences les plus communes, en sorte qu'on ne voit guère percer, qu'on ne peut pas même soupçonner, dans le prédicateur, le docte professeur qui descend de sa chaire de théologie. Qu'on nous permette une citation ; c'est une page tirée d'un prône sur la fête de l'Épiphanie, où il va montrer comment on peut être peu à peu amené à l'infidélité par une suite de négligences : « On commence par laisser la prière du matin et du soir; au lieu de se confesser tous les mois, on ne vient qu'une fois l'an; on manque la messe un dimanche, parce qu'on est pressé; le dimanche suivant, parce qu'on ne veut pas se gêner; une fois on travaille pendant deux heures; une autre, on prolonge son travail la demi-journée; on a obtenu dispense de l'abstinence le samedi, on l'étend au vendredi; etc... Comme on ne vient presque plus à l'église, qu'on ne voit plus les cérémonies, qu'on ne parle plus à M. le curé, qu'on n'entend presque plus la cloche ni les chants sacrés, on perd le goût de la religion; avec le goût, l'estime disparaît; de là il n'y a qu'un pas à faire pour la critiquer ! et alors que le respect humain s'en mêle, qu'on reçoive un petit mécompte, et vous voilà impies!... N'est-ce pas là une histoire bien connue dans ce pays? Combien débarquent avec une conscience parfaitement honnête, et se glorifient quelques jours après de s'être mis à ce qu'on appelle stupidement la *mode africaine!* Comme si en Algérie il était permis d'oublier les leçons de sa mère, le catéchisme de son curé, et surtout les promesses du baptême et de la première communion !... »

Il est facile de conclure de ces lignes quel bien ont dû opérer des prédications aussi vivantes et aussi pratiques. Il en était ainsi, et bien mieux encore, des retraites qu'il y donna à plusieurs reprises, comme préparation aux solennités pascales. La première qu'il fut appelé à prêcher eut lieu à la fin du carême de 1857; voici ce qu'il en dit lui-même dans sa *Chronique* : « La retraite annuelle de la paroisse a été prêchée par le professeur de dogme, la semaine de la Passion. Il y avait deux exercices par jour : le matin, petite allocution à la messe; il y a eu peu d'auditeurs; le soir, à sept heures, l'assistance était nombreuse. Jusqu'au samedi, les confessions se montraient rares, mais ce jour là la foule se pressait. Le dimanche des Rameaux, beaucoup se sont présentés à la sainte communion ;... les exercices se sont terminés par un sermon aux vêpres. » Et c'est tout! On ne peut certes pas dire qu'il se soit encensé lui-même... Mais nous avons appris déjà combien il était goûté, et quels excellents résultats il produisait. Nous n'avons pas retrouvé les sermons de cette retraite, ou plutôt nous ignorons quels sont ceux qu'il a prêchés. Mais nous avons pu parcourir, dans leur canevas largement tracé, les petites instructions du matin, et surtout les gloses qui précédaient le sermon du soir; elles roulent toutes sur cette pensée : « Il est plus facile de faire son salut que de ne pas le faire, de se sauver que de se damner. » Après avoir, le premier soir, indiqué les conditions nécessaires pour faire une retraite fructueuse, et le deuxième, ce qui constitue le bon chrétien, il aborde carrément son sujet, et il prouve successivement qu'il est plus facile *de prier que de ne pas prier, de se confesser que de ne pas se confesser; de sanctifier le dimanche que de le violer par des œuvres serviles;* et ainsi du reste... Et toujours clarté d'exposition, simplicité et familiarité dans le langage, logique entraînante dans le raisonnement, et, pour couronner le tout, quelques traits frappants, des histoires appropriées au sujet et à l'auditoire; bref tout ce qui constitue la véritable éloquence populaire; on peut légitimement conclure de la lecture de ces gloses que ce docte professeur de théologie eût été un excellent missionnaire de campagne.

Il dut encore prêcher les retraites de 1864 et 1868, et toujours avec un égal succès, malgré les rapports très laconiques du chroniqueur de Kouba.

Un bien moins éclatant mais non moins réel, peut-être même plus grand, fut fait par M. Dazincourt, à la maison dite de la Sainte-Enfance. Il nous a lui-même raconté sa fondation dans sa notice sur M. Girard : « L'Œuvre consistait, nous dit-il, à recueillir les petits enfants dont les parents étaient malades à l'hôpital, d'où lui est venu le nom de *Sainte-Enfance*. On y ajouta successivement les écoles communales et une sorte d'ouvroir interne. » Les Filles de la Charité en avaient la direction, et elles ne tardèrent pas à former une Congrégation d'Enfants de Marie. Dès son arrivée à Kouba, M. Dazincourt fut chargé par son Supérieur de la direction spirituelle de la maison; partant, il vint y dire la messe tous les jours, et eut en outre la confession des enfants et la direction de la Congrégation des jeunes filles. Voici ce que nous en écrivent les sœurs chargées de l'œuvre : « Ce fut en 1855 que M. Dazincourt fut nommé aumônier de la Sainte-Enfance ; il y avait alors une centaine d'enfants des deux sexes, pour lesquels le digne aumônier fut vraiment un père; rien ne lui coûtait pour leur faire du bien; dès cinq heures et demie du matin, on le voyait arriver tous les jours, l'air grave, les yeux baissés, son bréviaire ou son chapelet à la main;... il avait toujours une bonne parole pour les ouvriers qui se rendaient à leur travail;... que de bien il a fait ainsi !

« Monté au saint autel pour nous dire la messe, il avait vraiment l'air d'un ange, tant il y était pieux et recueilli; aussi comme, en le voyant, tous les cœurs se sentaient portés vers le bon Dieu ! Dès qu'il sortait de la chapelle, le saint sacrifice et son action de grâces, terminés, il était touchant de voir les plus jeunes orphelins accourir vers lui en bande joyeuse, et lui faire fête à qui mieux mieux ; les uns lui content leur joie, d'autres leurs petits ennuis, d'autres même leurs punitions, sachant bien ce qui allait arriver ; en effet, le bon Père intercédait pour les coupables auprès de la maîtresse et en obtenait un pardon qui était reçu avec reconnaissance; et aux acclamations joyeuses qui l'accompagnaient, le digne aumônier se hâtait de regagner le séminaire. Tous les samedis soir, à quatre heures, il venait entendre les confessions; quel soin il avait de l'âme de nos grandes jeunes filles, et combien il en a sauvé! Plusieurs se sont données au bon Dieu ; les autres sont d'excellentes mères de famille, élevant chrétiennement leurs enfants... » Tous les mois, il venait présider aux réunions des Enfants de Marie; nous avons encore le canevas des instructions qu'il leur adressait en ces circonstances; il leur prêchait encore aux jours de fête, et nous avons retrouvé le cadre de plusieurs mois de Marie qu'il leur donna. Nous les avons parcourus avec intérêt et même avec émotion, car il nous a paru touchant de voir ce grave directeur de séminaire s'abaisser ainsi à rompre avec tant de soin, de zèle et de tact, le pain de la parole de Dieu à quelques pauvres orphelines! Qu'on juge du fruit que devait porter une parole aussi touchante; il s'agit du départ de trois jeunes filles qui vont quitter l'Association : « C'est la première fois, mes chères enfants, que nous faisons cette cérémonie;... puisque le petit Manuel en fait un point important, il faut bien nous rendre compte de ce que c'est qu'un départ d'une Enfant de Marie... Il y a un départ qui est triste, il y en a un autre qui est consolant. Oui, il y a un départ qui est triste, et bien triste! Nous ne devrions peut-être pas en parler aujourd'hui; et cependant il est bon de signaler les dangers. Ce départ, le voici! Une Enfant de Marie vit sous une règle, dans une famille pieuse... Mais voilà qu'elle a pris en dégoût la piété;... la règle lui pèse;... elle n'aime plus à se récréer naïvement avec ses compagnes;... son imagination la transporte au milieu des plaisirs; elle soupire après la liberté,... la parure;... elle part!...—Ah! il n'y a rien de plus triste et de plus déchirant qu'un tel départ! car entre celles qui s'en vont ainsi et celles qui restent, il y a rupture entière, séparation complète. Une Enfant de Marie qui s'en irait pour être plus libre de faire le mal deviendrait l'enfant du démon; la sainte Vierge ne serait plus sa mère;... vous ne seriez plus ses sœurs!... Ce départ ressemblerait à celui de l'Enfant prodigue.... Cette séparation serait semblable à celle qui aura lieu, à la fin du monde, entre les élus et les réprouvés!... Si une seule d'entre vous devait jamais avoir un tel départ, je lui souhaiterais plutôt de mourir!... Mais assez! parlons plutôt du départ qui console; c'est de celui-là seulement qu'il s'agira dans cette pieuse maison. Voici une Enfant de Marie qui est arrivée à cette époque de la vie où il faut prendre une vocation.. Elle a fixé son choix, non d'après les caprices d'une folle imagination, mais après beaucoup de prières et guidée par de sages conseils ; elle entre en communauté pour se sanctifier, ou elle va dans le monde, avec le ferme désir d'y accomplir tous ses devoirs... Son départ n'a rien de déchirant; sans doute, il est pénible de se séparer,... de dire adieu à cette chapelle, à ces lieux où se sont écoulés des jours si heureux;... mais que de motifs de consolation ! On reste toujours unies, car partout on trouve Jésus, Marie;... et les saints anges se parlent... Ce n'est pas proprement se séparer, c'est se détourner un peu pour travailler au bien commun... Et puis, ce départ est dans l'intérêt de toutes. Celles qui partent vont se sanctifier par la pratique de toutes les vertus... Celles qui restent ont part aux mérites... Disons-leur donc : Allez! nos cœurs vous accompagnent. Soyez de saintes novices !... » etc. On comprend quel bien une telle parole devait faire au cœur de pauvres orphelines ; et celles qui quittaient ainsi la Sainte-Enfance devaient, à leur départ, avoir un regret tout particulier de perdre un si bon Père. Il est vrai qu'il les suivait de loin d'un œil vigilant, et elles savaient bien pouvoir toujours compter sur son bon cœur, et ne faisaient pas difficulté de recourir à lui. Nous en savons un exemple vraiment touchant, et on nous permettra de le rapporter.

Une jeune orpheline, élevée à la Sainte-Enfance de Kouba, devenue très pieuse, grâce aux soins de M. Dazincourt, en était partie à vingt et un ans, pour entrer en communauté; mais bientôt, sa santé y mettant obstacle, la pauvre enfant se trouve seule et sans avenir, sans position au milieu du monde. Elle ne se décourage pas, et songeant à son bon Père de la Sainte-Enfance, elle lui écrit, lui ouvre son cœur et lui demande conseil... Qu'on lise les paroles fortifiantes qu'il lui répond sans tarder : « ... Je m'étais réjoui sincèrement de votre entrée au postulat ; mais, puisque votre santé a mis obstacle à votre admission définitive, il faut bien voir dans cet événement une conduite de la divine Providence, qui dispose de tout pour notre plus grand bien ; sans doute, nous ne voyons pas où sa main veut nous conduire, mais nous savons que c'est une main maternelle et qu'il est sage de suivre sa direction. Votre santé si faible, vos inquiétudes sur l'avenir, l'embarras du présent, voilà bien la croix avec la couronne d'épines ! et cependant vous avez une piété trop éclairée pour ne pas comprendre que c'est là le salut et la véritable voie qui mène au ciel. Acceptez cette croix avec calme et résignation ! C'est le cas de dire avec dévotion : *Que votre volonté soit faite !* »— Il lui donne alors quelques bons conseils touchant sa position, avec un bon sens, un tact et un cœur de père, et il termine ainsi : « Surtout ne laissez pas l'imagination trotter dans l'avenir ; Notre-Seigneur a dit dans son Évangile : « A « chaque jour suffit sa peine ; » dans le *Pater*, il ne nous fait demander du pain que pour un jour ! preuve qu'il désire avant tout un abandon filial à sa paternelle bonté. Courage ! Je lui demanderai pour vous cette grâce... Non, votre vocation n'est pas celle du Juif-Errant ; mais bien un peu celle du pieux Cyrénéen et des saintes femmes de Jérusalem, qui suivaient leur divin Maître au Calvaire ! Ne seriez-vous pas contente d'une si belle part ?... Vous me ferez plaisir de me tenir au courant de votre position, et si jamais je pouvais vous être utile en quelque chose, je le ferais de grand cœur. »

La pauvre orpheline le prit au mot tout simplement, car elle connaissait ce grand cœur, et depuis ce moment, et durant vingt années, jusqu'à la veille de la mort de son cher Père, désirant rester chrétienne et digne de son éducation, elle eut recours à lui dans toutes ses peines et ses épreuves, et elles ne lui ont pas manqué ; toujours elle a eu un mot d'encouragement, un aide, un conseil de père dévoué. Nous voudrions pouvoir citer quelques-unes de ces lettres, qui sont vraiment admirables... La pauvre enfant reprend courage et lutte généreusement, soutenue par sa forte direction ; elle s'établit, se marie à un brave jeune homme, bon chrétien ; il lui donne des conseils sur la vie de famille, sur l'éducation de deux enfants, sur la manière de porter sa croix, car les épreuves continuent; il lui vient délicatement en aide, sous prétexte d'étrennes à ses petits enfants... Deux, trois et quatre fois par an, chaque fois qu'elle lui écrit, il lui répond exactement, comme s'il n'avait eu que ses affaires à diriger : « Vous avez bien fait de me communiquer la triste situation dans laquelle vous vous trouvez en ce moment, et vous pouvez être assurée que je ne négligerai rien de ce qui sera en mon pouvoir pour vous aider à supporter cette épreuve en bonne chrétienne et en vraie Enfant de Marie... » Puis il pourvoit aux besoins les plus pressants, donne les conseils les plus sages, et termine ainsi : « Au milieu de toutes ces difficultés, ne perdez pas confiance en notre Père qui est au ciel ; sa Providence ne cesse de veiller sur nous, et la souffrance à laquelle il nous laisse exposés sert encore à nous conduire au ciel. Encouragez votre mari par ces réflexions que sa foi saura comprendre, et apprenez à vos enfants que la croix n'est pas un châtiment !... » Et l'année suivante : « Oui, certainement vous me faites plaisir, et grand plaisir, en me donnant de vos nouvelles et de celles de toute votre chère famille ; celles que m'apporte votre lettre de ce jour me prouvent que la divine Providence veille toujours sur vous, et surtout que vous mettez toujours votre confiance en sa protection. Fortifiez-vous bien dans ces sentiments si chrétiens ; c'est la plus consolante ressource d'une mère de famille. D'ailleurs, vous voyez par votre propre expérience que jamais cette protection ne vous a manqué dans vos épreuves. Albert et Marie vont donc devenir des personnages ! Allons, je ne désespère pas de faire *des affaires* avec le futur *voyageur*, et, dès que j'aurai des commandes à faire à Paris, je me ferai un plaisir de lui donner ma pratique. Je félicite Marie de préférer la couture et le ménage à la science ; je n'ai jamais aimé les femmes savantes, et c'est dans la Bible que j'ai puisé ce sentiment ; le Saint-Esprit y fait l'éloge de la *Femme forte*, mais cet éloge porte uniquement sur le ménage et le travail des mains, comme se lever matin, préparer le repas, travailler la laine et la toile, tourner le fuseau, manier l'aiguille, etc.; en un mot, mettre la main à tout ce qui est vigoureux... Si toutes les jeunes filles écoutaient et appliquaient ces leçons de la divine Sagesse, elles seraient plus heureuses et les familles s'en trouveraient mieux. Encouragez donc bien cette chère enfant dans cette vie sérieuse... » Une année après, en juillet 1889 : « Les splendeurs de l'Exposition ne vous font pas oublier les *vieux amis*, c'est une bonne preuve qu'il n'est pas nécessaire de monter sur la tour Eiffel pour avoir le cœur haut placé ! Merci encore une fois d'un si cordial et si fidèle souvenir. Les nouvelles que vous me donnez de toute la famille me font grand plaisir, car elles sont relativement bonnes... Vous avez bien fait d'expliquer à *vos chers anges* que ce monde n'est pas fait pour le plaisir tapageur ; que l'on goûte en famille les joies pures que procurent la religion et une bonne conscience, rien de plus légitime assurément ; mais qu'on paye fort cher l'avantage de grimper sur une plate-forme en fer, au risque de s'étouffer ; c'est ce que j'ai le plus de peine à comprendre, et je suis parfaitement de l'avis d'Albert, qu'il vaudrait beaucoup mieux respirer le bon air de la campagne, au coin d'un bois, ou se récréer gaiement, comme fait Marie, en compagnie des bonnes Sœurs... Il n'entre pas dans mes projets de vacances d'aller voir l'Exposition ; et même, si j'allais à Paris, je ne serais pas même tenté d'aller prendre mal à la tête pour admirer ces prodiges de l'ordre matériel et industriel qui devraient porter à Dieu, comme vous en faites pieusement la remarque, et qui en détournent malheureusement cette foule aveuglée... » Trois mois après, des épreuves nouvelles surviennent, et il écrit : « Vous continuez donc à marcher sur la route du calvaire, puisque la maladie est venue s'ajouter aux chagrins du cœur ! Si vous étiez moins chrétienne, il faudrait beaucoup vous consoler; mais, grâce aux sentiments qui vous sont habituels, je puis presque vous féliciter... et je le fais au moins bien cordialement pour la patience et l'édifiante résignation avec lesquelles vous supportez l'épreuve ; c'est bien ainsi que doit penser et agir une véritable Enfant de Marie ! Je prie Notre-Seigneur et sa sainte Mère de vous maintenir dans ces heureuses dispositions et d'y établir votre pieuse famille. Comme je sais par expérience que les maladies entraînent toujours beaucoup de dépenses dans un ménage, je vous envoie un petit coupon... Vous pourrez aussi en prélever une partie pour faire dire quelques messes en faveur de la chère défunte; je continuerai à prier pour elle ; ce matin j'ai célébré le saint sacrifice à son intention ; il faut bien que nous mettions en pratique l'article si consolant de la *communion des saints!*... » Quelque temps après, comme on lui fait part du bonheur qu'on aura de le voir à Paris, où devait se réunir une assemblée générale de la Congrégation, il répond : « Vous comptez donc me voir à Paris cette année ? J'admire comme vous avez pris vos renseignements à bonne source ! Ce voyage dépend du *suffrage universel*, qui décide de tout dans le temps où nous vivons ; et cependant, comme c'est un souverain très capricieux, il pourrait bien arriver qu'il me laissât de côté, ce dont je ne serais pas bien fâché, car me voici vieux et avec un poids de bientôt sept dizaines d'années sur les épaules !... avec ce *colis* embarrassant, on ne se met pas joyeusement en chemin de fer ! Cependant, si la Providence veut que je revoie Paris, ce me sera une grande joie de vous revoir, ainsi que votre intéressante famille. Quoique Alexandrine soit devenue une grande dame parisienne (c'était aussi une ancienne orpheline de la Sainte-Enfance de Kouba), je vois cependant qu'elle a conservé sa naïve gaieté de la Sainte-Enfance, et je me promets bien, dans le cas où je serais député à notre assemblée, d'aller un peu lui rappeler son espièglerie du bon vieux temps. » Ayant, de fait, été nommé député, il vint à Paris à l'assemblée générale de 1890 ; laissons-le redire lui-même le bonheur qu'il eut de revoir ses anciennes Enfants de Marie ; cette lettre est du 27 décembre, un mois et demi à peine avant sa mort ; après l'avoir remerciée de ses souhaits de bonne année, il continue ainsi : « Oui, notre conversation et la trop courte entrevue avec votre excellent mari sont les meilleurs instants que j'ai passés dans la capitale. Il m'est cependant resté le regret de n'avoir pas vu Albert ; mais il ne m'en a pas gardé rancune, puisqu'il s'est vengé en m'adressant cette jolie petite caisse qui m'est arrivée dans un état parfait, et juste la veille de Noël. Ces fleurs si fraîches, qu'on les dirait cueillies le matin, sont exposées devant l'Enfant Jésus ; elles y resteront tout le mois de janvier et elles me rappelleront les mains qui les ont expédiées ! Je demanderai pour tous, non pas le luxe et le confortable dont le petit Enfant de Bethléem a voulu se priver, mais la patience dans les épreuves, la joie dans le travail, la générosité dans les privations, la résignation dans la souffrance !... Ce sont là, vous le savez, les vrais trésors qu'une mère de famille doit ambitionner pour ceux qu'elle aime ! Pour étrennes, je demanderai à Notre-Seigneur de les rendre toujours bien dociles aux leçons et aux exemples de leur chère maman, et de continuer à remplir tous leurs devoirs de chrétiens, et j'ai la confiance que mes vœux seront exaucés. J'aurais bien désiré leur envoyer un bouquet de Marseille ; mais notre ville ne produit que de l'huile et du savon, et ces deux objets ne manquent pas à Paris ; je préfère leur envoyer à chacun un petit coupon... Je n'y mets qu'une condition, c'est qu'ils prieront bien la sainte Vierge pour leur vieil ami ! Lorsque vous aurez occasion de revoir cette bonne Alexandrine, dites-lui bien tout le plaisir que m'a causé notre réunion du 14 août ; je me suis cru vraiment à la Sainte-Enfance !... »

Nous nous sommes attardé et vraiment oublié à suivre les épanchements de ce bon et grand cœur à l'égard de ses chères orphelines de la Sainte-Enfance ; espérons qu'on ne le regrettera pas trop ; cet épisode, au sein des graves occupations du directeur, et plus tard, des lourdes responsabilités du Supérieur de grand séminaire, sera comme une oasis de fraîcheur et de verdure au milieu des aridités et des sables brûlants du désert algérien ! Et il nous a semblé intéressant, et touchant en même temps, de voir un aussi grave personnage interrompre la docte direction des consciences sacerdotales pour descendre, sans s'abaisser, jusqu'à conseiller une pauvre ouvrière, une humble mère de famille ! *Nec major in illis, nec minor in istis*, pouvons-nous ajouter avec saint Augustin parlant de la Providence ! Et n'a-t-il pas été, lui aussi, une vraie providence pour cette chrétienne et intéressante famille !

Après la paroisse et la Sainte-Enfance de Kouba, le ministère extérieur de M. Dazincourt, en Algérie, dut nécessairement s'étendre encore et rayonner autour du séminaire. Nul doute qu'il n'ait eu bien des fois à prêcher, soit des conférences détachées, soit surtout des retraites aux Filles de la Charité, si nombreuses à Alger et dans les environs. Nous n'avons malheureusement retrouvé aucune trace de ce ministère, qui dut être fort goûté et très fructueux ; nous en jugeons du moins par l'excellent souvenir que les Sœurs algériennes ont gardé de l'ancien directeur de Kouba, et par les visites empressées qu'elles lui rendaient à Montolivet, quand elles passaient à Marseille.

Le clergé algérien, composé peu à peu de ses anciens élèves, faisait souvent appel à sa charité et était heureux de faire entendre dans les paroisses l'éloquente voix qui les avait charmés au séminaire. Les occupations intérieures ne permettaient pas au directeur de répondre toujours à ces appels si bienveillants ; mais la *Chronique de Kouba* rapporte quelques-unes de ces courses, et, dans ses cahiers d'instructions, nous avons assez fréquemment lu le nom des paroisses qui ont été évangélisées par sa parole : la Maison-Carrée, Birkadem, la Cité-Bugeaud, Tenez, Bouffarik, Médéah, les Sœurs de la Doctrine, à qui il prêche la retraite, le petit séminaire Saint-Eugène, etc., etc.; un ministère plus fréquent n'était guère possible, mais ce n'est pas l'invitation de ses anciens élèves qui a fait défaut assurément, nous n'en voulons pour preuve que ce que nous avons écrit déjà sur le souvenir qu'ils gardaient de leur maître, après être sortis du séminaire.

De ses élèves et du clergé, l'estime qu'on avait de lui était montée jusqu'à l'administration diocésaine ; nous trouvons une preuve de celle qu'avait conçue Mgr Lavigerie dans l'invitation pressante et réitérée qu'il lui fit de prêcher le carême de 1868 dans la cathédrale d'Alger ; il est facile d'imaginer combien son humilité en fut alarmée ; voici ce qu'on lit dans sa *Chronique :* « Pendant la séance des examens de la mi-année, Monseigneur a proposé de faire prêcher le carême à la cathédrale par M. Dazincourt; les professeurs du petit séminaire Saint-Eugène avaient probablement provoqué cette demande par quelques appréciations d'une bienveillance exagérée. M. le Supérieur a allégué les règles de la Compagnie, les inconvénients de l'absence pour le professeur ; Sa Grandeur tenait bon et aurait voulu que M. Girard imposât d'autorité cet office...

Dans la soirée, le professeur de morale s'est rendu à l'archevêché pour voir Monseigneur; le prélat l'a accueilli avec une grâce parfaite et lui a dit avec amabilité : « Vous m'avez déjà refusé une chose (d'être Supérieur du petit séminaire Saint-Eugène), vous m'accorderez celle-ci ! — Monseigneur, je n'ai rien à refuser à Votre Grandeur, je me permettrai seulement de lui exposer mes motifs : 1° Je n'ai rien de prêt pour cette station, et je suis obligé d'apprendre de mémoire. — Vous avez tort ! — Je le veux bien, mais c'est un fait; 2° en outre, M. Etienne, mon supérieur général, vient de me confier une retraite pastorale pour les vacances prochaines, et j'ai besoin de tout mon temps pour la préparer. » Cette dernière raison surtout a semblé faire impression, et Monseigneur, se levant, a dit en souriant : « Je laisse la décision à M. Girard, vous ferez ce qu'il vous dira. » En rentrant à Kouba, le professeur de morale a raconté son entrevue à M. le Supérieur. » — Un confrère d'Alger, M. Depeyre, prêcha le carême, et M. Dazincourt déclina ainsi l'honneur; mais Monseigneur ne lui avait pas moins témoigné en quelle estime il l'avait, et quelle confiance il mettait en lui.

Nous venons de l'entendre lui-même, son Supérieur général l'avait informé qu'il aurait à prêcher une retraite ecclésiastique durant les vacances suivantes, celles de 1868. Nous serions heureux de pouvoir entrer dans quelques détails au sujet d'un ministère si important et si difficile, pour lequel cependant M. Dazincourt avait toutes les aptitudes, auquel il était préparé par plus de douze années d'études spéciales, par tant d'instructions, si soignées et si pratiques, composées pour les séminaristes; par l'habitude, dès lors acquise, de la direction des âmes sacerdotales, et dans lequel, surtout, il était appelé à faire tant de bien, si des infirmités précoces n'étaient venues, dès 1871, arrêter son zèle et lui rendre ce ministère impossible. Il prêcha une première retraite au clergé du diocèse de Pamiers, en septembre 1868 ; l'année suivante, il la donna encore au même clergé ; en 1870, il devait remplir ce même ministère à Soissons ; mais, la guerre étant survenue, il ne put s'en acquitter que l'année suivante, 1871 ; et ce fut tout ! Arrêté par l'état de sa santé, il dut renoncer à une œuvre si fructueuse, au grand regret de ses Supérieurs et du clergé qui en avaient eu le bénéfice et la primeur. Le bien qu'il avait fait à Pamiers et à Soissons avait été immense ; il avait laissé de lui un tel souvenir, qu'un de ses confrères, désigné pour remplir ce ministère dans ces mêmes diocèses, dix années après, put constater l'estime profonde qu'il s'était acquise et la réputation qu'il avait laissée ; l'évêque de Pamiers, le vénérable Supérieur du grand séminaire, ne tarissaient pas d'éloges sur son compte ; quant aux prêtres, dans l'un et l'autre diocèse, c'est en très grand nombre qu'ils venaient prendre de ses nouvelles, tout embaumés encore de sa retraite et répétant à l'envi : « Quel homme sage ! quel saint prêtre ! quel prédicateur !... »

De tels souvenirs supposent une impression bien profonde ; nous voudrions pouvoir indiquer de quelle manière et par quels moyens elle a été produite ; mais, outre que nous n'avons pas retrouvé la plupart de ses discours (les a-t-il détruits par humilité, quand il s'est vu dans l'impossibilité de s'en servir?), la question est du reste très complexe ; il faut tant de vertus, de science et de talents réunis pour réussir dans un tel ministère ! et nous serions entraîné trop loin de notre sujet actuel. Nous espérons y revenir plus tard, quand nous devrons étudier l'idée qu'il s'était faite du prêtre et que nous traiterons de son action sur le clergé. En attendant, bornons-nous à transcrire ici quelques passages des instructions qui nous restent ; ainsi on aura au moins une faible idée de l'impression que dut produire sa parole vivante. Voici, tout d'abord, l'idée qu'il se faisait du prêtre ; c'est son analyse même que nous donnons : « Il est bon de se demander d'abord : Qu'est-ce que le prêtre ? Dire que c'est un homme distingué, cela ne nous sépare pas d'un certain nombre d'hommes qui parlent juste sur la religion, sentent ce qui est beau, etc. Ajouter : c'est un bon chrétien, ce n'est pas encore faire notre éloge, car les bons chrétiens on les rencontre encore dans tous les rangs de la société... Ce qui nous caractérise, c'est cette définition : Le prêtre, c'est *l'homme de Dieu!* C'est la définition de saint Paul : *Tu autem, o homo Dei!...* Et c'est aussi celle du bon sens... En effet, le prêtre est l'homme de Dieu : 1° par *son origine sacerdotale;* car nous venons de Dieu par notre vocation et par la grâce du sacrement de l'ordre... » La nature de la vocation expliquée, le développement continue ainsi : « Dieu, pour me servir d'une belle figure du prophète Isaïe, nous a pris avec une attention spéciale, comme le chasseur prend une flèche dans son carquois : *Posuit me sicut sagittam electam*[1] ; son bras nous lance au milieu des peuples, son œil nous dirige au cœur de tous ses ennemis, pour que tous lui soient soumis et que tous s'écrient en l'adorant : *Vulnerasti cor meum*[2] ! Nous sommes donc à lui par notre vocation, comme la flèche choisie est au chasseur... Nous venons directement de lui !...

« Ce n'est pas tout ; nous étions appelés, mais nous n'avions pas reçu la dernière forme, pour parler comme l'école ; il nous manquait le caractère sacerdotal ; nous l'avons reçu au jour de notre ordination : la grâce du sacrement nous a constitués prêtres, à peu près comme par le baptême nous avons été faits enfants de Dieu, par la confirmation soldats de Jésus-Christ ; elle nous a communiqué des prérogatives magnifiques, transformé notre âme de manière à la placer dans un ordre suréminent, et lui a imprimé un caractère indélébile ; par elle, des pouvoirs divins nous sont donnés sur le monde matériel et sur le monde des esprits ! Rien

---

1. Is., XLIX, 2.
2. Cant., IV, 9.

n'est dû, originairement, à notre propre industrie, à nos efforts, à notre nature; sans doute, nous devons faire valoir ces dons, mais le fond nous a été remis par la munificence de Dieu, mais tout notre être sacerdotal, pour ainsi dire, est un écoulement du sacerdoce de Jésus-Christ, qui nous inonde, nous pénètre, nous transforme, nous rend d'autres lui-même! En un mot, nous sommes des hommes de Dieu et par la vocation et par la grâce sacramentelle, c'est-à-dire par notre origine.

« Nous le sommes encore : 2° par notre *consécration*. Il est hors de doute, en effet, que nous appartenons à qui nous nous sommes donnés librement; n'en est-il pas ainsi parmi les hommes? Or, nous nous sommes livrés à Dieu, vous le savez bien!... » Suivent des tableaux saisissants qui rappellent l'acte de donation qui a eu lieu à chacune des ordinations; puis, se redressant en quelque sorte et saisissant son auditeur: « Vous n'êtes donc plus des hommes *du monde*, car vous l'avez juré: *Ampliùs non licet a proposito resilire...* c'est-à-dire *ad sæcularia vota transire!* — Vous n'êtes donc plus des hommes *d'argent*, car vous avez vendu pour toujours à Dieu vos services: *Oportebit... in ecclesiæ ministerio semper esse mancipatos!* — Vous n'êtes donc plus des hommes *de loisir*, puisque vous avez voué la foi qui agit, la vigilance, l'activité: *Amodo assidui... vigiles!* — Vous n'êtes donc plus des hommes *charnels*, puisque vous avez à tout jamais crucifié la chair par la continence; puisque, pour mieux marquer cette immolation, vous vous êtes étendus sur le pavé du sanctuaire comme des cadavres, puisque vous avez en quelque sorte spiritualisé ce qu'il y a de matériel en vous par la triple bénédiction du pontife!... Quels hommes êtes-vous donc si, après avoir donné à Dieu désirs, richesses, repos, corps, esprits, tout, en un mot, vous n'êtes pas des hommes de Dieu?... Quoi! une épouse est à son époux parce qu'elle lui a engagé sa foi, et vous ne seriez pas à Dieu, à qui vous avez fait mille serments? Un serviteur est à son maître parce qu'il lui a loué son travail, et vous ne seriez pas à Dieu, à qui vous avez promis tous vos instants? Il faudrait donc renverser toutes les notions de droit et de devoir, changer toutes les règles du langage! Oui, par notre consécration, encore une fois, nous sommes les hommes de Dieu!

« Nous le sommes encore plus: 3° par *nos fonctions*. » Ce qui est évident, du moment, comme le prouve péremptoirement la suite de l'instruction, que le prêtre est l'ouvrier de Dieu : *Dei sumus adjutores* [1] — *Rogate Dominum messis ut mittat operatios* [2] ;... son économe : *Dispensatores mysteriorum Dei* [3] ; — son ambassadeur : *pro Christo legatione fungimus* [4]. Donc, à tous ces titres, les hommes de Dieu.

Le tout se termine par le développement de cette question: Sommes-nous réellement des hommes de Dieu à ce triple point de vue?

Si le prêtre est l'homme de Dieu, il doit néceesssairement lui être uni d'une manière intime; l'invitation du Maître aux ouvriers : *Ite et vos in vineum meam* [5], sert de texte au prédicateur pour montrer le mystère ou la nature et la pratique de cette union.

« La dernière cène venait de finir; l'adorable Eucharistie était instituée et la première messe célébrée par Celui qui réunissait la double qualité de prêtre et de victime; Jésus s'était levé de table et marchait résolument au-devant du traître. Alors, comme il arrive au moment d'une longue et cruelle séparation, les cœurs étaient émus; les apôtres, sur le point de devenir orphelins, se groupaient autour du Sauveur et se montraient attentifs à saisir ses dernières paroles. Le Maître, disent les commentateurs, remarquant les vignes

---

1. 1 Cor., III, 9.
2. Math., IX, 38.
3. 1 Cor., IV, 1.
4. 2 Cor., V, 20.
5. Math., IV, 7.

dont le chemin était bordé, prit de là occasion de nous laisser cette belle allégorie, qui nous explique si bien la nature, la nécessité et les conditions de cette union réciproque qui fait le fond de toute la vie surnaturelle: *Ego sum vitis. et vos palmites*[1]. Soyons attentifs, la leçon nous regarde! Nous étions-là avec les apôtres! Or, l'affirmation est formelle, s'il est le cep, nous sommes les branches: *Vos palmites!* C'est donc justement et par le droit divin que nous comparons l'âme à la vigne, et que par cette comparaison nous cherchons à pénétrer le mystère de l'union. Interrogeons donc les secrets de la nature et élevons-nous, à l'aide de ces observations, aux sublimes opérations de la grâce en nous. Si vous prenez la peine de considérer un de ces ceps vigoureux que vous avez si souvent sous les yeux, vous ne pourrez vous empêcher d'admirer les merveilleux rapports qui en réunissent toutes les parties : les racines fixent solidement la tige dans la terre ; à la tige sont attachés les sarments ; ceux-ci s'étendent au loin sur le sol, ou, s'élevant à l'aide d'appuis, vont saisir les arbres voisins, dont ils se font des protecteurs, tandis qu'ils supportent à leur tour et les feuilles qui forment leur parure et les fruits qui sont leur gloire. Ce n'est pas tout : si vous approchez un œil plus scrutateur de ces mille petites racines, en apparence sèches et arides, vous les verrez avec étonnement aspirer, comme par autant de bouches intelligentes, les sucs nourriciers dont les pluies et les rosées leur payent l'utile tribut; ces sucs réunis au pied de la tige forment un confluent liquide qu'on nomme la sève; grâce à de nombreux canaux, merveilleusement disposés dans le tissu cellulaire, la sève monte à l'intérieur du cep; elle circule dans les sarments comme dans autant de ruisseaux; elle atteint jusqu'aux extrémités, développant les feuilles, donnant naissance aux fleurs et nourrissant les fruits. Ce travail

---

[1]. Jean, XV, I, etc.

successif achevé, la sève, par un mouvement contraire, revient à son point de départ, déposant autour de la tige une couche solide destinée à la fortifier. Toutefois, elle a rendu à l'air l'humidité qu'elle en avait reçue et lui a restitué en parfums salutaires le fluide précieux que l'air n'avait fait que lui prêter !...

« Ainsi en est-il dans l'ordre surnaturel. La tige, c'est Jésus-Christ lui-même : *Ego sum vitis!* Cette tige divine plonge ses racines, non dans un sol grossier, mais dans les incommensurables profondeurs de l'adorable Trinité : elle puise dans cet océan de toutes les perfections une sève énergique autant que surabondante, la grâce ; la grâce vient jusqu'à nous, qui sommes les branches, *Vos palmites*, par l'humanité sacrée du Sauveur, qui en reçut la plus large effusion au moment de l'Incarnation ; des branches, c'est-à-dire des pasteurs, elle pénètre jusqu'aux rameaux les plus secondaires, je veux dire jusqu'au dernier fidèle, pourvu qu'il adhère solidement au sarment; cette vigne mystique couvre de son ombre les montagnes et les cèdres [1], puisque Jésus-Christ est dans tous les lieux ; elle étend ses pousses vigoureuses jusque dans les horizons de l'éternité et le long de tous les siècles, puisque Jésus-Christ est de tous les temps ; dans son cours, toujours régulier si notre liberté ne s'y oppose, la grâce aussi bien que la sève matérielle fait successivement éclore les feuilles, les fleurs et les fruits: c'est-à-dire, pour parler comme l'Apôtre : « tout ce qui est juste, tout ce qui est saint, tout ce qui est aimable [2] », et les chastes pensées, et les saints désirs, et les œuvres de miséricorde, et les dévouements héroïques, et la sainteté des prêtres, et la piété des enfants, et la tendresse des parents, et la fidélité des époux, et la justice des magistrats, en un mot, toutes les vertus qui embellissent l'Église; puis, quand cet

---

1. Ps. LXXIX.
2. Phil., IV, 8.

admirable travail est achevé ou tristement arrêté, la sève divine retourne à sa source première, mais elle n'y retourne jamais sans laisser des traces de son passage ici-bas[1] : elle dépose dans les âmes, et principalement dans le corps de l'Église, des éléments de force et de vie ; sans avoir rien emprunté au monde extérieur, elle y laisse des parfums de sainteté qui l'empêchent de se corrompre ; une fraîcheur de vertu qui tempère admirablement les ardeurs de la concupiscence !

« Voilà, selon l'Évangile, l'explication de ce grand mystère de l'union de Jésus-Christ avec l'homme ; ce n'est pas seulement l'union d'un ami avec son ami, d'un époux avec son épouse, d'un père avec son fils ; c'est une union de nature, telle qu'on la connaît entre la tige et les branches, entre les membres et la tête, entre le cœur et les artères où circule le sang ! Ce n'est pas une simple condition de la vie surnaturelle, indépendante de ce qui la constitue substantiellement, c'est cette vie elle-même dans toute sa plénitude !

« Elle nous est tellement indispensable, cette union mystérieuse, que, sans elle, il ne nous reste qu'une triste langueur, une impuissance complète, une mort certaine, un châtiment éternel: « Celui qui demeure en moi, continue le Sauveur, porte beaucoup de fruit ; car sans moi vous ne pouvez rien ! » Non, absolument rien, dans l'ordre de la grâce, ni une œuvre méritoire, ni le commencement de cette œuvre, ni même la première inspiration: *Nihil potestis facere*[2] ; et, continuant l'allégorie de la vigne, il ajoute: « Si quelqu'un ne demeure pas en moi, désormais branche inutile, il sera jeté dehors, il se desséchera, on le recueillera, on le livrera au feu et il brûlera. » De cet enseignement si formel résultent de tristes, mais inévitables conséquences. Ainsi, dès que le souffle glacé de la tiédeur, ou

---

1. Is., LV, 11.
2. Joan., xv, 5.

l'air brûlant des passions a suspendu en notre âme la libre circulation de cette sève qui nous vient de la tige qui est Jésus-Christ, une triste langueur annonce que la vie s'en va: les feuilles jaunissent, les fruits se dessèchent! le sarment tient encore au cep, il est vrai, mais il le déshonore par une honteuse nudité. Que de branches flétries dans le christianisme, et jusque dans le sanctuaire! et si nous interrogions en ce moment nos œuvres, pourrions-nous espérer qu'elles rendraient témoignage à notre vigueur spirituelle?... Lorsque le péché mortel, de sa main hideuse, sépare l'âme de la source même de la vie, aussitôt elle meurt, les démons s'apprêtent à l'entraîner et à la jeter dans le feu éternel. Que de branches mortes couvrent le vaste champ de l'Église, la vigne chérie du père de famille! Que de sujets de craindre d'être à notre tour emportés par l'orage! Qu'il est donc vrai qu'en méditant la parabole de notre Évangile nous devons mettre aujourd'hui notre premier soin à comprendre et à réaliser le mystère de l'union à Jésus-Christ!...

« Pour parvenir heureusement à ce dernier but, nous aimerons à nourrir notre foi de la méditation assidue du discours après la Cène, et en particulier de cette belle allégorie de la vigne; nous remercierons le divin Sauveur de nous avoir comme incorporés à son humanité sainte par le baptême; nous ferons de la prière un élément dans lequel respirera notre âme; la prière sera la rosée, le fluide et la lumière qui entretiendront la sève de la grâce, à peu près comme l'air et le soleil sont les agens qui conservent la sève matérielle; nous nous tiendrons dans l'humilité et la dépendance, par une conviction profonde de l'impuissance absolue où nous sommes d'opérer notre salut sans l'action intérieure de la grâce; nous croirons fermement que, séparés de Jésus-Christ, nous sommes sans valeur, sans grâce, sans beauté, inutiles aux autres et à charge à nous-mêmes, de même que, séparée de sa tige, la branche stérile et desséchée n'est plus qu'un bois tortueux, raboteux, sans consistance, absolument impropre à tout usage, et bon seulement à être brûlé[1] ; enfin, et ce sera là une garantie assurée de la durée de cette union, nous approcherons de la sainte Eucharistie avec l'avidité que le sarment, s'il avait l'intelligence, mettrait à s'attacher au cep, et nous y puiserons abondamment la vie, la force et la beauté. »

Une autre obligation capitale du prêtre, c'est d'imiter Notre-Seigneur; aussi, sur ce texte : *Veni, sequere me*[2] ! il établissait de cette obligation les raisons qu'on allègue ordinairement. 1° C'est juste, car Notre-Seigneur nous a rachetés, nous sommes son héritage, et nous lui appartenons par suite de nos consécrations volontaires; 2° c'est chose glorieuse d'abord en cette vie, car la gloire ici-bas consiste principalement à se couvrir de la protection d'un grand nom, à descendre d'une famille ancienne, à posséder le prestige de la popularité et à laisser un long souvenir dans la postérité; que sera-ce donc au jour du jugement général et pendant toute l'éternité? 3° c'est la source même du bonheur, car c'est la paix pour toutes nos facultés, en attendant la réalisation de toutes nos espérances éternelles... Nous n'en transcrirons que la péroraison: « Nous lisons dans l'histoire de France un trait qui servira de conclusion à cette instruction, et qui me semble d'une saisissante application: Philippe-Auguste, sur le point de livrer la célèbre bataille de Bouvines, monta sur un tertre élevé, et en présence de son armée silencieuse et immobile, fit tremper dans une coupe remplie de vin plusieurs morceaux de pain, puis en ayant pris un, il le mange et dit à tous les chefs qui l'environnent: « Que ceux qui veulent me suivre et mourir avec moi en fassent autant! » et aussitôt tous les ducs, comtes et barons mangent le pain de l'alliance, et pas un ne fut traître à son suzerain; ils partagèrent tous et ses périls

---

1. Rom., XI, 17.
2. Luc, XVIII, 22.

et son triomphe! Serions-nous moins généreux que des guerriers du treizième siècle, ou notre chef mériterait-il moins de dévouement? Jésus-Christ est en face de ses ennemis : les infidèles méconnaissent sa divinité, les indifférents outragent son amour, les prétendus savants jugent sa doctrine et sa personne, les politiciens lui refusent le droit d'intervenir dans le gouvernement de la société civile... Il ne doute pas de la victoire, mais il peut mettre en doute notre fidélité! A la fin de cette retraite il nous présentera aussi le pain du serment, la divine Eucharistie, et il semblera nous dire : Que ceux qui veulent me suivre s'avancent!... Oh! vous avancerez tous, sans aucun doute, avec cette générosité qui va si bien à des Français et à des prêtres, et vous n'oublierez jamais que votre engagement est à la vie et à la mort! »

Mais, pour suivre Notre-Seigneur, l'esprit de sacrifice est indispensable. Il est ainsi défini: « Avoir cet esprit de sacrifice, ce n'est pas prendre la résolution de rompre avec le péché et l'exécuter par une démarche généreuse; ce n'est pas se séparer brusquement du monde; ce n'est pas rêver le martyre dans un moment de ferveur et dans les douceurs de la paix; ce n'est pas même faire quelques généreuses largesses, sous l'impulsion d'un sentiment pieux; tout cela suppose des émotions passagères, et nous savons très bien que de temps en temps la générosité nous plaît! L'esprit dont nous parlons suppose quelque chose de plus habituel, de plus calme, par conséquent de plus fort; c'est une habitude, une sainte facilité d'offrir à Dieu nos facultés intérieures et tous leurs actes agréables ou pénibles, nos personnes et tout ce qui y tient par des relations étroites, nos vies et tout ce qui les modifie, nos biens extérieurs, de quelque nature qu'on les suppose, considérables ou modestes, nécessaires ou superflus, chers ou indifférents. C'est là le véritable esprit de sacrifice, le sacrifice intérieur, qui est de précepte pour tous, au dire de saint Thomas[1]. On ne doit le confondre ni avec la pénitence, ni avec la mortification, ni avec la tempérance, car il embrasse toutes ces vertus et en accepte les actes comme autant d'hosties qu'il consacre au culte de Dieu; encore moins faut-il le comparer aux sacrifices des mondains, où les victimes ne manquent pas, mais où l'on cherche en vain un prêtre qui offre et un Dieu véritable qui accepte! En un mot, cet esprit consiste à nous dévouer à Dieu en toute manière, pour procurer sa plus grande gloire; ce que saint Augustin exprime en ces termes: *Offerre Deo devotam mentem est primum et principale sacrificium.* » — Cet esprit de sacrifice, le prêtre le doit à Dieu, d'abord comme *homme*, ensuite comme *chrétien*, car à ce titre il doit « prendre l'esprit même de Jésus-Christ, son chef, son roi; l'esprit de l'Église, sa mère, et l'esprit de tous les saints, ses frères»; enfin il le doit surtout comme prêtre, car à ce titre il doit « offrir le sacrifice, il doit accomplir ce qui manque à la passion de Jésus-Christ, il doit enfin fonder: *Constitui te ut ædifices et plantes* [2] ». — Mais comment pratiquer cet esprit de sacrifice? — En sacrifiant généreusement nos biens de l'âme, nos biens du corps, enfin nos biens extérieurs. Voici quelques développements sur le sacrifice des biens du corps:« Ces biens du corps, ce sont nos mouvements extérieurs, notre repos, nos courses, nos maladies, notre santé, notre vie; et tous ces sacrifices peuvent se résumer en quatre mots: martyre, tempérance, chasteté, culte public: *Exhibentes corpora vestra hostiam viventem* [3]. » Oui, sacrifions nos vies par le martyre; pour cela il n'est pas besoin de bourreau; un jour, nous le savons, notre âme se séparera du corps; donc, chaque soir unissons-nous à l'agonie de Notre-Seigneur, acceptons la mort comme si déjà

---

1. $2^a\ 2^{æ}$ 2. 85.
2. Jer., I, 10.
3. Rom., XII, 1.

nous sentions sur nos poitrines la pointe de son glaive ; anticipons par l'imagination cette dernière scène où nous recevrons le saint viatique, et disons avec Jésus-Christ mourant : *In manus tuas, Domine, commendo spiritum meum*[1]*!* ou, avec le saint vieillard Siméon : *Nunc dimittis, Domine, servum tuum in pace*[2]*!...* — Sacrifions la gourmandise par la tempérance, la légèreté par le silence et le recueillement, comme Esther qui savait se dérober aux jouissances publiques, nous dit Bossuet, pour offrir dans le fond de son palais le sacrifice de ses larmes ; comme cette autre reine qui se sacrifiait dans tous les jeûnes et dans toutes les abstinences ; comme ces pénitents de la primitive Église que Fléchier nous dépeint se sacrifiant eux-mêmes pour avoir part aux sacrifices de Jésus-Christ. — Sacrifions nos corps par la chasteté ; déjà nous les avons offerts à l'autel, répétons les paroles de cette consécration. — Dans le culte public, sacrifions nos voix par le chant des louanges de Dieu, nos yeux par la modestie, nos mains par l'oblation des objets sacrés : *Elevatio manuum mearum sacrificium vespertinum ;* nos pas par une douce gravité, tous nos membres par l'anéantissement de l'adoration... » Voici la conclusion de cette instruction : « Quand vous traitez la grande question du sacrifice extérieur, admis par tous les peuples et dans tous les siècles, constituant l'acte de religion par excellence, vous établissez que pour un sacrifice véritable il faut ces cinq choses : un prêtre, une victime, un autel, un changement d'état dans la victime, une fin surnaturelle et pieuse ; or, dans le sacrifice dont nous venons de parler vous avez tout cela, si vous le voulez : le prêtre qui commande d'une manière souveraine, c'est notre volonté ; la victime, ce sont les biens de l'âme, les biens du corps, les biens extérieurs ; l'autel, c'est notre propre cœur ; le

---

1. Luc, XXIII, 46.
2. It., II, 29.

changement d'état de la victime, c'est cette transformation surnaturelle de la grâce qui fait qu'un acte, un mouvement, un objet perd en quelque sorte son être naturel et matériel, pour devenir à l'instant spirituel, méritoire et infini; la fin élevée, c'est l'intention d'honorer Dieu par tous ces petits sacrifices, intention qui ajoute à tout ce qui est déjà vertu la valeur particulière de la vertu de religion. Oh! tenons-nous habituellement dans ce temple de notre âme, offrons-y avec un esprit tranquille le sacrifice du matin et du soir, l'holocauste et l'hostie pour le péché; ce sera nous préparer dignement au sacrifice public de l'Église et aux saintes cérémonies du ciel!... »

Nous avons ensuite un beau et très solide sermon sur le péché du prêtre, avec ce texte : *Iste omnis fructus ut auferatur peccatum.* (Is., XVII, 29.) « Les péchés dans le prêtre revêtent un caractère incontestable de spéciale gravité ; en effet : 1° ils partent d'une intelligence plus éclairée et d'une volonté plus perverse ; 2° ils renferment une insigne lâcheté ; 3° ils supposent plus d'ingratitude ; 4° ils ont un caractère spécial d'odieuse trahison ; 5° ils exercent une influence plus dévastatrice ; 6° enfin ils entraînent, même ici-bas, des châtiments plus terribles que les fautes des simples fidèles... » Il donne des preuves de ces affirmations, et finit en tirant des conclusions pratiques.

Ici devaient venir les instructions sur les fins dernières, dont nous n'avons rien retrouvé, malheureusement ; en revanche, nous avons les principaux devoirs des prêtres, soit envers eux-mêmes : l'oraison... ; soit envers l'Église, — une instruction admirable que nous ne pouvons que résumer ; — soit, surtout, envers les fidèles: *Sacerdotem oportet... benedicere, præesse, prædicare, baptizare.* Voici le début de la conférence sur l'oraison : *Nos vero orationi... instantes erimus.* (Act. VI, 4.) « En parlant de l'oraison, sujet si vaste et dans lequel, par conséquent, il est si facile de se perdre, nous nous attacherons à cette parole de saint Augustin, qui semble résumer tout ce que l'on peut dire de plus utile sur une si sainte pratique : *Quid est oratione præclarius? Quid vitæ nostræ utilius? Quid animæ dulcius? Quid in totâ nostrâ religione sublimius?* » A la fin, il répond aux divers prétextes qu'on peut mettre en avant pour négliger ce saint exercice : Je n'ai pas le temps ! — Je fais ce qui la vaut ! — Ce n'est qu'un temps de distractions ! — Je n'y trouve ni goût ni facilité, etc. — Nous certifions qu'à tout il a une réponse péremptoire !

Les devoirs du prêtre envers l'Église sont réduits à trois : *l'aimer, l'honorer, lui obéir*. Et d'abord, l'aimer : c'est naturel ; n'est-elle pas notre mère ! et puis, ne nous a-t-elle pas *aimés, choisis, dirigés, enrichis, protégés* — avec quelle tendresse et quel dévouement ! Chacune de ces subdivisions prête à de très beaux développements... Mais c'est le second devoir qui nous semble surtout bien traité ; on va en juger : « Honorer l'Église, c'est, nous le savons tous, rendre un témoignage public, éclatant, sincère, à son origine divine, à son caractère surnaturel, à l'influence bienfaisante qu'elle ne cesse d'exercer sur le monde. Que ce soit là, pour chacun de ses enfants, un devoir aussi rigoureux que doux à remplir, c'est ce qu'il ne nous vient pas même à la pensée de contester un seul instant. Mais il n'en est pas de même d'un trop grand nombre qui, frappés de je ne sais quel esprit de vertige, s'en vont répétant tristement que, si le passé de l'Église lui constitue quelque titre de gloire, les merveilles de la société moderne la déshéritent de tout honneur ; le progrès indéfini des institutions civiles lui dispute avantageusement l'avenir. Pour les détromper et pour nous affermir dans le culte d'honneur que nous devons à notre Mère, rappelons un sublime passage de la sainte Ecriture. » — Et alors il raconte, d'après les ch. XXII, XXIII et XXIV du Livre des *Nombres,* les efforts de Balac, roi des Moabites, pour arrêter la marche victorieuse du peuple d'Israël, par le moyen des malédictions d'un voyant célèbre, Balaam, fils de Béor ; on sait comment ce dernier fut successivement amené dans ce but au sommet de trois montagnes différentes ; mais, à la place des malédictions attendues, il ne put faire entendre que de magnifiques bénédictions : « Comment maudire celui que Dieu n'a point maudit ?... Que vos parvis sont beaux, ô Jacob ! que vos tentes sont admirables, ô Israël !... Une étoile sortira de Jacob, un rejeton s'élèvera d'Israël et frappera les chefs de Moab... Celui qui bénira ce peuple sera béni ; celui qui le maudira sera maudit ! » — « Ce que Balac entreprit inutilement contre Israël, la sagesse de ce siècle, ou, pour parler un langage plus connu, l'esprit moderne, essaye de le mettre en œuvre contre l'Église de Dieu. Pour arrêter le cours de ses victoires, pour s'opposer à ce qu'on nomme, en certains lieux, le progrès toujours croissant de ses envahissements, on renonce à la lutte qui lui fournit sans cesse l'occasion de nouveaux triomphes, et on tente de soulever des malédictions qui amènent le mépris et finalement la ruine. La ruse est encore la même que celle qu'employa le roi de Moab : on nous transporte successivement dans les vastes champs de l'histoire, sur les sommets ardus de la science, sur les hauteurs de la politique, afin de nous montrer l'Église sous ses aspects les moins favorables, et de nous arracher, s'il était possible, une malédiction... » Le prédicateur, prenant à part et successivement chacune des attaques de l'histoire, de la science et de la politique contre l'Église, en montre l'audace et en prouve la faiblesse et l'inanité, avec une logique et une verve admirables ; on trouve, dans ces pages, des accents émus, des cris de foi et d'indignation qui touchent à la haute éloquence et ont dû produire une impression profonde, surtout si l'on songe que ces nobles paroles retentirent à la veille ou au lendemain du concile du Vatican.

Le troisième devoir du prêtre est de lui obéir ; il repose sur son *autorité doctrinale* et *législative* ; après avoir solide-

ment établi l'une et l'autre, le prédicateur montre *en quoi il faut lui obéir*, énumère tous ces différents points, et enfin il indique *comment il faut lui obéir*, d'une obéissance simple,... joyeuse,... prompte,... entière... — Voici sa péroraison : « Nous aimerons donc l'Église, nous l'honorerons, nous lui obéirons, comme des enfants bien nés aiment, respectent et écoutent leur mère. Au milieu des scènes de désolation qui attristent nos âmes, nous nous consolerons en tournant souvent nos regards vers celle qui « s'élève du « désert, tout inondée de délices ! » (Cant., VIII, 5.) — Nous la bénirons d'avoir préparé notre entrée dans la vie, veillé sur notre enfance, réjoui notre jeunesse et répandu à pleines mains sur notre âme les trésors de la vocation sacerdotale ! Nous serons saintement fiers de toutes les gloires qui l'environnent : gloire de la durée, gloire de la science, gloire du gouvernement, gloire des institutions, gloire de la sainteté ! Surtout, nous lui obéirons de cœur, jusqu'à l'effusion du sang, s'il est nécessaire ! Notre devise chérie sera cette belle parole de Bossuet : « Sainte Église
« romaine, mère des églises et mère de tous les fidèles,...
« nous tiendrons toujours à ton unité par le fond de nos en-
« trailles ! Si je t'oublie, puissé-je m'oublier moi-même !
« que ma langue se sèche et demeure immobile dans ma
« bouche, si tu n'es pas toujours la première dans mon sou-
« venir, si je ne te mets pas au commencement de tous mes
« cantiques de réjouissance !... » (Ps. CXXXVI.)

Nous nous arrêtons dans ces citations, bien trop longues sans doute, mais encore insuffisantes pour montrer toutes les ressources du prédicateur dans ses retraites ecclésiastiques ; nous n'avons en effet rien dit des devoirs du prêtre à l'égard des âmes ; or, c'est dans l'exposition de ces graves devoirs que M. Dazincourt s'est surtout montré avec tout son savoir, tout son cœur, tout son bon sens pratique ; il s'y est vraiment surpassé lui-même, croyons-nous. Du reste, nous aurons occasion plus tard de revoir et d'étudier cette partie de sa prédication, quand nous traiterons de son action sur le clergé.

Ce que nous venons de dire dans ces deux chapitres est plus que suffisant, pensons-nous, pour montrer combien fut fructueux le ministère de M. Dazincourt, durant ces quinze années d'Algérie; on peut le voir maintenant, il n'y a rien d'exagéré dans les témoignages élogieux que nous avons rapportés plus haut, touchant cette période de sa vie. Celle qui va suivre ne sera pas moins riche en fruits de bénédiction; nous allons le trouver sur un théâtre plus en vue, dans un poste plus élevé, dont la perspective seule l'effraye depuis plusieurs années, où son action sera plus efficace encore et sa responsabilité plus grande aussi ; mais il s'est assez défié de lui-même et de ses propres forces; se confiant en Dieu, il va se rendre à l'appel de ses Supérieurs, en enfant d'obéissance, et la Providence, qui l'a si bien et si longtemps préparé, se servira de lui encore durant vingt années, pour remporter de nouvelles victoires et réaliser un plus grand bien : *Vir obediens loquetur victoriam.* (Prov., xxi, 28.)

CHAPITRE IX

Supérieur du grand séminaire de Marseille.
Sa première année.

(1870-1871)

M. Dazincourt quitta définitivement Kouba et l'Algérie, qu'il ne devait plus revoir, le 12 juillet 1870. La *Chronique* porte : Mardi 12. — « Départ pour France du professeur de morale ; il va prêcher la retraite ecclésiastique de Soissons. » Il écrit lui-même à sa sœur aînée : « Je m'embarque aujourd'hui même pour la France, et je vais te mettre bien au courant de tous mes projets, afin de te prouver que je ne fais ni politique ni mystère avec ma respectable aînée. J'irai droit à Paris, pour y passer les fêtes de la Saint-Vincent, et y faire ma retraite ; le 1er août, je serai à Soissons, où je prêcherai la retraite ecclésiastique, jusqu'au 6 ; après cela, je reprendrai le chemin d'Alger, en passant par Lyon ; c'est à cette époque que nous pourrons, j'espère, nous voir... » On le sait, sur ces entrefaites survint la guerre entre la France et la Prusse ; la retraite de Soissons ne put avoir lieu ; en conséquence, après avoir assisté aux fêtes de Saint-Vincent à Paris, et fait sa retraite annuelle, M. Dazincourt fut envoyé à Saint-Malo, prêcher la retraite aux Filles de la Charité. C'est dans cette ville, au commencement de septembre, qu'il reçut de Paris sa nomination de Supérieur au grand séminaire de Marseille ; en lui envoyant sa patente, M. Étienne lui disait : « Enfin, votre destination nouvelle est fixée. Vous êtes désigné pour remplacer M. Gaillard, dans le poste de Supérieur du grand séminaire de Marseille. Les confrères de cette maison m'ont témoigné le désir de vous avoir, par conséquent, vous recevrez d'eux un bon accueil. Mgr l'évêque accepte aussi gracieusement votre nomination. J'ai tout lieu de croire que vous rendrez service à la Congrégation dans cette maison. Il est inutile que vous repassiez par Paris; je vous envoie votre patente. Vous pourrez vous rendre directement à Marseille; car je crains qu'en venant ici vous ne puissiez plus partir; à chaque instant, nous sommes exposés à voir toutes les communications interceptées avec la province... » En effet, la France avait été envahie après plusieurs batailles malheureuses; et, à la suite du désastre inouï de Sedan, Paris allait être investi par les troupes victorieuses de l'Allemagne. Après avoir fait tomber sa belle barbe algérienne sous les ciseaux, et s'être muni d'un passeport en règle, pour n'être pas arrêté comme espion prussien, ce à quoi on était alors exposé, M. Dazincourt, l'âme navrée de tout ce qu'il apprenait et de tout ce qu'il voyait, se mit en route vers son nouveau poste, à travers les populations affolées! Tristes débuts d'une supériorité qui l'effrayait depuis si longtemps, vrai chemin de la croix, pour arriver à cette colline de Montolivet qui sera pour lui, en quelque sorte, un vrai calvaire? Il va en effet former des âmes sacerdotales, il va prouver à Dieu son amour; or, ni l'un ni l'autre ne se fait sans souffrance... Pendant ce pénible voyage, qui dura plusieurs jours, car les stations étaient longues et fréquentes sur les lignes encombrées, et il dut s'arrêter un peu dans la Loire et à Lyon, qui se trouvaient sur sa route, s'il eut quelques moments de consolation en revoyant sa sœur aînée et ses amis toujours fidèles, il dut aussi éprouver de longues heures d'angoisse; — qui n'en eut à cette fatale époque? et en face des désastres et du désarroi du présent, devant les incertitudes si sombres de l'avenir, à la veille d'occuper une position dont la perspective seule avait bien des fois troublé son sommeil, et sentant déjà peser sur ses faibles épaules une responsabilité, si lourde quand il la partageait avec d'autres, et qu'il va falloir désormais porter seul;... ne pouvons-nous pas dire qu'avant d'arriver à son calvaire, il eut, lui aussi, son jardin des Oliviers, où son âme dut être comme saturée d'ennui et de tristesse, déchirée d'angoisses et d'appréhensions! Dans quelques jours, lorsque pour la première fois il se verra entouré de ses nouveaux disciples, leur exposant d'un mot son programme de Supérieur, il leur dira, en empruntant la parole du prophète Samuel aux anciens d'Israël : *Ad immolandum Domino veni*[1]: « Je viens pour offrir des sacrifices et immoler des victimes au Seigneur! » il pourra bien ajouter: « Et j'ai déjà commencé ; la première victime, c'est moi-même!... » En effet, son rôle de Supérieur est déjà commencé!

« En arrivant au milieu de nous, comme Supérieur du grand séminaire, écrit Mgr Robert, il nous apportait le même dévouement, la même sagesse dans l'art du gouvernement des âmes sacerdotales, mais l'un et l'autre agrandis, éclairés par l'expérience. Mon vénéré et éminent prédécesseur vit de suite tout ce qu'on pouvait attendre de cette nature droite, franche, loyale et qui ne s'inspirait en tout que de motifs surnaturels, et il lui voua aussitôt et sans réserve, une affectueuse estime. C'est de la bouche de Son Éminence le cardinal Place que j'ai appris combien le diocèse de Marseille avait à se louer d'avoir un tel Supérieur à la tête de son grand séminaire. Je n'ai pas tardé non plus à voir quel précieux concours apportait à l'administration diocésaine un prêtre aussi éclairé, aussi sage, aussi fermement attaché à la doctrine catholique et aussi exact et mesuré dans ses décisions... »

Encore une fois, nous allons nous borner, à la suite d'un tel guide, à développer les grandes lignes qui nous sont magistralement tracées.

M. Dazincourt arriva au séminaire de Montolivet, le

---

1. 1 Reg., XVI, 2.

mardi matin, 13 septembre. La nouvelle *Chronique* qu'il commence pour Montolivet débute ainsi : « Mardi 13 septembre 1870. — Le deuxième Supérieur lazariste du grand séminaire, M. Dazincourt, professeur de morale à Alger, arrive aujourd'hui à Montolivet, à quatre heures du matin. Après le déjeuner, M. Gaillard, son prédécesseur et visiteur de la province, le présente à Mgr l'évêque, en même temps que M. R..., nouveau Supérieur du petit séminaire; l'accueil de Sa Grandeur a été gracieux pour les nouveaux venus. Les visiteurs ont été également bien reçus par MM. les vicaires généraux... »

Dès le lendemain, il écrit à sa sœur aînée qu'il vient de quitter, mais qu'il a hâte de rassurer : « Me voilà arrivé au but très heureusement. Hier, à quatre heures du matin, j'entrais dans la gare de Marseille, sans avoir été arrêté par la moindre aventure fâcheuse. J'ai trouvé à Montolivet un accueil amical et empressé, comme je m'y attendais. Dans la matinée, j'ai dû faire ma visite à Monseigneur et aux vicaires généraux. Sa Grandeur m'a accueilli avec une grande amabilité; c'est donc un premier pas heureusement fait. Maintenant me voici installé dans une grande et belle maison, au milieu d'un vaste jardin chargé de fruits, comme qui dirait le paradis terrestre! Il ne nous manque, comme à tout le monde en France, qu'un peu de confiance en l'avenir! Néanmoins, pour le moment, nous sommes tranquilles, beaucoup plus qu'on ne l'est à Lyon ; le séminaire n'a eu rien à souffrir jusque-là; Monseigneur l'a offert pour les blessés, et nous serions heureux d'en recevoir bientôt, pour éviter de plus graves inconvénients. D'après tout cela, il nous est impossible de savoir au juste à quelle époque pourra avoir lieu notre rentrée; nous attendrons l'heure de la Providence!... A plus tard de plus longs détails sur le cher Marseille... »

On le voit, la première impression, après les craintes, les angoisses et les longs ennuis du voyage, est bonne et rassurante ; après Lyon, qu'il vient de quitter tout houleux et enfiévré, Marseille lui paraît tranquille, surtout vu des hauteurs calmes de Montolivet, où les agitations et les cris de la grande cité méridionale n'arrivent qu'affaiblis... Même après le beau palais de Kouba, il trouve sa nouvelle résidence « grande et belle », et le vaste jardin-prairie qui l'entoure, planté de nombreux arbres fruitiers, agrémenté de deux splendides allées de platanes toujours ombreuses, devient pour lui une sorte de paradis terrestre !... il faut vraiment avouer que, s'il n'est pas enchanté, il est du moins assez habile et assez charitable pour le faire croire à sa pauvre sœur qu'il vient de laisser fort peu rassurée. L'année qui commence va être du reste assez mouvementée, et Dieu voulut bien lui donner quelques heures de calme, pour qu'il pût prendre possession de lui-même, s'asseoir dans son nouveau poste et se préparer aux angoisses qui approchent !

D'après la *Petite Chronique* que nous allons désormais prendre pour guide, les jours qui suivirent son installation furent assez calmes ; il les employa à faire quelques visites de convenance au dehors et à s'établir définitivement dans les appartements du Supérieur, dès que M. Gaillard se fut retiré pour prendre possession de son nouveau poste à Toursainte. Il n'eut garde d'oublier sa visite à la Bonne Mère, « et il fit à pied son pèlerinage de Notre-Dame de la Garde, pour mettre ses travaux sous la protection de la sainte Vierge ». C'est dans ces premiers jours également qu'il inaugura, auprès des Filles de la Charité de l'hôpital militaire, ce ministère si fructueux qu'il va poursuivre pendant vingt années : « Il s'est déterminé à s'en charger, dit la *Chronique*, parce que M. Gaillard a déclaré qu'il était dans l'impossibilité de le faire, et parce que M. le Supérieur général a témoigné le désir qu'il fît cet acte de dévouement. » Nous avons en effet retrouvé cette lettre de M. Étienne, datée de Bruxelles, où il avait dû se retirer :

« Je reçois aujourd'hui seulement votre lettre du 14 ; vous voyez qu'elle a dû faire bien des contours pour arriver jusqu'à moi... Je vous remercie des bonnes nouvelles que vous me donnez ; vous débutez dans des circonstances bien tristes ; c'est d'un bon augure pour le succès de la mission que vous avez à remplir ; après la tempête viendront de beaux jours ! Ayons confiance ; le bon Dieu châtie visiblement la France, mais il ne la châtie que parce qu'il l'aime... Je vous prie de vous charger de la direction des Sœurs de l'hôpital militaire ; M. Gaillard ayant cessé de les confesser, il y a lieu de le remplacer... »

Cependant l'horizon commençait à s'assombrir ; en date du 21, nous lisons dans la *Chronique* : « Le temps est menaçant ! Des amis du séminaire viennent nous avertir que les *gardes civiques*, siégeant à la préfecture, se disposent à nous faire une visite domiciliaire. On prend ses précautions pour soustraire à leur rapacité les objets précieux, et l'on attend avec calme... Personne ne se présente... » Le calme était plus ou moins grand parmi les confrères du Supérieur ; car pour lui il était rassuré, ou du moins il le paraissait ; nous n'en voulons pour preuve que la lettre suivante qu'il adressait à sa sœur aînée, à la veille même où la mystérieuse menace ci-dessus mentionnée allait être exécutée : « Je reçois ta lettre pendant la récréation, en faisant une partie de dominos avec M. Soulié et mes aimables confrères, ce qui te prouvera que nous ne sommes pas trop effrayés. M. Soulié te remercie de ton souvenir, et moi je ne mets aucun retard à venir causer avec toi ; il y a juste quinze jours que nous le faisions de vive voix, en parcourant la route d'Écotay. En ce temps-ci, on vit et on voit beaucoup en peu de jours !... Je suis à peu près accoutumé à Montolivet ; je dis à peu près, car je suis obligé chaque matin de me bien remettre dans la tête mon titre de Supérieur ; quand je l'entends prononcer gros comme le bras, il me semble qu'on m'adresse une injure ! mais je pense que bientôt j'y prendrai goût... Du reste la Providence me traite fort doucement; quoique la position offre certaines difficultés extérieures, je trouve à l'intérieur d'agréables compensations. Je connais particulièrement mes confrères, et M. Soulié est un vieil ami d'Afrique; nous avons un choix de domestiques parfaits; j'ai déjà fait connaissance avec bon nombre de séminaristes qui me paraissent doués de bonnes dispositions; je suis donc servi mieux que je ne le mérite. Sous le rapport temporel, nous habitons un vrai jardin de délices... Le seul inconvénient que je redoute, c'est qu'il faut aller deux ou trois fois par semaine à Marseille, et en revenir parfois très tard; mais sans cela, je finirais par me croire un grand seigneur! et ensuite il faut quelques épines pour rendre le chemin de la vie méritoire... D'après ce qu'on raconte de notre cher Lyon, nous sommes ici dans le calme; personne jusque-là ne nous a inquiétés. On nous a annoncé des visites domiciliaires, mais jamais ces bruits ne se sont réalisés! En sera-t-il ainsi jusqu'à la fin? A la garde de la bonne Providence! J'avoue néanmoins que je ne suis pas effrayé; et nous nous disposons à recevoir nos élèves le 17 du mois prochain, époque ordinaire, à moins d'événement imprévu... » Cet événement allait survenir avant que le soleil se fût couché deux fois sur Montolivet! En voici le récit, tel que nous le lisons dans la *Chronique*, et par conséquent écrit sous l'impression des faits; le rédacteur n'y oublie qu'une chose : ce qui pouvait relever son rôle et le montrer tel qu'il fut.

« Mardi, 27 Mort de saint Vincent. — A quatre heures de l'après-midi, les *gardes civiques*, installés depuis quelque temps à la préfecture, font une visite au séminaire. La troupe se composait de vingt hommes conduits par un chef nommé X...; ils venaient de Saint-Barnabé, de chez les Sœurs de la Retraite, où ils ont fait une sévère perquisition. A leur arrivée ils se sont répandus dans la propriété et ont cerné la maison. Quatre directeurs, MM. Soulié, Lignon,

Amourel et Constantini, ainsi que le Supérieur, M. Dazincourt, s'y trouvaient. Introduits au nombre de sept ou huit chez ce dernier par Xavier, le cuisinier, il leur a été demandé de présenter un mandat; à quoi il a été répondu qu'ils venaient au nom de la patrie chercher de l'argent!... et ce disant, ils ont pénétré, armés de leurs fusils chargés jusque dans le cabinet de travail du Supérieur. Sur leur demande, les quatre directeurs se sont présentés; on les a immédiatement consignés dans l'appartement où on se trouvait, et la perquisition a commencé. Ils ont fouillé les meubles, les papiers, et finalement les personnes,... et cet attentat à la liberté individuelle était accompagné d'injures, de blasphèmes, de menaces, etc., de toutes nuances!... L'un de ces forcenés demandait gracieusement d'en expédier deux ou trois d'un seul coup! Pendant cette opération, un d'entre eux visitait la chambre de l'économe, d'autres parcouraient la maison, sous la conduite des domestiques. Ils ont forcé quelques portes; mais généralement ils ont respecté les objets mobiliers et les vases sacrés. Avant de partir, ils ont compté leur recette qui s'élevait au chiffre modeste de 197 fr. 25, et leur chef en a donné un reçu signé : ils ont tenu à faire constater par le Supérieur qu'ils n'avaient pas touché aux vases sacrés. Ce qui les étonnait par-dessus tout, c'est qu'une maison aussi considérable ne renfermât pas un personnel plus nombreux et une caisse mieux remplie! A cinq heures et demie ou six heures, ils ont évacué le séminaire... Mais il est resté dans tous les esprits une profonde impression de terreur!... A neuf heures, la sonnette du concierge est violemment agitée!... On finit par annoncer M. le préfet des Bouches-du-Rhône, le citoyen Delpech!... Ce haut personnage était en écharpe et conduisait, formant sa suite et lui faisant cortège, plusieurs membres distingués du comité; M. l'abbé Blanchely, pro-recteur de Saint-Barnabé, les accompagnait. On a introduit le cortège dans les appartements à l'usage de Monseigneur, et là M. le préfet, debout devant la cheminée, a déclaré d'un ton très accentué que ces hommes avaient agi sans *ordre*, que leur acte devait être qualifié *de crime*, que leur chef était incarcéré et que bonne justice serait faite. Il a exprimé son regret à plusieurs reprises et formulé des excuses qui coûtaient à sa dignité. Il a ajouté que la République voulait maintenir l'ordre, mais à condition que ceux qu'elle protégeait se montreraient fidèles à son service!... Le Supérieur l'a remercié pour ses promesses de protection et s'est engagé à respecter le gouvernement de la République... Après cette séance solennelle, la maison est rentrée dans le calme et le silence. »

Quelques jours après, il écrit à sa sœur pour la rassurer : « Deux mots seulement pour te rassurer. Comme on lit les journaux dans les masures d'Écotay, il est possible que tu aies rencontré quelque histoire sur Marseille et que déjà tu te figures que le pauvre Supérieur n'est plus de ce monde... Il en est toujours cependant, il se porte très bien, et même il commence à prendre goût à ses nouvelles fonctions. Il a eu cependant quelques petites émotions dernièrement; voici à quel propos. » Suit le récit de l'invasion brutale des *civiques*, tel, à peu près, que nous venons de le transcrire; nous y remarquons cependant quelques détails propres à rassurer sa sœur, ainsi : « Je travaillais tranquillement à mon bureau, et j'avoue que je n'ai pas eu la moindre frayeur en voyant entrer ainsi ces aimables citoyens... » Et encore, au moment où ils étaient fouillés et menacés d'être fusillés : « Sans doute ce n'était pas si agréable que de dîner à Écotay; mais j'étais fort tranquille et je leur parlais même de fort bonne humeur... » Il termine ainsi : « Nous rentrons dans l'ordre,... mais pas dans nos fonds! Leur chef a été mis en prison, et nous sommes déjà allés deux fois au tribunal faire notre déposition. Tu ne diras pas que je demeure ici sans rien faire! « Plusieurs journaux ont dû parler de cette alerte, tu sauras maintenant à quoi t'en tenir.

Depuis ce moment, nous sommes parfaitement tranquilles, et nous n'avons plus rien à craindre. Le lendemain, ces mêmes *civiques* ont fait visite à Monseigneur, mais ils se sont mieux comportés que chez nous et n'ont rien enlevé. Avant de venir à Montolivet, ils étaient entrés dans un couvent de religieuses, et avaient débarrassé ces bonnes filles d'une assez forte somme d'argent et de plusieurs objets précieux... Je te raconte tout cela, afin que tu n'ailles pas te grossir les choses, et croire que nous sommes ici en danger plus que dans le reste de la France... C'est bien le cas de se confier en là Providence !... Nous nous disposons à faire notre rentrée le 17 octobre, comme à l'ordinaire... »

Cette rentrée ne devait pas se faire si facilement ni si tôt. En effet, huit jours ne s'étaient pas écoulés depuis l'alerte causée par les *civiques*, qu'une seconde d'un autre genre se produisait ; à peine un sujet de crainte s'efface, qu'un autre vient la raviver ! Quels tristes temps ! Nous lisons, en effet, dans la *Chronique*, à la date du 5 octobre :

« On lit aujourd'hui dans les journaux de Marseille un arrêté de l'administrateur supérieur, M. Esquiros, qui appelle les séminaristes sous les drapeaux... On fait de nombreux commentaires ;... on est porté à croire que la mesure est une simple satisfaction donnée à l'opinion publique, tant la loi est claire en faveur des ecclésiastiques. Elle est cependant de nature à soulever des craintes, malgré certaines assurances données à l'autorité ecclésiastique. » Vendredi 7. — « En effet, une lettre de l'administrateur à Monseigneur convoque les séminaristes au conseil de revision ; ils doivent se trouver aujourd'hui même, à deux heures, à la préfecture. A dix heures, Sa Grandeur envoie son domestique au grand séminaire, avec une lettre au Supérieur, pour le charger de prévenir les élèves de Marseille. Plusieurs séminaristes se trouvant à la maison, on les charge d'aller prévenir leurs condisciples, et ainsi presque tous se présentent en soutane devant le conseil.

L'un d'eux, M. Guérin, a pris la parole et réclamé, au nom de tous, le bénéfice de la loi du 21 mars 1832. Le conseil les a traités assez convenablement, et a semblé avoir quelques égards à leur réclamation ; du moins, il ne les a pas inscrits séance tenante ; mais il s'est montré plus rigoureux pour quelques membres de la Congrégation du Très-Saint-Sacrement. » Dimanche 9. — « Monseigneur se dispose à réclamer par lettre auprès du préfet, contre la mesure arbitraire et illégale dont les séminaristes ont été l'objet. Sa Grandeur en a conféré avec le Supérieur, et décidé que la rentrée serait différée jusqu'après la Toussaint. « Lundi 10. — « La lettre de Monseigneur a été envoyée à M. Delpech aujourd'hui, à dix heures ; c'est M. le Supérieur lui-même qui l'a remise au concierge de la préfecture. » Trois jours se passent, pas de réponse ; et le temps presse, car les séminaristes vont être incorporés... On conçoit aisément les angoisses d'une telle situation, à pareil moment, et avec de telles gens ! Que faire, cependant ? Aux grands maux les grands remèdes ! Reprenons la *Chronique* : Jeudi 13. — « L'autorité administrative ne répond pas, et l'on apprend par voie sûre que l'administrateur se dispose à poursuivre l'exécution de son décret, en dépit de son illégalité. En conséquence, Monseigneur écrit au gouvernement de Tours, et charge M. Soulié, directeur du grand séminaire, que des relations anciennes de collège unissent à Gambetta, ministre de l'intérieur, d'aller porter et présenter la lettre. Il est parti à dix heures du soir, accompagné de M. Amourel... » La *Chronique* ne nous dit mot de l'anxiété des séminaristes et de leur supérieur durant ces jours ; mais elle se devine aisément. Cependant les deux voyageurs, porteurs de la lettre épiscopale, passant par Bordeaux, dans la crainte de trouver la ligne d'Orléans coupée à Vierzon par les Prussiens, sont arrivés à Tours le samedi ; l'archevêque, Mgr Guibert, les reçoit, et leur apprend qu'il a déjà fait de nombreuses démarches auprès des membres du gouvernement de la Défense nationale; MM. Crémieux et Fourichon sont favorables aux séminaristes; Glais-Bizoin leur est opposé; le sentiment de Gambetta n'est pas connu... M. Soulié se proposait d'avoir une entrevue avec ce dernier, mais la chose devient impossible : un avis publié le jour même annonçant que, vu ses occupations accablantes, le ministre de l'intérieur ne donne audience à personne... Force fut à M. Soulié de lui exposer par lettre l'objet de sa requête;... et ne recevant pas de réponse, les deux envoyés quittaient Tours le 17, pour regagner Marseille. Ce n'est que vers la fin du mois que M. Soulié reçut une carte sous enveloppe, de la part de Gambetta, avec ce mot écrit à la main : « Amitiés. » Preuve que le ministre avait au moins lu la lettre à lui adressée... mais c'était tout;... l'incertitude continuait, et l'angoisse aussi! Et on n'était pas encore à la fin! car voici de nouveaux sujets de crainte : Lundi 31. — « Un voisin du séminaire, employé dans les bureaux de la mairie, lisons-nous dans la *Chronique*, demande à parler à M. Soulié, et l'avertit mystérieusement de prendre garde, car il se trame de sinistres projets contre le séminaire!... Des bruits de luttes imminentes entre les gardes civiques et la garde nationale rendent cet avertissement encore plus menaçant... Aussi M. Soulié et un autre confrère accourent tout effrayés chez le Supérieur, et lui déclarent qu'il n'y a pas de temps à perdre... En conséquence et sur son conseil, le départ est résolu pour Montpellier. Sans perdre de temps, ils se transforment en laïques; — une autre *Chronique* dit que, malgré ce soin, M. Soulié n'était guère déguisé! — et ils quittent la maison à neuf heures... » Un troisième confrère, le dernier restant, encore moins rassuré, se sauvait le soir même vers Nice et l'Italie, sa patrie... Et le cher et pauvre Supérieur, laissé seul, de quel côté va-t-il se réfugier?—Du côté du devoir! Il va simplement rester à son poste, et il ne croira pas encore faire chose extraordinaire, encore moins une action d'éclat! « *Toujours simple*, on l'a dit, et par là *grand* et *beau!* » —« Le Supérieur, ajoute en effet le chroniqueur, vivement sollicité d'aller chercher un asile dans la ville, l'a promis pour donner satisfaction à la louable sollicitude de ses confrères; mais après avoir passé la soirée à Marseille, il est revenu au séminaire avec la résolution d'y rester... Le danger lui paraissait très éloigné, vu que la fermentation se trouvait toute concentrée dans la ville, entre les deux partis qui étaient aux prises. *Il lui semblait aussi de son devoir de rester à son poste, en comptant sur la protection du Ciel.* » Cette dernière phrase n'a pas besoin de commentaires ; elle nous montre l'homme!... Celui qui la transcrit ici, — et non sans une émotion qu'on va comprendre, — avant de la retrouver froide sur cette page de la *Chronique*, a eu le bonheur de l'entendre tomber, toute simple, mais vivante, de ses lèvres elles-mêmes, dans cette inoubliable soirée du 31 octobre 1870; et, après la grâce de Dieu, il croit lui devoir d'être resté, lui aussi, à son humble poste sans trop trembler, pendant ces jours néfastes où les méchants seuls étaient rassurés!...

Nous avons oublié de noter que, la semaine qui avait précédé ces derniers événements, un signe du ciel était venu ajouter encore aux motifs bien naturels qu'on avait de trembler : une aurore boréale, telle qu'on n'en avait vu de mémoire d'homme, s'était montrée deux soirs de suite aux yeux des populations, si impressionnables en ces lugubres jours... Après l'avoir longuement décrite, le chroniqueur termine par la réflexion bien naturelle : « L'imagination du peuple y voyait la lueur de l'incendie de Lyon,— brûlé sans doute par les Prussiens, qu'on voyait partout alors, — mais des âmes plus chrétiennes lisaient en tremblant, dans ce signe céleste, la manifestation de la colère du Ciel et le présage de nouvelles calamités! Pour beaucoup, assure-t-on, ce spectacle extraordinaire a été un avertissement salutaire!... »

Mais revenons vite à notre cher Supérieur, qui a passé seul la nuit au séminaire. — Mardi 1ᵉʳ novembre, la *Toussaint*. — « Le Supérieur célèbre tranquillement la sainte messe, pour les cinq domestiques qui durent ensuite aller prendre part aux exercices de la garde nationale... Il va, lui, dîner chez ses confrères de la rue d'Alger, et y passe la nuit... Un grand mouvement de gardes nationaux a lieu dans la ville... On parle d'une lutte imminente; dans les rues, des groupes se forment;... l'anxiété paraît sur tous les visages!... Un violent mistral porte le désordre dans l'atmosphère, comme pour symboliser celui qui règne dans le gouvernement de la populeuse cité!... » Mercredi 2. — « Le mouvement continue à Marseille. La garde nationale, sous les armes, occupe militairement les principales rues de la ville... Le soir, vers la nuit, arrive à la gare le citoyen Gent, envoyé extraordinaire du gouvernement de la Défense nationale de Tours. La garde nationale, sans armes, est allée à sa rencontre et lui a souhaité la bienvenue; la garde civique, quoique armée, a été obligée de prendre une attitude toute pacifique; dans le trajet de la gare à la préfecture, ce sont, entre cette dernière et l'envoyé du gouvernement, des témoignages mutuels de confiance et de dévouement... Mais, après son installation, le nouvel administrateur a dû faire entendre un langage énergique et blâmer, dit-on, les mesures révolutionnaires qui venaient d'être prises... Ce serait ce langage déterminé qui aurait provoqué un coup de feu qui l'a atteint dans l'aine, sans pénétrer néanmoins dans les chairs... Quelques heures plus tard, à neuf ou dix heures du soir, un conflit éclatait entre un poste de gardes nationaux et quelques *civiques* qui conduisaient en prison le colonel de la garde nationale, M. Nicolas... Il y a eu trois ou quatre victimes, parmi lesquelles des personnes inoffensives!... La nouvelle s'en étant répandue, la stupeur devient générale!... » Jeudi 3. — « Le Supérieur se rend, pour dîner, au petit séminaire de la rue d'Alger. Grande

fermentation dans la garde nationale... On s'apprête à en venir aux mains avec les *civiques!*... Après le dîner, le Supérieur a pris une voiture, en passant à la plaine Saint-Michel, et s'est rendu à l'évêché par des rues détournées; ce quartier se trouvait tranquille. Il a offert à Monseigneur ses vœux de bonne fête, et, sans attendre la réunion du conseil épiscopal, est remonté à Montolivet; mais il a dû prendre une direction extraordinaire, car le passage était interdit sur les grandes places et au boulevard de la Madeleine... Rien cependant n'est venu troubler le calme du séminaire; mais on n'était pas sans quelque préoccupation... Des cartouches ont été distribuées à la garde nationale, et nos domestiques sont rentrés de l'exercice, le fusil chargé!...»
Vendredi 4. — « La garde nationale fraternise avec les *civiques*,... et le calme se rétablit peu à peu, sans effusion de sang!...» Pour combien de temps? Le chroniqueur n'en dit rien; nous soupçonnons que, fatigué des affaires publiques, et désormais rassuré pleinement, il ne songea plus qu'aux affaires du séminaire, qui allaient du reste prendre une meilleure tournure... Il en était temps!

Nous avons dit ci-dessus que, dès les premiers désastres, Monseigneur avait offert son grand séminaire pour y établir une ambulance; ce projet allait enfin se réaliser; en effet, le 13 novembre, M. de Brunier, sous-intendant militaire, vient visiter le séminaire, accepte les salles qui lui sont offertes et arrête l'installation de vingt-six lits. Les séminaristes, de concert avec les domestiques, seront chargés du service des salles;... toutes les conventions sont réglées avec la plus grande bienveillance. On se met vite à l'œuvre, et, le 19, les salles étant convenablement aménagées, l'administration militaire envoie vingt-cinq malades, qui sont immédiatement installés et soignés par quelques séminaristes et quatre domestiques commissionnés fort obligeamment par le sous-intendant, et par là dispensés du service de la garde nationale. Les malades n'étaient que des convalescents, qui montraient, dit la *Chronique*, d'excellentes dispositions et même beaucoup de religion.

Le calme persistant, et le séminaire étant protégé par l'ambulance, M. le Supérieur crut pouvoir sans imprudence proposer la rentrée à Monseigneur, et elle eut lieu, à la grande satisfaction des élèves, le lundi 21 novembre. Nous citons la *Chronique* : Lundi 21. « Rentrée des séminaristes, par une pluie diluvienne, à six heures du soir. Quelques-uns seulement manquent à l'appel. Le nouveau Supérieur préside la lecture spirituelle et commence par développer ce texte du livre des Rois : *Pacificusne est ingressus tuus? Pacificus ! ad immolandum enim Domino veni*[1]*!* Il nomme ensuite les charges et donne quelques avis... On l'écoute avec attention... Au souper, la communauté est surprise de voir des nappes sur les tables, et plus ébahie encore d'entendre la lecture de l'histoire de l'Église, au lieu de se livrer à de bruyantes conversations, à la faveur du *Deo gratias* traditionnel !... Ce début solennel produit une certaine émotion... » Ce qui surtout avait fait sur les séminaristes une profonde impression, bien que le chroniqueur n'en souffle mot, c'était la parole magistrale et l'air d'autorité du nouveau Supérieur; aucun de ceux qui ont eu le bonheur d'assister à cette première lecture spirituelle ne l'a pu oublier; que de fois nous les avons entendus en rappeler l'inoubliable souvenir ! Voici le canevas de ce premier entretien, qui fut à la fois un programme et une prise de possession : « *Pacificusne est ingressus tuus?*.. et ait : *Pacificus!*... Le prophète Samuel reçut l'ordre d'aller donner à David l'onction royale; et il vint à Bethléem... Les anciens de la ville, étonnés de cette arrivée inattendue, vinrent à sa rencontre et lui dirent : *Pacificusne est ingressus tuus?* Il leur répondit : *Pacificus !* Je viens ici pour offrir un sacrifice au Seigneur : *Ad immolandum Domino veni !* N'ayez

---

[1]. 1 Reg., XVI, 4.

donc qu'une seule préoccupation, celle de vous sanctifier : *Sanctificamini !* et de m'accompagner à l'autel : *et venite mecum ut immolem !* L'application est facile : ordre que j'ai reçu de venir choisir ici des prêtres et des rois ;... ordre émané de Dieu par les supérieurs et l'évêque... Les anciens d'entre vous, plus étonnés, car leur cœur s'est ému, formulent tout bas cette question : *Pacificusne est ingressus tuus ?* J'ai la même réponse à faire : *Pacificus !* L'arrivant vient en effet se sacrifier, se dépenser : *Ego autem libertissime impendam omnia et superimpendar ipse pro animabus vestris* [1] *!...* Quelques affections... ses goûts... ce qui lui reste de vie... Il vient aussi vous aider à sacrifier la jeunesse, la gloire, le plaisir... Donc, sanctifions-nous, allons à l'autel : *Venite mecum ut immolem !...* Voilà l'explication de notre première entrevue.. Tout le mystère de nos rapports mutuels à l'avenir... le résumé du gouvernement !... Il y aura, d'une part, confiance filiale... La bonté de votre caractère, votre réputation, votre piété enfin en sont un garant !... De l'autre, autorité paternelle;... les traditions et les exemples en feront comme un devoir !... Évitez les craintes exagérées... se conformer à l'ordre établi... » Pour avoir une idée de la scène et de l'impression profonde qu'elle laissa, il faut, d'un côté, se représenter, dans sa chaire, ce Supérieur qui débute dans un emploi dont il comprend la grandeur et l'importance et le laisse voir par l'émotion qui se trahit malgré lui; de l'autre, cette réunion de jeunes hommes d'élite, impatients de connaître et de juger leur nouveau Supérieur, d'abord sur la réserve, puis, peu à peu, se laissant gagner par les bonnes paroles qu'ils entendent, ensuite saisis par ce mélange de distinction, de bonté et d'autorité, et enfin conquis et subjugués par l'ensemble, et, sans trop s'en rendre compte, se disant à eux-mêmes, en attendant qu'à la prochaine récréation ils se le répètent entre eux : Nous avons un homme !...

---

[1]. II Cor., XII, 15.

Et, de fait, comme d'instinct, maîtres et élèves, sentant la main qui les guide, reçoivent l'impulsion communiquée doucement mais fermement, et, par ces temps de désorganisation générale, tout se plie à la règle, la discipline reprend son empire, la régularité s'établit et un élan inconnu règne au séminaire;... et à la fin de ce mois, moins de dix jours après la rentrée, le Supérieur constate dans sa *Chronique* cet état satisfaisant par la note suivante : « *État du séminaire :* La régularité se maintient et les élèves montrent beaucoup de docilité... » Écrivant à sa sœur aînée vers cette même époque, il lui dit : « Enfin, nous voilà réunis au complet dans notre Montolivet ! La rentrée a eu lieu lundi 21 de ce mois; nos séminaristes sont au nombre de soixante, et ils se trouvent animés de bonnes dispositions. Les conserverons-nous toute l'année ? Dieu seul le sait ! En même temps, nous avons installé une ambulance de vingt-cinq malades... Les préoccupations ne me manquent pas; mais qui en est exempt aujourd'hui ? L'important est de savoir se tourner du côté du Ciel et d'y jeter l'ancre de ses espérances ! La tranquillité règne pour le moment dans notre ville; on s'occupe d'organiser le départ de la garde nationale et de fondre des mitrailleuses... On parle même de fondre les cloches pour fabriquer des canons ! Cela me rappelle les histoires terribles de la grande Révolution, que notre chère mère nous racontait au coin du feu, à la Pierre... Les nouvelles de Marengo et de Marie continuent à être bonnes; la fièvre n'a pas entièrement disparu; c'est une affaire de patience, j'en sais quelque chose !... A Kouba, il n'y a plus que des Arabes, et mon successeur n'a absolument rien à faire; vraiment, j'en suis sorti au bon moment, car j'avoue que je m'ennuierais de ne rien faire et que j'aurais fort peu de goût pour m'occuper des Arabes ! A Marseille, au contraire, l'occupation ne me manque pas... »

L'occupation ne manque jamais à un Supérieur de grand séminaire, s'il a l'œil à tout dans sa maison, et s'il tient à ce que rien ne souffre dans cet ensemble d'intérêts spirituels et temporels, dont le soin lui incombe ainsi que la responsabilité. A cette direction générale, qui seule suffit pour tenir un homme en haleine, M. Dazincourt, dès le principe, avait dû consentir à laisser s'ajouter, à l'intérieur du séminaire, un cours d'Écriture Sainte, où il expliqua les Épîtres de saint Paul, et qui devint vite célèbre parmi les élèves; le cours de prédication, que nous l'avons vu professer avec tant de succès à Kouba; la classe générale de chant du samedi, où il donna une impulsion qui fut remarquée et produisit de rapides et merveilleux résultats pour les offices publics; il voulut bien aussi, peu à peu, accepter quelques pénitents, dont le nombre s'augmenta insensiblement, ce qui finit par devenir pour lui une douce mais lourde charge, surtout à mesure que, quittant le séminaire, les membres du jeune clergé de la ville prirent l'habitude de venir retrouver régulièrement leur cher ancien directeur. Malgré son vif désir et même ses humbles protestations, il ne put se défendre longtemps contre l'habitude, prise avant lui, d'un certain ministère extérieur pour le Supérieur; il dut ainsi, nous l'avons déjà vu, accepter la confession et la direction hebdomadaire des Sœurs de l'hôpital militaire; une soirée entière fut nécessaire, lorsque plusieurs membres du clergé prirent l'habitude de venir l'y trouver. Il ne put refuser à son Supérieur général de devenir le confesseur trimestriel de plusieurs autres maisons des Filles de la Charité, très nombreuses à Marseille et dans la banlieue. Son évêque, du moment qu'il connut le nouveau Supérieur qu'on lui avait donné, voulut l'avoir dans son conseil, et le nomma vicaire général honoraire; ce ne fut pas un simple honneur et une sinécure, car il exigea gracieusement sa présence aux réunions, qui avaient lieu régulièrement plusieurs fois la semaine et duraient plusieurs heures. Sa Grandeur le nomma également Supérieur des deux couvents de la Visitation de Marseille; il eut beau essayer de décliner l'honneur, il fut obligé de se soumettre, et l'honneur avait là aussi une charge dont il s'acquitta consciencieusement... On le voit, il n'avait pas tort d'écrire à sa sœur : « A Marseille, l'occupation ne me manque pas ! » Mais il est jeune encore d'énergie et de forces, et il a toujours aimé le travail !

Il écrivait, vers cette époque, à une religieuse de Chazelles . « Que vous dire de ma nouvelle position ? Vous avez goûté toutes les délices qu'il y a à porter un *gros bonnet* ! Je vous assure que le mien ne me fera pas tourner la tête de joie ! Et cependant, j'ai tout ce qui peut rendre un Supérieur heureux : j'habite une campagne qui est un vrai palais, avec un jardin magnifique ; j'ai des confrères charmants, des élèves très dociles... Eh bien ! tout cela ne peut compenser le charme de la vie calme du professeur ; car il faut, à chaque instant, faire des visites, en recevoir, aller au conseil de l'évêché, s'occuper des domestiques... et le reste ! car tout cela rentre dans les attributions d'un Supérieur !... Ne croyez pas, néanmoins, que je me livre à la mélancolie, tant s'en faut ! et je crois même que, dans quelques jours, l'état me plaira assez !... » Et quelque temps après, fin décembre, à sa sœur : « Je ne veux pas laisser finir cette année sans te remercier de tes souhaits de bonne fête, car je tiens à conserver mes bons points ! Ta lettre m'est arrivée en même temps que plusieurs autres, de Marengo, d'Alger, de Kouba, et elle a contribué, pour sa grande part, à rendre la Saint-Thomas joyeuse. Cette année, ma chère, la solennité avait un éclat tout extraordinaire ; il faut bien qu'on sache qu'on est Supérieur ! Nos pauvres séminaristes ne se doutaient pas que j'eusse pour patron un incrédule ; c'est M. Soulié qui m'a vendu et leur a donné le mot. En somme, tout a été prêt à point. Après le souper, on m'a conduit dans une salle ornée et illuminée ; un fauteuil m'attendait, et il a fallu entendre un compliment où l'on énumérait toutes mes qualités connues et inconnues... J'y ai répondu de mon mieux... Tout cela s'est passé cordialement et en famille. Nos Marseillais sont d'excellents jeunes gens, très dociles et bien dévoués. Le lendemain, à la messe, on avait déployé les plus beaux ornements, et ici, ce n'est pas comme à Kouba : Misère et compagnie ! Naturellement, je leur ai donné congé, et nous avons fêté aussi un peu au réfectoire... Néanmoins, cela a été assez modeste, car notre ambulance ne nous permet pas de trop nous écarter... Voilà un peu les douceurs de la supériorité... Notre ambulance est toujours au complet et nos malades nous donnent de la consolation ; M. Soulié parvient à les confesser avant leur départ ; le jour de Noël, nous en avions quelques-uns à la table sainte ; en somme, ils sont heureux d'être ici. Je pense que nous pourrons continuer toute l'année, car le nombre des malades ne paraît pas devoir sitôt diminuer ! Dieu soit loué ! En ville, il n'y a pas eu de messe de minuit, à cause des circonstances ; nous l'avons célébrée à Montolivet avec beaucoup de pompe et au milieu d'un grand calme, mais par un froid de douze degrés, ce qui est prodigieux pour Marseille... La tranquillité se maintient de nos côtés ; ce n'est pas comme à Lyon, où l'on se comporte de manière à faire rougir tous ceux qui seraient tentés de se vanter d'être de ce pays barbare !... »

Comme on vient de le voir, la fête du Supérieur, la solennité de Noël, s'étaient fort bien passées au séminaire ; tout y allait avec la régularité des années ordinaires ; cependant, nous lisons dans la *Chronique* la note suivante, à la fin du mois de décembre : « *État du séminaire :* La communauté se meut avec une certaine régularité ; cependant, il est facile de constater beaucoup de laisser-aller dans les habitudes et le caractère. Pour y remédier, il faut une patience pleine de fermeté... » Nous croyons que le nouveau Supérieur jugeait dès lors fort justement ses nouveaux élèves : une observation attentive de quelques jours lui avait suffi ; il est vrai que les Marseillais, les jeunes plus encore que les autres, sont généralement d'une nature expansive, franche et toute en dehors ; ils se laissent aisément pénétrer ; c'est là un des bons côtés de leur caractère. Pour avoir leur physionomie entière, il faut y ajouter un fond de bonté très remarquable, une docilité parfaite, une générosité d'âme qui les rend susceptibles d'émotions vives, d'enthousiasme même, quand on sait toucher la corde sensible et faire vibrer leur cœur ; enfin, de l'esprit et des saillies, de la gaieté et de l'entrain, et une intelligence vive, alerte, qui perce vite et perçoit les choses, et les idées aussi, comme à la volée. On aurait raison de nous accuser de partialité si nous n'ajoutions que, comme en tout, il y a un revers à la médaille ; le Supérieur de Montolivet vient de le signaler, en constatant beaucoup de laisser-aller dans les habitudes et le caractère ; il pourra encore découvrir et signaler plus tard quelques autres côtés faibles ; mais en somme, avec le fond de foi et les habitudes chrétiennes, puisées dès l'enfance au foyer domestique, avec ces dons naturels que nous venons d'indiquer, les séminaristes, à Marseille, forment un bon petit peuple, aisé à gouverner et même à perfectionner jusqu'à un certain degré, mais à la condition que la main qui les dirige soit ferme sans rigueur, patiente sans faiblesse, au besoin énergique, sans cesser d'être douce et caressante. Nous verrons, par la suite, que M. Dazincourt sut à merveille prendre ce rôle et le continuer, sans défaillance aucune, durant vingt années, au grand profit du jeune clergé et des âmes.

Sur ces entrefaites, il recevait une triste nouvelle de Chazelles, la mort de sa chère et pieuse marraine ; cela nous vaut la touchante lettre qui suit, adressée à sa sœur aînée, le 10 février : « J'ai été bien occupé ces derniers temps, voilà pourquoi je me trouve en retard avec toi. Ta lettre m'apportait une nouvelle qui m'a bien affligé ; je croyais bien revoir encore en ce monde cette chère marraine, et voilà qu'il faut déjà se donner rendez-vous là où sont maintenant presque tous les nôtres!... Sa mort si édifiante est la seule consolation qu'on puisse se donner. Elle avait une foi si profonde et en même temps si simple! comme on ne sait presque plus l'avoir en ce triste temps. J'ai écrit une petite lettre à la pauvre Eugénie et à son père; cette marque d'affection leur a fait plaisir, car je viens de recevoir une bonne réponse. A l'avenir, cette chère défunte aura sa place tous les jours au *Memento*, et particulièrement le dimanche, puisque ce jour-là je dis toujours la sainte messe pour les membres de la famille!... Les dernières nouvelles de Marie et de Marengo datent de la fin de janvier; elle a eu encore quelques petites visites de la fièvre; mais elle ne paraît pas trop redouter la révolution. Les Sœurs de Marengo n'ont pas été inquiétées, sans doute parce qu'elles dépendent, non du maire, mais du préfet d'Alger. Dans cette dernière ville, les Sœurs ont dû céder leurs écoles à des institutrices plus *civilisées;* mais la Providence a tout arrangé; les honnêtes gens se sont cotisés, des écoles libres sont ouvertes, et les enfants sont restées à leurs maîtresses; les autres n'ont qu'à se croiser les bras... Un juif est allé offrir sa maison, gratis, à la Visitatrice!... Les Arabes crient que tous les Français sont devenus *mabouls* (fous)... et il faut, hélas! avouer que leur dire n'est pas une calomnie!... Il y a donc un bon côté, même dans ces mesures désastreuses, et la Providence sait toujours tirer le bien du mal! Il faut bien espérer aussi que toutes ces folies auront un terme... Ne va donc pas te creuser la tête à propos de notre chère sœur; le bon Dieu garde bien partout ceux qui se confient en sa protection, tandis que les accidents atteignent les plus prudents et ceux qui fuient le danger!... » Et, en preuve, il lui redit l'épouvantable catastrophe, survenue peu auparavant, près de Toulon, à un train où des wagons de poudre avaient pris feu et causé la mort d'une foule de personnes...

Cependant, les premiers mois de 1871 se passaient, au séminaire, dans le calme et la régularité, pendant qu'au dehors la patrie, vaincue malgré de louables efforts, était obligée de demander la paix et de subir les dures conditions d'un vainqueur impitoyable. Les examens de la mi-année passés avec succès, on s'était remis au travail, le carême était commencé, et l'on espérait finir sans encombre cette terrible année, lorsque, vers la fin du mois de mars, les alarmes recommencèrent plus vives que jamais, sur les nouvelles déplorables, reçues de Paris, où la Commune venait d'être proclamée... Nous reprenons la *Petite Chronique* qui rend fort bien toutes les impressions du moment : Jeudi 23 mars... « A sept heures du matin, on bat le rappel en ville pour la garde nationale... Le soir, la préfecture est envahie sans résistance; heureusement, il n'y a pas eu de lutte. La terreur se répand dans la ville... M. le Supérieur, qui se trouvait chez les Filles de la Charité, au boulevard de la Madeleine, rentre au séminaire sans aller au conseil de l'évêché... » C'est la Commune qui vient de se déclarer à Marseille; les mauvais jours recommencent et la stupeur règne de nouveau dans cette population impressionnable! — Vendredi 24. « Les séminaristes, qui devaient se rendre à la cathédrale, sont retenus par prudence. Au moment de la classe, on annonce les événements de la veille ; le professeur est ému ; l'émotion gagne toutes les têtes... impossible de terminer la classe ; on sort, on forme des groupes animés dans les corridors... Le Supérieur se rend à l'examen particulier et cherche à calmer les esprits agités ; il ne réussit qu'à moitié... Le soir, plusieurs parents viennent chercher leurs enfants;... plusieurs sont autorisés à sortir, ce qui ne rassure pas le reste de la communauté... On chante néanmoins avec assez d'élan le salut en l'honneur de saint Joseph... La nuit se passe tranquillement, sauf le vacarme que cause au dehors un violent mistral... » — Samedi 25. « La méditation a lieu comme d'ordinaire; elle est suivie de la grand'messe chantée par M. le Supérieur... Les commentaires sur les événements extérieurs

recommencent et la frayeur s'empare de nouveau des esprits... Dans cette situation, M. le Supérieur va consulter l'autorité, et en rapporte la réponse qu'il faut donner quelques jours de vacances. Aussitôt la nouvelle annoncée, chacun se dispose en diligence, et, à quatre heures, les directeurs restaient seuls au séminaire, avec les domestiques et quatre ou cinq malades de l'ambulance... La rentrée est fixée par M. le Supérieur au mardi de Pâques... »
On était à la veille du dimanche de la Passion. Les jours qui suivirent, les craintes ne diminuèrent pas ; l'amiral Crosnier, préfet de Marseille, est entre les mains des civiques qui le gardent prisonnier ; les quelques troupes régulières qui se trouvaient en ville ont été retirées, pour qu'elles ne fassent pas cause commune avec les insurgés et qu'on puisse les réorganiser dans les environs ; la Commune est maîtresse de fait ; des membres influents de celle de Paris, Mégy, Amouroux, arrivent à Marseille, et les visites domiciliaires des mauvais jours recommencent... Les honnêtes gens tremblent, fuient ou se tiennent cachés,... la terreur est partout, et on ne voit pas d'où pourra venir le salut !... Mais reprenons la *Chronique* :

Lundi saint, 3 avril. — « Examens au petit séminaire de la rue d'Alger ; Monseigneur, retenu à Belzunce pour le même motif, a délégué le Supérieur du grand séminaire pour les présider. Il s'y est rendu à huit heures, accompagné de MM. Soulié et Amourel ; ils ont interrogé jusqu'au dîner ; les réponses ont été bien satisfaisantes. Le Supérieur a continué jusqu'à trois heures, et de là il s'est rendu au conseil à l'évêché... Toute la ville est en émoi... Les civiques sont toujours maîtres de la préfecture, où ils détiennent l'amiral Crosnier... Les troupes du général Espivent occupent la banlieue, resserrant Marseille de plus près... En revenant du conseil, M. le Supérieur est arrêté par un civique devant l'église des Pères Jésuites ; il ne s'est porté contre lui à aucune voie de fait, mais il l'a accom-

pagné pendant quelque temps en proférant des menaces...
A huit heures du soir, nous entendons de Montolivet
battre le rappel dans tous les villages qui environnent Marseille... On dit que les troupes régulières sont en marche
pour faire leur entrée en ville !... Tout ce mouvement est
de sinistre augure et tient les esprits dans la crainte... A
quatre heures du matin, de nouveau on entend dans la
banlieue les tambours qui battent le rappel... » Cependant,
ce que le chroniqueur de Montolivet n'a pu voir ni entendre,
pendant que dans la banlieue les troupes régulières se préparent et se rapprochent pour attaquer la Commune, les
forces de celle-ci se préparent en ville à faire une vigoureuse résistance ; avertie de l'approche du général Espivent,
dès minuit, la Commune, pour convoquer toutes ses
forces, fait sonner violemment le tocsin et met en branle, au
grand émoi de toute la population, les cloches de toutes
les églises de la ville. Le rendez-vous était donné pour la
préfecture, qu'on avait eu soin de fortifier comme une citadelle... De toutes les parties de la ville, particulièrement
des quartiers ouvriers, on voit accourir en toute hâte, à
moitié habillés, mais parfaitement armés, des groupes
d'hommes à la mine résolue, dont le pas accéléré retentit
d'une façon lugubre dans le silence de la nuit sur le pavé
des rues solitaires.... et le tocsin continue encore et longtemps, prolongeant à travers les quartiers de la ville ses
notes semblables à un glas funèbre, et qui ne sont, hélas !
qu'un appel désespéré à un combat fratricide !... Oh ! la
terrible nuit !... quelle journée sinistre elle présage et prépare !... Mais reprenons les pages émues de la *Chronique* :

Mardi saint, 4. — « La ville est entièrement cernée par
les troupes ;... l'omnibus de Montolivet ne circule plus...
On entend au loin, montant des églises de Marseille, le
bruit sinistre du tocsin !... Vers sept ou huit heures du matin, tout d'un coup la fusillade et les feux de peloton nous
arrivent d'en bas et se font entendre jusque sur notre col-

line;... plus de doute, la lutte est engagée!... » Elle l'était, en effet, bien qu'il y eût eu, à un moment critique, une terrible appréhension de voir la ligne passer aux insurgés... En effet, vers les sept heures, un régiment assez mal réorganisé, comme ils l'étaient presque tous en ce moment, avait été lancée par le général, de la place Castellane contre la préfecture ; mais dans le trajet, vers le milieu de la rue de Rome, une cohue de femmes et d'enfants, descendant des quartiers ouvriers par les rues adjacentes, s'était précipitée au-devant des soldats, leur barrant le chemin, criant, pleurant, les suppliant de ne pas tuer leurs frères et leurs maris, leur enjoignant de lever la crosse en l'air et même leur arrachant les armes des mains... En quelques minutes, le régiment avait fondu, comme la neige de mars au soleil du midi!... Le bruit s'en était vite répandu en ville, et l'alarme redoublait partout lorsque, vers huit heures, une vive fusillade éclate et les feux de peloton se font entendre. Le brave général Espivent s'était adressé à un bataillon de chasseurs à pied, et, les faisant précéder d'un escadron de chasseurs d'Afrique, lancés au galop dans la rue de Rome, leur avait crié, en leur montrant la préfecture : « Pas gymnastique, en avant, marche!... » Tout avait été balayé par leur marche, et deux minutes après, la petite troupe débouchait sur la place de la préfecture et recevait de toutes les fenêtres, garnies d'insurgés, une bordée formidable de feux plongeants et meurtriers... Dès lors, la lutte commença et dura toute la matinée entre les soldats de la Commune et l'armée de l'ordre... « A midi, continue le chroniqueur de Montolivet, et pendant tout le dîner, on commence à entendre de formidables détonations de canon... et, en sortant, nous pûmes voir le jeu sinistre de deux batteries, placées sur la colline de Notre-Dame de la Garde, qui bombardent la préfecture... Les forts voisins tonnent en même temps et dirigent leurs coups vers le même but. Que se passe-t-il?... On ne peut avoir des détails... Et la canonnade n'a cessé de retentir toute la soirée... elle n'a pris fin qu'après la tombée de la nuit !... Enfin, un de nos domestiques, qui a pu pénétrer jusqu'à la rue de Rome, nous apporte, sur le tard, la nouvelle que les marins de la frégate *la Couronne*, envoyée de Toulon, ayant débarqué, se sont rués sur la préfecture la hache à la main, en ont enfoncé les portes barricadées, s'en sont rendus maîtres et ont délivré l'amiral Crosnier !... » Le Supérieur devait ce jour-là aller confesser les Sœurs de l'hôpital militaire ; on comprend qu'il dut remettre ce ministère à plus tard, retenu par la prudence, plus encore qu'effrayé par la fusillade, l'éclat strident des mitrailleuses ou les formidables détonations de l'artillerie... Il termine le compte rendu ci-dessus par cette réflexion : « Cette journée restera célèbre dans l'histoire de Marseille !... Elle est du moins restée inoubliable dans le souvenir de ceux qui l'ont vue de près et ont pris part aux angoisses et aux péripéties qu'elle fit naître !... » M. Dazincourt fut de ce nombre et en prit sa large part, malgré son imperturbable sang-froid et son absolue confiance en la Providence !...

Mercredi saint, 5. — « On lit avec avidité, continue la *Chronique*, les détails de la sanglante journée d'hier... On ne se bat pas, mais les arrestations continuent, et l'on craint la reprise de la lutte. Heureusement, l'armée qui, calme et impassible, campe dans les rues, tient bon en faveur de l'ordre !... » — Jeudi saint, 6. « Messe basse, à laquelle assiste tout le personnel de la maison... Les événements tiennent encore les âmes dans l'inquiétude... » Et, comme si ce n'était pas assez de tant de soucis pour le pauvre Supérieur, un plus grand lui survient, auquel il était loin de s'attendre : une lettre de Paris le prie de faire partir M. Soulié, nommé professeur de morale à Soissons... Émoi général et envoi à Paris, par le Supérieur désolé, d'une lettre où il expose humblement ses observations... Elles eurent, après quelques jours d'anxiété, tout l'effet voulu, et M. Soulié resta.

Vendredi saint, 7. — « Dans la ville, le général Espivent fait désarmer la garde nationale... Grande surexcitation dans les masses... Les soldats occupent toujours les positions importantes : Notre-Dame de la Garde, la place Saint-Michel, la préfecture, le cours du Quatre-Septembre, la gare du chemin de fer, etc... »

Les jours suivants n'amenèrent rien d'extraordinaire ; le calme se fit petit à petit, tandis que la situation empirait à Paris, où la Commune se portait aux plus violents excès, et la rentrée des séminaristes put avoir lieu au jour fixé, le mardi de Pâques.

Avec le calme qui régnait au dehors, la vie de régularité et de travail reprit vite au séminaire, et à la fin de ce mois d'avril, dont le commencement avait été si troublé, le Supérieur pouvait écrire dans sa *Chronique* : « *État du séminaire.* Le travail, la piété, la régularité sont satisfaisants ; grande docilité à suivre les avis... » Pour l'extérieur, il ajoute : « Les événements de Paris tiennent toutes les âmes dans l'inquiétude... On apprend le soulèvement des Arabes en Algérie... *Undique angustiæ !...* » Les nouvelles de la capitale devinrent encore plus alarmantes durant le mois de mai. On était sans nouvelles de nos deux maisons-mères, exposées de nouveau, après les horreurs du siège qui venait de finir, aux horreurs plus menaçantes encore de la Commune... Quelles journées d'anxiété et d'angoisse, alors qu'on redoutait chaque jour d'apprendre quelque horreur nouvelle, quelque désastre irréparable ! Le lundi de la Pentecôte, en revenant d'un pèlerinage à Notre-Dame de la Garde, M. le Supérieur apprenait, stupéfait, la terrible nouvelle des incendies et des massacres de Paris !... Enfin des lettres particulières vinrent faire cesser l'épouvantable incertitude dans laquelle on était, et l'on sut que nos maisons-mères n'avaient eu à souffrir ni du pillage ni de l'incendie !...

Au séminaire, les mois de mai et de juin se passent dans la régularité ; les examens de fin d'année sont satisfaisants, la retraite et l'ordination très édifiantes, et quand, le 30 juin au soir, les élèves sont partis enchantés pour les vacances, le Supérieur, non moins satisfait après sa première année, peut écrire sur sa *Chronique* : « *État du séminaire*. Bon esprit, grande docilité, piété... *Benedicam Dominum in omni tempore*[1]!... Oui, il peut bénir le Seigneur, la base de l'édifice spirituel qu'il a mission d'élever à Marseille est posée, et bien posée, car l'année n'a pas manqué d'angoisses morales, d'anxiété, de souffrances de toute sorte ; et, en conséquence, le bien a commencé, les résultats sont bons. Mais Dieu en attend de meilleurs, et il va prendre les moyens de les réaliser : Montolivet, ou le mont des Oliviers, va devenir de plus en plus le mont du Calvaire.

---

1. Ps. XXXIII, 2.

CHAPITRE X

La Souffrance : Infirmités. — Souffrances corporelles.

1871-1874

La majeure partie du mois de juillet ayant été consacrée, soit à un repos légitime, soit à divers soins d'intérieur, le 25, lisons-nous dans la *Chronique*, « M. le Supérieur fait le pèlerinage de Notre-Dame de la Garde, pour mettre son voyage sous la protection de la très sainte Vierge, et part le soir pour Paris ». Il allait prêcher à Soissons la retraite ecclésiastique, empêchée, l'année précédente, par la guerre ; et, comme elle ne s'ouvrait que le 7 août, son premier soin en arrivant à Paris fut, pour mieux se préparer à son difficile ministère, de se confiner dans la solitude en faisant lui-même sa retraite annuelle. Elle n'eut pas lieu sans difficulté, car il éprouva dès les premiers jours un malaise général, une grande fatigue, puis des suffocations et des étouffements qui allèrent en augmentant ; de telle sorte qu'après avoir passé plusieurs nuits sans sommeil ni repos, sans pouvoir même se coucher, il dut, un beau matin, s'avouer vaincu, et, à bout de force, il vint se constituer malade à l'infirmerie... Il nous a avoué lui-même plus tard qu'il avait cru, la nuit précédente, son dernier moment venu, et s'était disposé à mourir, tant son oppression avait été violente ! Il en fut durant quelque temps très effrayé, on le conçoit aisément ; il aura bien le temps, hélas ! de se rassurer et même de plaisanter de son premier effroi, car c'est là une partie de la croix quotidienne qu'il va avoir à porter durant vingt ans, et jusqu'à sa mort !... Quelques jours de soins et de repos absolu le remirent suffisamment, et le 7 août il s'était traîné jusqu'à Soissons et y ouvrait la retraite, sans grand espoir de pouvoir l'achever, avouait-il plus tard. Dieu l'aida évidemment, et, loin de souffrir de cette impuissance physique, sa parole produisit un résultat merveilleux et fit un bien dont le souvenir fut longtemps conservé. Mais c'était là vraiment son chant du cygne, car ce fut sa dernière retraite ecclésiastique, et jamais plus il n'aura les forces que demande un si lourd ministère; aussi, dès cette année, il dut refuser celles de Cambrai, de Reims et autres qui lui furent offertes.

Rentré à Paris le jour même de la clôture, il répond à sa sœur aînée, qui l'appelle au pays natal, et il a bien garde de l'informer de son état de fatigue. « Au moment où je reçois ta lettre, ma chère Mère. je me disposais à te donner de mes nouvelles. Je suis à Paris depuis hier, samedi, à midi ; ma retraite de Soissons a été terminée le matin, et immédiatement j'ai repris le chemin de la capitale. Je n'ai pas pu m'occuper de mes projets de vacances pendant ce temps de travail, car mes journées étaient remplies de manière à n'avoir pas une minute de libre... J'ai eu le temps cependant de contempler les Prussiens, qui fourmillent dans la ville de Soissons, et d'entendre leur musique; tout cela est loin de réjouir un cœur français ! Je me repose ici pendant deux jours, et, le soir de l'Assomption, je prendrai le chemin de fer vers Toulouse, pour me rendre à Pamiers, où je dois ouvrir la retraite des Sœurs, le 17 au soir. Voilà un moyen, tout comme un autre, de faire son tour de France ! — Et après ? — Je rentrerai tout bonnement à Montolivet pour une retraite de Sœurs, et pour préparer nos deux retraites ecclésiastiques... — Et alors Écotay ne compte donc plus pour rien ?... — Patience ! voyons, tu es religieuse, trouverais-tu à propos que je traversasse une seconde fois toute la France pour revenir dans la Loire, te dire bonjour en courant et repartir rapidement ? car il m'est véritablement impossible de disposer de quelques jours. Je te vois plisser ton grand nez et dire: Oh ! si *Monsieur* voulait bien, il trouverait le temps ! — Assurément, je n'aurais qu'à dire au Père Étienne que je suis fatigué, que le voyage de l'Ariège m'est impossible, etc... Mais tu ne me conseillerais pas de prendre ce moyen ! Je compte donc que tu seras assez raisonnable pour ne pas te fâcher, et faire comprendre à nos amis que mes occupations ne me permettent pas, cette année, une telle jouissance... »

Et, en conséquence, au lieu d'aller goûter auprès de sa sœur quelques jours de repos bien légitime et nécessaire même, il se hâte de voler à Pamiers reprendre son fructueux ministère. Les Sœurs y étaient heureusement peu nombreuses, et il put arriver au bout de son travail, sinon sans souffrir, du moins sans s'arrêter. A peine rentré à Marseille, en guise de dédommagement, il se hâte d'écrire à sa sœur : « J'arrive, ma chère amie, de mon tour de France, et je trouve ta lettre, dont le ton adouci m'a édifié ! Je m'attendais à une petite tempête; mais tu as compris que je ne mettais pas de la mauvaise volonté en renvoyant à plus tard le voyage d'Écotay; cela me dédommage de la peine que j'ai eue à laisser cette chère visite... » Il lui parle ensuite de la retraite de Pamiers et lui fait le récit très édifiant d'un petit pèlerinage à Lourdes; nous passons, car nous aurons bien des fois l'occasion désormais de l'y retrouver. Il termine ainsi : «... Maintenant, je me prépare à recevoir les prêtres qui vont venir ici faire leur retraite le 24; nous les aurons jusqu'au 6 octobre; puis la rentrée de nos élèves ramènera nos travaux. Ainsi se passe la vie; il est bon d'en remplir les instants pour se préparer à rendre ses comptes!... »

Ces derniers mots trahissent des préoccupations intérieures; il est loin d'être rassuré sur sa santé... L'alerte si vive qu'il a eue à Paris, la fatigue persistante et les étouffements continuels qu'il éprouve depuis lui sont un avertissement dont il tient compte; il n'est pas loin de croire que la fin approche, et il prend ses précautions en conséquence; mais il se trompait; ce n'était là que le commencement d'une voie nouvelle, décidément la *voie douloureuse*, dans laquelle Dieu le fait définitivement entrer, après l'y avoir préparé par les ennuis et les épreuves de l'année que nous venons de raconter. Le bien ne s'opère qu'en proportion de l'effort, de la peine et de la souffrance ; il va de plus en plus le comprendre, et nous verrons avec quelle générosité il répétera tous les matins, durant vingt ans, cette énergique parole de son patron, l'apôtre saint Thomas: *Eamus et nos, ut moriamur cum eo*[1] ; « En avant, nous aussi, et mourons avec le divin Maître!... » Bien plus que le récit monotone de sa vie extérieure à Montolivet, l'étude de ses sentiments intimes et de sa générosité dans sa nouvelle voie va désormais nous occuper; ce ne sera ni sans intérêt ni sans profit.

Loin de se trouver mieux après quelques jours de repos à Montolivet, il se sentit encore plus oppressé, et, le surlendemain, il écrivait dans sa *Chronique :* « M. le Supérieur éprouve une grande fatigue, il ressent tous les symptômes d'une oppression asthmatique... » Lui qui, au rapport d'un de ses confrères, « tout en voulant les médecins pour les autres ne les aimait guère pour son compte, estimant qu'en les fréquentant trop on se crée des maladies, et qu'en usant trop de remèdes on se ruine la santé », nous allons le voir obligé de se mettre souvent entre leurs mains pour faire plaisir à ses confrères et à tant de personnes intéressées à une santé aussi précieuse, et même souvent pour obéir à ses Supérieurs, nous le verrons, malgré sa répugnance, recourir gaiement à toute « la séquelle des remèdes », comme il disait; essayer même, de fort bonne grâce et sans aucune confiance, toute sorte d'inventions et de panacées recommandées comme infaillibles; et, affamé de repos, de silence et de solitude, se laisser périodiquement expédier, sans trop se plaindre, au moyen de longs trajets qui l'épuisaient, à

---

1. Joan., xi, 16.

des saisons d'eaux qui l'ennuyaient fort et ne le soulageaient guère !... On pourra alors comprendre combien tous ces soins lui répugnent et le fatiguent; jamais on ne le surprendra murmurer ou se plaindre; et il saura toujours s'en tirer par un bon mot, une plaisanterie agréable, et, le plus souvent, par cette parole de l'Écriture, finement alléguée : *Honora medicum propter necessitatem* [1]; « Honneur aux médecins, nous avons besoin d'eux !... »

C'est en vertu de ce principe, et pour faire plaisir à ses confrères, alarmés de le voir aussi fatigué, que vers la mi-septembre, il consentit à subir une consultation; il la consigne dans sa *Chronique :* Jeudi 14 septembre. « Le médecin en chef de l'hôpital militaire, M. Saint-Martin, vient au séminaire, sur l'invitation de M. Soulié, à l'occasion d'une indisposition de M. le Supérieur, qui va en augmentant depuis quinze jours. Il a constaté une affection catarrheuse et asthmatique, avec légère lésion aux bronches. Une guérison complète ne lui semble pas possible; il faut des mesures préventives: ne pas s'exposer aux variations de la température, parler peu et brièvement, faire une saison d'eaux à Cauterets, etc., etc... *C'est dire qu'il faut se résoudre désormais à être plus à charge qu'utile !...* » — Mais il ne dit pas là tout ce qu'il pense !...

Un jour, dans une confidence intime, il nous a fait, à peu de chose près, le récit qui suit : « Dans une des dernières années de mon séjour en Algérie, par une orageuse journée de décembre, je rentrais d'une petite visite que je venais de faire à ma sœur, à Marengo; comme je remontais à pied, de la station d'Hussein-Dey à Kouba, la tempête se déchaîna si fort, — une de ces bourrasques diluviennes que vous avez dû contempler en Algérie, — le vent devint si violent, que mon parapluie fut brisé en morceaux, et je restai, sans abri possible, exposé à toute la violence de l'orage

---

1. Eccli., xxxviii, 1.

et de la pluie;... oh! ce ne fut pas long, le temps de remonter en galopant les pentes du *Calvaire* et de traverser la vigne;... mais j'étais littéralement trempé jusqu'aux os!... C'est à cet accident, à ce bain involontaire et au refroidissement mal soigné qui suivit, que les habiles attribuent mon mal chronique... Eh bien! moi, ajouta-t-il, et sa parole prit soudain un accent ému, sans être aussi habile, j'ai trouvé la seule explication! et levant lentement son doigt vers le ciel, mon mal vient de là!... puis, soulignant ses paroles, et Dieu m'a fait là une bien grande grâce! puissé-je en profiter!... » Nous allons voir de quelles souffrances quotidiennes, parfois même de quelles tortures, ce mal fut pour lui le principe et l'occasion, durant vingt années!... et, à ses yeux, cela lui venait directement de Dieu, et c'était une grande grâce! Il avait bien raison!... Nous avons trouvé dans ses papiers une instruction très soignée, revue et corrigée à plusieurs reprises, qu'il avait composée à Alger et qu'il prêcha souvent depuis, soit à Kouba, soit à Montolivet; elle porte ce titre : *Sur la souffrance;* le texte qui la résume et en fournit la division est bien connu : *Per multas tribulationes oportet nos intrare in regnum Dei!* (Act. xiv, 21.) Nous croyons devoir en donner ici l'analyse et en transcrire quelques fragments; on nous en saura gré...

Il commence par établir la nécessité de la souffrance; et la base qu'il lui donne est celle d'une loi : *Oportet;* et d'abord d'une loi naturelle : « Avant que saint Paul et Barnabé l'eussent promulguée en Asie dans des termes aussi formels, elle existait déjà, elle était au fond de la conscience humaine et faisait partie de la loi naturelle. En effet, la raison nous dit que nous sommes des êtres bornés,... et bornés de combien de manières!... Or, l'expérience nous le prouve, pour un être libre et qui ne demande qu'à avancer, une borne, c'est évidemment la souffrance!... Nous sommes libres; mais deux forces contradictoires nous poussent en sens contraire; l'une nous porte en haut; l'autre nous entraîne en bas; d'où la lutte pour arriver à la vertu, et partant aussi la souffrance! Nous sommes des êtres sensibles; et à quel degré nous le sommes! vraies sensitives qu'un rien froisse, meurtrit, fait souffrir!... Nous sommes enfin des êtres déchus d'un état plus parfait; d'où nos incessantes aspirations à remonter; mais que d'efforts pour cela, et partant que de souffrances, alors que la nature, abandonnée à elle seule, nous condamne à une éternelle impuissance!... » Et alors il consulte l'expérience; elle lui montre l'homme qui naît, vit et meurt dans la souffrance!... il interroge l'histoire : elle n'est que le récit des souffrances et des tragédies humaines!... il passe la rapide revue des grands hommes, des héros : aucun qui n'ait été marqué et comme consacré par la souffrance!... « Et sans cela, sans cette auréole, ils seraient moins grands, ils n'auraient pas ce je ne sais quoi d'incomparable et d'achevé, pour parler comme Bossuet, que le malheur ajoute à la vertu! Il faut en conclure, et c'est pour cela, ajoute-t-il, que je me suis arrêté à cette première considération, que la révolte contre la loi de la souffrance, loin d'être juste, n'est pas même raisonnable; que les nouvelles doctrines sur la jouissance illimitée, l'égalité dans le bien-être, sont une cruelle moquerie jetée à la misère du pauvre peuple; que murmurer contre la Providence, parce qu'elle permet la souffrance, c'est nous plaindre de ce qu'elle nous a créés avec des imperfections, c'est abdiquer le moyen de nous relever, c'est tarir la source des grandes vertus, c'est enfin ôter à la grandeur la moitié de sa gloire! et, par conséquent, la haine de la souffrance est le signe infaillible d'un caractère d'homme singulièrement abaissé!... »

Il a bien soin d'ajouter aussitôt que ces raisons, quelle qu'en soit la valeur incontestable, sont loin d'égaler celles qui s'adressent à notre foi et sortent des entrailles mêmes du christianisme. Il fait de la souffrance la grande loi, la loi fondamentale de l'Évangile. Le texte de la loi est clair : *Oportet per multas tribulationes nos intrare...* Mais la pensée, l'intention du Législateur, est plus claire encore ; car en Jésus-Christ, tout explique cet *Oportet :* le plan de son incarnation, qui repose tout entier sur la souffrance et l'expiation subies comme une loi rigoureuse ;... ses paroles les plus formelles,... la doctrine de ses apôtres... Tout cela est vivement senti et vivement rendu. « Celui donc, conclut-il, qui se poserait ici en contradicteur, celui-là renierait son baptême, renverserait l'Évangile, rougirait de Jésus-Christ ! Le chrétien a un privilège, celui de souffrir ! il est jeté à la mer comme Jonas ; on déchaîne contre lui les justes eux-mêmes... Dieu enverra, s'il le faut, un ange contre lui, comme à Jacob ! Les épreuves des élus sont innombrables ! et il faut conclure, avec saint Augustin, qu'un chrétien doit souffrir plus qu'un homme, et un saint plus qu'un chrétien !... » C'est ce qu'il fait voir dans une seconde partie où il explique ces paroles : *Per multas tribulationes*, et montre l'étendue de la souffrance ; d'abord par les expressions mêmes de la loi,... ensuite par le commentaire du Législateur lui-même et de l'Esprit-Saint,... enfin par l'application que la Providence en a faite aux saints et à l'Église : « Voulons-nous voir maintenant comment, sous la loi nouvelle, la divine Providence applique à ses amis la loi de la souffrance ? rien de plus facile, et aussi rien de plus éloquent. Prenez la vie de chaque saint en particulier, et dites si elle ne peut pas toujours se résumer par ce texte : *Per multas tribulationes !* Soit que ces tribulations viennent des persécuteurs, soit qu'elles viennent du démon, soit qu'elles aient pour cause les saintes rigueurs d'une pénitence volontaire ou les tyranniques exigences de la nature corrompue, toujours : *Per multas tribulationes !* Ils étaient du corps mystique de Jésus-Christ, donc ils devaient donner du sang, porter au front la couronne d'épines ! Il fallait refaire la nature, donc passer par le creuset; il fallait conquérir la gloire, donc soutenir de rudes combats; leurs exemples devaient, comme une précieuse semence, produire dans l'avenir de vigoureux rejetons de vertu, donc ils devaient aussi être portés bien loin par les vents de la tribulation : *Surge, aquilo... perfla hortum meum*[1] *!* Et, de fait, rien n'a manqué à ce luxe de souffrance : les saints, nous dit saint Paul, mais « ils ont vaincu les royaumes, fermé la gueule des lions, éteint l'ardeur impétueuse des flammes, fui le tranchant du glaive, dissipé le camp ennemi, soutenu le choc des combats;.... ils ont été livrés au mépris, chargés de coups, traînés dans les prisons,... lapidés, tourmentés, coupés par morceaux;... on les a vus, traqués comme des bêtes fauves, errer dans les solitudes, fuir sur les montagnes, se cacher dans les cavernes, n'avoir d'autre vêtement que la dépouille des animaux, d'autre nourriture que l'herbe des champs[2] ! »... Et si saint Paul a pu parler ainsi des tribulations des saints de l'Ancien Testament, que n'eût-il pas dû ajouter pour peindre les nombreuses souffrances de tous ceux qui ont marché en portant leur croix à la suite de Jésus-Christ, leur chef! Aussi est-il permis de croire qu'il avait sous les yeux ce magnifique spectacle, lorsque, quelques lignes plus bas, il s'écrie, et son appel s'adresse à nous aussi : *Ideoque et nos tantam habentes impositam nubem testium, per patientiam curramus... aspicientes in auctorem fidei*[3]*...* etc. C'est là, sans doute, une belle explication de cette parole : *Per multas tribulationes!* Et l'Église, c'est-à-dire l'Épouse chérie, la bien aimée, a-t-elle été dispensée de toute la rigueur de la loi? Elle est son corps mystique! Or, Jésus-Christ a demandé pour ce corps que le calice fût éloigné, s'il était possible : *Transeat calix iste*[4]*!...* et il a été impossible! et il

---

1. Cant., IV, 16.
2. Hæbr., XI, 33 et suiv.
3. *Id.*, XII, 1.
4. Math., XXXVI, 29.

a fallu répondre, même pour ce corps mystique : *Verumtamen non mea voluntas, sed tua fiat!* Telle est la doctrine de saint Hilaire et celle de saint Augustin! Du reste, vous savez son histoire, vous la voyez actuellement de vos yeux, vous l'entendez de vos oreilles! Ne vous semble-t-il pas que, comme une exilée et une étrangère, elle fait son chemin de croix le long de tous les siècles, au milieu des vociférations de toutes les générations impies?... Ne l'entendez-vous pas dire à son divin Époux, d'une voix plaintive et résignée : *Sæpe expugnaverunt me a juventate mea*[1]!.. Mais vous entendrez aussi l'Époux, le sceptre de roseau en main, les épaules parées du manteau sanglant, la tête couronnée d'épines, lui répondre, en montrant du doigt le mont des Oliviers : Courage! c'est par la tribulation, et par beaucoup de tribulations, qu'on arrive au lieu du repos! *Per multas tribulationes oportet nos intrare in regnum Dei!*...

Et il conclut cette partie par une vive exhortation : « Loin de murmurer, acceptons des tribulations : *multas*, par la durée,... par l'intensité,... par l'universalité !... Venant du démon, du monde, de nous-mêmes !... Allons plus loin : soyons-en fiers! Ne disons plus : Je ne puis pas, je n'en ai plus la force, je ne saurais boire ce calice ! *Ne dicat : Non possum, non fero, non bibo!* Tendons à Jésus une main assurée, prenons ce calice qu'il a bu le premier, et ayons le courage de l'épuiser jusqu'à la lie !... »

Enfin les derniers mots du texte : *intrare in regnum Dei*, lui fournissent une troisième partie, dans laquelle il indique les puissants motifs que nous avons de bien souffrir : 1° nous payons nos dettes;... 2° nous achetons le Ciel;... 3° nous nous ennoblissons et nous sanctifions notre vie... Mais nous en avons assez dit, croyons-nous, pour faire voir ce qu'il pensait de la souffrance, en quelle singulière

---

[1]. Ps. CXXVIII, 1.

estime il l'avait et combien il la jugeait nécessaire à la sanctification... Il n'a omis ici qu'une chose : c'est que, si la souffrance est absolument nécessaire pour se sauver soi-même, elle est encore plus nécessaire pour sauver les autres, et surtout pour former les âmes sacerdotales ; là surtout domine et s'impose la terrible et mystérieuse loi des enfantements : *In dolore paries*[1] *!* En tout cas, nous allons nous convaincre qu'il ne l'a pas oubliée dans la pratique, et nous pourrons mesurer sa vertu et sa puissance d'enfanter les âmes, sa fécondité, en un mot, à la multiplicité, à l'étendue, à l'intensité de ses souffrances ! *Per multas tribulationes !...*

La souffrance sous toutes ses formes devant être un de ses plus puissants moyens d'action et comme sa note caractéristique, du moins pour les vingt dernières années si fructueuses de sa vie, la Providence voulut en inaugurer pour lui le dur apprentissage dès la première heure ; aussi avons-nous vu que, venu au monde avant terme, il fut maladif et souffreteux jusqu'à l'âge de dix à douze ans ; comme si Dieu avait tenu dès lors à le bien marquer de son sceau et à l'empreindre du cachet des êtres privilégiés !... Mais, destiné à vivre et à agir, appelé à mener plus tard une vie d'apôtre, dure et pénible, il dut prendre des forces, et nous avons vu sa jeunesse vigoureuse, son âge viril s'accuser et s'épanouir sans nulle trace d'infirmité ou de faiblesse native... Cependant, il lui resta quelque chose de cette naissance prématurée, ou plutôt de cette prédilection et prédestination providentielles... C'était une sensibilité, une délicatesse, une timidité qui l'exposaient à bien des froissements, qui le rendaient sensible aux moindres heurts, et qui constituaient en lui comme une nouvelle faculté et une aptitude particulière : l'aptitude à souffrir, la

---

1. Gen., III, 16.

faculté de ressentir la souffrance ! Il avait du reste bien compris ce côté faible de sa nature, ou plutôt il ne s'était nullement trompé sur les desseins de Dieu, et un de ses confrères d'Algérie, nous l'avons rapporté, avait dès lors remarqué sur son bureau de travail un tout petit cadre avec cette inscription : *Ma croix d'aujourd'hui*, et, petites ou grandes, il ne devait avoir, verrons-nous, que l'embarras du choix ; la bonne Providence, à l'enseigne de laquelle il logeait si aisément, sut bien y pourvoir ; et à mesure que l'âge survint, et avec l'âge, la saison des grands fruits, les grandes souffrances physiques et morales s'imposèrent !

Pour ne parler, en ce moment, que des premières, dès son arrivée en Algérie, il fut vite sujet aux fièvres du pays. Pour ceux qui n'en ont jamais souffert, il en est de ce mal comme de ces névralgies dentaires bien connues : on a tout au plus pour le pauvre patient un mot de commisération et un léger sourire qui dit : ce n'est rien !... Mais ceux qui en ont quelque temps subi les accès savent pertinemment quel trésor vraiment inépuisable elles sont de malaises, d'ennuis, de souffrances de toute sorte, sans compter l'impuissance absolue où elles mettent durant l'accès, et la longue faiblesse qu'elles laissent après... M. Dazincourt n'en a pas seulement souffert durant ces quinze années qu'il habita l'Algérie ; il apporta à Montolivet cette *relique d'Afrique*, comme il l'appelait ; et si on ne l'entendit guère s'en plaindre, c'est que devant les grandes souffrances les petites s'éclipsent en quelque sorte ; ou plutôt c'est qu'il en était venu à ne se plaindre de rien, à tout souffrir patiemment et sans mot dire ;... mais ceux qui le connaissaient intimement ne s'y trompaient pas ! Que de fois, en l'abordant, rien qu'à voir son air, son teint, son œil, ne nous est-il pas arrivé de lui dire : « Allons, c'est bien ! encore la fièvre en sus du reste ! — Baste ! répondait-il en souriant, pour un vieil Algérien, ça ne compte pas ! une vraie bagatelle !... » Et il avait passé une partie de sa nuit à grelotter... Nous l'avons du reste rapporté ; parlant à sa sœur aînée de leur sœur d'Algérie, il lui écrivait : « ... La fièvre n'a pas entièrement disparu ; c'est une affaire de patience, *j'en sais quelque chose !...* » Oui, et il en saura quelque chose durant encore vingt années, jusqu'à sa mort !...

Mais ce n'est pas assez ; comme il le dit lui-même, pour un vieil Algérien qu'est-ce que des accès de fièvre, sinon une bagatelle ! et alors voici les grandes souffrances qui arrivent à leur tour. Comme l'on dit avec raison : aux grands maux les grands remèdes, ne peut-on pas de même et avec autant de raison, dire : aux grands biens à réaliser, les grandes souffrances à supporter ? Les maux ordinaires ont pu suffire au directeur de Kouba pour remplir sa mission ; au supérieur de Montolivet, il faudra autre chose pour accomplir la sienne et faire tout le bien que sa position comporte, que la Providence attend !... et voici les bronches qui souffrent et accusent des lésions, voici l'asthme et ses étouffements périodiques, voici le catarrhe avec sa toux opiniâtre !... c'est-à-dire : on est jeune encore, et voici la vieillesse avec ses infirmités ! on a des forces et du zèle pour les dépenser, et c'est l'impuissance ! on a du goût et une aptitude rare pour le ministère de la parole, et on reçoit ordre « de parler peu et brièvement », c'est-à-dire de se taire ! on a un office et des devoirs à remplir au dehors, et l'ordonnance est là pour vous crier : « Gare aux courants d'air et aux variations de la température ! » On est missionnaire enfin, on s'est fabriqué, à la sueur de son front et après de longs jours d'étude et de méditation, tout un arsenal d'armes perfectionnées et qui portent à tout coup, et il faut les laisser se rouiller, inutiles, au fond d'un tiroir, comme ces vieilles armures d'autrefois qu'on voit appendues aux murs d'un musée, hors d'usage et souillées de poussière !... On reçoit des rendez-vous sur des champs de bataille, tels qu'un auditoire de trois à quatre cents Filles de la Charité à évangéliser, tels qu'une retraite ecclésiastique au clergé de Cambrai ou de Lyon, et de par la Faculté, il faut fausser compagnie pour aller s'enfermer, un mois durant, dans un trou des Pyrénées ! Conçoit-on pareille souffrance morale ! Ce fut durant vingt ans celle de M. Dazincourt à Montolivet ! Que de fois, les vacances arrivées, quand le Supérieur de la rue d'Alger venait lui faire ses adieux, prêt à partir pour une campagne de retraites, il a vu le vétéran hors de combat porter sur lui un œil d'envie et lui serrer silencieusement la main, d'un air qui semblait dire : « Que vous êtes heureux !... si je pouvais !... » Et, tout triste, il se détournait pour cacher son émotion... — « Et moi aussi, ajoutait-il, je vais partir... pour Cauterets !... »

Mais il y avait plus que des souffrances morales dans son état ; il a eu, durant vingt ans, et tous les jours, sauf de rares exceptions, des souffrances physiques, de vraies angoisses corporelles à subir. Voici ce que nous écrit un de ses confrères, qui a passé plusieurs années avec lui à Montolivet : « Très souvent, à cause de son asthme, il passait les nuits assis sur son lit, ou dans son fauteuil, toussant, étouffant à moitié ;... on l'entendait jusqu'au fond de son corridor ;... et, quand la crise commençait à se calmer, vers trois ou quatre heures, au lieu de prendre un peu de repos, il se mettait sur son séant, et, à quatre heures et demie, on le trouvait le premier rendu à la salle d'oraison !... » Et un autre de ses collaborateurs, qui l'a vu à l'œuvre pendant onze ans : « Dans une de ses visites, M. le docteur Poucel lui posa cette question : « Est-ce que le matin, pendant les « deux ou trois heures qui suivent votre lever, vous n'é- « prouvez pas comme des angoisses, un abattement phy- « sique et moral très pénible ? » A quoi le malade fut obligé de répondre affirmativement, et son air en disait plus long que ses paroles !... Et en sortant, le bon docteur que je reconduisais, ajouta : « Vous ne vous ferez jamais une idée

« des souffrances qu'endure votre Supérieur !... » Le fait est, et je l'ai observé quotidiennement, que, jusqu'à dix heures de la matinée, on le voyait comme affaissé ; ce n'était qu'à force d'énergie morale et de vertu qu'il parvenait à faire face à ses diverses obligations. Que de fois je l'ai vu, le matin, pouvant à peine se mouvoir et mettre un pied devant l'autre ! Une fois même, il m'avoua que tous les jours, en se levant, il passait par les angoisses de la mort !... » Ne nous fatiguons pas de le répéter, un pareil état de souffrance, avec quelques légères et rares améliorations, devait durer, et de fait dura pendant vingt années ! Il était obligé, et en conscience il s'y astreignait, à prendre mille précautions minutieuses, et partant ennuyeuses. « Un jour d'hiver, dit le même confrère, comme je sortais pour faire un tour dans le jardin, après le déjeuner : « Comment faites-
« vous, me dit-il, pour mettre le nez dehors par un pareil
« temps ? Vous me donneriez mille francs pour vous accom-
« pagner, que je les refuserais, malgré tout le plaisir !... »
Il en était venu à ne pouvoir plus prendre, après midi, aucune récréation, au dehors, en compagnie de ses confrères, même par un temps très agréable ; d'un geste qui lui était devenu habituel, il montrait sa pauvre poitrine : « Le souf-
« flet ne va pas ! » disait-il en souriant, et il s'esquivait pour monter dans sa chambre. Bien des fois, survenant en pareil moment, il nous est arrivé de lui dire, par forme de plaisanterie : « Eh bien ! et la règle ?... la récréation en
« commun ?... — La règle, mon cher, répondait-il sur le
« même ton, mais il n'y en a plus pour les vieux et les
« *mollusques* comme moi !... » Et Dieu sait pourtant s'il l'observait et la faisait observer !... Un autre genre de souffrance nous est encore signalé, provenant de la même cause : « Il souffrait même de la faim ! nous écrit un de ses voisins de table ; plusieurs fois, le voyant ne rien prendre à souper, après n'avoir presque rien mangé à dîner, — et cela pendant plusieurs jours de suite, — je

finissais par lui dire : « Vous n'avez donc pas appétit ? — « Mais si, me répondait-il en souriant, je crève même de « faim ! Mais je ne dois pas manger, sous peine de mourir, « étouffé par mon souper... ce qui ne serait pas honnête ! » ajoutait-il finement... »

Une autre souffrance venait pour lui des infirmités délicates qui, peu à peu, se produisirent ; ses quintes de toux étaient parfois si violentes et secouaient si horriblement son pauvre corps, qu'il en était résulté des accidents très ennuyeux et bien humiliants... Un jour, comme son collègue de la rue d'Alger le plaignait sur ses multiples misères : « Ah ! mon cher, vous ne les connaissez pas toutes, lui dit-il « en riant ! J'ai été à la bataille, et mon corps est percé, criblé « comme une écumoire ! Aussi, désormais me voilà blindé et « cerclé comme un vaisseau de guerre ! » Il en riait dans l'intimité, mais à quels ennuis, à quelles souffrances, à quel état il en était réduit ! « Il a dû bien souffrir, écrit un de ses confrères, car il était, sur la fin de sa vie, forcé d'avouer qu'à l'intérieur il se sentait entièrement démoli, ce sont ses propres expressions !... » Avions-nous tort de le dire plus haut, ou avons-nous exagéré en le disant : *Per multas tribulationes oportet nos intrare in regnum Dei !...* Et ce n'est pas encore tout ! Nous le verrons à mesure que nous avancerons dans notre récit.

Cependant sa sœur aînée, qu'il avait eu grand soin de laisser dans l'ignorance de ses premiers accidents, avait fini par concevoir quelques inquiétudes ; ses lettres et ses questions se multipliaient, mais en vain ; le cher frère ne répondait qu'en plaisantant ; elle eut alors recours au bon M. Soulié, et le conjura de lui dire la vérité. C'est à cette lettre que le frère répond lui-même ainsi, au commencement de 1872 : « Quelle terrible femme !... Heureusement, en ma qualité de Supérieur, je viens de saisir au passage ta lettre à M. Soulié, qui aurait donné ici mauvaise idée de la tête de la vénérable abbesse d'Écotay... Enfin, je ne suis pas tellement en retard que tu aies le droit de me mettre au cimetière !... Non seulement je ne suis pas à l'agonie, mais je vais mieux que jamais ; et, s'il en est besoin, je vais faire légaliser cette attestation par toutes les personnes respectables de Marseille qui me connaissent ! Je dors toute la nuit, j'ai un appétit de maçon, je vaque à toutes mes occupations... Avec cela, si tu veux t'obstiner à me croire à l'agonie, véritablement je ne sais qu'y faire. Je parie que tu vas dire : Il n'a pas donné ma lettre à M. Soulié, afin de pouvoir m'en conter... Alors je m'attends à voir ici ton grand nez dans peu de jours !.. Il serait bon cependant qu'une *religieuse* prît un peu de calme et ne se laissât pas aller ainsi à son imagination ! Crois-tu donc que je sois un enfant et que je m'accroche tellement à la vie de façon à ne pas voir et à ne pas te dire la vérité ? Si j'étais dangereusement malade, je te le dirais bonnement ; mais, pour le moment, il n'y a absolument rien de sérieux. Je prends quelques précautions pour ne pas m'enrhumer... Mais qui n'est pas logé à la même enseigne ?... Je crois donc que tu aurais tort de faire le voyage de Marseille ; pour beaucoup de raisons, mais surtout parce qu'il est fort désagréable de venir si loin pour se voir à la hâte quelques instants dans un parloir... Car tu as beau être la Révérende Mère des *Masures*, je ne pourrais pas même te faire voir notre joli jardin ;... tout au plus pourrais-je t'offrir un verre d'eau sucrée !... Alors je ne comprends pas, vraiment, le plaisir qu'on peut avoir ! Je conçois que si j'étais à l'extrémité, tu pourrais tenter cette expédition ; mais, en vérité, je ne puis pas me mettre au lit pour avoir l'avantage de te procurer le voyage de Marseille ! Ayons donc un peu de patience, et attendons les vacances ; il me sera plus facile de faire une course à Écotay... »

Il fallait avant tout rassurer la pauvre fille, et aussi ne pas trop mentir ! On vient de voir comment il s'en tire : Je ne suis pas à l'extrémité !— C'est incontestable.— Je prends des précautions pour ne pas m'enrhumer ! — C'est tout simple... donc, reste tranquille ! Il est cependant obligé à plus d'exactitude quand il fait son office de chroniqueur ; aussi nous pouvons lire de fréquentes notes journalières semblables à celles-ci : 21 janvier. « Toute la semaine, M. le Supérieur garde la chambre et n'assiste qu'à une partie des exercices, par suite d'un rhume qui est venu se greffer sur l'ancien catarrhe... » — 25 avril. « M. le Supérieur, fatigué, se fait remplacer pour l'office, et ne peut faire la classe de prédication... » Et tant d'autres semblables que nous omettons, et qui vont se multiplier d'année en année... Ou bien encore : « Télégramme de l'archevêque de Reims invitant le Supérieur à prêcher la retraite ecclésiastique de 1872 ; réponse négative motivée (état de santé, asthme)... » Ce sont, en outre, des retraites de Filles de la Charité que lui confie M. Étienne, et qu'il ne peut accepter pour le même motif ; des prises d'habit qu'il préside aux monastères de la Visitation, et où « l'officiant ne prêche pas, à cause de sa fatigue ; » etc., etc.

Cependant, les vacances étaient arrivées, l'année était terminée, et « heureusement terminée », comme le porte la *Chronique*, ou encore : « *Deo gratias* pour cette heureuse année ! » Sans tarder, dès le 4 juillet, « le Supérieur part à six heures et demie du matin, pour les eaux de Cauterets, ordonnées par les médecins. » Ainsi s'exprime la *Chronique;* il sera plus explicite dans ses lettres à sa sœur que nous allons citer ; remarquons auparavant qu'il a toujours eu une très grande répugnance pour ces saisons d'eaux ; il ne s'y est jamais assujetti que pour obéir aux injonctions expresses des médecins et aux ordres formels de ses Supérieurs ; son séminaire, son cabinet de travail, la solitude et l'étude, voilà où ses goûts le portaient ! Et nous le verrons périodiquement obligé d'aller passer des mois entiers à Cauterets, « à grands frais, avec de grandes fatigues et sans grands résultats », disait-il lui-même ! Et ainsi, le remède à ses souffrances était encore pour lui une rude pénitence ; il est vrai qu'il savait le prendre gaiement et était très habile à donner le change ; du reste, son voyage à Cauterets lui permettait une compensation : le pèlerinage à Lourdes, qui est sur la route ; là, il se dédommageait largement auprès de la grotte de Marie Immaculée ; séjour, en allant, pour mettre sa cure sous la protection de la sainte Vierge; séjour encore, au retour, pour la remercier ! « Que de délicieux moments j'ai passés-là ! » disait-il souvent. Écoutons-le en parler à sa sœur :

Lourdes, 7 juillet 1872. « Je me hâte, ma chère, de te donner de mes nouvelles, et tu vois qu'elles sont datées d'un bon endroit! J'arrive, aujourd'hui même, à midi et demi, et, à peine installé dans un petit coin que j'ai eu mille peines à trouver, je te donne signe de vie, même avant d'avoir rendu visite à la grotte! Il est vrai qu'il pleut à verse et que je n'ose me risquer avec ce temps ; voilà pourquoi je suis si empressé! C'est jeudi que j'ai quitté Marseille ; depuis, je suis constamment sur le chemin de fer... Jusqu'ici, ma santé semble gagner à ces voyages, car il n'a été question ni de l'asthme ni du catarrhe, et je suis à me demander si c'est bien vrai que je vais prendre les eaux ! Puisqu'on m'y envoie, je continuerai donc mon voyage, et je serai demain soir à Cauterets ; si ce progrès continue, j'en reviendrai remis à neuf!... Il est vrai que j'ai plus confiance en Notre-Dame de Lourdes !... Lourdes est littéralement encombré; tous les jours, il arrive des processions de tous les points de la France ; on dit même qu'il s'organise un pèlerinage de Belgique. Si M. le curé d'Écotay te demandait conseil, je suis bien sûr que tu voterais pour qu'il vienne ici avec sa paroisse... et ses trois sœurs ! Tu n'aurais pas tout à fait tort, car c'est vraiment un pèlerinage extraordinaire! Pour te dédommager, je vais te joindre à moi tout à l'heure, et nous ferons ensemble le pèlerinage et la procession... de cœur et par la pensée !... »

Et huit jours après, de Cauterets, où il vient pour la première fois et où tout lui plaît,... il n'en sera pas toujours ainsi ! « Me voilà arrivé depuis lundi soir, après une grande journée passée à Lourdes. J'ai rencontré ici des confrères, de manière que nous formons une petite communauté... Ma santé va très bien, et, depuis mon départ de Marseille, je n'ai plus senti ni l'asthme ni le catarrhe ; néanmoins, je prends les eaux en conscience et comme si j'étais bien malade. Chaque matin, après la messe, que je dis à cinq heures et demie, je vais à une source éloignée d'un kilomètre et demi, j'y bois un demi-verre d'eau chaude, et un autre un peu plus loin ; je prends un bain, et en voilà pour toute la journée. Le reste du temps se passe à causer, à se promener, à se reposer, à prier Dieu ! On a eu soin de laisser les soucis au pied de la côte... Nous avons fait, ces jours-ci, une ascension à un des pics les plus élevés des Pyrénées... On ne peut se faire une idée de ces montagnes quand on ne les a pas vues ! C'est un spectacle admirable ! Aussi le temps ne dure pas ici... Une seule chose est désagréable pour ceux qui ont fait le vœu de pauvreté, c'est la dépense ! tout est cher à faire peur. La température est plutôt froide que chaude ; les brouillards se traînent continuellement sur les hauts sommets des pics qui nous environnent ; nous avons la neige tout près de nous, et, le jour de notre excursion, j'ai voyagé dessus pendant une heure. On reste ici trois semaines au moins, j'en ai donc pour jusqu'à la fin de juillet ; quoique je me trouve très bien, sans pouvoir faire honneur de ce résultat aux eaux que j'ai à peine goûtées, je veux faire la saison complète, afin que, si le catarrhe revient, on ne puisse pas me faire de reproches.... »

La saison consciencieusement terminée, il dit adieu à Cauterets, remercia la sainte Vierge, en passant à Lourdes ; puis, dûment autorisé, il obliqua vers la Loire et les chères montagnes du Forez, moins par amour du pays natal que pour rassurer sa sœur, tenir sa promesse et l'empêcher par là de faire à Marseille un voyage qu'il jugeait inutile et encombrant. Le 20 août, il était de retour à Montolivet, montrant une fort belle mine, ce qui fit croire à une restauration complète... Nous verrons qu'il n'en était rien. Puis, l'année recommence, et le train habituel reprend... Deux mois après, il écrivait à une religieuse de Chazelles la lettre suivante, qui va nous donner les petites nouvelles du séminaire et nous peindre l'état du Supérieur à cette époque : 23 décembre 1872. « Je vous suis sincèrement reconnaissant de ces bons souvenirs qui m'arrivent avec une exactitude qui en double le prix. A Montolivet, il n'est plus question de la Saint-Thomas de décembre (la religieuse lui avait souhaité sa fête) ; nous renvoyons la fête au mois de mars, — saint Thomas d'Aquin, — parce que, dans la semaine des Quatre-Temps de Noël, nous avons toujours l'ordination et la retraite qui doit la préparer ; votre lettre m'a trouvé occupé à la prêcher à nos ordinands ; ils ne sont pas nombreux comme à Lyon ; mais les exercices demandent les mêmes soins et causent le même dérangement. Ils étaient douze, comme les apôtres, et c'est le jour même de saint Thomas que la cérémonie a eu lieu dans notre petite chapelle ; tout s'est passé fort convenablement, grâce à Dieu ! La Providence me traite en enfant gâté ; étant donné qu'il faut être Supérieur quelque part, je ne pouvais pas mieux désirer que Marseille ; à l'intérieur, j'ai la paix avec nos séminaristes, qui sont bons et réguliers ; avec mes confrères, qui font marcher la maison sans moi ; à l'extérieur, mes relations sont agréables. Tout le monde n'a pas tiré un si bon numéro, n'est-ce pas ? Et pourtant, je ne comprends pas encore bien quel charme on trouve au *gros bonnet* !... Il n'y en a pas d'autre, à mon avis, que de pouvoir se dire : je fais la sainte volonté de Dieu ! On m'a donné pour professeur de morale, cette année, un confrère qui a été, plusieurs années, Supérieur à

Montpellier ; il paraît enchanté de n'avoir à faire que sa classe, et je comprends sa joie !... Peut-être que, si on m'accordait le repos, je regretterais le mouvement ; ainsi est fait le pauvre esprit humain, rarement il est content de son sort ! — Quant à vous, vous voilà donc un peu dans le calme ; je m'en réjouis et vous souhaite, pour vos étrennes, que cette tranquillité s'affermisse et se perfectionne. Vous ne paraissez pas compter beaucoup sur cet heureux résultat ; c'est que peut-être la divine Providence veut vous accoutumer à une confiance toute filiale et saintement aveugle. Je vous avoue que je me sens une particulière dévotion pour cette parole de Notre-Seigneur dans l'Évangile : « A chaque jour suffit sa peine ! » Remplir l'heure présente avec une intention pure et une activité raisonnable, n'est-ce pas préparer l'avenir ? Nous nous usons à ruminer un passé qui n'est plus en notre pouvoir et à redouter un avenir que nous n'aurons peut-être pas... En vérité, c'est se donner de la peine pour être malheureux ! Abandonnez-vous donc généreusement au bon plaisir du Ciel, pour les choses qui ne dépendent pas de votre volonté ; vous verrez que le beau temps succédera à la tempête !... »

Oh ! la belle et douce philosophie chrétienne ! Qu'elle est bonne à suivre ! Car avant de la conseiller aux âmes éprouvées, il l'avait expérimentée pour son propre compte, les occasions ne lui en manquant pas dans son emploi de Supérieur, comme dans son précaire état de santé. Néanmoins, il faut le dire, la situation ne laissait pas de s'améliorer au séminaire ; voici la note qui clôture le mois de novembre, dans la *Chronique* : « Rien n'est venu interrompre le travail, la régularité, le bon esprit. » Et quatre mois après, fin mars : « La régularité, le travail, le bon esprit, n'ont rien laissé à désirer pendant ce mois. Les habitudes de gravité semblent prendre racine, sans nuire néanmoins à la franchise et à la libre expansion des caractères... » Quant à la santé du Supérieur, le chroniqueur est muet ou à peu près, car, pour cette année, nous n'avons pu trouver que l'allusion suivante, à l'occasion de la fête et de la procession de Saint-Marc : « C'est M. Laplagne qui a officié, M. le Supérieur se trouvant aux prises avec un asthme et un catarrhe... » Il nous faut arriver aux vacances, où nous lisons, à la date du 3 juillet : « Au retour du conseil de l'évêché, M. le Supérieur part pour aller prendre les eaux de Cauterets, et, de là, se rendre à l'assemblée sexennale, à laquelle il était envoyé en qualité de député par l'assemblée provinciale. Il a été déterminé au premier voyage par une lettre de M. le Supérieur général, qui lui en fait une obligation. Une phrase de cette lettre laissait entrevoir la possibilité d'un changement, motivé sur l'influence funeste du climat de Marseille sur sa santé ; ce qui a donné lieu à une rumeur publique dont Monseigneur lui-même a daigné se préoccuper... » Nous avons retrouvé cette lettre de M. Étienne et nous sommes heureux de la transcrire ici ; on y verra l'attention délicate de ce bon Père pour ses confrères et aussi la préoccupation que commençait à inspirer la santé de M. Dazincourt. « Paris, 24 juin 1873. En vous remerciant de vos bons souhaits à l'occasion de ma fête, je pense à l'état de votre santé ; j'en suis grandement préoccupé. Vous n'avez pas oublié ce que je vous écrivis, l'année dernière, après votre saison des eaux. J'ai grand'peur que le climat de Marseille vous soit funeste. Ce n'est pas à votre âge, et avec un tempérament comme le vôtre, que l'on contracte une pareille infirmité. Aussi, je tiens à ce que vous retourniez aux eaux de Cauterets, et à ce que vous y consultiez M. Tessereau, médecin, sur votre état. Nous verrons ensuite ce que nous aurons à faire ; je n'ai pas du tout envie de vous voir sitôt devenir grabataire !... »

On le voit aisément, M. Étienne est alarmé, et sûrement il ne s'alarmait pas à la légère ! Il tenait à conserver à la

Compagnie un confrère qui, à peine connu dans sa province, venait de recevoir un mandat de confiance. Les craintes manifestées dans cette lettre, sur l'influence funeste du climat si variable de Marseille, étaient fondées, croyons-nous ; elles ont été bien des fois formulées par des hommes compétents. Pourquoi donc M. Étienne ne donna-t-il pas suite à son projet de changement ? Nous l'ignorons ; mais nous savons que bien des personnes, à Marseille, étaient intéressées à garder M. Dazincourt, Mgr Place le premier ; on a dû faire des observations à qui de droit ; sûrement le principal intéressé n'a pas demandé à partir ; et puis, pour tout dire d'un mot, Dieu le voulait là ! Il y vivra encore près de vingt ans, mais il y vivra toujours souffrant : *Per multas tribulationes* ; et c'était nécessaire au bien qu'il avait à réaliser !

Le jour même de son départ pour les Pyrénées, il écrit à sa sœur : « Me voilà en vacances, ma chère Mère ; et tu vas voir que je me dispose à les passer assez joyeusement, si c'est un grand plaisir de boire de l'eau chaude et soufrée. Ce soir même, à dix heures, je pars pour Cauterets, où je n'ai pas trop mal passé mon temps l'année dernière. Je fais le voyage tout d'un trait ; par conséquent, j'irai coucher à Lourdes vendredi soir ; samedi, je ferai mon pèlerinage à cette grotte, que je connais déjà beaucoup ; j'y réciterai la litanie des noms qui me sont chers... et le tien viendra naturellement de suite après le *Kyrie eleison !* et le soir même je coucherai à Cauterets, s'il plaît à Dieu et aux bons anges des Pyrénées ! Tu vas dire : Mais alors il est plus malade ! C'est juste le contraire ! C'est parce que je le suis moins qu'on veut que je fasse une saison de reconnaissance. J'avais mis dans ma tête qu'il n'en serait pas question cette année ; mais le père Étienne avait mis dans la sienne que j'y retournerais ; voilà pourquoi il m'a signifié tout dernièrement qu'il fallait prendre mon sac ;... et moi, comme un brave homme, je donne l'exemple de l'obéissance ! Or, je parie que tu voudrais bien, surtout en ce moment, recevoir un ordre semblable du P. Pousset ! (son Supérieur général). C'est bien simple : tu n'as qu'à te procurer un asthme et un catarrhe, — tu es assez vieille pour cela ! — et te voilà sur le chemin des Pyrénées, ou au moins de Lourdes !... Je te donne la recette, elle est bonne !... Je serai dans ces belles montagnes jusqu'au 20 ou 22 du mois... — Et alors tu reviendras par Roanne et le Verdier ?... — Doucement ! cette année, je reviens par la capitale, et cela parce que je suis *député !...* Oui ; il ne faut pas rire ! Je suis bel et bien *député* en règle à une assemblée qui doit se tenir, le 28 juillet, à la rue de Sèvres !... Par conséquent, adieu les *Masures !* — Mais au retour de Paris !... — Sans doute on peut prendre le chemin de l'école ; mais probablement le mois d'août sera déjà avancé, et un grave Supérieur ne doit pas se permettre les tours de l'*école buissonnière* ! Tu peux donc laisser *les cloches* tranquilles jusqu'à cette époque... Alors nous verrons ! Et, pendant ce temps-là, prie Dieu pour ma sanctification, qui est plus en retard que ma guérison !... Je t'en écrirai plus long de ma solitude de Cauterets ; aujourd'hui, j'ai mille choses à faire avant mon départ ; je te tire donc ma révérence aussi gracieusement que possible !... »

Rendu aux Pyrénées, après sa station à la grotte de Lourdes, il reprend sa plume et écrit à sa sœur : « J'arrive, ma chère Mère, de faire une petite course à une grange située sur une des montagnes qui nous environnent ; il faisait très chaud ;... cela veut dire que je vais bien, car, en comparaison du chemin que je viens de faire, la montée au pic de Bard serait une simple course en plaine ! Il est vrai que je prenais mon temps et que je marchais par des sentiers qui font mille plis et replis. Cette petite excursion me rappelait *Fortunières* et notre chère montagne ; ce sont bien, en effet, les mêmes habitudes parmi les habitants. J'aime beaucoup à passer mon temps à me promener ainsi ; d'abord parce que ma chambre est si petite que j'y étouffe ; ensuite parce que cette solitude me plaît et que c'est un moyen d'éviter les visites. C'est le matin, à sept heures, que je vais boire les eaux à la Raillère ; je descends pour déjeuner à neuf heures, et après déjeuner j'ai mon temps libre jusqu'au dîner, qui a lieu à six heures du soir. Voilà une véritable vie de rentier ! Il faut, il est vrai, des rentes pour rester à Cauterets pendant ce mois-ci ; tout est cher à faire peur... Marie vient de m'écrire ; elle va bien et me dit que tu as l'air de *bouder* depuis six mois... Il faut lui donner signe de vie ; il convient que l'aînée use de condescendance... »

Quant au voyage dans les montagnes du Forez, où on l'attend avec tant d'impatience, il ne le laisse guère espérer... On verra de Paris, après l'assemblée. Dès son arrivée dans la capitale, il donne de ses nouvelles : 29 juillet. « Me voici, ma chère Mère, après un très bon voyage, mais par une chaleur capable de brûler vifs et l'asthme et le catarrhe ! Néanmoins, je crois bien qu'il en sera encore resté quelques racines, car l'air de la capitale commence à me peser beaucoup plus que celui des Pyrénées. J'ai trouvé ici, bien entendu, accueil tout amical : on est véritablement dans sa famille. L'octave de Saint-Vincent se terminait le jour de mon arrivée, et j'ai pu avoir encore un petit bout de la fête. C'est lundi 28 que s'est ouverte notre assemblée, qui est le motif principal de mon voyage ; elle se terminera probablement vers la fin de cette semaine, et immédiatement je reprendrai la route de Marseille. — Comment ! de Marseille ?... Monsieur ne se gêne pas !... — Voyons, il ne s'agit pas de faire du sentiment à tort et à travers... parlons comme des personnes raisonnables, nous avons l'âge, puisque à nous deux nous faisons plus d'un siècle ! Aller à Écotay pour dire bonjour et repartir, tu conviendras que c'est se moquer de la *procession*, et faire tout juste ce qui est nécessaire pour faire fâcher mes chères sœurs et notre

Mère ! Y passer quelques jours, ce n'est véritablement pas possible, ou, si tu veux, convenable ; à Montolivet, il n'y a en ce moment qu'un confrère ou deux qui tiennent le poste, et il leur tarde de faire à leur tour une petite sortie. Si le Supérieur ne se gênait pas un peu pour leur procurer ce soulagement, ils auraient le droit de dire que c'est assurément plus commode de commander que d'obéir ! De plus, notre maison est remplie d'ouvriers ; quoique mon coup d'œil soit peu de chose, il a pourtant son importance, soit pour activer l'ouvrage, soit pour le diriger ; une vénérable Supérieure doit comprendre cela ! De plus, il me faut demander une permission spéciale ; je sais qu'elle ne me serait pas refusée ; mais je sais aussi que les Supérieurs, bien conformes en cela aux leçons de saint Vincent, n'aiment pas ces demandes ; je dois souvent moi-même rappeler cet esprit à mes confrères ; or, si chaque année ils me voient accomplir un pèlerinage au pays, quelle idée peuvent-ils avoir de la sincérité de mes paroles ?... Il faut bien savoir faire quelques sacrifices dans l'intérêt de la régularité ! Une personne du monde trouverait cette dernière raison peu concluante ; mais une religieuse de la Sainte-Famille ne saurait en récuser la valeur : demande au P. Pousset si je n'ai pas raison !... Si tu ne te rends pas à mon petit sermon, et si sœur Basile crie, il ne me reste qu'à déclarer que vous avez toutes *mauvaise tête,* et à faire une neuvaine pour votre conversion !... — Tu as l'air de dire qu'il est étonnant que je n'aille pas à Paray-le-Monial ! Tu as raison, et je vais profiter de la remarque de mon aînée ; d'ailleurs, c'est un voyage pieux et dont ne peut pas se dispenser un Supérieur de la Visitation de Marseille ; c'est sur mon chemin !... Je ferai probablement une petite station à Lyon, mais très courte, et uniquement pour aller à Fourvières et dire bonjour à la *Marmite ;* j'avais même envie de passer sans rien dire... »

Ainsi avait-il dit, ainsi fit-il, et le 8 août il était de retour à Montolivet. Il faut croire que les voyages de juillet et la saison d'eaux à Cauterets avaient, au moins momentanément, amélioré sa santé, car vers la fin du mois d'août il put prêcher, à la Bienfaisance, une nombreuse retraite des Filles de la charité; nulle mention de fatigue dans la *Chronique*; toutefois, avant la fin des vacances, il écrivait à sa sœur : 8 octobre 1873. « Je viens, chère Mère, terminer mes vacances auprès des *Masures*. Je pense que les tiennes sont finies et que déjà vos savants d'Écotay ont repris leurs classes ; à la vérité, nos élèves n'arriveront à Montolivet que le 17 ; mais je vais me mettre en retraite pour mon propre compte, et dès lors toutes les courses et les *fantasias* sont terminées, ce qui ne me fâche que médiocrement!... A la suite de la retraite de nos vénérables Sœurs, l'asthme, que je croyais à peu près détruit, s'est encore montré et je me suis remis à *carcasser*... On me console toujours en affirmant que c'est un certificat de longue vie; je le crois pieusement, mais en attendant je me résigne à être parmi les vieux. Cette petite indisposition ne m'empêche pas de vaquer à mes occupations; elle m'oblige seulement à bien des précautions pour éviter les rhumes; je crois que je vais être dans le cas de faire fondre une cloche de verre pour me mettre dessous!... La semaine dernière, pour me reposer, je suis allé faire la visite à mes chères Filles de la Visitation; il a fallu parler pendant près de deux jours, excellent remède contre l'asthme! il est vrai que je suis amplement dédommagé : ce sont d'excellentes filles, et j'ai au moins l'avantage de trouver là des prières ferventes qui me pousseront un peu à la porte du paradis! et cela vaut bien la peine de se déranger un peu ! »

La *Chronique* ne va pas tarder à faire périodiquement la même constatation: 4 décembre. « A partir de ce jour, M. le Supérieur a été pris par l'asthme et le catarrhe combinés... » M. Laplagne remplace M. le Supérieur, fatigué, toutes les fois qu'il s'agit d'un office solennel; quant aux conseils de l'évêché, nous lisons souvent : « M. le Supérieur ne s'y est pas rendu, retenu par son état de fatigue... » Vers le milieu du mois, la fatigue devient plus sensible : 13 et 14 : « M. le Supérieur continue à garder la chambre et à être absent des exercices de la communauté. Il en a été ainsi toute la semaine. » Et désormais, à la fin de chaque mois, nous lisons habituellement: « M. le Supérieur a beaucoup souffert de l'asthme et du catarrhe... » Parfois le chroniqueur ajoute : « Sans cesser de remplir ses fonctions... »

Quant à sa correspondance, nous ne trouverons pas désormais une lettre, surtout de celles qu'il écrit à sa sœur, où il ne soit fait allusion à « ses inséparables compagnons » ou « à ses aimables locataires », comme il appelle son asthme et son catarrhe ;... il a beau varier le ton, — d'ordinaire il est gai et résigné, — c'est toujours le même refrain ! et il le chantera ainsi, jusqu'à la fin de sa vie, avec un accent touchant, en tirant des leçons, des conclusions pratiques admirables, s'encourageant à souffrir, à faire bonne provision de mérites, se préparant toujours à mourir, mais résigné a la volonté de Dieu ! Et, de fait, il vivra près de vingt années encore de la sorte ! et cela sans que le séminaire en souffre... Au contraire ! car plus fréquentes sont encore les notes de fin de mois semblables à celle-ci, du 31 décembre 1873 : « L'année se termine dans la régularité, la paix et la bonne harmonie. *Deo gratias!* » ou encore, comme celle-ci, fin novembre : « Pendant ce mois, la régularité a été parfaite ; le bon esprit se maintient, le travail laisse très peu à désirer... »

En terminant ce chapitre de ses souffrances corporelles, nous ne résistons pas au besoin de transcrire ici quelques passages de sa correspondance où il y fait allusion ; on verra dans quel esprit il a reçu cette longue et presque incessante visite de la souffrance ; quelques pauvres âmes y pourront trouver un peu de réconfort !

En revenant d'une réunion des évêques de la province à Aix, fin octobre 1874 : « Comme revers de médaille, j'ai eu, en rentrant, la visite du catarrhe et de l'asthme. Chose singulière ! pendant mon séjour à Aix, pas l'ombre de fatigue ; et, dès le lendemain de mon arrivée ici, la *carcasserie* de l'hiver a recommencé ! J'en suis encore là en ce moment ; cela ne m'a pas empêché de prêcher sept ou huit fois pendant la retraite des élèves ; je remplis mes fonctions, et cependant les crises sont fréquentes. Je crois que je finirai par m'accoutumer avec ces deux tristes locataires, et peut-être me feront-ils un peu gagner le paradis ; car sans eux je n'aurais pas beaucoup de peine à porter ma croix !... »

Il a encore quelques bonnes semaines de temps en temps ; et puis sa sœur lui envoie d'amples cache-nez pour se préserver des refroidissements. 26 janvier 1875. « L'asthme et le catarrhe se comportent presque de façon à mériter des *bons points;* depuis le jour de l'an, c'est à peine s'ils donnent signe de vie ! ils me laissent dormir la nuit, voyager et travailler le jour ! Je suis enchanté de cette complaisance, et c'est pour ne rien brusquer que je *carcasse* encore un peu de temps en temps !... Mais aussi quel cache-nez ! Je crois bien que la poste a dû reculer devant ce matelas... Mais il y a de quoi faire un lit ! tu peux bien penser que je ne m'en suis pas encore servi ; mais gare au premier rhume ! il est sûr d'être étouffé tout vivant sous un appareil aussi chaud ! Si je le porte pendant le jour, je serai gravement exposé à la vanité, et cette chère sœur Marie-Basile en sera cause, de moitié avec notre Mère ! Allons, une autre fois il faudra y mettre plus de simplicité ! » Et, malgré ses souffrances, il ne perd pas sa belle humeur ; ainsi, en avril 1876 : « ... A Marseille, depuis quelques jours, nous sommes dans toutes les splendeurs du printemps : les fleurs, les feuilles, les oiseaux, tout arrive en même temps. Nous avons tout cela en abondance, et de première qualité ! Naturellement, j'oublie l'asthme au milieu de toutes ces merveilles, et je crois que, de son côté, il m'aura un peu perdu de vue... Mais le catarrhe tient bon : chaque matin, je *carcasse* à n'en plus finir... N'est-ce pas là un effet de la vieillesse? Je te fais compliment de la manière dont tu as su te débarrasser du tien ; néanmoins, tu peux être persuadée qu'il ne sera pas assez loin et que l'année prochaine il te donnera de ses nouvelles ; cet oiseau aime à faire son nid dans les *vieilles masures*... et à Écotay c'est le pays !... »

En plein mois de juin 1877 : «... L'asthme demeure assez brave homme et ne me tourmente pas beaucoup ; mais le catarrhe fait l'original, et pour rien il me saisit à la gorge ! Dernièrement, je les croyais tous les deux en vacances, et voilà que vendredi soir, en me promenant avec Monseigneur j'ai été pincé, et je recommence à *carcasser* ! Un peu d'humidité suffit pour ramener un rhume qui n'en finit plus... »

Et quelques mois après, le 8 octobre, après une retraite ecclésiastique où les visites des prêtres l'avaient fort occupé : « Malheureusement, il m'est arrivé une autre visite dont je me serais bien passé, celle du catarrhe ! A la fin de la première retraite, il s'est installé chez moi..., et il y est encore. Je n'ai pas grands reproches à lui faire, puisque voilà la saison. J'espère qu'il délogera bientôt, car je le traite durement : ni tisanes, ni sirops, ni pastilles, rien ! Je veux le faire mourir d'inanition !... Je l'amuse cependant avec quelques pastilles à la menthe d'Écotay ; car ma provision n'est pas épuisée ; et puis je leur trouve un goût de bonne amitié que n'ont pas celles de Marseille !... tu ne diras pas toujours que j'ai mauvaise tête ! Ne va pas là-dessus m'en expédier un ballot, car il pourrait avoir le sort de tant de petites boîtes de gomme, offertes au Père par mes chères filles, et qui moisissent dans un coin de mon bureau ;... mon remède est bien simple, il consiste à éviter l'air froid et l'humidité ; tout le reste est inutile. Au reste, on se fait à *carcasser*, et, si je ne le faisais plus, il me semble qu'il me manquerait quelque chose !... »

En janvier 1878 : «... Jusqu'à Noël, j'avais presque chanté victoire ; mais voici quinze jours que mes deux terribles *locataires* se sont réveillés et me tiennent prisonnier au coin du feu. Je remplis mes fonctions dans la maison, sauf à *carcasser* à tue-tête ; quant à mes visites du jour de l'an, je les renvoie à la Saint-Sylvestre, ce qui ne me fâche que bien médiocrement. Ce n'est pas qu'il soit arrivé rien de nouveau, assurément, c'est tout bonnement un rhume qui fait tout ce vacarme !... Dans le jour, cette infirmité m'humilie plus qu'elle ne me fait souffrir. » Et la nuit ? il n'en dit rien à sa sœur, mais nous savons à quoi nous en tenir !... « C'est probablement la voie par laquelle la bonne Providence veut me sanctifier ; c'est dans ce sens qu'il faut diriger nos prières !... » A la fin de la même année : « Nous ne sommes pas encore, ma bien chère Mère, ensevelis sous la neige, comme à Chazelles et à la croix de *l'homme mort*, mais nous respirons les brouillards et l'humidité de Lyon, et nous commençons tout de bon l'hiver à notre manière ; il en est résulté que mon cher catarrhe a jugé à propos de me faire sa première visite et de me consigner pour huit jours au coin du feu ; en ce moment, j'en tiens la queue, et je lui dis merci jusqu'à une autre fois ! Cela me prouve qu'il ne faut pas me hâter de chanter victoire, ni même s'en rapporter aux gens et aux *Jeannes* charitables qui prétendent que je sais assez bien faire le malade !... Sans doute, lorsque ces longs et violents accès de toux sont passés, je n'ai pas un air à faire pitié ; mais, quand ces secousses arrivent, il faut véritablement avoir une charpente solide pour y tenir... et il est impossible de s'occuper sérieusement de n'importe quoi... »

Enfin, en décembre 1879 : « Depuis ma dernière lettre, ma chère amie, j'ai eu une petite visite du catarrhe qui m'a fait garder la chambre pendant la moitié du mois dernier ; l'asthme, il est juste de le reconnaître, se montre plus coulant et se tient passablement tranquille. Au reste, la question n'est plus pour nous d'éviter les infirmités, mais d'en faire un moyen d'abréger notre purgatoire; tu feras bien de prendre aussi cette résolution et de ramer en paix sur ta galère, car elle conduit sûrement au port! »

CHAPITRE XI

La souffrance (*suite*). — **Les charges et les honneurs. Souffrances d'esprit.**

1874-1876

Écrivant à une âme diversement et longtemps éprouvée, saint Vincent lui disait : « Je compatis sensiblement à vos peines qui sont longues et diverses : c'est une croix étendue qui embrasse votre esprit et votre corps; mais elle vous élève au-dessus de la terre; et c'est ce qui me console. Vous devez aussi vous consoler beaucoup de vous voir traitée comme Notre-Seigneur a été traité, et honorée des mêmes marques par lesquelles il nous a témoigné son amour. Ses souffrances ont été intérieures et extérieures, et les intérieures ont été continuelles et sans comparaison plus grandes que les autres. Mais pourquoi pensez-vous qu'il vous exerce de la sorte? C'est pour la même fin qu'il a voulu lui-même souffrir, savoir, pour vous purger de vos péchés, et vous honorer de ses vertus, afin que le nom de son Père soit sanctifié en vous. Demeurez donc en paix[1] » Une des maximes favorites de ce maître si sage et si expérimenté dans les voies divines était « qu'une des marques les plus certaines que Dieu a de grands desseins sur une personne est quand il lui envoie peines sur peines ». Et parlant un jour aux siens de l'état de maladie, de contradiction, d'ennui, — état voulu de Dieu, — il leur disait[2] : « Cet état, il nous le faut agréer, quel qu'il soit, et nous résigner au bon plaisir de Dieu, pour souffrir tout ce qu'il lui plaira, tant et si longuement qu'il lui plaira. C'est ici la grande leçon du

---

1. Abelly, *Vie de saint Vincent*, t. III, p. 447.
2. *Id.*, p. 61.

Fils de Dieu; et ceux qui s'y rendent dociles et qui la mettent bien dans leur cœur sont de la première classe de l'École de ce divin Maître! Et pour moi, je ne sais rien de plus saint, ni de plus grande perfection.»

Fidèle aux enseignements de la raison, et surtout à ceux de l'Évangile, — nous en avons jugé par son instruction sur la souffrance analysée plus haut, — M. Dazincourt le fut aussi à la doctrine si claire et si lumineuse de son bienheureux Père sur la même matière; il s'en pénétra même à tel point qu'il n'a pas de sujet plus fréquent dans sa correspondance spirituelle et qu'il traite avec plus de prédilection et de soin. «Il est bien entendu, écrivait-il à quelqu'un qui avait compati à une de ses épreuves, que je compte surtout sur vos bonnes prières; vous demanderez, non pas que je sois délivré de cette croix, c'est peut-être celle qui doit me sanctifier, mais que j'accepte l'épreuve avec *cette bonne humeur et cette cordialité* que je recommande aux autres.» A une âme douloureusement éprouvée il disait : « Si Dieu vous envoie peine sur peine, c'est qu'il vous met déjà au rang des âmes fortes. Chaque chrétien ici-bas a la mission de représenter à sa manière la vie et la mort du Sauveur; *ceux qui souffrent ont le privilège de retracer sa passion et sa mort.* Et c'est un si grand avantage que les anges en sont presque jaloux, eux que leur nature spirituelle rend impassibles. Soyez donc heureuse, vrai ange de la terre, de l'emporter par ce côté sur les anges du ciel! Au reste, il y a trois certitudes sur la souffrance que je vous prie de ne jamais oublier : 1º Dieu en est témoin et il en tiendra bon compte; 2º il en est l'auteur, car c'est une loi de sa providence toute bonne; 3º il en est le rémunérateur; même ici-bas, il ne tarde pas à la changer en joie. Tenez donc ferme et ne délogez pas de l'enseigne où vous avez pris un logement plus solide que dans votre jolie maison : je veux dire la confiance en Dieu!» Et encore, dans une autre circonstance : « Puisque le bon Dieu vous envoie la souffrance, son dessein, assurément, est que vous en tiriez profit; dans le langage de la sainte Écriture, la souffrance est appelée *la visite du Seigneur*... Méditez bien cette expression, vous y trouverez une source inépuisable de consolation ! Si vous n'allez pas jusqu'à dire avec sainte Madeleine de Pazzi, dont je récitais l'office tout à l'heure : « Souffrir ! ne jamais mourir ! » vous goûterez au moins la demande du *Pater* : « Que votre volonté soit faite ! » Et ce sera beaucoup. L'épreuve, quand elle nous atteint de si près, bouleverse notre sensibilité, — et il n'y a là rien d'étonnant, il faudrait un miracle pour qu'il en fût autrement; et néanmoins quelle école de perfection ! elle n'est pas *laïque* assurément, puisque c'est le Saint-Esprit qui en est le maître ! encore moins *gratuite*, car elle nous coûte des larmes qui sont le sang du cœur; mais certainement elle est *obligatoire*, vu que toutes les grandes âmes doivent passer par cette classe. Vous vous croyiez savante, quoique sans brevet supérieur, mais vous n'aviez pas encore ce qu'Isaïe appelle « la science de l'infirmité ! » Après cette rude épreuve, en quelques mois vous aurez appris par la douleur à mieux compatir encore aux tristesses des pauvres et des malades.... Courage donc ! » Et encore, car nous ne nous lasserions pas de transcrire ici les enseignements d'une doctrine qui coule de source et comme du trop-plein de son cœur : « Allez ! vous n'êtes pas seule à porter la croix en ce monde ! Portez donc amoureusement et, autant que vous le pourrez, gracieusement celle que le bon Maître a placée sur vos épaules. Tenez pour certain qu'il y met la main pour empêcher qu'elle ne soit trop lourde. Le ciel de votre âme, dites-vous, devient un peu nuageux en ce moment. C'est absolument comme notre ciel de Provence; il se brouille et la température baisse. Faut-il pour cela se croiser les bras et cesser de jeter la semence ? Oh ! non; le Saint-Esprit désapprouve « celui qui s'arrête pour observer le vent » et il loue ceux qui sèment en pleurant. Tenez donc ferme contre vous-même; allez à vos exercices, à vos relations, bonnement, simplement, *in nomine Domini*, comme disait saint Vincent, et sans trop vous inquiéter de vos inquiétudes, préoccupations et tristesses. Vouloir en être délivrée serait une présomption, elles entrent dans le plan de la Providence pour votre sanctification ; accueillez-les donc comme d'aimables sœurs, et faites bien en sorte que leur présence ne trouble pas la joie de la famille. Quand elles vous fatiguent trop par leur ramage, allez vous plaindre à Celui qui apaisait d'un mot les flots de la mer, et vous vous retirerez d'auprès de lui avec un nouveau courage. Sans doute, vous n'éprouverez pas cette joie calme et douce qui est la joie du ciel, mais vous ressentirez cette joie forte qui se trouve au fond de tous les sacrifices faits pour Dieu, qui s'alimente par le vif désir de suivre Notre Seigneur sur le Calvaire, et c'est là la vraie joie d'une fille de la Charité ! »

Arrêtons-nous, ces citations suffisent bien; et qui ne le sent, pour parler ainsi de la souffrance, avec cet accent intime, profond et pénétré, il ne suffit pas d'avoir lu et médité les traités des maîtres de la vie spirituelle qui en dissertent le mieux; il faut quelque chose de plus, il faut avoir fréquenté soi-même cette école de la souffrance, avoir reçu souvent cette visite du Seigneur, avoir enfin acquis par sa propre expérience « cette science de l'infirmité » qu'il recommande si bien! mieux encore, il faut l'aimer! sans cet amour, comme en toute chose, — mais ici surtout où la raison dit si peu et où la nature oppose ses répugnances et ses cris, — sans cet amour, tout le reste est bien peu de chose; qui n'en a fait l'expérience! M. Dazincourt, dans les vingt dernières années de sa vie, avait donc reçu cette grande grâce : il aimait la souffrance! Mais, qu'on le remarque soigneusement, cet amour qui est le don par excellence, le divin Crucifié ne le donne qu'à quelques âmes privilégiées, à celles qu'il a d'abord appelées à le suivre sur le Calvaire, à boire longuement à son calice, à porter sa croix tous les jours; quand elles s'y sont généreusement résignées, longtemps et héroïquement soumises en méprisant les cris de la nature, alors le goût vient, alors l'amour se trahit, alors sainte Thérèse peut s'écrier : « Ou souffrir ou mourir ! » Mais que de souffrances volontaires précèdent un tel cri, et quel état d'âme il suppose ! C'est, n'en doutons pas, vers un tel état d'âme que Notre-Seigneur conduit peu à peu son fidèle serviteur; voulant l'associer de plus en plus à son divin ministère de « semeur de la parole »; l'ayant placé sur « ce chandelier plus élevé de son Église, pour que sa lumière jette plus loin son éclat »; l'ayant « posé dans son nouvel emploi pour qu'il porte des fruits qui durent », il a commencé par l'associer à ses souffrances corporelles, — nous l'avons vu dans le chapitre précédent; — mais ce n'est pas assez; quiconque en a l'expérience sait bien que la douleur physique n'est rien, comparée aux tortures morales, à certaines peines d'esprit, à tels crucifiements du cœur ! Les unes et les autres vont donc venir pour M. Dazincourt, Notre-Seigneur les lui devait ! *Per multas tribulationes !... Euge serve bone et fidelis, quia super pauca fuista fidelis, super multa te constituam* [1]. Fidèle aux moindres souffrances, tu vas en avoir de plus pénibles pour ta récompense !

Et tout d'abord, les souffrances et les peines d'esprit. Le récit que nous allons reprendre des rares événements de ces années, tout en nous laissant soupçonner quelques-unes de ces angoisses dont son âme fut assaillie, ne saurait nous en donner une idée exacte, encore moins rendre sensible un état tout intérieur dont Dieu seul fut témoin et que de rares amis intimes purent seuls constater comme à son insu. Sans doute, on le comprendra aisément, dans son poste de Supérieur de grand séminaire, et avec la sensibilité

---

1. Math., XXV, 21.

et la délicatesse de conscience qui le caractérisaient, M. Dazincourt dut vivement sentir — plus vivement même que bien d'autres — tous les ennuis, si multiples et parfois si poignants, qui sont inhérents à une si grave position et constituent cette lourde responsabilité dont on peut dire, avec plus de raison encore que de celle du sacerdoce : *onus angelicis humeris formidandum!* décision des vocations, appel aux ordres, direction à imprimer aux maîtres, formation des séminaristes aux vertus et à la sainteté de leur état... Quelle responsabilité et que de sujets de crainte!... Mais à ces peines d'esprit, communes à tous les Supérieurs, Dieu, qui est admirable dans ses voies, comme dit saint Paul, ne tarda pas à en ajouter d'autres d'un genre différent et bien plus pénibles encore. Et c'est ici que notre embarras commence, car, tout en étant intimement convaincu que la croix du Calvaire a très lourdement pesé sur son esprit comme sur son corps, nous nous sentons impuissant à faire comprendre l'état de souffrance qui en résulta pour le Supérieur de Montolivet; essayons du moins de l'indiquer.

De l'aveu de tous ceux qui l'ont connu, M. Dazincourt possédait, à un degré rare, cet ensemble de dons, de talents et de qualités qui désignent et en quelque sorte prédestinent un homme pour les charges et les honneurs. « Il était de première force en tout, et il eût facilement conquis l'admiration dans n'importe quelle position! » C'est la conviction de Mgr Gouthe-Soulard, et il l'a bien des fois hautement manifestée. « Quelle acquisition les Lazaristes viennent de faire! » s'écriaient à l'unisson ses anciens maîtres et ses condisciples en apprenant son entrée en communauté.... Au grand séminaire de Kouba, tout le monde le regarda, durant quinze ans, comme la *pierre d'attente* réservée à remplacer le vieux M. Girard; à peine il l'a connu, Mgr Lavigerie le demande et le fait nommer Supérieur de son petit séminaire; durant plusieurs années, à chaque vacance, la rumeur publique parmi ses confrères le nomme Supérieur de grand séminaire, à Nice, à Oran, à Amiens, etc.; à la création des nouveaux évêchés d'Algérie, son nom est sérieusement mis en avant pour le siège d'Oran! Or, non seulement il n'a recherché ou désiré aucun de ces postes pour lesquels il était si bien fait, ambitionné aucun de ces honneurs dont il était de tout point si digne; mais, au moindre bruit, au plus léger soupçon qu'on songe à lui, qu'on va le mettre en évidence, le voilà qui se trouble, s'agite en lui-même, tremble et s'effraye! comme on dit vulgairement, la peur le saisit, il en est obsédé, dominé et comme vraiment fasciné! On pourra le voir dans le récit qui va suivre. L'état qui en résulte pour lui est inexplicable, nous oserions même dire inimaginable pour quiconque n'en a pas été le témoin et le confident intime. « J'avoue en toute simplicité, écrivait-il vers la fin de sa vie, que la crainte de l'élévation a été toujours pour moi *un vrai tourment*, et cela même dès Saint-Jean; sans doute, il entrait plus *de lâcheté* que d'humilité dans cette disposition; et pourtant il m'est difficile d'en *avoir la contrition!* A l'heure présente, je *subis* de mon mieux la supériorité, mais je n'y trouve absolument aucun attrait. Daigne Notre-Seigneur me tenir compte de cette *répugnance* pour adoucir son jugement! » Et nous-même, que de fois n'avons-nous pas entendu de semblables aveux tomber de ses lèvres! que de fois ne l'avons-nous pas vu s'humilier dans l'intimité et s'appliquer à lui-même un terme énergique dans sa vulgarité et qui, en ses dernières années, lui était devenu familier : « ... On me croit généreux, énergique, disait-il vivement; et, plus que tant d'autres, hélas! je ne suis qu'un *mollusque!...* » Voilà son explication à lui de ces multiples crises de frayeur. Nous doutons fort qu'elle satisfasse pleinement tous ceux qui l'ont particulièrement connu! Nous en avons entendu plusieurs mettre en avant, pour expliquer de telles défaillances, sa crainte des responsabilités, sa timidité excessive, son humilité profonde. Sans nul doute, il y avait de tout cela, au point de vue naturel surtout ; mais il s'agit ici d'un état surnaturel dans lequel Dieu et sa grâce ont joué un rôle, et, nous en sommes convaincu, le rôle principal ; il faut voir ici le doigt de la Providence. « Les âmes qui souffrent, a-t-il écrit lui-même, ont pour mission de représenter au vif la Passion du Sauveur... » Nous avons ici l'application de ce grand principe : le Supérieur de Montolivet a eu pour mission, dans les épreuves que nous allons raconter, de représenter au vif l'état du Sauveur au jardin des Oliviers, *cœpit pavere et tædere*[1]*!...* » A côté de l'explication naturelle, il faut se hâter d'ajouter l'explication surnaturelle, sous peine de ne rien expliquer. De prime abord, et si l'on n'y regarde que superficiellement, nous le craignons fort, on sera ici tenté d'accuser notre cher confrère de faiblesse, comme il s'est accusé lui-même de lâcheté tout le premier ; on trouvera ici son rôle amoindri, son caractère abaissé, l'exemple qu'il nous donne bien peu héroïque ;... et plusieurs peut-être regretteront que nous n'ayons pas voilé d'un silence discret un épisode et un état d'âme qui ne semblent trahir que l'humaine faiblesse et la commune infirmité. Mais, outre que ces pages ne sont point un panégyrique embelli à plaisir par une plume amie, et que notre but a été d'écrire une *histoire vraie*, de retracer une vie telle qu'elle a été vécue, avec ses clartés et avec ses ombres, nous en avons la conviction intime, bien autre sera l'impression et bien différent le jugement, si l'on veut regarder au fond des choses et se placer au point de vue surnaturel, qui du reste est nécessaire ici et le seul vrai en tout ; les habiles pourront trouver à dire, les âmes simples et droites y verront le doigt de la Providence imprimant encore une fois la croix du Calvaire sur l'un de ses élus, et, au milieu des

---

1. Marc, XIV, 33.

faiblesses et des infirmités humaines, salueront avec foi et amour l'intervention de Notre-Seigneur Jésus-Christ, et proclameront, avec saint Paul, la vertu et la sagesse de Dieu ! *Christum Dei virtutem et Dei sapientiam*[1] *!*

Quoi qu'il en soit, il est bien temps d'en venir aux faits et de reprendre le récit des événements. L'année 1874, qui devait être si pénible et si laborieuse pour M. Dazincourt, commençait sous d'assez heureux auspices ; à l'intérieur, le séminaire n'avait jamais peut-être aussi bien marché ; en effet, voici la note qui clôture, dans la *Chronique*, le premier mois de cette année : « Pendant le mois de janvier, l'état moral et disciplinaire de la maison a laissé peu à désirer ; l'amour du travail se soutient, la règle est observée, la piété persévère, et le meilleur esprit préside aux relations des maîtres et des élèves. » *A Domino factum est istud et est mirabile*[2] *!* ajoutait le chroniqueur. Nous nous permettons d'être moins surpris que lui d'un tel résultat ; tout se ressentait, en effet, de l'influence souveraine de la grâce ; mais qui préparait les cœurs à cette action d'en haut, sinon l'impulsion douce mais continuelle du moteur-maître, du Supérieur, qui, sans se montrer, avait l'œil à tout et dirigeait tout ? Qui attirait ces grâces sur le séminaire, sinon l'humilité, l'esprit de prière, la patience et la résignation admirable du Supérieur à porter la lourde croix de souffrances qui pesait plus lourdement alors sur ses épaules ? En ce moment, en effet, et malgré tous les remèdes et toutes les précautions, sa santé laissait beaucoup à désirer et ses infirmités ne lui donnaient guère plus de répit. Les notes du Chroniqueur, bien que très discrètes sur ce point, ne nous permettent pas d'en douter ; ainsi les lignes citées ci-dessus, pour le mois de janvier, se terminent par cette phrase significative : « L'état sanitaire est satisfaisant pour

---

1. I Cor., I, 24.
2. Ps. cxvii, 23.

les séminaristes ; il laisse à désirer pour la plupart des directeurs. » Et à la fin du mois de février : « M. Laplagne dit la messe de communauté, à la place de M. le Supérieur, plus fatigué que de coutume... » Et cette note devient fréquente.

Vers cette même époque, il écrivait à une religieuse de Chazelles : « ...Vous paraissez avoir envie de vous démettre du commandement ; il me semble qu'il vaut mieux, comme saint Martin, ne pas refuser le travail et porter encore le fardeau. Sans doute, à nos âges, on sent le besoin de se recueillir pour préparer ses comptes ; mais, en somme, la meilleure préparation est de continuer à combattre ; on admire un soldat qui meurt les armes à la main. Il est bien vrai que la vigueur s'émousse, que les forces s'épuisent ; mais, en compensation, l'expérience se perfectionne et la sagesse y gagne ; or, c'est là un grand point pour le commandement ; je ne promets donc pas de demander au bon Dieu de vous délivrer de cette charge ; mais je le prierai de vous accorder force et courage ; puis, quand vous aurez soixante-dix ou quatre-vingts ans, nous verrons !... » Qu'on veuille bien noter sa manière de voir par rapport aux charges, et les admirables conseils qu'il vient de donner ; qu'on lise attentivement les réflexions qui suivent sur son propre emploi... Nous ne tarderons pas à voir que la peur va lui faire oublier tous ces principes si incontestables. Sa lettre continue ainsi : « Ici, à Marseille, tout va dans l'ordre ordinaire ; je ne me plains pas encore du poids de l'autorité, car vraiment tout contribue à me la rendre douce ; et c'est peut-être ce qui m'incline tant à vous prêcher la patience. Ma santé seule laisse un peu à désirer ; l'asthme et le catarrhe m'ont passablement tourmenté cet hiver, et, pour me consoler, tout le monde me dit que c'est un brevet de longue vie. Je sens, en effet, que c'est là une infirmité plutôt qu'une maladie. Dieu merci, cela ne m'empêche pas de remplir mes fonctions ; j'en suis quitte pour tousser comme un vieux. Le grand remède c'est la chaleur et le soleil ; aussi voilà quelques jours (la lettre est du 7 mars) où je reprends mes habitudes de jeune homme... »

Mais cet heureux état va vite changer ; à ces habitudes de jeune homme vont succéder l'humeur sombre, l'air préoccupé, soucieux, ennuyé des vieillards ; en vain le printemps arrive avec ses charmes ; après lui l'été viendra avec ses chaleurs et son soleil ; les longs ennuis, les inquiétudes incessantes et tout le sombre cortège de la peur n'en feront pas moins irruption ! car l'horizon va s'assombrir peu à peu et un terrible orage se prépare...

Nous lisons, en effet, dans la *Chronique*, à la date du jeudi 12 mars : « C'est aujourd'hui, entre onze heures et minuit, qu'est décédé M. J.-B. Étienne, Supérieur général de la Congrégation de la Mission ; il avait reçu les derniers sacrements, lundi 9, de la main de M. Stella, assistant. Un mieux léger s'était ensuite déclaré ; les Assistants ont adressé une circulaire pour demander des prières qui ont été interrompues par la triste nouvelle... » — Vendredi 13. « Elle est arrivée à Marseille ce matin. Le séminaire l'a reçue en premier lieu par la sœur Saint-Julien, qui a écrit un mot à M. le Supérieur... Le soir, celui-ci a reçu un télégramme de Paris, signé par M. Mellier, vicaire général... » — Samedi 14. « Service solennel à six heures, pour le repos de l'âme du vénérable défunt ; M. le Supérieur a chanté la messe et donné l'absoute ; toute la communauté a fait la sainte communion, sur l'invitation qui a été faite hier à la lecture spirituelle... Mgr l'évêque, ayant appris hier soir la triste nouvelle, s'est rendu ce matin, à cinq heures et demie, dans la chapelle de la Grande-Miséricorde et a célébré la messe de communauté pour le repos de l'âme du cher défunt... Il n'est pas possible de joindre plus de charité à plus de délicatesse !... » La *Chronique* relate encore en détail le service solennel, que Monseigneur voulut célébrer lui-même, à l'église dite chapelle des Allemands, devant les deux séminaires, de nombreuses filles de la Charité et beaucoup de membres du clergé régulier et séculier ; il est encore fait mention d'un autre service qui eut lieu à la Grande Miséricorde, à la prière des dames de charité... Puis, peu à peu, l'impression de cette mort diminue, le concert unanime d'éloges si justement donné au vénérable et cher défunt achève de se faire entendre, et on songe surtout à l'avenir !... Qui va être appelé à remplacer un tel homme, à occuper un tel poste, à continuer une telle mission ?... Immense était le vide fait par la mort de M. Étienne, vrai restaurateur de la double famille de saint Vincent au dix-neuvième siècle ; qui trouver, d'une portée d'intelligence assez grande, d'un cœur assez large, d'un dévouement assez absolu pour remplir ce vide et prendre une telle succession ?... Telle fut, durant les mois qui suivirent, la grande préoccupation qui agita la double famille de saint Vincent, surtout après que l'assemblée générale, chargée de l'élection, eut été convoquée pour le 8 septembre par le vicaire général. Sans nul doute on avait recours à Dieu, et dans chaque maison particulière on priait avec ferveur ; mais comment empêcher les esprits de se préoccuper et de se communiquer leurs préoccupations, leurs inquiétudes, leurs espérances ? Bientôt les assemblées domestiques furent tenues, puis les assemblées provinciales ; le nom des députés élus ne tarda pas à être connu et diversement commenté... Sans nul doute, en pareille affaire, il faut tout laisser à la Providence, qui doit conduire ; à l'Esprit-Saint, qui souffle ses inspirations ; mais, hélas ! cela empêche-t-il l'homme de s'agiter ? des noms furent prononcés ; les impatients calculaient déjà, bien que vaguement, les chances et les probabilités... Heureusement, comme le dit l'adage, l'homme s'agite, mais Dieu le mène ; le premier propose, mais c'est toujours Dieu qui dispose et a le dernier mot... On allait l'éprouver encore une fois !

Parmi ces noms mis prématurément en avant, un peu à l'aventure et comme ballon d'essai, ne tarda pas à figurer, dans les provinces du Midi et en Algérie, celui du Supérieur de Montolivet. Qui ne le sait? Un rien parfois suffit pour donner naissance à un de ces courants d'opinion? Un nom est jeté en avant par une bouche inconsciente, et comme au hasard; un second le répète avec plus d'assurance; un troisième le donne comme certain;... bref, selon l'expression du poète, *crescit eundo*... et pour peu que les circonstances et le milieu y prêtent, souvent sans autre motif ni fondement réel, insensiblement un courant d'opinion s'est établi;... était-ce ici le cas?... M. Dazincourt, âgé alors de cinquante-trois ans, était relativement jeune de vocation, car il n'était dans la Congrégation que depuis vingt ans; il n'avait pas occupé de position qui l'eût mis à même d'acquérir l'expérience des hommes et des choses de la Compagnie; il était même personnellement peu connu, ayant passé quinze années en Algérie, et ne s'étant montré sur le continent et à Paris que rarement et très discrètement. Mais il était en singulière estime auprès de ceux de ses confrères qui le connaissaient bien; et même, dans les dernières années, depuis qu'il avait prêché avec tant de succès quelques retraites ecclésiastiques, après qu'il eut été chargé de la direction du grand séminaire de Marseille, la réputation de son mérite exceptionnel s'était rapidement répandue, et, il convient de l'ajouter, la vue de sa personne, son air, sa tenue, sa modestie, sa distinction naturelle, tout en lui confirmait et augmentait cette bonne opinion... Ce qui favorisa surtout, auprès d'un certain nombre, cette tendance de l'opinion en sa faveur et fit naître chez plusieurs la conviction qu'il pouvait être l'homme de la Providence, ce fut la stupeur, point du tout calculée, qu'il ne put s'empêcher de manifester lui-même lorsque ce bruit lui parvint; ses craintes, son effroi, son désarroi même, qui se trahirent malgré lui, à mesure qu'une certaine opinion semblait se prononcer d'une manière plus générale et plus persistante... Sans doute, un autre peut-être aurait souri et se serait borné à hausser les épaules ! et on peut bien s'étonner qu'un homme aussi sage ne prît pas ce parti; toujours est-il qu'il n'en fut pas ainsi; Dieu, dans ses desseins, ne le voulut pas; et, il faut l'avouer, M. Dazincourt eut peur et prit la chose au sérieux... Aussi, dès les premiers jours des vacances, le 2 juillet, sans doute pour obéir aux prescriptions formelles des médecins et de ses Supérieurs, mais aussi pour éviter l'assemblée provinciale qui, en Provence, n'avait pas encore eu lieu, et surtout pour échapper aux bruits qui allaient grossissant, et aux indiscrétions involontaires, car les députés commençaient à arriver d'Algérie et d'Orient, il se sauvait brusquement vers Lourdes et Cauterets, sous le prétexte très plausible d'aller faire sa saison d'eaux. Il y arrivait le samedi 4, et, dès le 8, il écrivait à sa sœur une lettre maussade et sans intérêt, qui trahit un homme préoccupé, surtout sans sa bonne humeur habituelle, car, comme on a dû le remarquer, il aime à plaisanter sa *respectable* aînée, la *vénérable abbesse* d'Écotay, comme il l'appelle; il se borne à lui donner quelques nouvelles de son voyage, de son séjour à Lourdes, de son installation à Cauterets... et c'est tout ! il se garde bien, évidemment, d'éveiller le chat qui dort en mettant au courant des bruits qui le concernent sa chère sœur, légèrement curieuse peut-être...

Il reprend la plume huit jours après, et, sans être plus gaie, sa lettre nous donne quelques détails intéressants que nous transcrivons : 16 juillet 1874. « Puisque tu me fais des compliments sur mon exactitude, il faut bien que je continue à les mériter; du reste, je ne puis mieux employer mes loisirs qu'à deviser avec ma bien chère aînée. Commençons par la santé. Je ne vois pas encore l'effet des eaux contre l'asthme et le catarrhe; on dirait même que ces vilains locataires se plaisent ici, puisqu'ils sont loin de s'endormir et ne se font pas faute de me tracasser. Cela tient sans doute à la température d'orage dans laquelle nous vivons; il ne se passe pas de jour où nous ne recevions des averses avec accompagnement de tonnerre, d'éclairs, mais sans grêle. Il en résultera simplement que je prolongerai mon séjour ici jusque dans la première semaine du mois d'août; ainsi on ne pourra pas me faire le reproche de m'être trop pressé. Il ne faut pas que la différence du traitement ordonné cette année te cause quelque étonnement; elle n'est pas grande : au lieu d'aller boire plus loin, je vais plus près; la source n'est pas la même, mais l'eau a la même propriété; le motif qui a déterminé le médecin, c'est qu'ici seulement on peut aspirer la vapeur sulfureuse; or, cette aspiration est ce qu'il y a de plus efficace, puisque par ce moyen les molécules de soufre arrivent jusqu'aux bronches. Dire que tout ce traitement m'enlèvera cette infirmité, avec laquelle on peut vivre indéfiniment, serait, je crois, une illusion, et j'avoue que je n'y ai qu'une médiocre confiance! Mieux vaut, assurément, s'en tirer par la patience et tâcher de faire compter ces souffrances pour le purgatoire! Ainsi, c'est dans les Pyrénées à peu près comme à Marseille... c'est même pire jusqu'à ce moment! Ne va donc pas crier contre ce pauvre climat de Marseille. (Notons ce cri, c'est la première fois qu'un tel argument lui vient.) Il y en a tant d'autres qui le font! Si on m'envoyait à Paris, ou même à Lyon, il me semble que le froid, les brouillards, l'humidité ne me soulageraient pas beaucoup, et que pendant une bonne partie de l'année il faudrait me ranger parmi les *vieilles carcasses*... On a beau dire, le ciel du Midi, la température douce, le soleil, valent encore mieux pour de semblables indispositions... Ensuite, un Supérieur de Montolivet n'a ni beaucoup de tracas ni un grand travail. Laissons donc ce que la Providence a fait! Notre assemblée provinciale aura lieu le lundi 3 août; probablement je me trouverai encore ici, et par conséquent je n'en ferai point partie. Cette absence pourra peut-être m'enlever les suffrages pour la députation; on peut cependant aussi me nommer, quoique absent; c'est le cas de dire : *J'en ai plus peur qu'envie!...* Car il n'y a rien de pénible comme un voyage lorsque les crises arrivent. Tu comprends bien que si j'ai la bonne chance d'esquiver Paris, ce ne sera pas pour aller te surprendre dans tes *Masures!* D'abord il me faudrait la permission, et j'aurais assez mauvaise grâce à la demander ; ensuite, comme je serai bien disposé à courir de Montbrison à Écotay, d'Écotay à Chazelles !... Restons où nous sommes et continuons à nous réunir de cœur devant le bon Dieu : on s'épargne ainsi la peine de se dire adieu !... Tu es une bonne fille de t'unir à nous pour fêter saint Vincent ; il faudra lui demander un bon successeur au Père Étienne. Tu le voudrais moins sévère que le vicaire général ; nous ne sommes pas du même avis : je désirerais qu'il le fût plus encore ! Dans une communauté, tout s'en va pièce à pièce si une main ferme ne maintient la discipline... »

Deux semaines se passent, toujours dans le même état de souffrance physique, et surtout d'anxiété morale ; le mois d'août commence, et il faut bien songer à partir, à quitter la solitude et à rentrer dans le tumulte des bruits et des nouvelles, qui va toujours augmentant... Sa chère sœur a fini par apprendre les bruits qui courent, et toute alerte lui pose des questions brûlantes... Plus moyen de se dérober ; mais on va voir sur quel ton et de quel air il lui répond ! Sa lettre est du 3 août, veille de son départ : « Je quitte Cauterets demain soir, ma bien chère amie, sans y laisser probablement l'asthme et le catarrhe. Ces deux tristes compagnons vont encore voyager avec moi, puisque voilà quelques jours qu'ils me tiennent compagnie avec une assiduité dont je me passerais bien. Peut-être le bon effet des eaux ne se fera-t-il sentir qu'un peu plus tard, comme cela arrive assez ordinairement ; je m'en remets sur ce point aux dispositions de la bonne Providence, qui sait mieux que nous ce qui nous convient. Ce que je puis dire, c'est que la saison a été, cette année, toute différente des deux années précédentes : j'ai souffert tout le temps de la suffocation. Probablement, le temps y était pour quelque chose, car nous avons eu presque continuellement de la pluie ; deux fois, même, la neige s'est montrée sur les montagnes qui nous entourent. Cela prouve au moins que l'humidité n'est pas la température qui convient à cette infirmité !... Au reste, je n'en éprouve aucune déception, puisque je comptais très peu sur les eaux ; j'ai obéi ! on ne pourra rien me dire ; et même j'ai largement donné du temps : voilà juste un mois que je suis arrivé !... Bien entendu que je m'arrêterai encore à Lourdes ; j'y vais coucher demain soir. Mercredi, je passerai une partie de la matinée à la grotte : *il faut que je parle de beaucoup de choses à la sainte Vierge !...* M'enverra-t-on à Paris pour l'assemblée du 8 septembre ? Je l'ignore encore ; j'espère bien qu'on me fera grâce de cette nouvelle fatigue ! Dans tous les cas, je renoncerai volontiers à mon droit si la fatigue des eaux continue... *Sois bien tranquille sur tous les bruits qui peuvent courir sur mon compte !...* En ce moment, tous les supérieurs — et bien d'autres — sont sur la *fameuse liste* (la liste des éligibles, d'après les constitutions, au poste de Supérieur général), et le Supérieur de Montolivet doit s'y trouver aussi ! S'il avait de l'ambition, le bon Dieu y aurait mis bon ordre ! Il ne faut pas un Supérieur général qui passe sa vie à étouffer et à *carcasser !...* C'est bien assez qu'on me laisse à Marseille ; et, si l'infirmité continue, il faudra bien qu'on me mette à *la ferraille !... je le désire !...* Tu vas dire que je vois les choses en noir aujourd'hui ! — Pas le moins du monde ; mais je pense qu'il est triste de vivre d'illusions, surtout quand on tient la *queue de la poêle...* Ce qui est important, ce n'est pas d'être ici ou là, mais de faire ce que le bon Dieu veut !... Je m'en tiens là pour ce matin ; je t'en dirai plus long à mon arrivée... »

Il part le lendemain, 4, et s'arrête une journée entière à Lourdes ; inutile d'ajouter que son temps se passa devant la grotte, à prier la Vierge Immaculée, *consolatrice des affligés!* On peut aisément supposer quel fut l'unique objet de ses prières et de ses supplications!... Puis, à petites journées, à cause de sa fatigue, et sans empressement ni enthousiasme aucun, on comprend bien pourquoi, il regagna Marseille, où il arrivait le samedi soir. 8, L'assemblée provinciale s'était tenue dès le 3 ; de Cauterets, il s'était excusé auprès du visiteur et avait délégué son confrère M. Lignon pour y tenir sa place. Si ce fut un calcul de sa part, il réussit mal, car il y fut nommé premier député à l'assemblée générale. En le voyant revenir affaissé, malade plus qu'à son départ, et surtout l'air consterné, nous supposons que l'impression dut être la même chez tous ceux qui le virent : un sentiment profond de pitié et de commisération... et il le méritait bien !... Cependant, les bruits, les nouvelles, les conversations allaient leur train ; deux jours après son arrivée, il le note ainsi dans sa *Chronique* : « On parle toujours et beaucoup de la nomination du futur Supérieur général... » Ce qu'il a bien garde de noter, c'est que, malgré sa mine effrayante, son nom n'en est pas moins, autour de lui, sur toutes les lèvres... On peut aisément s'imaginer ses angoisses croissantes, à mesure qu'il voyait augmenter le danger et s'approcher le moment critique... Comme il l'avait promis à sa sœur en quittant Cauterets, il lui écrit de Marseille le surlendemain de son retour ; on sent qu'il s'efforce de faire le brave en prenant un ton dégagé, mais ses préoccupations se trahissent vite... « Me voilà, ma chère Mère, de retour dans *mon château*, et très heureusement ; la chaleur et le soleil conviennent mieux aux catarrheux que le brouillard, la pluie et la neige. J'ai voyagé à petites journées... Depuis mon arrivée, l'asthme et le catarrhe me laissent assez tranquille. Cela durera-t-il ? Je m'en repose sur la Providence, et, en attendant, je prends le calme qu'elle m'accorde. Pendant mon absence, notre assemblée provinciale s'est tenue à Montolivet, et elle m'a nommé député pour la grande assemblée de Paris ; c'est donc encore un voyage à faire, à moins que de nouvelles crises ne m'en dispensent, *ce dont je me consolerais facilement !* Je partirai de Marseille le plus tard possible et je m'arrêterai très peu en route. C'est donc au retour que nous pourrons nous voir à Lyon beaucoup plus à l'aise... Et ne va pas dire que c'est là un tour de Gascon, qu'on peut me garder à Paris,... etc., et que le ciel peut tomber aussi !... Il est certain que j'aurai mon temps plus libre ; quant à rester à Paris, c'est sans doute une chose absolument possible ; mais sans parler d'autre chose, l'état de ma santé et la *décision des médecins* me donnent tout lieu de croire qu'on me laissera dans le climat du Midi... Après cela, si le ciel tombe, il faut bien que les cailles soient prises... Comptons toujours sur la bonne Providence, qui ne nous a jamais manqué... » Après viennent quelques petites nouvelles insignifiantes, qui sont d'un homme qui veut se donner l'air tranquille et indifférent à tout... et n'y réussit guère. La peur le tient au corps, la frayeur augmente !

En conséquence, on vient de le lire, il a pris ses précautions en homme prudent et résolu à ne pas se laisser faire, du moins sans présenter ses raisons : il s'est muni d'un certificat en bonne et due forme, par lequel la docte Faculté doit déclarer qu'on aurait grand tort de fixer dans le nord un pauvre catarrheux, un malheureux asthmatique à qui l'air — et le mistral aussi sans doute — de Marseille sont absolument nécessaires !... le tout, évidemment, sous peine de mort !... On sait de quoi est capable un médecin complaisant, pour certifier, au nom de la science déclarée infaillible, la nécessité d'un remède qui ne doit faire de mal à personne, pas même au malade ! Mais ce qui étonne à bon droit, c'est qu'un vénérable Supérieur de grand séminaire ait recours à de tels moyens, à moins qu'il n'ait un bandeau devant les yeux et ne soit en train de devenir aveugle...

Hélas ! le cher et pauvre Supérieur de Montolivet en était là ! La peur, l'affreuse peur, était ce bandeau ! la peur de se voir nommer dans quelques jours Supérieur général l'avait aveuglé, et il était vraiment frappé de cécité morale ! Pour nous qui le connaissons intimement, cela ne fait pas l'ombre d'un doute ;... et nous savons pertinemment que l'épreuve alla même plus loin : durant les jours qui suivirent, il éprouva de telles angoisses morales, qu'il ne vit plus qu'un seul moyen d'échapper au danger : s'enfuir dans la retraite, se cacher en se réfugiant à la Trappe, à l'exemple de son ami l'ancien Supérieur de Saint-Jean de Lyon... Mais la Providence ne le permit pas ; car, loin de l'arracher brusquement à sa première et vraie vocation, Dieu, par cette longue épreuve, n'avait voulu qu'une chose : le rendre plus apte à y porter désormais des fruits de plus en plus abondants, en l'associant de plus en plus à la croix de son Fils !

Cependant le temps pressait; on touchait aux derniers jours d'août. De tous côtés, les membres de la future assemblée se dirigeaient vers Paris ; M. Girard, visiteur d'Algérie et ancien Supérieur de M. Dazincourt, venait d'arriver à Montolivet, où il prenait quelques jours de repos avant de continuer ce voyage pénible à son âge. D'après une note de la *Chronique*, se trouvait également à Montolivet M. Baduel, Supérieur du grand séminaire de Nice, désigné par l'assemblée provinciale comme premier substitut, en cas d'empêchement pour un député de se rendre à l'assemblée générale; s'y trouvait-il fortuitement ? avait-il été averti par la rumeur publique ou par M. Dazincourt lui-même, toujours très fatigué et encore plus incertain et anxieux ?... Nous ne saurions le dire. Mais tout d'un coup l'incertitude cessa ; voici ce que nous lisons dans la *Chronique* : « Vendredi 28. M. le Supérieur se détermine brusquement, à six heures du soir, à partir pour Lyon, afin de ne pas laisser voyager seul le vénérable M. Girard. » — Samedi 29. « A sept heures et demie du matin, il part pour Lyon. En même temps, M. Baduel est reparti pour Nice. *L'opinion publique est que le Supérieur de Montolivet ne rentrera pas à son poste !...* » Il allait pourtant y revenir, car l'épreuve touchait à son terme, et Dieu allait l'y ramener vite, rajeuni et vraiment ressuscité, après l'avoir fait passer par les angoisses d'une véritable agonie !... Qu'on juge de ses sentiments par cette lettre qu'il écrivait à sa sœur, quelques jours après, le 21 septembre, du sein même de l'assemblée générale :

« Il doit te tarder, ma chère amie, d'avoir des nouvelles de notre élection et de savoir si ton frère est devenu un grand personnage : eh bien ! il est toujours simple *Thomas* comme avant !... Nous sortons de la séance, qui a commencé à sept heures et demie du matin et s'est terminée seulement à midi. C'est M. Boré, ancien missionnaire à Constantinople et actuellement secrétaire général, qui a été élu, à la grande satisfaction de tout le monde ; mais personne n'a dit de meilleur cœur que moi le *Te Deum;* tu le comprends facilement !... inutile d'insister. Tu voudras bien le dire de ton côté. La Providence s'est montrée une fois de plus très bonne à mon égard... Tout cela ne peut s'expliquer dans une lettre ; peut-être aurons-nous l'occasion d'en parler plus à l'aise. Notre assemblée n'est pas terminée pour cela ; le principal est fait sans doute, mais il nous reste encore à élire les quatre assistants du Supérieur général et à traiter plusieurs questions, ce qui nous conduira bien vers les derniers jours du mois. Ce soir, on apportera dans notre chapelle les restes du Père Étienne, et demain nous aurons un office solennel, où se trouveront tous nos confrères et un grand nombre de sœurs. Jusqu'à lundi nous nous reposerons, car nous avons passé toute la semaine dans une sorte de retraite assez sévère. Depuis mon arrivée, je n'ai pas mis le pied dehors ; il faut dire que le temps ne m'engage pas beaucoup, car il pleut presque chaque jour, et du reste j'ai peu envie de courir. Ma santé se soutient, quoique je fasse pitié à tout le monde par ma maigreur ; je n'en suis fâché qu'à moitié! L'asthme ne me tourmente pas beaucoup; et ce qui est étonnant, c'est que je n'ai pas pris de rhume, malgré une grande humidité. Si le corps n'a pas tout ce qu'il désire, l'âme ici est à l'aise: tous ces missionnaires, venus de toutes les parties du monde, sont édifiants. Nous avons parmi nos confrères plusieurs évêques; toutes ces Grandeurs sont là avec nous comme de simples missionnaires : c'est véritablement *la communion des saints!* On a beaucoup à gagner à les entendre raconter leurs travaux et leurs épreuves. Aussi je suis loin de m'ennuyer *maintenant* dans cette solitude... »

Les travaux de l'assemblée générale se continuèrent paisiblement jusqu'au mardi 22; dès le lendemain, il quittait Paris et se dirigeait vers Lyon par le Bourbonnais, car il voulut faire son pèlerinage à Paray-le-Monial; avouons qu'il devait bien cette reconnaissance au Sacré Cœur, qui venait de le protéger si visiblement; nous ne doutons pas qu'en passant à Lyon, il n'ait tenu à témoigner la même reconnaissance à sa chère Notre-Dame de Fourvières, à laquelle il n'était pas moins redevable; enfin, le 27 au matin, il arrivait, non sans bonheur évidemment, dans son cher séminaire de Montolivet, qu'il avait craint un moment de ne plus revoir! Cependant on n'était pas moins heureux de le voir revenir; joie d'autant plus vive qu'on avait plus généralement craint de le perdre. La rentrée avait lieu à l'époque habituelle, et les séminaristes se remettaient à la piété et au travail avec plus d'entrain que jamais. Quant au Supérieur, revenu de sa longue frayeur, il se sentait revivre, bien que ses *incommodes locataires* fissent encore sentir leur présence; la gaieté surtout était revenue et sa bonne humeur se montrait de nouveau après une éclipse de plusieurs mois; on peut en juger par l'extrait suivant d'une lettre adressée à sa sœur, au commencement de l'année 1875 :

« ... Comment! tu ignorais ma dignité de grand vicaire? Ah! pour le coup, ce n'est pas la peine d'être dans les honneurs, si la nouvelle n'en va pas jusqu'au pied du pic de Bard ! mais j'ai ce titre depuis le jour de mon installation ! et je t'assure que cette élévation ne me fait pas tourner la tête ! Seulement, je ne suis pas vicaire général tout de bon, c'est un peu pour rire et pour l'honneur, comme l'on dit. Mes fonctions consistent à aller deux fois par semaine au conseil de l'évêché, le soir du lundi et du jeudi, jusqu'à huit heures et plus ; je m'en passerais volontiers... Allons, tu vas encore crier : Quoi ! voyager si tard, avec la pluie, le froid, etc. — Oui, mais s'entendre appeler *Monsieur le vicaire général*,... cela vaut bien quelque chose ! Ensuite, du moment qu'on est dans les honneurs, on ne voyage pas comme les simples mortels ; une bonne âme m'envoie une voiture qui me conduit, absolument comme un évêque !... Qu'on vienne maintenant dire, comme jadis, tu sais : *Il est trop bête !*... Voilà certainement de quoi fermer la bouche à ce malin !... ou bien je n'y entends plus rien !... »

Oui, vraiment, la gaieté était de retour, et l'épreuve bien passée ; nous ne jurerions pas cependant qu'il n'ait eu plus tard à subir encore quelques angoisses morales au sujet des honneurs qui s'obstinaient à le poursuivre avec une sorte d'acharnement ; ainsi, à la mort de Mgr Callot, évêque d'Oran, il fut encore question de lui pour occuper ce siège, comme il en avait été question en 1868 une première fois ; Mgr Bernadou, ancien curé de la cathédrale d'Alger, et mort cardinal-archevêque de Sens, l'avait proposé au maréchal de Mac-Mahon, président de la République ; celui-ci, en effet, voulait pour ce siège un homme connaissant l'Algérie, mais pieux et zélé, décidé en outre à se donner pour toujours à cette Église ; consulté pour le choix d'un tel homme, l'archevêque de Sens avait chaudement recommandé M. Dazincourt, comme remplissant parfaitement toutes ces conditions ; nous ignorons pour quel motif l'affaire fut abandonnée. Voici ce que nous lisons, à ce sujet, dans une lettre du frère à sa sœur aînée, du 28 septembre 1876 :

« ... Tu as donc su cette histoire d'Oran ?... on a un peu exagéré ; cependant il y a eu quelque chose de vrai. Je n'ai pas eu la peine de refuser, car on ne m'a pas fait la proposition ; mais j'ai su qu'il en avait été question sérieusement à Paris ; cela s'est dit à Oran, et les prêtres, qui ont presque tous été mes élèves, en auraient été contents. Pour mon compte, j'en ai été peu ému, car jamais pareille chose ne me paraîtra possible ! C'est bien assez de ce que j'ai, c'est même déjà trop pour le compte qu'il en faudra rendre !... »

Nous savons également que plusieurs fois des instances furent faites auprès de lui par ses Supérieurs pour qu'il voulût bien accepter le titre et la charge de visiteur de Provence ; il s'en défendit toujours, prétextant son état de santé et sa difficulté à voyager avec ses crises d'asthme. Voici ce qu'il écrivait à cette occasion : « ... Non seulement j'ai eu la chance de réparer mes pertes (changement de confrères), mais, de plus, j'ai eu celle d'esquiver la patente de visiteur. Le très honoré Père m'a fait ce cadeau le jour de la Saint-Barthélemy, soixante-sixième anniversaire de ma venue en ce monde... Immédiatement je lui ai répondu par l'exposé de mes infirmités... » Craignant, non sans raison, qu'un tel motif, si souvent allégué et devenu banal dans sa bouche, ne fût plus suffisant pour détourner le coup, il chargea un de ses amis intimes, de passage à Marseille, de vouloir bien, en arrivant à Paris, plaider sa cause de vive voix, et vivement! Nous avons d'excellentes raisons pour dire que, vraiment ému de compassion, ce confrère s'acquitta de sa commission en conscience et même avec vivacité, car il vit que c'était nécessaire ! — « ... On a bien voulu reconnaître la légitimité de mes excuses, et le Père m'a répondu : «Je n'ai pas le courage de vous imposer ce nouveau fardeau... » C'est donc une affaire finie. Dans le monde des confrères et dans celui des Sœurs, on me blâme

en général; Sœur Saint-J... me refuserait l'absolution!...
Pour moi, je n'ai pas le plus léger remords, parce que mes
motifs d'infirmité sont bien réels. En outre, j'ai une conviction de plus en plus ferme que *je ne vaux rien* pour le
commandement!... Sans mes misères, il m'eût été difficile
de refuser; et j'aurais trouvé dans mes nouveaux devoirs
une occasion de plus de charger mon passif! Béni soit donc
le catarrhe et tout ce qui s'ensuit, d'avoir détourné de moi
ce malheur!... » Pour le même motif il déclina l'honneur
d'aller visiter la maison de Constantine, que lui offrait
M. Boré en 1876, et celle de Constantinople en 1879, pour
laquelle M. Fiat le nommait commissaire. Sur les instances
de la Supérieure générale des Filles de la Charité, il n'a-
vait pas refusé de rendre un semblable service, et avait
accepté de faire la visite extraordinairement dans quelques
maisons de Sœurs, notamment à Valence en 1878, et,
quelque temps après, à la maison de la paroisse Saint-Jean-
Baptiste de Marseille; il y avait parfaitement réussi, menant
ces délicates affaires avec son intelligence et son tact habituels; nous comprenons aussi que ses Supérieurs eussent
tenu à utiliser de telles qualités; mais, comme nous
l'avons dit, si le travail ne l'effrayait pas, et s'il était toujours prêt à se dévouer, il garda toujours pour les honneurs
une répugnance naturelle, et, pour s'en garer, il était heureux
de pouvoir prétexter ses *obstinés locataires*, l'asthme et le
catarrhe, disant alors en souriant : « Allons, à quelque
chose malheur est bon! » Du reste, voyant sa répugnance,
ses Supérieurs n'insistèrent plus et le laissèrent poursuivre
en paix son fructueux ministère de Supérieur de Montolivet. Il semble que la Providence voulût agir différemment,
car après les infirmités corporelles, puis les angoisses et les
peines d'esprit, nous allons voir arriver à leur tour les souffrances du cœur... *Per multas tribulationes*!...

CHAPITRE XII

La souffrance (*suite*). — Maladie et mort de sœur Marie.
Souffrances de cœur.

1876-1880

Le genre d'épreuve dont nous allons parler est de beaucoup plus sensible, et, partant, plus dur et plus pénible, du moins pour la généralité des hommes, que les peines d'esprit et surtout que les souffrances corporelles ; l'expérience journalière suffit bien pour convaincre quiconque souffre ou a beaucoup souffert ; quant aux rares privilégiés qui n'ont encore guère connu la souffrance et les épreuves, ce lot commun de la pauvre humanité, en attendant les leçons de leur propre expérience, qu'ils songent seulement que le bon sens vulgaire fait du cœur l'organe même de la sensibilité et, par suite, la source de nos joies et aussi le principe, toujours actif et fécond, de nos plus vives souffrances. Nous aurons occasion, dans un des chapitres suivants, d'étudier plus spécialement les qualités naturelles du cœur chez notre cher confrère ; qu'il nous suffise de dire ici que, malgré des apparences de réserve et même peut-être de froideur, assez sensibles de prime abord, mais qui étaient sûrement trompeuses, la nature lui avait départi ces qualités d'une main aussi prodigue que les dons de l'esprit, et, partant, d'une manière vraiment admirable. « C'est de son cœur si bon, si tendre, nous écrit le confrère que nous avons déjà eu occasion d'appeler en témoignage, c'est de son cœur que je dirai surtout : Pour le trouver, il fallait le chercher, mieux encore, le *toucher* par une confiance d'enfant... Et alors, en face de quel inépuisable trésor de tendresse on se trouvait !... » Un de ses anciens élèves nous

écrit : « La bonté de son cœur se montrait tout entière dans certaines occasions ; oh ! qu'il savait compatir à la douleur, quelles douces consolations il inspirait alors !... Un de ses élèves, nouvellement ordonné prêtre, venait d'avoir le malheur de perdre son père ; sans le moindre retard, il en reçut une touchante lettre de condoléance...
« Mon bien cher ami, lui disait-il, c'est bien cordialement,
« vous n'en pouvez douter, que je prends part au sacrifice
« douloureux que vient de vous demander la divine Provi-
« dence. Après avoir donné cours aux larmes, qui ne coule-
« ront jamais plus légitimement, il faudra remercier le bon
« Dieu de tous les motifs de consolation qu'il offre à votre
« douleur... Ce début dans le saint ministère, par un grand
« sacrifice, est accablant pour la nature ; mais la grâce y
« trouve une garantie de succès ; dans cette nouvelle voie, en
« effet, vous aurez le salut, la vie, l'efficacité pour le bien :
« *In cruce salus, in cruce vita, in cruce potentia !*... » De même, à une fille de la Charité qui venait d'éprouver une perte des plus sensibles, il écrivait : « C'est d'un cœur tout fraternel que je partage votre si légitime douleur... Malgré le baume réparateur que la foi verse sur cette plaie si profonde, il est impossible que la vivacité du coup ne bouleverse pas votre âme si sensible... J'en juge par *ma propre expérience !* C'est bien le cas, en effet, de baiser son crucifix ! Le Dieu qui a bien voulu nous donner sa sainte Mère, en s'en séparant volontairement, peut seul occuper la place que le départ d'une mère laisse vide dans notre pauvre cœur... Il est très vrai que très souvent on a des actions de grâces à rendre au Ciel pour avoir joui, de si longues années, d'une consolation prématurément retirée à tant d'autres ; mais on s'accoutume si facilement à goûter le bonheur, qu'on trouve que c'est toujours trop tôt pour en faire le sacrifice !... Oh ! oui, je m'empresserai de porter cette douce mémoire au second *Memento*, dès demain, et tous les jours dans la suite ; il n'y a pas de plus grande

satisfaction que de s'aider, même au delà de ce triste monde, à atteindre le but désiré! Du reste, vous le savez bien, je partage votre douleur de l'heure présente; c'est une si bonne maxime de pratiquer la communion des saints et de mettre en commun ses tristesses, ses peines de cœur!... »

Nous pourrions facilement multiplier les citations; celles-ci suffisent pour faire comprendre de quel cœur il savait compatir aux peines, aux deuils, aux souffrances des autres; cette pitié, cette inclination à se pencher avec grande compassion vers les cœurs éprouvés n'a rien qui doive nous surprendre en lui; c'était d'abord bonté de cœur et inclination naturelle; mais aussi, et surtout, c'était un effet de ses propres souffrances; nous venons de le lui entendre dire: «J'en juge par ma propre expérience!... » Et avec le poète latin, il aurait pu ajouter: *Haud ignara mali, miseris succurrere disco!* Or, cette expérience avait été longue et multiple. Il était vraiment le disciple du Dieu qui, comme il vient de le dire, s'est volontairement séparé de sa chère et sainte Mère! Il était non moins véritablement le fils et le disciple du saint qui avait de si admirables maximes sur la souffrance, car, comme lui et avec lui, il a bien souvent pensé et dit : « Oh! qu'il est malheureux d'être sans croix! car, quand nous ne souffrons rien, nous ne sommes pas conformes à Jésus-Christ; et c'est pourtant cette conformité qui est la véritable marque de notre prédestination!... »

En conséquence, la bonne Providence voulut que, de très bonne heure, notre cher confrère ressentît les souffrances du cœur; et celui qui devait plus tard porter si profonde l'empreinte de la croix sur son corps et sur son esprit, commença par en ressentir l'impression sur son cœur si sensible. Il n'avait pas encore atteint sa dixième année quand la mort de son père commença pour lui cette longue liste de deuils qu'il ne perdra jamais de vue dans la suite, et qu'il aimera à rappeler à sa sœur aînée en lui parlant *des chers anniversaires*. Sans doute, à cet âge, on se console vite, on oublie bientôt les impressions pénibles ; mais, dans une nature sensible, comme le sont les natures souffreteuses et maladives, la douleur a plus de prise, et rien n'empêche de croire que, tout jeune enfant, M. Dazincourt était assez intelligent pour comprendre la perte que la famille entière venait de faire en perdant son chef, et surtout que son cœur fût assez sensible pour en recevoir un coup qui pénétra profondément. Bien autre, évidemment, fut celui qu'il reçut quand il eut le malheur de perdre sa mère ; on s'en souvient, il était alors professeur à Saint-Jean, et on n'a sans doute pas oublié combien sa douleur filiale fut profonde et amère, car il fut frappé à l'improviste et ne put avoir la consolation de lui fermer les yeux ! « Si je n'avais pas la foi, avait-il dit sous ce coup terrible, je ne me consolerais jamais !... » Ce cri, arraché à la nature, nous dévoile à quelle profondeur son pauvre cœur avait été frappé ; et, par la lettre désolée qu'il écrivit quelques jours après à sa sœur et que nous avons transcrite, comme par les lignes émues que cet anniversaire lui inspirera chaque année, jusqu'à sa mort, nous avons la preuve qu'il en garda toujours la blessure vivante, avec une admirable piété filiale ! Du reste, cette sensibilité ne resta pas circonscrite au cercle intime de la famille, car il avait le cœur large autant que sensible, et nous l'avons vu profondément affecté à la mort de son second père, le cher curé de Chazelles, le bon abbé Emonet, ainsi qu'à la perte de son parrain, Thomas Rochigneux, et de sa chère marraine, comme il a été rapporté plus haut. En un mot, son cœur était si affectueux, et quand il l'avait donné, ce qu'il ne faisait qu'avec discrétion et à bon escient, non seulement il ne le reprenait jamais, mais il l'avait si bien attaché, que l'absence de ses amis le faisait vivement souffrir, sans jamais affaiblir ou ralentir son amitié ; nous en pourrions citer bien des exemples et en donner des preuves convaincantes.

Mais nous avons hâte d'en venir à ce qui nous semble avoir été une de ses plus grandes et de ses plus sensibles souffrances de cœur, nous voulons dire la mort de sa sœur Marie, survenue au commencement de l'année 1877. A cette époque, ses infirmités corporelles duraient toujours, causant des ennuis et des souffrances que notre cher confrère acceptait sans doute avec patience et résignation, mais qui n'en constituaient pas moins pour lui une véritable croix; ses peines d'esprit, au contraire, leur principale cause n'existant plus, avaient à peu près disparu et lui laissaient un calme parfait, grâce auquel il se laissait reprendre peu à peu au bonheur de vivre et au besoin, si naturel, de répandre au dehors son activité, un moment interrompue par tant de craintes et de préoccupations. Mais la bonne Providence, qui le voulait de plus en plus conforme au divin Modèle, ne lui laissa guère de répit, et, dès la seconde moitié de l'année 1876, il commença à éprouver des inquiétudes, de jour en jour plus vives, au sujet de la santé de sa sœur Marie. Pour faire comprendre toute la peine dont elles allaient être pour son pauvre cœur le principe et l'occasion, nous avons besoin de revenir sur nos pas et de rappeler ce qu'avait été toujours pour lui cette sœur chérie.

Il est à plaindre, celui dont l'enfance s'est écoulée solitaire au foyer domestique, objet sans doute de la sollicitude toujours en éveil d'une mère et d'un père empressés autour de lui, mais qui n'a pu connaître l'aimable société, le doux commerce et l'intimité de ces compagnons naturels et nécessaires de l'enfant, qui s'appellent un frère, une sœur! Que de touchants, que de frais souvenirs ces doux noms éveillent au cœur de quiconque a goûté à un pareil bonheur! Nous le savons, la bonne Providence, en lui donnant deux sœurs, n'en sevra pas l'enfance de M. Dazincourt;

et hâtons-nous de l'ajouter, il le méritait bien et il sut toujours l'apprécier. Souffreteux et maladif, partant très impressionnable, ennemi des jeux bruyants, peu porté à rechercher au dehors la compagnie des enfants de son âge, de quelle ressource durent être pour son enfance délicate ces deux aimables compagnes entre lesquelles Dieu voulut bien le faire naître, croître et grandir jusqu'à sa quinzième année ! Sa correspondance en porte des traces inoubliables, et maintes fois nous avons surpris le grave Supérieur de Montolivet attendri à ces doux souvenirs du passé !... Deux années le séparaient de son aînée, Marguerite ; d'une nature vive et toute en dehors, elle semble avoir été pour son frère moins sympathique et moins unie d'affection intime que sa plus jeune sœur, Marie ; celle-ci, en effet, venue au monde près de trois ans après son frère, était, sous bien des rapports, d'un tout autre caractère que sa sœur aînée ; très douce, modeste et silencieuse d'habitude, d'une nature méditative et toute en dedans, bien que sensible et affectueuse, elle avait hérité des qualités et de la nature timide de sa mère. Tandis que, grâce à son caractère et aussi à son droit d'aînesse, Marguerite semble avoir voulu, tout enfant, s'arroger sur ses puînés certaine supériorité et des prérogatives que ceux-ci n'admettaient pas toujours, et dont ils plaisantèrent plus tard en les lui rappelant, Marie, au contraire, dut aimer la compagnie de son frère, rechercher sa protection et le prendre volontiers pour guide de ses premiers pas, plus tard pour compagnon de ses jeux, toute sa vie pour confident de ses peines et de ses joies. Il s'établit là, entre ces deux enfants, des liens si intimes et si doux, que rien plus tard ne pourra les rompre ni même les affaiblir. En effet, ces droits et ces doux devoirs de protecteur, loin de prendre fin avec l'âge, ne firent que s'accentuer avec le temps ; et, devenu jeune homme, séminariste et prêtre, le frère continua naturellement à inspirer et à conduire sa jeune sœur, qui volontiers recourait à ses lumières et se laissait guider par sa sagesse et son expérience. Il l'aida, nous l'avons vu, dans l'affaire si délicate de sa vocation, plaida chaudement sa cause auprès de leur mère, restée seule, vint plusieurs fois la voir, durant ses vacances, au séminaire et dans son premier poste, et, lorsqu'il fut devenu comme elle, à son tour, Enfant de saint Vincent, il la regarda désormais comme étant doublement sa sœur et leur vie fut à jamais enchaînée indissolublement l'une à l'autre. Un moment séparés, la Providence ne tarda pas à les réunir, et nous les avons vus, durant quinze ans, sous le beau ciel de l'Algérie, vivre côte à côte, et, pour ainsi dire, la main dans la main, bien qu'éloignés, gardant au cœur les mêmes goûts, poursuivant le même but, ayant la même vocation !

Aussi quelle joie, quand ils avaient la bonne fortune de se revoir à Alger ou à la Sainte-Enfance de Kouba ! quels doux entretiens, quels intimes souvenirs du passé, quels encouragements dans leurs peines ! Comme les heures et les jours passaient rapides entre le frère et la sœur ! Sans doute ces heureux moments étaient rares autant que rapides, mais on y suppléait par la pensée d'abord et le souvenir devant Dieu, par lettres ensuite, et nous savons que cette correspondance a toujours été fréquente, expansive et intime. Bien que nos longs efforts aient été inutiles pour les retrouver, car nous aurions eu là un trésor inappréciable, nous en savons assez, par ce que nous venons de résumer et par d'intimes confidences du frère, pour dire qu'ils étaient à la lettre l'un pour l'autre ce qu'un païen a si justement et si bien appelé *dimidium animæ*, et mieux encore, comme l'Esprit-Saint l'a dit des premiers chrétiens : *Cor unum et anima una* [1]; « un cœur et une âme ! »

Quand le cher frère quitta l'Algérie pour prendre la direction du grand séminaire de Marseille, sa sœur Marie

---

1. Act., IV, 32.

était à l'hôpital de Marengo, où nous l'avons vue placée après son supériorat bien éprouvé de Laghouat; elle y vécut heureuse plusieurs années; puis nous la retrouvons, toujours simple compagne, à l'orphelinat de Mustapha-Supérieur, près d'Alger : là, elle eut un moment l'espoir de revoir son frère en Algérie pendant les vacances de 1875 ; ce dernier, en effet, écrivait à son aînée, au mois de mai « ... J'écris à Mustapha aujourd'hui même; c'est là aussi qu'on sonne les cloches à haute volée (qu'on m'appelle) : tout le monde s'y met, la Mère, les filles, les sœurs, le Supérieur, le P. Girard;... et je viens de répondre non. C'est le moyen de ne pas rendre l'aînée jalouse de la cadette, d'abord ; et puis, les occupations... Une Supérieure comprend cela !... » Et encore, un mois après, en juin : « ... Malgré les pressantes invitations qui me sont encore arrivées d'Alger, j'ai répondu non. Sans doute le cœur m'y porte, comme il me porte vers Écotay ; mais une foule de motifs me conseillent de m'abstenir. Précisément parce qu'il m'y reste beaucoup d'amis et un peu de sympathie, j'aurais l'air d'y aller soulever des regrets, etc... Mais ma raison la plus forte, et qui m'empêche aussi de penser à Montbrison, c'est que tous ces moyens de plaisir sont opposés à la règle, à la volonté des Supérieurs, au bon ordre d'une communauté... Et si les Supérieurs se les permettent facilement, c'est un triste exemple! Je suis frappé de la facilité avec laquelle on se met à l'aise dans les communautés, et comme, après avoir fait tous les sacrifices, on ne se refuse rien !... Aller voir ses parents et ses amis, c'est une jouissance, qui en doute ? mais est-il possible de se la permettre, uniquement parce que c'est une satisfaction du cœur ?... Les personnes du monde ne comprennent pas toujours la valeur de ce raisonnement ; néanmoins elles s'étonnent de la vie commode de ceux et celles qui ont fait vœu de pauvreté et d'obéissance... Ainsi nous continuerons de nous voir auprès du bon Dieu ; et c'est encore la meilleure manière!... »

Nous n'avons pu résister au bonheur de transcrire les frappantes considérations qu'on vient de lire, bien qu'en dehors de notre sujet; et pourtant, on l'a lu, son cœur le portait bien vivement vers Alger! mais plus fort encore est l'amour des croix; il saisit les petites en attendant les grandes qui approchent de nouveau...

Du sein des vacances, 24 juillet, il écrit encore : « Je te félicite, ma chère aînée, de la manière sainte dont tu commences les vacances; j'espère bien cependant que tu ne donneras pas trop raison à l'*Imitation*, qui déclare que les pèlerinages ne sont pas un moyen ordinaire de perfection ! A Paray, on ne peut pas se dissiper !... Maintenant que te voilà en train, je ne désespère pas de te voir aller à Lourdes, et surtout arriver à Notre-Dame de la Garde! Qui sait même si tu ne pousseras pas jusqu'à Notre-Dame d'Afrique?... Il paraît véritablement que le P. Pousset est un *brave homme;* et puis, les *filles* savent si bien dire, si bien faire, qu'elles trouvent facilement le moyen d'obéir en faisant leur volonté !... Pour moi, qui n'ai pas *le fil si bien coupé*, ni la langue si déliée, je passe tranquillement mon temps dans la solitude, sans trop regretter qu'on nous ait rogné les ailes pour voyager ! Cette humeur pacifique est un peu l'effet de la vieillesse ; et, si tu n'y es pas sujette, c'est que tu es encore *jeune !*... Le curé de Mustapha-Supérieur est ici avec moi depuis quelques jours ; c'est mon ancien élève de Kouba ; je vais lui donner toutes mes commissions pour sa chère paroissienne... » Cette paroissienne, on l'a deviné, c'est sa sœur Marie ; mais elle ne devait plus l'être que fort peu de temps ; en effet, le mois suivant, elle était envoyée supérieure à la maison d'Orléansville. Et comme la sœur aînée n'était pas contente de cette nomination, le frère lui écrit en octobre : « ... Dans ton avant-dernière lettre, tu avais l'air de te fâcher un peu (c'est rare !) sur l'avancement de Marie ; j'ignore entièrement pourquoi les Supérieurs ont de nouveau songé à elle ; sans doute il n'y a pas des fourmilières de supérieures parfaites ; et, de plus, notre chère cadette, pour n'être pas ce qu'on nomme aujourd'hui un sujet brillant, a néanmoins beaucoup des qualités et des vertus requises pour le commandement. Bref, puisque les hommes ne sont pas intervenus dans cette affaire, il faut que ce soit une œuvre de la Providence, et, à ce point de vue, il y a lieu de compter sur son secours. Je n'ai encore reçu d'elle qu'une lettre, et il m'a semblé qu'elle prenait sa galère d'assez bonne humeur. D'ailleurs, en fait de vertu, les aînés doivent convenir humblement qu'elle leur en revendrait ; je réponds au moins d'*un !* Il faudra, dans tes lettres, l'encourager et lui faire part de ton expérience. En vérité, qui nous aurait dit que nous serions tous les trois Supérieurs ?... Pour l'aînée, cela pouvait se prévoir, elle avait vocation pour le *commandement !*... Mais les deux autres, si *pacifiques*, ils étaient faits pour obéir, surtout quand *Moritel* avait dit de l'un : *Il est bien trop bête !*... Sous ce rapport, je crois bien qu'il avait raison, car je mourrai avec la conviction que je n'étais pas taillé pour cela, quoi qu'on en dise ; et cependant j'y reste !... Notre chère cornette fera de même !... »

Nous nous attardons un peu à parcourir toutes ces lettres, si intéressantes toujours, espérant qu'on nous le pardonnera ; du reste, on y verra de plus en plus percer l'amour du frère pour sa chère sœur Marie, et on sera plus à même d'apprécier le coup qui va sitôt le frapper au cœur.

En avril 1876, il reprend sa plume et écrit à son aînée : « ... Tu n'as encore rien reçu d'Orléansville ? Alors je vais t'annoncer l'heureuse nouvelle de l'arrivée prochaine de notre petite cornette ; voilà un des avantages du *gros bonnet*. D'un côté elle regrette cette absence, car il y a peu de temps qu'elle est là ; et je suis de son avis. « Mais le désir de revoir la France l'emporte, me dit-elle, et je me résigne... » Elle partira d'Alger la semaine après Quasimodo, pour être à Paris le dimanche du Bon-Pasteur, jour où commence la retraite qu'elle vient faire. Elle n'aura donc pas beaucoup de temps à perdre en allant; et quand le frère se sera servi en passant, il ne restera que les miettes pour la pauvre aînée... Au retour elle sera peut-être moins pressée; pourra-t-elle aller jusqu'à Écotay? Je ne puis l'affirmer, car le Père Boré n'aime pas ces courses dans la famille, et il a bien raison! Mais certainement vous pourrez vous voir; et ce n'est certes pas à moi de te dire quels moyens il te faudra prendre pour voyager!... » Mais il craint bien autre chose, connaissant son humeur entreprenante... « Certainement, un voyage à Marseille te doit faire venir l'eau à la bouche, et je n'ai pas de peine à croire que tu ne voudras pas demeurer en retard... Cependant ce qui doit t'arrêter un peu, c'est la pensée que le frère n'y donnera pas volontiers la main; en cela, tu as bien raison, et je suis toujours le même, c'est-à-dire, ennemi de la *fantasia!* A vrai dire, tu le sais, je n'approuve pas qu'une religieuse fasse une course de cent lieues uniquement pour se procurer un plaisir bien grand, il est vrai, mais très fugitif et assez dispendieux, même avec les demi-places!.. et puis ce voyage nous serait à nous deux plus fécond en mortifications qu'en jouissance; en effet, nous nous verrions un moment au parloir, et c'est tout! Non seulement je ne puis t'offrir l'hospitalité, mais il ne me serait pas même permis de te faire visiter notre jolie campagne; alors quel besoin de venir de si loin pour se dire bonjour et adieu?... Sans doute, il y a à Marseille bon nombre de maisons de Sœurs qui seraient heureuses de recevoir la vénérable sœur de *Monsieur le Supérieur!* Oui; mais je suis bâti de telle manière que ce moyen-là me répugne extraordinairement. Je te vois rire d'ici et dire : Voilà un homme qui a peur!... — Je n'ai pas peur, mais je connais mon monde!... et je suis sûr que tu laisseras tes *Masures* pour accompagner Marie à son retour... Eh bien! il m'est impossible de voir là un trait de perfection religieuse... Et pourquoi vouloir ainsi épuiser les bontés de la Providence? Elle nous permet de nous voir cette année, pourquoi lui demander de nous réunir tous les trois en même temps ?... Ah! si j'étais évêque dans mon palais, ou curé dans ma cure, ce serait autre chose! »

Cette argumentation serrée dut tomber sur la tête bouillante de la *vénérable aînée*, comme un seau d'eau glacée... Cependant la chère Algérienne débarqua à Marseille, où eut lieu une première entrevue entre le frère et la sœur chérie; puis elle courut en droite ligne à Paris faire sa retraite; après quoi elle eut le bonheur de venir surprendre sa sœur à Écotay... Mais elle rentrait seule à Marseille et sans l'intrépide aînée, au grand étonnement et à la grande joie du frère qui ne tarda pas, en retour, de lui écrire : «J'arrive d'embarquer notre chère voyageuse, et je me tourne, comme de juste, vers notre vénérable aînée pour la dédommager de n'avoir pas assisté à nos joyeuses réunions. Il est bien vrai que sa conscience n'aura pas de reproches à lui adresser, car il n'y a pas de sa faute si la réunion n'a pas été complète !... Marie est arrivée à Marseille samedi soir, sans s'être arrêtée à Lyon. Elle est montée à Montolivet le dimanche à midi, et elle en est repartie vers les quatre heures. Nous avons pu parler à l'aise et longuement; il a été un peu question de tout et de tous,... mais surtout de la chère aînée... Le lundi, elle est encore venue avec la visitatrice d'Alger; aujourd'hui nous avons causé quelques instants au parloir, dans la matinée, et dans l'après-midi je me suis rendu à la Miséricorde pour lui faire mes adieux... Tu vois que nous n'avons pas fait *la fantasia!* La grande nouvelle à te donner, c'est qu'elle ne retourne pas à Orléansville. C'est la bonne Providence qui a elle-même amené ce changement, grâce à mille circonstances qu'il serait trop long de te raconter ici. La Mère Lequette a été très bonne et a voulu la dédommager en la plaçant tout près d'Alger, dans une jolie petite maison où elle aura cinq sœurs à diriger, sans avoir tous les tracas d'Orléansville. Cette paroisse se nomme Hussein-Dey; elle est sur les bords de la mer et à quelques minutes de Kouba. Je connais ce pays comme Chazelles; c'est le jardin d'Alger, il ne faut guère plus d'un quart d'heure pour y aller en chemin de fer... Je puis même dire que nous sommes proches voisins, puisqu'il n'y a, entre Montolivet et Hussein-Dey, d'autre habitation que celle des poissons! En somme, elle s'est embarquée, très contente. Une seule chose lui aurait coûté, disait-elle; c'eût été de ne pas retourner en Algérie! Du reste c'est bien toujours la même âme : bonne, droite et remplie de l'esprit de sa vocation. L'expérience lui a donné un savoir-faire qui lui fournit la facilité de se tirer de tout...»

De retour en Algérie et installée à Hussein Dey, la chère sœur se trouva dans un petit paradis. Dès le commencement de septembre, le frère en informait ainsi sa sœur aînée : « ...Les nouvelles d'Hussein-Dey sont bonnes; j'ai vu cette semaine une des compagnes de Marie de passage ici; j'ai compris qu'elle a d'excellentes filles et qu'il y a accord parfait; d'autre part, la population aime son genre simple et cordial, en sorte qu'elle est tombée dans un petit paradis!... » C'était vraiment trop beau pour durer longtemps ainsi, et ce bonheur sans mélange présageait de très prochaines épreuves. En effet, le 28 septembre, il disait à sa correspondante ordinaire : « Les dernières nouvelles d'Hussein-Dey me racontent que Marie est dans son lit, par suite de quelques accès de fièvre et d'une douleur à la jambe, qui, d'après le médecin, en est le résultat. C'est sa remplaçante d'Orléansville qui m'écrit une longue lettre, dans laquelle la chère malade a mis un petit billet. En outre, ces jours derniers, un de mes confrères venant de prêcher la retraite à Alger, m'a fait dire en passant qu'il l'avait vue et que cette indisposition n'a rien de grave; je le crois volontiers, car s'il en eût été autrement, on ne me l'aurait pas laissé ignorer; d'ailleurs, je sais bien, par expérience, que la fièvre ne se gêne pas pour renouveler ses visites. Je te tiendrai au courant des nouvelles qui m'arriveront, car probablement elle ne t'en dira rien, vu qu'elle connaît la facilité de la chère aînée à se tourmenter...» Il va encore la rassurer dix jours après, mais c'était bien le début d'une longue maladie et le commencement de la fin pour leur pauvre et chère sœur. — 9 octobre. « Je reçois, ma chère amie, des nouvelles d'Hussein-Dey, de la main même de notre chère malade, ce qui prouve qu'elle n'est pas encore à l'extrémité ! Je vois avec plaisir que son indisposition est à peu près guérie ; il lui reste cependant sa douleur à la jambe, ce qui pourrait bien être un commencement de rhumatisme ; mais un rhumatisme c'est, comme un asthme, un certificat de longue vie ! Heureusement, elle a la tranquillité autour d'elle, ce qui est un grand moyen de se rétablir promptement... »

On ne tarda pas à s'apercevoir que ce moyen n'était pas suffisant, car loin de se rétablir promptement la pauvre malade devint vite plus souffrante, et on dut y aviser ; suivons toujours la correspondance du frère, parfaitement renseigné, comme il va le dire, par un de ses meilleurs amis qui venait justement et fort à propos d'être placé à Kouba ; comme ce dernier, de passage à Marseille pour se rendre à son poste, demandait au Supérieur de Montolivet ses commissions pour l'Algérie : «Ah ! mon cher, vous savez que j'ai là ma pauvre sœur, et pas loin de Kouba, à deux pas... Je vous la recommande !...» Et, comme saisi d'un vague pressentiment : « Je compte sur vous pour tenir ma place auprès d'elle !... » Ce qui fut dit d'un air et d'un ton qui en disaient long et ne furent pas oubliés... Le 6 novembre, il écrivait à Écotay : «... Les nouvelles qui m'arrivent de Kouba sur notre chère infirme ne sont pas très bonnes, pour parler sans déguisement. La Mère visitatrice a jugé à propos de l'envoyer à l'infirmerie de l'hôpital civil, à Mustapha-Inférieur, où elle trouvera des soins plus complets, des médecins et des remèdes. Elle souffre toujours de douleurs à la jambe; le médecin de l'hôpital prétend que le mal est dans l'os même. On l'a condamnée à une complète immobilité pour quelque temps, et l'on a recouvert la partie malade d'un emplâtre; on ne peut encore rien dire de l'efficacité du nouveau traitement... Un de nos confrères de Kouba me tient au courant bien exactement et d'après la stricte vérité. C'est le cas assurément de nous tenir bien soumis à la volonté divine et de prier pour cette chère infirme, afin que le bon Dieu lui donne la patience. Cet état est-il dangereux? On ne le croit pas encore; mais j'avoue qu'un mal semblable, quand on a dépassé la cinquantaine, ne me rassure pas beaucoup; en ce point, tout consiste à s'en remettre entre les mains de la bonne Providence! Quant aux soins matériels, on ne peut désirer mieux : elle est là au sein d'une famille qui l'aime! Je connais toutes ses compagnes et je sais bon gré à la Sœur visitatrice de la leur avoir confiée... Je redoute beaucoup plus la peine qu'elle se fera en pensant à ses compagnes, à ses affaires!... Quoiqu'elle soit calme, elle sent vivement! Aussi je viens de lui écrire un long sermon sur la patience et la gaieté; je t'engage à en faire de même, sans laisser percer ton inquiétude; c'est bien assez qu'elle porte son mal, sans avoir à partager nos peines! *Voilà une croix à laquelle nous sommes peu accoutumés; acceptons-la comme les autres, avec soumission!* Tu vois, ma bien chère, que je te parle en toute franchise, sans rien déguiser; nous sommes à un âge et dans une vocation où nous devons tout accepter avec égalité d'âme et conformité à la sainte volonté de Dieu!...»

Moins de huit jours après, une légère amélioration rendait la joie au frère, qui se hâte de rassurer sa sœur aînée. 11 novembre. « Ma chère amie, je reçois de notre chère *boiteuse* une bonne lettre qui est datée d'Hussein-Dey; c'est une preuve que son mal n'inspire pas beaucoup d'inquiétude. Je me hâte de te transmettre cette bonne nouvelle, car je me figure que ma dernière lettre a dû t'effrayer un peu. Je suis content qu'elle soit rentrée chez elle, car son esprit sera ainsi plus tranquille... La douleur continue toujours, et les médecins s'accordent à dire qu'elle est dans l'os... Il nous arrive de vos côtés un mistral qui va me faire recommencer à *carcasser;* cependant, le catarrhe s'apaise vite et l'asthme demeure à peu près tranquille ; en sorte que, si rien n'arrive de plus fort, je passerai mon hiver avec honneur. Mes nuits sont très bonnes ; il y a une grande différence avec l'année dernière ! C'est, je pense, parce que je *rajeunis !*... » Le cher Supérieur se trompait, et la cause en était bien autre ! En ce moment, en effet, le confrère qui le représentait en Algérie auprès de sa sœur malade, étant venu la voir pour prendre de ses nouvelles, et la trouvant comme transfigurée au milieu de ses vives souffrances, lui en demanda la raison : « Oh ! répondit-elle, c'est bien simple ! J'ai demandé au bon Dieu de me donner les souffrances de mon frère, de le soulager en me faisant souffrir davantage... et tout à l'heure il m'a semblé que le bon Dieu m'exauçait !... Comprenez-vous ma joie ?... Seulement, ne le lui dites pas au moins, » ajouta-t-elle !... La suite nous fera voir que sa prière fut exaucée de Dieu, du moins en partie...

Cependant, dès le milieu de novembre, le mal s'aggravait et la malade devait être ramenée à l'hôpital civil ; averti par la Supérieure de cet établissement, M. Dazincourt se hâtait d'en informer sa sœur aînée : « Les nouvelles d'Alger, ma pauvre amie, ne sont pas réjouissantes, et je crois bien qu'il faut nous préparer à un grand sacrifice ; c'est au moins mon impression, et pourquoi affecterais-je une assurance que je n'ai pas ? Il est du reste bien juste que celle qui a le plus travaillé soit la première à se reposer !... Notre chère malade, après quelques jours passés dans sa maison, a dû revenir à l'hôpital ; c'est la Supérieure qui me l'écrit, à la date du 14. La douleur de la jambe continue avec la même intensité, et, de plus, la tête commence à être prise : on craint une affection au cerveau ou à la moelle épinière; elle est très absorbée, quoiqu'elle conserve encore sa lucidité... Les médecins, habiles cependant, ne s'expliquent pas encore clairement, ou bien on ne me dit pas toute leur manière de voir... Nous n'avons qu'à nous tenir au pied du crucifix et à prier!... Tu me demandes si je ne vais pas la voir? Hélas! ce voyage m'est impossible, avec mes infirmités et mes occupations; et puis quels secours et quelles consolations pourrais-je lui apporter qu'elle ne trouve dans l'affection de la famille qui l'environne?... » Il ne pouvait évidemment suivre l'impulsion de son cœur, mais il eût été si heureux de pouvoir lui venir efficacement en aide! Pour le moment, rien ne pressait encore; à chaque courrier d'Alger il avait une lettre, tantôt de son ami de Kouba, tantôt de la Supérieure de l'hôpital; M. Doumerq lui-même, directeur des Sœurs, et la visitatrice daignèrent plusieurs fois lui donner des nouvelles de la chère et pauvre malade; il se hâtait de les transmettre à Écotay avec un petit mot; ainsi, le 25: «... Ces nouvelles me semblent relativement bonnes et le danger ne paraît pas imminent; il faut avouer cependant que ce mal est bien mystérieux, puisqu'il déroute les médecins. Ce qui me préoccupe, c'est cet affaissement moral qui fait que la tête s'affaiblit... Enfin, pour tout, il faut s'abandonner à Dieu et continuer à prier... » Trois jours après, le 28: « Voici, ma chère amie, des nouvelles assez bonnes, mais qui ne nous permettent pas de nous livrer à une entière espérance, car une paralysie ne s'arrête pas facilement. Tu verras, par la lettre de sœur Lambert et celle de la Sœur visitatrice, combien notre chère malade excite l'intérêt et avec quelle affection on la soigne. Elle m'a elle-même écrit une assez longue lettre qui indique un grand calme dans ses facultés et une parfaite résignation. Sans doute, le mal fait des progrès, et il peut d'un moment à l'autre nous enlever notre chère sœur. Prions, non pas pour qu'elle reste, véritablement ce monde n'est pas si attrayant ! mais pour qu'elle supporte ses souffrances avec courage ! Encore une fois, nous avons à bénir la Providence qui lui donne une famille si dévouée ; elle ne serait pas mieux auprès de nous... »

Les premiers jours de décembre, les nouvelles étaient moins bonnes, la malade baissait sensiblement ; en les transmettant, le frère disait : 3 décembre. « Voici, ma chère amie, les dernières nouvelles de notre chère malade ; elles sont ce que nous devions attendre. Le bon Dieu veut achever de la sanctifier en ce monde, et, selon les pensées de la foi, c'est encore là une faveur ; demandons simplement pour elle la patience, l'abandon, et pour nous la résignation ! Sans doute, on ne peut pas dire que l'espérance n'est plus possible, mais il vaut mieux ne désirer que ce qu'il plaira à la divine Providence ; ne sait-elle pas mieux que nous ce qui convient à cette chère sœur ? toujours elle a été son enfant privilégiée, et j'aime à penser que c'est une suite de cette faveur que d'être la première appelée au repos avant ses aînés ! N'en soyons pas trop jaloux et consolons-nous par l'espérance de nous réunir là où on ne se sépare plus !... » Quelques jours après, les médecins se prononcent : c'est un ramollissement du cerveau ! «... Ce n'est guère de nature à laisser de sérieuses espérances, écrit le pauvre frère ; et quand la vie se prolongerait encore, quelle vie !... Ici, comme en tout le reste, nous n'avons qu'une chose à faire : répéter la demande du *Pater* : « Que votre volonté soit faite !... » La malade a pu encore écrire un petit mot à son frère ; il se hâte de le faire parvenir à Écotay, avec ces réflexions : 18 décembre. « Voici, ma bien chère, un petit mot de notre malade bien-aimée ; ces lignes consolent et attristent ! elles consolent, car elles prouvent que la tête est encore libre et le cœur toujours le même ; elles attristent, parce que la main qui les a tracées est bien tremblante... Que Dieu soit toujours béni !... Adieu, je te quitte pour commencer la retraite de nos ordinands, dont je suis chargé en qualité de Supérieur; le bon Dieu me donne, cette année, la force de remplir cette fonction!... Je recommande ces exercices à tes prières et à celles de tes chères compagnes... » Trois jours après, sur une lettre de la Sœur Lambert : «... Les nouvelles sont bonnes, en ce sens que le danger de mort n'est pas peut-être aussi imminent que je me l'étais figuré; mais combien l'état de cette chère malade est triste!... La tête est prise, et les remèdes auront-ils quelque efficacité?... Le grand remède c'est l'abandon à la sainte volonté de Dieu et la prière; ne sortons pas de là... » Deux jours auparavant, il lui avait envoyé les touchantes considérations que nous nous ferions un scrupule de ne pas transcrire ici : «... Il est certain que les âmes les plus saintes ont une plus large part au calice de Notre-Seigneur; et par conséquent notre chère malade achèvera de se perfectionner. Dieu veuille lui conserver longtemps encore sa lucidité d'esprit! c'est ce que nous devons principalement demander. Ses compagnes d'Hussein-Dey viennent de m'écrire;... les pauvres enfants!... elles paraissent bien tristes! Elles me disent que les principaux habitants sont allés la voir à l'hôpital, et que tous font des vœux pour la revoir; je ne m'en étonne pas, cette population simple et bonne devait apprécier ses excellentes qualités... Comme les jugements de Dieu diffèrent des nôtres! Maintenant qu'elle devait goûter les douceurs de la paix après tant de tribulations, la Providence la visite encore par la souffrance! tant il est vrai que la route du Calvaire est la voie que nous devons suivre jusqu'au terme, et qu'il ne faut pas fixer ici sa demeure!... La bonne Mère Marchand a dû t'écrire;... quelle part cette vraie mère prend à notre affliction! et que de bonnes prières montent vers le Ciel pour cette chère sœur!... »

Tandis qu'on s'occupait prudemment à Alger à administrer la chère malade, avant qu'elle eût perdu connaissance, à Montolivet le pauvre frère écrivait à Écotay, la veille de Noël : « Je n'ai pas reçu de lettre depuis la dernière fois que je t'ai écrit; c'est donc le cas de dire : Pas de nouvelles, bonnes nouvelles! Hélas! elles ne pourraient être consolantes que par miracle! et je ne puis pas partager complètement ta confiance... D'ailleurs, quand on impose silence un instant aux affections du cœur, a-t-on raison de demander sa guérison?... Arriver au but où l'on tend de toutes ses forces, est-ce donc un malheur? Tout ce que nous pourrions faire, ce semble, serait de nous plaindre au bon Dieu de ce qu'il ne commence pas par les aînés. Ah! c'est que peut-être ils ne sont pas encore prêts!... La conclusion, par conséquent, doit être de nous y mettre tout de bon... Non, ma chère, je ne me dispose pas à faire ce voyage ; la chose me serait absolument impossible avant le carême, à cause de certaines occupations qui me retiennent ici forcément. En outre, quel bien lui ferait ma visite ? elle augmenterait sa souffrance en surexcitant sa sensibilité; elle troublerait sa paix de prédestinée... Laissons nos bons anges et Notre-Seigneur lui-même être nos intermédiaires, et disons au bon Maître, comme les sœurs de Lazare : « Celle que vous aimez est malade!... » Il trouvera le secret de consoler tout le monde!... » Apprenant qu'on venait de l'administrer, il reprend sa plume et écrit à son aînée, le lendemain de Noël : « Hier soir, ma chère amie, j'ai reçu de la Mère Lambert la lettre que je t'adresse, ne voulant rien te cacher, car je sais que ta foi goûtera les motifs de consolation que le bon Dieu nous donne dans cette épreuve. Il ne faut plus nous faire illusion, et nous devons offrir généreusement notre sacrifice;... peut-être en ce moment est-il déjà consommé!... *Oh! certainement, le cœur est broyé!...* mais, si nous pouvions nous oublier un peu, nous serions heureux de voir cette chère sœur aller nous attendre dans un monde meilleur!... Quelle patience! quelle piété et quelle résignation ! Voilà un exemple que nous ne devons pas perdre de vue, et qui enlève presque toute l'amertume de cette séparation ! Pour elle se réalise tout ce que saint Vincent a promis à ses filles, car elle en a toujours eu l'esprit ! C'est maintenant qu'elle va recueillir le fruit de ses sacrifices si généreusement accomplis, de son travail si constant, de sa patience dans les épreuves ! Elle nous laisse encore dans l'exil, mais elle nous aidera à arriver au but ! Vraiment, les âmes et les cœurs ne se séparent pas... Plus je réfléchis à la conduite de la bonne Providence sur nous, plus je demeure convaincu qu'il faut s'arrêter à l'action de grâces et non aux regrets ; si nous avions su d'avance qu'elle dût nous précéder, qu'aurions-nous pu demander qui ne se réalise ? Quels secours spirituels et temporels lui ont manqué ? M. R... m'écrit encore ce matin que toutes les Sœurs d'Alger lui ont témoigné une affection vraiment fraternelle... Encore une fois, courage et reconnaissance !... Voilà un beau bouquet de myrrhe à offrir à l'Enfant Jésus !... Ma retraite s'est bien passée, et je l'ai terminée sans trop de fatigue. Peut-être c'est l'effet de *la prière* de notre chère amie !... *Oh ! je lui en voudrais presque si elle m'avait joué ce tour !...* mais cela prouve une fois de plus la générosité de son cœur !... » Inutile, croyons-nous, de faire remarquer le cri spontané qui vient là de s'échapper de ce pauvre cœur déjà à demi broyé ! Ah ! si, en se sacrifiant pour lui, sa sœur chérie allait réussir dans son héroïque prière, si Dieu allait accepter la sublime substitution de la sœur au frère !... Il n'a qu'une expression pour rendre le sentiment qu'il éprouve, et cette expression en dit long dans sa vulgarité même : *quel tour !...* Convenons que le cœur du frère est à la hauteur du cœur de la sœur ! Ils sont à l'unisson, ils se valent !... et tous deux ont compris et goûté le mot de saint Paul : *Per multas tribulationes !...* »

Cependant, le dénouement approchait ; après un mieux assez sensible qui dura les premiers jours de janvier, et qui n'était qu'un arrêt momentané du mal, le pauvre frère ne s'y trompa nullement et il se garda bien de se livrer à l'espérance ; dès le 8, la paralysie reprenait son cours et menaçait d'accomplir promptement son œuvre ; le frère en informe sa pauvre aînée sans plus tarder : 13 janvier. « Les dernières nouvelles que je reçois, ma chère amie, prouvent que nous avions raison de ne pas trop nous livrer à l'espérance. La paralysie gagne de plus en plus; c'est mardi, 9, que sœur Lambert m'a écrit; notre chère malade, en ce moment, n'avait presque plus de mouvement et ne se faisait comprendre que par le mouvement des yeux. C'est toujours le même calme, la même patience; elle essaye encore de sourire et garde toujours en sa main droite un petit crucifix ; Notre-Seigneur veut achever ainsi de la préparer ; et, tout en compatissant aux souffrances de cette chère amie, nous devons l'estimer heureuse de faire ainsi gaiement son dernier sacrifice. Elle se montre à ses derniers moments ce qu'elle a toujours été : généreuse et héroïque, bien que sans effort et sans prétention! Quel bel exemple à suivre elle laisse à ses aînés! Commençons dès maintenant à imiter sa vertu courageuse, en surmontant *les douleurs qui bouleversent la nature et broient le pauvre cœur!* Faisons appel pour cela aux pensées et aux consolations de la foi! Prions pour que la sainte volonté de Dieu s'accomplisse en elle; c'est tout ce que nous devons souhaiter ici-bas... Il faut nous attendre, ma bien chère, à la consommation du sacrifice... *et peut-être déjà est-elle dans sa nouvelle patrie!...* Encore une fois, ne soyons pas comme ceux qui n'ont point d'espérance, et sachons donner à nos larmes cette douceur que procure l'espoir de se revoir... bientôt! Loin de nous plaindre, remercions la bonne Providence de tant de faveurs, et en particulier de nous avoir accordé tant d'années pour faire ensemble le voyage!... Je te souhaite donc la paix que le saint Enfant Jésus est venu apporter à la terre!... »

Elle allait, en effet, être bien nécessaire à leur pauvre cœur, car le frère ne se trompait pas dans ses pressentiments : au moment où il traçait ces lignes, l'âme de sa bien-aimée sœur Marie avait fini de souffrir sur la terre d'exil, et depuis près de trois jours, s'étant détachée — doucement et sans secousse, comme elle avait vécu — de ce pauvre corps qu'elle avait ainsi mené au sacrifice final, elle était allée là-haut, d'une envolée joyeuse, rejoindre la grande famille du ciel, saint Vincent, son père; Jésus, son céleste Époux !...

Voici quelques extraits des trois lettres qui vinrent à la fois apporter au frère la triste et consolante nouvelle. C'est d'abord la chère Mère Lambert, qui avait si bien mérité ce titre : « Le sacrifice est consommé ! Hier soir, à quatre heures vingt-cinq minutes, votre chère Marie s'est envolée dans le sein de Dieu, au milieu d'un parfum de prières !... La Providence, toujours bonne, avait envoyé et réuni autour d'elle tous ceux qui devaient en tout droit se trouver à ce départ pour le ciel : M. R..., votre représentant, qui vous dira comment; M. B..., son confesseur si dévoué; M. Cassagnes, notre aumônier, qui si souvent est venu lui porter la sainte communion; ma Sœur visitatrice... Votre chère sœur avait assez de connaissance pour comprendre chacune des bonnes paroles qu'on lui adressait... Cependant, je priai ces messieurs de vouloir bien lui réciter quelques prières; on se mit à genoux, et M. R... récita les litanies de la sainte Vierge... Je croyais d'abord qu'elle pourrait bien vivre jusqu'au lendemain ; mais, comme on terminait les litanies, je crus apercevoir les symptômes de la fin, et me hâtai de lui faire adresser la belle exhortation : « Partez, âme chrétienne !... » On lui fit donc les prières de la recommandation de l'âme... Elle respirait encore, mais à de longs intervalles ; on ajouta la récitation de quelques psaumes, pendant lesquels elle fit un léger mouvement, puis un soupir... c'était le dernier !... — Elle est au ciel ! tel est le cri qu'un commun sentiment nous fit pousser à tous... »

Voici comment s'exprimait à son tour un des plus anciens compagnons d'Algérie, et ami intime de M. Dazincourt; après avoir annoncé la triste nouvelle, il ajoutait : « ... Que de motifs de consolation pour adoucir votre douleur! car votre sœur vient de mourir comme meurent les saints; elle meurt victime de l'amour fraternel, mais surtout de l'amour de Dieu et des âmes ! Durant sa maladie, elle a toujours été devant Dieu comme une hostie vivante, et nous savons combien, durant sa vie, elle a fidèlement marché dans le sentier des tribulations que Dieu ménage aux âmes prédestinées ! Enfin, elle meurt comme une fille de saint Vincent, comme toutes les servantes des pauvres, dans la paix du Seigneur !... Demain nous assisterons, aussi nombreux que possible, à ses funérailles. En priant pour le repos de son âme, nous demanderons à Dieu que, comme fruit de son sacrifice, la santé vous soit complètement rendue, afin que désormais la famille de saint Vincent reçoive de vous, non seulement les services personnels que vous pouvez lui rendre, mais aussi ceux que lui aurait rendus votre digne sœur, si elle avait plus longtemps vécu ! Puissent ces quelques lignes contribuer à tempérer votre douleur ! Veuillez les agréer, dans cette circonstance, comme le témoignage d'une ancienne et inaltérable amitié... »

C'était enfin celui qui avait eu l'honneur de représenter le pauvre frère auprès de la mourante, qui venait rendre compte de sa mission : « Votre sacrifice est accompli, mon bien cher ami !... Vous avez une sœur de moins sur la terre et une protectrice de plus au ciel !... Votre digne et sainte sœur vient de rendre paisiblement son âme à Dieu, il y a une heure, à quatre heures vingt-cinq minutes ! J'étais à ses côtés pour vous représenter, et on eût dit qu'elle n'attendait que mon arrivée pour quitter la terre ! Par suite d'un accident au pied, depuis quelques jours, je n'avais pu descendre à Mustapha et la voir ; mais j'avais journellement de ses nouvelles. Ce matin, la bonne sœur Lambert me faisait dire de descendre avant la nuit, si je voulais la voir vivante... Comme c'était aujourd'hui jour de retraite du mois, je n'ai pu partir que vers trois heures et demie, après ma seconde instruction ; j'arrive à quatre heures à l'hôpital... Son lit était déjà entouré d'un groupe de confrères et de sœurs en prières... J'ai pu adresser quelques paroles pieuses à la mourante, qui a paru me reconnaître. A partir de ce moment, et comme si elle n'eût attendu que votre arrivée en ma personne, tout le monde en a fait la remarque, la crise s'est précipitée... Nous nous sommes mis en prières, et pendant que nous récitions le *Beati immaculati in via,...* elle a doucement rendu sa belle âme à Dieu !... Il m'a semblé entendre retentir, à ce moment solennel, les belles paroles qu'elle me disait au début de sa maladie : *Je suis contente! le bon Dieu a enfin exaucé ma prière! Il m'a donné la souffrance et la maladie à la place de mon frère !...* La sépulture aura lieu demain soir ; la paroisse d'Hussein-Dey, reconnaissante, veut avoir l'honneur de posséder ses restes mortels. Votre chère sœur va donc reposer, en attendant la résurrection glorieuse, à l'ombre de ce Kouba que vous avez longtemps habité et que vous aimez toujours!... Le clergé d'Alger, réuni aujourd'hui à Kouba, en apprenant l'agonie de votre sœur, m'a prié de vous transmettre ses bien sincères sentiments de condoléance! J'y joins ceux de tous nos chers confrères ; vous ne doutez pas de mes propres sentiments... Je vais achever de remplir ma mission, et demain, en votre nom et place, je rendrai les derniers devoirs à votre chère et sainte sœur... »

Il doit tarder de connaître dans quels sentiments le pauvre frère reçut cette nouvelle et lut tous ces touchants détails... La *Chronique* est muette et ne se permet pas la plus petite allusion ; mais, de tout ce que nous avons dit, il est aisé de deviner quel rude coup reçut son cœur si affectueux !... Nous avons du reste le témoignage de ses confrères : « ... Un d'entre nous entra dans sa chambre, quelques instants après que la triste nouvelle lui était parvenue ; remarquant sur ses traits une expression de profonde tristesse, il lui en demanda simplement le motif. « Je viens de « perdre ma sœur, répondit-il ; priez pour elle ! » et quelques larmes lui échappèrent malgré lui !... Ce fut toute la consolation qu'il se procura !... » Un autre nous écrit : « ... Il avait une grande tendresse de cœur. Je l'ai vu *pleurer* sur des peines qui ne touchaient que ses confrères... Mais comme il a pleuré sa sœur d'Alger !... Il s'enfermait pour verser des larmes à son aise ; et quand c'était fini, il reparaissait avec un visage calme et tranquille... » Du reste, voici ce qu'il écrivait à sa pauvre sœur aînée, pour lui faire part de la nouvelle et lui transmettre les trois lettres susdites :

« Ma dernière lettre, pauvre amie, a dû te préparer à recevoir celle-ci comme une manifestation de la toujours sainte et adorable volonté de Dieu ! Le bon Dieu nous demande le sacrifice de ce que nous avions de plus cher en ce monde... Faisons-le d'un cœur généreux et même reconnaissant... Oui, reconnaissant ! car notre affection n'aurait jamais pu désirer une fin plus douce, plus résignée, plus sainte pour cette chère sœur. C'est mercredi dernier, 10, à quatre heures vingt-cinq minutes du soir, qu'elle s'est endormie, au milieu d'une famille véritablement dévouée et affectueuse, pour aller, j'en ai la confiance, se réunir à la grande famille de saint Vincent ! elle était si véritablement sa fille !... Je n'ai pas en ce moment la force de te donner de plus longs détails... Tu les liras dans trois lettres que je prie la bonne Mère Marchand de t'adresser ; j'ai voulu lui donner la consolation de les lire, car elle aimait tant sa fille !... Je sens, ma bien chère, à quelle profondeur le coup va atteindre ton pauvre cœur, j'en juge par moi-même !... Mais je sais aussi avec quelle foi tu recevras cette épreuve. C'était l'ordre de laisser cette chère sœur après nous ; mais, au lieu de lui donner la douleur de nous pleurer, ne vaut-il pas mieux qu'elle aille nous attendre?... Et l'attente ne peut être bien longue!... Profitons des leçons de courage qu'elle nous laisse; elle a été toujours vertueuse simplement et sans bruit, elle a terminé sa vie de même! Ces détails te feront pleurer, mais au fond ils te réjouiront!... Voilà un coup inattendu, certainement;... et qui nous l'aurait dit, il y a quelques mois?... Mais il semble que la Providence a voulu la conduire à Hussein-Dey pour lui ménager toutes les grâces et toutes les consolations; elle a été assistée à son dernier moment par trois missionnaires, par la bonne sœur Lambert, par l'excellente Visitatrice, qui la regrette comme une amie, par ses compagnes... Les habitants d'Hussein-Dey ont réclamé son corps; c'est donc là, au milieu de ces bonnes gens, qu'elle reposera en paix, dans ce cimetière que j'ai si souvent visité, et que je visiterai encore plus souvent désormais par la pensée!... Notre premier besoin est de prier pour elle et pour nos chers défunts; tous les jours j'offrirai le saint sacrifice à son intention; beaucoup d'âmes pieuses vont unir leurs prières aux nôtres;... je t'envoie sous ce pli de quoi faire acquitter quelques messes; c'est tout ce que j'ai en ce moment... Tu voudras bien annoncer cette *triste* et *joyeuse* nouvelle à nos parents et amis, à cette pauvre Marie qui aimait tant sa cousine, etc... Adieu, ma bien chère; je t'embrasse avec une double affection maintenant, et je demande pour toi à l'Enfant Jésus la force *dont j'ai moi-même grand besoin!...* »

Cependant les funérailles de la chère défunte avaient eu lieu avec un caractère et des détails que nous ne pouvons passer sous silence. Voici en quels termes on en rendait compte au frère, le soir même de la sépulture : « 11 janvier, Kouba. Quoique bien fatigué, je veux dès ce soir vous mettre au courant des belles et touchantes funérailles que nous venons de faire à votre chère sœur. Nous arrivons à peine d'Hussein-Dey, et je suis encore tout embaumé de ce que j'ai vu et entendu! Hier soir, je vous disais que je tiendrais votre place à la cérémonie funèbre; ç'a été mieux : Mgr l'archevêque en personne a tenu à honneur de remplacer le frère absent!... Mais n'anticipons pas... La levée du corps a eu lieu à l'hôpital civil, au milieu d'un grand concours de confrères, de prêtres, de sœurs, etc... On est ensuite parti pour Hussein-Dey; deux grandes voitures, où se trouvait le clergé, précédaient le corps; plusieurs autres portant les sœurs le suivaient. A l'entrée de la paroisse, nous avons trouvé le clergé paroissial, les enfants des classes et les jeunes filles en blanc, beaucoup de dames et l'élite des hommes; la procession s'est formée et mise en marche vers l'église.

Sa Grandeur Mgr l'archevêque nous y attendait; il a pris de suite la parole en face du catafalque, et d'un accent ému, pénétrant, qui a fait couler bien des larmes, il a dit qu'il venait, au nom de la charité et de la reconnaissance, rendre les derniers devoirs à la vénérable Supérieure que la paroisse venait de perdre. Alors, il a fait l'éloge des Sœurs en général, et surtout de la défunte en particulier... « Elle n'est pas la seule de son sang, a-t-il ajouté, — je « cite textuellement, — qui ait travaillé au développement « de cette Église naissante d'Afrique ! Là-haut, sur la colline « en face de nous, le séminaire de Kouba a possédé durant « plusieurs années son frère, l'un des directeurs les plus « distingués, les plus éminents, les plus regrettés!... et au- « jourd'hui, retenu au loin, il n'a pu être là pour accom- « pagner sa chère sœur à sa demeure dernière; et j'ai tenu à « honneur de le remplacer et de lui donner ce témoignage « public de ma reconnaissance!... » Je vous assure que tous les cœurs étaient attendris et que bien des yeux se sont mouillés de larmes!... M. Doumerq s'est fait un devoir d'aller remercier Sa Grandeur avant son départ... » Suit l'énumération des membres du clergé, des confrères, des sœurs, des personnes qui ont pris part à la cérémonie funèbre... « Et la paroisse d'Hussein-Dey tout entière!

Bref, si une chose humaine peut soulager votre si légitime douleur, c'est la sympathie universelle qu'on vous a témoignée en cette circonstance... Je m'arrête, n'en pouvant plus! Bien d'autres, d'ailleurs, vont vous écrire pour vous faire part de leur sympathie et vous donner des détails. Pour moi, mon bien cher ami, j'ai rempli ma mission !... »

En transmettant ces détails à sa sœur, M. Dazincourt ajoutait : 17 janvier! (C'est l'anniversaire de la mort de leur mère). « Ce matin, ma bien chère, nous avons *tous* été réunis,... et ceux qui nous attendent se seront réjouis, je l'espère, de ce que nous ne les oublions pas! Je trouve dans la prière pour ces chers défunts une incroyable consolation, et rien ne m'encourage plus fortement à la vertu! J'aime à croire que ton pauvre cœur y trouve aussi le calme et la résignation, et je le demande au bon Dieu avec toute la ferveur possible... Tu dois avoir reçu de Lyon les lettres dont je te parlais dernièrement, et lu les détails touchants de cette fin digne d'une vraie fille de la Charité. Voici encore une autre lettre de M. R..., écrite au retour des obsèques et qui sera agréable à ton pauvre cœur... J'avoue cependant que j'aime mieux la précédente, où l'on voyait la piété qui est utile à tout; tandis que dans celle-ci il y a le témoignage de l'estime, qui sans doute est agréable, mais qui ne donne pas le mérite... Ce qui m'a touché le plus, dans toute cette démonstration, c'est cette autre lettre que je mets aussi sous ce pli, et qui m'est écrite par une bonne mère de famille; certainement elle laisse parler son cœur, et cela me prouve que notre chère sœur était là dans son élément avec ces bonnes gens; certainement elle ira prier sur sa tombe !... J'ai écrit immédiatement à Mgr l'archevêque, pour le remercier; c'est une délicatesse qui m'a causé une profonde surprise, car c'eût été cent fois déplacé, rien que d'y songer !... Tu feras bien de ne pas trop communiquer ces détails, car nous devons ne pas oublier que notre chère défunte aimait surtout à se cacher !... »

Qu'on nous permette d'ajouter encore un extrait de la lettre qui a touché le frère si vivement; elle est vraiment belle dans sa simplicité, et c'est un honneur d'avoir su s'attacher de telles âmes... « Hussein-Dey, 12 janvier 1877. Monsieur, excusez-moi si je prends la liberté de vous écrire; c'est pour vous dépeindre la peine que nous ressentons de la mort de notre bonne Sœur supérieure. Je prends bien part à votre peine, ainsi que toute ma famille. Maman aurait bien voulu assister à l'enterrement, comme nous (M. Dazincourt avait fait beaucoup de bien à cette femme pendant son séjour à Kouba : son livret de dépenses en témoigne éloquemment), mais elle est presque toujours malade; ce qu'elle a pu faire, c'est de prier Dieu pour notre bonne sœur Dazincourt, bien qu'elle soit un ange dans le ciel! Elle est morte cinq mois après ma sœur Virginie, qu'elle venait voir tous les jours; elle me consolait bien en me disant : « Ma pauvre, c'est Dieu qui le veut ainsi!... » Mon cher monsieur Dazincourt, je vous dirai, moi aussi, la même chose : C'est Dieu qui a voulu rappeler à lui votre bonne sœur! Elle est beaucoup regrettée à Hussein-Dey; elle y était depuis peu de temps, mais déjà on l'aimait beaucoup! Nos bonnes Sœurs d'Hussein-Dey la pleurent comme leur bonne Mère... » Elle donne ensuite le détail des funérailles, qu'on connaît déjà, et termine par ces lignes si touchantes : « Nous vous remplacerons pour aller la visiter au cimetière et porter des fleurs sur sa tombe... Je vous envoie ces deux petites fleurs; elles sont tirées de la couronne qui ornait son cercueil, je les ai prises sur son tombeau au cimetière, et vous les envoie comme dernier souvenir!... » Oh! les braves cœurs! on en trouve encore, heureusement, même en Algérie!...

Encore un mot sur cette tombe et sur le souvenir de cette chère défunte. Quant à la tombe, voici ce que nous lisons dans une lettre de la Supérieure qui remplaçait la sœur Marie à Hussein-Dey; elle écrit à Écotay : « ... Votre bien-aimée sœur repose près de deux compagnes qui l'avaient précédée dans sa charge. Cette modeste tombe nous était déjà bien chère ; elle le sera bien davantage maintenant. Je me ferai toujours un devoir et une vraie satisfaction d'aller y prier souvent... »

Et l'année suivante : « ... Nous soignons sa tombe de notre mieux ; elle a d'abord des couronnes, comme les compagnes qui reposent près d'elle ; de plus, une très belle que lui porte et renouvelle de temps en temps une enfant qu'elle avait amenée de Laghouat, et qui est aujourd'hui une charmante jeune fille... » Quant au souvenir de la défunte, inutile de le dire, il restera toujours vivant dans le cœur du frère ; il n'y a pas une seule lettre adressée à sa sœur, durant cette année, où il ne soit pieusement réveillé. Ainsi, le 14 février : « ... Je n'aurai pas désormais de nombreuses lettres d'Alger ; néanmoins j'en ai reçu une dernièrement de M. R..., qui m'apprend que la bonne Sœur visitatrice a fait élever un petit monument sur la tombe de notre chère défunte. C'est une pierre modeste avec une plaque de marbre, comme on le fait pour toutes les filles de la Charité. C'est là que notre pensée ira la chercher souvent. Je dis tous les jours la sainte messe pour elle, et c'est là ma grande consolation. Il me semble aussi que son souvenir m'encourage à être généreux. Seulement, je me demande de temps en temps si ce n'est pas un rêve !... Les Sœurs d'Hussein-Dey m'ont envoyé une petite image ; l'assistant qui accompagne le P. Boré en Algérie doit m'apporter au retour différents petits objets ; je ne manquerai pas de t'en faire une bonne part... » Le mois suivant : « J'aime à croire, ma chère amie, que tu es un peu remise de toutes ces pénibles émotions. Il faut, en effet, maintenant reprendre tranquillement le cours de notre voyage, et tout en demeurant unis de cœur à celle qui se repose, se préparer à une heureuse arrivée... Assurément le cœur reste à Hussein-Dey, et je trouve dans ce souvenir

de notre chère *cadette* un puissant encouragement à mieux faire et à prier avec plus de ferveur; je comprends mieux que le détachement et le sacrifice mènent sûrement à Dieu... Marchons donc courageusement et en nous donnant la main.
— Ma santé se soutient dans le mieux, *et je le dois peut-être à notre chère défunte!...* Les crises d'asthme ont presque disparu entièrement; le soir et le matin, le catarrhe me fait encore beaucoup carcasser, mais après avoir expectoré je suis libre, et mes nuits sont calmes. Aussi, je suis beaucoup plus libre pour vaquer à mes occupations, et j'avoue que c'est pour moi une consolation dont je dois remercier la Providence. Ces jours derniers j'ai pu aller confesser pour les Quatre-Temps dans plusieurs maisons de nos Sœurs; j'ai passé deux jours à la Visitation, pour y faire la visite canonique, et je n'ai pas été fatigué. Que Dieu soit béni ! il sait que je ne désire la santé que pour mieux remplir les devoirs qu'il m'impose !... »

Voilà donc réalisé le vœu de la chère défunte, assez du moins pour que, tout en ayant encore le mérite et l'aide si puissante de la souffrance, le cher frère puisse faire face à ses importantes et si fructueuses occupations. En outre, et ce fut très sensible à ceux qui l'entouraient, sans compter les preuves remarquables fournies par sa correspondance, à partir de ce moment son âme, comme entièrement détachée de tout ici-bas, sembla prendre un élan plus généreux vers le ciel, d'où sa chère sœur lui tendait les bras !...

Cependant il n'en avait pas fini avec les épreuves et les souffrances du cœur. Deux mois à peine après la mort de sa chère sœur, il apprenait celle de la bonne Mère Marchand; on sait dans quelles étroites relations il était avec la Supérieure de la Marmite, depuis qu'il était aumônier de la maison, et surtout depuis que sa sœur Marie y avait fait son postulat. Ce fut là évidemment un deuil très sensible à son excellent cœur. « Nous allons, en effet, de tristesse en tristesse, écrivait-il à sa sœur, le 16 mars. Après le grand sacrifice que le bon Dieu nous a demandé au commencement de l'année, fallait-il sitôt y joindre celui de perdre notre meilleure amie ! Que sa sainte volonté soit faite ! la voie de la croix est toujours le chemin le plus sûr pour arriver à la perfection. Pauvre Mère Marchand ! elle avait pris une part si cordiale à notre douleur ! Qui aurait dit qu'elle dût rejoindre sa postulante presque immédiatement ? Tout ce qui nous reste à faire, c'est de la joindre dans nos souvenirs pieux à la liste déjà si longue de nos chers morts. Ç'a été de ta part une bonne pensée d'écrire à ses chères sœurs orphelines ; je l'ai fait aussi de mon côté, et j'ai reçu une réponse qui me donne des détails consolants sur ses funérailles. » Quelques jours après, il y revient encore : « ... Mon Dieu ! comme tous ces départs nous accoutument à ne plus tenir à cette vie ! Je puis dire que la mort ne m'a pas séparé de cette chère enfant, puisque je pense plus souvent à elle que lorsqu'elle était dans sa maison ! Il me semble aussi que Mère Marchand est toujours à la Marmite ! C'est une grande satisfaction de penser à toutes ces chères âmes au *memento*, et d'espérer qu'elles s'intéressent encore au sort de ceux qui voyagent ! — Ma santé continue à être meilleure. Toute la semaine sainte j'ai pu présider les offices, et quoique j'aie la voix d'un vieux, je puis dire qu'il y a plusieurs années que je n'avais pas été aussi vaillant. C'est peut-être un effet des prières et du sacrifice de notre chère défunte !... »

Le 20 avril, c'est encore et toujours les deux chers souvenirs qui reviennent, avec la même fraîcheur de sentiment, avec la même résignation aussi : « ... Tu peux bien croire que j'ai pensé plus que jamais à notre chère *envolée*, ces jours-ci, à l'occasion de quelques Supérieures algériennes qui se rendaient à Paris. Je me reportais à cette entrevue de l'année dernière, qui était une faveur suprême de la bonne Providence. Ces souvenirs ont été surtout réveillés par certains objets qu'elles m'ont apportés et que je te transmettrai, quand j'aurai une occasion : une croix, un chapelet, deux livres, la petite montre que je lui avais donnée quand elle était au Cauroy, etc. Vraiment le cœur est meurtri, et cependant il y a je ne sais quoi qui console et qui la rend encore présente ! C'est encore un peu de ce centuple promis à ceux qui ont tout quitté pour Dieu... — Je ne connais pas encore la remplaçante de la bonne Mère Marchand; j'ai lu dans quelques journaux le récit de ses obsèques; tout cela est bon, mais ne vaut pas les bonnes œuvres qu'elle a envoyées devant elle !... »

L'année 1878, comme la précédente, eut aussi ses deuils et ses tristesses; ce fut d'abord la mort presque foudroyante de M. Boré, Supérieur général; dès le 5 mai, lendemain de sa mort, il en est ainsi parlé dans une lettre à Écotay : « Un mot, ma chère amie, pour t'annoncer encore une nouvelle qui te contristera, puisqu'elle intéresse la grande famille de saint Vincent. Le cher P. Boré est mort depuis hier, 4, d'une fluxion de poitrine qui a duré seulement trois jours ! Aussi ses nombreux enfants apprennent en même temps la maladie et le triste dénouement. C'est pour nous un vrai coup de foudre, et j'ai encore peine à me persuader que ce n'est pas un rêve ! Que faire et que dire ? Ce que nous disons souvent, voilà quelques années : Que votre volonté soit faite ! En outre, dans quelques jours, doit avoir lieu l'élection d'une nouvelle Supérieure générale et d'une assistante à la communauté des Filles de la Charité. Il y a donc là un concours de circonstances qui rendent cet événement des plus graves pour la double famille de saint Vincent. Mais le bon Dieu ne nous appelle pas dans ses conseils, et il veut qu'on pratique l'abandon à sa conduite toujours paternelle; c'est bien le cas !... »

Et la semaine suivante : « Je croyais bien avoir été le

premier à t'annoncer la triste nouvelle de la mort de M. Boré. Tu feras bien cependant de mettre en quarantaine les *contes* qui circuleront sur le choix de son successeur. Personne en ce moment ne peut le prévoir, mais il est facile de comprendre qu'on ne prendra pas un catarrheux et un asthmatique, dont toute l'occupation serait de garder la chambre et quelquefois le lit! la bonne Providence ne peut le permettre, à moins de faire un miracle. Je t'engage donc à dormir sur les deux oreilles, bien tranquillement, comme je vais le faire moi-même. On sait bien mon état à Paris et ailleurs, puisque j'ai plusieurs fois envoyé ma démission à cause de ma santé ; et il ne peut venir à la pensée de personne de me proposer pour une charge qui exige beaucoup de choses, mais avant tout une santé au moins ordinaire... »

Va-t-il être repris par la peur, et à ses peines de cœur, à ses souffrances corporelles, allons-nous voir s'ajouter encore une fois les inquiétudes et les peines d'esprit? Nous l'ignorons, n'en ayant trouvé de trace nulle part autre que les lignes qu'on vient de lire; toujours est-il que, bien que nommé député par l'assemblée provinciale, il se fit excuser pour raison de santé et ne parut pas à l'assemblée générale qui, en septembre 1878, nomma M. Fiat Supérieur général.

Mais il avait en ce moment un autre sujet de peine et d'inquiétude, car les ennuis se succédaient rapidement, et l'un n'avait pas fini qu'un autre commençait. C'était le départ de Mgr Place, qui venait d'être transféré, malgré une vive résistance, au siège métropolitain de Rennes. Or, en ce digne prélat M. Dazincourt perdait — ce sont ses expressions — un *père* et un *ami!* Dès son arrivée à Montolivet il en avait été admirablement accueilli, et à mesure qu'il fut plus connu, la confiance et l'estime de l'évêque allèrent en augmentant; ce fut mieux encore; qu'on en juge par les lignes suivantes, écrites en octobre 1877 par M. Dazincourt à sa sœur: «... Sa

Grandeur est restée avec nous, et voilà un grand mois qu'Elle partage notre solitude et notre manière de vivre; cela prouve sans doute que nous sommes passablement aimables, et surtout que Monseigneur l'est beaucoup! en effet le bon prélat évite tout ce qui pourrait être à charge et fait en quelque sorte oublier sa grandeur. » A la fin du mois, la *Chronique* porte la note suivante : « Aujourd'hui, à cinq heures et demie, Monseigneur quitte Montolivet, où il a séjourné depuis le 7 septembre, se pliant modestement à toutes les habitudes régulières de la Communauté. » On peut juger par là dans quels rapports d'intimité Mgr Place était avec le Supérieur et les directeurs de son séminaire. Aussi furent-ils vivement alarmés dès les premiers bruits de changement; voici ce que M. Dazincourt en écrivait à sa sœur, le 28 juin 1878 : «... Il est très probable que nous allons perdre notre vénérable évêque, Mgr Place, qui est fortement proposé pour l'archevêché de Rennes. Demain, 29, il part pour Rome, afin de demander au Pape de ne pas quitter Marseille. Je crains beaucoup qu'il ne soit pas exaucé! Ce départ sera pour moi un véritable sacrifice, à cause de la particulière bienveillance que ce bon prélat a pour le séminaire et son Supérieur... Ainsi, quand une croix semble écartée, une autre se présente!... » Le mois suivant, il ajoute : « Mgr Place sera encore à Marseille pendant quelques semaines, avant de se rendre à Rennes. Quoiqu'on nous dise beaucoup de bien de son successeur, cette séparation me pèsera fortement sur le cœur!... » Enfin, le 29 septembre: «... Mgr Place nous a quittés le mardi 24, à neuf heures du soir; il nous a laissés bien tristes!... Le lendemain, je suis allé à Aix saluer son successeur et le conduire à Montolivet, où il est encore. La bonté et la confiance qu'il m'a témoignées m'autorisent à croire que la Providence veut nous dédommager du départ de Mgr de Rennes... »

Pendant que le cher Supérieur de Montolivet passait successivement par toutes ces épreuves, le séminaire n'avait fait que prospérer, et les fruits de bénédiction et de sainteté s'y multipliaient d'une manière merveilleuse. La piété était en progrès sensible; le bon esprit et la régularité se maintenaient; quant au travail, les résultats du concours qui avait eu lieu entre tous les séminaires de la province, en 1878, en témoignaient éloquemment. Le séminaire de Montolivet avait obtenu les premières places en dogme, en morale et en philosophie, c'était un succès sur toute la ligne! Et avant de quitter Marseille, Mgr Place avait publiquement témoigné sa complète satisfaction. Une bonne part de ces consolants résultats revenait sans doute et doit être attribuée aux confrères qui aidaient M. Dazincourt avec une affection, une intelligence, un zèle et un dévouement admirables; mais, ils sont eux-mêmes les premiers à le reconnaître, la plus large part remonte au Supérieur lui-même, à la tête qui a si bien su donner la direction aux membres, au cœur qui a si vigoureusement et si sagement animé le corps tout entier. Son action, loin d'avoir été paralysée par les infirmités corporelles, ou détournée par les inquiétudes d'esprit et les peines de cœur, a pris au contraire à ce contact avec la souffrance une efficacité que tous les moyens humains ne sauraient communiquer. Comme il l'écrivait lui-même à un de ses élèves, là avait été le grand élément du succès: *In cruce salus, in cruce vita!* Où la croix se montre, les fruits de bénédiction ne tardent pas à se montrer. Mais il faut le reconnaître aussi, la grâce ne fait qu'aider la nature, et c'est leur union intime, sous le libre concours de la volonté, qui est le principe et la source de tout bien dans l'homme. Or, les dons naturels, on le sait, le Supérieur de Montolivet les avait reçus avec prodigalité. Nous l'avons montré pour Kouba; aidé de la grâce et faisant valoir ses rares facultés, il était devenu un directeur de grand séminaire modèle; nous voudrions essayer maintenant de le montrer pour Montolivet: grâce au secours divin qui lui vint par la souffrance, et donnant le concours de ses admirables dons naturels, M. Dazincourt sa montra à Marseille un éminent Supérieur de grand séminaire, avant tout, et comme par surcroît, un ouvrier évangélique prêt à toute espèce de bien, un missionnaire réalisant, à l'exemple de saint Vincent, toutes sortes de bonnes œuvres.

CHAPITRE XIII

M. Dazincourt Supérieur de grand séminaire : ses aptitudes naturelles, ses vertus.

« La science n'est pas absolument nécessaire pour bien gouverner ; mais quand la science, l'esprit de conduite ou un bon jugement se trouvent ensemble dans un même sujet, ô Dieu ! quel trésor [1] ! »

C'est saint Vincent qui parle ainsi, et on sait qu'il avait l'expérience ; ailleurs, il donne l'avis de sainte Chantal sur le choix si important des Supérieurs : « La Révérende Mère de Chantal disait que ni les plus saints, ni les plus savants, ni les grands esprits n'étaient les plus propres à être Supérieurs ; mais les esprits unis à leur vocation, attachés à la règle [2]. »

Dans ces quelques lignes, qui résument la pensée de ces deux grands saints qui ont été en même temps de si grands esprits, on peut trouver l'idéal d'un bon Supérieur. M. Dazincourt a eu sans cesse cet idéal sous les yeux, il en a poursuivi la réalisation durant vingt années, et rien ne lui a coûté pour l'atteindre. Y a-t-il pleinement réussi ? Que chacun juge sur les éléments que nous allons essayer de réunir.

« Dans les premiers temps que j'ai été en rapport avec M. Dazincourt, nous écrit un confrère qui a été son collaborateur à Montolivet durant plusieurs années, j'ai été, je dois l'avouer, tout à fait déçu. Pourquoi donc, me disais-je, a-t-on fait à cet homme une telle réputation de Supérieur ? Qu'a-t-il de particulier, de remarquable ? Je vois là une vie régulière, — pas autre chose !... Mais peu à peu, consi-

---

[1]. *Œuvres de saint Vincent de Paul*, t. VIII, p. 63.
[2]. *Id.*, t. XI, p. 277.

dérant que cette vie régulière ne se démentait jamais ni en rien ; surprenant partout et toujours son action constante, quoiqu'elle ne se laissât guère voir ; témoin de cette vigilance qui ne perdait aucun détail, ni de la vie de ses confrères, ni de celle des élèves ; admirant cette façon si aimable de corriger les moindres manquements, qui atteignait toujours son but, bien que parfois d'une manière indirecte... je finis par acquérir la persuasion que j'avais trouvé le Supérieur par excellence !... et plus je le vis à l'œuvre, plus cette conviction s'affermit dans mon esprit... »

Nous avons rapporté plus haut l'appréciation de Mgr Robert et celle aussi de son digne prédécesseur, Mgr Place ; qu'on veuille bien les relire, et pour comprendre le poids de tels témoignages, qu'on n'oublie pas qu'ils ont l'un et l'autre vu à l'œuvre le Supérieur de Montolivet, soit au séminaire, soit aux conseils de l'évêché, durant une dizaine d'années chacun !

« En arrivant au milieu de nous, comme Supérieur du grand séminaire, écrit Mgr Robert, il nous apportait le même dévouement, la même sagesse dans l'art du gouvernement des âmes sacerdotales, mais l'un et l'autre agrandis, éclairés par l'expérience. Mon vénéré et éminent prédécesseur vit de suite tout ce qu'on pouvait attendre de cette nature droite, franche, loyale et qui ne s'inspirait en tout que de motifs surnaturels, et il lui voua aussitôt et sans réserve une affectueuse estime. C'est de la bouche de Son Éminence le cardinal Place que j'ai appris combien le diocèse de Marseille avait à se louer d'avoir un tel Supérieur à la tête de son grand séminaire. Je n'ai pas tardé non plus à voir quel précieux concours apportait à l'administration diocésaine un prêtre aussi éclairé, aussi sage, aussi fermement attaché à la doctrine catholique et aussi exact et mesuré dans ses décisions... »

La Providence avait incontestablement beaucoup donné à M. Dazincourt, et il avait, à très peu de chose près, tout ce qui fait un bon Supérieur. D'abord toutes les aptitudes et dons naturels qui constituent un homme remarquable. On n'a pas dû oublier que, même adolescent, à Verrières, plus tard séminariste et professeur à Lyon, on était frappé de son grand air de distinction. Cette noblesse d'allure, cette dignité de tenue, cet extérieur imposant bien que toujours simple et modeste, s'accentuèrent encore avec l'âge ; et si jamais, même à la veille de sa soixante-dixième année, il n'a eu l'aspect extérieur d'un vieillard, on peut dire qu'il a toujours offert, même à quarante ans, l'ensemble d'un homme vénérable. Sa taille était au-dessus de la moyenne, et bien que son corps fût en proie à de multiples infirmités, il le portait d'instinct droit et ferme ; on eût dit un vrai gentilhomme, au rapport de M. de Meaux, qui l'avait bien connu. Sa tête était surtout remarquable ; et en la voyant on n'eût guère soupçonné en lui l'enfant d'un pauvre ouvrier des champs ; son front élevé, découvert, dénotait l'intelligence ; son œil, bien que doux et comme à demi voilé d'habitude, pétillait d'esprit au besoin ; sa bouche aux lèvres fines ne s'ouvrait que pour laisser tomber d'aimables paroles, mais naturellement elle eût su lancer la raillerie ou distiller de piquants traits d'esprit ; et tout cet ensemble, loin d'être déparé par un nez aquilin fortement accusé, en recevait comme un cachet d'originale distinction et même de calme majesté, surtout lorsque, durant les quinze années d'Algérie, une belle et longue barbe venait adoucir et comme estomper l'ensemble des traits un peu fortement accentués.

Ses facultés intérieures étaient à l'avenant, et ses aptitudes naturelles plus remarquables encore ; nous en avons suffisamment parlé en jugeant l'élève de Verrières et de Saint-Irénée, en appréciant le professeur de Saint-Jean et Kouba ; et nous n'y revenons en passant que pour citer ce que nous en écrit un confrère qui l'a longtemps vu de très près : « ... Comme homme, M. Dazincourt était admirablement doué. La qualité première de son intelligence était, à mon avis, la clarté, une lucidité remarquable, plutôt que la profondeur. » Ce qui ne l'empêchait pas d'aborder, de comprendre et d'élucider les questions les plus abstruses de la théologie ! « La volonté n'était pas sa qualité maîtresse (je vous donne simplement mes impressions personnelles); il y avait en lui un fonds de timidité, d'*excessive* sensibilité, dont il avait raison à force de vertu ; mais c'était le côté faible... Il lui en coûtait beaucoup de reprendre ; il en était malade quand il fallait le faire... Il me semble qu'il faudrait faire bien ressortir ce côté faible, en montrant bien, d'autre part, qu'il ne sacrifia jamais le devoir, de si petite importance qu'il fût, de façon à accuser fortement sa grande, son incontestable vertu. Il était d'une extrême sensibilité ; il dévorait seul bien des ennuis, restant parfois toute une récréation sans mot dire, parce que tel ou tel n'était pas à son devoir... Et ceci n'est pas seulement mon impression personnelle, c'est aussi son propre aveu : « Je ne suis qu'un mollusque, m'a-t-il dit souvent; c'est vrai ! » et vous savez bien ce que signifiait cette expression familière dans sa bouche... Il avait une grande tendresse de cœur ; je l'ai vu pleurer sur des peines qui ne touchaient que ses confrères. Il avait cette maxime : « Le cœur ! bah ! il ne fait faire que des sottises !... » Je l'ai entendu parler ainsi toutes les fois qu'on semblait donner la préférence aux qualités du cœur sur celles de l'intelligence et de la volonté. Sa conduite, me semble-t-il, était basée sur ce principe, ainsi que ses relations ; par suite, s'il fut toujours et partout grandement estimé, s'il eut de nombreux et chauds admirateurs, peut-on dire qu'il eut de nombreux et chauds amis?... »

De cette appréciation, qui est très juste au fond, il faudrait bien se garder de conclure que M. Dazincourt n'a ni compris ni connu ce sentiment si profond et si humain, bien que si rare en réalité, qui s'appelle l'amitié. Mais c'est justement parce qu'il s'était fait de l'ami, à l'encontre du vulgaire, la grande, noble et vraiment juste idée que doit en avoir un chrétien et un prêtre, qu'il a choisi les siens entre mille. Oui, assurément, on ne peut pas dire que ses amis aient été nombreux ; mais, en retour, la vérité nous force à proclamer hautement, à son honneur et à l'honneur de la vraie amitié, que les quelques amis qu'il a eus ont été pour lui de chauds amis, s'étant donnés à lui de cœur et d'âme, comme il se livrait lui-même quand il se livrait, tout entier : *toto corde et animo volenti*, ainsi qu'il aimait à dire. Nous en connaissons personnellement qui ont eu cet honneur, et aussi ce bonheur, car si le poète a eu raison de dire que

L'amitié d'un grand homme est un bienfait des dieux,

à quel prix ne faut-il pas estimer l'amitié d'un saint !...

Tout le monde comprendra aisément dans quel sens il convient de prendre cette expression qui vient de tomber de notre plume... ou de notre cœur, si l'on y tient ; nous allons du reste essayer de la justifier, en montrant que les vertus du chrétien, du prêtre, du missionnaire enfin, ne le cèdent en rien, dans ce noble cœur, aux aptitudes, aux dons et aux qualités éminentes de l'homme.

« Comme prêtre, nous écrit le confrère déjà cité ci-dessus, c'était vraiment l'idéal !... Quelle dignité de toute la vie ! Quel port sacerdotal, sans rien d'embarrassé, de guindé ! Je ne me souviens pas de lui avoir vu commettre la moindre faute pendant les onze années que j'ai passées sous sa direction, — et je vous assure que je l'examinais de près ! Non, rien, absolument rien !... » — Un autre nous écrit : «... Ne manquez pas au moins de dire que notre cher Supérieur a été surtout un *rude chrétien !*... rude pour lui, car, que ne l'ai-je pas vu faire et souffrir pendant les sept ans que je l'ai connu !... Savez-vous pourtant ce qui m'a le plus frappé en lui ? C'est la grande, l'invariable uniformité de sa vie; régulier comme le plus fervent des séminaristes, tous les jours de l'année scolaire et des vacances elles-mêmes se ressemblaient, et il me semble qu'à suivre la parole de Clément VIII, cela seul suffirait pour faire canoniser notre bon et cher Supérieur!... » Encore une appréciation générale; elle est d'une âme non vulgaire et sans enthousiasme, qui a suivi chaque semaine, vingt années durant, la direction de M. Dazincourt, et avait appris, partant, à le connaître à fond; nous la tirons d'une lettre tout intime écrite au lendemain de sa mort : « Je vous remercie d'avoir si bien compris ma douleur; elle est grande, je vous assure; et il me semble qu'elle pèse de plus en plus! Les hommes de la trempe de M. Dazincourt sont rares, bien rares... On se demande quelle était la vertu qui lui manquait ! car on les trouve toutes en lui dans le plus parfait accomplissement, et toutes parées de ce charme que donne l'aimable simplicité. On le voyait toujours à son devoir et ne s'occupant que de son devoir; je crois qu'il ne perdait pas un seul instant Notre-Seigneur de vue, sans cesse occupé à l'imiter... Et tout cela, sans contrainte aucune, sans sévérité, aimablement et simplement. On lui voyait faire des actes qu'on eût trouvés héroïques chez d'autres; ils semblaient tout naturels en lui, tant il savait les envelopper d'une suave humilité. Tout en étant à l'aise avec lui, on se sentait à la fois attiré à lui communiquer les besoins de son âme, et en même temps pénétré du plus profond respect que donnent la vénération et l'admiration de la sainteté! Il y avait mieux encore : un quelque chose qui venait de Dieu et comme un trait divin était sur lui, qui faisait qu'en l'approchant on ne pouvait éprouver nul sentiment naturel. Aller à lui par une satisfaction de la nature eût semblé offense! Ce sentiment-là, tout le monde l'éprouvait, une et cependant, comme on le vénérait, comme on l'aimait!... »

Mais venons au détail. Les vertus théologales avaient été

portées en lui et étaient entretenues à un degré très éminent, d'abord et sans doute par une effusion peu commune et incessante de l'Esprit-Saint et de ses dons ; mais il y avait aussi là de son action et de son travail personnel ; dans ses longues études théologiques, dans ses continuelles méditations ascétiques, il s'était fait à lui-même et il entretenait dans son âme une telle idée de Dieu, de sa véracité, de sa bonté, de sa puissance et de sa fidélité ; il avait conçu un tel idéal de sa sainteté, de sa beauté et de son infinie perfection, qu'il avait là sans cesse sous la main et toujours à sa disposition un inépuisable trésor, d'où il tirait, pour lui et pour les autres, sans jamais l'épuiser, des sentiments et des actes toujours nouveaux et toujours anciens de foi, de confiance, d'amour et de religion profonde.

L'édifice tout entier des vertus de cette sainte âme et des œuvres de sa longue vie reposait, on le conçoit bien, sur une foi absolue qui ne paraît jamais avoir eu la moindre hésitation. Né dans une famille patriarcale, élevé par des maîtres pénétrés d'esprit de foi, dès son enfance il en avait vraiment fait le flambeau de sa vie, et il marcha toujours à cette lumière, sans jamais hésiter ni tâtonner ; en tout et partout il ne se laissait diriger que par les vérités de l'Évangile, par les maximes de Jésus-Christ. Élève, maître, professeur, directeur, supérieur, dans chacune de ses diverses positions, nous l'avons vu, avant tout et surtout il avait envisagé le côté surnaturel et n'avait cherché que lui ; les vues humaines n'avaient eu jamais nulle prise sur lui. Dans sa vie entière et jusque dans les actions les plus vulgaires, on voyait, on sentait l'homme de foi profonde. Il lisait, ou du moins il parcourait des yeux et rapidement un journal, bien qu'il y regrettât le temps ; mais, d'instinct, passant sur tout le reste, il allait vers ce qui pouvait intéresser la foi, la religion ou l'Église ; et nous l'avons vu souvent gémir profondément et même entrer dans de saintes indignations en lisant les attaques ineptes, les entreprises audacieuses dont nous avons dû être si souvent les témoins attristés dans ces derniers temps. Sa foi perçait jusque dans ses conversations, et au milieu des sujets les plus vulgaires ; d'un mot, d'un élan, il transportait les esprits dans le monde surnaturel. Dans une simple classe de politesse, il trouvait moyen d'élever des matières aussi humbles jusqu'aux principes de la foi, et dans les notes qu'il a laissées de son cours professé à Kouba, invariablement les premiers motifs qu'il invoque, sur chaque article, ce sont les *principes surnaturels*, citant plusieurs textes de l'Écriture, tirés ordinairement des Livres sapientiaux. Inutile d'ajouter que dans sa classe de prédication il recommandait avant tout à ses élèves de prêcher l'Évangile, car il avait en horreur ces genres de prédication où il est question de tout, excepté des vérités de la foi. « C'est de notre faute, disait-il souvent, si tant de laïques aujourd'hui se mêlent de prêcher sans mission et sans compétence ; faisons notre devoir, prêchons, prêchons la foi, prêchons en n'alléguant que les motifs de la foi, et on nous écoutera avec intérêt et grand profit !... » Ce qu'il enseignait là, il le prêcha toujours d'exemple, et c'est bien de lui qu'on peut dire qu'il a suivi de point en point le précepte de l'Apôtre : *Si quis loquitur, quasi sermones Dei !* Mais aussi, comme il était plein des choses de Dieu, comme il possédait à fond la sainte Écriture ! « Comme il aimait la Bible, nous écrit un de ses confrères ; et quel parti il savait en tirer dans ses instructions, dans ses répétitions d'oraison, dans ses lectures spirituelles et jusque dans la conversation ! Mais aussi en lisait-il tous les jours ses trois chapitres, et il avait bien soin de s'informer si directeurs et élèves avaient la même pratique. » Un autre ajoute : « On peut affirmer qu'il n'a plus étudié que la sainte Écriture les quinze dernières années de sa vie ; tout son temps libre allait là ! »

Faut-il s'arrêter longuement à montrer qu'en lui la vertu d'espérance a toujours été au niveau de sa foi ? Mais sa vie tout entière s'est passée dans l'exercice et dans la prédication de la confiance en Dieu. Tout jeune enfant et déjà orphelin, il s'était habitué de bonne heure à goûter, dans un entier abandon à la Providence, les premiers mots de l'Oraison dominicale : « Notre Père, qui êtes aux cieux ! » et ce Père céleste dont il se croyait intimement l'enfant, n'était pas dès lors pour lui, comme pour tant d'enfants à cet âge, un mot vague et vide de sens ; c'était bien une douce réalité à qui il savait rapporter ses joies, ses petits succès d'écolier, la protection et la sécurité dont il se sentait entouré. Aussi, comme toute sa vie il aima, pour nous servir d'une expression qui lui devint familière, à *loger à l'enseigne de l'aimable Providence!* Devenu maître, professeur de théologie, directeur de séminaire, et ayant, pour faire honneur à toutes ces positions délicates, des moyens naturels remarquables et plus que suffisants, il se défia toujours grandement de lui-même — beaucoup trop, a-t-on dit autour de lui bien souvent — et il attendit le succès du secours divin qu'il demandait incessamment avec le plus entier abandon. Quand les souffrances arrivèrent, que son corps, jeune encore, fut assailli d'infirmités précoces, multiples et incessantes ; quand son esprit, d'ordinaire si lucide, se trouva en proie aux ténèbres, aux inquiétudes, aux affres de la peur ; quand son cœur si sensible fut broyé par les épreuves des séparations, des deuils, des froissements de la vie, on l'entendit, sans la moindre hésitation ni le plus léger murmure, reprendre son Oraison dominicale, et, levant vers son Père céleste ses yeux humides de larmes, lui dire de tout cœur, lui répéter avec insistance et soumission entière : « Que votre volonté soit faite !... » Qu'on relise sa touchante correspondance avec sa sœur aînée, surtout dans les vingt dernières années de sa vie, qui furent une vraie station au Calvaire, on n'ouvrira pas une seule lettre où l'on ne rencontre ce cri de confiance et d'abandon et où l'on ne sente qu'il s'échappe du fond même de ses entrailles.

Sa vie se passa également à recommander cette même confiance en Dieu aux âmes, aux pauvres âmes affligées, éprouvées, souffrantes et malades, qui instinctivement recouraient en si grand nombre à son ministère, à son expérience, à sa charité. Au confessionnal, dans ses lettres, quand on venait l'entretenir, c'était toujours, et quelque désespérée humainement que semblât une situation, c'était invariablement et en dernière analyse : « Courage et confiance en Dieu! et confiance d'abord pour avoir le courage!... » C'est surtout dans ses admirables réponses aux Filles de la Charité que nous l'avons plus fréquemment retrouvé et admiré, ce cri vraiment sorti de son cœur; comme elles ont reçu mission de soulager toutes les misères, il n'est pas rare que, pour les rendre plus compatissantes, la Providence ne commence par leur départir un très ample lot d'épreuves personnelles; il faut voir comme il sait relever leur courage et leur crier : Confiance! « Vos épreuves, écrit-il, sont des nuages malencontreux que les rayons du soleil ne tarderont pas à dissiper; allez! En attendant, ayez bon courage et pratiquez le saint abandon au bon plaisir de Dieu; logez votre pauvre cœur, comme dit saint Vincent, à l'enseigne de la confiance en Dieu!... Les sollicitudes excessives, vous le savez, étouffent la bonne semence; remerciez Notre-Seigneur pour le présent, puisque sa main vous bénit; et confiez-lui tous les secrets de l'avenir; — voilà la vraie sagesse! Ce qui va au-delà ressemblerait à une recherche trop naturelle; que votre âme se délasse et se soulage dans les sentiments qu'inspire la confiance... » A une autre : «...Courage et confiance, telle doit être notre devise quand on est pourvu de cette bienheureuse patente après laquelle, dit-on, quelques-uns et quelques-unes soupirent! Il faut en prendre son parti et se résoudre toujours à remplacer une épine par une autre; j'en suis là maintenant, et dès le matin j'accepte le travail et la préoccupation de la journée présente, sans aller plus loin; c'est la règle de l'Évangile. En prenant ainsi la règle au détail, on n'est pas écrasé ; et en s'élevant dans un monde meilleur, on arrive à être moins impressionné par les incidents de ce monde où l'on n'est qu'en passant. En somme, tout ce qui nous arrive n'a de valeur que dans ses rapports avec le salut et la sainteté ; et dès qu'on a fortement saisi ce côté, il ne peut nous arriver rien de très fâcheux ; — ce qui revient à cette parole du Saint-Esprit : « Ceux qui se confient en Dieu sont inébranlables comme les montagnes [1] !... » Encore quelques belles lignes : « ... Courage et confiance, écrit-il à une troisième ; vous allez paraître en justice, presque aux jours anniversaires de la comparution et de la condamnation de Celui qui est notre modèle... Vous êtes bien complètement dans votre vocation, puisque « vous êtes appelée... pour hono-« rer Notre-Seigneur », disent vos saintes règles ; et je ne sache pas qu'il y ait une exception pour cette partie de sa vie ; il est même certain que saint Pierre nous affirme que si Notre-Seigneur a souffert, c'est pour nous donner l'exemple et nous inviter à marcher sur ses traces ! Vous irez donc samedi au Palais, en union avec la sainte Victime parcourant les tribunaux de Jérusalem... Ce sera un bon chemin de croix, car je n'ai pas de peine à me figurer vos angoisses ; et je vous remercie cordialement de m'y associer : c'est le privilège de la communion des saints de partager la souffrance comme la joie ! Je prie le bon Maître de vous faire accepter également le succès et l'insuccès ; et c'est bien le cas de vous rappeler que saint Vincent, quand il était obligé de soutenir un procès, était aussi indifférent pour la réussite que pour la condamnation, il aurait même incliné volontiers vers ce dernier côté ; sans doute parce qu'il savait qu'il y a une bénédiction réservée à ceux qui souffrent pour la justice !... et aussi parce que Notre-Seigneur a voulu perdre le seul procès qu'il a soutenu. L'im-

---

1. Ps. CXXIV, 1.

portant c'est de vous dire que vous avez fait tout ce qui était de votre devoir pour soutenir les droits de la justice et de la charité. Si la bonne Providence permet qu'on vous enlève la pharmacie, vous en gémirez pour vos chers maîtres les pauvres, et vous vous consolerez en cultivant avec plus de soin et d'amour l'âme de vos enfants. Il faut toujours poursuivre le bien que le bon Dieu veut, et non pas celui que nous voulons ! donc, confiance !... »

L'amour que notre cher confrère avait pour Dieu découlait naturellement d'abord de la foi et de la confiance absolue qu'il avait en lui, et en même temps aussi de ce besoin d'aimer qui faisait comme le fond de sa riche nature, et, si l'on veut, de cette « excessive » sensibilité que quelques-uns sont tentés de lui reprocher. Plus on nous le montre délicat et timide, moins il a eu parmi les hommes d'amis chauds, et plus aussi son pauvre cœur avait besoin de compensations ; — et il s'en est donné du côté du ciel, et il a aimé Dieu, et il l'a aimé vraiment « de tout son cœur, de tout son esprit, de toute son âme et de toutes ses forces ! » Oh ! sans doute, il n'a pas eu de grandes occasions, des circonstances extraordinaires pour montrer au dehors ces grands sentiments de son cœur envers Dieu ; il n'y a dans sa vie ni martyre éclatant, ni persécutions bruyantes, ni courses aux confins du monde pour prêcher son nom ;... mais, on l'a vu par tout ce que nous avons rapporté jusqu'ici, si les grandes occasions lui ont manqué, nous croyons fermement qu'il n'eût pas manqué, lui, à ces occasions, si elles se fussent offertes ; et en tout cas, nous pouvons le dire, au défaut des grandes il a eu les petites, et elles ont été nombreuses, journalières, incessantes ;... et nous ne sachions pas qu'il s'y soit jamais dérobé ou qu'il les ait accueillies de mauvaise grâce et en murmurant ; or, on l'a souvent dit, et avec raison : il est moins pénible de mourir d'un coup d'épée que de supporter patiemment la torture obscure et incessante d'une multitude de coups d'épingle !... Et nous n'en saurions douter, après ce que nous avons vu et entendu de lui, tout ce qu'il a fait et souffert, il l'a fait et souffert par amour pour Dieu ! Par amour pour Dieu, brûlant dès sa vingtième année du désir d'aller prêcher l'Évangile aux peuples assis à l'ombre de la mort, il s'est vu arrêté dans son élan par ses Supérieurs, et jusqu'à sa trente-troisième année il s'est résigné à contenir son zèle dans les étroites bornes d'une modeste classe d'enfants ! Par amour pour Dieu, ennemi de l'éclat et des positions en vue, ayant en horreur la responsabilité, fuyant la supériorité autant que d'autres la recherchent, il s'est laissé, au moment venu, mettre sur ses épaules tremblantes ce lourd poids de responsabilité, et durant vingt longues années il l'a porté sans fléchir ni murmurer, malgré des motifs de décharge bien suffisants, et toujours un signe de ses Supérieurs a suffi pour lui faire reprendre le fardeau, quand il avait cru pouvoir enfin demander grâce ! Par amour pour Dieu surtout, durant les vingt dernières années de sa vie, nous l'avons vu recevoir la croix du Calvaire successivement sur son corps, sur son esprit, sur son cœur, en un mot sur son être tout entier, — et nous savons si, à certains moments, elle a pesé lourdement et pénétré profondément ! Or, comme le dit saint Jean de la Croix, « Celui qui consent à souffrir pour Dieu montre bien que vraiment il s'est donné à lui et qu'il l'aime ». Et pourquoi donc, si ce n'est par amour pour Dieu, dès Kouba, ce petit cadre affichant sur son bureau, afin de l'avoir sans cesse sous les yeux, et de là dans son cœur, cette laconique mais vaillante devise et qui en dit si long : « Ma croix d'aujourd'hui ?... » Et si nous pouvions descendre jusqu'aux moindres détails de cette vie de soixante-dix ans, journée par journée, heure par heure, et analyser les mobiles intimes de son cœur, nous en sommes convaincu, chaque jour, à chaque heure, à chaque minute, nous trouverions de tous ses actes, de toutes ses paroles, de tous ses mouvements, de toutes ses pensées, le moteur unique : l'amour de Dieu !

Du reste, voici des témoignages ; qu'on écoute ses confrères, ces témoins habituels de sa vie, et qu'on veuille bien remarquer avec quel soin, quel zèle et quel esprit de foi il s'est toujours acquitté des moindres devoirs de la vertu de religion : ce qui n'était certes pas en lui, comme cela n'arrive que trop facilement, de purs actes extérieurs, produits d'une habitude prise, ou de belles apparences qui frappent les sens; mais des réalités en parfait accord avec les sentiments intimes de son âme, des effets naturels de sa religion profonde, de son respect et de son amour pour Dieu et pour la personne de Notre-Seigneur Jésus-Christ ! «Vous connaissez le triste état de sa santé, nous écrit l'un d'entre eux, eh bien ! durant les onze années que je l'ai connu, je ne l'ai pas vu manquer une seule fois à l'oraison; et il fallait voir comme il s'y tenait, à genoux durant la première demi-heure, profondément absorbé en Dieu, comme pendant son action de grâces. A ma connaissance, il n'a jamais omis sa préparation spéciale à la sainte messe, arrivant à la chapelle, sept à huit minutes avant de prendre les ornements sacrés, même en hiver, et vous savez que notre chapelle était alors une vraie glacière ! Et son action de grâces !... Il était là, à genoux, les bras croisés, la tête légèrement inclinée, vingt minutes durant, — et pas un mouvement ! on eût dit la statue d'un ange adorateur ! Il tenait la main à ce qu'on récitât le bréviaire lentement et gravement ; nous mettions bien une demi-heure pour vêpres et complies...» Voici le témoignage d'un second : «... Que vous dirai-je de sa piété ! oh ! assurément, elle ne consistait en rien d'extraordinaire ; elle avait pour base ce principe qu'il aimait à inculquer aux élèves : « Jésus-Christ nous a laissé un code de religion, un exposé net et précis de la manière dont Dieu entend être servi : c'est l'Évangile ! Or, dans l'Évangile il n'est question d'aucune de ces dévotions particulières que certains aiment et prônent tant aujourd'hui; mais en revanche, beaucoup d'autres choses y sont rigoureusement prescrites, auxquelles on ne songe guère!» Vous savez combien il tenait à la sainte Écriture; elle était non seulement la base de son enseignement, mais encore et surtout la règle unique de sa conduite; aussi pas de pratiques ou dévotions particulières; là-dessus, comme pour le reste, il ne connaissait que la règle, il n'aimait que les pratiques de la règle : oraison, sainte messe, longue et fervente action de grâces généralement prolongée, vingt, ving-cinq minutes. Et c'est ici un point sur lequel j'aimerais qu'on appuie fortement, aujourd'hui où la vraie dévotion est généralement si mal entendue. C'était vraiment plaisir de voir comme il entrait dans l'esprit des fêtes de l'Église; lisez donc ses conférences sur les Démons, sur la Rose d'or, sur les Rogations, etc... vous verrez comme il savait tirer parti de l'Écriture et des livres liturgiques... Il aimait les cérémonies de l'Église et tenait beaucoup à ce que les rubriques fussent bien observées; assez souvent en récréation il amenait la conversation sur ce sujet et signalait les fautes qu'il avait remarquées. Il s'était chargé lui-même du chant, et il s'en acquittait fort bien; il pressait les confrères de préparer ce qu'ils avaient à chanter, ne fût-ce que l'intonation d'une antienne, disant qu'en tout il convient de donner bon exemple aux séminaristes. Il avait établi qu'un quart d'heure avant les offices on donnerait un coup de cloche pour prévenir ceux qui devaient y prendre part et les inviter à s'y préparer à la chapelle, par quelques minutes d'adoration devant le Saint Sacrement. S'il aimait le chant liturgique, il était inexorable pour la musique et la proscrivait entièrement de l'église; de même, aimant les cérémonies, l'ornementation de l'autel, la propreté du lieu saint, il détestait toute fantasia et n'avait nul goût pour une piété de fleurs et de chandelles... Pendant la semaine sainte, il était tellement pénétré de la grandeur des mystères, qu'il ne parlait presque pas et demandait à la Communauté le silence et le recueillement le plus complets. Il passait une partie du jeudi saint devant le Saint Sacrement, et une partie du vendredi saint dans la chapelle où la réserve avait été transportée...» Enfin un troisième confrère nous écrit à son tour : «... Vous savez bien quelle ponctualité il exigeait pour l'observation des rubriques et du chant; n'aurait-on manqué qu'une inflexion dans une oraison, il savait en faire aimablement la remarque. Pour lui, aucun détail n'était à négliger, du moment qu'il s'agissait du culte de Dieu et du bon exemple à donner aux séminaristes... Et cette seule manière grave et recueillie de saluer la croix, à la sacristie, au retour des offices, lui au milieu et les directeurs des deux côtés, avait quelque chose de touchant... Il aimait tous ces offices solennels qui reposent l'âme, disait-il, et sont nécessaires pour conserver la religion parmi les fidèles. Aussi tous devaient y prendre part en chantant et en suivant l'action du célébrant, et il n'aurait pas souffert qu'un directeur y assistât en se contentant de réciter son bréviaire... Bref, son bon sens pratique, ou plutôt son esprit de foi et de religion s'étendait à tous les détails... »

M. Dazincourt n'a pas été seulement un homme remarquable, un *rude* chrétien, un prêtre fervent, — ce qui eût suffi, comme base, pour qu'il pût devenir un Supérieur de grand séminaire éminent; il fut en outre, ce qui bien loin d'être indifférent contribua pour une large part au but providentiel, un missionnaire exemplaire, un digne fils de saint Vincent. En effet, tout ce que nous savons de ses vertus et de ses qualités de missionnaire nous le montre réalisant de tout point l'idéal proposé par le saint Fondateur; car, comme on va le voir, il a admirablement pratiqué les cinq vertus qui constituent l'esprit et sont comme l'âme et la vie de la Congrégation des prêtres de la Mission.

Ce qu'on va lire est, à peu de chose près, l'analyse fidèle des remarques faites par nos confrères de Montolivet, dans les conférences qui, selon l'usage, eurent lieu immédiatement après la mort du vénérable Supérieur.

Simplicité. Professeur de petit séminaire, professeur de théologie, prédicateur de retraites pastorales, supérieur de grand séminaire, M. Dazincourt visa toujours à aller droit son chemin, recherchant uniquement Dieu, jamais lui-même. Ce qui a fait le succès de ses diverses fonctions a été la grande simplicité qu'il y apportait. Professeur il aurait pu briller, et facilement; il préféra toujours être simplement utile à ses élèves; et plus tard il se plaisait à recommander à ses confrères de devenir avant tout des professeurs pratiques, utiles, plutôt que brillants et profonds. C'est dans cette pensée que, conformément aux recommandations de notre saint Fondateur, il voulait que le professeur se bornât généralement à bien expliquer et bien faire comprendre son auteur.

Dans les exercices de la retraite donnés au clergé de plusieurs diocèses, il fut partout extrêmement goûté et apprécié; cependant, dans ses discours, rien de recherché, rien de brillant extérieurement; la force de sa parole venait de la conviction profonde qui l'animait et qu'il faisait passer en son auditeur; elle venait du fonds toujours très solide et de l'onction qui la vivifiait; en un mot, il prêchait comme le demande l'esprit de la petite méthode en usage dans la Compagnie. Ce qu'il faisait, il pouvait le recommander aux autres, et il n'y manquait pas, soit vis-à-vis de ses confrères, soit vis-à-vis des séminaristes. Il ne voulait pas de ces sermons alambiqués où la subtilité du sujet et les vains ornements de la forme peuvent attirer à l'orateur quelques applaudissements, mais conduisent fort peu les âmes à Dieu. Malgré sa douceur et sa bienveillance pour tout le monde, il s'exprimait parfois en termes assez vifs sur ce point. Il ne pouvait souffrir ce qu'il appelait le rationalisme de la chaire, c'est-à-dire la tendance à ne voir dans la religion, dans ses mystères, dans son Fondateur, que ce qui ne paraît pas dépasser l'ordre naturel. Il n'aimait pas ces prédicateurs qui semblent avoir honte de nommer Notre-Seigneur Jésus-Christ, et l'appellent simplement le Christ ou le Maître, qui préfèrent les matières purement philosophiques ou même politiques aux vérités de l'Évangile.

Tous les prêtres du diocèse de Marseille qui sont passés au séminaire pendant le temps qu'il en fut le Supérieur, se rappellent avec bonheur et édification ses conférences du dimanche matin, ses lectures spirituelles, ses explications du Pontifical romain, pendant la retraite préparatoire aux ordinations. A la lettre, on peut le dire, il ravissait les séminaristes, et plusieurs prêtres éminents regrettent que ces trésors de piété, de doctrine, de sagesse, ne soient pas livrés au public. Ici encore, en analysant les raisons de cet enthousiasme (le mot n'est pas trop fort), on ne trouve rien qui sente la recherche, le faux brillant ; toujours la simplicité, l'admirable simplicité qui faisait le succès de ses instructions, succès toujours de bon aloi et durable.

Cette même simplicité de parole le faisait apprécier des Filles de la Charité, dans les trop rares retraites qu'il leur a données. Ce qui les charmait, c'est qu'on pût dire si bien en leur disant des choses si facilement compréhensibles et à la portée de toutes. Il y a trois ans, il avait à peu près cédé aux nombreuses prières qui lui étaient faites de plusieurs côtés ; il avait accepté presque de donner une retraite aux Sœurs de Marseille : ce fut une joie universelle ; toutes se promettant de profiter de ses lumières, de ses conseils, de son expérience; malheureusement, la maladie qui depuis des années le fatiguait, empêcha la réalisation de cet espoir, mais du moins on vit combien elles appréciaient ses conférences.

Ce n'est pas seulement en classe ou en chaire que la

simplicité était son partage ; elle l'accompagnait partout. Beaucoup de confrères qui l'abordaient pour la première fois n'étaient pas sans quelque appréhension, étant donnée la réputation dont jouissait le digne Supérieur ; bien vite ils étaient rassurés par son accueil toujours distingué, mais aussi d'une parfaite simplicité. Nous n'affirmerons pas que quelques-uns, l'ayant vu seulement en passant, et surpris de la différence entre l'idée qu'ils s'en étaient faite et la réalité, n'aient plus ou moins jugé que M. Dazincourt, après tout, était un homme comme les autres. Mais ce que nous pouvons affirmer, c'est qu'aucun de ceux qui ont eu le bonheur de vivre avec lui ne partagera ce jugement. Ses relations avec ses confrères étaient toujours empreintes de la plus parfaite cordialité, de la plus grande simplicité ; il traitait avec eux comme avec des frères, éloigné de tout ce qui aurait senti l'affectation, la pose. Au reste, il avait trop d'esprit pour chercher l'affectation ; il avait trop de qualités réelles pour s'en attribuer d'imaginaires. Chez lui, il se montrait toujours affable, ne paraissait jamais pressé, jamais on ne le dérangeait. En récréation, toujours gai et aimable, il oubliait, pour ainsi dire, qu'il était Supérieur, bien que ses confrères ne l'oubliassent jamais. Dans ses conversations, il évitait tout ce qui pouvait le mettre en relief, le faire valoir. Cette simplicité, il l'avait aussi avec les séminaristes ; en général, les nouveaux venus avaient bien quelque appréhension de M. le Supérieur : son extérieur, sa gravité, sa réputation leur en imposaient ; donc, ce n'est pas sans crainte et tremblement qu'ils allaient le trouver en arrivant ; mais en général aussi, ils étaient vite rassurés devant l'affabilité de l'accueil qui leur était fait. Bref, si l'on se donnait la peine de parcourir toutes les circonstances de sa vie, il s'en dégagerait cette conclusion qui a été émise dans une conférence sur ses vertus : M. Dazincourt fut vraiment, comme saint Vincent, ce *vir simplex, rectus ac timens Deum*, dont parle l'Écriture.

Simple dans sa vie, il fut simple dans sa mort. Ceux qui ont eu la consolation d'assister à ses derniers moments, ceux qui ont pu le suivre durant les quelques jours de la courte maladie qui l'enleva, s'accordent à dire qu'il est mort comme il a vécu, bonnement et simplement.

Humilité. Les remarques faites sur son humilité ne sont pas moins nombreuses que celles qui viennent d'être rapportées touchant sa simplicité. M. Dazincourt ne parlait presque jamais de lui, si ce n'est en choses qui pouvaient être un exercice pour l'humilité, ce qui d'ailleurs lui arrivait fort rarement. Tous les détails qu'il a, de temps à autre, donnés sur sa famille, son pays, sa première éducation, étaient toujours par lui présentés de telle façon qu'il n'y eût rien qui pût flatter l'amour-propre ou la vanité ; et encore fallait-il qu'une occasion se présentât, sans cela il ne l'aurait pas fait, de peur d'occuper autrui de sa propre personne. Mais ce qui était complètement passé sous silence, c'étaient ses succès d'élève au petit et au grand séminaire, ses succès comme supérieur, directeur de grand séminaire, ou professeur au petit séminaire de Lyon. Si l'on n'avait eu, à ce sujet, que les renseignements venus de lui, on aurait tout ignoré ; heureusement ses anciens élèves, ses confrères, ses amis ne se sont pas crus obligés à la même réserve sur son compte. Ainsi, on a appris bien des détails, touchant son séjour à Kouba, par les nombreux prêtres algériens qui, à leur passage à Marseille, ne manquaient pas de venir à Montolivet ; par eux, on a su bien des choses que ne nous aurait jamais dites M. Dazincourt, puisqu'elles étaient à sa louange. Un jour, ce fut un des évêques d'Algérie qui vint au séminaire, saluer son ancien maître ; le vénérable prélat adressa quelques mots à la communauté : ce fut l'éloge complet de M. Dazincourt, et sa modestie eut à passer là un assez mauvais quart d'heure ! Ce digne évêque avait formé le dessein de l'emmener pour lui faire donner la retraite ecclésiastique dans son diocèse; mais il ne put vaincre son humilité et le décider à entreprendre un voyage qui aurait ressemblé à un triomphe. « Si M. Dazincourt venait en Algérie, nous disait le prélat, la moitié du clergé algérien irait l'attendre à son débarquement et lui ferait une ovation ! »

On l'a vu, c'est l'humilité qui lui faisait fuir les honneurs et les charges avec autant d'empressement que d'autres en mettent à les poursuivre; son humilité, ici, était du reste aidée par son état de santé; il s'en servait fort habilement pour éviter toute fonction capable de lui attirer quelque considération; mais sa maladie n'était plus un obstacle du moment qu'il y avait à se dévouer. Il avouait lui-même en souriant que son infirmité avait du bon, malgré les longues et pénibles incommodités qu'elle lui causait. Quelques confrères trouvaient qu'il abusait de ce prétexte et lui en faisaient d'aimables reproches, l'accusant de priver la Compagnie des services qu'il aurait pu lui rendre dans une position plus élevée. A plusieurs reprises, les Supérieurs majeurs lui proposèrent la charge de visiteur de la province; il refusa toujours, alléguant l'impossibilité où il était de la remplir dignement; plusieurs fois également il fut nommé commissaire extraordinaire pour la visite de maisons voisines ou lointaines; il subit ce qu'il ne put refuser, et s'excusa pour le reste, sans manquer toutefois à l'obéissance. D'après l'opinion commune, au dedans et au dehors, M. Dazincourt était un Supérieur modèle; il était loin de penser ainsi, et souvent il demanda à être déchargé de la supériorité, persuadé qu'il n'était pas, ou du moins qu'il n'était plus à la hauteur de ses fonctions. Que de fois nous l'avons entendu dire et répéter qu'il n'était bon à rien, qu'il ne faisait rien !... Il était seul, évidemment, à juger ainsi, et jusqu'à sa mort il fut heureusement maintenu dans sa charge. Tout le monde connaît ses appréhensions, ses terreurs, lorsque son nom fut mis en avant pour occuper un des sièges épiscopaux d'Algérie, et surtout lorsqu'il se vit menacé, en 1874, d'être mis à la tête de la Compagnie... Son humilité en fut alarmée, au point qu'il faillit en perdre son bon sens et se sauver à la Trappe !...

Vicaire général et membre du conseil épiscopal, sous les deux évêques qui ont administré le diocèse de Marseille durant son séjour à Montolivet, il fut l'ami et le conseiller intime de ces deux prélats. Jamais il ne tira vanité de sa haute position ; jamais il n'essaya d'exercer une influence personnelle quelconque dans l'administration diocésaine ; toujours il s'effaçait ; quelques-uns trouvaient même qu'il s'effaçait trop ! Cherchant à se renfermer dans son séminaire, il disait et répétait qu'il serait heureux le jour où on l'y laisserait complètement.

Dans les conférences avec ses confrères, dans les répétitions d'oraison, il ne manquait pas les occasions de s'humilier, se rendant responsable de tout ce qui pouvait laisser à désirer au séminaire ; par son humilité, enfin, il nous donna les plus beaux exemples jusque sur son lit de mort.

En sorte qu'on peut bien le dire, durant sa vie, comme à l'heure de sa mort, il a bien réalisé la parole de l'*Imitation*: *Ama nesciri et pro nihilo reputari!*

Douceur. « Le bon M. Dazincourt, » c'est ainsi qu'on désignait généralement notre confrère ; et, de fait, ce titre de « bon » lui était bien dû, tant il était doux, affable, prévenant envers tout le monde. Qui l'a jamais vu en colère ? et si parfois il a dû dire des paroles sévères à quelqu'un, c'est qu'il y était forcé par les devoirs de sa charge ; car il ne tombait dans aucun extrême, toujours à égale distance de la faiblesse et de la dureté.

Dans une conférence sur la douceur, saint Vincent dit que cette vertu a trois actes principaux : le premier consiste à « réprimer le mouvement de la colère, les saillies de ce feu qui monte au visage, qui trouble l'âme, qui fait qu'on n'est plus ce qu'on était ». M. Dazincourt avait excellemment cette première marque de la douceur. Les contrariétés, les paroles injustes ou blessantes ne troublaient pas la sérénité de son visage ou n'y produisaient qu'une altération fugitive aussitôt réprimée que produite. Un confrère, à qui il avait cru devoir faire une observation assez douce encore et parfaitement méritée, lui répondit d'une façon aussi blessante qu'injuste ; M. Dazincourt garda le silence, et son visage même ne trahit nullement l'émotion qu'il devait ressentir intérieurement. Car il ne faudrait pas croire que chez lui cette douceur fût une vertu naturelle et de tempérament. Ceux qui n'ont fait que l'entrevoir ont pu le croire froid, insensible ; la vérité est qu'il avait naturellement une très grande sensibilité ; les mauvais procédés le blessaient profondément ; l'ingratitude ou l'injustice allaient droit à son cœur, toujours franc et loyal ; mais il savait, par vertu, combattre et apaiser tous ces mouvements de la nature.

Le second acte, continue saint Vincent, « est d'avoir une grande affabilité, cordialité et sérénité de visage envers les personnes qui nous abordent, en sorte qu'on leur soit à consolation. De là vient que quelques-uns, avec une façon riante et agréable, contentent tout le monde. » Cette dernière parole est le vrai portrait de M. Dazincourt, au point de vue de ses relations avec le prochain. Toutes les personnes qui le voyaient un peu de près disaient unanimement : « C'est un homme charmant ! » Tous ceux qui ont vécu à Montolivet ont entendu dire cette parole maintes fois. Et, de fait, il s'étudiait à être aimable avec tous ses visiteurs, et, comme il s'y étudiait depuis longtemps, comme cette étude était basée sur un grand fonds de vertu, il y réussissait à merveille. Personne ne l'a quitté mécontent de son accueil, de ses paroles ou de ses procédés. Sa haute position lui attirait parfois, pour ne pas dire souvent, des visites intéressées ; ces visiteurs-là ne sortaient pas toujours enchantés du résultat de leur visite, car M. Dazincourt était incapable de promettre son appui ou son concours à un candidat moins méritant ; mais ils ne se plaignaient jamais d'avoir été reçus d'une manière peu gracieuse. Parfois ses journées entières se passaient à recevoir des visites, soit au parloir, soit dans sa chambre ; conseils à donner, plaintes à recevoir, affaires à traiter,... de pareilles journées étaient écrasantes pour lui, étant donné surtout l'état de sa santé ; n'importe, le dernier visiteur était aussi gracieusement accueilli que le premier ! et il s'intéressait à son affaire avec autant de bonté que si elle avait été l'unique de la journée. Cette affabilité d'accueil, il l'avait, cela va sans dire, pour ses élèves et ses confrères ; jamais on ne le dérangeait ; qu'il fût malade, fatigué, surchargé de besogne, il avait toujours le temps de recevoir, d'écouter ;... et certainement jamais personne, entrant chez lui, ne surprit sur son visage le moindre signe de contrariété ; chose admirable dans un homme toujours occupé et si souvent dérangé au milieu de pressants travaux ! Cette douceur d'accueil était d'autant plus méritoire chez lui que, par tempérament, il aimait beaucoup la solitude ; jamais plus heureux que, lorsque le mauvais temps ou une raison quelconque empêchant l'affluence des visiteurs, il pouvait consacrer quelques heures à ses livres et à ses pratiques de piété ! Il disait parfois lui-même qu'il aurait fait un bon chartreux.

« Le troisième acte de la douceur, dit enfin saint Vincent, consiste, quand on a reçu du déplaisir de quelqu'un, à passer outre, à n'en témoigner rien, ou bien à dire en l'excusant : Il n'y pensait pas, il l'a fait par précipitation, un premier mouvement l'a emporté, enfin à détourner sa pensée du grief prétendu. » Nous avons déjà vu que M. Dazincourt savait se taire, quand les mouvements de la sensibilité émue ou froissée l'auraient entraîné à des paroles empreintes de quelque dureté. Mais ce silence n'était pas dédain, dépit, mépris encore moins ; c'était un silence doux et calme, et même bientôt ce silence cessait, et il recommençait à parler même à celui qui lui avait causé cette peine! Inutile de dire que jamais il ne chercha à se venger des blessures qu'on avait pu lui faire ; jamais un retour sur ces moments pénibles, jamais la moindre allusion. A ce point de vue, qui est capital pour la bonne harmonie dans une communauté, M. Dazincourt était simplement admirable ; impossible de mieux faire ! Comme il savait donner un avis avec délicatesse, sans jamais humilier ni froisser, soit en public, soit en particulier ! On pouvait ne pas aimer l'avis, mais on ne pouvait le trouver trop dur ! Comme ces reproches étaient assaisonnés de charité ! Quelle patience aussi à supporter les travers, les défauts de caractère ! Et de sa vie, à ce point de vue, nous ne connaissons que la plus faible partie, celle qui paraissait à l'extérieur ; l'intime nous est caché, et c'est grand dommage !

Si la vieillesse, selon Horace, rend pénible, difficile, *difficilis, querulus*, la maladie en fait autant, pour ne pas dire pire. La maladie est le tombeau des illusions, des vertus de façade, de la fausse douceur ! Tel qui, en temps ordinaire, est d'humeur égale et joyeuse, devient acariâtre, difficile, parfois insupportable, dès que le moindre malaise se fait sentir. Il n'en fut rien pour M. Dazincourt ; ni l'âge ni la maladie ne modifièrent la douceur de ses paroles et de sa conduite. Sa vie, depuis longues années, était une lutte continue contre le mal et la souffrance ; jamais ses efforts n'altérèrent sa douceur, sa bonté ; jamais de plainte... La mort le trouva doux, et on peut dire qu'il a souri à la mort ! Il la vit venir sans crainte, sans trouble, sans effroi ! Les derniers jours de sa vie, il semblait avoir fait abdication de toute volonté propre, se laissant faire, se laissant soigner comme l'entendaient les médecins ou les infirmiers, prenant tous les remèdes qu'on lui présentait, bien qu'il n'eût aucune espèce d'illusion sur l'issue de sa maladie...

Mortification. Ce qui vient d'être dit sur l'humilité et la douceur du digne Supérieur est déjà une grande preuve de sa mortification ; mais il faut ajouter quelques traits touchant directement cette vertu. On a dit de saint Vincent « qu'il s'astreignait à ne produire au dehors qu'une vie bien réglée, s'éloignant également d'une mollesse coupable et d'une rigueur trop austère et rebutante ; mais la croix de Jésus-Christ n'y perdait rien de ses droits et il lui payait, dans son intérieur et en secret, le tribut d'hommages et d'imitation qu'il semblait lui refuser en public ». On en doit dire autant de M. Dazincourt. Extérieurement, sa vie était celle de tout le monde ; aucune pratique de mortification extraordinaire ne le distinguait ; étant donné le peu de goût qu'il avait à parler de lui-même, il n'est pas facile de savoir s'il usait de discipline ou de cilice ; mais cela n'étonnerait pas ; en le suivant de près, en examinant le détail de sa vie, on trouvait ample matière à admirer en lui l'esprit de pénitence.

Au dire de saint Bernard, la vie de communauté, la vie régulière est une des plus grandes mortifications ; et la chose est assez facile à comprendre. M. Dazincourt fut essentiellement un homme de règle, un homme de communauté. Que de dispenses parfaitement légitimes il aurait pu s'accorder ! Jamais il ne le fit ; lever de quatre heures, bréviaire, exercices communs, récréations même, quand le temps n'était pas trop mauvais, il ne s'exemptait de rien ! Non seulement il était régulier, mais il aurait pu se donner comme modèle à ses confrères, avec cette différence que ses infirmités transformaient pour lui les actes de régularité en autant de supplices ! Inutile d'ajouter que sa vie ne portait nulle trace de sensualité dans la nourriture ; il mangeait ce qui était servi, sans jamais se plaindre ni rien demander ou accepter de particulier ; il eût été peiné de savoir que, dans le choix des mets qui devaient être servis à table, on suivît ses goûts ; au reste, en ce point, il voulait qu'on mît en pratique ce que le directoire des séminaires prescrit si sagement ; jamais il ne se plaignait de la qualité ou de l'apprêt de la nourriture, et il n'aimait pas qu'on s'en plaignît, estimant que si on a à faire quelques mortifications, il faut se garder d'en perdre le mérite par des plaintes. Son ameublement était des plus simples ; ce qui édifiait les ecclésiastiques qui venaient le voir, et lui donnait en même temps autorité pour leur recommander cette même simplicité. Pour le vêtement, il aimait la décence et la propreté, il était éloigné de toute recherche. Au reste, il combattait trop souvent et trop vivement le luxe chez les séminaristes et les autres ecclésiastiques, pour laisser jamais rien à désirer sur ce point.

Après ce que nous avons dit de ses multiples infirmités, on pense bien qu'elles ont été pour lui une source intarissable de mortifications de toute espèce. Que de fois, souffrant, fatigué, il aurait aimé rester chez lui ; point : il fallait descendre au parloir ou aller en ville vaquer à ses devoirs d'état. A quelque moment qu'on l'appelât, il était toujours prêt à aller, sans s'écouter, sans hésiter.

Durant sa maladie, il avait peur d'être à charge, d'être trop bien soigné. Le médecin, pour prolonger de quelques heures cette vie précieuse, avait prescrit des fortifiants, et on lui donnait ce qu'on avait de mieux à la maison ; il craignait de manquer à la mortification en acceptant ces bonnes choses, mais un mot avait vite raison de ses répugnances : « C'est le médecin qui l'a ordonné ! — Eh bien ! si le médecin l'a ordonné, cela va bien ! » préférant ainsi l'obéissance à toutes les mortifications. Et l'obéissance n'est-elle pas la meilleure des mortifications ? Le médecin l'a ordonné : c'était, jusque dans son délire, le grand argument sans réplique. A plusieurs reprises, durant les dernières heures de sa vie, il voulut se lever, se croyant appelé par les devoirs de sa charge à se trouver à tel ou tel exercice de la communauté ; on lui rappelait l'ordre du médecin, et aussitôt il restait tranquille. C'est ainsi que jusqu'à la fin il a pratiqué le renoncement et l'oubli de lui-même.

Zèle pour le salut des âmes. Un condisciple de M. Dazincourt, et son confrère au petit séminaire de Saint-Jean, raconte un trait qui le peint bien à ce point de vue.

Un ami commun, enthousiasmé par la lecture d'une poésie sur le vaisseau *le Vengeur*, voulait faire partager son enthousiasme à notre confrère et lui disait en termes émus l'héroïsme de ces braves matelots... M. Dazincourt l'arrêta d'un mot : « Et leurs âmes?... » Son ami n'y songeait pas, mais M. Dazincourt y songeait! Les intérêts des âmes, voilà ce qu'il eut toujours en vue durant les longues années qu'il employa à la formation des ecclésiastiques, soit comme directeur, soit comme Supérieur de grand séminaire; c'est à quoi tendaient ses avis, ses conseils, ses instructions, soit en particulier, soit en public. C'est dans cette même pensée qu'il acceptait la direction d'un bon nombre de prêtres qui recouraient à sa charité. Ce lui était un surcroît de travail, mais il y voyait un moyen de promouvoir la gloire de Dieu et de faire du bien aux âmes. C'était aussi à ce même point de vue qu'il voulait qu'on appréciât et les œuvres et les sermons. Tout ce qui ne tendait pas à ce but était pour lui agitation stérile, vains discours, superfluité!

C'est dans ce même esprit de zèle qu'il rendait, quand il le pouvait, service aux Filles de la Charité. Plusieurs fois, à Marseille et dans d'autres villes, il leur donna les exercices de la retraite, et toujours elles en sortaient encouragées dans leur sainte vocation, disposées à travailler avec plus d'ardeur au salut des pauvres et des enfants. Il n'avait même pas dédaigné, quand il était valide, de s'occuper de leurs orphelines, prêchant la retraite soit aux internes, soit aux externes; et plusieurs de ces enfants, aujourd'hui mères de famille, ont conservé de leur ancien directeur un pieux et reconnaissant souvenir. Jusqu'à sa mort, il resta chargé de la confession ordinaire ou extraordinaire de plusieurs maisons de notre ville, et jamais son zèle ne se ralentit, zèle toujours empressé, mais discret; zèle toujours généreux, mais prudent.

Son zèle pour le salut des âmes lui faisait imiter saint Vincent dans sa manière de faire l'aumône, c'est-à-dire qu'il faisait, en même temps que l'aumône temporelle, la charité de quelques bonnes paroles. Il avait ce qu'il appelait ses pratiques : quelques pauvres qui ne manquaient jamais de se trouver le mercredi, vers une heure, à la porte du séminaire. C'était l'heure où régulièrement il sortait pour aller confesser à l'hôpital, et ces braves gens étaient habitués à recevoir de lui quelque pièce de monnaie et une parole d'édification. Ce n'est pas seulement à l'égard de ces habitués du mercredi qu'il agissait ainsi; beaucoup d'autres malheureux connaissaient sa réputation à ce sujet, et de tous côtés, de vive voix ou par lettre, on sollicitait des secours. A la lettre, il ne savait pas refuser ces demandes, mais il en profitait pour rappeler à ses obligés qu'au-dessus des intérêts temporels il y a aussi les intérêts de l'âme. D'ailleurs il était difficile de causer quelques instants avec M. Dazincourt sans que bientôt cette pensée du salut des âmes ne vînt prendre sa place dans la conversation; et, nous le verrons, elle le préoccupa jusque dans ses derniers instants.

CHAPITRE XIV

M. Dazincourt Supérieur de grand séminaire (*suite*) : son idéal du prêtre.

Nous venons de l'indiquer rapidement dans le chapitre qui précède, M. Dazincourt était dans les conditions voulues, au point de vue naturel et surnaturel, pour être un excellent Supérieur de grand séminaire ; les moyens d'action ne lui manqueront pas pour atteindre la fin capitale de sa difficile mission : la formation de bons et saints prêtres. Mais avant de mettre la main à une telle œuvre, l'ouvrier qui va travailler et pour ainsi dire pétrir une aussi noble matière que les âmes, et les âmes d'élite par excellence, doit avoir son type, son idéal, sous peine de n'être pas même un vulgaire artisan. M. Dazincourt a dû donc concevoir un type sur lequel son œil est resté fixé, un idéal de prêtre d'après lequel il a façonné ces jeunes âmes qui lui étaient confiées. Qu'étaient ce type et cet idéal?

Le type du prêtre, on le sait, il est unique : c'est Notre-Seigneur Jésus-Christ! C'est lui à qui de toute éternité il a été dit : *Tu es sacerdos in æternum secundum ordinem Melchisedech*[1]*!* Aussi n'y a-t-il eu qu'un cri dans la tradition tout entière pour le proclamer : *Sacerdos alter Christus!* et depuis dix-neuf siècles, des générations de prêtres se succèdent, ayant tous les yeux arrêtés sur ce modèle. Pénétré de ce principe incontesté, M. Dazincourt, avant même d'être investi de la difficile mission de former des prêtres, et dans le but de se modeler lui-même sur le vrai modèle, n'a cessé d'avoir l'œil intérieur de son âme fixé constamment sur Notre-Seigneur Jésus-Christ. Ce que Possidius a si bien dit de saint Augustin, qu'il cherchait

---

1. Ps. CIX, 4.

Jésus-Christ dans ses lectures : *quærens Jesum in libris*, nous pouvons le dire de notre confrère ; simple séminariste, il était entre des mains trop expérimentées et trop habiles pour qu'il en ait été autrement. Cette étude, commencée à Saint-Irénée, se continua au petit séminaire de Saint-Jean, car, ne trouvant pas son type et son modèle dans les livres que le devoir lui mettait en main, nous l'avons vu, à l'étonnement de ses confrères, trouver des heures, chaque jour, pour étudier les doctes commentaires de Corneille de la Pierre, allant chercher Jésus, modèle du prêtre, dans le livre qui le renferme excellemment, la sainte Écriture... Et on sait que depuis, devenu directeur de séminaire, outre sa lecture journalière des trois chapitres de l'Ancien Testament, outre celle d'un chapitre du Nouveau, faite à genoux, il se livra de telle sorte à cette étude, que son livre spécial, de prédilection, son épée de chevet, ce fut la Bible, le Nouveau Testament surtout ; et un de ses confrères nous disait : « Durant les quinze dernières années de sa vie, il n'a pas étudié autre chose ; tout son temps libre allait là ! »

S'il a cherché Jésus-Christ dans l'étude continuelle de la sainte Écriture, il a fait mieux encore : il s'est approprié la moelle de ce céleste aliment, et rien ne lui a coûté pour la faire passer dans son cœur et comme dans sa propre substance. Que faisait-il, en effet, chaque matin, dans cette heure entière d'oraison où on nous l'a montré toujours rendu le premier, dès quatre heures et demie, malgré ses insomnies de la nuit, malgré ses crises mortelles du réveil, à genoux, immobile, absorbé en Dieu ?... *quærens Jesum*, il cherchait encore Notre-Seigneur Jésus-Christ, modèle et type du prêtre, il le goûtait, il se l'assimilait ;... et le temps ne lui durait pas, l'heure de règle s'envolait vite, car son cœur était là, et, comme l'a dit saint Augustin : *ubi amatur non laboratur !* Et avant d'offrir le saint sacrifice, prosterné au pied de l'autel durant dix minutes, que fait-il ?... et monté au saint autel, tenant en main Notre-Seigneur

Jésus-Christ, la sainte Victime et le modèle du prêtre, tremblant de respect, plongé dans l'adoration, l'œil perdu dans la contemplation, que fait-il?... et descendu du Calvaire où il vient d'immoler Notre-Seigneur Jésus-Christ; sorti de ce cénacle où il vient de le recevoir, le portant encore dans sa poitrine, que fait-il pendant les vingt et vingt-cinq minutes d'action de grâces, « là, à genoux, les bras croisés, la tête légèrement inclinée, sans un mouvement, semblable à une statue d'ange adorateur? » Ah! toujours *quærens Jesum*... Ou plutôt non, il ne le cherche plus, car il l'a trouvé, et, comme l'Épouse mystique du Cantique des cantiques, il peut le dire : *Inveni quem diligit anima mea*[1]; « Je l'ai trouvé Celui que mon cœur aime! » Et il le contemple, il l'étudie, il le savoure, il se l'incorpore, il se l'approprie, et, avec le grand Apôtre et aussi le grand ami et le grand imitateur de Notre-Seigneur, il peut s'écrier : « C'est maintenant que je vis! ou plutôt, non ; ce n'est plus moi qui vis, mais c'est Jésus-Christ qui vit en moi ; » *Vivo ego, jam non ego, vivit vero in me Christus*[2]. Et si nous le suivons dans son cabinet de travail, et que nous venions le surprendre au moment où il se prépare à monter en chaire pour faire l'unique classe qu'il n'a consenti à céder à nul de ses dignes confrères, tant qu'il a pu y suffire, l'explication des épîtres de saint Paul, que fait-il là, à genoux sur son prie-Dieu, les yeux attachés au crucifix, ou assis à son bureau, la tête dans ses mains, devant la page ouverte qu'il ne regarde plus, mais les yeux perdus dans la contemplation d'un objet invisible?... C'est encore et toujours le type et le modèle du prêtre qui a attiré et fixé son regard intérieur!... et de cette contemplation il va sortir pour monter en chaire et tenir, une heure durant, ses disciples suspendus à ses lèvres, ravis devant l'image de Notre-Seigneur Jésus-Christ qu'il

---

1. Cant., III, 4.
2. Gal., II, 20.

vient d'évoquer... Ah! nous le comprenons, dans leur enthousiasme, ces heureux disciples ont pu s'écrier, eux aussi : « Qui jamais a parlé comme cet homme-là ?... »

Mais, il faut le dire, pour le conduire à ce point, pour l'aider à mieux comprendre ce modèle si parfait, à tendre vers ce type de perfection infinie, la Providence avait eu soin d'amener le futur Supérieur de Montolivet, d'abord à l'école des vénérables fils de M. Olier, ce prêtre éminent ; puis d'en faire le disciple et l'enfant du saint prêtre, saint Vincent de Paul, dont la pratique constante et capitale, jusqu'à sa quatre-vingt-cinquième année, fut toujours, avant d'agir, de se recueillir pour se demander : *Quid nunc Christus?* « Que ferait Notre-Seigneur à ma place ? » de ce saint dont l'immortel évêque de Genève disait qu' « il ne connaissait pas de plus digne et de plus saint prêtre que M. Vincent ! » A une telle école, formé par de tels maîtres, et ayant sans cesse sous les yeux l'archétype et le modèle des modèles, faut-il s'étonner que le Supérieur de Montolivet, après tant d'années d'étude et de méditation, se soit fait du prêtre, tel qu'il peut et doit être, un idéal vrai bien qu'élevé, réel bien que sublime, pratique et réalisable bien que difficile, grand surtout, beau et admirable, capable, en un mot, de s'imposer à des cœurs de vingt ans et de rester ineffaçable sous leurs yeux, durant toute une longue vie sacerdotale !... — Cet idéal, quel était-il ? Ce que le digne Supérieur parvenait à faire voir petit à petit, durant les cinq années du séminaire, il nous a semblé l'entrevoir, suffisamment dessiné dans ses grandes lignes, en une de ses conférences où, aux retraites d'ordination, il expliquait le Pontifical romain ; la voici ; il y commente une de ces cinq graves paroles que le Pontife adresse, au nom de l'Église, au futur prêtre :

Sacerdotem oportet præesse [1].

---

1. Pont. Rom. — Nous donnons ici le texte revu par l'auteur et approprié à un auditoire de retraite ecclésiastique.

« Par cette parole, l'Église affirme que le prêtre a le droit et le devoir de présider l'assemblée des fidèles et de gouverner sa famille spirituelle ; mais sa pensée ne s'arrête pas à une signification, en quelque sorte, toute matérielle. Évidemment, cette prééminence hiérarchique a pour corrélative une autre prééminence toute morale, résultant d'un ensemble de qualités et de vertus qui placent ici-bas le prêtre dans un ordre à part. C'est de cette prééminence morale qu'il nous faut parler aujourd'hui. Nous n'avons pas à en établir l'existence : cette vérité a de trop profondes racines dans vos convictions ; elle découle d'ailleurs naturellement du droit d'offrir le saint sacrifice et de répandre toujours et partout les bénédictions célestes. Ce qui me paraît plus important et plus pratique, c'est de vous démontrer :

« La nécessité de maintenir cette éminente dignité ;

« Où et en quoi nous devons l'exercer.

« C'est un devoir, pour chacun de nous, de maintenir fortement l'éminente dignité dont nous fûmes investis au jour de notre ordination : *Sacerdotem oportet præesse.*

« Écoutons, sur cette vérité : la parole de l'Esprit-Saint ; les enseignements de l'Église notre Mère ; le témoignage de nos pères dans le sacerdoce et l'opinion des fidèles, dont les arrêts ne sont pas sans valeur.

« Tous les passages, tant de l'Ancien que du Nouveau Testament, qui établissent le devoir rigoureux pour le prêtre de tendre à la perfection, prouvent par là même l'obligation de nous élever au-dessus du vulgaire ; mais, pour ne pas revenir sur une démonstration fortement établie, choisissons dans nos saints livres une parole qui aille directement à notre but ; or, cette parole formelle, nous la lisons au chap. xxxiii de l'Ecclésiastique, v. 23e, la voici : *In omnibus operibus præcellens esto.* Elle s'adresse à tous ceux qui gouvernent une famille spirituelle, sous quelque nom qu'on la désigne, classe, congrégation, paroisse, diocèse :

Audite me rectores ecclesiæ. Ce n'est pas une de ces recommandations qu'on écoute d'une oreille distraite ; c'est une leçon qu'il faut retenir pour soi et qu'il sera bon d'enseigner aux autres : *Auribus percipite.* Il y a plus qu'un simple conseil ; la forme impérative indique un précepte. Il ne s'agit pas d'une nuance de mérite, mais d'une réelle supériorité ; l'expression de la version grecque est encore plus énergique : ὑπεραγων ! Point de réserve en faveur de certaines relations plus intimes d'amitié, de services, de parenté ; c'est en tout qu'il faut se montrer supérieur : *In omnibus operibus.* Belle maxime à retenir !... En voulez-vous un commentaire authentique, net, précis, et de plus inspiré ? lisez les sept premiers versets de la première Épître à Timothée : ils sont évidemment écrits pour nous, puisque, de l'aveu de tous les commentateurs, l'expression : *episcopum,* surveillant, désigne également, dans la pensée de l'Apôtre, et les prêtres et les diacres. Voyez avec quelle exactitude, en quelque sorte minutieuse, cette prééminence morale est établie par des caractères négatifs et positifs. Les premiers sont au nombre de six, les seconds l'emportent par le nombre et surtout par l'importance. Ainsi, le prêtre ne sera ni suspect d'incontinence, ni intempérant, ni violent dans ses actes et ses paroles, ni processif, ni intéressé, ni faible dans la foi : éviter ces vices et ces défauts serait se signaler parmi les chrétiens, et certainement se distinguer dans les rangs des honnêtes gens du siècle ; à coup sûr, ce ne serait pas réaliser l'*oportet præesse,* car voici en quels termes continue l'Apôtre, ou plutôt ce qu'il demande avant tout :

« Il faut que l'évêque, » le prêtre, le diacre, « soit irrépréhen-
« sible, sobre, prudent, orné, chaste, hospitalier, savant,
« modeste, habile à gouverner sa maison, bien placé dans
« l'estime de tous, même de ceux qui sont étrangers à son
« ministère. » Rien ne manque dans cette énumération, et ce n'est pas un tableau de fantaisie dont tous les traits sont

réunis pour former un modèle imaginaire qui ne se réalisera jamais ; le grand Apôtre a bien soin de nous avertir que c'est un devoir sérieux : *oportet... esse !* Écrions-nous, si nous voulons, avec saint Jérôme : *Quis talis?* et répondons-nous humblement : *Aut nullus, aut rarus!* Au moins, nous serons forcés de convenir que c'est encore, que c'est toujours la supériorité morale que demande l'Église : *Sacerdotem oportet præesse.* Et pourquoi la nécessité de maintenir cette éminente dignité ? Ah ! le même apôtre le répète dans cent endroits de ses admirables Épîtres ; c'est afin que personne ne méprise notre jeunesse [1]; que nos ennemis se taisent dans l'impuissance de pouvoir nous adresser un seul reproche fondé [2]; que la sainte Église trouve en nous des ouvriers dont elle n'ait jamais à rougir [3]; que les fidèles nous reçoivent toujours, malgré les calomnies dont on cherche à nous noircir, comme des anges de Dieu ou comme d'autres Jésus-Christ [4] !

« Le langage de l'Église n'est ni moins précis ni moins éloquent que celui de l'Esprit-Saint, ou plutôt c'est le même sous une forme différente. Elle nous recommande le maintien de cette prééminence morale, et par le saint concile de Trente et par le Pontifical.

« Après avoir fixé l'âge des ordinations dans des limites qui sont celles de la jeunesse, le saint concile demande cependant à l'évêque de ne choisir que des vieillards pour les ordres sacrés : *Sciant tamen Episcopi, non singulos in eâ ætate constitutos debere ad hos ordines assumi, sed dignos duntaxat, et quorum probata vita senectus sit* [5].

« C'est comme si elle vous disait : Vous portez sur vos traits toute la fleur, et peut-être dans votre âme, toute la

---

1. I Tim., IV, 12.
2. Tit., II, 8.
3. II Tim., II, 15.
4. Gal., IV, 14
5. Sess. XXIII, c. 12.

légèreté de la jeunesse; eh bien, vous n'aurez point d'âge, comme Melchisédech : *Neque initium dierum neque finem vitæ habens*[1]; ou mieux : Vous porterez sur votre front les siècles de l'Église... La modération, la patience, la réflexion, la constance, la sagesse suppléeront au défaut des années et des cheveux blancs; ce qui rend la vieillesse vénérée, n'est pas la longueur de la vie, ni le nombre des années; mais la prudence tient lieu de cheveux blancs, et la vie sans tache est une heureuse vieillesse[2]. On vous appellera, et vous serez, par la supériorité de vos vertus, *majores natu, seniores populi, presbyteri*. C'est dire : dominez par la vénération dont vous serez l'objet.

« Plus loin, le saint concile détermine les conditions pour l'ordination à la prêtrise. Il parle de la fidélité à exercer les ordres inférieurs, des interstices, de la science requise et constatée par un sérieux examen, puis il résume tout par les paroles suivantes : *Atque ita pietate ac castis moribus conspicui, ut præclarum bonorum operum exemplum et vitæ monita ab eis possint expectari*. Comme la leçon est nette et précise ! Pour vous admettre, il a fallu trouver en vous une piété, une conduite qui vous élevât au-dessus du vulgaire : *pietate... conspicui !* et, maintenant que nous sommes prêtres, il faut que nous paraissions devant le peuple comme des modèles remarquables de bonnes œuvres : *præclarum exemplum !* comme des livres toujours ouverts où il puisse lire et les sages conseils et les utiles avertissements : *Vitæ monita !* Accomplissons-nous ce vœu de notre mère, nous acquittons-nous de cette obligation, tacitement, mais librement acceptée, si nous oublions l'*oportet præesse?* si nous sommes des livres fermés, des pierres de scandale, et non des modèles ?

« C'est sans doute pour fermer la porte à l'oubli de notre

---

1. Hæbr., vii, 3.
2. Sap., iv, 8.

dignité, qu'on imprime dans tous les livres de piété destinés à être mis entre nos mains ces paroles du même concile, gravées dans toutes les mémoires : *Sic decet omnes clericos in sortem Domini vocatos, vitam moresque suos omnes componere, ut habitu, gestu, incessu, sermone, aliisque rebus, nil nisi grave, moderatum, ac religione plenum præ se ferant, levia etiam delicta, quæ in ipsis maxima essent, effugiant, ut eorum actiones cunctis afferant venerationem* [2]. Il est d'une convenance rigoureuse, fondée sur notre vocation, de régler tellement nos mœurs et toute notre vie, que tout en notre personne, maintien, mouvements, démarche, langage, habitudes, respire la mesure, la gravité, la religion; mais ce qui est un devoir plus sérieux, c'est d'éviter les fautes légères que les laïques se permettent sans trop de scandale, et cela sous peine de trouver dans ces prétendues minuties des circonstances singulièrement aggravantes : *levia etiam;* et cela pour maintenir ce respect qui doit s'attacher à chacune de leurs actions : *ut eorum actiones!* Si toutes ces recommandations sont autre chose qu'un commentaire de l'*oportet præesse*, quelle est donc leur signification? On ne dira pas que ces exigences sont une lettre morte, car c'est sur ce point que porte l'examen requis pour l'admission aux saints ordres [2].

« Et toute cette législation, l'Église la rend en quelque sorte vivante au grand jour de l'ordination, par ses cérémonies et par les paroles qu'elle place sur les lèvres de l'évêque.

« Cette voix si autorisée nous avertit, dès les premiers pas que nous faisons vers le sanctuaire, que tout désormais doit être royal en nous : l'intelligence, la volonté, le cœur;... car elle nous applique cette exclamation du prophète : *Attollite portas... et introïbit rex gloriæ!* Comme emblème

---

1. Sess. XXII, c. 1, p. 228.
2. Sess. XXIII, c. 7, p. 252.

de cette dignité royale, la même voix nous fait une obligation de porter la tonsure qui rappellera la couronne du roi Jésus [1]. Un peu plus tard, le pontife, nous ordonnant lecteurs, a pris soin de nous avertir que notre position élevée dans l'assemblée des fidèles n'était pas une vaine distinction honorifique, mais un avertissement précis d'avoir à conformer notre vertu à cette élévation toute matérielle : *Ideoque dum legitis, in alto loco Ecclesiæ stetis.... figurantes positione corporali, vos in alto virtutum gradu debere conversari* [2]. Et c'était pour suivre le même ordre d'idées qu'il priait Dieu, en nous bénissant, de faire de nous, nouvellement ordonnés exorcistes : *spirituales imperatores;* de nous rendre parfaits, *fide et opere*, en nous couvrant de la chasuble comme d'un vêtement de charité. C'est toujours, vous en conviendrez, l'*oportet præesse!*

« Témoignages de nos pères dans la foi : ils ne parlent pas un autre langage que l'Église dont ils interprètent la pensée et les sentiments. Au premier siècle, saint Ignace d'Antioche, comparant le sacerdoce à tout ce que les hommes estiment ici-bas, aux honneurs, aux richesses, aux dignités, le déclarait supérieur à tout : *Enumera honores, divitias, dignitates; omnium apex est sacerdotium*[3].

« Au quatrième, saint Ambroise écrivait que la vie sacerdotale doit s'élever au-dessus de la vie ordinaire, de toute la distance qui sépare la grâce de la nature : *Debet præponderare vita sacerdotis, sicut præponderat gratia.*

« A la même époque, saint Jérôme, dans son commentaire sur l'épître à Tite, établissait avec son énergie ordinaire que jamais l'Église n'est plus en danger que lorsque les

---

1. Pont., p. 13.
2. *Id.*, p. 21.
3. Ad Smyrn.

laïques sont meilleurs que les clercs : *Vehementer Ecclesiam Dei destruit, meliores laicos esse quam clericos.*

« Saint Jean Chrysostome déclare que le prêtre doit s'élever, par son mérite, au-dessus de son peuple, comme le dépositaire du pouvoir civil s'élève au-dessus de ses sujets, comme Saül s'élevait par sa taille au-dessus de l'assemblée du peuple, et beaucoup plus encore : *Ut subditos præfectus excellat;... virtute animi tantum reliquos excellunt, quantum corporis magnitudine Saul Hebræorum gentem universam excelluit.*

« Au sixième siècle, saint Grégoire le Grand résumait les admirables enseignements développés dans son Pastoral, en déclarant que le prêtre ne remplit pas entièrement son devoir, s'il limite son action à une utilité ordinaire, et ne la pousse jusqu'à une perfection exceptionnelle : *Non solum sit sacerdotis operatio utilis, sed etiam singularis !*

« Au siècle précédent, Salvien, prêtre de Marseille, interrompait ses lamentations sur les désordres du temps, pour dire à ses frères dans le sacerdoce, que, quiconque s'élève sur l'un des degrés de la sainte hiérarchie, doit faire tous ses efforts pour que le mérite surpasse la dignité : *Tantum excellere oportere merito, quantum gradu.*

Cinq siècles plus tard (onzième), saint Pierre Damien, s'adressant à des chanoines, pour leur recommander la vie commune, leur faisait entre autres cette réflexion : « Vous « conviendrez que c'est une chose assez absurde de pré- « tendre à l'honneur de la cléricature et de conserver en « même temps les habitudes des séculiers ; » *Satis videtur absurdum, ut clerici quis prætendat in ordine speciem, et sæcularium teneat vivendo conversationem.*

« Et saint Bernard (douzième siècle) ne craint pas, en écrivant à Eugène III, autrefois son disciple, de s'écrier avec véhémence : « C'est une chose monstrueuse de voir un « rang élevé et une âme basse ; un siège qui nous met à la « première place et une vie qui nous relègue à la dernière ;

« une langue d'où s'échappent de beaux discours, et une
« main paresseuse ; beaucoup de paroles et point de fruits ;
« un air grave et des actions légères ; une grande autorité
« et une inconstance que rien ne fixe ; » *Monstruosa res gradus summus et animus infimus ; sedes prima et vita ima ; lingua magniloqua et manus otiosa ; sermo multus et fructus nullus ; vultus gravis et actus levis ; ingens auctoritas et nutans stabilitas !*

« Et ainsi, de siècle en siècle, depuis saint Paul jusqu'à Bossuet, qui ne voit dans les dignités qu'un moyen de faire plus largement le bien ; jusqu'à Massillon, qui prêche la perfection à ses prêtres assemblés en synode ; jusqu'au vénérable curé d'Ars, qui nous renvoie au ciel pour bien comprendre la grandeur du prêtre, c'est toujours la même recommandation, la recommandation de l'Esprit-Saint et de l'Église notre Mère : *Oportet præesse !*

« Enfin, ajoutons que l'opinion, cette reine du monde, comme on la nomme, non sans raison, fait écho à ces grandes voix pour nous prêcher la nécessité de maintenir intacte notre éminente dignité.

« L'opinion a des voix nombreuses à son service, vous le savez : elle se manifeste par la parole et les écrits de toute nature ; elle se fixe, en quelque sorte, dans certains proverbes qui sont comme des axiomes du bon sens ; elle éclate dans la confiance singulière dont nous sommes l'objet ; elle se produit même par les reproches et les accusations qu'on nous adresse ; or, toutes ces voix répètent la parole de l'Église : *sacerdotem oportet præesse.*

« Le comte de Maistre, dans la troisième partie de son livre sur le Pape, où il démontre l'excellence du sacerdoce catholique par la pratique du célibat, déclare que le ministère sacré exige la probité divinisée, puis il ajoute : « On ne « pardonne rien au prêtre, parce qu'on en attend tout ! » Rien de plus vrai, rien de plus complet que cette parole : elle vaut tout un discours.

« Le principal rédacteur d'un journal de Paris, dont les sympathies n'étaient assurément pas pour le clergé, il y a douze ans, écrivait ces lignes : « Ce que nous appelons un « bon prêtre en France peut soutenir la comparaison avec « ce qu'il y a de meilleur ! » Mais ce qu'il y a de *meilleur*, quand il s'agit de qualités personnelles, n'est pas certainement ce qui demeure au niveau ordinaire.

« Un avocat général, dans un procès qui émut quelque peu le monde ecclésiastique, en 1868, disait en pleine cour impériale : « C'est l'honneur de notre clergé et de notre pays « que jamais, peut-être, la moralité de nos prêtres n'a été « plus pure; mais que jamais aussi l'opinion n'a été plus « sévère et plus exigeante à leur égard; les fidèles veulent « trouver dans leur pasteur, non seulement un prêtre qui « puisse exercer validement ses fonctions, mais encore un « homme dont les qualités et les vertus inspirent le respect « et la confiance. Ils ne supporteraient pas en chaire, à « l'autel, ni surtout au confessionnal, un ministre dont la « réputation serait entamée[1] ! » Ce jugement n'a rien perdu « de sa vérité de nos jours, puisque, pour avoir progressé « dans le mal, l'opinion n'en est devenue que plus exigeante.

« Noblesse oblige ! » a dit le premier le duc de Lévis, et Philippe de Ségur a ajouté : « Et, de quelque espèce « qu'elles soient, toutes les noblesses obligent! toutes ! quelle « qu'en soit l'origine, scientifique, guerrière, artistique, litté- « raire !.... » Et nous ajouterons : à plus forte raison, chrétienne et sacerdotale.

« C'est encore un proverbe vulgaire : *Corruptio optimi pessima !* Et quand, l'histoire à la main, nous remontons à la cause des grands désordres qui ont précipité tant d'âmes en enfer, nous retrouvons presque toujours la chute d'un prêtre ! Ce qui prouve avec évidence qu'il ne doit pas être orné de vertus vulgaires.

---

1. *Monde,* 7 juillet 1868.

« Mais enfin, le monde, que dit-il, car c'est lui, après tout, qui forme et qui est l'opinion ? Le monde ! il s'exprime et par sa confiance et par ses accusations ; or, ce double témoignage est en faveur du *præesse*. Dernièrement, un journal de la libre pensée annonçait triomphalement qu'un prêtre de Marseille, dont il taisait le nom, et pour cause, venait d'être reçu franc-maçon ; une petite feuille catholique, *le Citoyen*, lui répondait fort spirituellement : « Nous pen« sons que ce n'est pas ce prêtre que les rédacteurs du *Petit* « *Provençal* feront appeler à leur lit de mort, suivant leur « très louable coutume [1]. »

« Un capitaine, bon chrétien, qui fut depuis l'héroïque général de Sonis, disait, en parlant des aumôniers militaires : « Les jeunes prêtres se figurent quelquefois qu'ils « parviendront à conquérir la confiance du soldat en pre« nant son langage et ses habitudes militaires ; c'est une « erreur ; c'est toujours au prêtre pieux, modeste, régulier, « qu'il s'adressera quand il s'agira de lui confier les secrets « de sa conscience ! » Ces faits, pris au hasard entre mille, révèlent les tendances populaires ; comment les expliquer, sinon par la conviction intime, universelle, que le prêtre doit se montrer toujours supérieur ?

« Les accusations que le peuple nous lance à la face prouvent la même vérité. Comment termine-t-on la longue énumération de nos défauts, quand on veut nous rabaisser dans l'estime publique ? Par ce trait final qui semble ne rien laisser à la réplique : « C'est un homme comme un « autre ! » Mais il y a donc un type de perfection qui élève le prêtre au-dessus des autres hommes ; autrement il ne faudrait pas une longue série de raisonnements pour prouver qu'il ne diffère en rien des simples mortels ! On nous reproche, comme autant de crimes, une parole légère, une tenue négligée ; on signale une faiblesse, comme une mons-

---

1. N° 2 février 1882.

truosité! Pourquoi? sinon parce qu'on nous place habituellement dans une région supérieure; qu'on fait de nous des anges terrestres, des prodiges de sainteté, d'autres Jésus-Christ, comme s'expriment les saints!... Mais ce ne sont pas là de vaines exagérations de langage; les reproches, les éloges, les proverbes populaires, les écrits et les paroles qui sont l'expression de l'opinion, s'accordent avec les saints docteurs, avec l'Église, avec l'Esprit-Saint, pour proclamer que toujours et partout nous devons maintenir notre dignité! *Sacerdotem oportet præesse !*...

« La conclusion de cette première partie sera la parole du Saint-Esprit : *In omnibus operibus præcellens esto !* Vous les écrirez au fond de vos cœurs; vous les ramènerez sur vos lèvres dans toutes les conversations fraternelles; vous les méditerez dans le repos de vos demeures, dans l'agitation de vos courses apostoliques, le jour et la nuit; vous les imprimerez sur vos mains, comme pour vous ranimer au travail; vous les graverez sur le seuil de vos demeures ; votre fidélité à y conformer votre vie réjouira l'Église ! »

Après avoir si fortement démontré la nécessité pour le prêtre d'être véritablement prééminent, M. Dazincourt détermine dans quelle sphère doit s'exercer cette prééminence. Il répond hardiment :

« Elle doit s'exercer en *tout !* Et néanmoins, pour ne pas rester dans le vague, restreignons-la à quelques points plus saillants, et disons que cette prééminence sacerdotale doit paraître : dans les habitudes personnelles; à l'Église; au presbytère; dans les rapports que nécessite l'administration d'une paroisse. Prééminence dans les habitudes personnelles : Qu'est-ce à dire? Cela veut dire que le prêtre doit être un homme d'intelligence ; un homme de volonté; un homme de cœur; un homme bien élevé. Reprenons chacune de ces qualités.

« Homme d'intelligence ! Pour justifier ce titre honorable, il ne suffit pas d'être habile littérateur, profond mathématicien, savant chimiste, érudit de quelque mérite, bachelier dans toutes les facultés ... On peut réunir tous ces titres et manquer d'une véritable intelligence ; de même qu'il est possible de les relever par le mérite d'une science solide. On domine par l'intelligence, il me semble, lorsque l'âme lit d'un regard posé et tranquille dans le grand livre de la vérité : *intus legere;* en d'autres termes, lorsqu'on a des idées justes sur tout ce qui est l'objet de la science sacerdotale : sur Dieu, sur le monde, sur soi-même, sur la religion, sur l'Église, sur la société, sur la famille, sur la liberté, sur la conscience, sur l'obéissance, sur l'autorité, sur le travail, sur la souffrance ; des idées conformes à la saine raison, à la tradition universelle et constante, à la doctrine définie ou simplement sanctionnée par le tribunal infaillible.... Car tout ce qui est nouveau, moderne, inédit, en fait de dogme et de morale, est suspect d'erreur.

« On est homme de volonté ou de caractère par la fermeté dans les convictions, par l'énergie dans l'action, par la patience dans les difficultés, soit que la lutte ait lieu contre les ennemis du dehors, soit qu'elle se circonscrive dans le champ clos de l'âme.

« On est homme de cœur, grâce à la précieuse faculté de s'impressionner au contact « de tout ce qui est vrai, de « tout ce qui est chaste, de tout ce qui est saint, de tout ce « qui est aimable, de tout ce qui respire l'honneur, la ver- « tu[1] ». C'est encore d'être compatissant pour toutes les misères, fidèle dans l'amitié, reconnaissant de tous les bienfaits, enthousiaste de la gloire de notre Mère, heureux du succès des autres....

« On est un homme bien élevé, dans l'heureuse acception du mot, alors qu'on se distingue du vulgaire par l'affabilité

---

1. Phil., 8, IV.

des paroles, les grâces du langage, la régularité de la tenue, la convenance des manières, également éloignées d'une affectation mondaine et d'un sans-façon voisin de la trivialité....

« Et pourquoi donc cette prééminence jusque dans la vie intime et les habitudes les plus étrangères au mouvement du ministère extérieur? Pourquoi? Parce que, disent les saints, le sacerdoce est une grande chose qui exige une grande âme! parce que tout, dans le prêtre, doit respirer la piété et provoquer le respect : *Redolens pietatem, exigens reverentiam*[1]*!* Parce que c'est une monstruosité révoltante qu'une dignité éminente unie à des habitudes rampantes! Parce que le saint concile de Trente veut que toute la vie du prêtre se recommande par la dignité d'une vieillesse vénérable! Si le prêtre n'est pas un homme d'intelligence, comment éclairera-t-il le monde et remplira-t-il la juste attente de tant d'esprits hésitants qui demandent à ses lèvres la science et l'explication de la loi? Si sa pensée et sa parole flottent, comme la pensée et la parole de tant d'autres, à tout vent de doctrine, qui fera rentrer dans leur orbite tant d'astres errants, qui condensera tant de nuées sans eau, qui donnera quelque consistance à ces âmes sans nombre qui tournoient sans cesse dans leurs propres rêveries? Nous serons des doctrinaires, des libéraux, des opportunistes; mais ces titres ne conduisent pas à l'estime! Si le prêtre n'est pas un homme de volonté, *vir*, ανηρ, comment sera-t-il le sel de la terre, le soutien des croyances, des mœurs et des caractères au milieu de l'affaiblissement universel de toutes ces grandes choses, qui est la maladie principale de notre temps? Si le prêtre n'est pas un homme de cœur, où puisera-t-il en chaire cette émotion sentie et communiquée qui a toujours fait le fond de la véritable éloquence : *pectus est quod disertos facit!* au saint tribunal,

---

[1]. Saint Bernard.

cette tendre compassion qui encourage les pécheurs; dans l'assemblée des pauvres, cette affabilité qui est l'aumône la plus précieuse; au chevet des malades, ces consolations qui donnent l'espérance aux mourants et la résignation à ceux qui restent; dans les épreuves de l'Église, cette douleur émue, cette indignation contenue, témoignages non équivoques d'un dévouement tout filial? On dira : C'est un homme d'esprit, il est ferme, mais il est sans cœur!... Dès lors son procès est fait! Si le prêtre n'est pas un homme bien élevé, quels talents cachés, quelles vertus intérieures pourront atténuer le langage muet, mais expressif, de sa mise négligée ou recherchée, de sa démarche peu modeste, de son rire immodéré? Quels miracles de zèle et de sainteté auront la force de lui rendre l'estime dont il a si grand besoin, lorsque cette estime d'un monde malheureusement trop léger aura fui devant l'oubli des convenances? A quels succès peut-il s'attendre, dans l'exercice d'un ministère si difficile aux hommes réservés et délicats, quand il l'aura comme paralysé par des visites trop fréquentes et peut-être suspectes; par des contestations hors de raison; par des critiques mordantes que les oiseaux du ciel ont recueillies, dit la sainte Écriture, et portées aux oreilles de ceux qui en étaient l'objet; par des habitudes de bonne chère, toujours remarquées, pour peu qu'elles s'éloignent de la réserve pleine de gravité que recommandent les saints Livres; par une intempérance de langage, également contraire à la justice, à la charité, à la modestie et à la prudence? C'est par les bons procédés qu'on gagne l'estime; et l'on se tient pour dispensé de croire à notre doctrine, quand on a pu dire : Il est mal élevé! C'en est assez assurément pour nous autoriser à conclure que la prééminence sacerdotale est, avant tout, nécessaire dans les habitudes personnelles : *Oportet præesse!*

« Prééminence à l'église : il ne s'agit pas ici précisément de cette dignité d'ordre qui nous sépare des simples fidèles pour nous élever à une hauteur divine et nous placer, en qualité de médiateurs, entre le ciel et la terre; par là même que nous sommes revêtus du sacerdoce, nous appartenons à la hiérarchie sacrée, et nous marchons nécessairement à la tête du peuple chrétien. Il me semble que la prééminence qu'on nous demande dans nos églises, c'est une certaine supériorité de langage et d'action qui nous accompagne toujours, jusque dans l'exercice de nos fonctions les plus modestes; c'est-à-dire, pour parler un langage pratique et précis, qu'un curé doit être le *premier* : à la sacristie, au chœur, en chaire, au confessionnal, au milieu du recueillement des divins offices, comme en face du désordre qui pourrait se produire. *Sacerdotem oportet prœesse!*

« Prééminence à la sacristie. Non pas, sans doute, pour mettre la main à tout — ce qui serait loin de le rabaisser ; mais pour diriger des serviteurs maladroits ou négligents, pour veiller à la propreté des vases sacrés et des ornements sacerdotaux, à la préparation respectueuse de la matière eucharistique, à la perception et à la distribution des honoraires, surtout à l'observation du silence ; un prêtre qui subit les volontés et souvent les caprices d'un sacristain ; qui affecte de ne pas voir la poussière qui couvre ses meubles, la rouille qui ronge les calices et les chandeliers, la malpropreté qui déshonore les linges et les ornements, la dissipation bruyante des enfants de chœur, le sans-gêne qui fait d'un lieu si respectable une succursale de la rue et de la place publique... ce prêtre oublie tristement qu'on lui a solennellement recommandé la vigilance : *Videte quæ in domo Dei agere debetis... Providete ne aliquid depereat!* qu'il a pris sous sa responsabilité la bonne tenue de tout ce qui sert au culte divin : *Sic agite quasi reddituri rationem...* et qu'il parlait sérieusement quand il demandait la grâce de faire jour et nuit sentinelle dans la maison de Dieu : *Ut sit eis fidelissima cura in domo Dei, die-*

bus ac noctibus, ad distinctionem certarum horarum [1]. Or, oublier tout cela, s'exposer par la négligence à voir son église déserte, c'est évidemment s'amoindrir aux yeux des fidèles;... c'est s'exposer à passer sous les ordres de ceux à qui on a reçu mission de commander. Bossuet veut que celui qui commande s'informe de tout, comme Dieu à Sodome, selon cette parole : *Ut intelligeres universa quæ facis et quocumque te verteris* [2].

« Prééminence au chœur. Non pas seulement pour y occuper la place d'honneur, ce qui est de droit rigoureux, mais afin d'y maintenir dans les cérémonies cette exactitude scrupuleuse, dont le mépris ou le simple oubli n'est jamais exempt de faute, au dire de Benoît XIII ; afin d'assurer au chant liturgique cette régularité, cette harmonie, cette piété, qui en font un puissant moyen d'action sur les âmes. S'exposer à recevoir des leçons de la part des laïques, sur ces divers points, c'est déchoir dans l'esprit des fidèles, comme le montre l'expérience de chaque jour. On s'exposerait même à l'accusation de désobéissance, puisque le Saint-Siège recommande aux prêtres de veiller à l'exécution du chant liturgique; l'Église va même plus loin, car elle affirme dans une parole solennelle que la négligence d'un simple lecteur, sa prononciation inarticulée peut arriver jusqu'au scandale, jusqu'à une erreur dans la foi! *Studete igitur verba Dei, videlicet lectiones sacras, distincte et aperte, ad intelligentiam et ad ædificationem fidelium, absque omni mendacio falsitatis proferre!*

« Prééminence en chaire. Non assurément en vertu de l'autorité divine qui recommande sa parole et son ministère, ce que jamais un catholique ne s'avisera de contester ; non encore par l'éclat de l'éloquence, qui est accordée à chacun dans une mesure très inégale ; mais par une attitude noble,

---

1. Pont.
2. III Reg., II, 3.

par une parole grave et toujours correcte, par une prudence qui ne donne jamais prise à la critique; par ce je ne sais quoi de digne et de simple en même temps qui ouvre les cœurs et forme autour de la physionomie de celui qui parle comme une auréole de bonté et de majesté. Les rhéteurs l'exigent, sous le nom de mœurs oratoires, comme condition du succès; il est donc naturel de le demander à celui qui se présente au nom de Dieu. Il ne faut jamais préluder à la prédication par des conversations inutiles, des éclats de rire, des plaisanteries dans la sacristie,... exposant la parole sainte à devenir, par notre faute, l'ennui, la pitié, la risée et quelquefois le scandale des fidèles! C'est répéter, sous une forme plus énergique: *Sacerdotem oportet præesse!*

« Prééminence au confessionnal. Cela signifie que là, plus que partout ailleurs, le prêtre aura souci de sa dignité et fera effort pour se surpasser lui-même. On lui a appris qu'il est, au saint tribunal, père, médecin, juge et docteur; or, chacun de ces titres donne une autorité et inspire le respect; à combien plus forte raison quand ils sont réunis sur la même tête! C'est donc le moment de paraître avec cet air de supériorité que donnent la tendresse, le dévouement, la science et la justice; de se montrer véritablement au-dessus des faiblesses et des défauts de l'humanité! Jamais il ne faut entrer au confessionnal sans s'être recueilli dans une fervente prière, et le prêtre fera bien pendant les confessions de produire souvent des oraisons jaculatoires, afin de se tenir constamment uni à Dieu. Sans la prière, on descend facilement aux pensées et aux sentiments naturels; sans une prudence extrême, on en vient à la familiarité et au scandale; sans une discrétion sévère dans la direction, on change le confessionnal en causerie, au moins inutile; sans une sainte indépendance, on se laisse aller aux mesquines préoccupations de la jalousie... Mais les sentiments naturels suppriment tous nos titres surnaturels; la familiarité engendre le mépris; les longs entretiens font tomber la barrière du respect; la jalousie imprime au front une tache avilissante... Soyez donc toujours, soyez uniquement pères, médecins, juges, docteurs ! Conservez votre supériorité ! *Sacerdotem oportet præesse!*

« Prééminence dans n'importe quelle réunion pieuse. Au milieu des fidèles assemblés dans le lieu saint, c'est à vous de maintenir l'ordre; la loi civile, jusqu'à ce jour du moins, vous reconnaît ce droit; elle vous autorise à faire la police dans l'intérieur, sans mettre entre vos mains la force dont elle dispose; elle serait d'ailleurs mal placée en des mains accoutumées à bénir ! Mais ce n'est pas cette prééminence qui commandera l'obéissance ! Ce qui rendra vos règlements efficaces, vos ordres ou vos avis ponctuellement suivis, ce sera l'ascendant que vous aurez pris sur les volontés et sur les cœurs par l'auréole de respect, d'estime, d'affection dont le peuple environne votre personne, ou pour mieux dire, ce sera encore la manière dont vous comprenez et pratiquez l'*oportet præesse !*

« Cette supériorité morale, il vous la faut jusque dans la chapelle du catéchisme, en face de ce petit monde d'enfants, comme disait saint François de Sales, dont vous êtes le père et le maître. Si vous n'avez que les justes sévérités de ce dernier, vous obtiendrez peut-être une régularité, un silence matériel; si vous êtes seulement bon, vous bannirez la crainte servile, mais dominerez-vous ces jeunes têtes si légères? Il faut donc unir, dans un sage tempérament, la tendre affection du père et la sage énergie du maître, pour provoquer en même temps, dans ces jeunes âmes, une confiance spontanée et un tendre respect ; mais pour arriver là il vous faudra avoir, sans varier, une parole égale, une tenue digne, une vigilance que rien ne trompe; il vous faudra les aimer cordialement, sans exception, sans mollesse, sans espoir de retour, en leur donnant des marques de dévouement;... en d'autres termes, vous montrer catéchiste éminent : *Oportet præesse!*

« Prééminence au presbytère. Au premier abord, on serait tenté de croire que ce point de vue n'entre pour rien dans le *præesse* dont parle le Pontifical, et qu'il y aurait même une certaine dignité à ne pas mêler l'ordre domestique à des considérations d'un ordre supérieur; mais pour être convaincu du contraire, il suffit de se rappeler la parole de l'Apôtre à Timothée : *Si quis autem domui suæ præesse nescit, quomodo Ecclesiæ Dei diligentiam habebit?* Par où il est manifeste que s'abaisser au second rang dans l'intérieur de la maison, céder les rênes du gouvernement domestique, même sous de spécieux prétextes, c'est équivalemment se déclarer indigne de gouverner une paroisse, une communauté, même un diocèse! Mais est-ce là une déchéance, un amoindrissement à redouter? Oui assurément! Et pour aller directement au but, hâtons-nous de dire que le prêtre, plus que personne, est exposé à abdiquer devant l'influence des parents, ou, ce qui est plus triste, devant les prétentions des personnes qui le servent.

« Ce jeune prêtre, dont l'éducation a coûté tant de sacrifices à la famille, est enfin en possession de cette cure si désirée! Quoi de plus naturel que d'appeler sous son toit hospitalier une mère déjà âgée et infirme, une sœur qui a sacrifié à ce rêve de bonheur toute espèce d'établissement dans le monde, une nièce dont les heureuses dispositions promettent un avenir de tous points honorable?... D'ailleurs n'est-ce pas un avantage presque inappréciable, d'échapper aux inconvénients de la présence d'une étrangère, par l'accomplissement des devoirs qu'impose le quatrième commandement? A merveille! mais on oublie que les rapports anciens se sont singulièrement modifiés. Dans la maison paternelle, pendant le temps des études, le fils obéissait toujours; le frère vivait sur le ton d'une parfaite égalité; l'oncle cédait sans peine, et cette facilité est proverbiale! Au presbytère, il ne saurait en être complètement ainsi : l'heure est venue de tenir compte de l'importante distinction entre la vie publique et la vie privée, entre les devoirs du sang et les sublimes obligations du ministère ; le fils, le frère, l'oncle est devenu le chef de la famille ; lui seul doit commander, au moins dans tout ce qui regarde son ministère et l'administration de la paroisse ; tout au plus peut-il conserver les liens d'une aimable dépendance dans le sanctuaire de ses affections et dans le secret des relations auxquelles le public n'est pas initié : *Nesciebatis quia in his quæ patris mei sunt oportet me esse* [1]. Or, cette limite, avouons-le, est difficile à déterminer, plus difficile encore à garder ! Voilà donc le prêtre exposé à céder le gouvernement à la mère par respect, à la sœur par affection, à la nièce par faiblesse !... Et dès lors le presbytère cesse d'être la maison du pasteur, pour devenir le domicile d'une famille très honorable, sans doute, mais épiée, mais critiquée, mais jugée avec une sévérité excessive ! Les paroissiens et peut-être les confrères s'en éloigneront précisément parce qu'ils sauront que vous n'êtes pas libre de les accueillir ; l'estime pour le ministère diminuera de toute celle qu'on refusera à la personne ; le respect disparaîtra peu à peu, grâce à la critique ; peut-être les âmes les plus charitables vous plaindront, mais le sentiment de pitié sera loin de produire cette légitime considération dont vous avez si grand besoin. On raconte que Thémistocle, pressé par son épouse d'accorder une faveur à son fils encore enfant, qui la réclamait avec larmes, répondit à celle-là : « Les Athéniens commandent aux Grecs ; je commande « aux Athéniens ; vous me commandez ; votre fils vous com- « mande ! Prenez garde qu'un enfant sans raison ne com- « mande à toute la Grèce ! » Plus d'un prêtre pourrait tenir ce langage et dire à la mère, à la sœur, à la nièce : Prenez garde que, contrairement à l'ordre divin, une femme ne gouverne la paroisse !... Conservez donc la prééminence de ce côté !

---

[1]. Luc, II, 49.

« Mais vous êtes sans père, sans mère, comme Melchisédech! Le sévère Bourdoise vous eût félicité de cette solitude, lui qui disait, avec son bon sens original, qu'un prêtre ne doit être avec ses parents qu'au cimetière! Et un pape, par ailleurs irréprochable, Paul III, répétant sur son lit de mort les paroles du Roi-prophète : *Si mei non fuerint dominati, tunc immaculatus ero a delicto maximo* [1]! vous avertirait que c'est là un malheur qui vous épargnera probablement bien des regrets!

Mais vous ne pouvez être absolument seul ; alors craignez une autre influence, celle de la personne dont vous êtes obligé d'accepter les services! Voilà l'ennemi de votre autorité, contre lequel le Saint-Esprit ne dédaigne pas de prémunir votre inexpérience par ce salutaire avertissement : *Non des mulieri potestatem animæ tuæ* [2]! Et cependant combien n'êtes-vous pas exposé à être surpris! Quelle habileté ne déploient pas ces personnes pour saisir la domination! Elles s'insinuent dans votre confiance par la ruse, par une flatterie placée à propos, par la défense de vos intérêts matériels; elles profitent de la répugnance naturelle qu'une âme élevée éprouve pour toutes les préoccupations matérielles, afin de se rendre nécessaires; elles étudient le côté faible du caractère; elles exploitent certaines circonstances extérieures qui amènent des confidences; et une fois la place prise, tout cède à cette nouvelle puissance, au grand étonnement, pour ne pas dire au grand scandale, de toute la paroisse! Tout se décide par sa volonté, tout plie devant ses exigences! C'est tristement le cas d'appliquer la maxime célèbre : *Le roi règne et ne gouverne pas!* Heureux encore si cette influence dominatrice ne dépasse pas les limites du presbytère et se concentre

---

1. Ps. XVIII, 14.
2. Eccles., IX, 21.

dans l'ordre domestique!... C'est un spectacle déplorable, et peut-on dire qu'il ne se réalise que dans l'île imaginaire d'*Utopie*, dont parle Th. Morus?...

« Faudra-t-il donc fermer impitoyablement la porte de sa maison à sa famille et à toutes les personnes du sexe? Le prêtre qui aurait cet héroïque courage suivrait en cela d'admirables exemples : il imiterait saint Augustin, qui éloigna de son habitation sa propre sœur, par la raison que toutes les autres femmes dont elle recevrait la visite ne seraient pas sa sœur; saint François de Sales, qui ne voulut jamais recevoir à demeure chez lui la comtesse sa mère; tant de souverains pontifes qui, dans ces derniers siècles au moins, ont su dire aux leurs : « Je ne vous connais pas ! » Mais admettons qu'une telle rigueur, dans la pratique ordinaire, est impraticable. Il faudra alors se donner des garanties contre sa propre faiblesse pour ne pas exposer le *præesse* que demande l'Église, d'accord avec la raison ! Ainsi, quand il s'agira d'une parente, on réfléchira sérieusement devant Dieu, on pèsera mûrement toutes les circonstances, on prendra conseil auprès d'un confrère sage, on ne s'écartera jamais des prescriptions des statuts diocésains, et l'on exposera tout à son évêque avec une simplicité toute filiale. Lorsqu'il sera question d'admettre une étrangère, les précautions devront être plus minutieuses encore; car personne n'ignore qu'une servante accomplie est le *rara avis* de Juvénal ! Et quand même on croirait l'avoir rencontrée, il sera nécessaire, sous peine de voir les rôles changer, de tenir ferme à certaines règles de prudence, par exemple, d'exiger avant tout l'ordre, la régularité, la discrétion ; de circonscrire son action dans une sphère parfaitement déterminée ; de veiller aux dépenses, en évitant également les tracasseries et la confiance aveugle... c'est l'avis de l'Esprit-Saint : *Quodcumque trades, numera et appende ; datum verò et acceptum omne describe*[1] ! Pour éviter l'oc-

---

1. Eccl., XLII, 7.

casion, même éloignée, il y aura sagesse à ne pas lui ouvrir toutes les portes : *ubi manus multæ sunt, claude;* à ne jamais se laisser aller à d'imprudentes confidences sur les personnes et sur les affaires ; à ne pas accueillir facilement de prétendues révélations importantes, échos plus ou moins fidèles des bruits de la place publique ou de la rue!... Afin de ne pas l'exposer à user d'une familiarité qui ne tarderait pas à se changer en domination, il sera bon de conserver, en commandant, une politesse invariable et une douceur mêlée de fermeté : *Noli esse sicut leo in domo tuâ, evertens domesticos tuos*[1] *!* Quelques paroles d'encouragement données à propos pourront être, en certaines occasions, la juste récompense d'un travail ou de soins exceptionnels ; mais que jamais des éloges outrés, ou des attentions déplacées ne l'autorisent à oublier sa modeste condition ; qu'un maître sache faire une générosité, qu'il traite avec libéralité ceux qui le servent, c'est là une vertu et un principe de bonne administration ; mais que jamais, surtout s'il est prêtre, il ne se constitue leur débiteur en retenant leurs gages; qu'il emprunte au besoin pour s'acquitter envers eux ! Un créancier, tout le monde le sait, est un maître formidable! Sans ces précautions, vous ne tiendrez que le second rang dans votre presbytère, contre la parole formelle de l'Église : *Sacerdotem oportet præesse!...*

« Est-ce tout? Non, assurément! Cette prééminence si nécessaire à l'Église et au presbytère, il faut qu'elle vous accompagne et honore votre caractère à l'école communale, à la mairie, dans les communautés religieuses, dans la maison des grands et au foyer de chaque famille.

« Prééminence à l'école communale. Le pasteur, en vertu de sa mission divine, est chargé de surveiller les écoles de filles et de garçons établies dans sa paroisse ; ce

---

1. Eccl., IV, 35

droit, jusqu'ici, la loi civile le reconnaît, quoique l'esprit moderne travaille à le restreindre, toujours au nom du progrès et de la liberté. Là vous trouvez des enfants dont vous êtes le père spirituel, et un maître qui, trop souvent, hélas! se pose en contradicteur de votre doctrine, alors qu'il devrait seconder votre zèle et répéter votre enseignement! Vous ne pouvez, dans ce sanctuaire où l'on élève des âmes, vous, ambassadeur du Verbe éternel, accepter un rang inférieur. Il faut donc que ce petit peuple d'enfants vous accueille avec respect et surtout avec une affection immense. Vous obtiendrez ce respect en employant les mêmes moyens qu'au catéchisme. Il faut de plus que le maître, s'il ne va pas jusqu'à vous aimer, ne puisse au moins vous refuser son estime; vous le forcerez à vous l'accorder par une politesse invariable, par une connaissance exacte de ce qu'il doit vous accorder d'après ses règlements, ou de ce qu'il peut vous refuser; surtout par l'assurance avec laquelle vous lui prouverez, quand l'occasion s'en présentera naturellement, que vous n'êtes étranger à aucune des connaissances grammaticales, historiques et scientifiques dont il se prévaut avec emphase! Mais pour se maintenir à cette place, il faut avoir pris au sérieux la parole de l'Église: *Oportet præesse!*

« Prééminence à la mairie. Les besoins de votre église et de votre presbytère, les intérêts de vos œuvres et les simples relations sociales auxquelles vous ne sauriez vous soustraire en certaines circonstances, vous amèneront à la mairie, où se traitent les affaires civiles. Vous n'avez pas, j'en conviens, à maintenir ici une préséance officielle; mais la religion dont vous êtes le ministre, mais les pauvres dont vous plaidez la cause, mais vos propres intérêts vous obligent à maintenir dans votre personne une supériorité morale! Et comment y réussir? Par la prééminence dans vos habitudes personnelles, dont nous parlions au commencement; en s'interdisant toute critique amère, toute plainte passionnée, en cas d'opposition ; en ne se mêlant, sous aucun prétexte, aux affaires purement civiles ; en évitant de prendre parti, à propos de ces divisions si fréquentes dans les conseils humains ; en ne s'occupant de politique qu'au pied du crucifix ; en un mot, en prouvant par toute notre conduite que nous n'avons à cœur que l'honneur de Dieu et le bien des âmes ! Sans doute la vertu peut être persécutée, cela s'est vu et cela se voit ! Mais la vertu, même persécutée, même bafouée, force toujours ses persécuteurs à l'admiration ; le spectacle d'un désintéressement surnaturel et constant met à nos pieds les puissants de ce monde ! Henri IV s'avouait vaincu par le refus que lui faisait saint François de Sales d'accepter l'évêché de Paris. Et voilà de quelle prééminence nous devons nous parer en présence des autorités de ce monde : *Sacerdotem oportet præesse !*

« Prééminence dans les communautés religieuses. Vous avez peut-être à diriger quelque communauté de religieuses, vouées à l'éducation de l'enfance ; c'est là encore que le *præesse* trouve son application. Ces saintes âmes, il est vrai, ont leurs Supérieurs particuliers, qui doivent les maintenir dans la régularité de leur Institut ; et il n'y a rien, dans cette disposition canonique, qui puisse légitimement réveiller vos craintes et porter ombrage à votre autorité ; mais, d'autre part, il ne faut pas oublier que ce sont des brebis faisant partie de votre troupeau ; il est même juste d'ajouter, sauf les exceptions que réclame la faiblesse humaine, que ce sont les brebis les plus dociles ; par leurs vertus, elles marchent d'ordinaire à la tête du troupeau ; quel désordre, si le pasteur leur cédait le pas dans la perfection et dans l'estime générale ! C'est là ce qui constituerait un empiétement digne de soulever toute votre indignation ! Marchez donc ici le premier, en pratiquant ce que vous êtes obligé d'enseigner ; maintenez votre rang de père et de pasteur par la pratique de deux grandes vertus : la justice et la prudence! La justice, pour leur accorder avec exactitude les services spirituels qu'elles réclament dans les limites déterminées et faciles à connaître ; pour les seconder dans leur œuvre difficile ; pour les protéger contre les attaques injustes dont elles peuvent être l'objet. La prudence, qui devra vous interdire de vous mêler de leur gouvernement intérieur, qui vous défendra les visites trop fréquentes et inutiles, qui écartera de vos lèvres : *Scurrilitas quæ ad rem non pertinet*[1] ! L'oubli de la justice leur donnerait le droit de se plaindre, et quiconque invoque l'appui d'un droit domine le violateur de ce droit. Le mépris de la prudence vous rendrait ridicule ou téméraire, et dès lors vous baisseriez dans l'estime de ces âmes pour lesquelles vous ne devez pas être simplement un homme, mais un homme de Dieu : *Sacerdotem oportet præesse !*

« La prééminence dans la maison des grands. Il est important de la conserver pour ne pas avilir votre ministère ; et cependant vous ne pouvez imposer le respect, ni par l'éclat du nom, ni par le prestige de la richesse : *Videte... non multi potentes, non multi nobiles*[2] ! Mais vous avez bien mieux : montrez-vous supérieur par cette sage réserve que recommande l'Esprit-Saint et qui donnera à vos visites tout le prix d'une faveur réelle : *Advocatus a potentiore discede ! Ex hoc enim magis te advocabit*[3] ! par cette liberté tout apostolique, qui mettra sur vos lèvres le terrible : *Non licet !* si effrayant pour les trop fidèles imitateurs d'un roi libertin ; par ce noble désintéressement qu'on saura également inaccessible à l'attrait des présents et aux charmes de la flatterie ; par cette autorité que donnent la bonté, la fermeté, la sainteté !...

---

1. Eph., v, 4.
2. I Cor., i, 26.
3. Eccl., xiii, 12.

et qui est bien, même de nos jours, la royauté la plus vénérée et la plus incontestée ! *Sacerdotem oportet præesse !*

« Enfin, soyez le premier au foyer de chaque famille et dans le cœur de chacun de vos paroissiens, non par des airs hautains : *Reges gentium dominantur eorum... Vos autem non sic* [1] ! mais par les saintes industries de la charité, par la patience, par la condescendance, par la compassion, par la générosité, en bégayant avec les ignorants, en supportant les faibles, en secourant les pauvres... C'était, au dire de Bossuet, tout le secret du gouvernement dans le grand Apôtre : *Sacerdotem oportet præesse !*

« Est-ce tout ? Non, assurément. Le prêtre sera aussi le premier dans la cérémonie de ses propres funérailles et au cimetière. Et si vous êtes tentés de supposer que j'ai conservé pour la fin cette considération, usant d'un artifice oratoire qui ne conviendrait guère à cette causerie amicale et familière, ouvrez votre rituel et l'auteur de liturgie qui est entre vos mains. Vous lirez dans les rubriques cette prescription : *Caput sit versùs altare !* et le commentaire vous apprendra que cette différence de position entre le corps d'un prêtre et celui d'un simple fidèle s'explique par la dignité du premier !

« Ainsi, lorsque la mort aura étendu sur nous sa main glacée ; quand la sainte Église mêlera ses chants d'espérance aux larmes de ceux qui furent nos enfants, il faudra que ce corps, désormais inanimé, préside encore, par la pose que prescrit la liturgie, l'assemblée des fidèles !

« Dans le champ du repos, en attendant le réveil du dernier jour, la dépouille mortelle du pasteur devrait occuper une position toute contraire à celle des corps des fidèles, afin que, au grand jour de la résurrection, le chef, en se

---

1. Luc, XXII, 25.

levant radieux, se trouve en face de son peuple ! Une telle prévoyance, à laquelle jusque-là peut-être nous n'avions pas pris garde, est le commentaire éloquent et le résumé des leçons renfermées dans la parole du Pontifical : *Sacerdotem oportet præesse !...* »

CHAPITRE XV

M. Dazincourt Supérieur de grand séminaire (*suite*) :
ses moyens d'action.

Lorsqu'un homme, un homme vraiment digne de ce nom, a conçu un projet noble et grand, quand il a longtemps contemplé et mûri une idée qui a pris corps sous son œil intérieur et est devenue vraiment un idéal déterminé; cet homme aura beau se heurter à des obstacles, rencontrer des difficultés, il arrivera à la réalisation qu'il poursuit; les moyens ne lui manqueront pas; au besoin sa volonté saura les trouver, les créer même. Que d'exemples illustres ou obscurs on pourrait citer! Et maintenant, au lieu d'un homme, qu'on suppose un prêtre, un bon et saint prêtre; au lieu d'un projet humain et de l'ordre naturel, une fin divine et un but surnaturel : la formation sacerdotale de tout un clergé! sous l'œil de son intelligence, ce saint prêtre a sans cesse le type et l'idéal que nous venons de montrer; et au centre même de sa volonté, il sent le secours de la grâce, l'aide d'en haut qui ne l'abandonnera jamais... Nous le demandons, un tel homme, le Supérieur de grand séminaire, malgré les obstacles et les difficultés, et il en rencontrera de toute sorte, n'aura-t-il pas cependant tous les moyens nécessaires pour atteindre son noble but et remplir sa difficile et délicate mission?... On peut répondre hardiment : S'il ne manque pas lui-même à son œuvre, s'il n'est pas au-dessous de sa mission, les moyens d'action ne lui manqueront pas, et il n'aura même que l'embarras du choix! il réalisera son noble idéal!

Tel était M. Dazincourt au moment où la Providence l'amena au séminaire de Montolivet pour y former des prêtres et alimenter le clergé du diocèse de Marseille; par ses talents et ses vertus, il n'était pas au-dessous de sa mission, et il avait conçu un grand et noble idéal; il nous reste à voir à quels moyens il eut recours pour arriver à sa réalisation.

Incontestablement, le premier et le principal moyen qu'employa toujours le Supérieur de Montolivet, celui en qui il mit uniquement sa confiance, même vers la fin de sa longue carrière, alors qu'il avait acquis une expérience de trente années et jouissait d'une réputation incontestée, nous n'étonnerons aucun de ceux qui l'ont connu en disant que ce fut la défiance constante de lui-même et de ses talents naturels, et une confiance absolue, constante et inébranlable en Dieu. Ces deux mots : défiance de soi, confiance en Dieu, furent toujours sa devise favorite et comme un refrain qu'il ne se lassait jamais de répéter aux âmes qui venaient en foule le consulter; c'était, à ses yeux, une recette infaillible, un moyen immanquable de réussir. Comment ne l'eût-il pas employé lui-même, alors qu'on a vu son humilité, alors qu'on sait jusqu'où allaient sa défiance, ses craintes, ses appréhensions en face des responsabilités? Oui, il se défia beaucoup et constamment de lui-même; oui, il mit en Dieu seul toute sa confiance, il eut recours à lui chaque jour et à chaque instant du jour; sa prière fut continuelle, ardente, sans relâche ni découragement; les obstacles, les difficultés, loin de l'arrêter sur ses lèvres, ne firent que l'enhardir; il disait alors : « Dieu peut tout et il est bon, prions-le, prions-le quand même, prions-le toujours!... » et lorsque les résultats répondaient à son attente et qu'à la fin d'un mois, d'une année, il pouvait, tout joyeux, écrire dans sa *Chronique* : « Le bon esprit règne, la régularité a été parfaite, la piété gagne... » nous l'avons vu, il ne manquait pas d'ajouter : *A Domino factum est istud!* Et s'il l'avait osé, il eût ajouté avec le Psalmiste, en songeant à lui-même : *Et est mirabile in oculis nostris!...* Ou du moins il a dû se dire bien des fois : *Servi inutiles sumus; quod debuimus facere fecimus!...*

Mais de ce qu'il a ainsi beaucoup et toujours compté sur Dieu, de ce qu'il s'est toujours et beaucoup défié de lui-même, il faudrait bien se garder de conclure qu'il s'est croisé les bras et a laissé Dieu seul agir, et la Providence conduire le séminaire à sa guise. Il savait fort bien la vérité du proverbe vulgaire : Aide-toi, Dieu t'aidera ! il n'ignorait pas que si, après la réussite, il faut croire que Dieu seul a agi, avant l'action il faut se mettre à l'œuvre comme si on devait être seul. En conséquence, tout en comptant uniquement sur le secours divin, il mit toujours au service de son difficile ministère, tous ses talents et toutes ses rares facultés, tout son temps et toute son activité, enfin il eut recours à tous les divers moyens que son intelligence, son expérience et ses règles lui suggérèrent. Nous sommes convaincu que ce qui contribua le plus puissamment et le plus efficacement au bien réalisé au séminaire sous sa direction, en un mot, la cause capitale de son influence sur l'âme des séminaristes, il ne l'a pas connue, il ne l'a pas même soupçonnée : ce fut sa seule personnalité, son air, sa tenue, ses exemples, sa vue seule et sa présence ; que dis-je ? la pensée seule qu'il était là, ou qu'absent il allait rentrer. Selon une belle expression des règles du Supérieur, il était vraiment l'âme de la maison ; dès lors qu'y a-t-il d'étonnant qu'il en ait rempli les admirables fonctions à l'égard du corps moral auquel il était uni et dont il était comme la forme, qu'il lui ait communiqué en quelque sorte l'être et la vie, l'impulsion et le mouvement, la vigueur et la santé, le bien-être et le bonheur. On n'a pas sans doute oublié la remarque fort belle d'un de ses confrères ; nous la donnons de nouveau, tant elle nous semble importante :

« ... Dans les premiers temps que j'ai été en rapport avec M. Dazincourt, j'ai été, je dois l'avouer, tout à fait déçu... Pourquoi donc, me disais-je, a-t-on fait à cet homme une telle réputation de Supérieur? Qu'a-t-il de particulier, de remarquable? Je vois là une vie régulière, pas autre chose!... Mais peu à peu, considérant que cette vie régulière ne se démentait jamais, ni en rien; surprenant partout et toujours son action constante, quoiqu'elle ne se laissât guère voir; témoin de cette vigilance qui ne perdait aucun détail ni de la vie de ses confrères, ni de celle des élèves; admirant cette façon si aimable de corriger les moindres manquements, qui atteignait toujours son but, bien que parfois d'une manière indirecte,... je finis par acquérir la persuasion que j'avais trouvé le Supérieur par excellence!... et plus je le vis à l'œuvre, plus cette conviction s'affermit dans mon esprit... »

Voici ce que ses confrères ont remarqué sur sa manière de faire à l'égard des séminaristes : « La maison de Montolivet, tout le temps que M. Dazincourt en a été le Supérieur, a joui d'une réputation, justement méritée, de régularité et de bon esprit; c'est à lui qu'en revient principalement le mérite; à son autorité morale, à ses exemples, à son influence tacite. Il avait une grande idée des séminaristes, voyant déjà en eux les représentants de Notre-Seigneur Jésus-Christ; aussi nous apprenait-il à les traiter toujours avec un grand esprit de foi, nous recommandant de découvrir en eux, moins leurs défauts, qui ne sont que trop visibles, que leurs qualités qui, pour l'ordinaire, paraissent moins. Pour lui, il les traitait avec grande indulgence; il n'aurait jamais voulu punir, jamais retarder aux ordinations; à son avis, les punitions ne convertissent guère; mais il faut dire qu'aux lectures spirituelles il se chargeait de faire appel, auprès d'eux, aux sentiments de la foi et aux arguments de la raison; et il y réussissait si bien qu'il produisait dans leur esprit des convictions aussi durables que la vie. Il disait parfois des choses dures; mais on acceptait tout de sa part, parce que c'était le bon sens et le cœur à la fois qui parlaient en lui... Il leur recommandait surtout deux choses : la lecture de la sainte Écriture, qu'il aimait tant lui-même, et la visite au Saint Sacrement, convaincu que là, auprès de Notre-Seigneur, on ne peut que se former à la piété... »

Un autre nous écrit : « ... A l'égard des séminaristes, M. Dazincourt s'efforçait avant tout de former en eux *la conscience*. Il les traitait en hommes ! Je fus longtemps surpris de lui entendre dire : « Ils peuvent me tromper, mais « je ne changerai pas ma manière d'agir à leur égard !... » Sa sensibilité excessive lui faisait adopter aussi parfois une ligne de conduite qui n'aura pas peut-être l'approbation de tous : était-il mécontent ? au lieu de parler, de se plaindre et de tonner, il restait des semaines entières sans mot dire à la lecture spirituelle, et il leur faisait la leçon comme on la fait aux rois, par le silence ; et les élèves ne s'y trompaient pas !... Il était cependant piquant à ses heures. Un jour, un séminariste vient lui demander la permission d'aller parler à un de ses condisciples : « Pourquoi donc ? — Pour une « explication. — Sur quelle question ? — Oh ! c'est toute la « leçon qui est un peu pour moi dans les nuages. — Oh ! « si c'est dans les nuages, nul besoin d'aller déranger votre « condisciple ; vous et la leçon, vous finirez bien par vous « rencontrer !... » Mais cette note était rare... Sa conduite, comme Supérieur, me paraît bien rendue par cette réflexion : Il était sévère et vigilant pour prévenir les abus, les manquements, le mal enfin ; mais une fois le mal commis, il était d'une bonté infinie pour aider à le réparer... Je ne puis pas dire tout ce que je sais à ce sujet ; mais que de faits, que de souvenirs j'ai de sa charité !... »

Un troisième ajoute : « ... Il y a quelques années, nous fûmes envahis par une foule de *discoureurs*, prêtres ou laïques, animés tous du saint désir de régénérer la France et le clergé ; chacun avait sa panacée, qui une œuvre, qui des prières, etc., etc. M. le Supérieur finit par s'en lasser, et un jour, presque en colère, il éclata : « A en croire tous

« ces faiseurs de discours, s'écria-t-il, dans un grand sémi-
« naire il faudrait faire de tout, et à force de faire un peu
« de tout, on ne ferait plus rien!... Qu'ils nous laissent
« donc tranquilles, tous ces braves gens! Sans doute,
« ce qu'ils demandent est en soi excellent, mais ce n'est
« pas ce qu'il nous faut! Que nos séminaristes soient
« d'abord de bons chrétiens, qu'ils observent parfaite-
« ment le Décalogue, qu'ils deviennent de pieux sémina-
« ristes afin d'être un jour des prêtres saints et zélés...
« et ils sauront mieux que tous ces conférenciers ce qu'il
« faut pour la paroisse qui leur sera confiée; leur zèle les
« éclairera sur les vrais besoins des âmes et leur donnera
« l'industrie et le courage pour faire prospérer les œuvres!...»
Nommé Supérieur à son tour, ce confrère reçut ce conseil
en partant pour son poste : « ... Quant aux séminaristes,
traitez-les toujours d'une manière raisonnable ; ainsi,
quand vous aurez des avis à leur donner, commencez par
leur montrer la nécessité ou l'utilité de ce que vous leur
demandez; faites leur bien comprendre que vous n'agissez que dans leur intérêt et pour la plus grande gloire de
Dieu, etc... »

Voici encore, pour finir, quelques remarques que nous
envoie un de ses anciens élèves : « ... Les éloges étaient très
rares et très modérés dans sa bouche; il avait l'habitude
de dire à ceux qui s'étaient bien acquittés de leur devoir,
examen, par exemple, chant, cérémonies, etc... : « Allons!
« ce n'est pas trop mal!... » Ou, s'il y avait progrès : « Al-
« lons, courage! c'est un peu moins mal! » et il accentuait
ces mots de son fin sourire, si bon et si expressif... Ah! il
n'aimait pas ce qu'il se plaisait à nommer la *fantasia*, soit
dans la décoration des autels, soit dans le chant; il voulait
qu'on s'en tînt exclusivement à la liturgie, disant qu'on ne
peut pas être plus sage que l'Église, ni prétendre avoir
plus de zèle qu'elle pour le culte extérieur. Mais ce qu'il
ne pouvait supporter surtout, ce qu'il s'efforça de proscrire

absolument, ce fut la *fantasia* dans l'ordination et les premières messes. A cette occasion, il ne manquait pas de rappeler l'exemple de saint Vincent disant sa première messe... Je l'ai entendu se mettre dans une sainte indignation, en nous rapportant ce qu'il avait vu ou appris, dans le passé, des exagérations des jeunes prêtres à ce sujet... »

Mais il est temps d'en venir aux détails. Les divers moyens que peut avoir un Supérieur d'exercer son influence et de faire sentir son action, après l'autorité de sa sainteté, de sa personne et de ses exemples, un mot les résume tous : sa parole! S'il sait parler à propos, — sans même être éloquent, ce qui évidemment ne gâte rien, mais n'est pas donné à tous, — quelle portée, quelle influence, quelle efficacité peut avoir sa parole, toujours appuyée sur l'autorité de sa vie! car que d'occasions de la faire entendre, et que de facilité de la faire pénétrer profondément, puisqu'elle tombe de si haut! aux conférences, aux retraites, en direction, aux répétitions d'oraison, tous les jours à la lecture spirituelle, souvent en classe et aux sabbatines, sans parler des circonstances exceptionnelles, telles que réponses aux compliments de fête et de bonne année, etc., car le vrai Supérieur ne néglige aucune occasion de rompre à ses chers enfants le pain substantiel de sa toute-puissante parole! Qui n'a vu, qui n'a entendu raconter les effets merveilleux et vraiment prodigieux d'une telle parole tombant de si haut et si fréquemment, durant cinq ou six années consécutives, sur le cœur, l'âme et l'intelligence d'une réunion de jeunes gens d'élite! Si la goutte d'eau, tombant régulièrement et à point fixe, finit par creuser et perforer la roche la plus réfractaire, qui pourra résister à la force d'une telle parole? Quel puissant levier, entre les mains d'un homme intelligent, d'un saint prêtre, d'un Supérieur digne de ce nom!

Tel fut, sans conteste, M. Dazincourt au séminaire de

Montolivet, durant les vingt années de sa direction. Sa parole fut véritablement une puissance !

Et d'abord les conférences du dimanche et les retraites. C'est par là en effet que commença à se poser auprès de ses élèves le nouveau Supérieur de Montolivet ; car ici, comme nous l'avons vu pour Kouba, dès ses premières conférences, même dès sa première lecture spirituelle, nous avons eu occasion de le constater, les séminaristes furent saisis, gagnés et conquis ; — ils sortirent vraiment ravis, se disant entre eux à demi-mot : « Nous avons un homme, nous avons un Supérieur !... » Nous n'essayerons pas ici de rendre raison de cette puissance de parole en M. Dazincourt, l'ayant déjà tenté dans le chapitre où nous l'avons montré directeur à Kouba ; nous y avons suffisamment étudié son genre de prédication et analysé les instructions et conférences qui composent son répertoire du séminaire. En somme, devenu Supérieur, il n'eut pas à transformer ces solides instructions que, directeur à Kouba, nous l'avons vu composer avec tant de soin, de tact et d'amour : ses cinq conférences sur le séminaire, celles sur la vocation, les trois classes de séminaristes, la vie de la grâce, l'esprit sacerdotal, l'imitation de Notre-Seigneur, l'énergie, l'esprit de sacrifice, la souffrance, la chasteté, etc., etc.; aussi bien que les sujets plus pratiques et toujours de mise, à Marseille comme à Alger : l'observance des règles, le silence, l'étude, les cérémonies... et tant d'autres que nous omettons... Mais qu'on n'aille pas conclure de là qu'il les donnait tels quels. A chaque reprise, et bien que le pauvre Supérieur se plaignît — non sans raison — de ne pouvoir plus rien faire, le sujet est remis sur le métier, revu, retouché, augmenté, quand il n'en sort pas complètement renouvelé ; les larges marges de ses cahiers en portent des traces nombreuses et précieuses, car ces retouches, ces additions sont toujours préférables au texte qui en est enrichi et embelli et accusent plus de sûreté de doctrine et de vraie éloquence.

Ce qu'il y a de vraiment et de complètement nouveau se trouve dans ses instructions de retraite, et ce sont les sujets qu'il fut obligé de prêcher en sa qualité de Supérieur. Ainsi, dans la retraite de la rentrée, les conférences de trois heures sur le sacrement de pénitence; dans les retraites d'ordination, l'explication du Pontifical; dans l'une et dans l'autre, d'ordinaire, les sujets d'oraison du matin. Dans ce nouveau travail, il y a surtout une partie vraiment remarquable, — et qui de fait a toujours été remarquée, soit par les séminaristes de Marseille qui, devenus curés, en parlent encore avec enthousiasme, soit par les divers clergés à qui M. Dazincourt a donné la retraite pastorale, — nous voulons parler de son explication du Pontifical romain. Il y a, à chaque ordination, quatre conférences sur ce sujet; pour que chaque élève, durant les cinq années de son séminaire, en pût entendre l'explication entière, complète, profonde et détaillée, comme la plupart des supérieurs, M. Dazincourt traitait successivement la partie du Pontifical concernant : la 1re année, la tonsure; la 2e, les ordres moindres; la 3e, le sous-diaconat; la 4e, le diaconat; la 5e enfin, la prêtrise. Nous ne pouvons évidemment entreprendre ici la reproduction en partie, pas même l'analyse de ces vingt ou vingt-cinq conférences; nous en avons du reste cité une intégralement dans le chapitre qui précède; on peut juger des autres par celle-là, elles sont toutes remarquables, surtout celles qui traitent de la prêtrise et expliquent les cinq grandes obligations du sacerdoce : *Offerre, benedicere, præesse, prædicare, baptizare.* A la simple lecture, on se rend compte suffisamment de l'effet qu'elles ont dû produire, données par le Supérieur de Montolivet, et nous comprenons sans peine l'influence qu'elles ont exercée et le souvenir ineffaçable qu'on en a conservé.

Cependant, quel que soit le bien produit par sa prédication proprement dite, un bien plus grand encore — le plus grand et le plus durable qu'il lui ait été donné de faire peut-être — a été produit par ses directions. Le directoire des séminaires, tout en conseillant au Supérieur de ne point accepter de pénitents, le laisse pourtant libre, vu les circonstances, d'agir différemment; après avoir un moment hésité et s'être même complètement abstenu, M. Dazincourt crut devoir prendre sa part de la direction des consciences. Il faut du reste convenir qu'il avait une aptitude spéciale pour ce genre de ministère; un de ses anciens pénitents nous écrit : « Tous ceux qui s'adressaient à lui — et ils étaient nombreux — ont éprouvé les tendresses de son cœur si affectueux, si paternel; il savait s'épancher dans des communications si suaves ! on sortait de chez lui heureux et réconforté !... »

« ... En direction, nous écrit un autre, M. Dazincourt n'était plus le Supérieur, on trouvait en lui un véritable ami, un père !... Autant on le craignait à la salle des exercices ou dans les corridors quand on était en faute, autant on se trouvait à l'aise en direction. C'est que, avec lui, la direction était chose agréable, désirée, impatiemment attendue ! On n'y parlait pas tout le temps spiritualité, bien que la spiritualité fût l'important et comme la dominante de l'entretien. Avant tout, les besoins de l'âme, les moyens particuliers et personnels — toujours très pratiques — de progresser dans la perfection, d'acquérir les vertus de l'état, de corriger ses défauts et ses travers, etc... Après quoi, on causait théologie, philosophie, Écriture Sainte,... littérature même et éloquence; et sur n'importe quel sujet, on était sûr d'avoir de lui des idées claires et précises, des points de vue remarquables... et toujours, pour conclusion, un conseil pratique, une envolée vers le monde surnaturel. » Tous ceux qui ont eu recours à sa direction savent qu'il y avait en lui non seulement de la tendresse, mais encore et surtout, avec un don rare d'intuition et une expérience des âmes consommée, la droiture de jugement, le bon sens pratique et l'autorité de décision qui constituent surtout le directeur.

Tout le monde sait l'importance capitale de l'*oraison* dans la vie du prêtre ; ce qui est moins compris peut-être, c'est la nécessité absolue de s'habituer à la bien faire dès le séminaire, et partant d'en acquérir dès lors, sous peine de n'y rien faire et de l'abandonner plus tard, et la connaissance exacte, précise, et aussi la pratique et l'expérience. Vu la difficulté exceptionnelle d'un point aussi capital, notre directoire en confie le soin à l'expérience et à la sagesse du Supérieur ; en conséquence, les deux ou trois premières semaines de l'année, et le reste du temps jusqu'à Pâques, tous les mercredis, pendant une heure entière, le Supérieur commence par faire l'oraison lui-même de vive voix ; plus tard, il en explique la méthode, et enfin il en contrôle la pratique en la faisant répéter par deux ou trois élèves. On comprend aisément le bien que produit un tel exercice, continué pendant cinq années, s'il est fait avec soin, conduit avec sagesse, poursuivi avec persévérance. Nous avons appris de plusieurs anciens séminaristes de Montolivet que M. Dazincourt y excellait, ce qui est loin de nous surprendre ; nous savons, en effet, avec quel soin, avec quelle exactitude et quelle ferveur il a toujours fait lui-même son heure entière d'oraison tous les jours, dès quatre heures et demie du matin ; il en avait évidemment acquis l'expérience, il en pratiquait sûrement la méthode, il en connaissait toutes les voies ; comment s'étonner s'il a ravi les séminaristes quand, pour leur donner l'exemple et le modèle, il faisait lui-même l'oraison de vive voix ; s'il les a solidement instruits, quand il leur en a expliqué la méthode ; enfin, s'il les a vivement intéressés, quand il leur faisait répéter leur propre oraison et en corrigeait finement les défauts ou suppléait richement à leur sécheresse ? Cet exercice lui a toujours semblé capital ; il s'en préoccupait vivement et s'y préparait toujours longuement et avec un soin extrême ; enfin et surtout il était pour lui chose sacrée que rien ne pouvait remplacer et dont rien ne le dispensait : ni fêtes, ni voyage projeté, ni service funèbre, ni fatigue ou insomnie ! Plus d'une fois il s'y est rendu, ou plutôt il s'y est traîné souffrant, toussant, essoufflé, paraissant incapable de dire deux mots ! véritablement objet de pitié pour les séminaristes !... Comment Dieu eût-il pu ne pas bénir un tel zèle ! et comment supposer que les élèves n'aient pas retiré les plus grands fruits d'un tel exercice !...

Cependant la répétition d'oraison n'a lieu qu'une fois par semaine, ainsi que la confession et la prédication ; c'est au contraire tous les jours que revient la *lecture spirituelle ;* et c'est encore au Supérieur que la règle et le simple bon sens réservent l'honneur de la présider. Comment, en effet, être vraiment Supérieur si, une fois par jour, on n'a pas sous les yeux sa communauté réunie, de façon à pouvoir, selon les besoins et les circonstances, instruire, avertir, conseiller, reprendre, corriger ;... enfin si, une fois chaque jour et durant une demi-heure, l'œil du maître ne peut, à son aise, diriger sur tous en général et chacun en particulier, ce long et profond regard que rien ne peut suppléer ou remplacer, parce qu'il est en petit pour la communauté ce qu'est en grand pour l'univers l'action même de la Providence... L'expérience le prouve, un Supérieur, sans la présidence de la lecture spirituelle, et confiné dans son cabinet d'étude, n'est pas plus providence pour sa communauté que ne l'était pour le monde le *fatum* païen, ce dieu aveugle, enchaîné et relégué dans un canton perdu de l'univers !... Ce n'est certes pas ainsi que M. Dazincourt avait compris son rôle de Supérieur, lui qu'on voyait désolé quand un conseil prolongé, le retenant à l'évêché, l'avait empêché d'être à son poste pour présider la lecture spirituelle ! et quiconque ne comprend pas cela, assurément, quelles que soient ses qualités, n'est pas digne d'être Supérieur, et sa communauté ne sera qu'un troupeau sans pasteur, une armée sans chef !

Mais de quelle manière le Supérieur de Montolivet présidait-il un exercice si important et si fortement recommandé par tous les maîtres de la vie spirituelle? Avant tout, il faisait choix d'un livre, et il le choisissait entre mille, tenant compte d'une multitude de considérations qu'il pesait longuement, car s'il est encore malaisé de conseiller une lecture appropriée aux vrais besoins d'une âme en particulier, combien plus difficile de découvrir ce qui convient le mieux à une communauté tout entière. Le livre choisi, la lecture en était faite pendant un bon quart d'heure, vingt minutes; inutile d'ajouter que chaque séminariste, l'oreille tendue, recevait attentivement cette parole, sans doute avec grand désir d'en tirer profit, ce qui, hélas! ne suffit pas toujours, même au plus consciencieux, pour réfréner l'imagination et éviter les distractions; mais encore dans la crainte d'avoir à en rendre compte publiquement; car tel était l'usage : un ou deux élèves, parfois trois et quatre, selon les circonstances, étaient interpellés et devaient analyser ce qu'on venait d'entendre; inutile d'insister pour faire ressortir les multiples avantages d'une pratique ennuyeuse aux esprits paresseux, mais précieuse sous tout rapport et indispensable. C'est alors que, sauf de très rares exceptions, le Supérieur prenait la parole à son tour. Un de ses anciens élèves nous écrit : « ... Parfois, nous voyions arriver M. le Supérieur, fatigué, toussant à fendre le cœur, tout essoufflé et pouvant à peine tenir dans sa chaire, avec toute son énergie bien connue; et malgré tout, au moment venu, il ne manquait pas de prendre la parole! » — « Quelle privation pour nous, ajoute un second, quand il gardait le silence, ce qui lui arrivait parfois quand il avait un juste sujet de mécontentement; ce silence était vite compris, et chacun examinait sa conscience. Quand la leçon avait produit son effet, après deux, trois jours, selon les circonstances, il reprenait ses gloses toujours trop courtes, à notre gré, et alors il donnait ses avis, faisait ses réprimandes, qu'il commençait d'ordinaire par quelques éloges sur les points de règle mieux observés... » Mais heureusement, ceci n'était que l'exception, car la communauté, nous avons eu occasion de le constater maintes fois, était très régulière ; d'habitude le Supérieur ne prenait la parole que pour gloser sur les pages qu'on venait de lire ou pour donner les conseils si précieux de sa sagesse et de sa longue expérience. Voici quelques-uns des points sur lesquels il aimait à insister. On voyait toujours en lui l'homme de Dieu, ne cherchant que notre intérêt et le bien de l'Église ; mais c'était surtout frappant dans ses gloses de la lecture spirituelle. Il nous répétait souvent : « Messieurs, soyez des hommes surnaturels, « et ne vous contentez pas de donner au bon Dieu seule- « ment des *demi-mesures !...* Ne soyez pas des *semi !...* » Il appelait ainsi — du latin *semi*, demi — les élèves qui, selon l'expression vulgaire, en prennent et en laissent, par exemple, dans l'observation du règlement ; contre ceux-là il s'élevait avec indignation, il tonnait, proclamant que ces *semi* sont plus tard le fléau de l'Église !... Fréquemment aussi il nous dénonçait le naturalisme des prêtres, se plaignant que beaucoup, dans leur ministère, ne sont occupés qu'à se rechercher, sans cesse à la piste des satisfactions temporelles, du bien-être, des aises et des commodités personnelles, finissant par n'avoir nul souci des âmes, de l'Église et de Dieu... « Messieurs, aimait-il à nous dire « encore, ne l'oubliez pas, ici vous n'êtes pas des *person-* « *nages...* Je ne dis pas plus tard ! Mais en attendant, au « séminaire, vous n'êtes que de pauvres séminaristes ! par « conséquent, pas de *fantasia*, je vous prie ! et laissez-moi de « côté vos cartes de visite, vos lettres d'invitation aux ordi- « nations, et le reste... Je ne veux ici ni tambour ni trom- « pette ! pas de *fantasia !...* » Une parole qui était bien souvent sur ses lèvres, c'est celle du concile de Trente : *Nihil nisi grave, moderatum ac religione plenum ;...* car il voulait la gravité et ne pouvait souffrir les séminaristes précipités dans leur démarche, mous dans leur tenue, évaporés et légers... Il nous donnait si bien l'exemple lui-même ! Au moment des appels à l'ordination, nous remarquions son air triste et préoccupé ; il nous disait alors la terreur que lui causait la pensée du compte qu'il aurait à rendre un jour pour tant de vocations décidées,... et il nous recommandait avec instance de ne point nous préoccuper des appels, mais de nous préparer de notre mieux à l'ordination, si nous étions appelés... » On comprend le bien que devaient faire de telles paroles.

D'ordinaire, pour voir les élèves de plus près et leur être aussi plus utile, le Supérieur se réserve un cours, une classe à faire par semaine. Durant plusieurs années, aussi longtemps que sa santé ne le lui interdit pas absolument, M. Dazincourt fit, le dimanche soir, une classe d'Écriture Sainte ; ordinairement il y commenta les Épîtres de saint Paul. Maintes fois, nous avons eu occasion d'entendre les séminaristes faire l'éloge de cette classe, ce qui ne peut étonner quand on sait combien M. Dazincourt avait réussi comme professeur, soit à Saint-Jean, soit à Kouba. A Montolivet, ce fut mieux encore, non seulement parce que le maître s'était de jour en jour perfectionné, mais surtout parce qu'il était sur son vrai terrain ; nous savons, en effet, avec quel soin et quel amour il avait toujours étudié la sainte Écriture, combien il en avait pénétré la lettre et l'esprit, en un mot, comment il la possédait et en était maître ! Aussi, c'était comme à une fête et à un vrai régal que les élèves accouraient à son cours, armés de pied en cap pour prendre des notes et ne pas perdre un seul mot des belles choses qu'ils allaient entendre ;... et quel désappointement quand une fête, la maladie, un empêchement quelconque venait les priver de cette heure enviée qui n'arrivait qu'une fois par semaine !... « J'ai appris là, dans une heure, nous disait un jeune curé, plus que dans toutes les classes de la semaine réunies, et non seulement en matière d'Écriture Sainte, cela se conçoit, mais même en vérités dogmatiques, en déductions de morale et surtout en principes de spiritualité... Sous ce dernier point de vue, nous y étions plus touchés et souvent nous y gagnions plus qu'à la prédication habituelle du dimanche matin !... »

Il n'y a pas jusqu'à ces circonstances banales de bonne fête ou de premier de l'an, dans lesquelles d'ordinaire on parle pour ne rien dire, ou à peu près, dont M. Dazincourt n'ait profité pour corriger un abus, inculquer une vérité, enfoncer profondément une leçon pratique ; — car s'il tolérait alors de la part de l'élève-orateur un peu de *fantasia* et une légère pointe d'exagération méridionale, — que serait vraiment un compliment sans cela ? pour lui, il s'interdisait absolument toute cette rhétorique de convention, et, après avoir écarté d'un geste paternel et d'un fin sourire les gros pavés plus ou moins adroitement offerts, il arrivait vite à son but, à la leçon, à la morale de circonstance, comme il disait ;... et nous certifions que ses réponses n'avaient jamais rien de banal et ne sentaient nullement la convention et l'usage ; il y était vraiment remarquable et parfois très heureux. Nous avons retrouvé, en un assez vilain petit cahier et comme caché dans un coin obscur, *ad calcem*, l'ensemble des petits mots de circonstance, quelques lignes seulement, un texte ou deux, mais admirablement choisis, et qui, présentés et développés avec la finesse et l'esprit qu'il savait y semer discrètement, ont dû composer d'admirables réponses. Qu'on nous permette d'en citer quelques échantillons.

Le 7 mars 1872, jour de sa fête : « Saint Thomas aurait quelque peine à ratifier toutes ces affirmations complimenteuses... A moi de recourir au grand principe de la charité. Il est vrai, le séminaire de Montolivet ressemble à cette plante énergique dont parle le saint Évangile, qui prend un développement prodigieux et sert de retraite aux oiseaux du ciel... Mais vous savez quelle main l'a planté : *Paulus plantavit !*.... Vous voyez quelles mains l'arrosent....

Apollo rigavit!... et vous n'ignorez pas que c'est Dieu seul qui donne l'accroissement : *Deus autem incrementum dedit* [1]. Quelle part me revient-il donc? une juste admiration... *Lentus in umbrâ... frigus captabis opacum*, comme dit le poète : le repos de Jonas sous le lierre miraculeux... Tout au plus enlever quelques branches mortes, émonder quelques pousses trop vigoureuses... Il faudra prier saint Thomas de maintenir ce qui est bien, et imiter sa dévotion à saint Pierre, son amour pour la science. »

Au 1ᵉʳ janvier 1873, c'est son cher Horace qui va faire les frais :

> «Multa ferunt anni venientes commoda secum,
> Multa recedentes adimunt... (*Art poétique*.)

« Souhait de tous les avantages qu'apportent les années... exemption de tous les défauts dont nous délivre le temps qui s'envole. Or :

« Le temps enlève : la précipitation... l'imprévoyance... la prodigalité... l'inconstance...

« Il nous apporte : la prudence... la patience... la condescendance...

« Soyez donc des vieillards aimables... non

> « Difficilis, querulus, laudator temporis acti...
> Dilator, spe longus, iners, avidusque futuri. »

Au 7 mars suivant, ce fut le tour de la sainte Écriture : « *Ante mortem ne laudes hominem quemquam, quoniam in filiis suis agnoscitur vir*. (Eccl., xi, 30.)

« Remerciements au vénérable doyen de ses sentiments si vrais, si sincères... — Heureusement vous n'avez vu que le traité des devoirs des enfants... sans quoi vous auriez été embarrassé en face des devoirs des supérieurs... Ils doivent d'abord :

« 1° L'affection. J'avoue que sur ce point vous n'exagérez

---

1. 1 Cor., iii, 6.

point;... il est vrai, le témoignage de cette affection est rare et contenu, car tout est grave dans un séminaire; mais je l'exprime devant Celui qui peut le rendre efficace... Vous avez la première place au *memento* chaque jour, une part à l'office... Et j'ai peu de mérite à remplir un devoir qui me coûte si peu !

« 2° La correction. Et ici je m'accuse de ne pas le remplir ! *Argue, obsecra, increpa*... Mais c'est votre faute ! car votre docilité, votre bon vouloir sont des faits constants... Vos défauts mêmes sont une occasion de témoigner une docilité plus énergique...

« 3° L'exemple. Je demande sur ce point vos prières, car je sens bien que je ne fais pas ce que j'enseigne, malgré les affirmations de votre charité... — Vos maîtres et moi nous acceptons votre conduite présente comme éloge, mais nous comptons sur vos vertus futures pour louer nos succès, car : *In filiis suis agnoscitur vir.* »

1er janvier 1876. « Je vous souhaite, en retour de vos vœux, ce que saint François de Sales souhaitait à sainte Chantal : Peu désirer, peu parler, beaucoup faire !

« Peu désirer : cela s'entend dans l'ordre temporel ;... la devise de saint François lui-même...

« Peu parler : excellent moyen de ne pas manquer à la règle... à la charité... à la discrétion...

« Beaucoup faire : dans l'ordre surnaturel... Ainsi on peut aisément avoir des années pleines et vivre beaucoup en peu d'années... »

7 mars 1876. « Les éloges que vous venez d'adresser au Supérieur, allant directement à Dieu, vous honorent... Mais ceux qui s'adressent à l'homme sont exagérés, et je ne les accepte que comme une leçon ! Ce qui me touche, c'est le compte de la vie... *Majorem horum non habeo gratiam.* Or, il est à peu près complet... Nous célébrerons demain : la fête de l'Autorité, puisque saint Thomas est mort en obéissant ;... la fête de la Théologie et de la Philosophie,

puisqu'il a fait autant de miracles que d'articles;... la fête enfin de la Piété vraie, car c'est dans le jeûne et les mortifications qu'il a puisé la science. Je vous souhaite de comprendre ce qu'il a enseigné et surtout d'imiter ce qu'il a pratiqué. (*Orat. missœ.*)

Bien des fois nous avons appris des anciens élèves de Montolivet quelle impression profonde leur laissaient ces quelques paroles du cher Supérieur aux époques solennelles; jamais cependant sensation pareille à celle qui fut produite à l'occasion de la Saint-Thomas, en 1887... En janvier, venait d'avoir lieu l'exécution pénible de trois pauvres séminaristes pour un grave manquement à la règle. Quelques jours avant sa fête, le pauvre Supérieur, encore tout meurtri du coup, déclara à la lecture spirituelle que la communauté étant en deuil de trois de ses membres, il n'y avait pas lieu à se réjouir, et qu'en conséquence il n'y aurait plus désormais ni fleurs ni compliment!... On se figure l'émoi des pauvres enfants. Mais il tint bon. Quelques jours après, il écrivait à sa sœur : « Cette année, j'ai supprimé toute la fantasia de la veille au soir; tu vas dire que je tombe en enfance; au contraire, je remonte à l'âge viril... Tout cet attirail de compliments me pesait depuis longtemps; j'ai eu une bonne occasion d'y couper court, et j'en ai profité : c'est tout le secret de cette petite révolution qui a été pacifique et a produit le meilleur effet... »

Nous ne serions pas complet et nous n'aurions pas énuméré tous les moyens d'action employés par le digne Supérieur de Montolivet, si nous ne disions un mot, en terminant ce chapitre, de ce qu'il faisait pour ses chers séminaristes, même en leur absence, c'est-à-dire pendant les trois longs mois des vacances. Un mot dit tout : il ne les perdait jamais de vue! Nous avouons que c'est encore chose assez aisée à Montolivet, d'où les séminaristes ne sont pas généralement éloignés, le diocèse de Marseille ne comprenant que la ville et sa banlieue, peu étendue au loin; en sorte que le plus grand nombre, chaque semaine, le samedi ordinairement, remontaient à Montolivet — M. Dazincourt y tenait — voyaient leur directeur, se confessaient et rendaient compte de leur semaine; puis venaient saluer M. le Supérieur, s'ils n'étaient pas de ses pénitents, en recevaient toujours un gracieux accueil avec une bonne parole, et réconfortés, rafraîchis, ils rentraient dans la fournaise des vacances pour huit jours encore... On comprend aisément ce qu'une pareille visite avait d'avantages inappréciables, et combien de vocations, exposées dans ce milieu de la grande cité bruyante et dissipée, y ont trouvé une protection efficace en reprenant là une vitalité prête à défaillir... C'est un peu, bien qu'à l'inverse, l'histoire d'Antée, ce géant qui soulevé de terre se sentait défaillir, et n'avait qu'à toucher le sol de son pied pour recouvrer toute sa force!

Depuis l'arrivée de Mgr Robert, on faisait plus et mieux encore; sous l'initiative, croyons-nous, du pieux et vigilant prélat, et à la grande joie du Supérieur, on établit la retraite du mois pendant les vacances; au commencement d'août et de septembre, au jour indiqué d'avance, de tous les quartiers de la ville, de tous les points de la banlieue, on voyait les séminaristes — *les abbés*, comme on dit dans le Midi — s'acheminer gaiement, bien que gravement, un petit livre ou leur bréviaire sous le bras, vers la colline de Montolivet... Le digne Supérieur était toujours là pour recevoir ses enfants et présider lui-même aux exercices; et nous savons qu'il a souvent différé, remis à une autre époque et même supprimé des voyages, pour ne pas manquer à ce cher rendez-vous! Plus d'une fois même Mgr Robert a daigné l'honorer de sa présence.

Une première méditation parlée, ou instruction, avait lieu à dix heures; c'était M. le Supérieur lui-même qui la donnait; inutile d'ajouter qu'elle était toujours parfaitement adaptée à la circonstance. Puis on rentrait en silence dans sa cellule pour lire, réfléchir, s'examiner, voir son directeur et lui faire la petite revue du mois... Le repas commun de midi était suivi d'un peu de récréation pendant laquelle, sans dissipation, on était heureux de revoir maîtres et condisciples, de causer, de s'encourager;... on rentrait ensuite en cellule pour y continuer et achever ce qu'on avait commencé dans la matinée; et enfin, vers le soir, la retraite se clôturait par quelques bonnes paroles de Sa Grandeur, quelquefois, toujours par une réconfortante instruction de M. le Supérieur, après laquelle on allait à la chapelle pour assister au salut du Saint Sacrement; puis vraiment renouvelés et réconfortés, on s'embrassait cordialement et on redescendait plus gaiement encore et plus gravement la colline, en se donnant rendez-vous pour le mois prochain !... Oh ! l'admirable institution ! que de bien elle a fait, que de résultats bénis elle a opérés ! Dieu seul peut les connaître !

Et ceux des séminaristes qui se trouvaient absents, éloignés, malades ou autrement empêchés ?... Oh ! c'était bien simple, vraiment : ils n'avaient pu venir vers le Bon Supérieur, et le bon et cher Supérieur venait à eux : il leur écrivait une bonne et longue lettre réconfortante ! Combien n'en avons-nous pas lu de vraiment touchantes, pleines de sollicitude maternelle, d'encouragement et d'entrain,... et, ce qui ne gâte rien, pétillantes d'esprit, au besoin. Qu'on nous permette d'en citer quelques-unes qu'on a bien voulu nous confier ; ce sera encore un enseignement précieux, et, en outre, un moyen de faire mieux connaître et apprécier le digne Supérieur.

Septembre 1876. — « Les joies de la famille et les douceurs des vacances ne font pas oublier Montolivet ; voilà qui est fort aimable de votre part ; et puis vous trouvez ainsi le moyen de faire plaisir à ceux qui sont éloignés de vous, — ce qui est assurément une belle manière de pratiquer la charité dans ce qu'elle a de plus délicat... — Je bénis la Providence de ce que le bon air et les soins fortifient votre santé ; la provision sera telle, j'espère, que vous ne ferez cette année, à l'infirmerie, d'autres visites que celles que réclamera pour le prochain une amitié compatissante. Continuez à donner à l'âme la part principale, par une grande exactitude à votre règlement ; mais évitez avec soin l'inquiétude et l'exagération ;... les fruits du Saint-Esprit, vous le savez, sont la paix, la joie, la bonté, la bénignité, etc., en un mot, tout ce qui respire le calme. En pratiquant la condescendance, vous apprendrez à renoncer à votre volonté, ce qui est une science importante dans la vie spirituelle... »

Aux vacances suivantes, après l'avoir félicité des joies pures qu'il goûte en menant la vie de famille, il ajoute : « ... Ne vous hâtez pas trop de tirer des conclusions d'une certaine aspiration au *régime* du séminaire !... Je n'en veux nier ni la sincérité ni la signification que vous en tirez ; mais je sais en général que la joie a ses illusions, c'est le Saint-Esprit qui l'a dit... D'après ce que je vois, vous avez profité de mes principes, assez *libéraux*, sur le travail ; c'est une docilité comme une autre ! Néanmoins, voilà juillet envolé, et il sera bon de n'attendre pas, comme la cigale, qu'on ait *fait l'août*, pour songer qu'il y a un sermon, des résumés, un examen !... L'ouvrage du P. de Ligny est très bon ; mais que cette lecture ne vous fasse pas perdre de vue celle de la sainte Écriture ; ceci est de la piété, et en ce point, on ne peut trop le redire, *point de repos !* Puisque vous êtes obligé de sortir pour aller adorer Notre-Seigneur, c'est un mérite de plus, et votre bon ange compte vos pas. Au milieu de vos joies, tâchez de vous industrier pour pratiquer l'esprit de mortification et cette piété généreuse qui emporte le ciel par la violence ; vous connaissez mon vieux refrain : *Abneget !*... Même dans votre vie si douce, les occasions de se surmonter naissent en foule : fidélité à la règle tracée, sage condescendance, égalité d'humeur, fatigue corporelle... que sais-je ? *Tantùm proficies quantùm tibi ipsi vim intuleris !...* »

Un mois après : « Vous ferez bien de vous secouer un peu pour combattre l'influence de la chaleur et réagir contre *les délices de Capoue : Viriliter age et confortetur cor tuum !* Du reste il n'y a pas lieu au moindre reproche, car votre travail est avancé... L'*Insta opportunè, importunè* est pour le règlement qui concerne la piété, car ici point de vacances, vous savez ! Puisque cette régularité se maintient, il faut en remercier Notre-Seigneur et ne pas trop se préoccuper d'un petit élément de routine ; tant mieux si nous prenons la routine du bien ! L'attention qui est requise pour le mérite n'est pas nécessaire dans chaque action en particulier ; mais comme, dès le matin, elle a dirigé le premier mouvement de l'âme, elle se trouve, au moins implicitement, dans tout ce que nous faisons. Et d'ailleurs, ces petites défaillances de l'esprit qui constatent que nous sommes, hélas ! *spiritus vadens et non rediens*, forment un utile contrepoids aux insinuations subtiles de la vanité... Oui, bien volontiers, je consens à ce que vous fassiez la sainte communion, quand il se rencontre une fête dans la semaine ; la faim de ce divin aliment est une preuve de santé spirituelle. Cherchez-y surtout l'énergie de vous vaincre en toute circonstance ; la nourriture matérielle donne la force au corps, ainsi doit faire pour l'âme la sainte eucharistie...
— Excellente lecture que la vie du P. de Ravignan ! Il y a pour l'admiration, et beaucoup pour l'imitation. Il n'est pas donné à tous de prêcher comme lui ! mais il est bien de se dire qu'on peut, comme cette âme élevée et énergique, parler avec conviction, et se dépenser pour la gloire de Dieu et le salut des âmes... »

Il n'y avait pas que les élèves en vacances qui étaient l'objet de ses soins ; il n'avait garde d'oublier ceux qui étaient envoyés pour étudier à Rome ; il les regardait et les traitait toujours comme ses enfants : « ... Le samedi des Quatre-Temps, je n'ai pas oublié de faire une station à Saint-Jean de Latran, et le texte du Pontifical m'a tout naturellement indiqué ce qu'il fallait demander pour le nouveau diacre : la force ! il la faut pour aller *en avant* contre les obstacles qui obstruent la voie de la perfection ; il ne la faut pas moins pour *reculer* devant les écueils agréables qui attirent l'âme plus fatalement que Charybde et Scylla !... La lecture des *Actes des Martyrs* avait bien sa place dans cette retraite ! et puis, à Rome, tout, jusqu'à l'air qu'on respire, au sol qu'on foule du pied, peut devenir un éloquent commentaire de ces pages vigoureuses. Du reste, la vie des saints, mieux encore que les sermons, fait ressortir l'action intérieure du Saint-Esprit. Pourquoi ne ferions-nous pas *quod isti, quod istæ ?* les mêmes facultés spirituelles qu'ils mettaient en exercice : vertus infuses, dons, etc., nous ont-elles été refusées ?... Hélas ! notre malheur est de les laisser *dormir,* et de compter beaucoup trop sur quelques émotions de circonstance qui nous laissent ensuite avec tous nos défauts... et quelques petites illusions en plus !... — L'approche de l'ordination, avec ce cortège fort peu céleste, que vous lui connaissez ici, de visites, correspondances, cadeaux, préparatifs de fêtes, etc... m'incline toujours vers la tristesse. Après le Cénacle et la Pentecôte, les apôtres furent des docteurs, des martyrs, de grands saints... et nous, au sortir de la retraite, nous devenons des *hommes !*... et nous avons pourtant puisé à la même source de sainteté !... D'où vient la différence ?... Voilà pour tous les prêtres, présents et futurs, un utile sujet de méditation !... Vous allez nous revenir avec les *cornes* de la science ! Je m'en réjouis, car c'est un moyen de tenir les ennemis en respect ; mais je suis heureux encore plus d'espérer que vous apporterez de la ville sainte *quæcunque justa, quæcunque sancta, quæcunque amabilia...* Ce sont là les divins appâts qui attirent les âmes et que je demanderai pour vous à Notre-Seigneur, avec toute l'ardeur d'un affectueux dévouement. »

Et encore : « ... Vous allez donc étudier le beau traité de l'Église! Il faut avouer que vous êtes bien placé pour comprendre le *Tu es Petrus*, et surtout le *Portæ inferi non prævalebunt!* Toutes les pierres que vous heurterez dans vos courses seront un lumineux commentaire... Il n'y a pas jusqu'aux prétendus succès de la violence qui ne rappellent cette *petite pierre* détachée de la montagne, *sine manibus*, et qui met en poussière le terrible colosse aux pieds d'argile !... Du reste, inutile, après les éloquents discours que vous avez entendus, d'en faire un autre pour vous exciter à n'être pas *mollusque !...* C'est bien, au sortir de la retraite, de n'être pas trop content de sa *petite personne ;* c'est une preuve que la lumière du Saint-Esprit a éclairé les coins et les recoins de l'âme; toutefois, il ne faudrait pas que le mécontentement allât jusqu'à la mauvaise tristesse, parce que celle-ci, dit l'Écriture Sainte, *exsiccat ossa,* et ne profite qu'au diable. Usez de cette connaissance intime pour vous établir solidement dans l'oubli et la défiance de vous-même, mais surtout dans un entier abandon à Dieu. Vous suivrez en cela les principes d'une théologie très dogmatique, puisque rien n'est mieux établi, dans le traité *de Deo*, que la thèse où l'on prouve que la puissance divine s'exerce sur le néant... La grâce d'aspirer à être néant ne doit donc pas vous effrayer, mais vous rassurer... »

L'année suivante : « ... Vous êtes trop modeste, quand vous accusez la *pauvre scholastique* — après quatre pages d'une description colorée et émouvante — de vous laisser toujours *mollusque* dans les aridités du syllogisme !... Que serait-ce donc si vous étiez en veine poétique ?... Je vous assure que le récit de nos pieux pèlerins n'a pas atteint l'enthousiasme qui entraînait votre plume! Je vous en félicite ; c'était le cas, ou jamais, de laisser votre âme méridionale s'impressionner fortement par le spectacle du beau ! Sans doute il ne faut pas que le sentiment tienne habituellement les rênes de la vie ; mais il est bon que, de temps en temps, son souffle vigoureux nous pousse vers le but ! Donc, merci de cette peinture animée de toutes les merveilles dont vous avez été l'heureux témoin ; merci, en particulier, des vœux et des prières que vous a inspirés la fête du grand Docteur angélique, en faveur de son très petit protégé !... Comme vous avez raison de vous attacher à sa méthode, qui cherche avant tout à s'appuyer sur les principes et à en déduire rigoureusement les conséquences ; c'est le seul moyen de donner de la fermeté à l'esprit et d'arriver à la science ! Hélas ! c'est tout le contraire qui se pratique aujourd'hui : on se contente des *faits*, on les manipule par mille transformations, et on arrive à un pêle-mêle inextricable ! Les prêtres eux-mêmes ne se tiennent pas assez en garde contre cette manie antiscientifique !... Le bon Dieu nous fait la grâce de voir la bonne route et d'y marcher... il faut bien l'en remercier !... »

CHAPITRE XVI

M. Dazincourt Supérieur de grand séminaire (*suite*) :
Le bien fait à ses confrères,
au clergé, à diverses personnes.

Malgré tout ce qui a été rapporté jusqu'ici dans les trois chapitres qui précèdent, M. Dazincourt ne serait pas suffisamment connu et apprécié comme Supérieur, si nous ne disions quelques mots sur ses rapports intimes avec ses confrères, et aussi sur les relations qu'il a dû avoir au dehors, soit avec le clergé, soit avec diverses personnes ; car, nous allons le voir, partout où son action s'est fait sentir, là, on peut en être certain, un grand bien a été opéré par lui.

Et d'abord, ce qui est capital, vu ses fonctions de Supérieur, l'action qu'il a dû exercer sur ses confrères du séminaire. Aux yeux de la règle et selon les intentions des Supérieurs majeurs et de l'Église, ce sont précisément ses confrères, bien plus que les séminaristes, qui constituent la maison proprement dite et la famille, sous l'autorité du Supérieur ; car ils en sont les membres essentiels, tandis que les élèves n'y viennent qu'en passant et n'en font partie qu'accidentellement. C'est donc sur ses confrères qu'avant tout, et surtout, doivent toujours porter et s'exercer l'action et l'influence du Supérieur, semblable en cela à l'âme elle-même ou à la tête qui, dans le composé humain, vivifie et dirige tout, en commençant par les parties principales. Et la règle du Supérieur est formelle, explicite, catégorique sur ce point ; avant de tracer les règles dont le Supérieur aura à s'inspirer pour la direction et le bon succès des œuvres : missions, séminaires, retraites, etc., c'est sur la formation, la direction et le bon entretien des membres essentiels de la famille ou de ses confrères, que toute l'attention du Supérieur est appelée et que des règles précises, nombreuses, détaillées, lui sont assignées. Nous n'entrerons pas ici, ce n'est point le lieu, dans l'étude de ces sages et admirables règles qui, de point en point, tracent au Supérieur sa ligne de conduite, depuis l'esprit qui doit l'animer jusqu'aux plus petites prescriptions de détail, réglant tout, prévoyant tout, suffisant à tout avec une remarquable précision. Hâtons-nous de constater que le Supérieur de Montolivet, toujours animé de cet esprit, sans cesse fidèle à ses règles, jusqu'aux détails les plus minutieux, a d'abord et avant tout concentré sa principale action sur les membres essentiels de la famille qui lui était confiée, et, nous l'ajoutons hardiment, qu'il a fait à ses confrères encore plus de bien, et un bien plus durable, qu'à ses chers séminaristes; nous ne craignons ici d'être démentis ni par ses Supérieurs majeurs, ni par les confrères étrangers à la maison et qui ont pu la connaître, ni surtout par aucun de ceux qui ont eu le bonheur, rare et envié de beaucoup, d'être et de rester quelque temps sous la conduite et la houlette paternelle d'un tel Supérieur.

Voici quelques témoignages qui sont venus spontanément; nous nous bornons à les transcrire, et nous négligeons ceux que nous avons entendus si souvent de vive voix et qu'il serait trop long d'énumérer; on y pourra voir, avec l'estime dont il a joui et l'influence merveilleuse qu'il a exercée, quelques raisons de l'une et de l'autre, ainsi que les moyens dont il s'est servi pour atteindre un tel résultat.

« J'ai passé onze années avec M. Dazincourt, nous écrit un de ses anciens confrères; c'est sans contredit la plus grande grâce que Dieu m'ait accordée!... » Et celui qui parle ainsi n'est ni jeune ni enthousiaste! il continue : « ... Avec ses confrères, M. Dazincourt était exigeant; il avait conçu, du directeur de séminaire, un idéal à lui vers lequel il fallait toujours tendre. Qu'il a souffert de ce côté ! et pourtant comme il donnait l'exemple ! Il n'osait guère reprendre directement ; il insinuait plutôt ce qu'il avait à dire, dans une conférence, une répétition d'oraison, en conversation ;... et si l'intéressé faisait la sourde oreille, plutôt que de s'exposer à blesser, il se contentait de souffrir, de prier, et ne disait plus rien !... Sa charité était vraiment extrême. Il ne tenait pas aux professeurs savants ; comprenez le mot ! « Possédez à fond votre auteur, expliquez-le « bien, et faites-le bien apprendre, cela suffit ! » telle était sa recommandation habituelle. « Et surtout pas de discours, « ajoutait-il finement ; vivant dans un siècle où tout le « monde parle pour faire des discours, nous sacrifions trop « à la mode ! Foin des discours !... »

Les remarques et observations qui suivent sont également de quelques anciens confrères de Montolivet ; nous les donnons à la file, sans chercher trop à les rattacher par un lien commun ; ce seront autant de notes isolées qui se détacheront sur l'ensemble... « Quand je quittai M. Dazincourt, venant d'être nommé Supérieur : « Courage et con-« fiance, me dit-il ; le côté important et difficile de votre « nouvelle tâche, c'est surtout les confrères ; mais il y a « moyen de s'en tirer. Bornez-vous à bien faire observer la « règle, tout est là ! Vous n'avez qu'à dire : C'est la règle ! « vous aurez une grande force, et rien ne vous résistera....»

« M. Dazincourt, comme Supérieur, avait ce côté remarquable entre tant d'autres : il était d'une régularité parfaite. Au premier coup de cloche, il quittait tout, se rendait au lieu de l'exercice et, sans attendre, commençait le *Veni Sancte ;* j'ai entendu des confrères nouveaux trouver rigoureuse une telle exactitude : « Qu'on nous donne au moins « le temps de venir !... » Mais qu'arrivait-il bientôt ? C'est que tout le monde était là, aussi exactement rendu que le Supérieur ! et le bon ordre n'y perdait pas. »

« Il aimait à demander sur quoi on avait prêché, ce qu'on

avait dit, etc. Cela ne paraissait rien, et il s'assurait ainsi si on parlait utilement, et en même temps il encourageait par là un chacun à mieux préparer les conférences. Il laissait voir aussi, soit par un éloge discret, soit par une légère et fine critique, qu'il suivait les professeurs dans leur classe ; il aimait aussi à demander de quel côté on avait dirigé la promenade, les jours de congé.... Bref, il avait l'œil à tout. »

« Rien de pratique comme les avis qu'il nous donnait dans les directions qu'il faisait régulièrement : conseils pour notre perfection, manière d'agir avec les élèves, etc., etc. J'ai toujours admiré sa charité, sa prudence, son exquis bon sens. »

« Il tenait beaucoup à nous voir en tout et toujours donner le bon exemple aux séminaristes ; aussi n'aimait-il pas à nous voir sortir souvent : « Les élèves ne peuvent se « plaindre, disait-il, mais ils n'en pensent pas moins !... « et toujours est-il qu'ils donneront leur confiance et leur « estime aux confrères les plus réguliers.... » Il voulait qu'on prenne goût au séminaire : « Un tel, disait-il, fait « fort bien sa classe ; c'est un excellent confrère ! mais il n'a « l'air de prendre goût à rien, rien ne le touche ! On est « pourtant directeur pour prendre part à la direction et « s'intéresser à la formation des séminaristes ! » Il en avait vraiment de la peine. »

« Il était très habile à donner les avertissements. Ainsi, on le voyait quelquefois, au milieu de la récréation du soir qui se prenait chez lui, profiter d'un moment de silence pour se lever et aller, avec son grand air, ouvrir sa bibliothèque, y prendre magistralement un livre ;... tout le monde le suivait des yeux, on s'attendait à quelque chose.... Pour lui faciliter son avis (car nous l'aimions, vraiment, ce bon Père !) un d'entre nous lui disait alors : « Il y a du nou- « veau ?... — Nous allons voir, répondait-il !... Je me suis « demandé s'il fallait faire cette cérémonie de telle ou de « telle manière.... Car j'ai eu des doutes hier en voyant offi-

« cier M. un tel.... » Alors il lisait la rubrique, faisait ses réflexions, on causait... et l'avis était agréablement donné. »

« Il s'attachait bien vite et fortement aux confrères qui lui étaient envoyés, et il s'appliquait à découvrir leurs qualités, afin d'en tirer le meilleur parti possible au profit du séminaire. Quand on relevait devant lui les défauts d'un confrère, il se hâtait de dire : « Soit ! mais il a de bien « bonnes cordes !... » et ces *bonnes cordes* revenaient souvent sur ses lèvres, je vous assure !... Il n'aimait pas les changements et se fâchait vertement contre ces confrères qui, pour la moindre contrariété, forcent les Supérieurs à les changer, comme si on ne doit pas trouver partout des inconvénients ;... et il passait à sa belle théorie sur la souffrance... Puis s'arrêtant soudain : « Bon ! s'écriait-il, me « voilà, moi aussi, à faire des discours !... »

« Il me disait, dans une direction, qu'il faut absolument avoir un moment bien déterminé pour chacun de ses exercices de piété, et même un moyen mécanique pour le rappeler. « Voyez, me disait-il, comment je fais chaque matin « pour ma lecture du *Novum*. En entrant ici, après mon « déjeûner, je prends ce petit plumeau que voilà, je le pro-« mène délicatement et prestement sur tous mes petits meu-« bles, les uns après les autres, et toujours dans le même « ordre, de manière à finir par mon calendrier à effeuiller ; « j'enlève la feuille, je pose mon plumeau, je prends mon « *Novum* qui est à côté, et je fais ma lecture !... de cette « manière, jamais je ne l'oublie !... »

Voici un autre document ; c'est le résumé des observations faites par les confrères actuels de Montolivet, sur M. Dazincourt considéré comme Supérieur ; nous le donnons tel qu'on nous l'envoie :

« Pour bien faire, pour s'acquitter dignement de leurs diverses fonctions, les confrères de M. Dazincourt n'avaient qu'à le regarder et à l'imiter. Il prêchait d'exemple, et c'est ce qui faisait son autorité. S'il voulait qu'on fût régulier pour le lever de quatre heures, lui-même n'y manquait jamais, sauf dans les cas d'impossibilité absolue; et quand il n'était pas à l'oraison avec la communauté, on en concluait avec raison qu'il devait être très fatigué. S'il désirait qu'on prît en commun la récréation, lui-même y paraissait toujours, quand le temps le lui permettait; aux examens particuliers, au bréviaire, il était toujours présent, et souvent le premier rendu. Le bon exemple qu'il donnait faisait la force de son autorité; aussi, il n'avait jamais besoin de recourir aux ordres, aux défenses, aux reproches, aux menaces ; jamais Supérieur n'a été mieux et plus simplement obéi. Aussi, les diverses visites faites par le visiteur de la province n'eurent jamais à signaler un abus. »

« Une autre remarque à faire sur M. Dazincourt Supérieur, c'est le soin qu'il mettait à être agréable à ses confrères, à leur faire aimer le séjour de la maison, à leur y procurer un peu du bonheur qu'on a le droit d'attendre en communauté. Il avait toujours et pour tous un mot aimable, s'intéressait aux divers détails de l'office de chacun, encourageant, récompensant les efforts par un éloge délicat et prudent, relevant par une bonne parole le courage abattu ou ébranlé. Toujours aussi il se faisait un plaisir d'accorder les diverses permissions qu'on lui demandait, quand elles étaient légitimes, bien entendu; et l'on voyait qu'il avait du plaisir à faire plaisir. Parfois même il n'attendait pas la demande, et offrait de lui-même ce qu'il savait devoir être agréable. Inutile d'ajouter combien grande était sa charité pour ses confrères malades ou fatigués, et combien il s'efforçait de leur procurer les soulagements que leur état demandait. Pendant le dernier choléra qui sévit à Marseille, un des confrères de M. Dazincourt fut atteint du terrible fléau, et en quelques heures emporté ; avant de mourir, ce bon confrère manifesta le désir d'embrasser son Supérieur; celui-ci ne voulut pas refuser cette consolation au mourant, et il l'embrassa cordialement, malgré les répugnances, bien légitimes d'ailleurs, de la nature.»

« Une autre chose qui frappait chez M. Dazincourt, c'était sa profonde discrétion et son extrême prudence de paroles. On pouvait lui confier tout, sans que jamais la plus légère imprudence, la plus petite allusion pût dévoiler ce qui lui était confié. Le silence profond dont il couvrait tout ce qui avait trait à l'administration du diocèse était pour ainsi dire légendaire à Montolivet. Parfois on parlait devant lui de choses qu'il connaissait parfaitement, mais qu'il connaissait seulement comme Supérieur; dans ces cas, rien ne trahissait le secret qui lui avait été confié. Sa discrétion était surtout remarquable au sujet de la correspondance de ses confrères; la règle qui donne au Supérieur le droit de lire les lettres envoyées ou reçues par ses confrères, lui impose aussi la plus grande discrétion. M. Dazincourt était parfait à ce point de vue; jamais il n'aurait dit un mot du contenu d'une lettre, ce qui est strictement élémentaire; jamais même il n'aurait dit de qui était la lettre, ni d'où elle venait; aussi ce point délicat qui pourrait devenir dans certaines circonstances une occasion d'ennuis, de malaise ou de peines, n'a jamais causé l'ombre d'une difficulté à Montolivet. Très prudent aussi et très discret dans les avis qu'il donnait à ses confrères, il ne laissait point apercevoir, comme cela a lieu parfois, de qui venait l'occasion ou la matière de l'avis, lorsque l'avis lui avait été suggéré par quelqu'un. »

« Une dernière remarque a trait au soin qu'il apportait aux choses du culte. On sait combien saint Vincent y attachait d'importance; M. Dazincourt était son digne disciple en ce point, comme en tout le reste. Très au courant des matières liturgiques, il s'y conformait fidèlement lui-même, il exigeait qu'elles fussent exactement gardées au séminaire. Les cérémonies devaient se faire avec toute la modestie, la gravité et la précision qu'exigent l'honneur de Dieu et la sainteté de l'Église; il ne laissait rien échapper en cette matière, il se montrait sévère sur ce point, lui qui était toujours si patient et si bon ! Pour lui, un manque prononcé d'aptitude pour bien faire les cérémonies de la messe et pour les offices divins était un fort mauvais signe. Le chant ecclésiastique lui tenait beaucoup à cœur, et pour être bien sûr que le soin qu'il mérite lui serait toujours donné au séminaire, lui-même s'était chargé de ce cours ; il ne manquait jamais les classes du samedi. Toute musique, même celle qu'on appelle religieuse, était sévèrement bannie de la chapelle. Le plain-chant tout seul, mais le plain-chant bien exécuté ! Sans blâmer l'usage d'un grand nombre d'églises, il ne tolérait pas que, au *Kyrie,* au *Gloria*, à l'*Agnus Dei*, au *Magnificat*, l'*harmonium* alternât avec le chœur ; il voulait que tout fût chanté, puisque tout avait été écrit et noté pour être chanté. Dans la décoration de l'autel, il n'épargnait rien, pourvu cependant que le bon goût fût respecté. Il estimait qu'un autel bien orné n'est pas nécessairement un autel encombré et surchargé de candélabres, de fleurs, etc... Les ornements, les missels devaient toujours être convenables et très propres ; et très souvent il subvenait de son propre argent aux dépenses que nécessitait l'entretien ou le renouvellement de ces objets du culte. »

Plus fidèlement encore que pour les élèves, le cher Supérieur suivait ses confrères absents pendant les vacances, et leur envoyait de touchantes et fort belles lettres ; si nous ne craignions d'abuser, nous en pourrions citer — et en grand nombre — de vraiment intéressantes. En voici quelques petits échantillons ; on y verra, non sans plaisir encore une fois, avec le cœur d'un père, l'intelligence d'un Supérieur plein de sollicitude, et, ce qui ne gâte rien, la fine plaisanterie d'un homme d'esprit toujours aimable.

A un de ses confrères qui venait d'éprouver un deuil de famille : « Nous redoutions en effet que votre arrivée auprès de la chère malade ne fût trop tardive ! La divine Providence n'a pas voulu vous donner la consolation de l'assister à son dernier soupir et de lui fermer les yeux; mais elle vous laisse toute l'espérance qu'autorisent une fin si résignée et des sentiments si pleins de foi. Cette dernière consolation, nous sommes heureux de la partager avec vous, comme nous nous sommes associés de cœur à votre filiale douleur. Hélas! il est bien vrai que nous voudrions conserver toujours ceux qui nous ont introduits en cette vie; et cependant nous devons trouver bon qu'ils nous précèdent aussi dans une vie meilleure. Au reste la séparation est plus apparente que réelle, et les relations affectueuses continuent encore par la prière et la confiance qu'on a de se revoir. Nous avons ajouté le nom de la vénérée défunte à la liste déjà si longue (pour moi du moins) de tous ceux qui ont leur place au second *memento;* nous ne la connaissions pas, mais nous l'aimions comme si nous eussions fait partie de la famille; — beau privilège de la communion des saints! Les séminaristes ont également prié pour elle, car je l'ai recommandée à leur pieux souvenir. Nous vous attendons pour la fin de la semaine, et vous retrouverez ici toute la cordiale affection que vous connaissez de longue date et qui se resserrera encore, je l'espère, pour vous dédommager de ce qui vous manquera désormais... »

A un autre qui s'ennuie aux eaux : « ... Ma péroraison sera : *Confortare et esto vir!* La grande question en ce bas monde n'est pas d'éviter l'ennui qui *fait le fond de la vie humaine*, mais de savoir en faire usage; or, le moyen de réussir en ce dernier point est celui que donne saint Paul : *Tempus breve est!* Que tout dans la vie ait donc un caractère provisoire : la joie, les larmes, les succès, les revers, etc... puisque, dans cette *figure qui passe*, le but à atteindre est la seule chose digne de fixer sérieusement l'attention... Puis, ayons dévotion à cette maxime évangélique : *Nolite solliciti esse in crastinum!* Ce n'est pas de l'insouciance, mais la pratique du saint abandon... »

L'année suivante, au même : « Il nous tarde de savoir comment s'est accompli votre voyage et de quelle manière vous traitent les eaux. La dépêche nous faisait craindre une fatigue sérieuse, et dans la disposition d'esprit où l'on est actuellement ici (le choléra régnait à Marseille et l'économe de Montolivet venait d'être subitement emporté), on incline presque toujours du mauvais côté. Pour nous, nous sommes à peu près remis de la secousse violente qui a terminé le mois de juillet; nos journées se passent tranquillement et dans une monotonie qui n'a rien de bien gai, sans tourner néanmoins à la mélancolie. Le samedi, nous avons la visite des séminaristes; les autres jours, les visiteurs se font rares... La question importante et pratique qui termine votre lettre ne peut être traitée ici avec l'étendue convenable, et je ne crois pas qu'elle exige une solution immédiate. Elle n'est pas d'ailleurs bien nouvelle, puisque souvent nous en avons parlé. Mon avis a toujours été que vous êtes à votre place dans un grand séminaire; et ici je n'ai pas à séparer le *Supérieur* du *Directeur*. Tous les deux sont du même avis, et voici pourquoi : 1° Le succès qui accompagne l'exercice de ces fonctions est une preuve rassurante que vous êtes dans l'ordre de la Providence; 2° La sanctification d'un homme de communauté tient principalement à la régularité; or, nulle part votre nature ne trouvera plus de garanties, sous ce rapport, que dans un grand séminaire. La conclusion sage est donc qu'il faut y rester, sans prendre l'initiative d'un changement qui serait très probablement suivi de regrets. Si l'obéissance vous manifeste une autre voie à suivre, ce sera le cas de dire : *Ecce ego, quià vocasti me!...* »

A un autre : « On commençait à suspecter la vérité de cette parole d'un ancien : *Cœlum non animum mutant qui trans mare currunt!* Il est bien vrai que de Montolivet à X... il n'y a pas la mer; mais on se disait : Peut-être que maintenant le fleuve *Léthé* coule dans les riches plaines de la

Bourgogne, on change tant de choses ! et dans ce concert qui prouve au moins que votre souvenir est vivant, le cher Père L... faisait, selon son habitude du lutrin, la partie dominante !... Enfin vous donnez signe de vie, et un signe de vie en rapport avec votre amabilité ordinaire, — soit dit sans compliment ! — Donc vous avez droit à l'absolution avec indulgence plénière : voilà qui est bien entendu. Mon amour-propre de Lyonnais eût trouvé son compte à ce que vous eussiez fait une halte poétique dans cette chère ville qui, malgré l'opinion de savants théologiens que vous connaissez bien, l'emporte sur Montpellier... Votre plan de marche pour l'avenir me paraît irréprochable de tout point, et je m'explique parfaitement votre projet de pousser jusqu'à Paris. Ce qui serait très irrégulier, ce serait d'y rester, même pour avoir de l'*avancement !* Je ne crois pas cependant que cette éventualité soit à redouter, puisque vous me donnez une garantie, dont je vous remercie, contre votre initiative... Ici, M. X... vient de prendre son vol pour la Lozère ; M. Y... charme ses loisirs en préparant au piano sa retraite et en tracassant le bon Père L... qui ajoute maintenant au soin de la cour intérieure l'arrosage des jardinets de M. X..., sans compter l'inspection générale de l'assistant ! Ce qui ne l'a pas empêché de prêcher, dimanche dernier, à la Miséricorde, une homélie dont l'exorde est un chef-d'œuvre ! Cet exercice du zèle lui a fait manquer la bénédiction de l'église de Montolivet, et la collation qui en était le corollaire obligé ; d'autres y ont suppléé : l'asthme me collait dans ma chambre.... »

Les confrères de Montolivet n'étaient pas seuls l'objet de la sollicitude et des soins si dévoués de leur cher Supérieur ; son cœur était assez large pour y loger à l'aise, et sans nuire à personne, tous ceux qui, à un titre quelconque, venaient cordialement frapper à sa porte et recourir à sa charité ; les plus malheureux étaient sûrs d'avance d'être les mieux reçus, les plus tendrement traités. Que d'âmes religieuses éprouvées, découragées, connaissant ou ayant entendu parler de la charité du Supérieur de Montolivet, ont eu la bonne inspiration de recourir à lui !... l'énumération en serait longue ! Il n'en est pas une seule qui n'ait été accueillie à bras ouverts, cordialement traitée, patiemment entendue, longuement consolée, sagement éclairée et finalement tirée d'embarras et relancée dans la voie... Il a fallu souvent pour cela bien des démarches, des prières, des instances, des supplications;... rien ne coûtait à ce bon et grand cœur, et nous pourrions citer des traits bien touchants et capables de faire couler des larmes d'attendrissement ; mais la discrétion et la délicatesse retiennent notre plume, et il faut savoir réserver ces révélations au grand jour des récompenses ! On eût dit que la Providence, pour faire de Marseille un vrai port de refuge et de salut, avait eu la délicate attention d'amener là le bon Supérieur de Montolivet pour y être son représentant ! Aussi, comme on se hâtait de chercher un asile auprès de sa charité !...

Il n'y avait pas que les malheureux qui abordaient à Montolivet; il y venait aussi une autre catégorie d'âmes bien dignes d'intérêt aux yeux de la petite providence qui y résidait : ceux qui avaient besoin d'un éclaircissement dans leurs doutes, d'un sage conseil avant de décider une affaire grave, d'un petit réconfort spirituel pour se ranimer... Nous serions bien long si nous entreprenions d'énumérer simplement les motifs de tant de pèlerinages qui se sont faits à Montolivet auprès du charitable Supérieur, surtout si on voulait y comprendre les pèlerinages par lettres isolées ou même par correspondance suivie, car on était si heureux d'un premier accueil qu'on revenait volontiers; et combien en avaient contracté la douce habitude et y venaient périodiquement chercher une sage direction et faire leur communication intime... On était si bien assuré d'avance d'avoir, sans retard aucun, une charitable et lumineuse réponse !

Qu'on en juge par celle-ci, — et combien d'autres nous pourrions transcrire ! — elle est adressée à un vieil habitué de ce pieux pèlerinage et datée de la fin de décembre 1890, c'est-à-dire quelques jours avant sa mort : « ... Votre exorde n'est pas très respectueux pour un membre de la *grande commission*, élu du suffrage universel, etc., etc..., mais comme je suis *brave* (style marseillais), je veux bien être *quasi inscius* et passer généreusement aux choses sérieuses. Le programme contresigné par notre cher X... est excellent et en rapport avec les circonstances : « L'union habituelle avec Notre-Seigneur constitue ce qu'il y a de plus essentiel dans la perfection, » comme l'enseigne un docte professeur de morale ; rien n'y conduit plus efficacement que la méditation assidue et *cordiale* du saint Évangile et la lecture de la vie de Notre-Seigneur ; à mon humble avis, le Père X... ne fait pas oublier Fouard ; ce dernier a, il me semble, l'avantage de ne pas noyer le récit dans un commentaire éloquent et instructif, mais légèrement fatigant pour l'esprit... Fillion est toujours agréable... La pratique de souffrir en silence est d'or... donc : *Hæc meditare, in his esto, ut profectus tuus manifestus sit omnibus* ! Cette méditation assidue de la vie de Notre-Seigneur a pour effet de nous faire vivre dans cet « autre monde », où nous allons en train rapide... et où se trouvent toutes les saintes et solides réalités de la vie : *Substantia rerum ;* toutes les certitudes inébranlables : *Argumentum non apparentium.* On y trouve la solution de tous les problèmes obscurs, la réponse nette à toutes les difficultés du jour, à X... comme à Marseille !... Je ne me crois pas obligé à de grandes condoléances sur votre naufrage dans les récifs de la grammaire hébraïque ; sans doute vous aviez là une belle occasion d'imiter saint Jérôme ; mais, puisque nous avons son savant travail, vous pourrez vous venger de ne l'avoir pas suivi jusqu'au bout dans ses succès littéraires en vous frappant la poitrine avec les cailloux de X... — Votre plan de retraite est bien ordonné, car il renferme tous les sujets propres à amener la réforme de la vie, but de ces saints exercices. Du reste, il me semble que l'enchaînement logique des instructions est un mérite d'une importance secondaire; l'auditoire, même instruit, n'y donne qu'une médiocre attention. Cette belle synthèse qui produit l'unité appartient à l'ordre général et ontologique d'où se tirent les *majeures;* or, ce qui touche, émeut, persuade, ce sont les *mineures*, tirées de l'ordre contingent... Vous le savez mieux que moi! Donc, pour rester dans cet ordre pratique, je vous engage à donner une place aux *avertissements* envoyés par Notre-Seigneur aux *sept anges* des Églises d'Asie... Il y a là de belles leçons pour les *négligents*, les *lâches*, les *tièdes*, les *libéraux*, etc. »

C'est ainsi qu'étaient reçus, accueillis et traités tous les pieux pèlerins qui, de toute façon et pour tant de motifs, abordaient journellement à Montolivet. Il est vrai, si nous en croyons la chronique, — non assurément celle du cher Supérieur, — qu'il y est venu quelquefois — rarement! — des pèlerins d'une autre sorte, — et cela se voit bien dans tous les pèlerinages, même les plus pieux! — amenés là... par d'autres motifs que ceux de la piété ou de la nécessité; et il paraîtrait qu'à l'égard de cette catégorie, le bon Supérieur n'était rien moins que bon... Un jour même, se raconte-t-on tout bas, il aurait tancé d'importance deux pauvres gyrovagues et les aurait reçus de façon à leur faire perdre l'envie de récidiver... Il est vrai, ajoute toujours la même chronique, que le pauvre Supérieur en fut le plus marri et ne recouvra la paix qu'après avoir écrit à ses chères victimes une belle et longue lettre d'excuses et d'aimables réparations!... Mais la leçon n'en resta pas moins donnée... et reçue.

Nous devons cependant nous hâter de dire que la majeure partie des pèlerins et des visiteurs de Montolivet — cela se conçoit aisément — était fournie par les membres du clergé marseillais, surtout par ceux qui avaient été sous la direction de M. Dazincourt. Un de ces derniers nous écrit : « Dès que nous étions devenus prêtres, nous passions pour lui à l'état de vrais personnages ; dès lors il nous accueillait toujours avec une exquise délicatesse d'abord, et aussi d'un cœur vraiment paternel ; sa porte était sans cesse ouverte, et certains jours sa chambre ne restait jamais vide, tant on avait confiance en lui, tant on était assuré d'avance d'avoir un bon accueil. Il est vrai de dire qu'avant de quitter le séminaire, à la fin de nos études, il n'avait pas manqué de nous répéter : « Messieurs, vous le savez bien, le séminaire reste votre maison ; nous comptons bien que vous n'en oublierez pas le chemin ! Du reste, nous ferons notre possible pour vous y recevoir toujours en vrais enfants de la famille, à bras ouverts ! » Et véritablement il tenait parole... — Un autre ajoute : « ... J'ai été bien longtemps moi-même de ces visiteurs habituels... et jusqu'au moment où nous avons eu le malheur de le perdre ! Chaque semaine je regagnais fidèlement Montolivet, et combien d'autres comme moi, car, d'habitude, en arrivant, je trouvais la place prise, et quand je partais réconforté, d'autres étaient venus qui attendaient patiemment leur tour dans le vestibule, en sorte que souvent les séances étaient longues pour le cher Supérieur, d'habitude fatigué, malade, essoufflé... Mais rien n'y paraissait, et le dernier arrivé recevait aussi bon accueil et était aussi charitablement et aussi longuement écouté que le premier. C'est surtout durant les deux retraites pastorales qu'il fallait voir l'affluence ; le vestibule ne désemplissait pas, et on se demandait avec anxiété si le pauvre Supérieur pourrait y tenir jusqu'à la fin. Je me souviens qu'une année, à cette même époque, j'étais logé dans un petit appartement contigu à sa chambre à coucher ; or, après les journées accablantes qu'il avait eues, je l'entendais toute la nuit tousser à se rompre la poitrine ; — il ne devait pas pouvoir fermer l'œil! Cependant, dès quatre heures du matin, je l'entendais se lever, et après sa messe il n'en reprenait pas moins, comme la veille et avec la même amabilité, ses éternelles réceptions... Un jour, n'y tenant plus de compassion, je vais faire sentinelle à sa porte, et quand je pus pénétrer, en ma qualité d'ancien infirmier, je lui dis : « Monsieur le Supérieur, après la nuit que vous avez passée, vous ne pouvez, sans imprudence... » Mais il m'arrête tout court, car il s'est aperçu que je l'avais entendu tousser, et le voilà à se confondre en excuses, me demandant pardon de me faire passer une nuit blanche, s'accusant de n'être plus bon qu'à déranger, etc..., si bien que j'en fus interloqué et sortis sans pouvoir ajouter un mot, mais tout ému et la larme à l'œil... »

Quant à ceux qui, dans une difficulté, un doute, un péril, ne pouvaient venir le trouver au séminaire, ils n'hésitaient pas à lui écrire; et, courrier par courrier, ils étaient sûrs d'avoir une réponse toujours catégorique. Beaucoup même de ceux qui étaient éloignés ou trop occupés ne renonçaient pas facilement à se priver longtemps de ses conseils, et, sans raisons précises ni pressantes, lui écrivaient périodiquement pour s'édifier et se maintenir... Quel riche trésor on composerait si l'on pouvait recueillir toutes ces feuilles volantes, jetées journellement pendant vingt années dans toutes les directions, car ce n'est pas seulement du diocèse de Marseille qu'on avait recours à ses lumières et à son expérience, mais d'Algérie et de ses trois diocèses remplis de ses anciens élèves, du Rhône et de la Loire, où il avait laissé tant d'amis, et un peu de partout, sur la fin de sa vie; car, sans parler de ses retraites pastorales, sa réputation s'etait peu à peu répandue... Nous ne résistons pas au plaisir de transcrire ici une ou deux de ces belles et touchantes lettres.

« Mon cher ami, en lisant le nom de X... en tête de votre lettre, j'étais loin de m'attendre à répondre au vicaire de cette chère paroisse. On voit bien que Sa Grandeur Mgr de X... n'a pas, sur l'observation du quatrième commandement par le prêtre, des principes aussi rigides que certain Supérieur de grand séminaire ! Mais, puisque l'obéissance vous attache à un poste qui vous laisse toutes les douceurs de la famille, il n'est pas défendu d'en goûter le charme, sauf à tenir votre esprit et votre cœur prêts pour les sacrifices que la bonne Providence vous réserve très probablement dans l'avenir. Vous allez donc être prophète dans votre patrie, quoique l'Évangile oppose à cela quelques difficultés ! Heureusement, vous avez acquis quasi domicile à Marseille, et cette circonstance, en faisant de vous un *revenant* dans votre pays, adoucit un peu ce que la parole de Notre-Seigneur aurait de trop rigoureux... Soyez apôtre au milieu de vos enfants du catéchisme, et par eux tâchez d'arriver aux parents ; expliquez-leur la doctrine chrétienne; et, en même temps, ayez de saintes industries pour les former à la prière, à la pratique de la confession, à la fréquentation de l'église, etc... C'est un travail ingrat et qui le deviendra de plus en plus ! Ce sera le cas de vous rappeler les avis du séminaire sur l'énergie de la persévérance. Les grands ministères arrivent rarement; les petites choses forment la trame de notre vie. Du reste, et c'est encore une leçon que vous n'avez pas oubliée, la question n'est pas de faire ce qui est conforme au goût, mais ce qui est du devoir. Que le soin des autres âmes ne vous fasse pas oublier la perfection de la vôtre ; fortifiez-la par la prière, l'esprit de foi, l'amour de la croix, l'oubli de vous-même. Sans doute la fidélité à une règle vous est plus difficile qu'à Montolivet ; mais aussi combien le mérite est plus grand ! L'important c'est de vous faire violence en ce moment, car l'habitude de la régularité se contracte par les actes répétés. Courage donc et confiance !... »

Encore au même, quelques mois après : « ... Vous avez

droit à toutes mes félicitations pour le grand travail dont vous me faites l'exposé ; cela prouve au moins que dans votre cher diocèse la religion est plus florissante que sous le beau ciel de la Provence! Les vicaires de notre banlieue, voire même ceux de la ville, sont loin de voir leur confessionnal assiégé... et ils ont du temps pour se promener, même pendant la semaine sainte! Il est vrai que nous sommes dans la troisième ville de France, où les grandes lumières qui dissipent les ténèbres du moyen âge ne tarderont pas à nous aveugler complètement;... et alors nous ne tarderons pas à tomber dans le fossé !... Ce qui me préoccupe pour vous encore plus que le travail de *la grille*, c'est le chant des *Lamentations* et de l'*Exultet*! Là, assurément, la pratique est encore plus difficile que la science des principes, et je ne vois pas trop à quel principe réflexe on peut recourir pour soutenir une voix qui est un peu brouillée avec les notes... Mais vous avez droit à une grâce d'état, et vous êtes encore capable de briller !... Ne perdez cependant pas de vue le texte de l'épître à Timothée : *Exerce te ipsum ad pietatem!* Car, continue l'Apôtre, les exercices extérieurs n'ont qu'une médiocre utilité. Maintenant, vous n'êtes pas seulement *réservoir*, mais vous êtes devenu *canal;* ayez soin de retenir quelque chose de cette eau de la grâce que vous distribuez aux âmes; vous indiquez la route aux voyageurs de l'éternité, ne négligez pas d'y marcher vous-même; autrement saint Bernard vous répéterait la parole du Saint-Esprit : *Cui bonus qui sibi nequam?* Or ici, le *nequam* serait l'oubli des pratiques pieuses du séminaire; et tant s'en faut que vous glissiez sur cette pente, car vous me paraissez accomplir à la lettre l'*insta in illis*, l'*in his esto* du même apôtre... J'en trouve la preuve péremptoire dans la touchante résolution de revenir, à la Saint-Pierre, respirer l'*air natal* sur la colline de Montolivet; c'est un projet dont je souhaite *toto corde* la réalisation... »

Et nous n'en avons pas encore fini, car pour répondre au sous-titre du présent chapitre, il nous resterait maintenant à aborder toute la catégorie des *personnes diverses* qui sous un prétexte quelconque, ordinairement mues par d'impérieux besoins, ont eu recours, de près ou de loin, à sa charité ou à ses lumières. Nous sommes loin de connaître ici tout le bien accompli par le vaillant et vraiment infatigable Supérieur; nous n'avons plus ses nombreuses réponses, mais parmi ses papiers nous avons pu retrouver, et non sans émotion, bien des lettres touchantes, délicates, parfois déchirantes qui lui étaient adressées un peu de partout, comme nous avons dit : c'est un digne prélat qui le remercie avec effusion et a recours encore à ses lumières;... c'est une grande dame, inconnue de lui, qui le consulte sur une affaire de famille très délicate;... c'est un père inquiet qui lui recommande son pauvre enfant, un marin d'avenir qui s'oublie sur la terre ferme ; le bon Supérieur est prié de le voir, de le sermonner... et, de fait, il s'intéresse à lui durant des années et tient la famille au courant;... ce sont des prêtres malheureux ou dans le besoin, des séminaristes qui ont recours à lui de tout pays, même et surtout d'Italie, de pauvres orphelines qui l'ont autrefois connu à Kouba ou ont simplement entendu parler de sa charité, de sa bonté;... et nous n'avons garde d'aborder la liste, interminable évidemment, des simples solliciteurs, des quémandeurs d'habitude. Ce qui surtout nous a touché profondément, ce sont les lettres navrantes d'une pauvre mère de famille, chargée d'enfants et sans ressources; elle avait connu le charitable Supérieur à Cauterets, où elle avait été à son service, comme femme de ménage, durant une saison ; touché de son sort et de ses sentiments chrétiens et résignés, le bon Supérieur s'était intéressé à la pauvre femme, et durant des années il en reçoit, de P..., des lettres désolantes... On suppose bien comment il lui répond, puisque habituellement elle a recours à sa charité...

De plus près et pour un tout autre motif, d'autres solliciteuses avaient souvent fait un appel chaleureux à son zèle et à sa piété et avaient été exaucées, pas sans résistance toutefois à leur pressant appel;... nous voulons parler des religieuses de la Visitation, qui ont un double monastère à Marseille. Faisant valoir sans doute l'exemple de saint Vincent qui, à la prière de son saint ami, l'évêque de Genève, avait accepté et si longtemps conservé, malgré ses nombreuses et si importantes occupations, la direction des filles de sainte Chantal à Paris, celles de Marseille supplièrent le Supérieur de Montolivet de vouloir bien aussi être leur supérieur et directeur ; tant que M. Gaillard fut à Toursainte, il résista, se contentant de le suppléer quand il était absent ou malade; mais sur ses démarches, il dut céder aux instances de Mgr Place et des religieuses, et sur la parole de ses Supérieurs, il accepta en juillet 1872. Cependant, pour imiter saint Vincent, lui aussi, et pour les mêmes motifs, ses nombreuses occupations et sans doute encore, vu l'état de sa santé, à plusieurs reprises il insista vivement pour faire agréer sa démission;... il dut pourtant finir par se résigner à porter cet honneur et cette charge, car, comme nous le verrons, c'est en allant célébrer la fête de saint François de Sales, dans leur chapelle, qu'il prendra le refroidissement qui amènera sa mort. Nous regrettons vivement, faute de documents, de ne pouvoir dire en détail le bien qu'il fit à ces saintes filles de l'évêque de Genève ; il dut cependant être grand et elles durent goûter sa sage direction et la sûreté de ses conseils ; nous en avons pour sûr garant les instances et les supplications qu'elles firent, soit pour l'avoir, soit pour le conserver.

Nous sommes mieux renseignés sur les relations que M. Dazincourt conserva toute sa vie avec la petite communauté des Sœurs de la Sainte-Famille, établie à Chazelles, car nous avons en main un bon nombre des lettres qu'il leur écrivit, soit de Kouba, soit de Montolivet ; outre que sa sœur aînée, Marguerite, était entrée dans cette congrégation, et avait, durant de longues années, fait partie de la maison de Chazelles, M. Dazincourt y avait vu plusieurs des religieuses avant d'être missionnaire ; quelques-unes étaient de vieilles connaissances d'enfance, comme la Mère Aloysia, qui en fut longtemps supérieure ; toutes enfin avaient été très bonnes pour sa chère vieille mère, quand, quittant le château de la Pierre, elle s'était retirée au *petit couvent*, sous l'aile, pour ainsi dire, et la vigilance filiale des habitantes du grand couvent ; or, M. Dazincourt eut toujours, à un degré remarquable, la mémoire du cœur ; jamais il n'oublia ce qu'on avait fait pour entourer de soins affectueux la vieillesse et la solitude de sa mère ; dans ses rapides apparitions au pays natal, il avait toujours sa petite visite réservée pour son cher couvent ; parfois même il y reçut une aimable et cordiale hospitalité ; et il ne cessa point de loin de s'intéresser vivement à tout ce qui le concernait ; c'est de là que prit naissance la fréquente et toujours édifiante correspondance que nous possédons. Connaissant, et depuis longues années, les membres de la petite famille qui semble avoir été stationnaire, avec une bonhomie malicieuse parfois, et une simplicité des vieux temps, il donne des conseils à l'une, plaisante l'autre, indique à une troisième, asthmatique comme lui, les derniers remèdes inventés par l'art, répond aux cas graves qui lui sont soumis, et après avoir donné des nouvelles de sa pauvre santé, finit toujours par quelques bons conseils et une petite exhortation aux vertus d'une sainte religieuse... Oh ! la délicieuse correspondance ! Elle nous a vraiment embaumé par le parfum de piété et de simplicité qui s'en dégage.

« Sans doute vos lettres n'arrivent jamais trop tôt, écrit-il en décembre 1872, mais je ne trouve pas non plus qu'elles soient trop tardives, car je sais que les instants que vous donnez à un vieil ami d'enfance sont pris sur le temps que vous devez à tant de préoccupations diverses et incessantes... Pour moi, grâce à Dieu, la Providence me traite en enfant gâté; étant donné qu'il fallait être supérieur quelque part, je ne pouvais pas mieux désirer : à l'intérieur, j'ai la paix avec nos séminaristes qui sont bons et réguliers, avec mes confrères qui font marcher la maison sans moi; à l'extérieur mes rapports sont agréables... Tout le monde n'a pas tiré un si bon numéro que moi, n'est-ce pas ! — Quant à vous, vous voilà donc un peu dans le calme; je m'en réjouis et vous souhaite, pour vos étrennes, que cette tranquillité s'affermisse et se perfectionne. Vous ne paraissez pas compter beaucoup sur ces heureux résultats; c'est que peut être la divine Providence veut vous accoutumer à une confiance toute filiale et saintement aveugle; je vous avoue que je me sens une particulière dévotion pour cette parole de Notre-Seigneur : « A chaque jour suffit sa peine ! » Remplir l'heure présente avec une intention pure et une activité raisonnable, n'est-ce pas préparer l'avenir? Nous nous usons à ruminer un passé qui n'est plus en notre pouvoir et à redouter un avenir que nous n'aurons peut-être pas;... en vérité c'est se donner de la peine pour être malheureux ! Abandonnez-vous donc généreusement au bon plaisir du Ciel pour les choses qui ne dépendent pas de notre volonté; vous verrez que le beau temps succédera à la tempête ! Hélas! on souffre beaucoup de l'ingratitude des hommes, surtout quand on a le cœur bien placé; mais c'est le sort réservé à tous ceux qui font le bien ! C'est le cas de se rappeler que le disciple n'est pas plus grand que le maître !... Un petit memento spécial à sœur Stanislas, en qualité de cousine, et à la bonne Mère Conception, comme *relique* de la maison... Qu'il y a d'années qu'elle disait le chapelet après la grand'messe !... et c'était bien un heureux temps !... »

Une autre fois : « Je viens passer les meilleurs instants de ma fête à causer avec vous; je ne puis pas mieux employer mon temps, vous en conviendrez, car enfin nous sommes de *vieux amis !* Avant tout je vous remercie de votre bon souvenir;... je n'ai pas besoin de vous dire que ma pensée ne déserte pas le *Grand Couvent*, elle y voyage souvent, sûre d'y trouver un accueil cordial et quelques bonnes prières... Vous me paraissez avoir envie, à l'imitation de vos frères, de laisser de côté l'écharpe du commandement! Il me semble qu'il vaut mieux, comme saint Martin, ne pas refuser le travail et porter encore le fardeau. Sans doute, *à nos âges*, on sent le besoin de se recueillir pour préparer ses comptes; mais en somme la meilleure préparation est de continuer à combattre; on admire un soldat qui meurt les armes en main!... Il est bien vrai que la vigueur s'émousse et que les forces s'épuisent; mais, en compensation, l'expérience se perfectionne et la sagesse y gagne; or c'est là un grand point pour le commandement. Je ne promets donc pas de demander au bon Dieu de vous délivrer de cette charge, mais je le prierai de vous accorder force et courage. Puis, quand vous aurez soixante-dix à quatre-vingts ans, nous verrons!... Veuillez dire les choses les plus amicales à votre excellente mère et à vos deux frères, et ne m'oubliez pas auprès de votre famille spirituelle, dont je réclame, à titre d'ami et de pays, les ferventes prières; j'userai de réciprocité... »

Il n'est jamais oublié au jour de la Saint-Thomas; de son côté il n'oublie pas de venir offrir ses vœux de bonne fête à la digne supérieure, la Mère Aloysia: « Je ne vous ai pas oubliée le jour de Saint-Louis de Gonzague; mais je ne savais pas qu'il fallût demander au bon Dieu pour vous non seulement la santé, mais même la consolation. Sœur Ephrem m'apprend que la divine Providence vient d'ajouter encore un peu d'amertume au calice de la tribulation... Elle vous traite comme les âmes courageuses; c'est donc, selon les enseignements de la foi, une preuve que vous êtes parmi les âmes privilégiées. Le sacrifice qui vient de vous être demandé a dû d'autant plus vous coûter qu'il n'était pas prévu; et d'ailleurs cette chère nièce avait tant de droits à une spéciale affection ! Après avoir donné un large et légitime cours à vos larmes, vous aurez certainement remercié la bonté divine de ce qu'elle a donné le repos à cette chère âme, avant de lui demander le travail; de ce qu'elle lui a épargné les fatigues du voyage au début presque de la route. Si notre affection n'était pas un peu égoïste, nous serions heureux de voir ceux que nous aimons nous précéder aux rivages du bonheur; vraiment ce monde n'a rien d'assez attrayant pour nous faire désirer de les y retenir de longues années ! — Oui, allez-vous me dire, mais c'est l'incertitude de l'arrivée heureuse qui cause mes préoccupations. — Ici permettez-moi d'ajouter que nous nous défions trop de la bonté de Notre-Seigneur; comment voulez-vous qu'il n'accueille pas une âme qui vivait habituellement pour lui? Vous ne pouvez pas douter qu'il ne l'aimât encore plus que vous ne le faisiez vous-même ! Pourquoi dès lors ne pas vous reposer sur cette certitude?... — Mais les derniers sacrements, reçus dans le délire de la maladie, ont-ils eu leur effet? — Pour moi ce n'est pas douteux: les dispositions habituelles étaient une disposition suffisante; et d'ailleurs ces actes si édifiants, multipliés sous l'action de la fièvre, témoignent assez de la préparation du cœur... Changez donc vos regrets en actions de grâces... Ménagez vos forces et hâtez-vous de reprendre toute votre santé pour la consolation de votre double famille et de vos amis... »

Encore une, ce sera la dernière: « Votre bon et affectueux souvenir, ma bien chère sœur, est toujours la fleur la plus parfumée du bouquet de la Saint-Thomas: merci donc mille fois d'une coutume si persévérante dans l'amitié ! Il est très vrai que cette fête doit vous apporter plus de tristesse que de joie, car celui dont la présence réjouissait tous les cœurs (le cher curé Emonet venait de mourir) nous attend maintenant, avec tant d'autres, dans un monde meilleur... Reprenons donc courage pour achever heureusement le voyage, puisque la volonté de Dieu est que nous restions... Notre solitude est un motif de plus de nous unir plus fortement pour marcher avec courage. Votre route a des épines; hélas! quel supérieur, dans notre bienheureux temps, peut se flatter de n'avoir que des fleurs sous ses pas?... Heureusement la patience sait changer les épines en roses, et vous connaissez bien ce merveilleux secret! Quels vœux plus fraternels puis-je donc faire que de vous souhaiter persévérance dans ce saint et héroïque labeur!... — Votre bon ange, ou peut être notre grand saint Michel (le patron de Chazelles) a bien pris sous sa protection mes pauvres bronches depuis mon retour (il avait fait, aux vacances, un voyage au pays natal). Quel bon encouragement pour recommencer! Je crois que je serais complètement guéri si je montais jusqu'à Prassourou, Chazelles et Fortunières!... Mais c'est là un remède un peu extraordinaire, et vous savez qu'un *quasi-religieux* ne peut pas se le permettre... En attendant mieux, je me contente de remercier la bonne Providence de m'avoir procuré le plaisir de vous revoir... — Je serais bien aise de savoir si ma chère cousine asthmatique se trouve bien de la *poudre de Cléry;* dans le cas de l'affirmative, je m'offre à lui renouveler de temps en temps la provision, puisque je suis à la source; j'insère ici une petite explication sur le mode d'emploi. Veuillez dire à cette bonne sœur que je prends une part bien fraternelle à ses souffrances, et mieux que personne je puis en apprécier l'étendue... Mille souhaits affectueux à votre famille spirituelle, sans oublier celle de Fortunières... Je prie l'Enfant Jésus de vous réserver toutes ses bénédictions privilégiées...»

Bien intéressante encore et plus touchante peut-être est sa correspondance avec une de ses cousines; c'est la fille de son parent et parrain, Thomas Rochigneux, de

Montbrison, que nous avons vu grandement estimé et loué de son filleul qui l'aima toujours tant. Marie Rochigneux vit encore, toujours à l'ombre de son cher et beau clocher de l'église Notre-Dame, où sa vie entière s'est doucement et pieusement écoulée. C'est d'elle que nous tenons bien des détails intéressants qu'on a lus sur l'enfance et la jeunesse de son cher cousin; elle a bien voulu en outre nous confier sa longue correspondance avec lui, dont la lecture nous a charmé et édifié, et dont, grâce à sa générosité, le lecteur pourra aussi profiter. A tous ces titres, elle méritait bien sa petite et modeste place ici, à côté et comme à l'ombre du monument élevé à la douce mémoire de son grand et illustre cousin.

Bien plus jeune que lui, nous l'avons vue, toute petite enfant, venir jouer et babiller, durant les vacances de l'abbé, sous la fenêtre de sa petite chambre du château de la Pierre, et se faire même aimablement écarter avec ses petites compagnes, quand l'heure du bréviaire ou des exercices de piété arrivait. Elle en avait conservé, pour son grand cousin, une aimable et toujours digne familiarité à laquelle celui-ci répondait par un abandon, un intérêt et une tendresse vraiment fraternels. Cependant elle avait grandi, et le cousin, devenu missionnaire, était parti pour de lointains pays. N'ayant plus le bonheur de le voir périodiquement à ses vacances, elle voulut avoir celui de lui écrire; et dès lors, avec l'aimable simplicité du bon vieux temps et des âmes candides, elle lui demande de ses nouvelles, lui donne celles des parents et du pays; elle le met au courant de ses projets d'avenir, le consulte sur sa vocation, lui parle de sa chère église, de la chapelle dont elle est sacristine; de sa chère congrégation, dont elle est devenue la présidente; de ses pieux pèlerinages à Ars, à la Salette, etc.;... et à tout cela le docte directeur de Kouba, le grave Supérieur de Montolivet, redevenu pour un moment l'aimable grand cousin d'autrefois, répond;... mais nous préférons le laisser répondre lui-même, le lecteur y trouvera son compte...

« 10 avril 1861. Ta lettre, ma chère cousine, m'a fait le plus grand plaisir, car je m'intéresse singulièrement à tout ce qui vous regarde. Plus tu me donneras souvent de vos nouvelles, plus je serai content, car c'est le moyen de suppléer aux rigueurs de la séparation. J'ai souvent de vos nouvelles par sœur Ephrem, mais combien une lettre, surtout quand elle contient tant de bons sentiments que ta dernière, fait plus de plaisir! — Je ne suis pas étonné de ton indécision à prendre un parti; et, à parler franchement, je n'aime pas que la jeunesse se presse tant; l'âge et la réflexion sont les plus sûrs garants d'une décision sage, et j'y ajoute encore les conseils de celui qui a les secrets de notre âme. Si mon calcul est juste, tu dois avoir à peine vingt ans; or, à cet âge, une jeune fille ne perd rien à être auprès de sa mère, à s'exercer dans le travail modeste de son état, à se fortifier dans la vertu par une piété solide, à acquérir en un mot cette expérience qui est le guide de la vie. Il est bon cependant de tourner ses vues d'un certain côté par avance, afin de se préparer à dire un oui ou un non lorsque le moment de la Providence sera venu. Pour déterminer ce choix, que faut-il? Se rendre compte du monde, sonder ses inclinations, s'ouvrir au directeur de sa conscience, se demander souvent ce que l'on voudrait avoir fait à la mort, surtout prier beaucoup, prier avec confiance. Je te promets de t'aider en cela avec toute l'ardeur que me suggérera le vif désir que j'ai de te voir heureuse... » Il lui donne ensuite ses commissions pour les parents et amis et la met au courant des choses de l'Algérie qui peuvent l'intéresser.

Et six mois après il reprend ainsi ses sages conseils : « Ta bonne lettre m'a fait plaisir, et je suis heureux que mes conseils te soient agréables; ils partent du moins d'un bien sincère désir de contribuer à ton bonheur. Je vois que tu continues à mener une vie simple et pieuse; c'est assurément le bon moyen de te ménager les faveurs du Ciel. Laisse aux têtes folles, si nombreuses partout, de se préparer pour plus tard des larmes et des regrets; pour toi, tâche toujours de savoir te contenter de la compagnie de ta chère mère et des jouissances si douces de la religion ; ajoutes-y l'application au travail et l'exercice de la charité, — et tu seras cette *femme forte* dont le Saint-Esprit fait l'éloge dans la sainte Écriture. Je te félicite d'avoir été choisie pour orner l'autel de la très sainte Vierge, et surtout j'approuve ce que tu me dis en finissant ta lettre : « Que les ornements de « cet autel seront le symbole de ceux que tu veux mettre à « ton âme. » Oh ! si les jeunes filles mettaient à orner leur âme le soin qu'elles mettent à parer le corps, que de vertus nous admirerions !... Puisque le bon Dieu t'a donné de comprendre cette vérité, je l'en bénis mille fois, et certainement je le prierai de te conserver dans ces bons sentiments ! Tu vas dire que le cousin te fait des sermons ; — c'est ta faute, puisque tu m'as écrit qu'ils étaient de ton goût... » Et dans une autre lettre : « ... J'aime beaucoup à voir ton empressement pour le chant et la Congrégation ; à force de rôder autour de la très sainte Vierge, cette bonne Mère te prendra de plus en plus en affection et laissera tomber sur toi quelques-unes de ces grâces de choix qui assurent le bonheur de la vie ! Je te prie de lui parler quelquefois des Africains !... » — Cependant une grave décision allait être prise par la jeune fille, il s'agissait d'un projet de mariage ; avant de se décider, elle s'empresse de faire part de la chose à son cousin, et lui demande son avis et ses conseils. Il lui répond par la belle lettre qui suit :

« Comme toujours, ta lettre m'a fait grand plaisir, et je partage tous les sentiments qui te préoccupent en ce moment. Je suis heureux de voir tes bonnes dispositions : tu as soin d'écarter les idées volages, si ordinaires aux jeunes filles ; tu considères le nouvel état qui se présente comme l'objet de la volonté de Dieu ; tu t'y es préparée par la réflexion, l'avis de personnes sages et expérimentées, la prière surtout; avec ces moyens on ne s'expose pas à agir témérairement;... mais je conçois très bien un peu d'hésitation. Lorsque ma sœur Marie se trouvait à peu près dans le même cas, il y a déjà des années, elle me demandait une décision, et je la renvoyai toujours à sa conscience ; je nè puis te dire autre chose... Je ne suis pas de ceux qui voudraient de toutes les jeunes filles faire des religieuses; oh! non! Il importe qu'il y ait dans le monde de ces femmes solidement vertueuses qui soutiennent la foi dans les familles ; mais je sais très bien, et par mes études et par l'expérience de mon ministère, que l'état du mariage a des devoirs graves et difficiles; qu'on ne les connaît bien que lorsqu'il n'est plus temps de s'y soustraire, et que beaucoup y trouvent de pesantes croix !... Tu as dû considérer tout cela, et puisque tu as l'avis de ton guide spirituel, il est sage de t'en tenir à sa décision. Il faut dire aussi que cet état est accompagné de grâces abondantes, et le sacrement par lequel on y entre est riche en faveurs spirituelles, quand on s'y dispose comme tu le feras certainement. Sans doute il est moins parfait que la virginité, il y a même entre ces deux états une singulière différence : la virginité commence par la tristesse et finit par la joie; le mariage, au contraire, commence par la joie et finit par la tristesse... Mais chacun doit suivre la voie que lui indique la Providence, — tout est là ! Je suis convaincu que dans celui qui aspire à passer avec toi ces quelques jours de pèlerinage, tu considères avant tout la bonne conduite, la pratique sincère de la religion, l'amour du travail, l'ordre dans les affaires, une condition modeste comme la tienne;... il importe beaucoup que deux cœurs unis par des liens indissolubles aient les mêmes sentiments chrétiens, les mêmes goûts conformes à leur condition, les mêmes affections, des caractères compatibles... que sais-je encore?... Un bon mari est difficile à trouver, et une femme accomplie est un trésor encore plus rare ! Je ne sais pas si celui qui a fixé ton choix sera ce mari qu'on trouve rarement, mais j'aime à croire que tu approcheras de la femme parfaite, si tu restes telle que je te connais... et je le demanderai au bon Dieu. Puissiez-vous l'un et l'autre former cette société sainte qui fait l'admiration de Dieu et des hommes!... Tu vas dire que ton cousin te fait là un long sermon; — je le fais à la mesure de mon affection pour toi et pour ta mère!... » Nous croyons qu'il ne fut trouvé ni long ni banal... Il dut prêter à réflexions, car dans la lettre suivante, six mois après, le cher cousin lui écrivait : « ... Tu as donc renoncé au mariage dont tu me parlais dans ta dernière lettre? Cela me prouve que tu préfères aux embarras d'un ménage la tranquillité que tu trouves avec ta mère : je ne puis pas beaucoup te blâmer ! Il faut cependant continuer à prier Dieu de te faire connaître sa sainte volonté... »

En 1868 : « Merci de ton bon et constant souvenir, aussi bien que de tous les détails que tu me donnes sur tes occupations et sur le *clos*. Je suis enchanté de savoir que tu as été très occupée à la récolte des fruits, d'abord parce que cela prouve qu'elle a été abondante, et ensuite parce que cette activité va très bien, même à une *Présidente* de la Congrégation ! Si tu me demandes pourquoi, je te répondrai simplement que j'ai lu souvent dans l'Écriture Sainte l'éloge de la *Femme forte* ; or, cet éloge roule toujours sur le travail, sur le lever du matin, sur les soins du ménage ; on lui fait même un mérite de travailler la vigne, de prendre en ses mains le fuseau, etc. ;... et si tu veux t'en convaincre, tu n'as qu'à ouvrir ton paroissien romain et à lire l'épître qui se trouve à la messe des saintes Femmes... Il y a beaucoup de demoiselles aujourd'hui qui devraient faire souvent leur méditation sur ce passage !... Mais je m'aperçois que je commence un sermon, et tu n'en a pas besoin : je prêcherais une convertie... »

En janvier 1877, devenu Supérieur de Montolivet, et menacé de perdre sa chère sœur Marie, il lui écrit : « Il me tardait, en effet, de lire une lettre de ta main, quoique ma pensée n'hésitât pas un seul instant sur la part cordiale que tu prends à l'épreuve que la bonne Providence nous envoie ; c'est que tu n'es pas seulement *cousine*, mais véritable *sœur*, et à l'avenir j'aime à croire que tu remplaceras notre chère Marie. Sans doute les dernières nouvelles étaient moins mauvaises, mais je ne compte pas sur sa guérison... Prions pour que la sainte volonté de Dieu s'accomplisse, et tirons pour conclusion qu'il est sage de se préparer, comme elle l'a fait, à ce dernier passage. Tu es encore jeune, toi ; mais pour nous, le reste du voyage ne doit pas être long !... Tu fais bien de passer ton meilleur temps dans ta chère église ; la sainte Vierge te marque des *bons points*, et tu les trouveras un jour ! Daigne l'Enfant Jésus te combler de toutes les bénédictions que te souhaite ton cousin affectueusement dévoué... » Désormais, elle va en quelque sorte prendre la place de l'*autre* Marie envolée au ciel ; et à la fin de cette même année, la remerciant de ses vœux, il lui écrit : «... Crois bien que je partage tous ces bons sentiments d'affection que renferme ta lettre ; il est bien juste, n'est-ce pas, de te donner la place de cette *autre bonne Marie*, qui maintenant, je l'espère, travaille à nous attirer auprès d'elle et de tous les nôtres... Ne te contente donc plus de me demander modestement une petite place parmi les amis qui viennent m'offrir leurs souhaits ; ma chère, tu es à la première, en compagnie de la chère *abbesse des Masures*, et personne, tu peux bien y compter, ne s'en emparera !... Je te laisse avec l'Enfant Jésus, le priant de te faire ses plus précieuses caresses et de te donner part aux étrennes qu'il daigne apporter au monde !... »

CHAPITRE XVII

Son ministère auprès des Filles de la Charité.

Mgr Robert s'exprime ainsi, touchant ce ministère de son cher Supérieur de Montolivet : « Il était chargé, en outre, malgré la faiblesse de sa santé, de la direction spirituelle d'un certain nombre de filles de la Charité, qui ont appris de lui à conserver et à développer le véritable esprit de saint Vincent. » Ce dernier mot est significatif ici : il dit tout, en effet. Nous allons voir qu'il est loin d'être exagéré.

Tout le monde le sait, le bon sens le proclame, les maîtres de la vie spirituelle l'enseignent, l'expérience de tous les jours le démontre, ce que l'âme est pour le corps qu'elle anime, c'est là précisément ce que l'esprit d'un fondateur est pour sa communauté : de lui découlent sans cesse, pour la famille entière et pour chacun de ses membres, l'être et la vie spéciale, le mouvement et l'action, la sainteté personnelle et l'efficacité des œuvres. En conséquence, la conservation et l'entretien de cet esprit vital sont pour chaque communauté une question de vie ou de mort. M. Dazincourt avait trop d'intelligence, de bon sens et d'esprit de foi pour n'avoir pas compris ce point capital, et en même temps trop d'attachement à l'égard de la chère communauté, pour le négliger jamais. Il était lui-même trop intimement pénétré de cet esprit du saint Fondateur qui était devenu, en quelque sorte, sa vie propre ; il en pratiquait trop soigneusement et les vertus qui le constituent et les œuvres qui en découlent naturellement ; enfin cet esprit principal, comme un parfum subtil, s'échappait trop de sa vie entière et de chacune de ses actions et de ses paroles, pour qu'il n'en ait pas, en quelque sorte, imprégné et embaumé chacun des actes de son fructueux ministère auprès des Filles de la Charité. Et de fait, ce que nous l'avons vu être pour ses confrères, — à ce point de vue capital, — il l'a été sûrement pour ses filles spirituelles; nous allons essayer de le montrer en détail.

Mais avant, qu'on nous permette une vue d'ensemble; nous l'empruntons à une lettre par laquelle une âme d'élite qui, vingt années durant, a suivi sa direction, répondait à cette question que nous nous étions permis de lui adresser : Que pensez-vous du ministère de M. Dazincourt auprès des Filles de la Charité? Voici sa réponse :

« Il y a des fleurs qui, de couleur sombre et modeste, abritées et cachées sous le feuillage, ne se trahissent que par leur parfum; mais il est si suave, si exquis, que de loin on les devine sans les voir; aussi sont-elles préférées de tous. Telle est l'humble et modeste violette; le riche la recherche, le pauvre l'aime et l'enfant lui-même respire son arome en souriant. — C'est là, me semble-t-il, l'image et l'emblème du cher Père que nous pleurons encore après une année! Caché derrière les murs du grand séminaire, n'en sortant que rarement et y rentrant vite, ne nous ayant prêché, durant ses vingt années de Montolivet, que trois ou quatre retraites, à de longs intervalles, comment expliquer que parmi les deux cents filles de la Charité que compte Marseille et sa banlieue, il n'y en ait pas eu une seule qui n'ait désiré l'avoir pour directeur et ne l'ait fait, un jour ou l'autre, le dépositaire des secrets de sa conscience? Tous les mercredis, nous en avons été témoins durant vingt ans, bon nombre d'entre elles, sœurs servantes ou simples compagnes, accouraient, quelquefois de loin, chercher un conseil, exposer un doute, demander lumière ou force... Aucune n'est jamais sortie de son confessionnal sans avoir ce qu'elle était venue demander au représentant de Dieu! D'avance on était si sûre de l'accueil qu'on recevrait! On avait déjà fait l'expérience de sa bonté et on savait si bien que ses décisions seraient données avec tant de clarté, de prudence, de discrétion et de fermeté!... »

« Pour ce qui me concerne, ce bon Père m'a toujours inspiré un double sentiment : la crainte respectueuse et l'admiration la plus vive. Ma confiance en lui, je puis bien vous le dire, était sans bornes; et jamais la pensée ne m'est venue de lui dérober le moindre besoin de mon âme; et cependant je le voyais si parfait, si absolument mort et insensible à tout sentiment naturel, qu'étant moi-même d'un caractère timide et craintif, je craignais de lui dire une parole inutile ou de le froisser en ayant l'air de me rechercher. Je ne sais si je me fais bien comprendre ; mais par sa constante surveillance sur lui-même, par sa discrétion, sa délicatesse et sa timidité souvent exagérée, ce Père, pourtant si simple et si bon, m'en imposait ! Naturellement, il ne faisait aucune avance, se tenant dans une grande réserve, en sorte que, si on n'avait pas le courage de prendre l'initiative, la crainte l'emportait, et par là de combien de secours spirituels on pouvait se priver !... Mais qu'il vît une âme exposée dans un péril quelconque,... comme il agissait différemment; lui, si timide, il faisait alors des avances; lui, d'habitude si retiré, si sauvage même ou du moins si réservé, il se montrait, il prenait l'initiative en écrivant; il a fait même des voyages, tout fatigué, malade et souffrant ! Rien ne l'arrêtait alors !... Avec quelle bonté, quelle aimable et délicate attention, avec quelle tendre compassion il poursuivait cette pauvre âme ! On eût vraiment dit le Bon Pasteur lui-même à la recherche de la chère brebis égarée !... Je me souviens en particulier de deux circonstances ; vous comprenez bien que je ne peux pas ici entrer dans les détails ; mais ce que je puis certifier, c'est que ces deux pauvres âmes, qui pourtant étaient rebelles et insensibles, ne lui résistèrent pas ! Je ne dis rien de ses incessantes et si ferventes prières, encore moins puis-je parler des pénitences et mortifications secrètes qu'il s'est imposées pour elles. Je me demande même si, pour la conversion d'une d'elles, il n'est pas allé jusqu'à offrir à Dieu sa propre vie, et s'il n'a pas été pris au mot !... Un jour j'avais dû aller le consulter pour une affaire très pressante ; après l'avoir traitée, il me parla de cette âme qui le préoccupait fort, et m'en causa longuement, contre son habitude, avec grande bonté... Le lendemain, il vint nous confesser ; à son arrivée, je le vis tout triste, abattu ; et comme je le priais de faire une démarche en faveur de la chère âme dont nous nous préoccupions, il me répondit, avec une certaine vivacité qui ne lui était certes pas ordinaire : « Est-il sûr, en agissant ainsi, que je fais la volonté de Dieu ?... Vous, vous n'avez qu'un point de vue ; mais je suis obligé, moi, avec ma responsabilité, de voir les choses différemment !... » Je n'osai évidemment pas insister... Cependant, quelques moments après, à l'issue de ma confession, prenant mon courage à deux mains : « Mon Père, lui dis-je, si le bon Dieu vous le permet, tendez, je vous prie, la main à cette pauvre âme !... — Oui, oui, me répondit-il aussitôt, avec autant de calme que de douceur, je vous le promets, je le ferai !... » — Ce furent nos dernières paroles ; le lendemain, il tomba malade, et je ne le revis plus !... S'était-il offert à Dieu pour elle ? J'en ai peur, et je me reproche de l'avoir ainsi poussé !... — Mais pourquoi vous ai-je ainsi parlé, et pourquoi m'interrogez-vous ainsi ?... Vous l'avez connu, puisque vous avez été son fils, son ami ! Qu'avez-vous besoin de mon appréciation ? Dites ce que vous savez, il avait tant de confiance en vous ! et laissez-moi vous le dire en passant, votre départ lui a été bien sensible, et plusieurs autres aussi !... Mais c'est ainsi que le divin Maître se plaisait à rompre un à un ses derniers liens pour régner seul dans son cœur !... Le jour de la récompense n'était plus loin !... »

De cette appréciation générale dont on sentira assurément la valeur, venons à quelques rapides détails de ce fructueux ministère, et pour cela indiquons quelques-uns des moyens qu'il y employa : prédications, confessions consultations et conseils, correspondance, visites officielles de certaines maisons, etc.

Évidemment, tout le monde reconnaît, après ce qu'en a dit l'Esprit-Saint par la bouche de saint Paul, quel est le rôle capital de la prédication pour l'établissement et l'entretien de la foi dans le monde : *fides ex auditu.* Il faut admettre qu'il en est à peu près de même pour l'établissement et la conservation de l'esprit propre à chaque communauté, du moment que cet esprit est pour chacun de ses membres ce que la foi est pour chaque chrétien en particulier; c'est avant tout et surtout par la parole, par la prédication que l'un et l'autre se communiquent et s'entretiennent; l'expérience, du reste, suffit pour en convaincre. Malheureusement, il faut bien le dire, et on l'a assez souvent et assez hautement regretté, la prédication était devenue un ministère très difficile pour M. Dazincourt, durant les dernières années de sa vie, à cause de ses multiples infirmités; et s'il lui fut possible encore jusqu'à la fin, à force d'énergie et de bonne volonté, de donner quelques conférences ou instructions détachées, la prédication de longue haleine, les retraites en particulier, lui furent absolument impossibles à partir de 1875, et même avant. Et ce fut vraiment fort regrettable pour les Filles de la Charité, car il leur aurait fait dans ce ministère un bien incalculable ! Elles le savaient fort bien, car souvent elles sont revenues à la charge auprès de lui pour en obtenir une telle faveur, avec grande discrétion sans doute, mais aussi avec la pieuse et infatigable insistance qu'on leur connaît. Et nous le comprenons, elles étaient bien excusables; il y a eu à Marseille, durant ces vingt dernières années, bien des retraites pour les Filles de la Charité, bien des missionnaires pour les leur prêcher; sans vouloir établir de comparaison, il nous sera permis de constater un fait : aucune de ces retraites n'a fait oublier celles qu'y a données M. Dazincourt!

Comme nous l'avons indiqué ailleurs, durant son séjour en Algérie, qui fut vraiment l'âge d'or de M. Dazincourt prédicateur, il avait à un degré très rare tout ce qu'il faut pour réussir dans ce ministère de la parole; qu'on ajoute à ce que nous avons constaté alors, outre une expérience de vingt années, les progrès très sensibles qu'il avait réalisés dans la sainteté de son état, et surtout la connaissance et la pratique, tous les jours régulièrement poursuivies, de l'esprit, des vertus et des œuvres de sa chère vocation, et on comprendra combien sa prédication dut être intéressante et fructueuse auprès des Filles de la Charité, à Marseille. Mais au lieu de froides considérations, on préférera trouver ici sa parole même, et, selon notre plan, nous allons le laisser parler. En général, après avoir fortement insisté dès les premiers jours, pour donner une base solide aux saints exercices, sur les fins spéciales à l'âme chrétienne et à l'âme religieuse, puis aussi sur les fins dernières, il avait hâte d'arriver aux obligations et aux vertus de l'état; c'est ici que portait son effort capital, et c'était aussi son triomphe. Nous choisissons, entre tant d'autres, plus belles peut-être et plus éloquentes, une humble instruction sur les *petites vertus;* elle nous a paru très propre à montrer ce que son genre a eu de spécial.

« C'est surtout par la pratique des *petites vertus* que chacun de nous doit se sanctifier; elles sont en effet les moyens ordinaires, sans compter la recommandation formelle de Notre-Seigneur, dont la Providence se sert pour l'œuvre capitale de notre sanctification; par conséquent, elles ne peuvent nous offrir qu'une route sûre et facile. Et cependant, malgré une certaine conviction de cette vérité, il est rare qu'on en fasse la règle pratique de sa conduite dans le cours de la vie et dans le détail d'une journée commune. Séduits par une certaine générosité de jeunesse ou de tempérament, entraînés par je ne sais quelles aspirations aux grandes choses qui coûtent peu dans le moment présent et s'accordent si bien avec la vanité, nous sommes presque tentés de nous plaindre d'être si longtemps restreints, condamnés aux modestes et trop vulgaires vertus de notre condition. Cette expression : « petites vertus », quand on la prononce, même du haut de la chaire, réveille en nous des pensées qui sont loin d'être justes, et provoque des sentiments qui ne sont pas ceux d'une sincère humilité !... » Et, après avoir divisé son sujet, il entre en matière par la définition et le détail vraiment remarquables des petites vertus. « Elles consistent dans ces actions ordinaires, mais conformes à l'ordre de la Providence, qui reviennent chaque jour avec une régularité pleine de monotonie; qui ne demandent pas, pour être accomplies séparément et une à une, une grande force de volonté; qui ne s'étalent pas aux yeux d'un public ébahi, mais restent ensevelies dans le silence du foyer domestique, ou, plus souvent encore, dans le secret du cœur; qui ont pour objet, non ces grands devoirs qu'on ne trahit jamais sans attirer sur soi un blâme sévère, mais ces mille obligations de justice, de bienveillance, d'amitié, de charité, de dévouement, que le monde apprécie sans doute, sans toutefois les exiger rigoureusement et surtout sans y placer le mérite et la gloire... Si on les appelle *petites vertus*, ce n'est donc pas qu'elles partent d'un cœur moins dévoué à Dieu, ni qu'elles supposent moins de mérite que les vertus les plus éclatantes; au contraire, on peut être un grand saint en faisant des riens avec un véritable amour de Dieu, tout comme il est facile d'être réprouvé en faisant des miracles; un simple soupir du cœur, dès qu'il est surnaturel, s'enrichit, tout aussi bien que les œuvres les plus sublimes, de toutes les splendeurs de la grâce, de toute la valeur du sang de Jésus-Christ ! Il est donc bien entendu qu'une vertu ne peut être appelée *petite* que dans un sens très relatif, c'est-à-dire comparativement à son objet qui a moins de prix parmi les hommes, eu égard à des circonstances de lieu, de temps, de personne, qui attirent. Au point de vue des sentiments du cœur, de la direction, de l'intention, de la fidélité à la grâce, les petites vertus sont grandes. Nulle définition n'égale en clarté un tableau exact et varié qu'on a sous les yeux. Mais les petites vertus sont en si grand nombre, mais elles sont de nuances si diverses qu'il est comme impossible de les énumérer ! Elles jaillissent, comme d'autant de sources intarissables, des relations qui nous relient aux autres hommes, des tentations qui nous éprouvent, des grâces dont nous sommes l'objet, des situations diverses où nous nous trouvons, des talents qui nous sont confiés, des croix qui pèsent sur nos faibles épaules, des règles particulières dont nous avons voué l'observance...

« Ainsi, répondre avec candeur à un Supérieur,... se taire sur ses actes,... n'être ni incivil ni flatteur,... avoir plus de discrétion que d'abandon,... écouter, consulter, accueillir avec affabilité un inférieur, lui accorder une faveur avec grâce ou la lui refuser sans dureté,... se montrer avec des égaux cordial, charitable, poli, discret,... tout cela c'est pratiquer la vertu !

« Ainsi, taire une parole qui tournerait à son éloge, quand on est vaniteux ; étouffer une simple pensée dangereuse, quand on est porté à la volupté ; retenir un trait satirique, lorsque la colère fait bouillonner le sang ; accepter sans se plaindre une nourriture frugale ou une boisson insipide, lorsqu'on a une propension à la gourmandise, c'est encore pratiquer la vertu !

« Ainsi, céder au mouvement intérieur qui nous pousse à prier, à entrer dans une église, à donner l'aumône à un pauvre, à consoler un affligé, à instruire un enfant, c'est pratiquer la vertu !

« Ainsi, réfléchir, quand on est jeune ; gronder peu, quand on est vieux ; accepter de bonne grâce un remède dans la maladie ; supporter des personnes ennuyeuses, des serviteurs maladroits ; s'accommoder des variations de la température; ne pas imposer au prochain les brusqueries de notre humeur; ne pas remarquer les inégalités de la sienne, c'est aussi pratiquer la vertu !

« Avouer son ignorance sur une question qu'on nous adresse; donner une explication, sans avoir l'air de faire une leçon; sacrifier un mot spirituel qui serait inutile ou nuisible, c'est toujours pratiquer la vertu ! — Souffrir un mal de tête sans se plaindre, les inconvénients de la chaleur ou du froid sans même en faire la remarque; accepter en silence un manque d'égard, un oubli, un petit mépris, c'est encore pratiquer la vertu ! — Suivre chaque jour le sentier battu d'une règle minutieuse : se lever à l'heure, prier en commun, reprendre toujours le travail de la veille, se récréer au moment voulu, garder le silence à telle heure, demander la permission même pour faire un pas en dehors de l'ordre commun, se contenter de la nourriture qui est servie et des habits qu'on nous présente, c'est encore incontestablement pratiquer la vertu ! Et cependant je n'ai pas nommé un seul acte héroïque, une seule de ces actions qui nous font sortir de la ligne ordinaire et nous signalent à l'attention publique; je n'ai fait que rappeler le détail vulgaire d'une journée prise au hasard dans le cours de notre vie... Or, ce sont là précisément ces petites vertus qu'il faut connaître et aimer, ces vertus modestes qui, semblables aux fleurs dépourvues de tout éclat, ne se trahissent que par leur parfum et ne croissent qu'à l'ombre des grands arbres ! Ce sont, pour emprunter la gracieuse image du plus aimable des saints, ces petites plantes odoriférantes qui ne s'étalent pas fastueusement sur les bras de la croix, mais croissent serrées à son pied, arrosées qu'elles sont par l'abondante rosée du sang divin ! Vous aimerez à les cultiver, n'est-ce pas, maintenant que vous les connaissez, et surtout lorsque vous aurez médité quels exemples vous y invitent !... »

Le premier des modèles qu'il propose ensuite, c'est Notre-

Seigneur, qu'il suit depuis sa vie cachée au sein de Marie jusqu'au Calvaire, montrant qu'il « a toujours pris à tâche de pratiquer ce qu'il y avait de moindre, pour laisser à ses disciples toutes les grandes choses ». — Le deuxième, c'est Marie, de laquelle on ne dit rien de comparable à ce qu'ont fait d'éclatant les héroïnes de l'Ancien Testament; mais dont il montre la vie silencieuse, humble et cachée, toute consacrée aux petites vertus... — Après il continuait ainsi : « Des cœurs de Jésus et de Marie, l'amour des petites vertus s'est répandu dans l'Église comme un parfum précieux que nous respirons partout : dans son origine, dans ses institutions, dans ses lois, dans sa doctrine;... » et ce sont tout autant de curieux et instructifs développements,... bien propres à faire estimer et aimer les petites vertus. Enfin arrive, résumé à grands traits, l'exemple de tous les saints dont la vie a eu pour trame la pratique des mêmes petites vertus. Un autre motif est abordé ensuite : l'utilité des petites vertus ; car elles nous servent d'abord à nous faire pratiquer la véritable piété;... puis elles nous délivrent de deux dangereux ennemis : l'orgueil et la paresse;... enfin, elles développent en nous les grandes qualités du cœur et de l'esprit : le courage, la générosité, l'héroïsme!... Une dernière considération est abordée et vigoureusement conduite, c'est que « les petites vertus entrent dans le plan ordinaire de la Providence, et c'est là surtout ce qui doit nous les rendre chères, car ce sont les petites choses qui *préparent, avancent, conservent* et *embellissent* les grandes œuvres! et cela est aussi vrai dans l'ordre de la grâce que dans celui de la nature. La Providence se complaît manifestement à renouveler le prodige de la création, en continuant à tirer tout du néant. Ne parlons pas du monde matériel où la science constate avec admiration que les éléments des productions les plus colossales, les perfections les plus achevées de la forme se trouvent dans une graine imperceptible, une ligne composée de points, un trait tiré habilement par une main légère, un rayon de lumière, un mot heureusement placé!... Bornons-nous aux œuvres de la religion qui viennent plus directement de Dieu : il ne nous sera pas difficile de recueillir dans les livres saints des preuves de cette vérité, que le commencement, les progrès, la conservation, la perfection des grandes choses tiennent à ce que nous appelons *des riens!* Quoi de plus grand que de prendre rang parmi les ancêtres du Messie? Or, Rébecca, pour avoir offert une goutte d'eau à Eliézer; Ruth, pour avoir glané dans le champ de Booz; Raab, pour avoir caché les espions de Josué; Abigaïl, pour s'être montrée patiente, méritent d'appeler le Sauveur leur fils!... Quoi de plus grand que de concourir à l'institution de la sainte Eucharistie? Or, cet homme dont parle l'Évangile, pour s'être trouvé dans les rues de Jérusalem, tel jour, à telle heure, avec une cruche d'eau à la main, a le bonheur de voir sa maison devenir le premier temple où se célèbre le divin sacrifice!... » Viennent ensuite les commencements de l'Église, si humbles et si petits;... la conversion des plus grands saints, commençant par des circonstances toutes de hasard : saint Antoine, saint Augustin, saint Ignace, saint François Xavier;... les plus grands miracles par les actions les plus communes;... de même les plus grandes œuvres catholiques, les plus admirables institutions de la charité, l'œuvre de la Propagation de la foi, l'archiconfrérie de Notre-Dame des Victoires, la fête du Saint-Sacrement, celle du Sacré-Cœur, la réforme du Carmel, etc... Voici la conclusion :

« Prenons donc la résolution ferme de pratiquer les petites vertus avec exactitude, ferveur et persévérance. Cette *exactitude* embrassera le temps, le lieu, la manière, car il est triste de perdre si souvent le mérite de l'obéissance pour gagner quelques instants de retard, pour se procurer la petite satisfaction de suivre ses propres idées, et tomber ensuite dans le trouble et le remords. Nous agirons avec *ferveur ;* cela ne veut pas dire avec goût, avec plaisir, non ! mais avec une volonté énergiquement déterminée de plaire à Dieu. Cet exercice me déplaît, ces prières me fatiguent, ces leçons deviennent nauséabondes... Mais parce que vous voulez que j'accomplisse ces choses, ô mon Dieu, je n'en voudrais pas faire d'autres, fussent-elles à la hauteur des louanges des chérubins et des séraphins !... Nous avancerons avec *persévérance*, et c'est là l'humble martyre que nous souffrirons, en attendant que la Providence nous en prépare un plus illustre ! Ce sera le miracle qui attestera notre sainteté aux yeux du Ciel, sinon devant nos semblables ! Oui, martyrs et thaumaturges, au dire de saint Bernard ; car s'il est facile d'accomplir un jour la règle entière, ou tous les jours quelques points de cette règle, il est dur d'être fidèle à l'ensemble et de ne pas se démentir un seul instant. Des âmes généreuses par intervalles, on en trouve par centaines ; des âmes sans cesse vigilantes, le nombre en est petit !... Soyons toujours persévérants si nous voulons arriver sûrement au port. Le voyageur qui est emporté vers la France par un rapide bateau, peut se dire, en examinant le mouvement circulaire des ailes du navire : Chaque tour, pris en particulier, est bien la chose du monde la plus simple et la plus monotone, et pourtant c'est un pas de plus vers le rivage chéri ! Image sensible de la valeur des petites vertus : isolément elles paraissent peu de chose, on les croit inutiles ;... et leur continuité pousse avec force notre fragile nacelle vers le port heureux de l'éternité !... »

Voilà comment M. Dazincourt parlait des petites vertus aux Filles de la Charité ; on peut aisément en conclure qu'il était encore plus instructif et plus entraînant quand il abordait les vertus de l'état : simplicité, humilité, charité ; ou la matière si grave et si délicate des vœux. Et maintenant, qu'on se figure l'effet de telles instructions sur des âmes d'élite, dans le calme et le silence d'une retraite de huit jours !...

Malheureusement, nous l'avons dit, il ne put donner à Marseille que trois ou quatre retraites ; mais il acceptait encore, à l'occasion, d'adresser quelques mots d'édification à ses chères filles spirituelles dans la chapelle de l'hôpital militaire, et il fallait voir comme on y accourait avidement ! C'était pour elles plus qu'une fête et un régal : c'était un petit événement, et d'ordinaire le principe de très grands biens spirituels. L'espace nous manque pour transcrire ici une de ces allocutions de circonstance, toutes merveilleuses d'à propos ; nous nous bornons à analyser rapidement ce qu'il leur dit en 1880, à propos du cinquantième anniversaire de la médaille miraculeuse. Après avoir rapporté toutes les circonstances et tous les détails de l'apparition de Marie Immaculée, il montre que sa médaille est pour nous :

1° *Un présent du Ciel.* Il le prouve par les détails mêmes de l'apparition, puis par les caractères des œuvres divines qui se montrent ici : faiblesse des causes ;... tout se fait paisiblement et sans bruit,... régulièrement, par l'autorité ecclésiastique ;... sans compter les fruits merveilleux qui sont produits...

2° *Un guide sûr dans le chemin difficile de la vie.* Comme la nuée pour les Israélites au désert, la médaille est pour nous : une lumière qui nous montre la route, car elle nous offre la croix, fondement de la vie chrétienne ;... deux cœurs qu'elle unit étroitement, car tout notre travail ici-bas consiste à unir notre cœur au Cœur de Notre-Seigneur, par la souffrance et la croix ;... mais là est la difficulté, aussi est-ce Marie qui relie la croix au Cœur de Notre-Seigneur ;... d'où l'importance de la dévotion à Marie pour nous aider à souffrir...

3° *Un gage assuré de protection.* La Providence attache à tel signe qu'il lui plaît la manifestation de sa bonté, de sa puissance... Que d'exemples ! Ainsi en est-il de la médaille dans notre siècle. Prodiges de préservation... de protection...

de conversion... de prosélytisme. « Armons-nous donc de cette médaille comme d'un bouclier!... » Que de dangers nous entourent... *In hoc signo vinces!...*

4° Enfin *un touchant souvenir de famille*. Ici, n'ayant plus le courage d'analyser, nous citons : « La famille, pour nous, ne se réduit pas à ce petit coin de terre où nous avons reçu la vie du corps, ni à quelques personnes mille fois chéries sans doute, dont l'existence a été enchaînée à la nôtre; tout cela est bon, tout cela est digne de nos affections, car c'est l'œuvre de Dieu infiniment sage. Mais tout cela est éphémère et ne saurait être qu'une image, une ombre, un essai de ce qui sera toujours. Notre vraie famille est dans un autre monde ; là est notre Père : *Pater noster qui es in cœlis;* là notre mère, là nos ancêtres, là nos frères, là notre héritage, là notre trésor!... là nous serons assis à la même table du père de famille!... C'est de là qu'on nous envoie de consolantes nouvelles pour charmer notre exil, d'abondants secours pour fournir aux dépenses du voyage!... Tout ce qui nous rappelle une si belle parenté devra sans doute nous parler au cœur... Mais la médaille n'est-elle pas l'écusson de cette noble famille?... On appelait ainsi autrefois, et encore aujourd'hui, parmi la noblesse, une espèce de cachet dont le fond était peint de couleurs significatives et sur lequel étaient représentés différents objets, symboles des vertus et des exploits des ancêtres. On tenait à cet écusson plus qu'à la vie, car on n'hésitait pas à mourir pour le défendre; le supplice le plus infamant consistait à le voir briser par la main du bourreau; en quittant le toit paternel, les enfants recevaient le droit de le porter en entier ou en partie : c'était l'héritage le plus sacré, un trait d'union entre tous les frères, le plus puissant encouragement à soutenir les nobles traditions d'honneur et de vertu!... Ne pouvons-nous pas dire, sans abuser du sens allégorique, sans tomber dans de puériles analogies, que nous possédons dans la médaille miraculeuse les armoiries de notre famille du ciel?... La croix y rappelle de grandes victoires, puisqu'elle a vaincu le monde, et présage de grandes destinées, puisqu'elle apparaîtra rayonnante de clarté sur les nuées du ciel; ce Cœur percé d'un glaive redit à des enfants tout l'héroïsme de l'amour maternel; cet autre Cœur, ceint d'une couronne d'épines, annonce la royauté de l'amour et du sacrifice; et cette devise : « O Marie conçue sans péché... » ne dépasse-t-elle pas infiniment tout ce que la piété filiale pourrait imaginer de plus honorable ? Quelle princesse a pu jamais graver sur son écusson une semblable parole? Quel enfant, par conséquent, a pu à ce point s'enorgueillir de sa mère? Pour dernier trait de conformité, ce signe commémoratif nous a été donné dans des circonstances où nous étions exposés aux plus grands dangers, aux plus funestes oublis : nous l'avons reçu, en effet une première fois, peut-être des mains de notre mère de la terre, dont la pieuse sollicitude représentait si bien la tendresse de notre mère du ciel... C'était avant la première communion,... la veille du départ pour un pays lointain!... Nous l'avons reçu probablement une deuxième fois le jour, où nous prîmes rang dans la Congrégation de la sainte Vierge... C'était la veille de cette rude campagne contre le démon du Midi!... Tout au moins elle nous a été remise au séminaire, berceau de notre vie religieuse, avant d'aller courir tous les hasards d'un ministère plein de périls!... Ah! imitons les nobles cœurs, et voyons toujours dans notre médaille un touchant souvenir de famille!... » Et, après une rapide énumération de tous ces motifs, il termine en exhortant à la porter toujours avec la plus grande confiance et la plus légitime fierté...

Si M. Dazincourt, à cause de ses infirmités, n'a pu exercer, à l'égard des Filles de la Charité, le ministère de la prédication aussi longtemps et aussi fréquemment que l'eussent demandé leurs intérêts spirituels ; il n'en a pas été de même, heureusement, pour ce qui concerne le ministère de la confession.

Au fond, la confession c'est toujours le ministère si capital de la parole de Dieu, comme la prédication ; avec cette importante différence cependant, qu'outre la grâce du sacrement qu'il confère avec tous ses multiples et merveilleux effets, le prêtre, au confessionnal, adapte et proportionne la parole divine aux besoins si divers et si changeants de chaque âme en particulier; ce qui fait voir combien ce dernier ministère l'emporte sur celui de la prédication, autant par son efficacité merveilleuse que par sa dignité même. Mais hâtons-nous d'ajouter que sa délicatesse et ses difficultés sont en proportion, vu qu'il faut lui appliquer dans toute son étendue la grande parole de saint Grégoire : *Ars artium regimen animarum!* Ces principes rappelés, nous avons le devoir de constater d'abord que M. Dazincourt a, pendant vingt années, exercé ce ministère très régulièrement à l'égard des Filles de la Charité de Marseille : chaque semaine, à l'hôpital militaire, où, sans compter les Sœurs de la maison, bon nombre d'autres venaient accidentellement le trouver, ses séances, commencées à deux heures de l'après-midi, se terminaient rarement avant cinq heures, souvent duraient jusqu'à six heures ! et de plus, extraordinairement, c'est-à-dire aux Quatre-Temps, dans plusieurs maisons importantes de la ville ou de la banlieue; sans compter l'époque capitale des retraites annuelles, où sa présence était toujours réclamée et son confessionnal avidement recherché! Constatons enfin, et c'est ici le point capital, que tout chez lui, dons surnaturels et aptitudes de nature, tout concourait pour en faire ce confesseur qu'au dire de saint François de Sales on choisit entre mille! Et ce n'est pas là seulement une appréciation personnelle, bien que, par une expérience de plusieurs années, nous fussions à même de nous prononcer en connaissance de cause ; c'est l'avis unanime et nullement forcé de toutes les Filles de la

Charité, comme aussi de tous les séminaristes et de tout le clergé, soit de l'Algérie, soit de Marseille ! Il n'y a eu, à ce sujet, et il n'y a encore qu'une voix, un seul cri !

Et maintenant, pour montrer que ce cri unanime, loin d'être l'effet de la mode ou d'un engouement accidentel et passager, est bien la voix de la vérité, nous pourrions, prenant une à une toutes les conditions et qualités de Père, de docteur, de médecin et de juge, que les meilleurs moralistes, et saint Alphonse en particulier, exigent du confesseur, montrer que M. Dazincourt les a toutes possédées, et quelques-unes même à un degré éminent; nous pourrions encore, et notre preuve n'en serait que plus péremptoire, montrer les merveilleux effets produits dans les âmes par ce ministère : les consciences scrupuleuses rendues à la paix ; les timides enhardies et poussées en avant; les natures paresseuses lancées énergiquement, les aventureuses sagement contenues ; les doutes éclaircis, les situations embrouillées ou perplexes discrètement et prudemment mises au clair; la paix et la régularité dans les maisons, des vocations compromises sauvées et rendues fructueuses, et par-dessus tout l'esprit de l'état sauvegardé, maintenu, augmenté ;... et par suite le bien des âmes et celui des œuvres allant toujours progressant... Or, aux fruits on connaît l'arbre : *A fructibus eorum cognosceris eos!* Mais à toute cette démonstration si complexe, qui du reste serait sans utilité pratique, nous préférons quelques bonnes citations qui auront encore leur utilité. Comprenant d'instinct la beauté, la précision lumineuse et surtout le côté pratique des petits mots dits au confessionnal par ce sage directeur, quelques âmes, intelligentes et respectueuses de la parole de Dieu, ont eu l'heureuse idée de mettre en pratique la recommandation de Notre-Seigneur aux apôtres : *Colligite fragmenta ne pereant*, et elles ont scrupuleusement recueilli ces précieuses miettes pour s'en nourrir encore au besoin. On a bien voulu nous les confier, ainsi qu'une très riche collection de lettres de direction où le cher Père continuait le bien commencé au tribunal de la pénitence, avec permission entière, non seulement de nous y édifier nous-même, mais encore d'y puiser pour l'édification commune. On comprendra aisément que nous n'ayons pas hésité à user largement de la permission; nous allons donc donner de larges extraits de ces précieuses reliques, convaincu que beaucoup d'âmes qui n'ont pu jouir des lumières d'un tel directeur pendant sa vie, trouveront d'immenses avantages à le consulter et à le suivre après sa mort.

Comme on le sait fort bien, dans l'œuvre si délicate et si complexe de la conduite des âmes privilégiées, le sage directeur a un double but à atteindre, et partant deux sortes de moyens à prendre : un premier but, général et commun à tous ses pénitents, est la sanctification, la vie chrétienne, la perfection religieuse, l'acquisition des vertus de l'état et de son esprit, etc...; pour y faire arriver les âmes, les moyens généraux suffisent, communs à toutes, en ayant soin de les proportionner aux forces et aux besoins de chaque pénitent : telles sont les considérations générales sur n'importe quelle vérité chrétienne, ou quelle vertu, quelle fête, quelle pratique religieuse, etc. C'est un fonds commun où le directeur vient puiser, comme l'orateur a recours aux lieux communs de la rhétorique, et qui constitue comme la base et la matière générale de sa direction. Mais quelque excellents qu'ils soient, ces moyens généraux ne sauraient longtemps suffire à tout; car chaque âme s'offre à lui avec ses besoins particuliers, ses difficultés spéciales, ses mille et un états de conscience si délicats et si différents, auxquels il faut s'approprier et s'adapter, sous peine de rester dans le vague et de parler pour ne rien dire; en sorte que des cas généraux le directeur est obligé sans cesse de descendre aux cas particuliers, et par suite de varier ses moyens à l'infini, de les particulariser et de les adapter à chaque situation spéciale... M. Dazincourt était trop intelligent, trop pratique et trop attaché au bien des âmes, pour n'avoir pas compris et appliqué de tels principes; nous allons en donner des exemples. A côté des moyens généraux qui formaient la base de sa direction, nous allons le voir, il a su varier à l'infini ses moyens particuliers; commençons par les premiers; nous en trouvons de beaux modèles dans les petites allocutions faites au confessionnal, sous le titre de *Pratiques;* il y en a pour chacune des semaines de l'année, comme pour les différentes fêtes et pour les diverses époques liturgiques. Nous n'en donnons que la substance, en choisissant quelques exemples dans chaque catégorie.

2 janvier. — « Importance, dans cette première confession de l'année, de reprendre l'accusation des principales fautes de l'année qui vient de finir... Nécessité de bien commencer l'année nouvelle; double motif : la sanctification en dépend;... le bien et le mal de cette année, nous les retrouverons au tribunal du Souverain Juge... Moyens : 1º Devoirs envers Dieu : s'appliquer avant tout à la pureté d'intention, agissant uniquement pour plaire à Dieu, sans alliage ni retour sur soi-même... 2º Devoirs envers le prochain : se renouveler dans l'exactitude aux trois silences : de règle, de discrétion, de charité... 3º Devoirs envers soi-même : prendre pour pratique, cette année, de s'appliquer à acquérir cette vaillance spirituelle qui fait pratiquer la vertu avec générosité... Pour cela, ne pas perdre de vue le crucifix, et penser souvent à la vie de Notre-Seigneur à Nazareth, en s'efforçant de l'imiter... »

22 Juin. — « Vous faites bien de vous humilier des fautes qui vous échappent à l'égard de la sainte Eucharistie; car à considérer la délicatesse d'amour que Notre-Seigneur nous y témoigne, sa générosité à notre égard, n'avons-nous pas à rougir de ne faire en retour que si peu de chose? Il faut donc d'abord ranimer votre foi : trop souvent elle manque ou est trop faible; en conséquence, quand vous

êtes devant l'autel, pendant le saint sacrifice et surtout au moment de la communion, oubliez, pour ainsi dire, tout le monde extérieur, pour ne plus voir que Notre-Seigneur ; et cela n'est pas difficile, si la foi vous le montre là, présent ;... et dès lors vous vous sentirez portée nécessairement à l'amour, à la générosité...»

20 novembre. — « Appliquez-vous avec ferveur à vos pratiques particulières ; car bien que ce ne soit pas en cela que consiste précisément la vertu, comme elle s'acquiert par la pratique réitérée des actes, c'est un excellent moyen pour y parvenir. Surtout visez à la pratique de l'humilité, et cela par moyen d'imitation, vous rappelant ce que Notre-Seigneur a fait, et vous efforçant de suivre son exemple ; ce motif, outre qu'il a plus d'empire sur une âme généreuse, offre de plus l'avantage de vous faire agir par amour, qui est ce qu'il y a de plus excellent. Demain, à votre communion, vous vous donnerez à Notre-Seigneur, lui offrant en sacrifice ce que vous avez de plus précieux : votre moi, votre jugement, votre volonté, et vous ferez cette offrande de tout votre cœur et en union au sacrifice de Marie... »

Pour l'Avent. — « S'unir à Marie pour attendre et désirer avec elle la naissance de Jésus. En conséquence, lui demander qu'elle nous fasse participer à ses sentiments d'amour et d'humilité... Accomplir ses pratiques et tenir ses résolutions en esprit de pénitence,... car ainsi le veut l'Église pour hâter notre préparation à la fête de Noël... Dans l'oraison, contempler habituellement Notre-Seigneur quittant le ciel pour venir habiter avec nous. Là est le meilleur des livres pour apprendre les secrets de la vie intérieure et de la vie cachée... Enfin, pour vous conformer à l'esprit de l'Église et aux recommandations de votre pieuse fondatrice, il faudra ne pas oublier l'ordination des Quatre-Temps et bien prier pour les ordinands... »

Fête de la Purification. — « De ce jour au carême,

l'Église honore la vie active de Notre-Seigneur; pour entrer dans cet esprit qui est bien celui d'une fille de la Charité, faites en sorte que pas une de vos actions, pas une de vos moindres démarches, ne soient faites qu'en union avec Notre-Seigneur, et pour lui plaire. A cet effet, dressez bien votre intention, appliquez-vous à vous tenir sans cesse en la présence de Dieu, allez droit à lui... Chacune de vos actions a un côté surnaturel; et c'est en vous appliquant à le saisir constamment, à l'exemple de saint Vincent, que vous parviendrez à la pratique des vertus que vous voulez acquérir. En outre, si vous remplissez ainsi votre cœur de Dieu, vous ne tarderez pas à le vider de vous-même, et l'amour de Notre-Seigneur consumera bientôt tous vos défauts et toutes vos imperfections... »

Pour le carême. — « L'esprit qui doit vous animer jusqu'à Pâques est l'esprit d'immolation, de renoncement à vous-même, de sacrifice... Il faut, comme dit saint Paul, que « vous acheviez en vous ce qui manque à la passion du Sauveur. » C'est surtout à l'acte d'adoration de trois heures, et le matin, à la sainte messe, qu'il faudra vous offrir à lui, vous immoler à sa gloire, comme il s'est immolé pour votre salut. Nous nous sommes bien donnés à lui lorsqu'il nous a appelés à son service; mais depuis, combien de fois ne nous sommes-nous pas repris? Combien de fois même dans un seul jour! C'est pour cela qu'il est essentiel de renouveler ce don, et certainement si vous faites sérieusement cette offrande deux fois par jour, vous ferez de grands progrès dans le détachement intérieur... Vous étudierez Jésus-Christ crucifié! Votre crucifix sera votre livre de prédilection; que dis-je? n'en ayez pas d'autre! là, cherchez à vous instruire avec foi et amour; là, puisez le renoncement à vous-même, le courage de vous mortifier, et non point d'une manière vague, mais précise, songeant pour cela que, si la mortification extérieure n'est rien sans la mortification intérieure, celle-ci n'est rien non plus sans celle-là; ne l'oublions jamais!... »

Fête de l'Ascension. — « L'esprit de cette fête est un esprit de détachement de toute chose, même des consolations et des douceurs de la piété. Appliquez-vous donc au détachement de vous-même et de tout ce qui ne serait pas uniquement pour Dieu. Ne quittez pas la pensée du ciel, ce qui revient à la pratique d'union à Notre-Seigneur, d'attention à sa douce présence. Soyez constamment au ciel par le désir et par le cœur; mais ne comptez pas y arriver sans avoir eu, vous aussi, votre passion et votre calvaire! Puis, préparez-vous à la fête de la Pentecôte, attirez sur vous le Saint-Esprit et renouvelez votre ferveur en disant le *Veni Sancte Spiritus*, cette prière que vous répétez si souvent; appliquez-vous à en comprendre le sens, surtout de ces deux mots de l'oraison : *recta sapere*... Nous demandons par là au Saint-Esprit de penser juste... Combien cela nous est nécessaire, puisque si souvent nous jugeons mal les choses éternelles... Et n'oubliez pas de vous enfermer au cénacle avec Marie et les apôtres, dans le silence et la prière... »

Pour la fête de saint Vincent. — « Que votre grande pratique, cette semaine, soit d'étudier notre saint Fondateur, et spécialement, selon les besoins actuels de votre âme : la charité et la cordialité! Notre bienheureux Père avait naturellement quelque chose d'un peu rude dans son caractère; et cependant à quel degré de douceur et de patience il est parvenu! Au milieu de toutes les affaires qui partageaient sa journée, jamais il ne faisait entendre aucune parole de mécontentement, d'impatience; rien ne troublait l'égalité de son âme; et se tenant toujours en la présence de Dieu, il s'immolait... En faisant un retour sur vous-même, voyez si vous ne vous laissez pas aller à un peu trop de délicatesse, à un peu de négligence dans la pratique de l'humilité dont saint Vincent nous a donné de si nombreux exemples, etc. Demandez à notre bienheureux Père qu'il vous obtienne de Dieu toutes ces grâces... »

Mais nous avons hâte d'en venir aux moyens particuliers, à la solution des divers cas pratiques, à la réponse faite aux difficultés si nombreuses auxquelles un vrai directeur doit toujours suffire ; ses lettres de direction vont ici nous fournir ample matière, et avec sa vraie doctrine spirituelle nous serons assurés d'avoir en même temps — ce qui n'est pas à dédaigner — ce style noble et cette belle forme, toujours si personnelle, qui en rehausse le prix.

A une postulante. — « L'âge et la santé ne sont pas des obstacles à la vie de règle, j'en conviens avec vous ; mais les habitudes prises, même dans la pratique de la piété, les difficultés de la vie commune, etc., doivent peser d'un grand poids, quand il s'agit d'une détermination définitive. Les exceptions, il est vrai, prouvent la règle ; le difficile est de pouvoir vous en appliquer le bénéfice. Vous avez à plusieurs reprises tenté sincèrement de vous plier à la vie commune, et il semble que la Providence s'est expliquée, par les événements, de manière à vous faire conclure qu'elle ne vous veut pas dans cette voie. En réalité, tout sentier mène au ciel, et l'histoire des saints nous apprend que beaucoup d'âmes y sont parvenues en se sanctifiant dans l'ordre ordinaire. Ma conviction est qu'il en est ainsi pour vous. Je comprends parfaitement que votre liberté même est un obstacle à la régularité ; mais j'en conclus simplement que pour vous, comme pour quiconque veut être saint, la vertu est à la condition de la lutte. En communauté, il vous faudrait le courage pour pratiquer le support, l'immolation du moi, et pour mille autres sacrifices... Seule, il vous sera nécessaire contre vous-même... C'est toujours la violence pour ravir le ciel! — Vous avez besoin de dépenser votre activité en œuvres de charité, me dites-vous ; mais assurément, sans quitter X..., Notre-Seigneur vous donnera des pauvres à secourir, des malades à soulager, des enfants à instruire, des pécheurs à convertir, en un mot, tous les mérites d'une fille de la Charité à réaliser.

N'est-ce pas un aliment suffisant à la générosité de votre cœur?... »

A une sœur qui a reçu son changement. —« Croyez-vous que j'ai envie de vous féliciter de ces petits chagrins qui ont assombri les premiers moments de votre séjour à X...? ils sont une preuve que votre cœur a été sensible aux grâces que Notre-Seigneur vous avait réservées à M..., et ils sont comme une garantie du bonheur que vous goûterez dans votre nouvelle maison. En vous voyant triste, votre sœur servante a dû dire : Elle prend au sérieux son office, elle s'attachera à ses compagnes, à sa Supérieure! C'est de bon augure pour l'avenir, lors même que vous pleureriez. Ne vous étonnez donc pas de ces mouvements de sensibilité, c'est ce qui donne de la valeur au sacrifice. Le *fiat* qu'on dit l'œil sec et le cœur à l'aise est toujours suspect; il ne ressemble pas assez à celui que le divin Maître a prononcé au milieu d'une sueur de sang! N'allez pas trop accuser votre générosité; cette vertu est toujours dans la volonté et dans la ferme résolution d'obéir en tout; or, sur ce point vous n'avez rien à craindre; n'allez pas vous mettre à la torture pour vous débarrasser du souvenir de M...; mais lorsqu'il se présente, dites à Notre-Seigneur que vous êtes bien heureuse d'avoir à lui offrir ce sacrifice avec tous les autres; et quand même quelques larmes vous échapperaient, il n'y aurait pas grand mal; votre bon ange se charge de les compter et de les mettre en réserve! Quelle bonne préparation aux saints vœux, que de sentir la pointe de quelques épines, et suivre de plus près au Calvaire la sainte Victime! Oui, c'est bien le moment d'accomplir votre pratique, la conformité à la sainte volonté de Dieu; quand il ne fait pas ce que nous voulons, nous croyons que tout est perdu; mais c'est alors que nous sommes plus complètement à lui. Courage donc et confiance! Malgré ces petites tempêtes intérieures que vous serez fidèle à apaiser au pied de la croix, conservez votre gaieté dans vos rapports avec le prochain; la tristesse, disait saint François de Sales, ne profite qu'au diable!... »

A une sœur enquête de direction. — «... Il y a des âmes qui ne peuvent pas faire un pas dans la vie spirituelle sans l'aide de leur directeur. Or, pour une fille de la Charité, je suis disposé à croire que ce besoin n'est ni dans l'ordre, ni selon la règle, ni conforme à nos saints usages. C'est là, il me semble, une singularité, et la simplicité dont nous devons faire profession exige que nous pratiquions l'uniformité. De plus, je ne crois pas que ce soit utile à l'âme, car il importe de s'accoutumer à avancer *seule*, sous peine de rester en enfance. En effet, un petit enfant qui n'essayerait jamais de se tenir sur ses pieds et de marcher sans guide, courrait grand risque d'être indéfiniment un *bébé!...* Sans doute c'est une maxime de la vie spirituelle qu'il faut un directeur; mais la divine Providence y a pourvu, et nous ne devons pas enjamber sur elle. Ainsi, pour les difficultés de conscience, la fille de la Charité a son confesseur des huit jours; pour l'état général de l'âme, la vocation, les besoins spirituels, etc., le confesseur des Quatre-Temps a grâce et lumière; pour les travers de caractère, la régularité, les rapports avec les compagnes, l'office et ce qui en dépend, la Sœur servante est le meilleur juge et le plus clairvoyant *directeur...* Et puis, pour les mille petites misères qui nous désolent, ces nuages qui obscurcissent l'âme, ces dégoûts qui affadissent le cœur, etc..., n'avez-vous pas Notre-Seigneur avec son cœur toujours incliné vers vous, avec les mains pleines de grâces, avec sa parole intérieure sans cesse lumineuse? En somme, faire comme tout le monde est une maxime excellente en communauté!... »

A une sœur noblement ambitieuse. — « Vous voudriez savoir les qualités qui font *une grande âme?* c'est bien simple à dire : 1° s'occuper *toujours* de Notre-Seigneur; 2° *beaucoup* du prochain; 3° *jamais* de soi! — Avec ce règlement bien suivi, une petite sœur deviendra une grande âme et une grande sainte! Usez-en, je vous prie!.. »

A une sœur trop satisfaite d'elle-même. — « Quand une âme dort et se berce de chimères, elle ne sent rien et se trouve très-contente d'elle-même... Gare! vous ferez bien d'éviter l'écueil des illusions; que de barques vont se briser contre ce récif! Entrez en défiance de vous-même et soyez entièrement convaincue que l'ennemi capital est *le cher amour-propre!* Ce misérable *moi* est la pierre d'achoppement où vont se heurter presque toutes les âmes. A voir notre manière de faire et de sentir, on dirait que tout le monde commence et finit à nous! Oui, oui, c'est une excellente pratique d'exercer une sévère vigilance de ce côté. Bien volontiers, je vous engage à vous poser, au moment de l'examen particulier, ces deux questions : Ai-je recherché l'estime?... Me suis-je plainte de la gêne? Contraignez votre langue à se taire, quand elle laisserait tomber une parole peu aimable;... à parler gracieusement, alors qu'elle voudrait être silencieuse par caprice; donnez à votre visage un air cordial, alors que la mauvaise humeur du dedans en étirerait les traits; rendez de bonne grâce un petit service, quand vous avez été brusque, et ne permettez jamais à votre obéissance de se montrer raide!... Tous ces actes et mille autres que la grâce vous suggérera dans le moment sont une flagellation efficace qui ne nuit pas à la santé! Ne vous épargnez point sur ce chapitre, et répondez généreusement à l'attrait du Saint-Esprit. Ici l'illusion n'est pas à craindre, et la vanité n'a rien à faire. En outre, demandez à Notre-Seigneur le goût de la vie cachée et la conviction de votre propre misère; oh! que ce serait une heureuse disposition pour avancer dans la perfection! notre grand malheur est de nous croire quelque chose, sinon d'une manière réfléchie, ce qui serait une sottise, au moins par un mouvement instinctif. Quand Notre-Seigneur daigne nous donner un sentiment vrai de notre misère, c'est une précieuse faveur. Toutefois, à ce sentiment si salutaire il faut en ajouter un autre : la confiance en Dieu. Le premier, s'il était seul, vous conduirait facilement au découragement; et le second, sans le contrepoids de l'autre, pourrait vous incliner vers la présomption. Dites donc avec le centenier : « Seigneur, je ne suis pas digne ! » Mais ajoutez, comme lui : « Dites seulement une parole, et mon âme sera guérie !... »

A une sœur généreuse. — « ... Oui, c'est bien la *guerre* qu'il faut toujours continuer et pousser avec vigueur contre une nature toujours, hélas ! prête à se révolter, alors même qu'on la croit presque soumise !... Sachez étouffer un sentiment de vivacité, retenir sur vos lèvres une parole piquante, renoncer à un petit plaisir de vengeance, répondre à des procédés peu fraternels, par plus de cordialité ;... et vous aurez là, sous la main, des armes redoutables à votre ennemi. Ces petites violences, souvent répétées pendant le jour, vaudront mille fois mieux, pour une fille de la Charité, que quelques coups de discipline dont le mordant mortifie l'épiderme, en laissant à l'âme toute sa raideur et sa vanité !... Préférez toujours la pénitence du cœur et la mortification de la volonté propre, si vous voulez être de ces âmes *violentes* qui enlèvent le ciel ; ne laissez passer aucune journée sans mettre en réserve quelques-uns de ces actes énergiques dont le bon Dieu et votre bon ange auront seuls le secret !... Courage et confiance ! la divine Providence vous a assez richement dotée pour que vos défauts deviennent aisément des vertus ! N'oublions pas que, selon la parole d'un saint religieux, *il faut moins de temps que de bonne volonté* pour faire un saint !... »

A une sœur allant en retraite. — « ... La retraite est faite pour reposer l'âme, c'est Notre-Seigneur qui l'a dit dans le saint Évangile. Tâchez d'y faire deux choses : 1° *vous oublier* d'abord. S'oublier : question capitale qui résume toute la perfection. Le monde, même spirituel, est rempli d'âmes qui ne pensent qu'à elles, ne cherchent qu'elles,... souvent sans s'en douter ! Aucune de vous n'échappe à cette loi malheureuse, — ni moi non plus ! Et cependant Notre-

Seigneur a dit : « Si quelqu'un veut venir après moi, qu'il « se renonce !... » Que nous avons médité de fois cette parole, et cependant, hélas ! que nous sommes novices dans la pratique ! Pour entrer efficacement dans cette voie, vous prierez humblement et avec foi, vous ramènerez sans cesse votre pensée sur la vie mortelle et eucharistique de Notre-Seigneur ; tout est là... mais, de plus, 2° il faudra *écouter Dieu;* voilà un point qu'on oublie généralement, même en retraite ! Et pourtant le Saint-Esprit, qui réside dans l'âme, a beaucoup à lui dire ! Vous mettrez à profit les heures de recueillement, pour entendre cette parole intérieure,... et ce sera le point de plusieurs résolutions pratiques. Il va sans dire que, pour écouter utilement, il faut du calme dans les souvenirs, dans l'imagination, dans les prévisions ; autrement, ce serait l'histoire d'une savante qui ferait la classe au milieu du bruit : les plus belles leçons se trouvent complètement perdues ! Les avis que vous recevrez vous aideront à démêler la voix du ciel, car le prédicateur et le confesseur ont grâce spéciale pour expliquer ce qui laisserait quelque doute. Allez donc à la retraite, *in nomine Domini,* comme disait notre bienheureux Père !... »

A une sœur de classe. — « ... Vous avez raison de vous croire indigne de l'office important dont vous êtes chargée ; car l'humilité, qui est le fondement de toute vertu réelle, doit être aussi la plus chère de nos traditions de famille ; mais ce sentiment, loin de nuire à la confiance, en est le plus solide aliment. Dieu, qui a fait le monde de rien, comme vous l'enseignez à vos enfants, continue à agir de même ; voilà pourquoi, pour opérer des merveilles, il se plaît à choisir de faibles instruments ; cela se voit tous les jours dans nos deux familles ! En même temps que vous fortifiez votre courage par cette énergique conviction, félicitez-vous de la part si belle qui vous est échue ; c'est sans doute une grande consolation à une fille de saint Vincent de visiter les pauvres, de servir les malades ; mais quel honneur et quelle joie, dans votre classe, d'avoir ces âmes d'enfants à guérir, à élever, à diriger vers le ciel, à donner à Dieu !... C'est là le travail des missionnaires ! En récompense de cet apostolat, le ciel vous promet, aussi bien qu'à nous, de briller tout le long des éternités ! Courage donc !...

— Quant aux moyens à prendre avec vos enfants, cherchez surtout à les attirer par la bonté. La question n'est pas de leur faire de beaux discours, bien préparés avec un livre, mais de tirer de votre cœur, à propos, un conseil, un reproche, une pieuse réflexion, une approbation qui les touchera et vous les gagnera... Il faut qu'on dise autour de vous, non pas : Oh ! que ma sœur N... est intelligente !... habile ! insinuante ! etc., mais : Qu'elle est bonne ! charitable !... »

A une sœur d'hôpital. — « ... Vous avouez que vous n'avez pas beaucoup de goût pour les hôpitaux ;... tant mieux, votre mérite sera plus grand, parce que vous n'agirez que par devoir et obéissance. Accoutumez-vous bien à vouloir peu ce qui plaît, mais uniquement ce qui est dans l'ordre du bon Dieu. Les maîtresses d'école sont heureuses de former les âmes ; mais les hospitalières les disposent à paraître devant Dieu ! De plus, elles rendent à Notre-Seigneur des services qu'il s'engage à récompenser un jour : « J'étais infirme, et vous m'avez visité ; j'avais soif, et vous « m'avez donné à boire ; j'étais nu et vous m'avez revêtu ; » etc., etc. Allons, courage et confiance ! Soyez une fille d'obéissance, de docilité et de candeur, et le bon Dieu vous bénira toujours !... »

A une sœur d'ouvroir. — « ... Adressez-vous souvent aux anges gardiens de vos enfants ; vous verrez qu'ils vous aideront à les conduire à Dieu ; c'est un véritable apostolat. Mais n'oubliez pas de prier chaque matin pour ces chères âmes, et de faire bonne provision de patience ; car c'est toujours à recommencer, — absolument comme nous avec le bon Dieu !... L'ouvroir externe est un office très important, quel bien vous avez à faire auprès de ces jeunes filles ! leur assiduité est une preuve que vous savez leur rendre la piété aimable ; mettez à cette œuvre tout votre zèle et tout votre cœur ; vous ne pouvez pas travailler plus utilement à la gloire de Dieu ! Dans le temps où nous vivons, ce qu'il faut à ces pauvres enfants, c'est une connaissance exacte de leur religion, la pratique des sacrements, et de fortes habitudes d'ordre et de travail. Priez beaucoup leurs anges gardiens de vous aider, aimez leur âme, dévouez-vous pour leur être utile, et vous réussirez infailliblement. Quant aux nuages qui passent à l'horizon, ne vous en préoccupez pas beaucoup ; après l'orage, le beau temps reparaît ; puis les grands vents, loin de faire du mal aux arbres, consolident leurs racines... [Ainsi en est-il de l'épreuve que le bon Maître envoie !... »

A une sœur tentée. — « ... Assurément, la tentation se glisse dans la retraite comme partout ailleurs ; Satan a bien poursuivi Notre-Seigneur dans son désert, et il a bien osé lui dire de changer les pierres en pain, — ce qui était bien le tenter par la sensualité ; le divin Maître le repoussa en lui citant la loi de Dieu et en continuant son jeûne rigoureux. Répondez-lui de même : l'âme ne vit pas de jouissances ; son aliment est la parole sainte méditée et pratiquée ; en outre, continuez vos mortifications, celles surtout qui consistent à observer exactement tous les détails de la règle... Que la folle du logis vous pousse dans des sentiers périlleux, il n'y a rien d'étonnant, puisqu'elle est au service des mauvais anges, plus souvent qu'il ne faudrait ! tâchez, sans avoir l'air de la violenter, de lui donner le change adroitement et de la diriger là où des images salutaires peuvent la détourner de ses courses dévergondées ; conduisez-la au Calvaire et étalez devant elle le spectacle douloureux qui s'y passe !... Ouvrez devant elle les portes de cette éternité qui s'avance, et forcez-la à contempler le redoutable tribunal, les flammes du purgatoire, celles de l'enfer !... Si elle s'échappe, ramenez-la de force ; si elle s'impressionne vivement, tant mieux, ce sentiment — mais surnaturel et vertueux — vous délivrera de ceux qui seraient naturels et dangereux... Priez beaucoup et avec persévérance ; soyez sévère contre vous-même ; en tout et partout, agissez comme si vous étiez sous le regard de votre ange gardien ; et dans l'usage des créatures, demeurez dans la limite du nécessaire, sans rechercher le commode et le superflu ; donnez à votre corps les soins qu'exige la santé, mais regardez-le comme un ennemi perfide, et prenez vos précautions contre ses trahisons !... »

Promesses de prières. — « ... Vous avez raison de préférer le devoir aux jouissances du cœur, et je vous prêcherai toujours la pratique de cette maxime... C'est donc, pour moi, une grande consolation de vous être de quelque utilité par mes prières et par ma vieille expérience, pendant le voyage que nous faisons sur cette pauvre terre ! Puisque la Providence a voulu nous placer dans la petite barque de saint Vincent, il est bon de mettre en commun les provisions, et c'est précisément en cela que consiste la communion des saints, qui est l'article du Symbole le plus consolant. Dans cette barque, tous les passagers ne sont pas à la même place et tous ne font pas les mêmes manœuvres : les uns sont au gouvernail, d'autres à la cuisine, quelques autres simplement sur le pont ou à l'infirmerie ;... mais tous avancent vers le port ! Peu importe d'être à X... ou à Y..., aux *premières* ou aux *deuxièmes*, puisqu'on arrive aussi sûrement et aussi directement ! Remerciez le bon Dieu de vous avoir ménagé une place dans cette heureuse barque ; il y a tant de pauvres âmes qui nagent dans les flots, qui sont emportées par le courant, qui sont le jouet de la tempête... Arriveront-elles au but ? hélas ! bien qu'il faille l'espérer, il faut convenir qu'elles n'ont pas les mêmes garanties que nous !... »

Fille de saint Vincent et fille d'Ève. — « ... Vous voilà

sur le point d'entrer en office, et, ce qui est mieux, munie de toutes les provisions nécessaires pour vous acquitter dignement des nouvelles et importantes fonctions qui vous sont confiées. C'est dans la retraite surtout que vous avez dû puiser les éléments du zèle que vous aurez à dépenser. Les délassements que votre nouvelle vie a su vous procurer contribueront, pour leur bonne part, à soutenir votre courage... Confiance donc et courage, puisque vous aurez à vous occuper principalement de l'âme des enfants ; le devoir et la joie des *anges de la terre* doivent surtout consister à les arracher aux griffes de l'ange des ténèbres... Toutefois, votre sollicitude pour la classe ne devra pas vous faire oublier que votre cornette abrite en même temps la *fille de saint Vincent* et la *fille d'Ève*... Une des deux devra commander — vous savez bien laquelle... Ce n'est pas petite affaire que de tenir la seconde à sa place et dans la soumission, surtout quand on est né et qu'on vit sous un ciel enflammé ! Tenez bon cependant et allez jusqu'à la *violence* au besoin ! C'est le conseil de Notre-Seigneur, qui a daigné nous dire qu'on ne fait route sûrement pour le ciel qu'en usant de violence... Pas de douce amabilité, pas de prévenances pour cette triste compagne que vous inflige notre père Adam ; réservez toutes les grâces de votre bon cœur pour ces bonnes compagnes que le bon Dieu et la Mère générale placent à vos côtés... Et pour vous rappeler cette leçon que vous avez mis tant de bonne volonté à apprendre et à pratiquer, lisez et relisez sans cesse ce beau livre suspendu à votre chapelet, en attendant que vous puissiez le porter à votre bras ; en effet, le crucifix suffit pour vous prêcher les vertus de l'état et pour résoudre toutes les objections soulevées par une nature toujours avide de ses aises... »

A une sœur, en Égypte.— « ... Je demande à Notre-Seigneur de répandre sur votre chère âme toutes les bénédictions promises par les anges à la bonne volonté. On voit bien que vous participez déjà à celles que le divin Enfant laissa tomber sur l'Égypte, aux jours de son exil ; puisque vous y êtes heureuse et que vous y faites le bien, ne vous plaignez pas trop haut d'y avoir porté au fond du *sac bleu* quelques misères ; il le faut bien ! autrement, vous ne voudriez pas en sortir pour aller dans la *terre promise !*... et, puisque vous habitez la Tour de Sainte-Catherine, priez-la de vous obtenir, — non la science de la philosophie qui vous serait inutile, — mais son énergie contre le prince des ténèbres, dont vous aurez tant d'occasions de vous servir !... — Tout ce que vous me dites de votre nouveau nid me charme sans me surprendre. Je connaissais la réputation de votre bonne Sœur servante, et sous une direction si maternelle il vous sera facile d'être une fille docile, obéissante et saintement affectueuse ; vos compagnes doivent être de vrais anges de la terre, puisqu'elles ont toutes été choisies pour porter à l'étranger la bonne nouvelle. Plus que jamais j'ai donc le droit d'affirmer que vous êtes l'enfant gâtée de la Providence, et je vous félicite qu'elle ait fixé votre tente dans le pays de la sainteté ! il ne vous faudrait pas, je crois, voyager longuement pour retrouver la trace des pieds de l'Enfant Jésus, de sa sainte Mère, de saint Joseph ; en outre, la Thébaïde se trouve en Égypte, et ce fut la patrie de tous ces saints solitaires dont vous avez lu la vie avec ravissement. C'est un bonheur de vivre sur une terre riche de pareils souvenirs ! et pourtant, entre les leçons recueillies au séminaire, vous avez dû entendre celle-ci : qu'il ne suffit pas, pour être une sainte, de vivre à Bethléem ou en Égypte, mais qu'il faut y *bien* vivre ! Ce qui me ravit, c'est que vous êtes disposée à mettre en pratique ce bel enseignement. Courage donc et confiance ! C'est aussi le cas de vous rappeler cette maxime, qu'il faut plus d'énergie que de temps pour se sanctifier ; mettez cette énergie à combattre vos défauts, car vous avez dû en emporter quelques-uns au fond de votre sac ;... et surtout ayez bien la patience de recommencer toujours ce travail ingrat, sans vous décourager! Sans doute le soleil d'Égypte n'est pas fait pour éteindre cette imagination, cette sensibilité dont vous avez reçu le dangereux privilège, en qualité d'enfant du Midi ; servez-vous de ces éléments d'activité, comme les marins se servent du vent,... et laissez toujours le gouvernail à l'esprit de foi ; surtout, tenez-vous bien ferme dans la règle, — c'est la barque qui vous conduira sûrement au port !... Votre œil semble encore mesurer avec effroi la distance qui vous sépare de X.... : c'est encore une illusion de la fille d'Ève. La fille de la Charité n'est nulle part en exil ; partout elle a son père, qui est Dieu ; son époux, qui est Notre-Seigneur ; sa mère, qui est Marie ! elle trouve partout des sœurs dévouées en ses compagnes, de chers maîtres en la personne des pauvres et des malades ; les jeunes âmes qu'elle forme ou qu'elle baptise sont ses enfants ;... elle est donc partout au sein de sa famille ! Qu'importe que le ciel qui l'abrite soit bleu ou gris !... Cette merveilleuse manière d'être toujours chez soi fait partie du centuple promis par l'Évangile à ceux qui ont tout quitté pour suivre Notre-Seigneur !... »

A une Sœur servante qui débute. — « Vous voilà donc en charge ! de cela, je vous fais mes plus sincères... condoléances ; car notre bienheureux Père a dit que la supériorité laisse une tâche vilaine ! Mais aussi vous êtes *servante*, et je vous en félicite cordialement ! Servante des compagnes, servante des enfants, servante des pauvres, servante des malades, servante de tous ceux qui souffrent... C'est le beau titre que notre divine Mère a accepté avec une sorte d'enthousiasme ! Vous devez être heureuse et fière de répéter chaque jour, en disant l'*Angelus* : « Voici la servante du « Seigneur !... » Laissez-moi donc de côté tout ce que cette chère patente peut avoir d'épineux, pour aller droit au fruit caché sous une rude écorce ! D'abord elle ne sera jamais pour vous une source de remords, puisque, loin de l'avoir désirée, vous avez dû vous résigner à l'accepter des mains de la Providence; elle peut au contraire facilement devenir une école de toutes les vertus, — non pas de ces vertus à la fleur d'oranger après lesquelles soupire un cœur encore égoïste, — mais de celles qui naissent auprès de la croix, arrosées par le sang et la sueur !... Courage et confiance ! puisque vous avez la volonté d'être toute à Notre-Seigneur, vous voilà dans la bonne voie pour l'aimer, comme dit saint Vincent, à la sueur de votre front ! Et n'allez pas contredire une conduite si paternelle en prétextant votre incapacité, vos misères, etc., etc... Vous provoqueriez des reproches, comme fit Moïse en s'excusant sur ses défauts, sur sa difficulté de parler.... Mettons bien en principe que notre Père qui est au ciel n'a pas besoin de nos talents, de notre expérience, de notre habileté... Il se sert de notre ministère, sans doute, mais c'est Lui qui agit ! Aujourd'hui, comme au commencement du monde, il opère sur le néant, il crée les œuvres de rien ! Pourquoi donc tremblerions-nous sous le sentiment de notre infirmité, ou même de notre nullité, puisque c'est une doctrine absolument certaine, qu'il a choisi la faiblesse pour confondre la force, l'ignorance pour humilier la science, ce qui n'est pas pour renverser ce qui est !... Étudiez bien nos papiers de famille, et vous y verrez que nos sœurs les plus humbles, les plus *rien* aux yeux du monde, ont toujours et partout été celles qui ont opéré des merveilles !... J'ose en appeler à votre souvenir... Pourquoi celle que vous pleurez a-t-elle fait tant de bien, attiré l'estime et l'affection universelles ? Surtout parce qu'elle pratiquait cette belle doctrine du néant ! Il ne vous en coûtera pas de suivre un tel exemple ! Et n'allez pas dire que je fais de la mysticité trop élevée : c'est simplement la grande route de la perfection ! Lorsque Notre-Seigneur demanda à saint Pierre, par trois fois, s'il l'aimait, il n'exigea pas, comme preuve, qu'il se livrât à la contemplation, mais qu'il fît paître les agneaux et les brebis ; en d'autres termes, qu'il exerçât la supériorité ! Ne vous plaignez donc pas d'être mise à la même épreuve, et allez de l'avant en toute générosité!... » — Et quelque temps après, voici les sages conseils qu'il lui donne : « ... Pour faire du bien aux compagnes, priez sans cesse pour elles, grondez par affection, tracassez peu, soyez sobre de grandes directions, — le moyen d'ouvrir les âmes, c'est de ne pas en demander la clef; — qu'elles sentent que vous les aimez, que vous vous intéressez à leur âme, à leur office, à leurs misères, à leur fatigue même un peu imaginaire; témoignez-leur de la confiance, tout en gardant pour vous ce qui serait pénible; acceptez avec reconnaissance des attentions inspirées par le cœur, et si cela allait trop loin, mettez-y bon ordre, mais sans brusquerie.... C'étaient là les principes de Mme de Chantal; je crois qu'on peut les suivre avec succès, même sans être visitandine; toute fille de la Charité trouvera son profit dans l'exécution de ces maximes... » — Et encore : « ... Non, il ne faut jamais abandonner la barque au *fil de l'eau*, surtout au moment de la bourrasque; car nulle part la Providence ne s'est engagée à prendre elle-même le gouvernail confié à une main honorée de sa confiance. C'est donc une bonne inspiration d'exposer à qui de droit vos fatigues morales, avant de vous croiser les bras. Cet acte de prudence est lui-même un soulagement; la prière et l'abandon feront le reste... » — Quelque temps après : « .... Il est très vrai que la vue de nos misères intérieures sert beaucoup à nous rendre indulgents sur les défauts d'autrui, et c'est en outre un moyen de pratiquer la charité qu'il ne faut pas négliger. Aussi, en tout ce qui concerne votre chétive personne, en tout ce qui serait suggéré par l'amour-propre, un petit bout de jalousie, une délicatesse trop naturelle, etc., etc., il faut être large... Cela n'a aucun inconvénient, sinon celui de nous faire mourir à nous-même à petit feu, et c'est un résultat excellent! Mais quant aux travers qui peuvent nuire au prochain, compromettre la gloire de Dieu, nous devons les combattre en toute mansuétude : c'est le triste lot de quiconque a la patente ; or, si les Supérieurs devaient attendre, pour accomplir ce devoir, d'être eux-mêmes sans reproche, je ne sais quel jour de l'année ils pourraient s'en occuper! Allons donc bonnement, *in nomine Domini*, comme disait saint Vincent!... Il ne faut pas sans doute demander à de pauvres enfants d'Adam une perfection qui n'est pas de ce monde, ou qui est le privilège de quelques âmes d'élite; mais on doit au moins exiger une certaine mesure d'énergie, d'exactitude, de progrès, de régularité, puisque ce sont là les caractères du vrai chrétien. Cette limite de la vertu n'a rien d'exagéré, et je crois qu'une sœur servante peut s'en contenter, relativement à ses compagnes. Ne demandez donc pas à des filles d'Ève une perfection absolue;... si vous l'obteniez, ce serait presque fâcheux, — au moins pour vous! — car vous perdriez l'occasion de porter votre croix, privilège si précieux qu'il est envié par votre bon ange, dont la nature toute spirituelle est étrangère à la souffrance... »

Encore à la même. — «... Allons, vous avez pris le chemin du ciel; il faut bien passer par la voie douloureuse et le calvaire, porter la croix et souffrir! L'important c'est de rencontrer le charitable Cyrénéen, dont la main secourable vient à propos soulever le fardeau; ce secours ne vous manquera jamais, puisque Notre-Seigneur s'est engagé à rendre son joug léger. Courage donc et confiance! Vous n'êtes pas résignée, me dites-vous; — oh! ce n'est pas une preuve que vous n'êtes pas où Dieu vous veut! car il y a des âmes que la divine Providence éprouve toute leur vie, en leur laissant des désirs qui ne se réaliseront jamais. Un des derniers saints canonisés, saint Benoît Labre, a désiré d'être chartreux, trappiste, etc.; il a même essayé plusieurs fois,... et le Ciel ne le voulait pas dans cette vie régulière : sa vocation était de n'avoir pas de demeure fixe; il s'est sanctifié en se laissant conduire au jour le jour par la volonté divine. Pourquoi ne deviendriez-vous pas une sainte en répétant chaque matin : «Mon Dieu, que votre « volonté soit faite!...» C'est une maxime évangélique qu'à chaque jour suffit sa peine et qu'il ne faut pas s'inquiéter du lendemain!... »

Sur les jeunes Sœurs. — « En lisant vos réflexions un peù tristes sur la jeunesse de nos jours, j'ai trouvé vos observations fort justes. Les anges de la terre se donnent d'abord au bon Dieu avec une ferveur très grande, dans laquelle néanmoins l'imagination et le sentiment entrent trop largement. Le positif de la vie ordinaire ne tarde pas à dissiper cette pieuse fantasia du séminaire,... et il ne reste qu'une pauvre vertu sans solidité qui se trouve en face des exigences d'une nature toujours vivace et envahissante! Qu'on cesse d'avoir l'œil sur la lumière de la foi ; que la volonté cède devant les prétendus besoins de la santé, de la position ; que le cœur s'accroche à mille riens qui le captivent,... et voilà la pauvre âme revenue au point de départ et retombée dans le naturel! De la perfection qu'on avait rêvée, que reste-t-il? l'habit!... C'est ma conviction intime que le grand danger aujourd'hui, pour quiconque renonce au monde et à la vie naturelle, est d'y rentrer — un peu plus tôt, un peu plus tard — par une autre porte! N'oublions donc pas que le ciel s'achète par la violence! enseignons-le par notre exemple et aussi un peu par nos paroles, — ou bien, effaçons l'Évangile!... » Et une autre fois : « ... Vous avez mille fois raison de donner l'exemple du courage, et je conviens que la jeunesse de nos jours en a un spécial besoin; sans doute, à nos âges, on devient difficile, morose, disposé à louer le passé aux dépens du présent... Mais toutefois il semble incontestable que le niveau de la vertu baisse chaque jour. On répond à cela : Non! ce qui baisse, c'est le niveau des santés! — C'est là, à mon sens, un raisonnement vicieux; il faudrait dire, comme sainte Thérèse : *On se porte mal, parce qu'on se soigne trop!* On manque à la règle, un jour, parce qu'on a mal à la tête; un autre, parce qu'on a eu mal à la tête; un troisième, parce qu'on redoute d'y avoir mal !... et toute la vie se passe comme si notre pauvre *carcasse* était la chose dont il faille s'occuper exclusivement en ce bas monde! La vie de communauté, loin de supprimer cette triste manie, l'accentue,... et ainsi on entasse, comme parle saint Paul, le bois, la paille, les herbes sèches, pour servir d'aliment au feu du purgatoire !... Cet amour du bien-être, on l'apporte avec soi au noviciat, car on le respire à pleins poumons dans les villes aussi bien que dans les campagnes... Puisqu'on y arrive anémique, il en résulte qu'il faut faire un usage plus fréquent des toniques, des fortifiants spirituels, des potions ferrugineuses ;... sans cela, le corps deviendra phtisique! »

En terminant ce chapitre, déjà si long, nous aurions désiré dire un mot des visites reçues ou faites par notre cher confrère, relativement aux Filles de la Charité ; hélas ! tout document nous fait ici défaut. Ce que nous avons entendu répéter, c'est que le parloir de Montolivet recevait souvent des sœurs qui se trouvaient dans la peine ; elles sortaient toujours éclairées, réconfortées, heureuses ! — ce qui certes ne nous étonne point, ayant nous-même renouvelé l'expérience, en moyenne une fois par semaine, durant plusieurs années, et toujours avec un goût de « revenez-y » !... Quant aux visites actives, par principe et par nécessité, le cher Supérieur de Montolivet n'en faisait qu'au premier de l'an ;... encore lorsqu'il ne les omettait pas par raison de santé, ou quand il recevait ordre du Père ou de la Mère d'y procéder ;... et alors, nous certifions que c'était selon toutes les formes et qu'elles étaient suivies des plus merveilleux effets...

CHAPITRE XVIII

Dernières années, maladie, mort, obsèques.
1880-1891.

Ce n'est pas sans une impression intime et bien profonde de regret et même de tristesse que nous voyons approcher la fin de notre travail, et malgré nous notre cœur se serre en commençant ce dernier chapitre !... Qu'on veuille bien nous pardonner l'expression d'un sentiment si personnel qui s'échappe malgré nous. Ceci n'est point une œuvre d'art, et nous n'avons point visé, en écrivant rapidement ces pages, à faire un livre d'après les règles et les conventions reçues ; comme un de ces obscurs moines du moyen âge qui, voyant tomber à ses côtés et partir pour un monde meilleur le compagnon assidu des labeurs quotidiens, l'ami fidèle de la chère solitude, témoin bienveillant à qui rien n'est caché, confident habitué à deviner et à partager les sentiments les plus intimes de l'âme, déposait pour un moment son humble instrument de travail, et, prenant la plume, d'une main rude et inexpérimentée, essayait, pour tromper sa douleur, de réveiller ses souvenirs, et pour être utile à son ami disparu, il disait simplement ses vertus à ses frères éloignés qui prieraient pour son âme après s'être édifiés au récit de sa vie... Ainsi avons-nous fait, et tel a été le motif qui nous a fait prendre la plume ; profitant des quelques moments de loisir que nous laisse notre tâche journalière, nous l'avons laissée courir sans autre préoccupation que de redire simplement nos souvenirs et d'édifier nos frères, en préservant de l'oubli une image chérie, et en ravivant une existence qui peut encore être bienfaisante.

Nous avons essayé de montrer comment la bonne Providence a, dès sa naissance, longuement préparé notre cher confrère à l'œuvre capitale de sa vie ; comment il s'y est prêté lui-même en acceptant simplement la croix qui, si longtemps et sous des formes multiples, a pesé sur ses épaules ; enfin nous venons d'indiquer combien cette œuvre a été fructueuse et bénie de Dieu ; il ne nous reste plus qu'à dire comment elle s'achève, en montrant quelle douce et lumineuse et précieuse fin la même bonne Providence lui a réservée ici-bas.

Les événements sont rares dans ces dix dernières années, plus encore que dans les précédentes ; les sentiments seuls de ce cœur, de plus en plus généreux, vont vraiment nous intéresser ; c'est à les bien faire ressortir que nous nous proposons aussi de nous appliquer de préférence, ayant de plus en plus recours à ces admirables lettres qui nous les rendent si bien et d'une manière si attachante.

Nous l'avons remarqué à l'occasion de la mort de sa sœur Marie : détachée de la terre par cette douloureuse séparation, son âme parut dès lors ne prendre aux choses d'ici-bas que l'intérêt qu'elles peuvent avoir dans leur rapport avec celles de l'éternité ; ce sentiment ne fera que s'accentuer tous les jours. Aussi, nous lisons dans une lettre à sa sœur qui lui annonçait la mort d'une de ses compagnes : « ... C'est encore un avertissement du départ ! Car certainement notre tour, ma chère amie, ne peut tarder de longues années. *Cette pensée me devient habituelle*, et je bénis Dieu de ce que mes infirmités me la rappellent sans cesse. Si je n'avais pas ces avertissements, je me croirais encore jeune et je bâtirais peut-être des châteaux en Espagne... » Il ne faudrait pas conclure de là qu'il fût devenu plus souffrant ; au contraire, le mieux que nous avons constaté à la mort de sa sœur se maintenait assez bien et il pouvait écrire à Écotay : « ... Autour de moi on prétend que je suis presque guéri, et, à vrai dire, l'asthme demeure assez tranquille en ce moment, et le catarrhe ne me tourmente pas trop ; il y a certes une notable différence avec les années précédentes ; pourvu que le bien se maintienne, je me propose de rajeunir ; c'est tout à fait convenable quand on arrive à la soixantaine ! Aussi je ne comprends pas pourquoi, loin de faire de même, tu aspires à la *vieille ferraille ;* il faut attendre d'avoir fait tes noces d'argent aux *Masures !* et quand on est blindé comme nous le sommes, on peut aller loin ! La Mère générale a bien fait de te laisser dans ta *galère* qui ne manque pas d'agréments ; oh ! sans doute on serait plus tranquille dans un coin ; mais se préparerait-on mieux à partir ? C'est assez incertain, car la perfection, dans ce bas monde, consiste à faire ce que Dieu veut, comme il le veut, et aussi longtemps qu'il le veut ! Et il faut bien quelqu'un qui se charge de cette pauvre patente, et quand on est vieux on a au moins sur la jeunesse l'avantage de l'expérience ; le danger est d'être un peu grondeur et de vanter le temps passé... Mais tu y es moins exposée avec des filles si aimables. D'ailleurs est-il bien sûr qu'il ne t'en coûterait pas de ne plus t'entendre dire : *Notre Mère?* J'ai connu beaucoup de supérieurs et de supérieures surtout, *dépatentés,* qui tournaient des regards de regret vers cette chère patente !... Je n'ose me répondre que je ne ferais pas de même... Donc, tâchons de nous préparer en restant comme nous sommes ; si la paix est moins profonde, la mortification y gagne... »

On le voit, malgré ses infirmités et la misère des temps qui allait s'accentuant tous les jours, il était tout entier à son affaire ; il est vrai qu'en ce moment le séminaire allait de mieux en mieux : « ... A Montolivet, écrivait-il, nous continuons à passer nos journées très heureusement, en attendant que la République *aimable* vienne nous visiter, comme les civiques en 1870... Nos séminaristes sont plus nombreux que jamais, et leur bon esprit ne donne aucun sujet de grande préoccupation au Supérieur... » Il ajoute :

« Ici nos Sœurs conservent encore leurs écoles jusqu'à nouvel ordre. Dans la banlieue, elles ont dû fermer leurs pharmacies, au grand mécontentement des pauvres et des malades ; ainsi le veulent les nouveaux principes de la liberté et de la fraternité !... »

Ces nouveaux principes allaient de plus en plus se traduire par des faits, et nous allons, au fur et à mesure, en entendre l'écho plaintif dans sa correspondance durant ces dix dernières années. Ainsi, en mars 1880 : « Nos Marseillais sont assez pacifiques et on ne persécute pas encore trop nos écoles... Mais nos *aimables* républicains menacent maintenant de faire chasser les religieux par les gendarmes... Quoique nous ayons la chance d'être *approuvés*, notre tour viendra bien, et le vôtre aussi, car tout habit noir, blanc ou gris, leur fait mal aux yeux... Je ne demanderais pas mieux que de finir comme les martyrs de l'autre révolution : nous sommes assez vieux ! et puis, c'est bien plus sûr de faire son salut *en gros*... Cependant, je ne crois pas qu'ils poussent l'amabilité jusque-là ! En attendant, sanctifions-nous en détail et vivons sous l'aile de la Providence ! C'est là que je te laisse... »

Quelques mois après, en juin, les menaces s'accentuent, et le ton aussi : « On voit bien, ma chère Mère, que tu es dans un pays *sauvage;* quoi ! on fait encore des processions ! C'est un peu fort, quand on a le bonheur de vivre sous... notre aimable régime !... Nous, à Marseille, nous sommes bien autrement civilisés : point de procession, ni pour la Fête-Dieu, ni pour le Sacré-Cœur !... Si la peste revient, M. le maire se sauvera... et fera poser une affiche pour lui défendre de ravager la ville ! et ce sera bien plus laïque que les pratiques de nos pères !... Voilà assurément de la canaillerie première qualité ;... et ce n'est qu'un acompte en attendant mieux ! Vraiment il faut encore s'étonner que le bon Dieu soit si patient et qu'il ne nous punisse pas plus sévèrement... On attend pour la fin du mois l'exécution des fameux *décrets*. Ce sera juste le jour de notre ordination ; peut-être nous laissera-t-on tranquilles, puisque nous sommes autorisés ; mais tous les Révérends Pères, très nombreux dans notre ville, ne sont pas sans préoccupations ; ils s'attendent un peu à voir casser leurs vitres et enfoncer leurs portes… Pour mon compte, je ne serais que médiocrement fâché d'être fusillé, pourvu que cela se fît *bien en règle* et pour la cause de Dieu… Ce serait le vrai remède de l'asthme et du catarrhe, et une simple anticipation de quelques années, peut-être même de quelques jours… » Et comme sa sœur le pressait de venir revoir le pays natal aux vacances : « Comment veux-tu, lui répond-il, que j'aille confier ma carcasse aux chemins de fer ? Quand on est vieux, il en faut subir les conséquences….. Et puis les Supérieurs doivent donner l'exemple : or, je prêche qu'il faut s'abstenir d'aller dans son pays ; quelle contradiction d'être le premier à solliciter cette permission !... Ne bâtissons donc pas des châteaux sur la rivière d'Écotay, et abandonnons cette question, comme toutes les autres, au bon vouloir de la Providence… »

L'année 1881 ne s'annonçait pas meilleure ; en mars, il écrivait à sa sœur : « Nous sommes toujours tranquilles à Montolivet, en attendant quelque nouvelle *amabilité* de nos gouvernants. Il est assez probable qu'ils auront l'extrême bonté de nous décharger d'une bonne partie de cette jolie campagne que tu connais, pour la vendre et nous donner quelques bons voisins de plus… Les pauvres ! ils ont besoin d'argent… On nous laissera cependant une promenade autour de la maison, en attendant qu'on nous mette à la porte… Mais ce n'est là qu'un inconvénient matériel dont on peut se consoler ; la loi sur la conscription nous fera beaucoup plus de mal !... Ma santé continue d'être excellente ; c'est pour moi un hiver exceptionnel, et je crois que la soixantaine m'apporte la jeunesse ; puisse-t-elle m'apporter aussi la sainteté !... »

Cependant sa sœur ayant été changée, il la félicite de s'abandonner à la Providence : « Te voilà donc installée à l'enseigne de la Providence, comme disait saint Vincent ; où peut-on être mieux? Tu éprouves la vérité de cette parole de l'Évangile : « Lorsqu'on a tout quitté pour Dieu, on retrouve partout père, mère, frères et sœurs, et le centuple ! » Après tout, il importe peu d'être ici ou là ; et dès qu'on a cessé d'être à l'ombre du clocher qui vous a vu naître et grandir, on voyage aux quatre coins du monde sans grande émotion ;... et puis, en communauté on est toujours chez soi : il faut donc attendre, en grande paix et joyeuseté, que la sainte obéissance t'ordonne de lever la tente... »

L'année se passe sans encombre : « Qu'arrivera-t-il l'année prochaine? C'est là qu'il s'en faut remettre au gouvernement d'en haut. La loi du service militaire n'est pas encore votée par le Sénat ; elle le sera probablement un jour, et alors nous pourrons mettre la clef sur la porte, non pas immédiatement, mais petit à petit, et aller chercher du travail chez les sauvages de l'Amérique, qui sont maintenant les seuls civilisés... »

Au commencement de 1882, il écrit : « Nos intrépides cornettes se préparent au *brevet ;* elles sont réunies, au nombre de près de cinquante, dans une maison particulière d'où elles ne sortent presque jamais et où la journée se passe à faire des problèmes, des dictées, de l'histoire, etc., de façon à leur faire tourner la tête... Pauvres filles ! elles aimeraient mieux visiter les pauvres et les malades !... Ce qui les console, c'est que tout ce travail est pour faire l'aumône spirituelle à tant d'enfants livrées aux griffes du diable... Mais ne trouvera-t-on pas encore moyen de les leur arracher ? Tout cela n'est pas propre à faire désirer de vivre longtemps !... » — « Pour moi, ajoutait-il quelques mois après, j'en suis toujours à désirer que la persécution devienne plus violente et qu'on nous envoie en paradis par *train rapide...* »

L'année 1883 le trouvait souffrant, sans grosses crises

néanmoins, et calfeutré dans sa chambre : « ... A Montolivet, rien de bien important à signaler, l'asthme et le catarrhe vivent en assez bons locataires, à la condition cependant de ne pas trop leur chercher chicane ! Ils ne veulent pas surtout qu'on aille se promener de droite et de gauche... Aussi, pour leur complaire, M. le Supérieur reste bien tranquille auprès de son feu, ce qui lui donne un air de *vieux* remarquable. Cette vie cloîtrée ne va pas à tout le monde, et particulièrement à mes filles spirituelles, que je laisse ainsi des mois entiers sans venir à leur secours ; heureusement M. R... veut bien me servir de vicaire !... » Mais le carême est là qui va le remettre complètement à flot ; car, chose remarquable, ce temps de pénitence, si pénible à d'autres, malgré les adoucissements apportés, était pour sa forte constitution, et surtout pour son austérité des anciens jours, un temps de renaissance corporelle aussi bien que de rajeunissement spirituel. « Le carême, ma bien chère, est pour moi presque un temps de fête ; en conséquence, je me garde bien de bénéficier de mes *soixante-un ans* bien accomplis... Oh ! quand on en a *soixante-quatre*, comme toi,... c'est bien autre chose !... Pour moi, la suppression du déjeuner est un bienfait, et la collation me va à merveille ; il s'ensuit que le jeûne n'est pas une pénitence. Voilà à quoi cela sert d'être vieux ! L'asthme et le catarrhe ne se plaignent pas de ce régime, ils réclament plutôt contre celui du carnaval. Du reste, aujourd'hui on a quelque peine à remarquer qu'on est en carême ; à la bonne heure, dans notre temps ! alors, on ne prenait rien le matin, et il fallait se contenter à midi des harengs *très maigres* et des haricots ;... et on se portait mieux que de nos jours ! Il faut pourtant convenir que M. le Supérieur passe ici pour un peu sévère pour lui,... et même pour les autres !... Cependant cette sévérité, si sévérité il y a, me réussit assez bien, car ma santé est dans une situation fort satisfaisante... »

Mais cela ne durait pas; à la moindre sortie, pour la plus petite imprudence, dès que le mistral se mettait de la partie, et du haut des Alpes balayait Marseille et la colline de Montolivet de ses froides et bruyantes caresses, à l'instant les *chers locataires* du pauvre Supérieur se réveillaient et faisaient vacarme à leur tour;... et il fallait s'enfermer de nouveau, pour des semaines et même des mois. Son ministère extérieur était nécessairement suspendu, et celui de l'intérieur en souffrait aussi. C'était évidemment une cause d'ennui pour son zèle, et sa conscience s'en alarmait; déjà, l'année précédente, il avait cru devoir offrir sa démission aux Supérieurs majeurs; il va recommencer encore, et plus fortement; nous tenons à faire connaître les motifs qu'il dut mettre en avant; nous les trouvons dans une lettre du 24 avril 1883, adressée à sa sœur, qui, trouvant son emploi au-dessus de ses forces, se proposait d'en demander décharge : « ... Ta prière au Sacré Cœur, à propos de ta *patente*, ne ressemble pas précisément à celle de saint Martin, qui ne refusait pas le travail;... et cependant, persuadé que tu y ajoutais la résignation et toutes les conditions de l'obéissance, je ne puis absolument la blâmer. Je comprends que ta nouvelle position a des inconvénients à ton âge; exposer tout cela à tes Supérieurs n'est pas se défier de la Providence, mais remplir un devoir de conscience, sauf à continuer de porter la croix avec patience si ceux qui tiennent la place de Dieu le trouvent convenable. Cependant, en ce point, il faut avoir égard, non à ses goûts personnels, mais à ses forces réelles. Ici-bas, il y a bien peu de gens — et de *Jeannes* — qui fassent ce qui leur est agréable; mais quand on sent qu'il n'y a plus de rapport entre les obligations et les forces, c'est autre chose!... Je puis d'autant moins te blâmer, que je suis dans les mêmes dispositions. Quoi qu'on me dise, je sens très bien que mes infirmités augmentent et que l'heure de solliciter ma retraite est arrivée : un Supérieur qui ne peut faire que la moitié de sa besogne doit avoir le courage de se mettre de côté... Et, du reste, c'est un mauvais moyen de se préparer à rendre ses comptes, que d'augmenter ses dettes en conservant une charge qu'on ne peut plus remplir convenablement... Le Père Fiat sera-t-il de mon avis? Je n'en sais rien;... mais du moins je lui exposerai la situation... — Il ne m'est donc pas possible, si longtemps d'avance, d'arrêter un projet pour les vacances ; si on m'accorde d'aller à la *vieille ferraille*, naturellement on m'appellera à notre maison de Paris, et en passant je ne manquerai certainement pas la station de Lyon. Si je reste cloué à ma patente, on verra alors... Pratiquons, en attendant, la maxime évangélique : « Ne vous inquiétez pas du « lendemain... A chaque jour suffit sa peine !... » Surtout n'oublions pas de nous préparer au *départ*, c'est là désormais notre grande affaire !... »

Qu'advint-il cependant de ce projet de démission? Il va lui-même nous l'apprendre par une lettre à sa sœur ; elle est du 25 mai : « ... Ma santé, grâce sans doute à la chaleur que nous ramène l'été, se trouve assez bien en ce moment; néanmoins, je viens d'écrire au Père Fiat pour lui demander ma retraite. Dira-t-il *Amen*? J'en doute un peu, car il doit être embarrassé pour remplir ses cadres. Quoi qu'il en soit, j'aurai fait mon devoir en conscience... S'il me prend au mot, peut-être bien que je regretterai la patente, comme c'est assez l'usage ! et cependant il me semble que je suis tout disposé à chanter le *Te Deum* sur le ton joyeux... J'attends le résultat sans impatience, tout en prévoyant bien qu'il se contentera de me faire un petit sermon sur la patience... » Et à la fin de sa lettre, après avoir parlé d'autre chose... « Ma lettre avait été interrompue, et voilà que dans l'intervalle je reçois une lettre du Père Fiat, qui me répond : « ... Je me garderai bien de vous enlever de Mon« tolivet... » Alors c'est une affaire réglée, je reste dans ma galère, tâchant de méditer sur cette maxime : « Qu'il faut « vouloir ce que l'on a, quand on n'a pas ce que l'on vou-

« drait !... » — Et sur ce, il se remet à son œuvre de tout cœur, tâchant de faire de son mieux, se supportant quand il souffre, s'arrêtant quand il ne peut plus marcher, et reprenant sa course paisible dès que le mal disparaît... Oh ! la belle philosophie ! Oh ! surtout, la belle et sainte vie !... Les temps ont beau devenir de plus en plus mauvais, la santé tarder à s'améliorer, les forces décliner sensiblement, il poursuit sa route au jour le jour, sans se plaindre, sans se lasser jamais, à la garde de Dieu, à l'enseigne de la bonne Providence... Quelle belle récolte de mérites on doit ainsi emmagasiner pour le jour prochain des récompenses !...

Et voici que, pour lui fournir l'occasion de les augmenter encore, au calme relatif de la fin de 1883 et des six premiers mois de 1884, succède soudain « ce mal qui répand la terreur », comme dit le bon La Fontaine, la peste, — cette peste qu'il a prévue et annoncée d'avance, et que les affiches municipales n'éloigneront pas de la grande cité qui essaye de se passer de Dieu... Au milieu de juin, en effet, le choléra éclate à Toulon, apporté de l'extrême Orient dans les flancs de nos vaisseaux, avec quelques pauvres soldats de retour du Tonkin,... d'un bond il fond sur Marseille, sa proie habituelle, où il sème la terreur avec le désarroi, multipliant tous les jours ses victimes... Tandis qu'affolée la cité se vide, les riches négociants cherchant refuge au loin, les malheureux, sur les collines voisines, où campent en plein air les familles entières, notre cher Supérieur, en train de boucler sa valise, les vacances arrivées, pour aller, selon l'ordre des médecins et de ses Supérieurs, puiser quelque maigre renouvellement de santé à Cauterets, remet paisiblement ses petites affaires en place... et reste à son poste, heureux d'esquiver un voyage coûteux, et surtout de faire sans bruit son devoir tout entier !... Ah ! oui, sans bruit, — nous l'y avons vu en ces tristes jours, toujours calme, souriant au milieu de l'angoisse universelle, pour rassurer les siens, — vraiment, comme le preux des temps chevaleresques, sans peur et sans reproche ! Et cependant le terrible fléau frappait à ses côtés, et en quelques heures enlevait son jeune économe, effrayant les plus intrépides ! Écoutons-le raconter le coup à sa sœur épouvantée : 3 août 1884. « Depuis ma dernière lettre, ma chère amie, la Providence est venue visiter Montolivet par un de ces coups qui secouent la pauvre nature, mais qui finalement tournent au bien de l'âme ! Nous avons perdu notre cher économe, le mercredi 30 juillet ; il a été emporté en quelques heures par une violente attaque de choléra. A midi, nous dînions ensemble assez joyeusement;... et à minuit il rendait le dernier soupir, malgré les soins les plus empressés, et dans les sentiments de la plus édifiante résignation, conservant sa connaissance jusqu'au dernier soupir... Tu peux bien te figurer l'effet produit sur nous tous par un dénouement si rapide !... Et pourtant, c'est bien le cas de dire qu'il y a des grâces d'état, car, malgré la fatigue physique et morale, jamais ma santé ne s'est trouvée en meilleur état ! Il y a même ceci d'étrange que depuis ce jour l'asthme ne se fait presque plus sentir... Est-ce l'effet de l'émotion ? Je l'ignore, mais je souhaite que ce bon résultat continue... Avant ce triste événement, le bon Dieu me faisait la grâce de n'être pas effrayé ; mais je le suis beaucoup moins maintenant ! J'ai administré et assisté ce bon confrère ; mon cœur a été ému, assurément, mais je n'ai pas eu un seul mouvement de crainte en ce qui concerne le fléau ! Le fait est que, de tous mes confrères, j'ai été le plus solide : encore une fois, c'est la grâce du moment qui m'a été accordée. Cette mort a fait ici une grande sensation, précisément parce que, vu notre situation, rien ne pouvait la faire prévoir. En ce moment nous allons tous bien, tu n'as donc pas de motifs particuliers de t'effrayer... » Et il rassure sa pauvre sœur de son mieux;... sans compter qu'il avait encore bien à faire pour rassurer autour de lui confrères et domestiques, ce qui, du reste, se conçoit aisément... Après avoir vécu encore un mois et demi au milieu de ces transes qui, il est vrai, ne l'atteignaient guère, il écrit à sa sœur, vers la mi-septembre :

« La terrible bête semble vouloir nous quitter enfin, ma bien chère, et nous n'en voyons plus que la vilaine queue ! Nous ne lui dirons pas : Au revoir !... Je souhaite qu'au lieu d'aller se promener vers le nord, elle aille se noyer dans les flots de la mer ! » Ce charitable souhait ne devait se réaliser qu'en partie : la terrible bête n'envahit pas le nord, mais ne poussa pas la complaisance jusqu'à se noyer dans les flots azurés !... elle choisit de rester en place, consentant bien à ne pas faire parler d'elle, faisant la morte de son mieux pendant l'hiver;... mais aux premières chaleurs de l'été suivant, elle faisait sa rentrée, moins bruyante peut-être que l'année précédente, moins effrayante, car on se fait à tout, mais plus meurtrière encore ! Le Supérieur de Montolivet ne s'en doutait pas, certes, en écrivant à sa sœur; aussi il faisait ses projets pour la rentrée des élèves et commençait par sa retraite annuelle; voici en quel état de santé et dans quelles dispositions d'esprit : « ... Ma santé continue à être bonne ; je croyais presque que le choléra avait emporté le catarrhe et tout ce qui s'ensuit, mais je m'aperçois qu'il m'en a laissé assez pour exercer encore ma patience. Au reste, en terminant ma retraite annuelle, je prends la résolution de me servir de l'infirmité pour expier mes fautes et bien me préparer à mourir. On cherche toujours à se débarrasser de la croix,... et cependant c'est le bâton sur lequel il faut s'appuyer pour aller en paradis !... » Et à la fin de cette même année, vers la mi-décembre : « Ta dernière lettre, chère amie, contenait des sentiments que je partage entièrement : il est très vrai que la pensée d'une meilleure vie, à l'âge où nous sommes, devient la préoccupation la plus habituelle, et c'est là une grande grâce, car sous cette impression l'âme trouve une nouvelle force pour supporter les infirmités de la vieillesse ; sans doute un peu de crainte se mêle à ces prévisions; mais, d'autre part, il y a tant de motifs de compter sur la miséricorde divine ! Aussi la confiance doit l'emporter sur la crainte ; et c'est là, je crois, une disposition que Notre-Seigneur est loin de condamner, puisqu'il la recommande sans cesse dans l'Évangile. Travaillons donc avec une humble patience à sanctifier nos vieux jours... » Suivent des nouvelles sur les choses et sur les personnes, qui intéresseront et mettront au courant de la vraie situation : « A Montolivet, le temps, les hommes, les événements suivent l'ordre ordinaire, et nous n'avons qu'à remercier la bonne Providence ; mes locataires habituels sont assez gracieux, et je bénéficie du présent, disposé à accepter en esprit de pénitence ce que l'avenir peut me tenir en réserve. La semaine passée, nous avons eu Monseigneur avec nous ; Sa Grandeur est venue faire sa retraite à Montolivet, et nous a grandement édifiés par sa régularité et son esprit de simplicité. Aujourd'hui Elle doit se trouver à Lyon, avec un grand nombre d'évêques, pour les obsèques de Mgr Guiol, recteur de l'Université ; ce cher défunt est un Marseillais, ancien vicaire général, qui m'honorait de son amitié ; son frère est curé d'une des principales paroisses de la ville, et il a trois sœurs filles de Charité... C'est encore un voyageur qui prend les devants !... Je le recommande à tes prières... »

L'année 1885 commence et se continue sans événements extraordinaires, jusqu'à la rentrée de la terrible bête, le choléra ;... et encore passe-t-il presque inaperçu ;... sinon à Marseille, où il fit beaucoup de victimes, du moins dans les préoccupations et surtout dans la correspondance du Supérieur de Montolivet, qui a peur d'effrayer sa chère sœur. Fin août, il écrit : « La situation, ma bien chère, est à peu près la même, bien que le fléau semble arriver à la période de décroissance. Ce qu'il y a de bon, c'est que, cette année, la population ne se laisse pas aller à la peur, comme l'an dernier... Cette semaine, j'ai perdu une de mes filles de l'hô-

pital militaire, qui a jugé à propos d'aller se reposer!...
Plusieurs autres battent de l'aile, ce qui n'est pas étonnant
après des fatigues excessives. Le Père Fiat vient de nous enlever M. R..., Supérieur du petit séminaire, parce que
l'air du Midi lui était contraire ; c'est pour moi un sacrifice
de plus, à cause de nos relations amicales et des souvenirs
d'Algérie... Mais, ainsi va la vie ! et il est bon de s'en détacher peu à peu... »

Avant de disparaître, le choléra allait faire en Provence
une illustre victime : Mgr Forcade, archevêque d'Aix, et
ainsi préparer un siège à Mgr Gouthe-Soulard, ancien
condisciple et ami de M. Dazincourt. Il se félicite de cette
promotion et l'accompagne des réflexions suivantes : « ... Je
souhaite bien du plaisir à mes amis qui trouvent une mitre
sur leur chemin, mais je suis loin d'envier leur bonheur !
C'est beaucoup trop déjà d'être Supérieur de grand séminaire, quand arrivent la fin de la journée et le règlement des
comptes !... » Et quelques mois après, en juillet 1886 :
« ... Il paraît qu'on fait à Saint-Jean de magnifiques préparatifs pour le sacre de Mgr Gouthe-Soulard ; à Aix on l'attend avec joie ; pour moi, qui connais un peu la vie d'un
évêque en ces tristes temps,... je le plains de tout mon
cœur, quoiqu'il soit bien de taille à faire face à tout... »

Cependant, à la suite d'un traitement prescrit par M. le
docteur Poucel, la santé du cher Supérieur s'était sensiblement améliorée, et malgré ses soixante-cinq ans bien sonnés,
il semblait vraiment rajeunir ; aussi écoutons ses gais propos
et ses prouesses de jeune homme, à la rentrée d'octobre
1886 : « 18 ! Cette date, ma chère amie, me rappelle la foire
de *Saint-Lieu*, qui ramenait la fin des vacances et de la
chasse aux grives, dans l'heureux temps du *Sans-Souci !*...
Il y a quelques années, c'était aussi l'époque de notre rentrée à Montolivet ; maintenant nous sommes plus sages et
nous nous remettons en cage le 1er octobre, sans manquer.
Nous voilà donc encagés depuis quinze grands jours, et

j'avoue que j'en suis enchanté ; nous avons le même nombre d'élèves ; c'est suffisant, pourvu que la qualité réponde à la quantité ! La retraite a été, comme d'habitude, prêchée par les directeurs, et le Supérieur, comme de juste, en a eu la principale part. Je m'en suis tiré avec honneur et sans trop *carcasser,* et si les choses continuent comme en ce moment, je crois que je tiendrai ma résolution de rajeunir... Il faut remercier la bonne Providence du présent et se reposer sur elle du lendemain... Si j'imitais ma respectable aînée, oh ! je désespérerais tous ceux qui aspirent à la patente ! Tu vas donc commencer une autre campagne ! Je t'en félicite et je regrette que tu ne viennes pas dresser tes batteries à Montolivet : notre cuisine et notre caisse y gagneraient à coup sûr... Mais le Supérieur en serait-il plus tranquille ?... Je me permets d'en douter un peu, car je connais mon monde de vieille date ;... à moins que la *sixième dizaine* n'ait beaucoup fortifié la grande vertu de patience, je serais exposé plus d'une fois à être *déraidi* !... Et cependant je me risquerais bien volontiers à quelques petits orages pour le grand plaisir de joindre les deux bouts de notre vie... Hélas ! ce projet est un château... sur la Cannebière ! car il y a bien des obstacles à l'établissement des *chères casquettes* dans notre belle solitude... Toutefois, je ne désespère pas de te voir arriver dans notre heureuse Provence... C'est une excellente disposition de désirer mourir les armes à la main... Courage !... Ce soir je dois recevoir M. Planus, mon cher élève de Saint-Jean, qui me donne la joie de venir passer la semaine avec nous. Nous allons beaucoup repasser le vieux temps,... et la Sainte-Famille ne sera pas oubliée... » Un mois après, c'est une nouvelle fantasia. « Je viens de faire ma visite à Mgr le nouvel archevêque d'Aix ; il m'avait invité par un mot gracieux... Nous avons passé d'agréables moments à parler du vieux temps et du cher Lyon. Je l'ai trouvé tel qu'il était à Alix et à Saint-Irénée, cordial, simple, intrépide... On ne peut pas le tenir dans son beau palais, et il court, fait des visites comme un simple mortel ; aussi il a enlevé tous les cœurs... Pourvu qu'il n'en fasse pas trop ! car il oublie qu'il a soixante-quatre ans... Au départ il a voulu m'accompagner chez nos bonnes Sœurs ; d'un peu plus, le cher prélat m'aurait accompagné jusqu'à la gare !... Tout cela m'a fait grand plaisir ; ce qui n'empêche pas que je n'ai pas la moindre envie du sort de mon illustre ami... C'est bien assez d'avoir sur la conscience la responsabilité d'un séminaire !... Cela m'amène tout naturellement à te féliciter de ta nouvelle patente (elle venait d'être nommée Supérieure à Vizille) ; si tu fais encadrer toutes ces belles pièces, tu auras une galerie complète... Puis quel bon moyen de repasser sa géographie !... Sans doute tu as bien quelques épines, mais c'est juste ce qu'il faut pour nous sanctifier. La question est de faire le moins mal possible ; le bien absolu n'est pas de ce monde ! on s'en tire avec la prière, la confiance en Dieu et beaucoup de patience ; les enfants d'Adam et les filles d'Ève en sont partout réduits à *porter les fardeaux les uns des autres !...* »

Mais rien ne dure ici-bas : cet entrain et cet air de jeunesse que nous venons de constater ne tardent pas à se heurter, l'un, à des misères nouvelles provenant de l'intérieur du séminaire ; l'autre, aux froids de l'hiver, qui réveille les deux *locataires incommodes* ; aussi écoutons gémir le cher Supérieur : 17 janvier. « Cette date de douloureux souvenir (la mort de sa mère), ma bien chère amie, me rappelle toute l'émotion qui me suffoquait en entendant de l'*essentuaire,* à la tombée de la nuit, cette cloche si connue sonnant le glas... et surtout en entrant dans cette petite maisonnette où tu m'attendais seule... Hélas ! trente-quatre ans se sont écoulés depuis, nous sommes devenus vieux,... et il me semble que c'était hier !... Sans doute notre excellente mère est au lieu du repos, de la lumière et de la paix, avec son *Benjamin* et nos autres bons parents,... mais c'est encore une consolation de célébrer la sainte messe pour elle et pour tous ceux qui nous ont devancés ; je le fais souvent, et je n'y ai jamais manqué, surtout ce matin, en union avec toi ; j'y ai été fidèle aussi le 10 (anniversaire de sa sœur Marie)... Puissent nos prières être inutiles à ces chères âmes ! elles attireront du moins la grâce divine sur ceux qui restent et ont tant besoin de forces pour achever la journée !... J'ai été bien encombré cette année avec les visites du 1er janvier, qui n'en finissent plus. Par surcroît d'embarras, la Providence m'a envoyé, pour mes étrennes, une pierre sur la tête, comme je n'en ai pas encore reçu depuis que je suis Supérieur ! La veille de l'Épiphanie, j'ai dû congédier trois séminaristes, dont deux étaient diacres... Ces messieurs avaient eu la malheureuse idée de sortir avant les autres, la nuit de Noël, avant la messe de minuit, pour aller faire chez eux le *fameux souper* qui est à Marseille un point de grande importance ; mais, comme sortir sans permission est un cas exclusif, on leur a appliqué la loi sans pitié... Tu comprends quel mauvais morceau c'est pour le pauvre Supérieur !... Heureusement, le coup a produit bon effet sur la communauté, et sera aussi, je l'espère, pour le bien des trois victimes !... » Et le mois suivant, après avoir énuméré plusieurs nouvelles funèbres : « Et voilà, ma chère, comment petit à petit chacun dit bonsoir à la compagnie ; il faut s'attendre à en faire autant et surtout s'y préparer !... Je m'aperçois qu'on se fait plus d'illusions quand on est vieux que lorsqu'on est jeune, et qu'on s'accroche volontiers aux herbes du rivage, alors que le courant vous entraîne... Me croire jeune est ma tentation du moment ! Mon hiver, en somme, finit bien ; je m'entends dire (triste privilège des Supérieurs) que je ne me donne pas mon âge, et je le crois facilement... Un de nos évêques chinois, qui passait dernièrement par Marseille, et que je n'avais pas revu depuis trente-deux ans, s'écriait : « Mais vous êtes comme en 1855 !... » J'ai bien eu l'air de repousser le compliment, mais je le savourais tout de son long... Quelle misère !... Sans doute, je remercie le bon Dieu des forces qu'il me donne, mais je lui demande la grâce de ne pas céder au sommeil des Vierges folles... J'y suis exposé précisément parce que tout va bien à Montolivet... Puisque tu as trente-neuf ans de vocation, nous n'avons donc que onze ans à attendre pour faire la cinquantaine ; ce n'est rien, puisque le siècle ne sera pas encore fini !... Ainsi, c'est entendu, je m'invite à la fantasia ! J'espère être alors très jeune, puisque je m'y exerce ;... en attendant, demandons au bon Dieu d'être bien saints, cela vaut mieux, et c'est beaucoup plus sûr... »

On le voit, sa belle humeur ne l'abandonne pas ; mais la santé a beau se maintenir durant ces dernières années, le séminaire marcher mieux que jamais après le terrible coup que nous avons lu, la pensée de la mort et l'attente de la fin prochaine ne le quitteront plus ; et c'est ainsi qu'à grands pas il va achever de marcher dans la voie du détachement et de la sainteté. Il fait en 1889, pendant les vacances, un voyage dans le Dauphiné, pour aller voir sa chère sœur ;... il le promet depuis si longtemps !... Il y est heureux durant quelques jours, hébergé chez le digne aumônier ; surtout il y rend bien heureuse sa chère sœur... Mais au retour il a comme le pressentiment qu'on s'est vu pour la dernière fois : il ne se trompait pas ! et de plus belle il se remet à son œuvre, le but prochain sans cesse sous les yeux.

Voici quelques-unes des pensées et des préoccupations qui lui sont dès lors habituelles ; nous les prenons dans sa correspondance qui devient de plus en plus édifiante ; on y sent comme un parfum anticipé du ciel et un présage de l'éternelle paix : « La pensée de faire de votre retraite une préparation à la mort est excellente ; c'est la grande leçon de l'Évangile, et c'est aussi une pratique de famille ! Rappelez-vous à ce propos les paroles des Vierges et du Serviteur qui attend son Maître ; méditez-les ! puis, pour en venir à la pratique, contentez-vous de faire simplement un acte d'abandon chaque fois que le souvenir du dernier passage vous viendra à l'esprit. Je trouve que c'est une grande grâce d'avoir souvent devant les yeux la fin du voyage; on apprécie beaucoup mieux les incidents de la route et on les supporte avec plus de courage... » Et encore : «...Vous soupirez après la sortie de ce triste monde : c'est bien un désir que je comprends et que je partage dans une certaine mesure... Je dis une certaine mesure, parce que je n'ose le formuler sans restriction; j'ai trop de motifs pour donner à la crainte une bonne part; mais quand elle menace de dominer, je me réfugie dans les souvenirs du saint Évangile et dans la théologie de la miséricorde;... là l'esprit et le cœur ne seront jamais confondus!... Vous vous plaignez de la difficulté où vous êtes de trouver des vertus dans votre vie, même avec la lanterne de Diogène! Jugez de mon embarras, moi qui n'ai pas même ce pitoyable moyen d'éclairage! alors je m'accroche à la promesse faite à la bonne volonté... Et puis je me dis : Maintenant c'est l'hiver, tout paraît gelé, engourdi, mort... Mais vienne le soleil du printemps, et le plus humble germe manifestera la vie qui était cachée!... La conclusion est qu'il faut semer et travailler quand même... » — En répondant à des vœux de bonne année : «... Après qu'on a passé les six dizaines d'années, un jour de l'an se présente toujours comme une mesure de grâce... et l'on se demande avec raison si ce ne sera pas la dernière station du voyage. Cette perspective a son côté effrayant, sans doute, car c'est une grande affaire que de rendre compte d'une longue vie; mais elle a aussi ses consolations, puisque Celui qui nous jugera est plus miséricordieux que sévère. Reposons-nous donc bonnement sur une Providence qui nous a toujours traités en enfants gâtés!» — «...La mort, le jugement et l'enfer ne sont qu'improprement appelés nos fins dernières; le ciel seul doit être vraiment considéré comme notre fin dernière, car c'est bien pour lui que nous avons été créés, et c'est aussi vers lui que doivent tendre uniquement tous nos désirs, tous nos efforts ici-bas... » En conséquence, il en revient toujours à son refrain habituel : « Courage et confiance ! car c'est là le mot d'ordre des voyageurs fatigués d'une longue route ; on trouve consolation et soulagement à le répéter ensemble, quoique le fardeau qui reste sur les épaules ne perde rien de son poids accablant. La croix imposée par la divine Providence, il faut la porter jusqu'au sommet du Calvaire, et cependant ce n'est pas aller contre ses bienveillantes dispositions que de permettre à un compatissant Cyrénéen d'y mettre la main !... Pour ce qui me concerne, cette triste patente est comme une barrière qui tient les cœurs à distance et les empêche de s'ouvrir avec cette simplicité qui fait le charme de la vie. Dans ma belle solitude, je n'ai rien à envier à aucun Supérieur de la petite Compagnie !... J'ai des confrères choisis, savants, réguliers, aimables,... mais toujours respectueux pour M. le Supérieur ; et ce malheureux respect empêche les communications intimes qui sont toujours un soulagement et souvent un secours... Dans les autres maisons, je trouve un accueil fraternel, mais depuis le départ de M. R..., je ne rencontre plus l'intimité... A l'hôpital, je suis à l'aise, tout en me tenant néanmoins dans une certaine réserve exigée par mon titre de père spirituel... L'expansion serait de mise avec ma chère aînée de Vizille, et pourtant l'amitié même m'impose quelque silence pour ne pas ajouter à ses sollicitudes... Voilà quelques-uns des désavantages de la patente.... » — En transcrivant ces lignes si touchantes et si ...humaines, disons-le, dans cette âme tout imprégnée de surnaturel, nous n'avons pu nous empêcher de songer à ce bon confrère que nous avons vu se demander avec surprise pourquoi son cher Supérieur n'avait pas eu plus d'amis intimes... On vient d'en lire l'explication ;... et nous croyons être dans le vrai en ajoutant que la Providence l'a permis ainsi pour que, surtout vers la fin de sa vie, ce grand et tendre cœur, dégagé de tout ici-bas, en eût un élan plus aisé vers son souverain Bien, et se vît réduit en quelque sorte à l'heureuse nécessité de n'aimer plus que Dieu! Toujours dans cette même vue et pour le même dessein, les deux événements marquants de sa dernière année sont les fêtes de béatification du bienheureux Perboyre, qui vont lui faire porter vers la patrie un regard plus habituel et plus attendri, et la mort de sa dernière sœur, sa chère aînée, ce dernier lien qui l'attache encore sur le rivage de l'exil.

Les belles fêtes célébrées partout avec tant d'entrain et de piété, à l'occasion de la béatification de notre bienheureux confrère, furent vraiment pour le Supérieur de Montolivet comme l'antienne du *Nunc dimittis* qu'il allait chanter sitôt. Il y songe avec bonheur longtemps à l'avance, il s'en préoccupe, il en parle à sa sœur à plusieurs reprises, et toujours avec grand bonheur et son entrain habituel; dès le mois de juillet 1888: « ...Avec cette lettre je t'envoie un abrégé de la vie du vénérable Perboyre, martyrisé en Chine, il y a plus de quarante ans; c'est un de nos missionnaires qui va être déclaré bienheureux dans le courant de cette année; et tu pourras te convaincre par cette lecture qu'il n'a pas *volé* les honneurs de la béatification! Son frère est encore à Paris, dans notre Congrégation, et il a deux sœurs, filles de la Charité, qui vivent encore, et dont l'une est en Chine... C'est une famille de prédestinés... Nous allons donc avoir de belles fêtes qui vaudront un peu mieux pour le cœur et pour la vertu que celles de Vizille,... et ce sera un protecteur de plus pour les pauvres voyageurs;... ils en ont grand besoin!... » Et lorsque le décret de béatification a été proclamé, vers la fin de 1888: « ...Nos deux communautés de Paris se préparent comme il faut aux fêtes du Bienheureux. Ici nous aurons nécessairement notre fantasia, mais nous ignorons encore où et comment. Assurément le *Triduum* ne pourra avoir lieu ni à Montolivet ni dans une autre de nos maisons, parce que nulle part nous n'avons de chapelle d'asez grandes dimensions; déjà Monseigneur a parlé de la belle église de Saint-Vincent-de-Paul, et il est probable que ce sera celle qui fixera le choix de Sa Grandeur. Pour l'organisation, nous serons heureux d'avoir à notre service tout un régiment de cornettes; sans quoi nous ne brillerions pas !... » Et dans une des lettres qui suivent : « ...Les fêtes de notre Bienheureux vont avoir lieu à Paris les 5, 6 et 7 décembre prochain; on fait de grands préparatifs pour les rendre magnifiques. Il faut avouer que cette joie ne ressemble pas à celles de ce triste monde ! elle est sans réserve et sans mélange. Je n'ai point encore d'images du Bienheureux, mais tu peux compter que les premières que je pourrai me procurer seront pour *notre Mère* et pour l'excellent M. l'aumônier... » Puis, fin mars 1890, il lui rend compte du *Triduum* d'Aix, auquel Mgr Gouthe-Soulard, son ami, l'avait invité, et qui l'a retenu malgré tout pour les trois jours de ces belles et touchantes fêtes...

Enfin viennent celles de Marseille, qu'il annonce ainsi : « ... Nous sommes à la veille de grandes et saintes fantasias! Le *Triduum* aura lieu demain, samedi et dimanche, dans l'église Saint-Vincent-de-Paul. Nous serons plus modestes qu'à Lyon, et cependant nous aurons le même tableau que tu as admiré à Saint-Jean... C'est le grand séminaire qui est chargé des cérémonies et du chant; nous serons donc une bonne partie du temps sur la route de Montolivet. J'espère que le Bienheureux nous tiendra compte de notre bonne volonté et nous obtiendra d'abondantes bénédictions. Pour tous ces préparatifs, j'ai dû sortir de ma solitude et de mon repos, mais il paraît que c'était dans les vues de la Providence, puisque mes *chers locataires* m'ont laissé parfaitement tranquille, et ils mériteront une image s'ils continuent à se comporter si pacifiquement... » Arrive enfin le compte rendu des fêtes, qu'il donne avec détails circonstanciés, — on voit que son cœur y est tout entier et qu'il déborde de joie... On nous permettra d'abréger.

« ... Pendant que tu te reposais à l'ombre de notre cher clocher, ma bien chère Mère, nous célébrions à Marseille le *Triduum* de notre Bienheureux. Nous n'avons certainement pas la prétention d'avoir égalé la primatiale des Gaules ; mais je crois cependant que nous avons tenu notre rang d'une manière convenable. Il y a eu, ce qui est le principal, peu de bruit et de fantasia, et beaucoup de piété ; la belle église de Saint-Vincent-de-Paul a été remplie pendant ces trois jours d'une foule pieuse et recueillie ; nos deux cents sœurs en occupaient une bonne partie, et il faut convenir qu'elles ont mis le plus grand empressement à venir vénérer et prier leur frère martyr.... Nos séminaristes ont fait le trajet deux fois par jour ; ils étaient chargés des cérémonies et du chant, et je dois avouer *modestement* qu'ils s'en sont acquittés à la grande édification des fidèles... Le clergé est venu en grand nombre, malgré le mois de Marie et les premières communions ; mais nous n'avons pu les recevoir à Montolivet... J'espère que le cher Bienheureux aura égard à notre bonne volonté et nous aidera à devenir des saints ! C'est la conclusion qui ressort de toutes ces grandes et saintes émotions !... »

Nous aimerions bien donner ici, comme corollaire, la belle conférence que le cher Supérieur avait faite à nos Sœurs de Marseille sur le Bienheureux ; contentons-nous d'un extrait qui va nous montrer la grande et belle leçon qu'il tira lui-même de toutes ces touchantes fêtes. Il s'attache à montrer que le Bienheureux a été appelé à une participation peu commune à la croix et à la passion du Sauveur, et après l'avoir démontré, en venant à la pratique il exhorte les chères filles à imiter leur frère : « ... Mais alors, direz-vous, il faut laisser là nos maisons et nos œuvres et nous embarquer pour la Chine ! — Rassurez-vous ! un grand docteur d'Afrique vient à notre secours ; saint Cyprien a dit qu'il y a deux martyres : celui du sang et celui de la vie ! Le martyre de la vie ? oh ! cela est vrai, allez-vous répondre, de la vie si tourmentée du monde ; mais la vie de communauté, c'est le paradis en terre !... — Un paradis terrestre après le péché, où l'espérance et l'amour habitent encore... — oui ! Un paradis terrestre avant le péché, où règne exclusivement la paix et d'où est bannie la souffrance... — hélas ! non. Oui, la vie commune, même la plus heureuse, renferme assez de tribulations pour nous permettre d'aspirer aux mérites des martyrs ; et il n'est pas besoin de réfléchir longuement pour le comprendre : en effet cet intervalle de jours et d'années qui s'étend de notre adieu au monde jusqu'à notre départ pour l'éternité renferme une bonne partie des peines et des tortures endurées par les martyrs, par notre Bienheureux en particulier, et que Notre-Seigneur lui-même a daigné souffrir tout le premier.

« Il y a les craintes, les ennuis, les dégoûts du jardin de Gethsémani, les peines intérieures de tout genre ;... les anges consolateurs peuvent les adoucir, sans doute, mais sans jamais parvenir à éloigner complètement le calice d'amertume !...

« Il y a aussi les défaillances de la fidélité, les hésitations du dévouement, de tristes reniements, de lâches abandons que la Providence permet pour épurer la vertu et former au détachement !...

« Il y a surtout le travail, les maladies, les infirmités, auxquels le corps paye un long et dur tribut, et qui tiennent lieu de fouets, d'épines, de soufflets !...

« Il y a de plus la lutte et la contradiction que nous traînons, hélas ! partout : à l'extérieur, contre ceux que nous servons ; à l'intérieur, contre les âmes dont les intérêts nous sont chers ; en nous-mêmes, contre toutes les passions qui sont en révolte...

« Il y a enfin la croix que chacun doit porter et à laquelle il faut se laisser attacher, comme Notre-Seigneur et comme notre Bienheureux ! Il faut la vouloir avec ses dimensions, hauteur, largeur et longueur. C'est de la croix que notre martyr s'est envolé au ciel ; c'est sur elle que nous atteindrons le rivage de l'heureuse éternité ! « Nous n'avons pas, « dit saint Augustin, d'autre moyen de transport sur cette « vaste mer qui nous sépare de la patrie ; » demeurons-y donc fixés, comme Notre-Seigneur, comme son fidèle serviteur ! Le P. Lacordaire disait, dans son langage imagé : « Cruci-« fions-nous à notre plume !... » Faites de même : crucifiez-vous à votre devoir, à votre office, à votre zèle... et vous serez martyres... martyres de la vie commune ! — Cette généreuse résolution sera notre conclusion pratique. Mais ne soyons pas des martyrs ordinaires. De même que notre Bienheureux s'est distingué entre tous par une singulière conformité de souffrances avec le grand modèle, ainsi poussons la générosité jusqu'à accomplir en nous, selon le vœu de saint Paul, ce qui manque à la passion de Jésus-Christ ! Alors nous serons vraiment les témoins de la vérité et de la sainteté que nous prêchons aux pauvres, et nous resterons fidèles aux traditions de la famille, puisque nous aimerons vraiment Dieu « à la sueur de notre front ?... »

Nous le demandons, n'est-ce pas là un résumé fidèle des vingt dernières années de sa vie que le Supérieur de Montolivet vient de faire ? N'a-t-il pas aimé Dieu « à la sueur de son front », comme saint Vincent le demande à chacun de ses enfants ? N'a-t-il pas toujours été vraiment le témoin de la vérité et de la sainteté qu'il a prêchées ? N'a-t-il pas, comme le Bienheureux et comme Notre-Seigneur lui-même, enduré tous ces genres de souffrances, et n'est-il pas encore — et depuis si longtemps — cloué volontairement à sa croix *d'aujourd'hui*, comme il l'a été à celle d'hier, comme il va l'être à celle de demain ?... Cette croix de demain, nous allons le montrer de suite, il va l'embrasser aussi généreusement que les autres, — et ce sera bien là notre conclusion et celle de ces pages ; nous n'aurons plus qu'à le montrer s'envolant, comme un vrai martyr, lui aussi, de cette croix jusque dans le ciel !...

Au commencement de juillet, c'est-à-dire au début des vacances et quelques jours à peine après les fêtes du Bienheureux, il recevait un petit mot de M. l'aumônier du Péage de Vizille, lui annonçant que sa sœur était assez souffrante; il ne répondait que deux lignes, absorbé qu'il était alors par les travaux de l'assemblée provinciale réunie à Montolivet : « Vous êtes bien bon, Monsieur l'aumônier, de me donner des nouvelles de ma chère aînée; j'espère avec vous que ce sera simplement un petit tribut arriéré à payer et un moyen de se reposer quelques jours... Vous m'excuserez, » etc...

Impossible, on le comprend, de venir auprès de sa sœur, bien qu'il dût avoir des pressentiments qu'il ne la reverrait pas, s'il ne se hâtait; mais le devoir était là; et, l'esprit tout préoccupé et sans s'ouvrir à personne de ses appréhensions, il continua, comme si de rien n'était, à se montrer aimable à l'égard de ses hôtes et à prendre part aux délibérations de l'assemblée, qui le nomma député à l'assemblée générale. Mais à peine les travaux en étaient-ils terminés et tous les membres repartis, que soudain, le 10, il reçoit un télégramme le pressant de venir au plus vite, car sa sœur est mourante !... Notre conviction intime est que son premier mouvement fut de voler au chevet de sa sœur... Après tout ce que nous savons de la sensibilité de son cœur, après tout ce qu'on a lu de cette cordiale et affectueuse correspondance qu'il a toujours eue si fréquente avec elle, nous n'avons pas besoin de dire longuement ce qu'était pour lui cette chère aînée, surtout depuis la mort de sa sœur Marie ! un mot dit tout : c'était l'unique et dernier lien qui attachât son cœur ici-bas !... Il y avait entre le frère et la sœur aînée une grande différence de caractère, mais quelle union des deux cœurs ! « Mère Ephrem, nous écrit le cher aumônier qui l'a assistée sur son lit de mort, avait pour son frère un véritable culte ; ces deux cœurs se comprenaient, ne vivant l'un et l'autre que pour Dieu et les âmes ! Je ne sais si vous avez jamais vu la vénérée sœur de votre ami défunt ; c'était vraiment *du feu ;* et avec cela, une droiture d'âme, une simplicité, une humilité véritablement antiques !... » Son cher frère la connaissait bien, il n'ignorait aucun de ses bons côtés, si nombreux ; et s'il avait l'habitude de la plaisanter aimablement, comme on l'a vu, c'est qu'il l'aimait profondément... Aussi, en recevant ce laconique et brutal télégramme, quel coup ne dut-il pas ressentir au cœur !... Nous l'ignorons du reste, car il était seul au séminaire en ce moment, ses confrères étant partis pour céder leurs chambres aux membres de l'assemblée. Il dut être un moment étourdi, puis, se rendant à la chapelle, selon son habitude en pareille circonstance, il dut verser quelques larmes, il dut surtout prier longuement et consulter Notre-Seigneur solitaire au tabernacle ;... puis il fit généreusement son dernier sacrifice, avant celui de sa propre vie qui ne va pas tarder maintenant ;... et sortant réconforté de la chapelle, il écrit et envoie au digne aumônier, oui, bien digne de recevoir une telle marque de confiance : « Voyage impossible, remplacez frère ! » — Et le soir, il trace sur la page de sa *Chronique* ces deux lignes toutes simples : « Un télégramme de Vizille annonce à M. le Supérieur que sa sœur est mourante ; il répond qu'il ne peut partir, se trouvant seul au séminaire. » Et ce fut tout ! nulle autre trace de ce deuil ! Le lendemain matin, il écrit à M. l'aumônier : « Ce petit mot de fraternelle reconnaissance trouvera-t-il encore sur cette terre ma chère Marie-Ephrem ? Je ne l'espère pas beaucoup ! Qu'il vous dise au moins toute ma gratitude pour le dévouement si cordial avec lequel vous me suppléez. Il m'en a bien coûté de ne pas répondre autrement à votre télégramme ; mais je suis seul à Montolivet avec mille embarras qui nécessitent absolument ma présence. Ce qui me console, c'est que notre chère malade trouve dans votre charité et dans la tendre sollicitude de ses compagnes tous les secours que lui apporterait mon affection fraternelle. Le sacrifice que la divine Providence nous impose à l'un et à l'autre nous sera, j'en ai la confiance, largement compté par Celui qui n'oublie pas le verre d'eau donné en son nom !... Hélas ! je ne me suis pas bercé d'illusions dès les débuts de cette maladie et je me suis préparé à cette séparation, la plus douloureuse qui puisse m'être imposée en ce monde !... D'après l'ordre suivi dans la famille, et surtout d'après mes infirmités, j'aurais dû précéder mon aînée ! Cependant je remercie encore Notre-Seigneur qu'il en soit autrement, puisqu'elle n'aura pas eu la douleur de pleurer son frère !... »

Son angoisse dura encore trois longs jours ! Ce ne fut que le 15 qu'il reçut la nouvelle que sa sœur était morte la veille... Il répond ainsi : « Le bon Dieu m'avait donné cette chère sœur, il me la reprend ! que son saint nom soit béni !... Je n'ai pas le droit de me plaindre, puisque sa mémoire me laisse un parfum d'édification qui m'aidera, je l'espère, à atteindre heureusement la fin de ma journée !... Ce que vous me dites de ses derniers instants console mon pauvre cœur, et me confirme la vérité de cette maxime, que la mort est le miroir de la vie ! Elle a été toujours si droit au bon Dieu, qu'il me semble tout naturel de croire qu'elle est arrivée au terme heureux de ses désirs !... » Il remercie ensuite avec effusion le digne aumônier, et termine ainsi : « ... Je vous remercie de la pensée que vous avez eue de m'envoyer cette petite croix qui me rappellera deux âmes si chères[1] et toujours, j'en ai la confiance, en pieuse sollicitude pour leur cher frère !... Il n'y a qu'une chose qui revienne à ma pensée en ce moment, la collection de mes

---

1. Elle avait d'abord appartenu à sa sœur Marie.

lettres qu'elle conservait, je crois... Je vous prierai de vous en rendre compte et de *brûler le tout*... » Heureusement, il avait affaire à un homme aussi intelligent que bon ! A peine quelques jours après, il prend encore la plume et écrit : « Cher Monsieur l'aumônier, laissez-moi vous remercier une fois de plus pour tout ce que vous avez fait, avec tant de cœur et de dévouement, pour ma chère sœur ! Vous avez été son ange consolateur au chevet de son agonie ; vous avez fortifié son âme par la grâce des derniers sacrements et par vos pieuses exhortations ; vous avez veillé, avec une sollicitude toute fraternelle, sur les honneurs que la sainte Église rend à la dépouille mortelle de ses enfants !... Ce sont autant de titres à une impérissable reconnaissance, dont le bon Dieu seul peut acquitter la dette !... » Et, après avoir remercié également la vénérable mère du digne aumônier, il termine ainsi : « ... Vous voyez que ma douleur a été bien tempérée par des circonstances toutes providentielles ; elle ne l'est pas moins par les espérances que me laisse la vertu solide de cette chère amie ; sans doute l'amour fraternel se fait volontiers illusion, et je sais aussi qu'on canonise facilement ceux qu'on aime !... Mais je suis obligé de convenir qu'il y a eu toujours dans cette vie une droiture, une régularité, un amour du bien qui ne se sont jamais démentis. Cette énergie — qui avait bien quelquefois ses aspérités — nous subjuguait avec ma plus jeune sœur, et nous inspirait le respect... Vous me pardonnerez ces épanchements intimes, puisque vous pouvez juger de leur valeur et des droits que me donnent ces souvenirs, pour espérer en la miséricorde divine !... »

Il sera surtout intéressant de connaître son état intérieur après un tel coup... Les événements et les faits désormais importent peu ; qu'a-t-il conclu de ce départ, quel contrecoup en a ressenti son âme ?... A l'extérieur rien ne paraît, rien ne semble changé, et durant six mois encore, sa vie va se dérouler doucement et simplement, comme auparavant ;... il va aller à Paris, assister à l'assemblée générale ; — rien de triste, toujours la même gaieté de bon aloi dans sa gravité si simple... Nous avons eu le bonheur de l'y voir quelques minutes en passant, et comme après nous être embrassés cordialement, ce cri nous échappait : « Mais, vraiment, vous rajeunissez !... — Eh, sans doute, mon cher !... N'est-ce pas le moment ? je vais attaquer ma septième dizaine ! » et soudain un léger nuage sur ses traits aimables et un petit tremblement dans la voix : « Je viens de perdre ma chère sœur ;... tenez, voici des messes, priez pour elle !... » et ce fut tout !... on l'appelait à une réunion ; — et nous partions sans avoir pu le revoir !... Qu'il nous eût été doux de pénétrer au fond de son âme et de soulager son pauvre cœur, en l'invitant à épancher sa douleur dans un cœur ami ! il l'avait déjà fait, nous le savons aujourd'hui, ayant pu lire les lignes suivantes qui nous montrent son âme tout entière : « Ce petit mot est chargé d'un douloureux message que je n'ai pas voulu retenir plus longtemps, car c'est le privilège de l'amitié de partager les peines comme les joies... Ma chère sœur du Péage est allée attendre son frère dans un monde meilleur !... Le 10 de ce mois, je recevais ce télégramme : « Sœur mourante, venez ! » J'étais seul à Montolivet, au milieu de mille préoccupations ; je savais ma chère sœur environnée de soins et de tous les secours spirituels... Je répondis : « Voyage impossible. » Je ne me sentais pas le courage d'arriver pour recueillir son dernier soupir ou pour embrasser sa dépouille mortelle !... Elle a rendu son âme à Dieu, le 14, à sept heures du matin, après avoir reçu les sacrements et édifié ses compagnes par sa pieuse résignation... Sa vie, invariablement pieuse, me laisse toutes les espérances de la foi... Mais pourtant, je la recommande à vos prières ;... il est si doux de penser qu'on peut encore pratiquer la communion des saints, après qu'on s'est dit adieu sur le seuil de l'éternité !...

Ma douleur est profonde, car j'aimais beaucoup cette chère aînée, qui me le rendait au centuple ;... et cependant je m'en veux presque de n'être pas plus triste... *Il me semble que c'est un au revoir de quelques jours seulement !*... Je ne suis pas éloigné de remercier le bon Dieu de lui avoir épargné le cruel chagrin de pleurer son frère ! Cette manière de se quitter si paisiblement me réconcilie presque avec la pensée de la dernière heure, *qui ne peut être loin !*... Hélas ! ce qui me préoccupe, ce n'est pas de quitter ce pauvre monde, c'est de me présenter dans l'autre avec un passif compromettant !... Heureusement, les richesses de la miséricorde divine sont là pour rétablir l'équilibre ! Sans cela, il y aurait lieu de se soustraire par la fuite à toutes les effrayantes responsabilités qui pèsent sur ceux qui ont la rude charge de former des prêtres... La conclusion pratique, c'est qu'il faut s'entr'aider quand on voyage ensemble dans la petite barque de saint Vincent, et mettre en commun ses provisions... J'avoue en toute simplicité que la crainte de l'élévation a été toujours un tourment pour moi, même à Saint-Jean ; sans doute il entrait plus de lâcheté que d'humilité dans cette disposition ; et pourtant il m'est difficile d'en avoir la contrition !... A l'heure présente, je subis de mon mieux la supériorité, mais je n'y trouve absolument aucun attrait ; daigne Notre-Seigneur tenir compte de cette répugnance pour adoucir son jugement !... »

« Il me semble que c'est un *au revoir* de quelques jours seulement. » — Il ne se trompe pas, la fin est là ! *Euge, serve bone !*... et il reprend tranquillement sa rude journée... Les retraites ecclésiastiques ont lieu, toujours fatigantes pour lui à cause de la préoccupation et des incessantes visites ;... puis les vacances s'achèvent et l'année recommence comme d'habitude... Rien d'important à noter... L'hiver arrive et devient très rigoureux en janvier ; malgré tout, la santé du cher Supérieur n'en souffre point ; il peut aller visiter deux sœurs malades à Saint-André, et le 16, confesser celles de Saint-Barnabé.

« Depuis bien des années, nous écrit une respectable fille de la Charité de Marseille, la santé de M. Dazincourt n'avait été aussi bonne ; plus de crises d'asthme, ou très faibles ; un air de santé brillait sur son visage ; il avait une vigueur, un entrain qui réjouissaient tout son entourage et communiquaient au séminaire comme une vie nouvelle ; c'est qu'en effet, lui debout, tout marchait !... Une grave difficulté m'obligeait d'aller le trouver à Montolivet, le mardi 27 janvier ; il m'écouta avec sa charité habituelle, tourna la question en tous sens, puis me donna sa décision avec cette lucidité que vous lui connaissiez bien ; — et sa réponse, comme toujours, fut pour moi un trait de lumière ; et je redescendis la côte, bien assurée que, lui s'en occupant, le bon Dieu y mettrait la main. C'est ce qui arriva.

« Le lendemain, mercredi, il vint nous confesser à l'hôpital militaire, comme de coutume ; je ne saurais vous dire combien de prêtres et de sœurs vinrent de la ville le trouver ce jour-là, car sa séance au confessionnal fut très longue ; et, comme tous les mercredis, chacun se retirait calme et réconforté, se disant : « Quel homme ! et quel bonheur de « l'avoir !... A une autre fois !... » C'était, hélas ! la dernière, et nous étions loin de le prévoir, tant il paraissait à tous alerte et plein de vie ! Il quitta l'hôpital vers six heures ; je lui avais offert une tasse de café, la seule chose qu'il acceptât d'habitude : « Très volontiers, m'avait-il répondu, « avec son amabilité ordinaire ; je crois, en effet, l'avoir bien « gagnée aujourd'hui !... »

Rentré au séminaire, il ne voulut pas souper, et comme le lendemain était la fête de saint François de Sales, un de ses saints et de ses protecteurs favoris, il donna une de ses reliques à chacun de ses confrères, se préparant à aller, dès le matin du jour suivant, dire la sainte messe chez ses chères filles de la Visitation, où devait avoir lieu une profession religieuse. Cependant il se trouva un peu oppressé pendant la nuit ; mais sans s'alarmer, habitué qu'il était à pareil malaise, il crut à une visite légèrement intempestive de son asthme, et passa la nuit presque entière sur son fauteuil, ce qui lui arrivait souvent, les années précédentes. A l'heure indiquée et selon sa promesse, le jeudi 29, il vint dire la messe à la Visitation, et même il y prêcha à la grille, ce qui, plusieurs fois déjà, l'avait incommodé ; mais il y avait une profession, et il voulut faire son devoir de Supérieur jusqu'au bout ;... il paraît que, dans ces dernières paroles qu'il adressait, la pensée de la mort intervint plusieurs fois, et qu'il demanda à ses chères filles une prière spéciale pour lui obtenir la grâce de bien mourir... Puis, Monseigneur étant là, il déjeuna avec Sa Grandeur, fut d'une amabilité parfaite, comme d'habitude, et laissa tout le monde ravi, embaumé du parfum de sa charité.

Revenu à Montolivet, il parut au réfectoire à midi, mais ne dîna pas ; il fit après, avec la communauté, la visite de règle au Saint Sacrement. Ce fut son dernier exercice en commun, et se retira immédiatement dans sa chambre, où il ne tarda pas à se sentir saisi d'une grave crise de toux ;... sur le soir, ne se trouvant pas mieux, il pria son assistant de vouloir bien le remplacer à la lecture spirituelle des élèves. Et comme ses confrères, un peu alarmés, lui proposaient, sans grand espoir, d'envoyer chercher le médecin : « Oui bien, leur répondit-il ; comme vous voudrez ! » Cette parole les surprit, car d'habitude il n'acceptait pas pareille offre, se contentant de répondre par un bon mot accompagné d'un fin sourire. Le médecin arriva à la hâte, l'examina attentivement, ne trouva rien de grave, mais il crut par précaution devoir prescrire une potion calmante. Toute la nuit qui suivit, le malade la passa affaissé sur son fauteuil, faisant des efforts pénibles pour vomir, et ne pouvant y réussir ; il se croyait toujours en proie à une crise d'asthme ;

mais, dans la matinée du lendemain, vendredi, le médecin étant revenu constata un commencement de fluxion de poitrine peu alarmant, prescrivit un vésicatoire et fit coucher le malade. Cependant Monseigneur arrivait au séminaire, où il venait travailler dans la solitude à son mandement de carême ; il s'empressa de venir saluer son cher malade, voulut voir le médecin à son tour, et comme tous les directeurs se rassura vite, le docteur déclarant que la maladie n'offrait aucun symptôme de gravité. Le malade seul ne partageait pas cette opinion, et comme il se couchait, il dit à son cher domestique, le fidèle et si dévoué *Romain :* « Prenez tous mes effets et portez-les dans l'autre chambre ; je ne les mettrai plus !... » et levant son esprit et son cœur en haut : « Mon Dieu, s'écria-t-il, je vous fais le sacrifice de ma vie, et jusqu'à mon dernier moment !.. » et dès lors, comme un bon soldat, il se tint prêt à sa lutte dernière ! Dans ce but, et en vétéran expérimenté, sans trouble aucun et conservant toute sa présence d'esprit, il déclara qu'il commençait *sa retraite !* et en conséquence il se fit remettre un petit christ qu'un de ses chers anciens confrères venait récemment de lui apporter de Rome, bénit et indulgencié par le Saint-Père ; et comme un drapeau, ou plutôt comme l'étendard de la victoire, il le fit arborer en face de lui, au pied de son lit, attaché aux rideaux avec une épingle, — *vexilla regis prodeunt...!* Avant, il l'avait embrassé avec amour en disant : *Omnia et in omnibus Christus!* et encore : *Instaurare omnia in Christo, quæ in cœlis et quæ in terrâ sunt* [1]*!* et, le regardant avec confiance, il lui disait : *Aperis tu manum tuam et imples omne animal benedictione* [2]*!* Il s'adressait aussi à Marie, sa bonne mère, et lui répétait souvent avec ferveur : *Maria, Mater gratiæ, Dulcis parens clementiæ, Tu nos ab hoste protege, Et mortis horâ suscipe!...*

---

1. Eph., I, 10.
2. Ps. CXLIV, 16.

Son premier soin, dès qu'il se sentit gravement malade, et après avoir pris les précautions pieuses que nous venons de rapporter, fut de faire venir son cher assistant, le bon Père Laplagne, et de régler avec lui quelques affaires qui lui semblaient urgentes entre toutes. Il avait commencé, les jours précédents, une neuvaine de messes au bienheureux Perboyre, sur la prière de la Supérieure de l'hôpital militaire ; il indiqua à son assistant où il en était et le chargea de la continuer sans délai... Puis lui montrant un des tiroirs de son bureau, il s'en fit apporter un titre de rente, et le lui remettant : « Voici, mon cher, de quoi me faire dire des messes dès que je serai mort!.. » et devant son pauvre assistant, tout triste et la larme à l'œil, le Supérieur continuait de parler de sa mort avec son calme et son sang-froid habituels ;... on eût vraiment dit qu'il réglait les affaires d'un autre...

Ce titre de rente était une dernière épave provenant du petit héritage laissé par sa mère et partagé avec ses deux sœurs; celles-ci, en mourant, lui avaient bien légué leur portion; mais il l'avait tout entière consacrée à leur faire dire des messes, se réservant bien d'employer sa part à se rendre le même service au moment voulu ; en attendant, le revenu avait été dépensé en aumônes dont nous avons retrouvé plus d'une trace dans son petit cahier de recettes et de dépenses personnelles. Cependant, quelque temps avant sa mort, il se prit à réfléchir, et ne sachant pas trop ce qui arriverait après lui, il se résolut à prendre de suite ses précautions et à vendre son titre; il s'adressa pour cela à une bonne et charitable dame, amie de la Congrégation, et lui confia ses intentions : « Mais vous faites fort bien, Monsieur le Supérieur, lui dit-elle simplement; vous, vous ne faites plus de péchés, maintenant! Pourquoi donc attendre, pour faire dire des messes, que vous soyez mort?... » Cette réflexion naïve avait donné à songer au cher Supérieur, et ne pensant pas sur son compte de la même manière que la respectable dame, il remit son titre en portefeuille et attendit une meilleure occasion. C'est cette bonne occasion que nous venons de le voir saisir avec sa présence d'esprit ordinaire.

Apprenant sa maladie, les Sœurs de la Visitation furent désolées, craignant tout d'abord qu'il n'eût pris mal chez elles; comme quelqu'un émettait cette même pensée dans la chambre du malade, celui-ci se prit à protester, et comme un des jours suivants, l'aumônier de ces saintes filles était venu prendre de ses nouvelles en leur nom, il en profita pour protester encore une fois, en disant : « On prétend M. l'aumônier, que c'est chez vous que j'ai pris mon mal; non, non, cela n'est pas! Je sais bien ce qu'il en est, moi! » et il le pria de rassurer ses pauvres filles et de les remercier de ce qu'elles lui avaient envoyé; c'était une image du Sacré Cœur et une relique de la vénérable Anne-Madeleine de Rémusat; il avait baisé ces objets pieux avec une grande dévotion et les avait fait placer devant ses yeux, au pied de son lit.

Ses autres filles spirituelles avaient plus de raison encore d'être désolées, et en apprenant sa maladie, on se mit en prières dans toutes les maisons des Filles de la Charité, à Marseille et dans la banlieue. A l'hôpital militaire en particulier, l'alarme fut vive, et avec leur dévouement ordinaire, leur expérience des malades, et surtout avec tout l'intérêt qu'elles portaient à leur cher et si ancien père spirituel, elles vinrent le faire supplier, avec instance réitérée, de vouloir bien agréer leurs soins;... le bon Père assistant, chargé de présenter la requête, plaida leur cause de son mieux;... le cher malade écouta, tout attendri et point du tout étonné, puis, avec un fin sourire : « Veuillez les bien remercier, cher Père! mais nous ne pouvons pas donner cet exemple à nos séminaristes!...» et il resta confié aux soins de ses chers infirmiers. Du reste ces derniers, il faut bien leur rendre cette justice, ne ménageaient rien et se ménageaient encore moins eux-mêmes pour soigner de leur mieux et soulager au plus tôt leur pauvre et bien-aimé Supérieur; bien portant, ils ne l'avaient vu que de loin et dans sa douce majesté, toujours comme enveloppé de son auréole de gravité et d'autorité;... mais étendu sur son lit de douleur, ils étaient tout attendris de trouver en lui la simplicité, la bonne humeur et la condescendance d'un enfant! ils n'en revenaient pas et s'empressaient d'aller dire leur ravissement et leur surprise aux chers condisciples, qui enviaient leur bonheur... Il se montrait du reste si aimable! car il était si heureux de les sentir auprès de lui, de les voir se presser autour de son lit! « Mais c'est un plaisir d'être malade, leur disait-il, et de recevoir de si bons soins! » Quand ils lui présentaient une cuillerée de potion à boire, il se rendait de suite, disant, avec un léger sourire : « Allons, puisque c'est le médecin qui l'ordonne, il faut s'exécuter! » A un moment, comme on lui passait un foulard autour du cou pour le garantir de l'air, à leur grand étonnement, il se laissa faire en riant. « Puisque c'est dans la rubrique! » ajouta-t-il; et comme on insistait encore pour l'ajuster un peu plus artistement : « Oh! oh! fit-il, ceci c'est de la coquetterie! »

Cependant la maladie suivait son cours régulier, sans s'aggraver; le samedi 31, au matin, le médecin du séminaire, seul, et dans la soirée M. le docteur Poucel, l'examinèrent avec grande attention et rassurèrent Monseigneur et les confrères, disant que pour le moment il n'y avait pas de danger; ils avaient bon espoir de le sauver, à moins qu'il ne survînt quelque complication... Tel n'était pas l'avis du malade, qui, sans s'alarmer nullement et voulant simplement prendre ses précautions à temps, manifesta à Sa Grandeur, qui venait le voir fréquemment, son désir de recevoir les derniers sacrements; mais le moment ne paraissant pas encore venu, il se résigna, se bornant à se confesser et à demander la sainte Eucharistie, qu'on lui porta dans la nuit du samedi et dans celle du dimanche. Inutile de dire avec quel esprit de foi et dans quels sentiments il se prépara à la réception de ces sacrements. Avant de se confesser, on l'entendait répéter tout haut et avec un grand sentiment de douleur, les versets si touchants du *Miserere mei : Averte faciem tuam a peccatis meis et omnes iniquitates meas dele!... Cor contritum et humiliatum, Deus, non despicies...* Les infirmiers étaient attendris! Il recourait aussi à Marie, priant qu'on récitât le chapelet, et à chaque *Ave Maria* on l'entendait répondre, insistant avec plus de force sur ces mots : *Ora pro nobis peccatoribus, nunc et in hora mortis nostræ...* — Avant de recevoir la sainte communion, il se préparait en récitant des actes de foi et d'amour envers Notre-Seigneur; puis il répétait quelques strophes de l'hymne *Adoro te devote... Visus, gustus, tactus in te fallitur...* ou le *Tantum ergo...* Il avait bien soin aussi, au moment venu, de réciter lui-même le *Confiteor;* puis, la sainte communion faite et la bénédiction reçue avec une profonde inclination, il fermait les yeux, croisait ses mains sur sa poitrine, et on l'entendait soupirer doucement et s'entretenir longuement avec Notre-Seigneur, comme il avait coutume de le faire tous les matins, après sa messe, dans ses longues et ferventes actions de grâces...

Le dimanche matin, 1er février, rien de particulier ni d'alarmant, et le malade semblait aller assez bien ; la tête bien libre, pas d'agitation ; un pouls très actif, mais la température du corps à peu près normale... Le soir, le médecin trouva 150 pulsations à la minute; et bien qu'il n'y eût pas urgence, puisque le malade le désirait, il dit qu'on pouvait l'administrer le lendemain. La nuit cependant fut mauvaise, le malade était brûlé par la fièvre; le mal enfin venait de prendre le dessus et allait progresser rapidement. Le lundi 2 février, fête de la Purification, tout le monde était alarmé, et au lieu de la fête habituelle à ce jour, qui est la fête principale de la maison, on voyait la consterna-

tion sur tous les visages... « Monsieur le Supérieur, avait dit le bon Père Laplagne au malade, c'est la fête de la sainte Vierge aujourd'hui ! — Oui, oui, avait répondu le malade en ouvrant les yeux ; elle ferait bien de m'emmener !... »
La veille au soir, il avait voulu dire les premières vêpres de la fête avec un confrère présent ; arrivé à complies, il s'était contenté de prier par intervalles, mais il avait goûté et répété plusieurs fois avec ferveur les touchantes paroles du vieillard Siméon : *Nunc dimittis servum tuum, Domine...* et ces autres : *In manus tuas, Domine, commendo spiritum meum.* Puis il s'était préparé à l'extrême-onction, tout heureux de la recevoir le lendemain, et disant tout haut le texte de saint Jacques : *Infirmatur quis in vobis?* insistant sur ces mots : *et oratio fidei allevabit infirmum* [1]...

Les deux médecins vinrent dans la matinée, pendant que Monseigneur disait la messe à Saint-Victor, d'où il devait revenir pour administrer le malade à onze heures. Quelle ne fut pas leur stupéfaction : ils constataient une paralysie des bronches et du cœur, déclarant que le malade était perdu sans ressource et qu'il n'avait plus que très peu de jours à vivre !... On peut juger de l'effet produit par ces paroles auxquelles on était loin de s'attendre !... Cependant, Monseigneur étant de retour, on se rend en procession à la chambre du malade ; tous les séminaristes sont là, en surplis, à genoux et les larmes aux yeux... En voyant entrer Notre-Seigneur, le pauvre Supérieur se redresse péniblement pour le saluer ; alors Monseigneur s'approchant : « Mon cher Supérieur, lui dit-il, voici Notre-Seigneur qui vient vous visiter à son tour, comme vous l'avez si souvent visité vous-même devant son tabernacle ! Lui que vous avez formé dans le cœur de tant de mes prêtres, dont vous partagez avec moi la paternité, et à meilleur titre que moi !... Continuez-nous vos bienfaits en offrant vos souffrances

---

1. Jac., v, 14.

pour le bien de tous ! et ainsi vous vous serez donné jusqu'à la fin, à l'exemple de Celui qui nous a aimés jusqu'à la mort et qui vient maintenant se donner tout entier à vous !...
— Oh ! oui, oui, a soupiré le malade, oui, donnez-le-moi ! donnez-moi Notre-Seigneur !... » et avec la foi et l'amour d'un saint, il recevait la sainte Eucharistie au milieu des larmes silencieuses de ses enfants. Un de ses confrères lut alors pour lui la formule de ses vœux, et chaque fois qu'un sanglot entrecoupait sa voix, le malade en profitait pour dire : « Oh ! oui, oui, de tout cœur !... » A peine la formule s'achève dans le silence solennel, entrecoupé de quelques soupirs étouffés, quand le malade, faisant un effort suprême, se soulève, et se tournant vers Monseigneur, d'une voix rauque déjà, pénible, mais pleine d'énergie et de force : « Monseigneur, s'écrie-t-il, je vous remercie !... Mais après avoir fait la paix avec mon Dieu, je veux aussi la faire avec les hommes ! En conséquence, je demande pardon à Votre Grandeur de la peine que je lui ai faite ; je demande pardon aussi aux séminaristes, aux prêtres et à mes confrères du mauvais exemple que je leur ai donné ! Si le bon Dieu me donne encore un peu de santé, je promets de l'employer plus énergiquement à son service !... » Alors, au milieu des sanglots qu'on n'essaye plus d'étouffer, Monseigneur administre l'extrême-onction, les larmes aux yeux, de temps en temps interrompu par le malade qui répond aux prières et dit : « Oh ! oui, mon Dieu ! mon Dieu !... » A la fin, avant de quitter le malade, Sa Grandeur lui demande de vouloir bien une dernière fois bénir tous ses chers enfants réunis... Se relevant encore, d'une voix forte il prononce la formule : *Benedictio Dei omnipotentis !...* et pendant que la pieuse assistance se retire attendrie, le vaillant soldat s'écrie : « Ah ! maintenant me voilà armé pour la lutte ! Je suis content !... » et il entonne le *Te Deum !...* puis il récite pieusement des psaumes et des prières ou s'entretient doucement avec Notre-Seigneur...

Dans la soirée, Monseigneur fit exposer le Saint Sacrement, et tour à tour, jusqu'à huit heures du soir, toute la communauté vint pieusement prier Notre-Seigneur pour le cher malade... Ah! combien de fois il dut entendre du cœur de ces pauvres enfants, menacés de devenir orphelins, s'échapper la touchante prière des sœurs de Lazare : *Ecce quem amas infirmatur*[1]; « Maître, celui que vous aimez est malade ! Venez donc, guérissez-le et rendez-nous-le !... » Mais l'heure approchait de récompenser le fidèle serviteur, et Notre-Seigneur ne voulut pas lui faire attendre plus longtemps cette récompense si bien méritée !

Cependant la nouvelle s'était vite répandue en ville, et de tous côtés accouraient des prêtres anxieux, tristes, venant une dernière fois visiter le cher Supérieur... Malgré le mal, il avait encore pour tous un mot aimable; souriant et s'informant de l'un et de l'autre, demandant surtout et promettant des prières auprès du bon Dieu, car il ne se faisait aucune illusion et parlait de sa mort prochaine sans aucune crainte... Tous lui demandaient sa bénédiction : il la donnait simplement et sans se faire prier; et comme un vénérable prêtre, après l'avoir reçue, s'empressait de lui prendre la main et la baisait avec respect, l'humble Supérieur laissa retomber ses bras en signe d'étonnement profond... A la prière d'un confrère, il bénit aussi plusieurs maisons de Sœurs qui avaient sollicité cette pieuse faveur... Les jeunes prêtres surtout, ses anciens élèves, ses pénitents, arrivaient nombreux, désolés;... et comme quelques-uns lui parlaient de guérison : « Oh! non, disait-il; cependant, si c'est la volonté de Dieu, *non recuso laborem !...* A la volonté de Dieu ! tout est là !... »

Dans la soirée, cependant, et bien que le mal allât toujours en augmentant, il put s'unir aux secondes vêpres de la fête, que des confrères et des séminaristes récitaient autour

---

1. Joan., XI, 3.

de lui ; en un mot, il était tout entier à Dieu et à sa grande affaire du moment suprême, et comme il s'était préparé en saint à la réception des sacrements et à la visite miséricordieuse que Notre-Seigneur lui avait faite dans la matinée, ce fut en saint aussi qu'il voulut se préparer à sa suprême et définitive visite, qui ne pouvait plus tarder !... Loin d'être effrayé, il la désirait ardemment ; il lui tardait de n'être plus gêné par les voiles de la foi, et de pouvoir enfin le contempler face à face ! « Que vous êtes beau ! lui répétait-il, que vous êtes bon !... » Et encore : « Vous êtes le bon Pasteur... et moi la pauvre et chère brebis !... Oh ! pourquoi donc êtes-vous encore caché à mes yeux sous ces voiles de la foi !... » et autres aspirations et élans d'amour semblables.

Mais son état empirait sensiblement ; vers la tombée de la nuit, il eut plusieurs crises violentes et fit à plusieurs reprises de pénibles efforts pour vomir, sans pouvoir y réussir ; il en restait comme anéanti, et on craignit plusieurs fois de le voir expirer. C'est alors qu'un de ses bons confrères, qui ne le quittait plus, lui donna l'indulgence plénière de la bonne mort, et le cher malade répondit aux prières avec calme et grande piété. Vers neuf heures, ces crises cessant, il eut quelques moments de paisible repos ; mais cette accalmie ne dura pas, et vers onze heures les crises recommencèrent plus violentes et plus nombreuses. Ce fut après une de ces terribles crises qu'il s'écria : « Allons ! c'est là un avertissement, tenons-nous prêt !... » La tête commençait à s'affaiblir et le délire survenait, mais un délire calme, serein et tout embaumé de choses pieuses et édifiantes, surtout de passages de cette sainte Écriture dont sa vie entière s'était nourrie, et qui coulait maintenant de ses lèvres inconscientes, comme le trop plein d'une source limpide... Il la citait toujours et la commentait avec un rare à-propos. Il suffisait encore de lui parler pour ramener son esprit ; il comprenait fort bien, regardait fixement, écoutait ce qu'on lui disait... On approcha et on mit sous ses yeux la statue et la relique du bienheureux Perboyre, qu'il embrassa ; on lui mit entre les mains son image qu'il y garda, et de temps en temps il la couvrait de baisers. Vers minuit, les crises augmentant de fréquence et d'intensité, son confrère présent crut devoir commencer les prières des agonisants... Notre pauvre mourant les avait tant goûtées durant sa vie, et si souvent les avait récitées, surtout à ses retraites du mois, toujours faites pour demander et se préparer à l'avance une bonne mort ! Il se mit donc à répondre à toutes ces belles et touchantes prières du rituel, sans se tromper jamais, admirable de ferveur et de confiance, répétant à chaque invocation de saint : *Ora pro me ;* « Priez pour moi ! » et aux supplications qui suivent, adressées à Notre-Seigneur : « Soyez-lui propice ! » il se hâtait de répondre : « Épargnez-moi, Seigneur ! Délivrez-moi, Seigneur !... » Il entendit dans un saint recueillement la réconfortante exhortation, et comme le chant du départ que l'Église adresse à ses pauvres enfants exilés, à ce moment solennel où ils vont s'élancer vers la patrie céleste : *Proficiscere, anima christiana, de hoc mundo ;...* « Partez de ce monde, ô âme chrétienne ! Partez, au nom du Père tout-puissant qui vous a créée ! Partez, au nom de Jésus-Christ, son fils, qui a souffert pour vous ! Partez, au nom de l'Esprit Saint qui a été répandu en vous ! Au nom des anges et des archanges,... » etc... Et pendant que son pauvre corps achevait de lutter péniblement sous l'étreinte du mal qui faisait rapidement son œuvre de dissolution, on eût dit que sa belle âme rajeunissait, fortifiée par ces sublimes images, enivrée de la mélodie céleste de ces ravissantes paroles...

Les prières de la recommandation de l'âme terminées, le délire recommença ; et dès lors, jusque vers trois heures, son esprit ne fut plus occupé que de la pensée du bienheureux Perboyre ; il dit à son sujet des choses que son confrère présent déclare admirables... « Voici la grande lumière qui se lève sur la Gentilité!... Oh! quel beau rôle pour la France... et l'Œuvre de la Propagation de la foi!... Quel accroissement pour l'Église!... Quel progrès pour l'Évangile!... » Puis c'étaient des tirades entières de sa belle conférence sur le Bienheureux, faite quelques mois auparavant aux Filles de la Charité : « ... Soyons martyrs nous aussi, martyrs de la vie commune! Sacrifions-nous, crucifions-nous à notre office, à notre devoir, à notre zèle! et nous serons martyrs!... Mais soyons, comme notre Bienheureux, des martyrs distingués!... Restons toujours et jusqu'à la fin les témoins de la vérité et de la sainteté que nous prêchons aux pauvres! Restons surtout fidèles aux traditions de famille, et aimons vraiment Dieu « à la sueur de notre front!... » et il allait toujours avec ardeur et entrain, aussi longtemps que sa voix expirante put suffire à la tâche;... et, il faut l'avouer, il méritait bien de finir de la sorte, ce vaillant prédicateur de l'Évangile, cet admirable témoin de la vérité et de la sainteté si continuellement et si éloquemment prêchées durant sa longue vie!... Et Dieu, semble-t-il, devait bien à sa parole de tels cris d'apôtre pour ses derniers accents ici-bas, avant de l'admettre là-haut à se mêler sitôt au chœur des bienheureux, et avec eux a entonner les chants de l'éternité!...

Cependant, vers trois heures, sa voix, qui s'était graduellement affaiblie, n'émettait plus qu'un léger murmure; il s'en aperçut lui-même et se prit à dire — ce fut sa dernière parole : « Voilà que le bon Dieu m'envoie encore cette humiliation!... Je n'ai cependant jamais refusé de prêcher sa parole!... Mon Dieu, que votre volonté soit faite!... » Vers quatre heures, sa voix ne se faisait plus entendre et sa respiration devenait de plus en plus gênée; ses mains, pourtant, avaient encore la force de porter à ses lèvres le crucifix et la relique du Bienheureux; puis, peu à peu elles faiblirent et ne purent plus soutenir ce pieux fardeau; mais ses yeux mourants y restaient fixement attachés, et on voyait à son regard qu'il s'unissait toujours aux pieuses aspirations qui lui étaient suggérées. La sainte absolution lui fut réitérée à plusieurs reprises, et chaque fois son maintien montrait avec quel sentiment il la recevait... A six heures, tout signe de connaissance avait cessé et l'agonie se déclarait ; la respiration devint courte, pénible, saccadée;... le râle de la mort commençait et l'asphyxie gagnait peu à peu... Enfin, vers six heures vingt minutes, sans secousse, sans agitation ni terreur, doucement et sans bruit, comme il avait vécu, il rendait son dernier soupir et remettait sa belle âme à Dieu !... Son confrère qui était présent, fidèle et pieux jusqu'à la fin, lui ferma doucement les yeux ;... et on eût dit que le cher Supérieur reposait encore !...

La messe de communauté touchait à sa fin ; c'était, ce jour-là, mardi 3 février, la fête de la Commémoration de la Passion de Notre-Seigneur Jésus-Christ ; cette Passion à laquelle, vivant, il avait eu tant de dévotion, dont il avait ravivé le culte au séminaire et qu'il avait si souvent et si éloquemment prêchée... Or, admirable coïncidence, au moment même où il rendait son dernier soupir, son cher assistant, offrant pour lui le saint sacrifice, disait à Dieu cette admirable prière qui est la post-communion de cet office : « Seigneur Jésus-Christ, fils du Dieu vivant, vous qui à la sixième heure, pour la rédemption du monde, êtes monté sur le gibet de la croix et avez versé votre sang précieux pour la rémission de nos péchés : nous vous en supplions humblement, accordez-nous, après notre mort, de franchir, joyeux, les portes du paradis !... »

On nous permettra d'emprunter les dernières pages de notre travail ; nous les copions, non dans les feuilles publiques, cependant très intéressantes et pleines de détails sur les honneurs rendus au cher défunt, mais dans une lettre tout intime, à nous adressée, au retour du cimetière, par la vénérable visitatrice des Filles de la Charité de Marseille :

« ... La nouvelle de sa mort se répandit en ville avec la vitesse d'une traînée de poudre, et Montolivet devint à l'instant un lieu de pèlerinage pieux. Les prêtres seuls furent d'abord admis à prier près des restes de notre cher défunt. Dans l'après-midi, je crus devoir à la reconnaissance et à la piété filiale d'aller prendre part à la douleur de mes frères ; et j'obtins la grande faveur de venir prier quelques instants près de celui qui, à si juste titre, avait été mon père et mon guide !... Le corps fut descendu à la chapelle le 4 au matin, et dès lors les Sœurs furent admises à venir répandre leurs larmes et leurs prières auprès de ces restes vénérés. On ne voyait, sur cette longue côte de Montolivet, que des prêtres et des sœurs, montant en silence, le chapelet à la main, les larmes dans les yeux ;... leur longue file ne discontinua point de la journée. Hier matin, tout le clergé marseillais se trouvait réuni à Montolivet ; c'était vraiment touchant, et en aucune circonstance il ne s'est aussi bien montré ! Tout le chapitre, tous les curés, et environ cent cinquante prêtres étaient là, pour rendre les derniers honneurs au digne et cher Supérieur. Monseigneur, qui a été si bon pour le malade et qui, après sa mort, a écrit une si belle et si touchante lettre circulaire, présidait lui-même aux obsèques ; Mgr l'archevêque d'Aix assistait à la cérémonie, ayant tenu à donner ce dernier témoignage à celui qu'il se plaisait à appeler son meilleur ami. Après l'office, on fit faire aux dépouilles inanimées du vénéré Supérieur le tour de cette maison que vivant il avait animée de son esprit durant vingt années,... puis l'on s'est mis en marche pour la dernière demeure. Le cortège a été véritablement magnifique. Dès l'entrée du cimetière, les séminaristes s'empressèrent de reprendre leur précieux fardeau ; les Filles de la Charité, au nombre de plus de cent, suivaient immédiatement la relique... je ne sais lui donner un autre nom !...
Ce qui fit une grande impression et me donna à moi comme un éclair de bonheur, c'est que parmi les séminaristes qui

portaient le cercueil figuraient trois jeunes soldats, mêlant fraternellement leur tunique et leur pantalon rouge aux blancs surplis des jeunes lévites... Ah ! c'est que, eux aussi, en qualité d'enfants, avaient tenu à rendre ce dernier témoignage à leur Père tant regretté !... Quelques instants après, les prières étaient terminées, tout était fini ici-bas, et il fallait rentrer seuls... avec des souvenirs !... »

Ces pages ont-elles besoin d'une conclusion ? Nous ne le croyons pas, et ce n'est pas nous qui l'indiquerons ; elle ressort clairement de tout ce qui précède !

On la trouvera, simplement et noblement exprimée, dans les lignes qui suivent ; elles sont extraites d'une lettre intime écrite à un ami par celui des directeurs qui a aidé son Supérieur dans sa dernière lutte, a recueilli son dernier soupir et fermé ses paupières ; il aura ainsi le bonheur de clore ces pages !

« ... Vous avez déjà prié pour lui, vous le ferez encore ; quoique, à vrai dire, je me demande s'il a besoin de nos prières !... On peut, je crois, mourir aussi bien qu'il est mort ; mais qu'on puisse mieux mourir, je ne le crois pas. J'ai lu bien des récits de mort dans la vie des saints, je ne vois pas ce qui manque à celle de notre cher Supérieur pour leur ressembler de tout point... Ma conviction intime est que j'ai assisté à la mort d'un saint ; et c'est pour moi une consolation appréciée ! Je vois là aussi une bien grande grâce !... Mon cher ami, une pareille mort ne s'improvise pas ; elle demande à être préparée par une longue vie de foi et de vertu ! et si M. Dazincourt est mort si saintement, c'est que toute sa vie a été sainte ! Telle vie, telle mort. Je n'avais jamais mieux compris cette vérité ! »

TABLE DES CHAPITRES

I. — Naissance, enfance, première communion. 1821-1833 . . . 3
II. — Vocation ecclésiastique, petit séminaire de Verrières, séminaire d'Alix. 1833-1843 14
III. — Grand séminaire Saint-Irénée, sacerdoce. 1843-1847 . . 38
IV. — Le petit séminaire Saint-Jean de Lyon ; mort de sa mère. 1847-1854 66
V. — Sa vocation et son entrée dans la Congrégation de la Mission, son séminaire interne. 1854-1855 90
VI. — Grand séminaire de Kouba (Algérie). 1855-1870 . . . 119
VII. — M. Dazincourt, professeur et directeur 172
VIII. — Ministère extérieur : paroisse, Sainte-Enfance, retraites 204
IX. — Supérieur du grand séminaire de Marseille : 1re année. 1870-1871 238
X. — La souffrance : infirmités, souffrances corporelles. 1871-1874 268
XI. — La souffrance (suite) : charges, honneurs ; — souffrances d'esprit. 1874-1876 301
XII. — La souffrance (suite) : maladie et mort de sœur Marie ; — souffrances de cœur. 1876-1880 326
XIII. — M. Dazincourt Supérieur : ses aptitudes naturelles, ses vertus 364
XIV. — M. Dazincourt Supérieur : son idéal du prêtre 392
XV. — M. Dazincourt Supérieur : ses moyens d'action . . . 425
XVI. — M. Dazincourt Supérieur : bien fait aux confrères, au clergé, etc. 451
XVII. — Son ministère auprès des Filles de la Charité 482
XVIII. — Dernières années, maladie et mort, obsèques. 1880-1891 521

FIN

PUBLICATIONS DE LA CONGRÉGATION DE LA MISSIO[N]

RUE DE SÈVRES, 95, A PARIS.

Vie de saint Vincent de Paul, par Louis ABELLY. Nouvelle éditi[on] revue, annotée et augmentée d'une table analytique de 200 pages, [par] un prêtre de la Congrégation de la Mission. 3 vol. in-8. Paris, libra[irie] Gaume. *Net*. . . . . 9 [fr.]

Les Vertus de saint Vincent de Paul, par Louis ABELLY. Ext[rait] de l'ouvrage précédent, accompagné d'une table analytique. 1 volu[me] in-8. Paris, librairie Gaume. *Net*. . . . . 3 [fr.]

Vie du Bienheureux Jean-Gabriel Perboyre. 1 vol. in-8. 5e éditi[on.] Paris, librairie Gaume . . . . 3 [fr.]

La Vie et le Martyre du Bienheureux Jean-Gabriel Perboyre, [par] un prêtre de la Congrégation de la Mission. 1 v. in-18 jésus de 100 pa[ges.] Paris, librairie Gaume. . . . . 8[0 c.]

> Cet ouvrage est une édition nouvelle de celui qui a été publié, en 1885, sou[s le] titre de *Vie abrégée du Vénérable Jean-Gabriel Perboyre.*

Vie de saint Vincent de Paul, par ABELLY. Édition en 2 vol. in[-18] jésus, contenant 16 gravures. Paris, librairie Gaume . . . . . . 7 fr.

Lettres de saint Vincent de Paul, publiées pour la première [fois] par les prêtres de la Congrégation de la Mission. 2 vol. gr. in-8. T[rès] belle édition. Paris, librairie Gaume. . . . . 12 [fr.]

Manuel des retraites *selon l'esprit de saint Vincent de Paul*, par [un] prêtre de la Congrégation de la Mission. Un vol. in-18 de 650 pages. Pa[ris,] librairie Gaume. . . . . 4 [fr.]

> Cet ouvrage, publié par M. Portail, premier disciple de saint Vincent, d'ap[rès] les conseils de son maître, servit à Saint-Lazare pour les nombreux retraitants [qui] fréquentaient annuellement cette maison. La liste des méditations est longue [et] variée ; elle prévoit les différents états de ceux qui veulent faire une retrai[te.] M. Portail a voulu, autant que possible, satisfaire tous les goûts, et aussi préve[nir] l'ennui que causerait peut-être la répétition des mêmes sujets chaque année. Quelq[ues] nouvelles méditations, en petit nombre, ont été ajoutées pour les jeunes gens d[es] séminaires, pour les communautés vouées au service des pauvres et à l'éducati[on] chrétienne des enfants, etc... C'est un livre qui devrait être dans toutes les bibli[o-] thèques chrétiennes.

La Médaille miraculeuse, par M. ALADEL, prêtre de la Mission ; origin[e,] histoire, diffusion, résultats. Un vol. in-18 jésus, illustré. Paris, D. Dumou[-] lin et Cie, libraires, rue des Grands-Augustins, 5 . . . . 3 fr. 5[0]

> Cette édition est augmentée d'un appendice sur le cinquantième anniversaire de l[a] Médaille miraculeuse.

Imp. D. Dumoulin et Cie, à Paris.